2021
Selected Cases
on the Information Mangament to Insurance Industry

保险业信息化优秀案例精编

中国银行保险传媒股份有限公司 ◎ 编

中国金融出版社

责任编辑：张清民
责任校对：潘　洁
责任印制：程　颖

图书在版编目（CIP）数据

2021 保险业信息化优秀案例精编 / 中国银行保险传媒股份有限公司编 .—北京：中国金融出版社，2021. 12
ISBN 978-7-5220-1435-7

Ⅰ. ①2…　Ⅱ. ①中…　Ⅲ. ①保险业—信息化—案例—中国—2021　Ⅳ. ①F842

中国版本图书馆 CIP 数据核字（2021）第 259337 号

2021 保险业信息化优秀案例精编
2021 BAOXIANYE XINXIHUA YOUXIU ANLI JINGBIAN
出版发行　中国金融出版社
社址　北京市丰台区益泽路 2 号
市场开发部　(010)66024766，63805472，63439533（传真）
网 上 书 店　www. cfph. cn
(010)66024766，63372837（传真）
读者服务部　(010)66070833，62568380
邮编　100071
经销　新华书店
印刷　河北松源印刷有限公司
尺寸　210 毫米×285 毫米
印张　36. 5
字数　820 千
版次　2021 年 12 月第 1 版
印次　2021 年 12 月第 1 次印刷
定价　178. 00 元
ISBN 978-7-5220-1435-7
如出现印装错误本社负责调换　联系电话(010)63263947

本书编委会

前 言

科技是国之利器，国家赖之以强，企业赖之以赢，人民生活赖之以好。以科技创新推动的数字经济图景正在逐步呈现，并展现出强大的发展活力。

“互联网、大数据、云计算、人工智能、区块链等技术加速创新，日益融入经济社会发展各领域全过程，数字经济发展速度之快、辐射范围之广、影响程度之深前所未有，正在成为重组全球要素资源、重塑全球经济结构、改变全球竞争格局的关键力量。”在2021年10月18日举办的中共中央政治局第三十四次集体学习上，习近平总书记对数字经济的发展作出如上表述。

数字经济奔腾而来，席卷各行各业。当前，数字化已经逐步渗透到保险业务的各个场景，推动保险业务从定价、销售、核保到核赔等环节的流程再造。数字化、智能化正在引领保险业新一轮变革，成为驱动保险业创新发展的重要利器。

为展示保险业数字化建设成果，为行业技术交流提供参考，《中国银行保险报》于2021年7月第三次面向保险业征集“保险业数字化转型案例”。

本次案例征集围绕信息安全、数字化服务、数字化营销、数字化运营、全面转型成果（综合类）五个维度展开，历时两个多月，共征集案例200余个。

《中国银行保险报》携手复旦大学中国保险科技实验室，并邀请专家学者组成专业评审会，从业务理念、技术创新、自主产权、项目效果、示范性及安全性等多方面综合考量，最终评选出119个优秀案例编辑成此书。

本书将119个案例根据技术应用领域的不同分成5个篇章，包括数字化加强风控能力、数字化提高服务质量、数字化助力营销展业、数字化赋能保险运营、数字化转型成果。从业务环节上来看，这些案例涵盖了保险产品开发、保险产品营销、保险代理、客户服务、基础设施建设和信息安全保护等多个环节，覆盖了保险业数字化转型升级各类应用。

道为术之灵，术为道之体；以道统术，以术得道。本书收录的83家机构运用数字化技术改造业务的实践案例，在一定程度上代表了保险业数字化发展的现状和转型成果，希望能为新时期保险业高质量发展提供参考借鉴。

目　录

第 一 章

数字化加强风控能力

中国银保信车险风险精准评价体系

◎ 中国银行保险信息技术管理有限公司

一、项目概述

为保障车险综合改革实施，提升行业精准定价能力，中国银行保险信息技术管理有限公司(以下简称中国银保信)作为银行保险业的基础设施及数据中枢，依托全国车险信息平台建立了车险风险精准评价体系(以下简称评价体系)，面向保险公司提供车险保单风险精准评价结果，同时为各地监管机构提供车险行业风险预警，提升了行业风险筛选能力和风险管理能力。

二、项目背景及意义

2020年，保险业启动车险综合改革，旨在推动车险行业全面市场化进程。随着改革工作的不断深入，车险经营主体和监管机构均面临新的挑战。

（一）车险行业各保险公司对精准定价和风险管理的需求异常迫切

车险全面市场化竞争倒逼各保险公司必须建立精准的定价和风险管理模型，否则将面临极大的经营风险。而相当一部分保险公司由于数据规模、技术水平等方面的限制，精准定价能力较弱，无法准确定位市场风险水平，容易采取激进的经营策略，引发车险市场的整体波动。

（二）车险市场化改革后市场风险基准变化较快，现有监管工具不能完全满足监管需求

车险全面市场化竞争使得保险公司的业务结构和经营策略的变化更加剧烈。而保险业务“收入前置、风险后置”的特点，使得监管机构依靠现有的监管手段不能及时掌握市场风险。因此，监管机构亟须建立一套动态、精准的市场整体风险监测体系，以应对车险综合改革后不断变化的车险市场新局面。

为保障车险综合改革实施，提升行业精准定价能力和辅助监管措施有效落地，中国银保信作为银行保险业的基础设施及数据中枢，建立了评价体系，面向保险公司和监管机构提供相关服务。

三、项目重点解决的问题及主要创新点

（一）将大数据处理技术和精算建模技术有机结合，构建了车险风险预测模型

基于全国车险信息平台与大数据精算建模技术，中国银保信建立了行业车险风险精准评价模型，在模型中引入了具有创新性的“多年出险情况转移因子”等保险公司模型中不具备的因子，极大地提升了模型效果，实现了对每辆车综合保单风险的精准评价。

（二）帮助各保险公司精准识别车险市场风险，提升行业精准定价和风险筛选能力

保险公司通过中国银保信全国车险信息平台，可在承保环节实时查询每张车险保单的精准风险评价值，有效弥补了现有行业基准费率模型的不足，有利于快速找准市场风险基准，提升保险公司的自主定价能力和风险筛选能力，既可提升保险公司的经营效益，也能有效防止个别公司因风险识别偏差造成的非理性竞争，从而稳定车险市场。

（三）辅助监管机构开展风险预警体系建设，加快从事后监管向事前事中监管方式的转变

依托于评价体系预测模型，中国银保信辅助监管机构建立了宏观市场和微观经营风险相结合的综合风险预警体系，涵盖了整体市场风险预测、监管对象赔付风险预测及筛选能力评价等监测维度和指标。该体系时效性高、指向性强，有效缓解了监管痛点，在稳定车险市场、支持监管机构提前预测风险，建立覆盖事前事中的监管工作机制等方面发挥了较大作用，得到了银保监会和各地银保监局的肯定。

四、项目主要建设内容

（一）基于行业数据，通过精算建模技术，形成了服务保险公司开展车险定价和核保工作的风险评价服务，并在保险公司承保环节进行实时交互

借助大数据处理和精算技术，完成车险业精算模型的建立。在此基础上，实现对车险保单的赔付率预测，形成针对每辆承保车辆的车险风险精准评价值，并通过全国车险信息平台与开展车险业务的64家保险公司进行实时交互。该服务被各保险公司应用于精算定价和核保等业务环节中，提升了行业精算定价和风险筛选水平。

（二）通过精算建模技术，建设完成服务监管机构的风险监测体系，为银保监会及各地银保监局提供风险监测和预警服务

通过精算模型对当期保单开展实时预测，建立了以风险筛选指数、保单预测赔付率等创新指标组成的风险监测体系，使得监管机构及时获取各市场主体在业务发展、赔付风险和风险筛选等方面的经营风险，提高监管措施的针对性和及时性。

五、项目效果

（一）服务行业效果显著，查询次数呈井喷式增长

评价体系上线以来，截至2021年上半年，保险公司通过全国车险信息平台查询风险评价值累计超过几十亿次，被部分保险公司广泛应用于精算定价和核保等业务环节中，提升了行业精算定价和风险筛选水平。

（二）辅助监管机构厘定市场风险基准，助力车险综合改革监管措施落地

截至2021年6月，基于评价体系面向银保监会提供全国总体及36个地区的车险综合改革市场情况的风险监测报表10期，相关监测结果被2021年3月召开的车险综合改革半年工作会议采用，银保监会领导指示要求“开发和推广车险风险精准评价体系等新型监管工具”，并在江苏、浙江等地区银保监局进行试用，辅助各地监管机构进行风险管控，助力监管措施落地。其中，与陕西银保监局合作完成的《商业车险自主定价改革试点工作研究——以陕西为例》荣获

“2019 年度陕西银保监局优秀调研课题一等奖”，《陕西营业货车风险分析报告》获得陕西省保险学会“2019 年度保险学术征文三等奖”。

六、总结

车险风险精准评价体系通过对行业风险的测算，一方面为行业提供精准定价因子服务，提高了行业风险筛选能力；另一方面，辅助监管机构开展风险预警服务，保障了车险综合改革监管措施的顺利实施。

专家点评

中国银行保险信息技术管理有限公司建设的车险风险精准评价体系，借助大数据处理和精算技术，完成车险行业精算模型的建立，提升行业精准定价能力。通过建立创新指标组成的风险监测体系，对当期保单开展实时预测，使得监管机构及时获取各市场主体多方面的经营风险，提高监管措施的针对性和及时性。该体系通过对行业风险的测算，为行业提供精准定价因子服务，提高了行业风险筛选能力和风险管理能力，在一定程度上推动了行业发展，具有一定的创新性。

中再集团国际巨灾组合风险管理平台

◎中国再保险（集团）股份有限公司

一、项目概述

随着中再集团全球化发展的不断推进，越来越多的国际业务经营主体在全球范围内开展再保险业务，中再集团在全球所承担的业务风险特别是巨灾业务风险在集团层面不断累积。能否有效地对巨灾业务风险累积进行事前和实时管理正是一个再保险公司核心竞争力的体现，也决定着一家再保险公司的发展。面对国际业务当前发展的趋势及要求，中再集团立足于高质量发展国际业务，以打造中再集团核心竞争力为目的，启动了国际巨灾组合风险管理平台项目的建设工作。该项目采用最先进的云原生技术架构并融入中再集团多年的国际业务管理和发展经验，形成了技术架构与业务架构的深度融合和匹配，平台整体设计处于国际领先水平。平台自主实现了基于拉丁超立方算法的模拟分析核心计算引擎，在核心计算引擎的基础上，一方面实现了包括巨灾风险和非巨灾风险在内的业务边际定价功能，另一方面实现了业务指标多维度的累积计算及组合管理功能。项目成果满足了中再集团业务发展及管理的需要，实现了巨灾及非巨灾风险计算关键核心技术的自主掌控，达成了业务定价与组合管理统一平台的目标，是中国保险业在巨灾及非巨灾风险累积实时计算方面零的突破。

二、项目背景及意义

对业务风险(含巨灾及非巨灾）的量化计算及有效管理是一家再保险公司在风险管理方面的核心竞争能力，特别是巨灾业务的风险管理，不仅直接决定再保险公司业务的整体表现，也关系着公司整体巨灾业务风险限额的下达和管控。中再集团在巨灾风险的累积计算方面主要依赖于国外的成熟软件，也因此带来三个方面的问题：一是国外的成熟软件并不能完全满足中国企业的本地化需求；二是国外的成熟软件无法解决中再集团持续全球化布局而带来的巨灾风险累积方面的问题；三是放到当前的国际环境下，在核心竞争力方面依赖国外软件，将存在受制于人的风险。

为解决上述诸多问题，特别是在关键核心能力上实现自主掌控，中再集团在立足自身国际业务高质量发展的同时，又考虑到行业的普遍情况，以打造风险管理核心竞争力为目的，启动并建设了国际巨灾组合风险管理平台项目。该项目实现了业务定价和组合管理统一平台，实现了巨灾业务风险累积的实时计算，实现了中再集团全部国际业务的巨灾风险累积，项目整体成果是中国保险业在相关领域零的突破。

（一）对一线业务人员的意义

平台支持复杂再保条款的计算，承保人员和

精算人员可通过平台计算出逐笔业务巨灾及非巨灾风险在我方合约条款项下的损失，实现承保人员及精算人员对业务的定价。同时，平台依托实时风险累积计算能力，可实时计算出每笔业务对公司整体国际业务组合的影响(边际影响)，因业务组合带有风险分散效应，所以边际影响更有助于承保人员和精算人员对业务风险的综合判断，同时，平台可进一步得出每笔业务的风险资本回报率，对接风险端和资本端，提高公司整体业务质量。

（二）对组合管理人员的意义

平台支持业务组合组建灵活和复杂转分保条款的计算，组合管理人员可通过平台按照多维度进行业务组合的创建并实时计算业务组合的风险累积数值。根据公司的实际情况，可进行相应组合的限额监控，对于预计将逼近限额的业务组合可通过搭建转分保结构实现业务转分保的风险评估，为转分保业务的定价提供支撑。同时，组合管理人员可以通过平台进行组合优化，将资本金逐步转移到回报率更高的业务上，形成好业务逐步替换坏业务的良性循环，使公司业务组合趋于资本回报率最大化。

（三）对风险管理人员的意义

平台可实时计算公司整体业务组合巨灾及非巨灾的风险累积，为风险管理人员规划、制定和调配风险限额提供数据支撑，使风险管理人员能够实时了解整体风险累积情况，进行风险发展预判，将业务量化风险管理从事后转移到事中和事前，实现主动管理。同时，平台的风险累积结果将被计入风险管理人员经济资本模型中，为公司经济资本的计算提供最重要的数据支撑。

（四）对公司高管层的意义

公司高管可实时查看公司整体及各个业务板块的巨灾及非巨灾风险累积数值、利润累积数值及资本金累积占用数值，对公司整体业务组合做到“心中有数”。为公司领导对全球化发展的战略判断提供强大的数据支撑。

三、项目重点解决的问题及主要创新点

国际巨灾组合风险管理平台项目凝聚了中再集团风险管理核心竞争能力，为中再集团国际业务高质量发展提供了技术保障，助力国际业务风险实现穿透式管理。

（一）核心计算引擎自主掌控

项目核心计算引擎包括以下三个创新点：一是采用拉丁超立方模拟分析算法对事件进行 10 万年的模拟分析计算，该算法既考虑了极小概率事件的大损失影响，又兼顾了核心引擎的计算效率，是所有风险量化计算的基础；二是核心计算引擎首创通过查表法实现巨灾事件平均损失的校正方法，极大提高了事件损失的计算效率；三是平台兼顾了特殊事件的平均损失计算，实现了基于 Beta 损失曲线的平均损失校正方法。

核心计算引擎是整个平台的“心脏”，实现了业务风险量化计算的自主掌控，凝聚了中再集团风险管理的核心竞争能力。

（二）巨灾风险累积实时计算

依托核心计算引擎，平台实现了巨灾风险累积的实时计算。平台上线前，公司巨灾风险累积以手工操作为主，按照风险管理组织结构层层上报，效率较低。平台上线后实现巨灾风险的实时累积，各层风险管理部门直接在平台上进行数据

查看及加工，免去报送过程，整体效率从平台上线前的3个月提升至上线后的分钟级。

（三）复杂再保结构的计算能够自主掌控

平台通过拖、拉、拽的可视化图形操作界面实现了复杂再保结构的搭建，能够实现按照灾因、条线等维度进行累积风险的再分配，并可实现如Pillar、承保能力共享、Cascading等复杂再保结构的搭建和计算，摆脱了复杂再保结构的风险计算依赖经纪人的限制。

（四）平台实现了公司全部国际业务的巨灾风险累积

平台首创了针对外部巨灾模型结果的兼并方法，解决了中再集团收购桥社集团后的巨灾风险累积问题，实现了集团整体国际业务的巨灾风险累积计算，统一了集团各国际业务板块的风险视图。

（五）巨灾风险从事后管理向事前管理转移

平台实现巨灾风险的实时计算为巨灾风险管理带来了质变。一方面，前移的巨灾风险管理可以有效指导业务实践，根据实际风险累积的情况调整公司整体业务布局；另一方面，巨灾风险的实时计算可以实时监测风险限额使用的情况，提早采取措施进行风险缓释。

以上成果及创新点，共形成六项发明专利，目前全部处于专利局受理状态。

四、项目主要建设内容

（一）平台业务架构

平台业务架构包括风险评估、组合管理和风险管理三大模块。

风险评估用于对单笔再保险业务进行边际定价。对于巨灾风险，平台通过与巨灾模型软件的对接，实现风险事件的年化模拟计算、二次不确定性计算和再保结构计算，实现对巨灾风险的量化评估；对于非巨灾风险，平台通过Exposure Rating和Experience Rating两种方法实现大损失和常规损失的模拟分析计算，得出非巨灾风险的量化评估；同时，考虑单笔业务在整个业务组合中的影响实现边际定价功能。该模块为一线业务部门判断业务质量从而进行业务决策提供了量化依据，实现了业务风险“算得明”。

组合管理模块包括以下三大主要功能：一是用于组合分析，根据业务实际需要可以将相同维度的业务组合在一起进行风险累积、利润累积等，实现对国际业务各板块、各条线、各区域、各灾因的业务累积状态进行管理，进一步可以对累积后的风险进行复杂转分保结构设计，实现国际业务风险缓释。二是实现组合优化，不断调整业务组合结构，实现资本回报率最大化。三是实现特定风险事件的压力测试，在极端情况下了解公司业务组合表现，积极应对“黑天鹅”和“灰犀牛”事件。

风险管理模块主要实现公司关键风险指标同实际风险累积之间的对接。实时监测各维度风险累积状况，准确把握公司国际业务整体风险情况，实现业务风险“管得住”。同时，该模块为公司领导提供驾驶舱级别的业务组合数据，包括风险累积数据、利润累积数据和资本分配累积数据，为高管层决策提供支撑。

（二）平台技术架构

平台技术方面采用云原生架构，以及微服务体系，可以在任何云平台进行部署。平台通过容器技术部署在中再集团私有云环境，通过Kubernetes 进行容器的编排和管理。平台开发采用 . Net Core 框架，可跨平台，通过 Dapr 提供的 Sidecar 模式拆分业务逻辑和微服务基础设施，为整个平台提供了解耦的、事件驱动的灵活性和可扩展性。平台计算资源实现动态分配，可以根据任务消息动态创建计算引擎实例，在低并发期，可以节省计算资源，在高并发期计算资源可以动态扩展。

平台 UI 交互采用搭积木拖、拉、拽的图形可视化方式进行再保险业务结构的搭建，满足各种复杂再保险业务结构的搭建需求，为用户使用提供了强大的灵活性和易用性。

（三）平台核心计算引擎

一是项目核心计算引擎采用拉丁超立方模拟分析算法，在对巨灾事件进行 10 万年模拟分析计算的过程中，减少了计算量的同时实现了尽可能多的事件抽样，既保证了模拟分析的准确又兼顾了计算效率。这一核心计算引擎既是巨灾及非巨灾风险计算的基础，也是风险累积计算的基础，发挥着核心作用。二是核心计算引擎首创通过查表法计算风险的二次不确定性，该方法极大地提高了二次不确定性的计算效率，大大缩短了组合风险计算时间。三是核心计算引擎支持复杂再保险结构计算及基于灾因和条线的累积风险再分配。

五、项目效果

（一）实现中再集团在单笔业务风险评估及组合管理方面提质增效

平台将在国际业务续转工作中发挥重要作用，一方面平台定价功能将直接服务于续转工作，为承保人员和精算人员提供业务量化分析工具，为业务人员进行风险判断提供技术支撑；另一方面，定价结果将直接进入业务指标的累积模块，实时计算公司整体业务组合的表现，帮助组合管理人员及风险管理人员进行实时监控。与系统上线前通过手工汇总数据的方式进行风险累积相比，平台成倍提升风险累积工作效率，整体工作时间从 3 个月下降到分钟级。

（二）助力中再集团实现国际业务风险穿透式管理

平台一方面对接逐笔业务风险评估，另一方面对接集团公司整体国际业务组合。既有微观层面风险评估能力，又有宏观层面风险累积视图，能够实现从宏观向微观的不断下钻，实现对各个层级风险的穿透式管理。在基础数据方面，平台助力管理实现了巨灾风险事件视图的统一，实现了中再集团各国际业务板块在相同风险视图的基础上进行风险累积。同时，平台也为管理部门提供了实时监测风险限额的工具和抓手，提升了管理水平和质量。

（三）中再集团核心竞争能力的进一步体现

国际巨灾组合风险管理平台在中国保险业相关领域是从“0”到“1”的突破，结束了在该领域一直依赖国外厂商产品的现状。中再集团依托自身在巨灾风险领域的技术优势及在再保险行业的成熟经验，集团系统内多方协同共同打造了国际巨灾组合风险管理平台，可以说该平台是中再集团在巨灾风险管理、再保险业务和信息技术等多个方面的集大成者。

六、总结

作为中再集团风险管理核心竞争能力的体现，平台将持续优化，迭代开发，不断完善。同时考虑到行业在巨灾风险累积方面的需求，平台将向行业进行赋能，提供服务，助力行业整体提升巨灾风险管理水平，实现巨灾风险的量化分析。

专家点评

中国再保险（集团）股份有限公司的国际巨灾组合风险管理平台，通过技术创新，搭配集团多年国际业务管理和发展经验，实现了核心技术的突破，基于此对巨灾风险以及非巨灾风险业务的边际定价，能够给业务部门决策提供量化依据，提升业务部门决策的科学性，有利于公司的后续发展。该平台通过计算巨灾风险累积，有力提高了相关部门的工作效率，是行业数智化的有力体现。公司利用科学技术，搭建再保险结构，实时计算巨灾风险，帮助组合管理人员及风险管理人员进行实时监控，提升了管理水平和质量，对行业具有一定的借鉴意义。

泰康集团泰数通安全计算平台建设实践

◎ 泰康保险集团股份有限公司

一、项目概述

在国家大力发展数字经济的大背景下，保险企业要做好数字化转型，对数据安全和隐私保护的需求必将日益强烈。一方面，从安全层面，监管部门对数据安全高度重视，法律法规陆续出台，企业需要对数据的生产和使用合法合规；另一方面，从发展层面，保险业作为天然的“数据密集型产业”，需要将数字化应用到企业经营、客户运营、资源整合和价值创新等方方面面，企业需要数据资源的开放共享和互联互通。为解决数据开放和隐私保护的难题，需要采用隐私计算技术，从技术层面解决数据流通中的安全隐患，实现数据流通过程中的数据“可用不可见”。

泰康保险集团股份有限公司(以下简称泰康集团）推动数字化转型，主动拥抱创新技术，兼顾发展和安全，实践隐私计算技术在保险业的应用。通过泰数通安全计算平台项目（以下简称项目）的实施，初步建设完成了泰数通安全计算平台，并探索应用到保险业务场景中。通过构建可信的数据融合环境，连通内外部数据，应用匿踪查询、联合建模等技术，既保证了数据流通中的隐私安全，又挖掘了数据价值，提升了模型效果，大大发挥了数据在智能风控和营销中的流通价值。

二、项目背景及意义

（一）数据合规监管趋严

自 2017 年《网络安全法》实施以来，关于数据合规的相关立法和标准也日趋完善，合规颗粒度进一步细化。《个人金融信息保护技术规范》《数据安全法》《信息安全技术　健康医疗数据安全指南》《个人信息保护法》等数据隐私保护相关法律法规密集出台，监管层对个人信息与隐私的保护达到前所未有的高度。守住信息安全和个人隐私的底线，需要政府、社会、企业及个人的合力。首先，提高个人的信息安全意识和保护能力；其次，企业在其中承担了重要责任，面临数据利用和高效保护的双重压力，“要共享、要安全、要全局、要合规”成为企业数据使用的核心诉求。因此，企业的信息安全建设在开展隐私保护意识教育、强化制度建设的同时，需要引入隐私安全计算技术，实现全方位的刚性保护。

（二）保险业隐私保护和利用的迫切性

保险业具有特殊性，作为数据密集型产业，数据和计算贯穿保险经营管理的全过程，数据如同空气、石油一样，是新兴生产要素和保险生存的必要条件。几乎所有保险数据均涉及隐私保护问题，无论是承保阶段的风险分析还是理赔环节的损失补偿，保险经营管理和隐私保护与个人信息均有高度的相关性和依赖性。例如，健康险需要大量的个人基本信息和健康信息（疾病、用药信息等）；养老保险涉及个人基本信息和家庭信息；财险涉及个人和家庭财产信息。这些大量的保险数据计算，均涉及隐私范围，属于“个人敏感信息”，不仅“脱敏”难度大，甚至存在“不能脱敏”的客观现实。因此，保险业需要以更强的紧迫感和更开放的心态，去了解、掌握隐私计算与数据安全的前沿技术，以促进企业健康合规的发展。

（三）商业向善，助力泰康大健康产业体系布局

健康是现代社会迫切需要解决的问题，特别是经历了这一轮全球新冠肺炎疫情后，人们的健康意识大大加强。泰康发力“商业向善”，从保险服务出发，延伸布局大健康产业生态体系，围绕“长寿、健康、富足”三个闭环，深度融入大众健康管理和财富生活，持续满足消费者多层次的保障需求。通过多方位内部业务线调研，目前泰康内部在营销、风控等场景中，都有旺盛的外部数据需求。但因数据隐私保护的原因，很多业务开展受限，无法第一时间给用户提供便捷、个性化的大健康服务。

意识到隐私计算建设的必要性和迫切性，泰康集团与北京国际大数据交易所建立连接，积极申请成为会员单位，并与隐私计算同行进行交流分享，了解行业前沿创新技术方案。我们呼吁“数据向善”，主张“让数据连通保险业”，倡导数据的供应者、使用者，以及数据技术的开发者和运营者都秉持“数据向善”的经营理念。目前，经过本项目的实施，应用安全隐私计算技术已经从底层数据层面实现了隐私保护，实现了“以安全促流通，以流通促创新”，充分发挥了技术密集和数据密集的双轮驱动。

三、项目重点解决的问题及主要创新点

（一）提升数据流通的合规性

隐私和个人信息保护的最新监管要求，决定了“没有保护，就无法利用”的基本原则。隐私计算技术能够让多个参与方，在不泄露各自数据的前提下，通过协作进行联合计算分析或者联合机器学习。隐私计算的参与方可以是同一机构的不同部门，也可以是不同机构，既可以实现内部数据共享，也可以实现外部数据引进。

在隐私计算框架下，参与方的数据明文不出私域，可以在保护数据安全的同时，实现多源数据的跨域合作。隐私计算技术能够有效地解决合规安全担忧，比如数字世界的实体之间往往既想联合多方数据建立更精准的全局模型，又不想（或不能）让各自数据出私域。隐私计算技术能够真正做到“数据可用而不可见”，实现价值互联互通，破解数据安全融合的难题，从而释放价值。

（二）构建可信的数据融合环境

数字化经济的发展需要数据互联互通。泰数通安全计算平台将数据安全与智能融合，打造企业级数据应用服务一站式窗口，通过统一协作，让数据安全、合规地得到应用。平台采用混淆电路、同态加密、差分隐私、不经意传输和秘密共享等技术，实现多机构之间的数据加密计算，完成多方安全联合建模与企业数据资源的合规化。经隐私计算平台处理过的数据，能够更加安全地在业务中流通，发挥更大的业务价值。

平台在保证数据隐私的情况下，支持“图形化”方式进行联邦学习建模，特点是流程简单、智能且可视，原始数据不出私域即能完成数据共享应用，且主流数据源均可支持。

四、项目主要建设内容

隐私计算技术的本质，是一种基于技术信任、面向多方协作的数据安全使用机制，是横跨数学、密码学、通信和计算机科学的综合技术体系。本项目建设的正是一套隐私安全计算的智能数据平台，能够基于隐私计算技术，进行多方数据安全协作计算。

（一）平台系统架构

泰数通安全计算平台的架构设计，包括资源层、基础组件层、核心算法层、计算引擎层和业务应用层，提供了面向通用平台管理的能力支撑，见图 1。

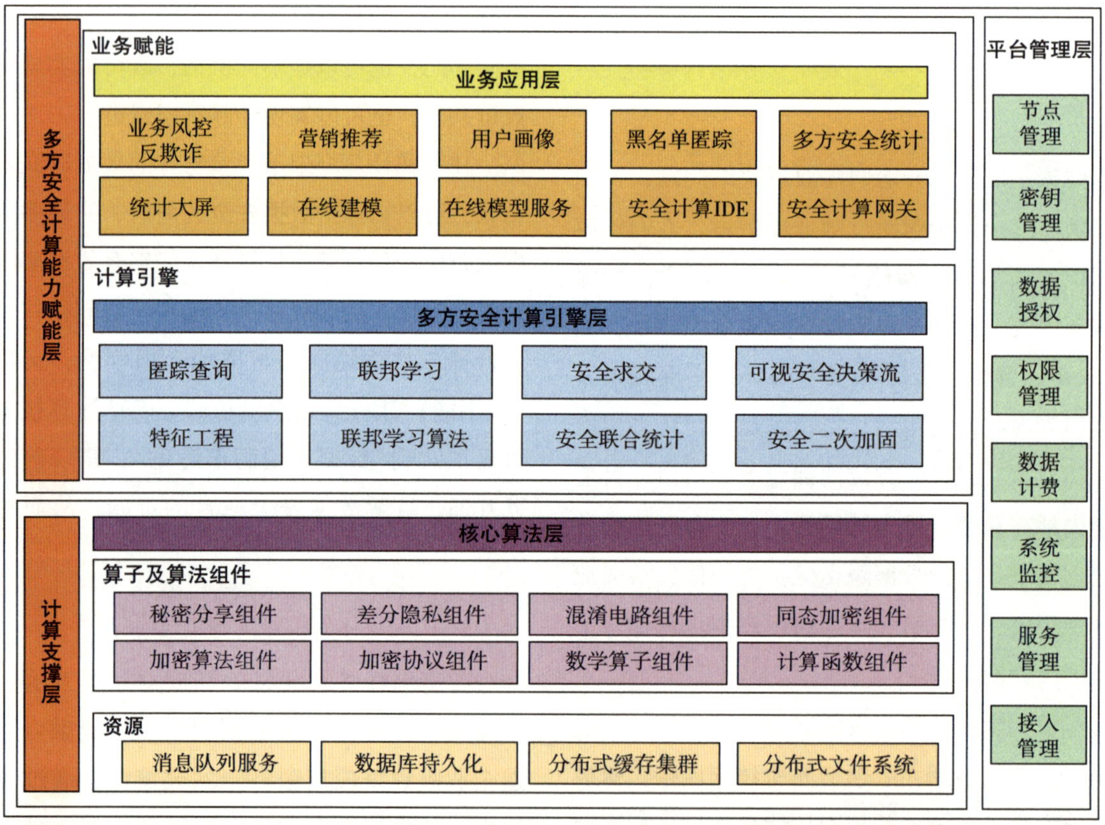

图 1 泰数通安全计算平台功能架构

1. 业务应用层。业务应用层基于核心算法层封装的标准隐私计算能力，来构建不同领域的落地应用，比如基于多方数据源联邦学习的业务风控反欺诈模型建设；以多方数据智能构建的联合建模和联合营销；根据黑名单库匿踪查询这一场景建设的反黑产防控等应用。

2. 计算引擎层。计算引擎层基于隐私计算技术封装隐私计算引擎能力。平台采用隐私计算技术，实现多机构间的数据加密计算，实现联邦学习引擎、匿踪查询引擎和安全求交引擎的构建。联邦学习架构支持横向联邦、纵向联邦和混合联邦三种学习机制。特别值得一提的是，无可信第三方联邦学习机制在训练过程中，无须寻找可信第三方来完成业务落地，同时不降低算法的安全性。计算引擎层可支撑上层业务场景完成多方安全联合建模，实现企业数据资源的合规市场化、安全应用化和价值最大化。

3. 核心算法层。算子及算法组件层基于秘密分享、不经意传输和同态加密等隐私计算底层基础，提供了多方安全计算和联邦学习相结合的隐私计算核心能力。其中，多方安全计算支持多样化的多方协议，可根据业务应用场景和参与方的角色定位，自动适配最优协议方案，提供隐私集合计算和安全多项式计算，以支持各种联合计算应用场景。

4. 资源层。资源层定义了平台对计算、存储和网络资源的需求。基础组件层为核心算法层提供了通用的组件支撑，包括提供高速率异步消息传递服务，提供分布式文件存储和分布式缓存，提供高性能数据库计算能力支撑的存储引擎和计算引擎，承接算法层下发的存储和计算任务。在数据对接方面，资源层提供了面向客户实际需求的数据治理模块，并为客户提供了多种调度策略，以及配置组合的数据路由机制，保证为算法层提供稳定、高可用的数据来源。

5. 平台管理层。平台管理功能提供了对泰数通安全计算平台的数据管理、数据授权、密钥管理、计算任务管理和隐私计算各参与方节点管理的功能。为了增强多方参与隐私计算的可信性，平台完成了数据授权、交易存证、价值计算和隐私计算的过程证明。

（二）系统核心功能

泰数通安全计算平台主要包括以下几个核心功能模块。

1. 联邦学习。联邦学习让多个参与方在各自的原始数据不出私有边界的前提下，即可共同完成构建预测模型和机器学习任务，让参与方在不共享、不泄露私有数据的情况下进行联合建模，打破了数据孤岛，实现 AI 协作。在此模式下，参与者所拥有的私有数据，通过隐私计算均得到安全保护，从而防止数据被恶意篡改、泄露或逆向破解。

2. 多方安全计算。在逻辑上将不同区域的数据进行融合关联，物理上数据仍存在各自机构中，结合秘密分享、混淆电路、不经意传输和隐私求交等多种技术思想，在保证数据信息不被泄露的情况下，实现多方安全联合计算，进而保障各个合作机构的合规安全，为科学分析、预测和决策提供底层数据能力支持。

3. 匿踪查询。利用非对称加密、不经意传输等密码学技术，构建出多方查询时的数据交互加密通信通道，在整个查询交互过程中进行数据混淆、数据加密、数据传输、数据解密及匹配，从而让数据服务方无从知晓查询方的查询信息，查询方无从知晓数据服务方除查询信息外的其余信息，达到数据隐私保护、防止信息泄露和制止数据缓存的目的。

4. 安全求交。安全求交是允许持有各自集合的两方来共同计算两个集合交集的运算，在协议交互的最后，一方或是两方应该得到正确的交集，而且不会得到交集以外另一方集合中的任何信息。在保护集合隐私不泄露的前提下，匹配双方都保持数据控制权，实现安全匹配(求交）运算，满足业务需求。

（三）打造企业级数据融合平台

平台对外实现外部数据连通，对接第三方银联、工商和运营商等数据，应用于更精准地获客、营销和服务客户等业务环节；对内建立企业数据协作共享平台，使用匿踪查询、安全求交、联邦学习等技术进行跨泰康内部的数据合作，在进行业务拓展的同时，最大限度地保护用户隐私。实现多重目标：一是实现数据可用不可见以及分布式密态计算；二是实现大健康数据、互联网数据、银联数据特征和标签各自均不出网；三是结合泰康自有数据，通过多方安全计算联邦建模，实现安全模型预测；四是结合多方数据能力安全建模，更精准、更优质地服务高净值客户。

五、项目效果

本项目通过建设泰数通安全计算平台，为泰康搭建了一套隐私计算技术业务服务框架，构建了形成安全使用多方数据的能力。在保护数据安全隐私的前提下，项目破解了内部数据孤岛难题，缩小了风险敞口，激活了内外部数据源价值，最终助力业务增长。本项目建设过程中，沉淀了以下三个成果。

（一）数据安全融合

应用隐私计算技术之前，泰康在接入内外部数据时，经常需要使用 hash 后的数据标识来查询数据标签，按照传统的方式，通过“合同约束+授权链”等方式实施。此模式仅限非敏感低风险数据合作场景，应用范围非常有限。在监管合规和集团隐私保护升级的环境下，如何探索新的安全数据合作模式，真正实现数据“可用不可见”，成为包括泰康在内的行业共同命题。

泰康通过实施隐私计算技术，借助不经意传输、秘密分享和差分隐私等手段的结合，在数据合作查询过程中进行匿踪，在保证用户隐私的前提下返回查询数据，可缩小查询数据标识暴露风险。在对存量客户进行精准营销的场景中，泰康与银联、运营商在用户授权的前提下展开了存量潜在客户价值识别的课题，借助泰数通安全计算平台的隐私计算能力使泰康和数据服务商进行协同计算与数据合作；同时，确保任何一方都无法获得除预期计算结果以外的任何信息。这一实践大大改善了行业内数据粗放合作的现状，有益于寿险业务、在线营销业务妥善引入外部数据能力，有效促进了业务发展。

（二）数据价值流通

在应用隐私计算技术之前，跨主体、跨公司无法直接建模，一种模式通常需要将数据导出到另一方，进行数据对齐融合后才能建模。此过程需要数据出私域，且风险较大，受限于合规监管要求，通常不可行。另一种模式，数据源双方各自建模后再使用模型融合技术获得最终模型融合结果，此模式经常因一方无标签而无法进行。故在数据合规的框架下，大型集团企业内数据孤岛问题严重、数据价值无法有效进行挖掘激活。

泰康探索在业务安全反欺诈场景中使用联邦学习技术，在多主体间使用多方安全计算技术，而后进行联合建模。使用包括用户行为、黑产特征指纹库和业务线特征等多来源、多主体数据为原料，进行联邦学习建模，参与建模的各方原始数据特征均不出域，仅交互密态的模型计算梯度等中间值可见。项目在保证用户隐私的前提下进行联邦学习模型训练，在保护数据安全的同时进行反欺诈能力建设。实践结果显示，联邦学习模型效果较之前单方孤岛数据模型预测能力大大提升，有效地提升了业务安全反欺诈能力。

（三）数据生态共建

泰数通安全计算技术平台搭建完成后，能够安全引入多方外部市场化数据资源，充分发挥多方数据的融合价值，融入更加全局的数据智能生态，从而构建更加精准的客户画像和风控模型，提升保险业务客户体验，降低公司保险业务风险。另外，项目建立了企业内部隐私安全计算技术的应用规范，提供了多维度数据计算层面的数据共享，实现了数据价值流通。与泰康集团合作的各数据提供机构、技术服务机构、流量合作机构以及经纪/代理机构等，共同建设了泰康数据智能联邦生态，以更加安全合规的方式释放了数据智能在保险业务中的价值。

六、总结

当下，我国已全面开启数字化时代下的“依法治数”，据业界人士预测，隐私计算将成为保险业的“标配”，保险业将不存在“非隐私”的计算。然而，真正守护住个人隐私，需要社会各方面集体行动，尤其需要产业链上下游共同发力。泰康保险集团充分意识到这份责任，通过建设和实践泰数通安全计算平台，将匿踪查询应用到系统服务中，保障了内外部查询数据的安全性。项目通过与外部数据的联合建模，挖掘健康数据价值，助力泰康大健康产业的数字化经营。未来，本项目将继续发挥数据在泰康智能风控、客户营销、医疗健康、内容推荐和精准定价中的流通价值，持续服务于泰康集团的保险科技战略发展，为集团整体数字化转型提供更坚实的安全保障，形成隐私计算技术在保险业的创新应用实践案例。

专家点评

泰康保险集团股份有限公司的泰数通安全计算平台，通过实施隐私计算技术，充分运用不经意传输、秘密分享和差分隐私等手段，实现在数据合作查询过程中进行匿踪，在保证用户隐私的前提下返回查询数据，很大程度上缩小了查询数据标识暴露的风险，有效保障了数据的安全。该平台通过构建客户画像和风控模型，提升客户体验，降低公司业务风险，有利于公司数据生态圈的搭建。该公司合理运用学习技术和安全计算技术，在保护数据安全的同时大大提高了业务反欺诈能力，为行业隐私计算技术创新提供了实践案例。

中国人寿财险网络安全分区纵深防护体系建设项目

◎ 中国人寿财产保险股份有限公司

一、项目概述

为切实提升网络安全防护能力，护航中国人寿科技转型，保护公司信息系统及用户信息安全。中国人寿财产保险股份有限公司(以下简称中国人寿财险) 从 2019 年开始，自主设计并开展了分区纵深防护体系项目建设，形成了体系化的网络安全防护架构(见图 1)，打破了原有传统的互联网单层防御模式，杜绝了“一层突破，全局失守” 的安全隐患。在该项目中，中国人寿财险以“全面覆盖、合理部署、纵深防御、异构冗余” 为基本方向，将内部网络细分为不同的防护区，并有针对性地制定每个区域的防护侧重，部署防护措施，完善防护策略，实现了“分区部署，层层防护，全局联动” 的效果。同时，在本项目中也充分实现了整体规划、策略、技术及部署的完全“自主设计，自主可控”。

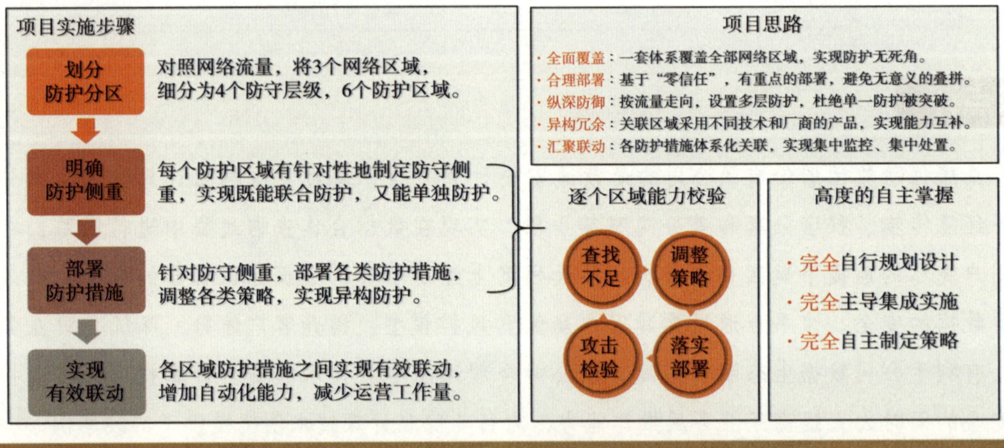

图 1　体系化的网络安全防护架构

二、项目背景及意义

在项目建设之前，中国人寿财险网络防护主要依托互联网入口区域的入侵防御设备(以下简称 IPS) 以及应用防火墙设备(以下简称 WAF)，能够有效应对一般的网络安全攻击行为，这也是一般企业通行的防护模式。随着中国人寿财险 IT 建设与运营体系逐步完善，内部、外部网络安全威胁日益增强，该防护模式在时效性和有效性上，无法满足保障业务安全与数据安全的需要。在整体区域防护战略防护下，仍存在“安全死角”。

（一）网络安全防护层次单一，防御能力薄弱

一是基于攻击特征开展拦截的安全设备可被有针对性的绕过。在前期的内部测试中，中国人寿财险内部攻击人员多次绕过某品牌的应用防火墙，完成包括数据库注入、Apache Shiro 漏洞利用等攻击。而对于更加成熟、专业的攻击队来说，绕过任一品牌应用防火墙更是必备的攻击技能。二是任何防护设备都无法确保 100% 的防护能力，特别是针对新出现的攻击特征的更新与防护，更是完全取决于设备厂商与运维人员的能力，存在一定的疏漏性。三是防护设备自身可能会出现安全漏洞，造成设备本身被绕过甚至被控制。

（二）各级机构职场接入缺少管控，成为防御短板

中国人寿财险分支机构众多，终端办公环境复杂，员工安全意识参差不齐，导致员工办公终端极易成为攻击内部网络的跳板。因为员工办公终端流量通过互联网专线（CN2）以及 VPN 线路抵达核心网络，并不进入互联网接入区，所以在过去的防护体系中，来自终端的攻击流量无法被有效防御，影响核心网络安全。

（三）防护方式单一，完全依靠“攻击特征”进行防护

IPS 及 WAF 均基于攻击流量中的特征来进行拦截，对于不存在明显特征的攻击如手动测试、新漏洞利用、间接攻击、慢速攻击和特征混淆等方式均无法有效进行探测。

三、项目重点解决的问题及主要创新点

经过近一年的时间，该项目整体实施工作在 2020 年 5 月完成，落实了前期制定的项目目标。六个防护区域既可单独开展防护工作，有效应对区域内各类安全风险，也可组合起来形成整体化的防护能力，实现从外到内的纵深防御。

在先进性方面，该项目成果完全贯彻落实了公安部在网络安全防护工作中的“三化六防”新思想。

（一）三化：实战化，体系化，常态化

在实战化方面，各项措施、策略及运营工作的开展均以实战需求为依据，在部署与校验过程中，通过大量的点、线、面的实战攻击，不断优化各层级防护能力。在体系化方面，该防护体系中各个区域防护能力互相配合，通过前后端区域的防护措施对异构冗余、恶意行为的主动防护与被动探测互相结合、各区域各防护手段的策略叠加配合以及各设备对外部威胁开展集中处置，从而形成一个完整的防护体系。在常态化方面，各项防护措施均与应用、网络及用户等因素进行了全面的适配改造，通过精准化的调整各类策略，确保整体防护措施与系统运行可以长期共存，在常态化落实防护工作的同时，确保应用系统的正常使用。

（二）六防：动态防御，主动防御，纵深防御，精准防护，整体防护，联防联控

在动态防御方面，各个分区的各种防护措施可有针对性地进行调整，大到设备的增、删、启、停，小到每个策略的阈值调整，均可根据实际需求随时动态调整。在主动防御方面，通过各设备联动，并集成内部、外部的威胁情报，能够

对恶意攻击地址在最前端进行主动化封禁，防患于未然，如图2所示。

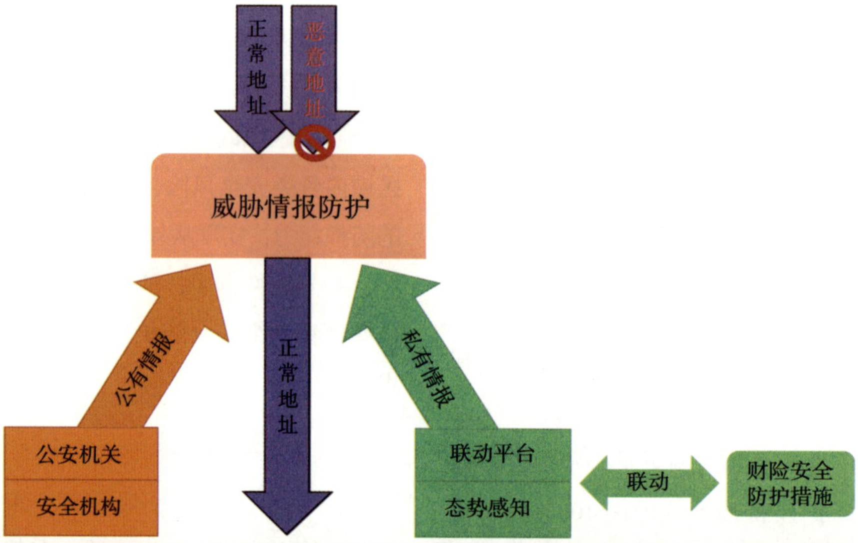

图2 威胁情报防护框架

在纵深防御方面，从各个区域用户前端到应用服务器后端，所有链路上的流量都需要经过至少两道四层异构防护措施，避免“一区失守，全盘沦陷”的情况。在精准防护方面，面向应用的防护类措施均根据应用情况逐一调整、完善了防护策略，实现按“条”进行精准配置。面向用户类的防护措施与用户权限进行关联，能够按“用户”开展精准的资产定位与事件处置。在整体防护方面，中国人寿财险完全落实了互联网应用出口的迁移与归并，在大大减少网络暴露面的同时，形成了对中国人寿财险核心网络的整体防护。在联防联控方面，中国人寿财险各个分区的防护措施均与大数据安全日志分析平台进行完全集成，实现事件的“集中分析、集中展示、集中处置”。

四、项目主要建设内容

本项目不但要弥补现有防护体系的不足，更要整体提升中国人寿财险的网络安全防御能力。根据公安部最新提出的“实战化、体系化、常态化”“动态防御、主动防御、纵深防御、精准防护、整体防控、联防联控”的“三化六防”工作精神，综合考虑网络安全建设现状，中国人寿财险从2019年下半年开始，逐步开展项目建设。

一是划分防护分区。根据面向用户、流量和应用种类等特性，将核心网络划分出六个独立的防护分区。二是明确防护侧重，每个分区在做好传统防护的前提下，根据每个分区的特点，承担有针对性的防护任务。三是部署防护措施，根据各个区域的防护侧重，部署多种措施相结合的异构、冗余防护措施，同时通过内部攻击检验，反复校验、提升防护措施有效性。四是实现有效联动，通过大数据安全日志分析平台及联动配置，实现各区域设备事件的集中分析、展示、集中处置，形成分区域的网络安全态势感知展示，并对恶意地址开展迅速、准确的自动化封禁。

（一）第一道防线：互联网入口区进行快速、准确的封禁

互联网入口区是整个防护的第一道防线，也是各类攻击人员开展直接攻击的最主要攻击途径。中国人寿财险一方面缩减、汇聚互联网出口，将互联网进出流量控制在一条链路上，形成流量的整体集中管控；另一方面，通过部署基于内部、外部威胁情报为核心的自动化 IP 封禁设备，形成最前端的 IP 集中封禁能力，提供对攻击者主动、快速、准确的封禁能力，降低后端防护压力。

（二）第二道防线：从互联网入口区到内网入口区开展有侧重的防护

第二道防线位于从互联网入口区到内网入口区之间的过渡区域，包括互联网应用区以及 VPN 和分公司接入区。在此道防线中，中国人寿财险根据每个区域的特点，部署有侧重的防护措施。互联网应用区位于互联网入口区后方，主要用于发布互联网应用，在此区域一方面部署传统入侵防护手段，拦截传统攻击；另一方面，部署高、低交互蜜罐相搭配的陷阱，在互联网上主动吸引攻击者实施攻击，发现恶意行为并采取反制措施，同时被动式的探测渗入互联网应用区的恶意人员行为。在 VPN 接入区，通过部署联合 VPN 设备、入侵防护设备以及日志、流量分析设备所组成的综合分析平台，将用户行为与账号进行关联，筛选出可疑账号与可疑行为，实现基于用户权限控制能力的防护机制，并开展用户行为的多层过滤、分析。在分公司接入区，部署终端准入控制系统以及行为分析系统，一方面严格禁止未授权或安全加固不到位的办公终端、服务器等设备访问核心网络，另一方面也实现了失陷资产的快速发现、定位与控制。

（三）第三道防线：内网核心区域进行异构防护与行为探测

内网区域防护是最后一道防线，包括内网入口区及数据所在的核心区，此类区域只与前端区域相连接，流量已经经过前端区域的净化，因此相对安全可控。攻击者进入此区域后会比较谨慎，不会采取扫描、爆破等明显的攻击行为，因此该区域以异构防护与被动探测为主。在内网入口区，中国人寿财险部署不同品牌的入侵防护设备与应用防火墙设备，实现异构防护。在内网核心区部署大量不同策略、不同架构、不同位置的低交互蜜罐，广泛伪造敏感端口与各类常见管理页面，形成“雷区效应”，与此区域的 APT 防护探针相联合，探测攻击人员的恶意行为。

（四）各区域设备联动，实现集中化、自动化处置

完成部署与校验后，中国人寿财险进一步对各层级、各区域的防护措施进行了联动，实现“体系化”的防护效果，降低事件监控、处置工作压力。一是集中分析、集中展示和集中处置事件。所有设备、系统安全事件通过 Syslog 的形式发送至安全事件集中分析平台，平台对事件进行范式化处理后，自动记录事件来源、所属区域、事件风险和失陷 IP 等信息，并根据风险情况执行不同的警示操作。二是统一汇总、处置威胁情报。分析平台自动将各个设备、系统输送的安全事件信息统一处理，形成内部威胁情报，输送至第一道防线的封禁设备。封禁设备对内部情报与第三方机构提供的外部威胁情报进行统一处理，对情报内的 IP 进行封禁并形成封禁记录。三是集中定位内部失陷资产。捕获了来自分支机构以

及生产内网区域的攻击行为后，平台可联动资产管理系统、终端管理系统以及 VPN 管控系统，快速定位资产所有者及用户，协助分析人员开展事件处置工作。

（五）开展模拟演习，全方位校验防护效果

项目部署完成后，中国人寿财险邀请了多支专业攻击队开展模拟攻防演习。演习期间，该防护体系有效阻挡了攻击队的各类攻击手段。

在防范迂回攻击方面，演习期间，分公司接入区安全设备拦截并发出针对 Redis 的远程利用攻击事件告警，攻击来源为某分支机构的办公终端，攻击目标为防病毒系统的后台服务器。通过事件关联分析，攻击源为分支机构的合法办公电脑，并未开展过任何攻击、试探行为。因此，分析人员确定此次攻击为攻击人员利用办公终端开展的针对集权系统的内网精准打击，随后迅速控制了该终端，清除了木马。

在防范设备绕过攻击方面，同样在演习期间，互联网应用区域防护设备短时间内探测到大量 SQL 注入攻击，攻击者不断更换 IP 持续开展探测攻击。在产生了数百条注入攻击事件后，攻击暂时停止。约半小时后，生产内网区域防护设备发出警报，告知侦测并拦截到来自互联网区域的 SQL 注入攻击。分析人员分析报文后证实是攻击者人员在找到注入点后，采用了混淆攻击特征的方式，绕开了互联网区域应用防火墙的防护。但其使用的绕过方式只对互联网区域的设备品牌有效，因此被内网区域防护设备所拦截并触发告警。处置人员将存在问题的页面进行紧急关停改造，同时完善了互联网区域的设备策略。

五、项目效果

自 2020 年 5 月至今，该项目实施效果在日常工作及攻防实战中得到检验。一是成功防御了 2020 年及 2021 年攻防演习中专业攻击队的攻势，取得了防护范围内零失陷的成绩。二是实现了核心网络日常“零”事件。自项目实施完成至今一年多的时间内，核心内网未出现一起安全事件。三是完全遏制了各类病毒的扩散。通过各个区域防护工作的有效开展，成功遏制了终端、VPN 和互联网等外部区域病毒向核心网络的传播，将全部服务器上每个月的病毒总数控制在个位数，并实现了病毒“零”传播的效果，保证了应用系统的稳定性，节省了硬件资源与网络资源。

六、总结

中国人寿财险自主设计与实现的网络安全分区纵深防护体系，是保险公司网络安全体系建设的关键理念与技术突破。随着信息技术的不断发展，中国人寿财险也将不断汲取新的攻防理念，持续优化网络安全防护体系，更好地开展网络安全工作，保障公司及用户切身利益。

专家点评

中国人寿财产保险股份有限公司的网络安全分区纵深防护体系建设项目，通过将公司内部网络分为不同的防护区，对每个区域部署特定的防护措施，完善防护策略，实现了分区部署、层层防护、全局联动的效果，能够有效应对区域内的各类安全风险，实现从外到内的纵深防御，有效保护了公司的网络安全。公司通过关键理念与技术突破，不断汲取新的攻防理念，持续优化网络安全防护体系，将网络安全工作做到实处，无论对公司亦或用户，都能很好地保障其切身利益，这对行业有一定的借鉴意义。

平安产险自然灾害风险管控的数字化转型案例

◎ 中国平安财产保险股份有限公司

一、项目概述

平安产险自主研发的自然灾害风险平台，聚焦于灾害识别、灾害监测、灾害预测、巨灾管理四项风险管理服务，致力于建成中国保险业最具专业性的自然灾害风险管理能力。

平台以基础地理信息、精细化气象、水文、国内外卫星和无人机影像、灾害、财险积累的保险业务等数据为基础，结合数值模拟、机器学习、时空挖掘和地物识别等先进算法模型，实现对财险自然灾害风险的动态感知和管理，为气候变化和“双碳”战略目标下优化并创新保险产品和解决方案奠定基础。

二、项目背景及意义

（一）项目背景

近年来，在全球气候变化的背景下，自然灾害日益增加是我国目前面临的长期重大问题。2020 年，全球保险业因自然灾害而遭受的损失高达 760 亿美元，主要由暴雨、洪水、台风（飓风）和山火灾害所导致。2020 年，自然灾害影响了保险覆盖率较高的地区，其中有保险保障的部分占全球经济损失的 45%。保险为受灾害影响的生命和财产提供了重要支持，增强了财务韧性和社会稳定性。气候变化预计将导致更多的灾害事件，财险灾害损失在未来将有增无减。

2021 年是“十四五”规划的开局之年，“十四五”规划指出，要不断完善国家的应急管理体系，加强应急物资保险体系建设，构建应急指挥信息和综合监测预警网络体系，加强极端条件应急保障能力建设，提高防灾、减灾、抗灾和救灾能力，发展巨灾保险。

近年来，中国平安坚持科技赋能金融的战略方针，在我国本土积累了大量的科技创新案例经验和海量的数据资源。鉴于此，结合我国本土情况，使用我国本土的数据开发适合国情的技术和模型，提升我国保险业自然灾害风险管理能力和巨灾保险定价权，形成技术超越，进而助力我国实体经济健康平稳的发展。

（二）实施意义

自然灾害风险平台项目旨在基于时空大数据技术、多源异构数据和先进的算法模型，通过将地理空间智能化，为我国保险业建立自主可控的自然灾害风险平台，实现前置风险以及为客户及时理赔，通过金融手段帮助企业快速恢复生产，帮助困难家庭渡过难关。

同时，推动基础自然科学在保险业中的应用，实现产学研紧密结合。将地球科学、大数据技术和人工智能等研究成果应用到保险业务中，推动我国保险业的创新改革。

建设适用于我国的自然灾害风险平台将为各地定制灾害保险产品和解决方案奠定基础，使自然灾害保险中的定价、风控、核保和理赔等环节更为精准和高效，充分发挥保险社会“稳定器”的作用，保障社会民生稳定，防止因灾致贫返贫。

三、项目重点解决的问题及主要创新点

平安产险自主研发的自然灾害风险平台为财险行业提供自然灾害风险管理一站式的解决方案。项目依托平安产险积累的大量关于气象灾害造成损失的数据，极端天气事件发生、强度和影响范围等方面的出险资料，同时建设自然灾害时空数据库，成立自然灾害实验室，组建内部自有的自然灾害相关领域专业团队，提升了对较长时期中平均温度上升、极端天气频发等状况的预测能力，加快将气候变化的影响融入传统业务模式进程，提高保险传统定价、风控、核保和快速赔偿能力。

（一）重点解决的问题

1. 自然灾害风险平台依据世界上地球科学领域最先进的数值模式和物理模型等，已初步启动并深入规划，在不同的时间尺度上识别和评估与气候相关的物理风险，结合我国的地形地貌数据、土地利用数据和水文气象等数据，构造因地制宜的模型和方法，从而制定因地制宜的风险适应措施。基于平安产险自然灾害实验室，以四川为实验场，将及时了解到的最新科学发现和进展纳入自然灾害模型，与时俱进地思考如何将气候变化的趋势融入最新的模型内，并规划通过调整模型和开发更为先进的算法，来适应和模拟如今气候变化导致极端天气频发、洪水泛滥等灾害造成的更高的风险水平和强度。

2. 该平台极大地解决了大型工程险的痛点——“查勘成本高、风险防控难” 的问题。通过真彩色影像查勘、InSAR 查勘以及灾前/灾后影像对比等方式，大大降低业务员查勘的难度，提高理赔效率和服务质量。自然灾害风险平台通过历史数据结合空间算法调整风险偏好，使筛选的范围更精细，流程更智能。自然灾害风险平台使自然灾害保险中的核保、风控和理赔等环节更为精准，减少了人工操作，降本增效。

（二）主要创新点

自然灾害风险平台项目建立高质量自然灾害风险数据体系、安全可控的保险自然灾害风险时空大数据平台和自主研发的适用于保险场景的科学计算及算法模型，围绕全流程应用，全平台赋能支持客户、支持队伍、支持核保和支持理赔。其主要创新点包括以下几个方面。

1. 承保前入口风险识别及管理。基于空间数据、灾害数据、建筑物数据和降水数据等建模，自动生成风险地图。定量评估的风险等级用于辅助核保作业，通过嵌入业务系统及可交互方式提供风险判断、地面高程信息、标的周边地势出险等风险因子信息。

高精度风险地图覆盖 9 大自然灾害（内涝、地震、洪水、台风、暴雨、冰雹、大风、雪灾和崩滑流），并提供定制化服务和交互式地图工具；下一步将根据不同时间尺度的科学计算成果，相应调整业务结构并设计保险产品。绝大多数财险（再）保险公司的（再）保险合同都是年度续保/承保，这样便允许对受到气候物理变化影响的负

债方关键组合的费率、条款、条件以及为应对气候渐进变化的产品系列进行调整，也就是基于不同时间尺度持续调整风险观点和风险偏好，同时安排再保险来降低高风险地区的风险累积，比如东南沿海的台风区域和四川地震区域等。

2. 承保中自然灾害风险监控及预警、提醒。提前在全国范围内发送预警及风险提醒信息，协助防灾防损，并作为重点标的巡防的重要参考。

3. 全流程监控及巡防。用于保前查勘、重点标的巡防、大灾案件损失核定的高频率、高精度、覆盖广的集约化卫星监控体系，准确了解待承保标的的真实状况，从评估风险、固化证据、灾后取证和快速准确评估损失的真实性和程度等多个维度赋能保险业务。

4. 追踪和使用最新科学成果，算法和模型自主可控。参考 IPCC 各项相关计划更加长期的气候情景模拟，比如未来二三十年，来捕捉气候相关风险的“灰犀牛”和“复杂”特性。基于数据和灾害情景，有专门的数据科学人员，通过加入 GDP 增长和城市化等因素对于风险和损失增加的影响，对重点行业和标的进行数据挖掘和建模。

5. 将这些自然科学的成果与实际保险场景紧密结合起来，纳入财险的风险和精算模型，不断迭代和设计更可持续的、定价更为合适的产品和服务。例如，我们的绿色保险产品涵盖环境污染类、绿色资源类、绿色产业类、巨灾类、天气类和鼓励实施环境友好行为类，以及针对绿色产业的绿色保险产品和服务。

6. 自主研发的我国保险业独有的自然灾害风险时空大数据平台。根据自然灾害数据的类型种类分为矢量数据、影像数据和流式数据，整个平台包括自然灾害矢量基础子平台、自然灾害遥感影像基础子平台、自然灾害流式数据基础子平台，以及可视化的 B/S 架构管理前端自然灾害时空大数据管理系统。整个平台高可用、易扩展、高并发，采用微服务架构，支持容器化部署。在软件升级更新的过程中，支持数据局部更新，快速部署。平台及组件之间通过 Restful API 接口进行通信。

四、项目主要建设内容

自然灾害风险平台致力于为我国保险业提供一个便捷的自然灾害大数据、科学计算引擎和智能风险模型的平台。

（一）业务结构

自然灾害风险平台以基础地理信息数据、精细化气象观测和预报数据、国内外常见卫星、航片、无人机影像数据、保险业务数据、中国各行业经济数据和指标等为基础，通过在国产产品基础上自主研发的时空大数据引擎，结合数值模式、物理模型、时空挖掘机器学习和深度学习等方法，实现传统方法无法实现的时空大数据分析、挖掘和预测，提供适用于不同场景的自然灾害风险识别和预测能力，使预测信息跑得比灾害更快。结合各类风险等级评估、历史保单数据，搭建保险业智能化自然风险管理服务，实现对风险的动态识别，支持精算、核保、风控和理赔等作业。

（二）体系架构

自然灾害风险平台由时空数据湖等以下 5 个主要部分组成。其中，信息安全和基础设施为基础保障功能，为上层应用提供支撑和保障。

1. 自然灾害数据湖。提供时空数据的接入功能，为科学计算引擎提供可靠、全面、多源的原始数据支持。

2. 自然灾害大数据平台。自然灾害大数据平台是整个项目建设的基础软件平台，根据自然灾害数据类型，平台建设分为矢量基础子平台、影像基础子平台和流式数据基础子平台，以及自然灾害时空大数据管理系统。

3. 科学计算框架。科学计算框架是面向专业自然灾害计算模型的包容性计算框架，支持将各领域的专业算法和模型嵌入计算框架，与自然灾害时空大数据基础平台快速构建整套数据处理分析工作流，实现海量多源异构数据和海量保险业务数据耦合，解决传统科学软件与大数据平台脱节、难以进行二次开发、可视化界面粗糙和无法实现网络化分布式管理等问题。

4. 数据管理。包括访问、授权、审计和质量的管理体系，加强对接入、计算和访问各类数据过程的监管，保证数据接入、计算和访问过程中的安全，确保数据完整性、可信性。

5. 保险自然灾害风险管理应用系统。基于PaaS级的自然灾害时空大数据基础平台，建设面向具体保险业务需求的应用服务。

五、项目效果

（一）经济效益

预计项目建成后，预期助力自然灾害减损上千万元，覆盖70%以上的工程险重点标的。为客户以及订阅的公众发送国家预警信息和定制化的暴雨、洪水风险提醒短信19万余条。

（二）知识产权

根据财险自然灾害风险平台的不同模块，梳理专利，基于平安产险科技中心自主技术研究，树立保险业风险评估的知识产权标杆，已申请国家发明专利17项，计算机软件著作3项。

（三）行业带动效益

持续建设保险业领先的灾害风险管理平台，成为行业标杆，带动行业运用科技赋能保险公司开展保险业务、做到风险前置，防范风险，从而减少自然灾害带来的生命财产损失，同时帮助保险公司抵抗气候变化风险。

（四）其他重要效益

1. 有助于保障社会民生稳定。自然灾害风险平台将支持精准定位灾情程度，快速定损理赔，帮助快速恢复灾后生产。对于贫困地区，一场特大自然灾害可能会让无数家庭返贫，让前期大量的扶贫工作毁于一旦，而自然灾害风险能够提前预警并联动线下队伍布防，帮助提前规避风险以减少损失。

2. 推动基础科学在保险业的应用和转化。包括新型天气指数保险、价格指数保险和收入保险的相关研究成果，推动我国保险创新改革，同时推动把地理科学、气象科学等基础科学与保险业的深度融合。

六、总结

传统的保险灾害预警平台都是基于GIS和遥感技术，缺少时空大数据的支持和响应，我国的保险公司一直没有真正受益于大数据在防灾减灾方面的真实价值。平安产险自主研发的自然灾害风险平台，可以弥补业内不足，利用时空大数据的支持和响应，使得大数据技术在防灾减灾方面充分发挥其价值。主要价值体现在以下几个方面。

1. 鉴于西方国家尚未形成相关的实用服务体系，建设我国保险业的时空大数据标准和应用，既是实现安全可控国产化的必要，也是我国保险业利用科技手段实现弯道超车的大好机遇。

2. 响应国务院出台的《关于加快发展现代保险服务业的若干意见》，利用气象大数据、人工智能等先进技术手段，开发与农业、巨灾等相关的新型保险产品与平台，保障社会民生、促进经济转型升级和维护社会稳定。

3. 履行“双碳”目标，践行ESG，同时帮助保险公司减少保险损失，抵抗气候变化加剧造成的定价、偿付和承保策略等方面的冲击。

4. 提供自然灾害相关的风险评级、预测预警和灾损评估数据服务，结合不同地区自然灾害风险和保单分析，针对标的物进行多维度分析，形成保险业专属的精细化时空大数据平台。

5. 从技术和数据两个层面做好准备，打造保险业领先的自然风险大数据体系和可视化交互服务，通过风险防范、风险监测和快速理赔，助力保险业数字化转型。

专家点评

中国平安财产保险股份有限公司的自然灾害风险平台，依托平安产险积累的大量数据和出险资料，成功建设了自然灾害时空数据库，成立了自然灾害实验室，提升了对极端天气频发等状况的预测能力，提高了保险传统定价、风控、核保和快速赔偿能力。该平台通过整合大量数据和技术，提供适用于不同场景的自然灾害风险识别和预测能力，有效降低了出险频率，具有一定的经济效益。该公司打造的自然风险大数据体系和可视化交互服务，通过风险防范、风险监测和快速理赔，有助于保险业的数字化转型，具有一定的借鉴意义。

中再产险中国台风巨灾模型 2.0

◎ 中国财产再保险有限责任公司

一、项目概述

中国地处北太平洋西岸，台风发生频率高、影响范围广、突发性强、成灾强度大，是世界上遭受台风灾害最严重的国家之一。我国台风巨灾保险发展缓慢，原因在于风险量化能力不足及巨灾模型的缺乏。长期缺乏适应中国国情的巨灾量化模型的现状及国家掌握巨灾保险核心科技的发展目标，使得对研发具有中国自主知识产权的台风巨灾模型提出了强烈需求。

中国财产再保险有限责任公司子公司——中再巨灾风险管理股份有限公司联合中国气象科学研究院、中国气象局上海台风研究所、中国水利水电科学研究院、哈尔滨工业大学和重庆大学等专业研究机构和高校开发了我国首个拥有自主知识产权的、可商业应用的中国台风巨灾模型。中国台风巨灾模型包括灾害模块、工程模块、金融模块、承灾体风险暴露模块和应用平台五大模块。研发了包含台风事件集、风场、降雨、风暴潮和洪涝等台风巨灾广域、高精度和全过程的灾害模拟模型，能够量化评估不同地区的台风灾害风险，为台风巨灾风险识别、量化、精算定价、业务组合优化、风险累积控制和再保方案设计、巨灾保险机制建立等提供关键技术支撑，对提高我国保险业管理台风灾害风险能力、提升巨灾保险保障水平具有重要意义，该模型具有良好的商业应用前景。

二、项目背景及意义

台风是一种形成于热带海洋、具有破坏性的低压天气系统，其伴随热带气旋产生的强风、暴雨、风暴潮以及洪涝等可对我国人民生命财产、工程和基础设施以及农业、林业、渔业等造成重大损失。2004—2019 年，我国年均直接经济损失约为 580 亿元，严重影响了国计民生，其中，2019 年 8 月，台风“利奇马” 造成了浙江、福建等 9 省共 1402.4 万人受灾，209.7 万人紧急转移，直接经济损失 515.3 亿元。目前，我国灾害救助方式多以各级政府为主导，以国家财政救济和社会捐助为支撑，商业保险的损失补偿率不足 5%。这与美国、英国等发达国家 50% 以上的保险补偿份额相比，差距甚远。巨灾保险作为分散灾害风险的重要经济手段，其风险补偿职能和效用亟待进一步提升。政府部门、生产企业和个人作为巨灾保险的核心投保人，对灾害风险认识不足，保险费率计算方法不明，整体投保率相对较低。保险公司则因缺乏精细的风险量化方法，灾害风险评估能力不足，则往往通过业务总量设限，规避巨灾造成的企业运营风险。风险量化能力不足及巨灾模型的缺乏，成为阻碍国家巨灾保险深度发展的关键“瓶颈”。

现阶段研发的台风巨灾模型存在以下不足之

处：一是我国现阶段的台风巨灾损失评估模型以单次灾害快速风险评估为主，难以满足保险业长时间、精细化标的风险量化的需要；二是国际上台风巨灾保险模型发展相对成熟，但其开发的中国台风模型存在区域适用性不强、更新周期长等问题，不能满足中国快速经济增长，以及风险格局不断变化对台风巨灾风险量化的需求；三是目前我国尚无面向保险应用的台风巨灾保险模型，相关风险量化数据主要依赖国外保险模型提供，影响我国保险业对巨灾保险的定价权。长期缺乏适应中国国情的巨灾量化模型的现状及国家掌握巨灾保险核心科技的发展目标，使得对研发具有中国自主知识产权的台风巨灾模型提出了强烈需求。

开展具有中国自主知识产权的台风巨灾模型的研发，是响应新时代习总书记关于防灾减灾救灾新方针、防范重大金融风险、落实国家科技兴国发展战略的重要科技实践；为政府部门灾害风险评估、基础设施规划建设、灾害预警和防灾减损等提供参考及借鉴；为保险业保险费率厘定、保险产品研发定价、保险公司风险累积管理、再保险风险转移方案实施和国家巨灾保险机制建立等提供科学依据。

三、项目重点解决的问题及主要创新点

本项目研究成果的创造性和先进性主要体现在以下五个方面。

（一）研发了包含台风事件集、风场、降雨、风暴潮和洪涝等台风巨灾广域、高精度和全过程的灾害模拟模型

1. 创新建立了具有物理机制的西北太平洋台风生成、路径、强度演变的随机模型和中国沿海台风强度衰减模型。

2. 采用了Georgiou台风风速场模型和Holland风压关系模型，结合中国精细下垫面特征数据，构建了符合中国地形地貌的台风风场模型。

3. 结合国际先进的水动力学模型ADCIRC，首次建立了覆盖中国沿海的台风风暴潮模型。

4. 建立了基于超大规模并行计算的台风巨灾洪涝灾害模拟系统。

5. 相较于国外同类模型(RMS/AIR）而言，本模型具备底图资料新、数据精度高、全过程动态模拟等显著优势。

（二）构建了全球首个符合中国国情的台风巨灾保险易损性分析模型和曲线

1. 以我国常见建筑结构为对象，根据台风作用下承灾体损失机理，建立了符合中国国情的住宅、商业和工业厂房等建筑台风洪涝易损性分类体系。

2. 建立了全球首个面向中国台风巨灾保险的建筑结构、室内财产以及营业中断和在建工程的易损性分析模型和曲线。

3. 考虑风荷载、飞掷物及洪水联合作用，建立了全球首个符合中国国情的台风巨灾保险易损性分析模型和曲线。

（三）研制了基于多源异构大数据的高精度中国1公里网格风险暴露数据库

融合2019年全国68个核心城市主城区的精准建筑信息、百万级POI(兴趣点）数据、公里网格人口、生产总值、经济发展水平、夜间灯光指数以及土地利用、土地覆盖等多源异构大数据，构建了面向政府和保险业的风险暴露分类体系，采用人工智能方法研制了首个高精度中国/

公里格网住宅、商业和工业风险暴露数据库。

（四）构建了全球首个基于超性能计算的台风巨灾模型

依托中国科学院计算技术研究所超性能计算资源，研发了针对台风风场、降水、风暴潮和洪涝模拟的大规模并行计算和算法优化技术，解决了台风巨灾模型计算范围广、计算数据庞大和数据结构复杂等因素造成耗时长的问题，打造了全球首个基于超性能计算台风巨灾模型，能够有效满足保险业对海量、广域和实时巨灾事件的模拟需求。

（五）研发了首个具有自主知识产权的台风巨灾风险量化平台

基于BS架构，采用超性能计算、GIS可视化、大数据、云计算和人工智能等先进技术手段，采用组件化开发思路，集成了灾害模块、易损性模块、风险暴露模块和保险损失计算模块，为政府部门、企事业单位，以及金融保险业提供一套完整的灾害风险管理解决方案。平台通过实时Web地理信息系统手段，构建灾害风险及损失数据可视化引擎，有力支撑台风灾害风险识别、保险定价、理赔及时响应、业务组合优化、风险累积管理和再保方案设计，为保险业防灾减损科技赋能。

在中国台风巨灾模型研发过程中，为解决科学问题、提升模型计算精度和速度，研发大量专利，目前已受理4项，9项尚在受理中，涵盖地理信息数据处理，以及算法优化、图形界面等多方面。

四、项目主要建设内容

针对我国保险业在巨灾模型领域长期“缺芯”的问题，研发了首个拥有自主知识产权的中国台风巨灾模型，该模型从灾害模块、工程模块、风险暴露模块、金融模块和应用平台等方面，进行了面向保险应用的台风事件集、风场、降水场、风暴潮及洪涝模拟，探索各类承灾体风致易损性与洪涝易损性，建立了行业风险暴露数据库，融合纯风险损失计算、各保险场景下的费率计算方案，搭建中国台风巨灾风险量化平台，研发了支持多功能的数据分析和多维度可视化的计算引擎。该模型将为台风巨灾风险识别、量化、精算定价、业务组合优化、风险累积控制和再保方案设计等提供关键技术支撑，助力提高我国保险业管理台风巨灾风险的水平。主要内容有以下几个方面。

1. 建立了西北太平洋台风生成、路径和强度演变的随机模型，根据中国沿海地形地貌特征分区建立了登陆台风强度衰减模型，形成了包含台风风场、降水场和风暴潮计算所需的关键参数的大样本台风随机事件集。

2. 采用了Georgiou台风风速场模型和Holland风压关系模型，并结合2019年土地利用、土地覆盖和地形数据，研发了符合我国地形地貌特征的台风风场模型和台风随机风场事件集。

3. 考虑了下垫面热力状况、复杂地形起伏与地面粗糙度的动力作用和螺旋雨带结构，建立了影响中国的台风降水场模型，构建并验证了逐小时、高空间分辨率的台风随机降水事件集。

4. 利用了国际先进的水动力学ADCIRC模型，建立了覆盖中国沿海的台风风暴潮模型，构建并验证了影响中国沿海台风随机风暴潮事件集。

5. 基于降水和风暴潮事件集，研发了基于流域和网格嵌套分布式水文模型，建立了基于超大规模并行计算的台风巨灾洪涝灾害业务化模拟系统，给出了台风洪涝淹没范围、最大淹没水深和淹没历时等时空分布数据集。

6. 以我国常见建筑结构为对象，依据洪水作用下承灾体的损失特点，建立了符合中国国情的住宅、商业和工业厂房等建筑的台风洪涝易损性分类体系，开发了建筑结构和室内财产的洪涝易损性模型，验证了易损性曲线的适用性。

7. 考虑了建筑高度、体型、屋面类型、飞掷物和设计风压等影响风荷载和结构抗风性能的参数，创建了考虑风荷载与飞掷物联合作用下的易损性模型，并验证了模型的合理性和适用性。

8. 融合了全国 68 个核心城市主城区的精准建筑信息和百万 POI（感兴趣点）大数据信息，基于机器学习方法构建了高分辨率（1 公里格网）的全国住宅、商业和工业风险暴露数据库。

9. 针对（再）保险行业对于台风巨灾风险管理的需求，采用超性能计算、云计算和人工智能技术，研发了具备大数据挖掘与多维度可视化功能的中国台风巨灾风险量化平台。

五、项目效果

（一）直接经济效益

中国未来的台风灾害风险巨大，截至 2019 年，仅中国保险业台风洪水风险暴露已累积到 112 万亿元，并以 11% 的复合增长率持续增长。从国际经验来看，采用台风巨灾模型对特定地区台风风险进行量化分析是通用手段，保险公司、政府机构及金融市场和企业均能使用台风巨灾模型开展风险量化评估和管理。全球保险市场中绝大多数保险公司均在使用巨灾模型进行保险费率厘定、保险产品研发定价、保险公司风险累积管理和再保险风险转移方案实施等，以最大限度发挥保险在巨灾风险分摊中的作用，防范巨灾带来的金融风险。

从保险业来看，主要的财险公司将利用台风模型进行承保、理赔和防灾防损等方面的工作，达到了提高业务质量和减少灾害损失赔付的作用。

政府机构则可以通过台风模型提前进行防灾减灾工程建设、防灾减灾资源配置和防灾减灾预案制定，以高效利用防灾减灾资源，最大限度地减小台风带来的经济损失，恢复台风对经济造成的影响。

（二）推广应用前景

在国际上，为解决保险业风险量化的难题，RMS 和 AIR 公司于 20 多年前开始研发面向保险应用的台风巨灾模型，并于 10 年前初步建立了中国台风巨灾模型。国际公司开发的台风模型，在体系上相对成熟，但其开发的中国台风模型存在区域适用性不强，更新周期长等问题，不能满足中国快速经济增长、风险格局不断变化对台风巨灾风险量化的需求。中国台风巨灾模型打造了我国首个具有自主知识产权的开放式巨灾模型平台，打破了国外垄断，填补了行业空白。

中国台风巨灾模型的风场模型目前已应用于一些财险公司，这些财险公司对台风保险费率厘定、台风巨灾保险产品研发定价、保险公司风险累积管理和再保险风险转移方案实施有很大需求。与保险公司签订试用协议，从目前与保险业主要财险公司的交流情况看，可以预计，中国台风模型具有很大的商业化应用前景。

六、总结

本项目研发了包含台风事件集、风场、降雨、风暴潮和洪涝等多灾因耦合作用的中国台风巨灾模型，具备基础数据资料完整、方法先进、全过程动态模拟等显著优势。该模型是我国首个拥有自主知识产权、可供商业应用的台风巨灾模型，填补了我国再保行业的空白。能满足我国台风巨灾保险业需求，可应用于各直保公司、再保公司和保险经纪公司制定精细化巨灾风险区划和限额管理、快速评估承保业务的保险损失和优化设计再保方案，提高资金运用效率，降低运营成本，提升中国巨灾保险的定价权及中国保险业在国际巨灾市场的地位。该模型直接对接国家防灾减灾需求，可为政府部门进行台风防灾减灾、建立巨灾保险经济补偿机制和防范重大金融风险等提供服务，助力国家现代化灾害风险管理体系建设。

专家点评

中国财产再保险有限责任公司子公司——中再巨灾风险管理股份有限公司的中国台风巨灾模型2.0，从多个方面，进行了面向保险应用的灾害模拟，探索各类承灾体风致易损性与洪涝易损性，建立了行业风险暴露数据库，融合风险损失计算、费率计算，搭建了中国台风巨灾风险量化平台，是中再产险台风巨灾管理的坚实基础，提升了公司竞争力。公司研发了支持多功能的数据分析和多维度可视化的计算引擎，为台风巨灾管理提供关键技术支撑，有助于提高我国保险业管理台风巨灾风险的水平，为行业提供了实践经验。

永安保险人工智能技术助力反保险欺诈

◎ 永安财产保险股份有限公司

一、项目概述

永安财产保险股份有限公司（以下简称永安保险）2021 年建设的车险反欺诈项目，构建了涵盖复合型欺诈风险识别技术的欺诈风险防控机制，将对车险欺诈风险防控重点放在近年来对保险业造成越来越严重危害的有组织欺诈行为方面。

该项目在行业内率先构建了融合多种欺诈风险识别技术的复合型保险欺诈风险管控机制，为了应对 2020 年车险综改以来保险业面临的新的欺诈风险变化趋势，引入了包括知识图谱技术、反欺诈预测模型、图特征预测模型和因果推理等在内的大量人工智能技术，借助创新的技术组合提升了永安保险的欺诈风险识别能力。

同时，为配合欺诈风险识别能力的提升，对高欺诈风险案件管理流程进行优化，即依托反欺诈识别技术进行高欺诈风险案件的调查资源调度，并对案件调查流程实行闭环管理。在提升反欺诈减损成果的同时，为后续优化欺诈风险识别机制奠定了良好的基础。

该项目的创新点在于以下两个方面：首先，相较于行业中其他保险反欺诈信息系统，该项目汇集了更多的基于人工智能技术的欺诈风险识别技术，其中很多技术都是首次在行业中被实际应用，比如引入因果推理技术对传统的反欺诈规则进行识别，引入图特征预测模型对增量案件中所包含的实体的欺诈属性进行预测。其次，为了将众多欺诈风险识别机制的识别效果最大化，将所涵盖的反欺诈识别技术创新地进行了组合。换言之，每种技术不是独立作战，而是融合在一起，为了一个共同的目标发挥各自的技术优势。

二、项目背景及意义

自从保险这一经济事物诞生之日起就面临保险欺诈行为的侵蚀。国内外保险业的发展史同时也是其各自与保险欺诈行为的斗争史。

即便是西方保险业发达的国家，经过数百年与保险欺诈的斗争，每年涉及保险欺诈的保险赔案数量和赔款金额的占比都为 5%～10%，个别产品线的欺诈行为渗透率甚至超过 10%。

根据国际保险监管者协会（International Association of Insurance Supervisors，IAIS，又称国际保险监督官协会）测算，全球每年有 20%～30% 的保险赔款涉嫌欺诈。

而据保守估计，我国车险行业的欺诈渗漏占理赔金额的比例至少达到 20%，对应每年损失超过 200 亿元。随着信息传播技术的发展，保险欺诈风险日益凸显，并呈现出专业化、团伙化等特征。如何构建科学有效的反欺诈体系，已成为亟须解决的问题。

自 2020 年 9 月我国保险监管机构开展“机动车辆保险综合改革”（以下简称“车综改”）以来，

我国机动车辆保险行业所面临的保险欺诈形势也发生了明显的变化。

《中国保险行业协会机动车商业保险示范条款(2020 版)》作为“车综改”的重要内容之一已颁布和执行。相较于原来的行业示范条款，其最主要的变化是“扩大保险责任、提升保障”。新的行业示范条款的颁布和执行，客观上起到了减少临时起意保险欺诈行为的发生。换言之，随着“车综改”的推进和深化，有组织的团伙保险欺诈行为将成为我国机动车辆保险行业在未来所面临的主要欺诈风险。

永安保险在“车综改”颁布和执行后，前瞻性地预见了机动车辆所面临的保险欺诈形势的变化，将反保险欺诈的重点放在防范有组织团伙欺诈，开始建设车险反欺诈项目。

该项目建成后，极大地提升了永安保险针对有组织团伙保险欺诈行为的识别及防范能力。

三、项目重点解决的问题及主要创新点

永安保险车险反欺诈系统项目的核心定位是提升本公司的有组织团伙欺诈识别能力。

在缺乏有针对性的技术之前，识别有组织的团伙欺诈行为是一件劳动强度高而低效的工作。

机动车险理赔反欺诈人员为了追踪、识别潜在的欺诈团伙，通常要关注彼此之间有关联的几十个甚至上百个理赔案件，试图在其中发现存在的人车之间的关联性。而在这个费时费力的工作过程中，从跨多年的案件信息中收集、关联乃至图形化呈现出案件之间、案件所涉及的人车之间的关系都是靠手工来完成的。

“Excel 表格+手绘网络关系图”可以说是我国保险业理赔反欺诈人员识别有组织团伙欺诈的必备工具。

但是这种几乎为全人工的、缺乏技术支撑的工作方法不仅加大了理赔人员的工作劳动强度，更重要的是它延长了识别保险欺诈团伙所需要的时间。保险公司不能及时识别、打击欺诈团伙的结果就是承受更多的理赔损失，并且使得欺诈团伙的欺诈行为更加猖獗。

因此，有效地提升针对有组织团伙欺诈行为的识别能力就成为永安保险车险反欺诈系统项目的核心内容。

相较于行业内其他保险公司简单地引入用于提升识别有组织团伙欺诈的关联分析技术，永安保险车险反欺诈系统将多种最新的反欺诈识别技术有机地结合起来，具体而言，即以知识图谱技术为基础组件，辅之以包括基于自动机器学习(AutoML)技术的反欺诈预测模型、深度挖掘预测实体团伙欺诈属性的图神经网络预测模型，使得多种技术相辅相成，共同发挥作用，强化识别欺诈团伙的能力。在这三种技术构成的有机体中，一是位于中心位置的基于知识图谱的团伙欺诈网络识别技术，其可为永安保险车险反欺诈系统自动输出高风险欺诈群组。同时，向位于左右两侧的面向个案的反欺诈预测模型和图神经网络预测模型输出高风险群组标签。二是位于左侧的基于 AutoML 技术的反欺诈预测模型，在接收高风险团伙欺诈群组标签的基础上，不断优化其针对个案的欺诈识别能力并反向为团伙欺诈网络输出高风险个案，进行其涉及团伙欺诈的闭环搜索。三是位于右侧的基于图特征预测模型，首先接收系统自动输出的团伙欺诈群组标签，并抽取涉及团伙欺诈群组的案件中的实体关系；然后将其作为标签训练基于图特征的个案预测模型，并反向为团伙欺诈网络输出高风险个案，进行涉及团伙欺诈的闭环搜索。

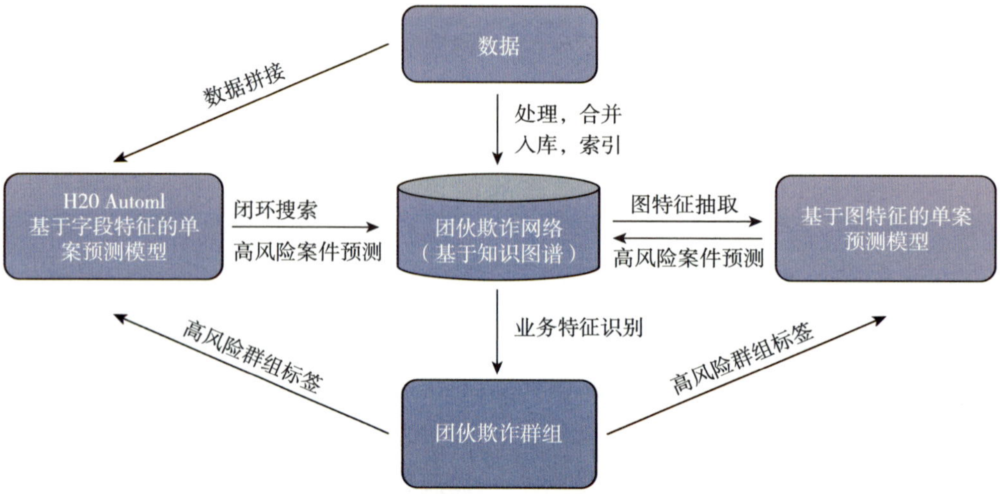

图 1　车险反欺诈系统

正是基于这种创新的技术组合策略，永安保险车险反欺诈系统（见图 1）向理赔反欺诈人员及时、源源不断地输出团伙欺诈高风险群组，在欺诈团伙形成初期就被识别出来，从而避免更多的保险赔款支出。

依托上述关键技术构建的车险反欺诈识别模型集成于永安保险车险反欺诈系统中。该系统向永安保险的理赔反欺诈人员提供以下几个主要功能：

1. 构建覆盖多年车险理赔案件的图数据库，拓展了理赔反欺诈人员在识别、追踪欺诈团伙的分析视野并将其从收集基础数据的手工操作中解放出来。

2. 支持理赔反欺诈人员进行自主查询并向其输出可视化、图形化的群组分析界面，同时提供交互式的分析操作功能，将其从手工绘制网络关系分析图的手工操作中解放出来。

3. 依托上述集成的多种欺诈风险识别模型自动输出高风险群组。

4. 支持理赔反欺诈人员进行高风险群组的全流程的调查跟踪、记录功能。

5. 提供了经过因果推理技术优化的反欺诈识别规则，便于理赔反欺诈人员掌握永安保险车险业务所面临的整体欺诈风险类型。

四、项目主要建设内容

永安保险车险反欺诈系统的建设包含以下几个主要方面：

1. 在构建了基于知识图谱技术的图数据库基础上，实现了针对历年全量车险承保理赔数据的高效查询。

2. 构建了涵盖多种基于业务特征的有组织团伙欺诈的识别技术，辅之以基于 AutoML 和基于图特征的个案欺诈风险预测模型，实现了系统自动推送高风险群组。

3. 依托因果推理技术，对原有的反欺诈规则模型进行优化，帮助公司整体掌握所面临的欺诈风险类型及规模。

4. 提供了基于风险识别结果的反欺诈调查流程管理，涵盖风险识别、群组分析、调查行动和结果反馈的全流程闭环管理。

对项目中包含的关键技术组件和在系统中所起的作用及技术原理进行逐一介绍。

（一）基于知识图谱技术的欺诈网络识别

欺诈组织往往隐藏在非常复杂的关系网络里，不易识别。只有把其中隐含的关系网络梳理清楚，才有可能分析出其中潜在的风险。换言之，在分析识别保险交易中的有组织欺诈行为的时候，需要重点关注实体及其之间的关系。但传统的关系型数据库最不擅长的就是关系的挖掘，通常要跨多张数据表单才能完成实体关系的梳理。并且，当数据量增大的时候，这种关系的关联、挖掘效率就会大幅下降。

随着近年来知识图谱技术的不断成熟和发展，其替代之前的关联分析技术成为互联网场景中最适合进行关系挖掘的技术，并且得到了充分应用。类似地，知识图谱也可以成为最适合保险业进行有组织欺诈识别的重要分析技术手段。

知识图谱(Knowledge Graph)是一种用点来代替实体、用边代替实体之间的关系的一种语义网络本体模型设计。我们从图2不难看出，相对于传统关系型数据库，知识图谱技术实现了工具图数据库用于欺诈网络识别的巨大优势，即以图形化展现及可交互的操作替代数据表单。

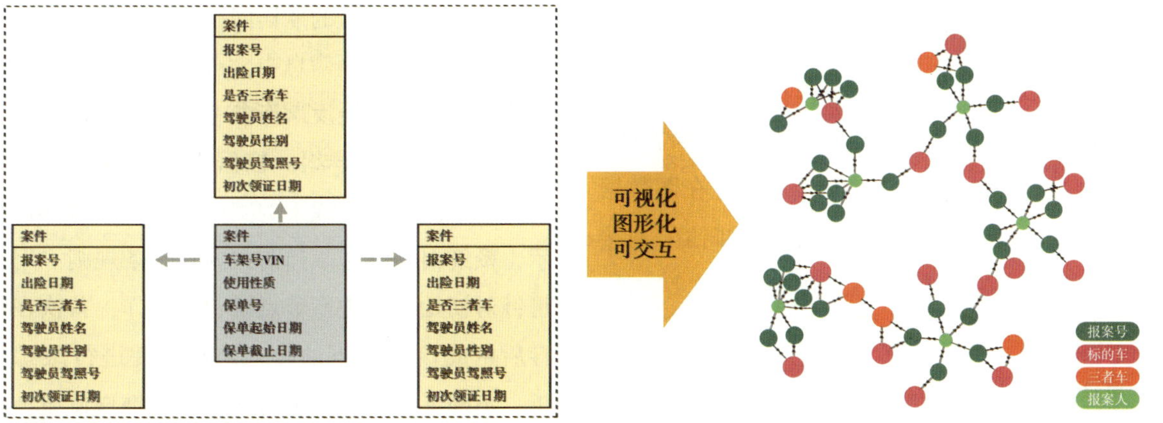

图2　图数据库

尽管图数据库提供了高效的遍历算法，但是为了满足其对于保险交易中存在复杂的实体关系情况下的查询、输出效率进行支持，尤其是为了能够满足实时查询的时效要求，在本项目的实施过程中，在构建了最能代表车险业务流程及其过程中各实体之间关系的本体模型，并以历年车险承保、理赔基础数据重构了实体关系图数据库后，在图数据库原有的指针式查询的基础上对图数据库的查询设计进行了创新，代之以逐层查询的设计逻辑。

以对案件自主查询并展开四度范围内所有连接属性不为Weak的节点为例，进行具有1600万个实体节点和2800万个实体关系的查询时，在返回查询结果相同的情况下，相较于原有的查询逻辑所需589136 db hits和2643毫秒的查询时间，新的逐层查询极大地降低了在图的展开与复杂模式查询中花费的时间，仅需218db hits和19毫秒时间，效率提升幅度可以说是几何级数的，达到知识图谱线上实时响应的需求。

凝结了行业实践的欺诈网络识别本体模型和经过进一步优化的图数据库查询逻辑设计，是永安保险车险反欺诈系统核心内容能够提供业务价值和便捷高效的查询时效的有力保证。

（二）基于图特征的预测模型

由于车险反欺诈系统的核心是基于知识图谱技术构建的车险实体关系图数据库，所以在欺诈网络群组的挖掘上，除了引用基于业务特征的挖掘技术，还引用了基于图特征的预测模型。

其基本技术原理是：依托系统已经自动生成的欺诈群组作为标签，抽取这些标签群组所涉及的实体及其之间的关系，训练图特征预测模型。当增量案件发生的时候，根据其实体关系形成的子图，对其是否为欺诈案件的可能性进行预测。

实现过程中的技术重点在于图数据的特征维度取齐以及图数据的输入形式。其中，在图数据的特征维度取齐时，可使用包括添加零向量、直接对、节点拓扑信息聚合和节点拓扑信息抽取等方法。

（三）用于优化反欺诈规则模型的因果推理技术

图灵奖得主、贝叶斯网络之父朱迪亚·珀尔（Judea Pearl）教授倡导的因果推理是一种更接近人类思维、决策方式的分析推理方法。其技术原理是，通过构建包含建模（Model）、识别（Identity）、估计（Estimate）和反驳（Refute）的四步法，可验证当前假设在现有数据下是否满足因果推理的过程。

举例而言，当我们评估一条反欺诈规则是否有效（请注意是否被触发不重要，重要的是它在识别欺诈案件的过程中是否能发挥真实有效的作用）时，可以借助上面的四步法来构建模型并对其有效性进行评估。在第四步反驳阶段，如验证结果报告显示 p 值 <0.001，则表明通过验证，即案件是否为欺诈案件这个“果”与符合反欺诈规则设定条件的这个“因”之间存在因果关系。

在对传统的反欺诈规则进行了因果推理检验后，选取能够通过假设检验的规则，放弃一些看上去“很合理”但是在实际应用过程中对识别保险欺诈行为没有效果的规则。

五、项目效果

该系统已经上线，主要包括以下几个项目效果总结。

（一）群组分析

基于知识图谱的欺诈网络识别技术，从永安的海量客户和车辆信息中，自动输出高风险欺诈群组，供理赔质检反欺诈参考使用。

1. 系统推送群组。根据内置规则生成的群组，是不同风险模式下的实体间关系的可视化展示，系统自动推送。当前共内置十条规则。用户可针对初始网络进行节点增、减操作，首次在保存后生成该群组下的个人群组，并进行跟踪分析；不同系统的用户可对同一系统推送群组，分别生成个人群组，并各自进行跟踪分析。

2. 自主创建群组。支持用户根据已掌握的高风险案件的实体信息（包括但不限于报案号码、车牌号码和证件号码等信息）进行查询并进行可视化展现。当前系统默认根据查询条件进行三度范围内关系网络查询并输出实体关系图。用户可针对初始网络进行节点增、减操作，首次在保存后生成自主创建群组及该群组下的个人群组，以便后续进行分析、挖掘和持续追踪。

（二）网络节点实体关系图

群组信息可以通过实体关系图进行展示，实

体关系图是一种由圆形节点（代表实体，包括但不限于自然人、车辆、修理厂、电话号码、伤残评定机构、内部员工等）和边（代表节点之间的关系，比如驾驶员与其驾驶车辆之间的关系为“驾驶”、投保人与保单之间关系为“投保”等）组成用来描述保险事故中各当事方关系的图形。

实体关系图可以对点和线进行拖拽、增减和筛选等操作，方便业务人员对欺诈组织进行识别。在提供的多种操作功能以及支持流程化管理等方面具备简单、实用的良好表现，同时在高可用性、快速检索和可视化展现方面性能优越。

（三）欺诈标注功能

在系统推送群组或个人创建群组的网络群组关系中，经理赔、稽查人员调查核实后，如确认存在异常关系的关键节点，比如确认参与欺诈行为的车辆、人员及机构等信息，要进行欺诈标注。欺诈标注需经审核通过后在系统中生效。生效后，被标注节点在网络图中增加特殊标识加以提示。

六、总结

经过上线几个月以来的运行，永安车险反欺诈系统在稳定、高效运行的基础上，实现了既定的建设目标，即在有效提升公司的反欺诈识别能力的基础上，提高了反欺诈工作效率，减少了涉及保险欺诈的赔款支出。

反保险欺诈工作不是一个公司的战斗，而是全行业共同面临的一个课题。永安车险反欺诈系统的建设，不仅提升了公司自身的欺诈风险识别、防控和减损能力，更重要的是，还可以在后续与行业协作中，输出更多有组织的团伙欺诈线索，促进跨保险公司的反保险欺诈成果最大化，反过来又可以促进永安保险的反欺诈工作成果。如此周而复始，形成良性循环。

在使用过程中也发现了一定的问题，其中最主要的是受到基础数据质量的限制，反欺诈系统的实际作用还没能够充分发挥出来。举例而言，在理赔过程中重要的人员、车辆数据未填写或错误填写，会导致未能实现更多有效的实体关联。随着业务数据质量的提高，相信永安的反欺诈工作质量会有更进一步的提高。

专家点评

永安财产保险股份有限公司构筑的反保险欺诈屏障，充分运用人工智能技术，通过创新的技术组合，提升了公司的欺诈风险识别能力，起到反欺诈减损的作用，取得一定的经济效益。公司依托反欺诈识别技术，进行高欺诈风险案件的调查资源调度，并对案件调查流程实行闭环管理，为后续优化欺诈风险识别机制奠定了基础，一定程度上推进并实现了行业在反欺诈项目上的良性循环。该公司创新性地应用一些人工智能新技术，提升了反欺诈项目的精准度和预测性，具有一定的借鉴意义。

紫金保险健康险智能核保系统

◎ 紫金财产保险股份有限公司

一、项目概述

伴随着健康险业务的发展和兴起，健康险风险控制成为一个永恒的话题。利用多元的健康险数据，通过科技的力量，搭建一套健康险风控系统，能够有效地降低健康险投保的风险，已经成为各家保险公司的必然选择。

健康险智能核保系统通过智能问卷的方式进行数据的收集与分析，通过直连艾涞博、中银保信和医疗等数据的方式，将健康险投保过程中人的数据统一收集落库、分析处理。最后，通过自核引擎对业务数据进行规则处理，同时对收集到的风险控制数据进行筛查，从而达到多维度防控健康险投保风险的目的，并且达到智能核保的目的。

二、项目背景及意义

（一）项目背景

紫金保险自开业运营以来，健康保险业务规模快速发展，业务场景多样性、复杂性越来越高，在实际业务处理过程中，大量的健康险业务尤其是个人健康险业务，前端风险识别与风险筛查能力亟须提升。在对同业风险管理技术进行充分调研后，健康险智能核保系统应运而生。

（二）项目意义

该系统旨在提升公司风险管理水平，提高对市场需求和监管要求的响应速度，为紫金保险不断开辟新市场、发展新业务奠定技术支撑基础。

三、项目重点解决的问题及主要创新点

（一）项目重点解决的问题

项目的主要依据是数据。把多元化的异构数据按标准采集到数据中台。按照业务实际开展的情况，对数据进行个性化处理，从而分析投保人的投保风险，并作为智能核保的数据依据。基于标准化的数据及其处理结果，最终在规则引擎的执行端，给出智能核保结果。该系统解决了健康险数据来源多样化的问题，将多个维度的数据标准化处理；解决了健康险业务规则冗杂的问题，将数据与业务要求相结合；解决了人工核保的随机性问题，为公司节能增效贡献力量。

（二）项目主要创新点

1. 多元化数据，打造紫金健康险数据库。健康险核保依赖医疗、药品和历史投保信息等多个维度的数据，打造一个数据元素丰富、信息量充沛的数据库，是每家保险公司的必经之路。紫金保险在这样的思路下，率先建立 CRM 模块，保存客户的信息。同时，通过直连艾涞博、中银保信和医疗等数据，多维度获取客户信息，将客户信息标准化落库。该数据库的建立，既能满足当前智能核保的要求，又能为风险模型的建立提供参考。

2. 灵活性数据处理，满足业务多变的场景。

区别于传统型的硬编码，业务灵活性不高，该系统在中台建立ITM模块。ITM前端，通过VUE实现业务配置的前端系统。在系统中，可以通过健康险产品、数据渠道与处理逻辑，由业务灵活配置风控数据的处理逻辑。伴随着业务的变化，业务灵活调整产品获取数据的范围和处理数据的方式，减少了需要调整的工作量，极大地方便了业务开展的同时，减少了开发人员需求调整的工作量。

3. 建立自核系统，完成智能核保。健康险的核保，不仅仅是对投保信息的简单筛选，更是对风控数据、医疗数据和药品等多个维度的信息汇总，人工处理极度复杂。在建立了客户中心、保单服务和健康险风控系统等多个模块的基础上，引入自核系统。通过Drools规则引擎，将健康险相关的保单数据、风控等级、风险等级和医疗信息的多维度参考信息，统一汇总到自核系统中。规则引擎自动执行，形成智能核保的结果，更加科学性、合理化。

四、项目主要建设内容

（一）智能问卷

智能问卷是在线核保的重要环节，问卷会嵌入在线核保流程中。在客户投保告知异常的情况下调用智能问卷，通过与客户互动问答的方式快速出具智能核保结论。相对于传统核保，智能核保让投保更简单，承保更快捷，过程更人性化，为客户带来极致体验。主要功能包括：前端H5互动问卷，适配多种销售流程；灵活配置的管理后台；全流程轨迹和核保结论明细查询功能。

（二）智能风控

健康险智能风控通过引入外部第三方风险评分数据，比如行业投保、核保、理赔数据以及医疗行业大数据，通过风控模型建模，输出风控模型结果，在健康险投保和核保环节加以应用，能够为健康险的核保提供额外的决策依据和判定标准，并且通过自动化的规则完成系统判断，为健康险的精准识别、自动化承保提供有力支撑。主要功能包括智能风控可视化规则配置功能、智能风控结果查询功能。

（三）自核引擎

自核系统通过数据BOM模型，将出单系统、风控系统的数据源统一成自核系统的入参。业务通过各个核保指标，定义核保规则，作为自核系统处理入参的规则。自核系统采用Drools算法引擎，高效地执行规则，给出核保结论，返回出单系统。该系统实现了管理流程自动化，提高了效率。同时，IT系统必须依据业务规则的动态变化，为了快速、低成本的更新，业务人员能直接管理IT系统中的规则，不需要程序开发人员参与。主要功能包括规则管理平台和规则执行引擎。

五、项目效果

（一）风控信息数字化，提高风控能力

通过前期问卷信息收集、风险等级系统对接、健康险核保理赔风险评估和医疗信息对接，将业务核心数据与风控数据相结合并打通，共同提升风险控制的能力，将风险从抽象的概念，落实到实实在在的数据中去。

风控信息数字化，将风控动作流程化、标准化，将风险从看不见的地方展示到看得见的界面。能够帮助健康险部门的同事时刻调整业务规则，不断提升业务风险控制水平。同时，根据元素丰富的风控数据，建立风险控制的模型，可以有效预防风险的发生。

（二）智能核保代替人工，提高业务规范性

系统上线之前，健康险核保理赔均为人工核

保核赔，业务部门需要安排人员进行专项操作，不仅浪费人力，核保核赔的标准化、操作效率也有待提升。同时，收集核保的数据并且分析耗费了大量的时间。系统上线后，统一了标准，实现了智能核保，替代了人工。每笔业务都是统一标准，实现了业务标准化。核保效率提升，核保时间压缩到了秒级。历史数据的分析处理均为线上处理，实现了大数据级别的在线处理。

紫金保险保守估计，实现了百万级的人员成本压缩，达到了降本增效的目的。同时，业务全流程线上化，科技辅助业务的达成，实现了线上化的业务目标。

（三）健康险智能核保从无到有，为健康险新时代做准备

健康险智能核保系统的建设，落在业务中台的架构基础上，利用优势的架构，形成了一套健康险风控的优势技术架构体系。

利用开放平台与外部对接，业务中台对数据进行收集和处理，自核系统将风控数据形成智能核保结果，最终供出单系统调用。该模式可以作为一个完成的健康险风控对接流程，方便对接更多体系的数据，比如药品库、医疗设备的数据；可以作为一个完成的健康险核保系统，对接更多出单平台，方便线上、线下业务的同时开展。

健康险智能核保系统的存在，为紫金保险赶上健康险事业新时期提供了有力保障。

六、总结

通过科技手段，解决“健康险+健康管理”的显效滞后问题，从而全面提升健康险风控能力和创新能力，是我国健康险事业新的时代。当前紫金的健康险智能核保系统实现了从 CRM、风险等级、医疗数据、业务数据和用户问卷多个维度的信息收集及处理，既可以为当前业务提供核保依据，又可以为不断完善风控模型提供依据。

当然，健康险智能核保系统的建设从来不是一蹴而就的。当前系统正处在建设落成阶段，由于数据量还不够充沛，数据风控模型还有很大的提升空间。如果从事前、事中和事后多个方面，控制风险，是一个不断探索的过程，最终形成最优化的健康险风控模型，才能吸引实现获客与医疗理赔控费的双重效果。

专家点评

紫金财产保险股份有限公司的健康险智能核保系统，通过数据的收集与分析，并充分运用科技手段，解决“健康险+健康管理”的显效滞后问题，从而全面提升健康险风控能力和创新能力，对我国健康险行业有一定的借鉴意义。该系统实现的多个维度的信息收集及处理，既可以为当前业务提供核保依据，又可以为不断完善风控模型提供依据，提升了公司运营效率，推动了智能化转型。该模式提供一个健康险风控对接流程，方便紫金保险对接更多体系的数据，对接更多出单平台，方便线上、线下业务的同时开展，为紫金保险赶上健康险事业新时期提供了有力保障，是公司持续发展的坚实基础。

众安保险三体双生命周期风险管理体系

◎众安在线财产保险股份有限公司

一、项目概述

我国消费金融市场经历十年的快速增长后，正进入转折期，科技赋能逐渐成为行业关注的焦点。众安保险自 2014 年起开始在消费金融领域布局，依靠行业领先的大数据风控与技术能力，为多个生态场景下的合作伙伴提供一揽子的保险保障及增信方案，使资金提供方免受信贷合同违约损害，满足不同生态场景下的消费者借贷及消费需求。

作为一家增信机构，众安保险通过信用保证保险服务，一方面为银行等资金方提供风险缓释，另一方面为普惠人群提供增信支持。

众安保险消费金融生态在过去的几年中组建了资深的风险管理团队，团队成员均拥有多年消费金融行业的风险管理经验，因此众安的风险管理体系在银行等传统金融机构的基础上，植入了互联网的基因，比如大数据应用、自动化风险侦测和智能决策系统等，建立了从产品规划、客户引入、账户管理到资产回收的覆盖客户全信贷周期的风险管理架构，搭建了基于云和大数据驱动的风险管理流程（XYZ 风控决策体系）。同时，为积极应对宏观经济风险，众安保险更是创新地将客户信贷周期与外部经济周期紧密结合，建立了基于宏观经济风险预警机制的抗周期信贷风险管理策略（双生命周期体系），为业务发展提供坚实的保障。

二、项目背景及意义

众安保险消费金融生态的目标客户主要是年轻的近优层级人群（near-prime），年龄普遍为 25～45 岁，有良好的教育背景和消费需求，但是由于缺乏充足的历史征信记录（比如初入职场的年轻人），其信贷需求未得到充分满足。

众安信用保证保险业务风险管理的目标是利用科技赋能传统风控技术，运用机器学习算法并结合专家经验、人行征信和海量存量保单数据，整合借款人的收入能力、负债水平和多头借贷等全面特征进行挖掘，动态优化风控策略与模型，精准识别借款人的信用风险和欺诈风险等，在平衡风险与收益的基础上覆盖更广泛的客群，为更多信誉良好的年轻人提供增信服务，满足其信贷需求。

通过对不同消费场景下客户的多维度数据进行挖掘与分析，提炼多项特征标签，并在此基础上综合运用传统评分技术与机器学习算法，了解客户的画像，洞悉客户的需求，评估客户的风险，并对客户进行分层，实现差异化的风控策略与定价。利用自动归因系统，持续迭代信贷生命周期全流程中不同阶段的风控策略，不断提升信贷风险管理的有效性。

三、项目重点解决的问题及主要创新点

2020年，对消费金融市场而言，新冠肺炎疫情是一场压力测试。在资产质量下滑的压力下，市场各参与主体风险调整的决策力、执行力和协调力都在承受着考验。

众安信用保证保险业务长期以来聚焦小额、分散和短期的消费金融资产，众安保险独创的三体双生命周期风险管理体系将外部宏观经济预警和内部信保风险管理策略进行动态结合，深入广泛地应用多种零售金融风险计量模型，根据经济周期特点和客户生命周期阶段，对不同客群提供差异化的信保风险管理手段。

由于众安信保业务线上化的特点，众安保险在反欺诈层面做了大量投入和创新。疫情后期，升级信保反欺诈机制，在传统的地图分割模型基础上，增加了集中度分析模型，定位聚集性的异常活动，从中拦截风险。基于传统身份证号、手机号等强介质关系图谱，研发了模糊匹配的弱介质关系图谱，能够更有效地识别中介和团伙。另外，在打击黑产方面，不同于以往依赖于对客户事后反馈的调查，率先通过AI机器人，主动收集相关风险信息，有效地防范欺诈风险。

另外，众安保险全生命周期模型和算法也持续迭代和创新。多渠道的RTA模型能够有效提升前端获客质量，基于知识图谱和社交网络的反欺诈体系增强了欺诈防范能力，融合多方数据的细分客群信用评分体系有助于360度全方位评估客户的信用风险。动态化风险趋势迁移评分，在信贷市场发生变化时，能及早发现潜在风险并提前应对，从而降低风险损失。此外，多场景、精细化的保后模型和追偿策略，也大幅提升了众安信用保证保险的保后管理效能。结合AI的输出、人工和机器的耦合，做智能质检，并在做到合规的基础上，整个保后的效能也得到了大幅度的提升。

与传统金融机构的风控能力相比，作为互联网保险公司，众安保险针对线上业务的风险管控能力更强，拥有广泛的基于保险业务场景的数据支撑；得益于互联网技术基因，众安针对信用风险的侦测和监控手段更先进、更多样化，对借款人千人千面的理解更精准，风控策略的量化模拟与机器学习迭代更迅速。

与金融科技公司相比，作为一家持牌金融机构，众安保险基于云和大数据驱动的信贷风险管理架构是以传统银行百年的风控管理体系为根本而构建的，相较于金融科技公司单纯以技术为导向的风控体系更稳健。此外，资深的风控团队打造的结合宏观经济周期及客户生命周期的双生命周期信贷策略体系具有前瞻性，能够实现更好的风控效果。

四、项目主要建设内容

众安保险借鉴了类似传统金融机构贷前、贷中、贷后的全流程风险管理机制，将信保业务的风险管理按照保前、保中与保后进行划分。保前包括通过实时的反欺诈技术，应用多维度场景大数据和人民银行征信等外部征信数据来评估客户的欺诈风险和信用风险。保中包括风险预警和监测，以及动态客户额度管理。在保后环节，引入智能硬件、软件设备，同时对高危人群进行准确识别，及时调整策略。

在实践中，众安保险独创了一套三体双生命周期风险管理体系，见图1。

该体系分为两大部分，左边是KYC与决策体系，它由三个元素支撑，分别是X、Y和Z。

1. X 是数据特征工程体系。从每一个合作的场景，到客户进入金融场景使用金融产品与服务的全流程中的每一个节点，基于科技的支撑和客户的有效授权，所获取的客户各类行为信息是风控的基础。同时，如何基于大量的原始数据提炼出有效的特征变量，进而成为特征工程体系。

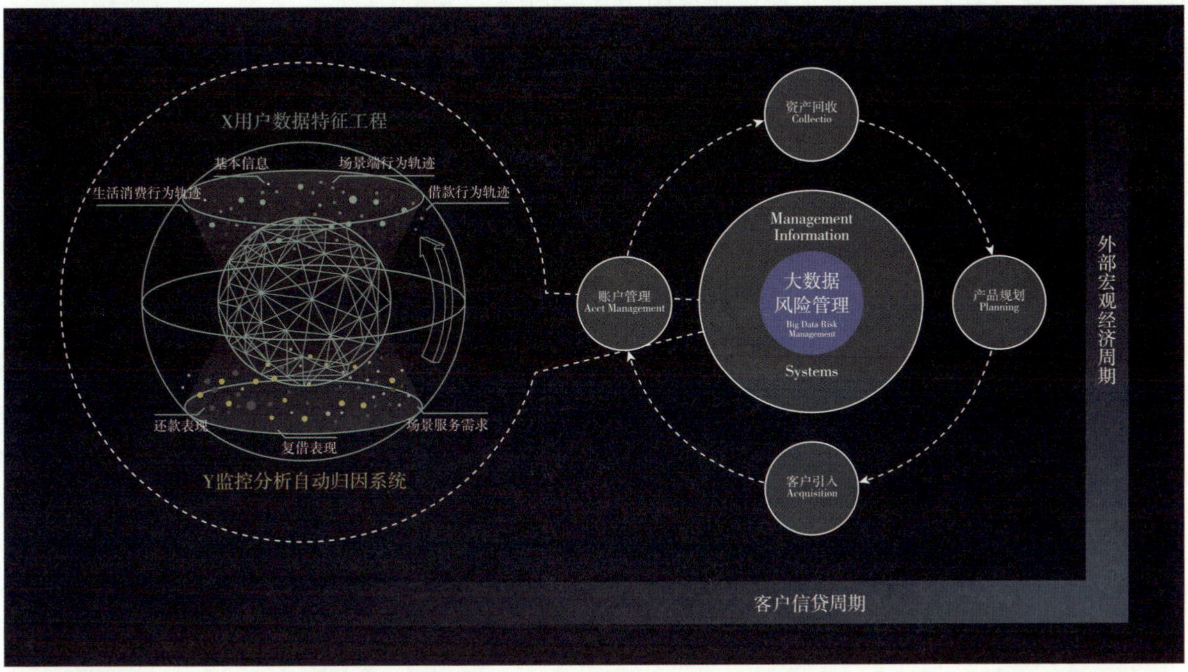

图 1　三体双生命周期风险管理体系

2. Y 是监控分析自动归因系统。众安保险建立了从客户准入、反欺诈、风险评级、贷中账户管理到贷后催收的端对端风险管理流程，搭建了自动归因系统，利用 GBDT、XGBoost 等机器学习算法及大数据技术，持续优化迭代从贷前预筛选、进件准入、贷中提额到贷后催收的全流程风控策略，不断提升信用风险的评估精准度，实现动态差异化的风险定价，在有效降低风险的同时进一步提高资产的总体收益。

3. Z 是在线精准策略引擎。通过提炼出这个维度，实现了智能化的策略迭代与管理。例如，精准营销策略、风险评估策略和催收策略等，降低产品总体营销成本与风险损失水平，提升产品盈利表现。

从图 1 可知，右边部分为双生命周期，中间圆形从产品规划到客户引入，再到账户管理，最后到资产回收与清收，构成基于 KYC 体系的大数据风险管理体系。在信用周期体系之外，众安保险还引入外部宏观经济周期体系，将两个周期进行交叉，在不同的环境下找到最优的风险管理组合。

五、项目效果

众安保险通过与合作平台及金融机构的系统对接，将风控穿透至底层资产，对每一个借款人的每一笔借款进行实时风控，有效控制底层资产的风险。利用人工智能和大数据等多项技术手段，加强对客群的精细化管理。针对不同信贷需求的客户，推出了多元化的保险产品；根据不同风险特征的客群，制定了差异化的风控策略与定价。通过动态调整总体资产结构、优化资源配置，加强了与优质合作平台的协同，采用联合风控、场景联营等方式，持续增加优质业务的占比，进一步控制总体资产的信用风险。

2020年，众安消费金融生态的赔付率较2019年大幅下降了33.7个百分点，欺诈率保持在万分之五左右的较低水平，优于行业整体表现。通过更广泛的模型应用和更丰富的数据维度，保后的回收效率提升了80%。截至2020年底，众安信保累计为近5000万普惠人群提供服务。

众安消费金融生态持续拓展与各类互联网场景的合作，同时严格挑选行业领先的互联网金融平台，通过联合风控、场景联营等方式，为平台提供消费金融解决方案。众安保险不断拓展服务客群，始终坚持以科技服务新生代人群，使用大数据技术丰富用户画像、识别用户需求和评估用户风险，并基于此为其提供个性化、定制化的消费金融产品，提升客户体验，提高客户满意度。

六、总结

众安保险联合持牌金融机构，以领先的技术、风控、数据等数字化科技能力，连接各类互联网平台，为合作伙伴用户提供有增信的消费金融产品，同时沉淀了行业领先的大数据风控能力。

2020年，由于新冠肺炎疫情及复杂的国际形势，宏观经济面临挑战，消费金融业风险上升。对此，众安保险主动收紧风控标准，严格监控底层资产的风险表现，对每位借款人的每笔借款进行穿透至底层的大数据风控，通过持续的科技投入，提高风险管控效能。

众安保险将客户信贷周期与外部经济周期紧密结合，将宏观经济周期变动因素充分纳入信贷业务及策略管理，建立了符合业务规律的双生命周期风险管理策略体系。在情景压力测试的基础上，针对不同经济周期下复杂的业务情景建模，为信保风险管理保前、保中、保后全流程制定具有前瞻性的风险策略储备方案，确保在经济周期的不同阶段均能够持续制定恰当的风控策略，保持资产风险水平满足公司的整体风险偏好要求，实现信贷资源的精准投放。众安保险的风险管理策略体系可以扩展至任意合作消费场景，能够持续为公司业务提供全力支持。

专家点评

众安在线财产保险股份有限公司建设的三体双生命周期风险管理体系，借助金融机构的风控体系和互联网技术，建立了覆盖客户全信贷周期的管理架构，搭建了风控决策流程，有效控制了公司资产的信用风险，为公司持续健康发展提供有力保障，具有一定的代表性。众安保险充分运用风险计量模型，将外部宏观经济预警和内部信保风险管理策略进行动态结合，根据经济周期特点和客户生命周期阶段，对不同客群提供差异化的信保管理策略，提升了公司信保管理能力，具有一定的借鉴价值。

AI 和大数据助力健康险理赔反欺诈

◎ 众安在线财产保险公司有限公司

一、项目概述

健康险业务在理赔实务过程中，部分客户存在伪造材料虚假报案的情况。为解决此问题，健康险理赔团队与数据科学团队联合成立项目组，将业务经验赋予模型算法，分析挖掘健康险理赔业务中的欺诈案件，打造出基于"业务经验+大数据"的反欺诈壁垒。

二、项目背景及意义

近年来，互联网保险业务发展迅速，依托互联网技术的新型保险欺诈活动大量出现且日益猖獗。伴随着技术手段的提高，不法分子的作案手法也越来越"先进"，职业化、团伙化及产业化的保险欺诈行为越来越猖獗。保险欺诈风险已严重侵害消费者的合法权益，损害社会诚信体系。

众安保险通过对 AI 和大数据的运用，精准打击高度专业化的保险欺诈团伙及作案链条，突破保险业范畴进行保险欺诈的识别与风险防范，切实担负起保险欺诈风险防范的主体责任。

三、项目重点解决的问题及主要创新点

（一）重点解决的问题

通过精准打击欺诈团伙，助力保险业规避欺诈风险，加强保险公司在反欺诈行动中的主动性，有效维护保险业高质量发展，保障消费者合法权益。

（二）主要创新点

通过 AI 深度学习，自动抓取可疑团队来防范新型欺诈手段，突破攻与防的不断升级。

四、项目主要建设内容

整个项目分为以下四个阶段进行实现。

1. 第一个阶段，基于目标发散。从欺诈案件中涉及的用户（投保人、被保险人、报案人、受益人）出发，借助在众安各业务场景中收集的用户数据，根据用户关系（亲属关系、索赔渠道、出险医院科室、客户 IP 地址、GPS 位置、微信和小程序信息等近 50 个维度），挖掘相关用户的健康险案件情况。从点到面，再基于理赔业务经验对案件进行特征处理（共 73 个案件特征），然后做相似性比对，最终定位到相似性较高的案件，对这批案件进行公估调查，经核实为欺诈的案件，进行追偿，最终为企业减少损失。将此分析方式打磨成产品，形成基于欺诈案件进行团伙发散的整体解决方案。

2. 第二个阶段，无监督算法支撑。第一个阶段的方案仅支持通过已确定的欺诈案件发散，无法定位到其他欺诈团伙。在前一个阶段已经打造的健康险历史理赔的用户关系信息基础上，基

于社交网络分析算法(SNA)，进行无监督学习，初步定位团伙的理赔情况，再进行团伙内部案件信息相似性比对，聚焦到疑似团伙欺诈案件，再通过公估调查进行核实确认，大大提高了团伙作案的识别能力和准确度。在基于用户关系信息上，使用SNA算法进行欺诈团伙定位后，在未结合疑似案件本身的特征比对(比如出险疾病部位、索赔渠道、出险距生效时间等）的情况下，直接应用于健康险理赔反欺诈领域，造成了大面积的误伤，而增加案件特征的相似性比对，可以更精准的定位到问题团伙，提高理赔调查效率。

3. 第三个阶段，AI材料识别。理赔既往欺诈案件中，涉及大量通过PS等方式伪造医疗材料的情况，借助AI技术，在以下几个方面识别可疑虚假案件：

（1）识别客户提供的医疗影像件是否存在拼接、克隆和删除等疑似PS的行为。

（2）对本次理赔申请的材料与历史欺诈案件涉及的材料，进行相似度比对。

（3）理赔知识库团队针对各地区各医院的材料，形成标准材料知识库，通过AI技术，将本次理赔材料与知识库中的标准材料进行比对校验，识别可疑案件。为降低AI误判比例，同时提高理赔服务效率，对不同种类的材料进行权重设置，设定材料风险的阈值，并结合案件自身特征，在运营过程中不断调整迭代，形成风控审核规则，在理赔段进行精准打击。

4. 第四个阶段，深度学习。反欺诈是商保公司与欺诈团体攻与防的演练，既有的反欺诈体系对历史欺诈手段具有防范成效，但欺诈团伙也在不断探索新的欺诈手段，如何通过AI深度学习，自动抓取可疑团队来防范新型欺诈手段，突破攻与防的不断升级，是保险公司反欺诈面临的重点课题。

首先，理赔人员在实务审核中，总结用户和案件相互关联关系中存在的风险点，输出业务经验。其次，在此基础上通过图数据库建立知识图谱，并借助AI深度学习，通过GNN网络不断完善补充知识图谱体系，并根据知识图谱进行无监督算法、分类，挖掘潜在团伙，并将初步结果和团伙特征交由资深理赔审核人员、公司反欺诈资深人员分析研究，将确认的团伙特征补充到第二个阶段的SNA网络中，形成技术与业务联动机制，打造反欺诈自我迭代升级的网络体系。

五、项目效果

（一）福建案例

2019年6月至2020年1月，欺诈团伙投保了32单，在投保后半年左右，团伙组织内的成员交叉报案，提供了相关理赔材料，理赔赔付18万元。但在SNA网络识别过程中，发现该团伙投保渠道和产品统一，出险疾病信息和投保IP地址存在高关联性。在案件比对过程中，该团伙出险的票据材料信息相似度极高，最终对该批案件下发调查，确定都是虚假案件，与客户交涉后，追回赔款金额17.1万元。

（二）黑龙江省医院案例

2018—2020年，欺诈团伙通过伪造病历、发票和清单等手段，虚构就医行为或将责免就医行为伪造成责任范围内就医行为，申请145笔理赔，诈骗金额32万元。但通过AI虚假材料识别，发现理赔材料与该地区既往同类材料存在样式和颜色上的偏差，通过公估进行证据固定，追回30余万元赔款。

（三）安徽亳州案例

通过AI深度学习构建的知识图谱，借助图计算进行关联关系网络计算，挖掘出亳州某医院的某医生跨医院、跨科室，与保险黄牛、被保人等勾结，伪造检查资料达到重大疾病(急性心梗）程度，共计11件案件，涉案金额59万元，挽回损失30余万元(剩余金额正在追偿中)，同时与警方合作，已刑拘10余人，正式逮捕2人。

六、总结

在银保监会的指导下，众安保险持续完善保险欺诈风险识别与排查机制。首先，设立风险清单，对欺诈风险进行合理归类，积累数据作为反欺诈分析的重要依据；其次，采用多方位的风险调查，在系统中嵌入疑似风险人员记录、标识和筛查功能，起到实时提醒的作用；最后，针对特定案件进行专项排查，多方面措施并行，提高反欺诈风险的事前识别与预警。

众安保险与警方保持密切协作机制，不断强化保险欺诈风险管理能力；在行业互助方面，众安保险积极响应中国保险行业协会组织的跨公司信息共享，有利于保险回归保险保障，防范化解保险欺诈风险，最大限度地保障客户利益。

专家点评

众安在线财产保险股份有限公司通过对AI和大数据的运用助力健康险理赔反欺诈，精准打击高度专业化的保险欺诈团伙及作案链条，突破保险业范畴进行保险欺诈的识别与风险防范，切实担负起保险欺诈风险防范的主体责任，为行业提供了一定的实践经验。公司通过设立风险清单，对欺诈风险进行合理归类，完善保险欺诈风险识别与排查机制，成为后续分析的重要依据，有利于保险回归保险保障，防范化解保险欺诈风险，最大限度地保障客户利益，具有一定的借鉴意义。

安华农险数字化风控运营管理平台

◎ 安华农业保险股份有限公司

一、项目概述

数字经济时代，是一切业务数据化，一切数据业务化的时代，是产业、消费和治理的全面数字化的时代。人工智能、大数据和云计算等创新技术，成为企业变革的战略力量和重要驱动力。在不断变化的技术和商业环境中，企业需要不断提升其数字创新能力，才能确保自身能够迅速地在数字化的全球经济中面对激烈竞争并持续发展。安华农业保险股份有限公司(以下简称安华农险）综合运营风控管理平台包含平台运营端风控、应用端风控、网络端风控和安全防控四大方面，围绕信息软件系统、服务器和网络等进行风险监控及流程管理。通过本平台可以将信息科技工作中的运维、需求和开发流程，以及运营中自动化、可视化分析、应用服务器可用性、异常情况监控和网络安全性监控的工作统一通过该平台完成。通过对软件、网络和硬件运行情况的风险控制，实现数字化、智能化和信息化管理，有效提高了信息技术部的服务产能。

二、项目背景及意义

为全面贯彻《中共中央关于制定国民经济和社会发展第十四个五年规划和二〇三五年远景目标的建议》要求，立足新发展阶段，落实新发展理念，把数字化转型作为实现金融高质量发展的关键驱动力之一。同时加强数字化转型中的战略风险管理，将数字化转型风险纳入全面风险管理体系，才能在推进数字化转型过程中牢牢守住风险底线。安华农险信息科技管理工作也面临来自内部、外部的双重挑战。一是运营体量的快速增长、新技术的引入(如分布式架构、开源软件和云计算、大数据）给运维带来全新的挑战，对数据的一致性、监控全景视图、资源快速交付、实时运行分析、安全快速变更和快速应急处置的需求也越发迫切。二是外部信息网络安全形势严峻，监管要求不断提高，新技术快速应用和发展。三是将“数据”“效率”“价值”作为安华农险数字化安全运营转型的三大基石。运用数字化技术搭建运营、网络风控防控体系，提高金融风险防控能力，建立“前端敏态、后端稳态”的数字化综合运营风控管理平台势在必行。

三、项目重点解决的问题及主要创新点

数字化风控运营平台主要解决了三大问题，完善运营流程管理，实现运营过程标准化、可视化和自动化；通过采控预警实现对软件、硬件风险“了然于胸”；构建网络安全防控，将风险拒之门外。数字化风控运营平台建设是一个循序渐进不断提升的过程，在原有安全防护体系的基础上，不断提升网络安全监控和响应的自动化和智能化水平，有效降低未知风险引发安全事件的概

率，形成网络边界、主机端、系统级和应用级“四道防线”的综合防控体系，平台具备以下特点。

（一）运营过程一体化

安全运营能够通过数字化、智能化和指挥协同三种理念融合运营组织、安全组织构成一个安全生态，安全运营的未来发展趋势，是生态化经营。要实现安全运营价值，靠人工方式、各自独立的作战方式已无法应对。只有通过数字化技术手段进行安全可视化呈现，才能实现可视化的协同指挥体系。事件监控、分析、处置和协同指挥的自动化和智能化方面已取得明显的成效。

（二）事件处置自动化

运营风控管理平台与服务流程平台、开发运维一体化平台实现无缝集成，以自服务的方式实现业务路径自助查询、策略变更工单自助申请、变更过程与结果可视化返回，在完成策略变更流程再造的同时，做到了“事件即服务”。

通过灵活的剧本编排，在网络边界实现自动阻断，支持灵活的阻断策略配置，提供涵盖公司的线上化事件处置流程。根据预定义处置场景和角色，实现安全事件的自动分发、状态跟踪和处置结果反馈。

（三）分布式采控可视化

利用大数据平台的高性能算例，更好地支撑安全智能分析。采集公司资产配置信息，完成安全视角的资产梳理、外部漏洞信息和威胁情报线上接入，实现内部漏扫工具的调度管理，通过漏洞、情报和资产数据的关联，完成脆弱性评估，内置漏洞分析流程，通过工单驱动漏洞整改，实现各类安全运营场景的落地。同时，统一采控体系易于扩展，目前平台统一管理公司的服务器、网络和硬件资源，有效支撑了监、管、控等运营活动。

（四）信息资产数字化

信息资产数字化，汇集公司所有 IT 资产数据的来源，通过制定大数据存储标准、数据结构，形成数据字典。通过数据预处理、数据整合把不同来源的 IT 数据做关联，互相进行检核，最终形成企业级 IT 资产整合大数据池。

四、项目主要建设内容

数字化风控运营管理平台包括四大方面、五大模块。从运营管理、应用服务、服务器、内部网络和网络安全方面入手通过数字化、可视化的方式实现对运营风险管控。

（一）平台运营模块

1. 运营管理。业务系统的使用人员，通过本平台录入反馈使用系统过程中遇到的问题，运维问题分析、分配、处理全流程记录。统一运营门户，提供运营平台以简化运维应用的开发，提供服务目录及服务项以实现“自服务”。实时通过报表数字化展示运营事件的处理情况，可按系统、状态、人员进行统计分析，随时掌握事件的处置进展情况，根据事件分析结果有针对性地制订业务系统使用培训计划，进而优化提高系统的稳定性、可用性。业务人员问题处理流程（数量）见图 1。

2. DevOps 持续交付。DevOps 要求持续交付，那么机房基础环境和 IT 基础软硬件需要做到提前部署、快速交付，应用软件需要做到 CD（持续部署）对接 CI（持续集成）实现持续交付，因此应用软件更新自动化是做到敏捷的关键。

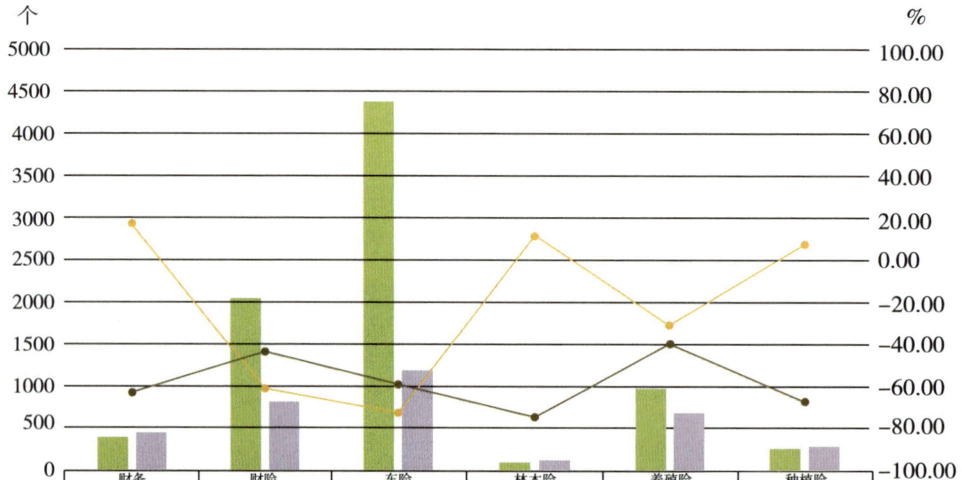

	财务	财险	车险	林木险	养殖险	种植险
2020年同期问题数量	384	2057	4402	91	969	258
截至2020年底问题数量	452	810	1189	102	672	279
问题数量同比增长	17.71%	−60.62%	−72.99%	12.09%	−30.65%	8.14%
问题数量环比增长（月度）	−63.01%	−44.12%	−59.54%	−75.00%	−40.00%	−67.19%

图 1　业务人员问题处理流程（数量）

3. 数字化风控。事件采集报表，通过自动化报表形式按业务条线、分月统计展示，统计同比、环比数据，根据数据变化分析调整运营重点，IT 资源动态调度、增加薄弱点的业务培训。

4. 变更策略自动化。前端服务工单系统与运营管理平台实现实施对接，比如业务系统功能权限配置、审批权限配置、是否见费出单和离职权限注销等系统。可通过前端服务工单系统发起申请后，逐级审批通过后运营管理平台自动对接权限管理平台及各业务系统实现自动处理。无须再手工处理，避免人工事务造成错误，提高工作效率。

（二）应用端风控模块

保险公司信息系统异常检测和故障定位主要聚焦以下两个方面：横向定位故障系统，定位到哪个系统出了问题；纵向定位故障原因，查找系统中哪个组件出了问题，原因是什么。

应用端监控主要实现 KPI 指标异常检测、应用日志异常检测；在故障分析层面，做调用链分析和多维分析。

在横向故障定位的时候，需要用系统调用数据以及系统间服务调用数据来分析；在下一层应用架构逻辑部署的关系上，利用好应用模块关系、应用部署关系以及服务内部逻辑；在底层用的传统软件模块上，根据各自模块的特点，各个突破，找到各自的故障定位逻辑；在基础设施方面，对服务器、交换机和存储也有详尽的数据。

可以支持以下几种功能：

（1）服务拓扑图。对整个系统中应用的调用关系进行了可视化展示，单击某个服务节点，可以显示该节点的详细信息，比如当前节点状态、请求数量等信息。

（2）实时活跃线程图。监控应用内活跃线程的执行情况，对应用线程执行的性能可以有比较直观的了解。

(3) 请求响应散点图。以时间维度进行请求计数和响应时间的展示，通过拖动图表可以选择对应的请求查看执行的详细情况。

(4) 请求调用栈查看。对分布式环境中每个请求提供了代码维度的可见性，可以在页面中查看请求针对代码维度的执行详情，帮助查找请求的“瓶颈”和故障原因。

(5) 应用状态、机器状态检查。通过这个功能可以查看相关应用程序的其他一些详细信息，比如 CPU 使用情况和内存状态、垃圾收集状态，以及 TPS 和 JVM 信息等参数。

网络准入控制及终端安全方案基于对终端风险以及用户身份的真实性进行双重验证，判断是否为准入网络以及获得访问权限，实现接入网络终端及用户身份的双重可信，提升网络安全。其安全管理逻辑是先对接入内网终端进行合规性检查，并确认接入网络用户身份的真实性，根据终端风险以及用户角色动态赋予访问权限，并与第三方网络审计以及态势感知平台联动，实现内外网上网实名审计以及主动防御。认证服务器指向认证服务平台，有线部分通过 ND ACE 结合 AM 做 Portal 的统一准入，最终实现有线、无线的一体化准入控制。

（三）安全防控

1. 威胁情报。随着产业数字化发展的持续深入，企业面临的安全风险逐步增大，威胁情报在企业安全建设中的参考权重也将大幅上升。构建安全大数据平台，提供统一资产风险视图、异常行为识别和高危攻击行为挖掘检测能力，支撑安全运营自动化响应处置。威胁情报模块主要从以下三个方面实现技术支撑：其一，基于大数据平台，通过 Spark/Flink 集群的实时计算，达到秒级响应、实时计算的能力，提供大吞吐量的数据处理能力；其二，全量数据，目前每天有 20TB 的数据量，每分钟有百万级的监控指标，每天有数亿笔的交易明细，这些全部集中到数据底层进行加工。

2. 威胁感知。威胁感知主要包括数据采集层、规则计算层、策略应用层和终端感知层四层架构，自下而上提供数据和技术支撑，自上而下提供业务操作和指引，有效联动，构建主动防御、精准识别的威胁感知风控能力。

对各种数据的综合关联分析发现的异常行为，准确追溯定位对应的设备或人员，提供完整的从异常发现到追溯取证的证据链，并且提供综合设计功能。

对不同安全域、不同时间的多来源安全相关事件进行多维度（多种时空属性和网络属性）的关联分析、异常行为检测和追踪溯源分析，揭示和还原出真实的安全事件，识别真实的安全风险，并对重大安全事件进行预警，最终实现“看清全貌、识别入侵、追踪溯源”的威胁分析目标。

3. 溯源。通过调查可视化分析工具，对调用功能的结果集合数据进行可视化分析，支持列表展现追踪溯源分析并保存的结果。采用分布式计算框架，支持对数据深度挖掘分析，智能识别数据中的关键对象，定位泄露数据的内容。

4. 安全分析大屏。整合现有信息系统的数据资源，覆盖日常监测监管、应急指挥调度等多个业务领域，凭借先进的人机交互方式，实现数据融合、数据显示、数据分析和数据监测等多种功能，可广泛应用于应急监测指挥、分析研判和展示汇报等场景。

原生支持大屏多屏交互联动控制，支持席

位、电子沙盘、手持/固定触控终端等多种控制设备，具备单点主控、集群联动的一体化操作模式，通过统一的控制终端，轻松对多屏显示内容集中控制。

五、项目效果

数字化运营风控管理平台自搭建以来效果显著，第一，有效地提高了公司内部对信息系统运维、业务系统需求的解决效率，同时对于业务系统的优化升级提供了有力的数据分析支撑，通过大数据分析让我们更加了解信息系统中的不足之处，更加了解业务部门所想、所需的服务。2021年运维问题处理速度同比提高了40%，问题数量同比降低了30%。对系统建设的合理性，以及人员结构的合理性都起到积极的作用。第二，信息技术部对信息系统的问题处理由被动转为主动，通过数字化运营风控管理平台实现及时预警，在服务器、应用监控超过阈值时即刻进行分析，降低风险发生率。2020年通过应用监控解决优化性能点300余个，大大提高了系统的性能。第三，对于外部网络风险的感知及防控能力，公司主动发现并成功拦截各类攻击行为500次，保护服务器241台、终端5849台，处理187个包括有害程序、网络攻击和信息破坏类的安全风险事件。让公司对监管要求、业务发展都更加有底气。经过近几年来的多轮攻防，黑产组织一直涌现出新技术、新手段，因此，保险的威胁感知和防控永远在优化升级过程中，每一次更新迭代都意味着新的起点而不是终点。

六、总结

数字化风控运营管理平台采用多种技术手段实现了对运维流程、需求流程、服务器监控、服务器阈值预警、应用服务监控和网络安全监控等多种运营风险管理及防控，对于信息部对信息系统的可用性控制能力、对业务部门的服务能力、对监管部门要求的执行能力提升都起到极大的作用。信息部作为公司运营管理的“中枢神经”，数字化风控运营管理平台为“中枢神经”增加了一层“铠甲”和保障。

专家点评

安华农业保险推出的数字化风控运营管理平台包含平台运营端风控、应用端风控、网络端风控和安全防控四个方面。另外，还需要关注运营过程的标准化、自动化和对风险采控预警、构建网络安全防控三个方面。该项目最大的创新点在于事件处置的自动化，提出了“事件即服务”的概念，根据灵活的剧本编排，多样的预定义处置场景和角色，实现安全事件的自动分发、状态跟踪和处置结果反馈等功能，充分运用数字化手段进行风控，有很好的借鉴意义。

中国人寿寿险反洗钱智能查证和智能识别实践研究

◎ 中国人寿保险股份有限公司

一、项目概述

随着洗钱犯罪日益复杂化、多样化，国内外反洗钱监管形势日趋严峻，保险业反洗钱工作面临更大的挑战，亟须利用新技术丰富和完善反洗钱监测手段。中国人寿保险股份有限公司(以下简称中国人寿寿险或公司)立足行业特点，以海量数据为基础，深入分析反洗钱业务规律，形成了适用于保险业的洗钱风险特征集；运用机器学习、知识图谱等人工智能技术探索出反洗钱智能识别、反洗钱智能查证两种应用场景(以下简称反洗钱智能应用)，并进行系统化实施。截至2021年7月，总公司、分公司共运用反洗钱智能应用开展可疑交易研判及检索250万次，识别疑似可疑主体7.8万人次。反洗钱智能应用的上线推广，有效填补了人工智能技术在保险业反洗钱领域的应用空白，形成了适用于保险业的风险特征与处理方法。

二、项目背景及意义

（一）新形势下保险业反洗钱工作的挑战与机遇

从国际形势看，受政治、经济和军事等多重因素的影响，国际反洗钱形势发生着复杂、深刻的变化，不稳定性、不确定性明显增加。各国反洗钱、反恐怖融资的监管政策及行动标准日益趋严。

从我国的监管形势看，在2018年国际组织第四轮互评估工作的推动下，我国反洗钱监管理念、方法快步向国际标准靠拢，“抓总部、抓条线、双问责、重处罚”已成为我国反洗钱监管的新常态，金融机构履职压力及执行成本不断增加。

在新一轮科技革命和产业革命的背景下，2021年7月金融行动特别工作组(FATF)发布《反洗钱和反恐怖融资新技术带来的机遇和挑战》，指出“新技术可以提高打击洗钱和恐怖融资措施的速度、质量和效率”。中国人民银行发布《金融科技(FinTech)发展规划(2019—2021年)》《人工智能算法金融应用评价规范》，明确提出未来三年金融科技工作的指导思想、基本原则及发展目标，建立了AI算法评价框架，进一步加快金融与科技的深度融合。面对新形势，中国人寿寿险应准确识变、科学应变和主动求变，有效地将外部压力转化为内部创新动力，积极拥抱新技术，加快数字化转型，在推进金融科技赋能反洗钱工作方面树立榜样，发挥行业带头作用。

（二）人工智能技术在保险业反洗钱场景中的应用情况

近年来，受强劲的互联网创新动力驱动，“运用机器学习相关技术促进商业银行数字化转型”已成为银行业关注重点。2019 年以来，机器学习、数据挖掘技术被越来越多的银行机构应用在反洗钱、反欺诈等风险监测领域，并取得了一定的积极成果。公司通过开展各种业内的专业交流等方式，对保险业的人工智能应用情况进行调研，得出了以下认识：人工智能技术在保险业风险管控领域，特别是洗钱风险管理方面的应用较银行业相比尚不健全，存在深度挖掘空间。现阶段保险机构普遍采用专家设置模型的监测模式，随着金融交易量的急速增长、金融业态的不断丰富，依靠人力甄别的传统监测模式在准确性、处理时效方面的缺陷逐步显现。为此，公司以保险业洗钱风险控制为切入点，从减轻基层公司反洗钱工作负担、有效防范重点风险的角度出发，探索建设了反洗钱智能识别和查证系统，并成立了专门的智能风控研究课题组，对新技术进行深入研究。

三、项目重点解决的问题及主要创新点

（一）突破传统，促进可疑交易分析提质增效

公司已形成基于固定规则的可疑交易监测模型，运用系统按日对相关客户、账户及全量交易进行监控。但随着公司创新业务的不断上线及交易量的持续增长，传统的风险监测方式越发难以适应新型业务和海量交易的处理需求，并在一定程度上造成了公司反洗钱资源的浪费。

反洗钱智能识别运用机器学习等人工智能技术，通过训练计算机对历史数据进行归纳总结，形成特定规律，打破传统反洗钱信息管理系统按照客户单笔/多笔交易触发规则的监测模式，真正实现了以客户为单位的可疑交易监测，有效提升了对可疑交易甄别的准确性。在开展模型训练时，课题组创新性地使用了“有监督算法+无监督算法”相结合的方式，并构建了“样本获取—预测—反馈—标记—(有监督）训练”的模型迭代闭环机制，对智能模型结果的准确性进行持续改进。

（二）科技引领，构建亿级规模知识图谱

传统的查证模式人工依赖度较高，需查证人员登录多个系统进行逐项查询，存在查证所需信息分散、系统间操作权限不足等问题，影响可疑交易分析效率。同时，公司在长期的经营中积累了大量数据，这些数据散落在各个业务系统中形成数据孤岛，未得到有效的整合及运用；反洗钱信息管理系统基于关系型数据库建设，难以有效追踪资金的全链路流程，对可疑交易分析无法进行有效关联。

与关系型数据库相比，知识图谱在穿透、关联及传导方面具有天然优势，反洗钱智能查证平台将公司的各业务系统数据进行整合，在项目开展过程中，共计完成客户、账户及保单近 19 亿次结构化数据向图数据的转换，以及自 2016 年至今相关客户交易、保单等 23 亿次基础数据的转化工作。利用知识图谱技术，将复杂隐蔽的客户行为数据、客户间关系数据等以多层挖掘的关系图谱形式进行展现，改变数据孤岛状态，实现反洗钱数据可视化。同时，通过实践研究发现，基于知识图谱特有的交互探索分析特点，可有效模拟人的思考过程，帮助反洗钱工作人员在使用

系统开展工作的过程中更好地去发现、求证和推理，在缓解基层公司反洗钱工作压力的同时，显著提升了反洗钱工作人员查证分析能力。

四、项目主要建设内容

（一）反洗钱智能识别建设情况

课题组结合公司近年来已上报可疑案件情况，整理形成适用于保险业反洗钱领域的大数据集。基于反洗钱业务规律，从保单、投保人和交易人等维度梳理提炼出 87 种保险洗钱行为模式，162 个洗钱基本特征。这些特征在一定程度上反映出正常客户与可疑主体之间的区别。随后课题组利用特征工程技术，结合保单生命周期的全部交易行为数据、保全行为数据(包括投保、退保、撤单、借款、还款、续期保费、变更投保人、重要信息变更、加保、减保、万能加保、提款、生存金和红利等)、客户关系数据、账户数据、产品数据及营销员数据等，通过数据清洗、特征计算和特征组合等构建输入模型特征。在机器学习识别模型的选择上，课题组使用了“有监督算法+无监督算法” 组合法。有监督学习主要基于已有的标签数据训练模型，得到的数据模型又可对新的数据进行预测分析。将模型预测出的可疑数据反馈给反洗钱工作人员，由其通过调查核实后填写分析意见，并将其作为新的样本在下一轮机器学习训练中予以输入。无监督学习则是在没有任何标签数据样本的情况下，直接对数据进行建模。课题组还尝试将孤立森林的分布式算法部署在 Spark 集群中，利用其时间效率高、可处理高维度数据等特点，开展无监督学习训练。在项目开展中，课题组将无监督学习的输出数据作为有监督模型训练的样本进行输入，借助无监督数据结果为有监督模型的召回率进一步提供数据支持。最终，经过多轮优化调试，将反洗钱可疑智能识别模型的准确率及召回率分别由最初的 61% 和 42%提升到 85%和 86%，模型的可靠性大幅上升。反洗钱风险识别特征示例(部分）见表 1。

表 1　反洗钱风险识别特征示例(部分）

业务维度	特征名称
客户基本信息	投保人职业是否敏感
	投保人国籍
	投保人收入与年缴保费极不匹配
	投保人收入与职业极不匹配
	被保人职业是否敏感
	被保人关系是否可解释
	投保人持有非销售保单数量
客户投保情况	投保人年缴保费
	投保人近一个月投保件数
	投保人近一个月投保金额
	投保人趸交件数
	投保人累计趸交金额
	投保人累计投保件数
	投保人累计投保金额
解除合同情况	投保人近一个月撤单件数
	投保人近一个月撤单金额
	投保人累计撤单件数
	投保人累计撤单金额
	投保人单笔最大撤单金额
	投保人一次性最多撤单件数
	投保人一次性最大撤单金额
	投保人近一个月退保件数
	投保人近一个月退保金额

续表

业务维度	特征名称
解除合同情况	投保人累计退保件数
	投保人累计退保金额
	投保人单笔最大退保金额
	投保人一次性最多退保件数
	投保人一次性最多退保金额
借款情况	投保人近一个月借款次数
	投保人近一个月借款金额
	投保人累计借款次数
	投保人累计借款金额
	投保人累计单笔最大借款金额
	万能保单累计异常借款次数
	万能保单累计异常借款金额
	万能保单单笔最大异常借款金额

（二）反洗钱智能查证建设情况

课题组利用保单全生命周期的交易行为数据，从反洗钱查证的业务场景出发，重点对客户身份识别、客户间关系识别、客户间资金流动及保单间资金流动等的情况进行关注，探索构建了反洗钱智能查证图谱。通过整合相关系统数据，将其提炼浓缩为客户、保单、账户、销售员、产品和机构6类实体。客户和保单间的投保、被保险、受益关系、保单和账户间的资金操作流向、客户和账户间的所属关系、客户和客户间的家族关系等67种实体间关系以及55种事件。同时，课题组运用图数据库擅长关系挖掘的特点，结合公司日常业务中的常见场景，开发定义多种固定查证模式，主要包括资金流向模式、黑名单模式和全景模式等，并在系统后台配套设置相关数据集中处理机制，帮助反洗钱工作人员通过“一键查询”方式，快速获取特定关系信息，有效减少用户频繁、冗余操作。此外，公司还借助索引存储引擎（ES）构建了全文检索索引库，实现通过图谱关系快速查看客户的基本要素、高风险特性、黑名单特性等静态信息，并实时扩展查看客户的投保保单、资金进出情况和第三方账户等动态信息功能，进一步提升系统检索性能。资金流向及隐含风险见图1。

五、项目效果

（一）深挖业务规律，创新工作路径

课题组在深挖业务内在规律的基础上，建立反洗钱智能识别和查证系统。随着反洗钱智能应用的不断拓展，其逐步扩展为包含3.26亿名客户、6.25亿张保单及13.21亿个账户等22.86亿个实体，132.53亿条关系和39.13亿项保险事件的亿级洗钱风险智能管控平台，开创保险业反洗钱领域应用人工智能的先例。此外，公司以反洗钱智能应用为开端，先后研发上线了非法集资智能识别、销售违规智能识别和客户风险画像等智能风控应用，从多层次、多角度识别公司经营过程中面临的各项风险。

（二）打通数据壁垒，增强识别准确性

反洗钱智能识别运用机器学习等人工智能技术，实现了以客户为单位的可疑交易监测，并根据后续业务积累与知识补充的情况不断进行模型迭代及阈值调整，可对新型洗钱手段及洗钱方法进行快速捕捉，进一步提升了可疑交易识别准确性。截至2021年7月，总公司、分公司共运用反洗钱智能查证平台开展可疑交易研判及检索250万次，通过反洗钱智能识别共识别疑似可疑主体7.8万人次，应用效果显著。

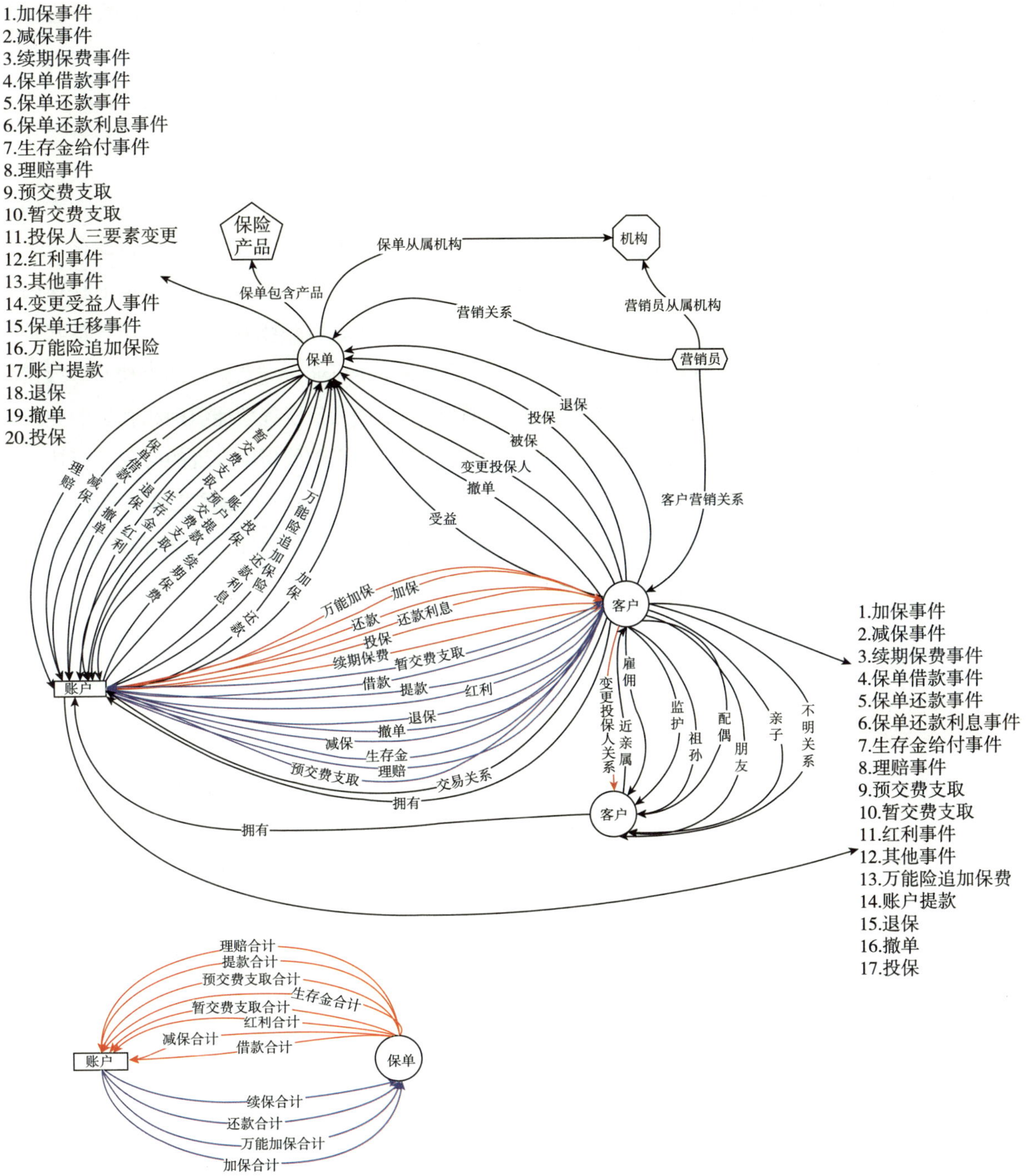

图 1 资金流向及隐含风险示意图

（三）助力基层减负，提升管理效能

反洗钱智能查证平台支持通过客户的身份证号、姓名或保单号等单一要素检索获取客户/保单账户的全部关联信息功能，并以可视化图谱形式进行展示，帮助反洗钱工作人员快速获取客户的全息画像，挖掘发现潜在的关系及特征，解决

可疑交易案件分析数据不集中、获取难，案件分析数据不直观、分析专业性强等工作难点。经统计，自反洗钱智能查证平台上线以来，可疑交易监测分析工作流程缩短近20%。

六、总结

（一）有效整合数据资源，持续做好数据治理工作

数据是信息的反映，也是信息的表现形式，其真实性、准确性和完整性既是合规的要求，也是有效开展洗钱风险管控的基础。公司将持续推进新增基础数据治理工作，通过数据合并、补全和去重等多种方式，不断提升公司的基础数据质量。对标监管要求，同步开展数据兼容治理工作，持续加强公司不同业务系统间数据的可利用性。

（二）紧跟技术发展，进一步深化科技赋能

科技创新只有进行时，没有完成时，需因时而变，应势而为。源自历史数据的机器学习算法在未来结构性变化预判及应变方面仍旧存在局限性，监管环境、风险环境或风险策略等基础条件的根本性变化可能会导致模型的重构。后续，公司将进一步加大反洗钱智能识别和查证的应用力度，定期根据系统使用中发现的问题进行功能优化，逐步建立"人+机"协同工作机制，不断提高监测标准的风险指向性，提升可疑交易监测效能与效益。

专家点评

中国人寿保险股份有限公司研究的反洗钱智能查证和智能识别实践，以海量数据为基础，分析反洗钱业务规律，形成了洗钱风险特征集，为行业提供一定指导借鉴作用。公司充分合理运用人工智能技术，探索反洗钱智能识别、反洗钱智能查证两种应用场景，有效填补人工智能技术在保险业反洗钱领域的应用空白，有助于基层减负，提升保险公司管理效能。平台通过技术创新，帮助反洗钱工作人员快速获取客户的全息画像，挖掘发现潜在的关系及特征，解决可疑交易案件分析数据不集中、获取难的问题，提升了公司运作效率，具有一定的经济效益。

太保寿险寿险智能两核

◎ 中国太平洋人寿保险股份有限公司

一、项目概述

寿险公司两核营运风控服务，以及烟囱式的开发两核智能策略，导致提数耗时长、模型迭代慢、智能替代率偏低及风控效果有待提升等情况，寿险智能两核项目是针对这些现状提出的系统性解决方案。其核心建设目标是夯实统一两核数据基础，提供两核全景分析视图，打造两核决策数据闭环，提升两核决策智能成效。

二、项目背景及意义

两核营运是保险公司整个营运流程中的重要环节之一，两核人员需要掌握保险学、临床医学等专业知识，并经过一定时间的积累和沉淀，才能准确无误地完成日常的任务。中国太平洋人寿保险股份有限公司(以下简称太保寿险）的两核营运服务，最初主要依赖于人工审核。经过不断的探索，通过两核专家提供经验规则，结合机器学习模型，建设了两核营运的半自动化风控服务。通过不断的升级迭代，初步实现全流程信息化、数字化，以及风控决策智能化，但同时也面临更进一步的转型和优化需求。一是逐日累积的两核业务海量的数据亟须通盘治理和资产化；二是从原始数据到模型再到反馈数据的风控策略数据链路需要闭环化；三是智能风控模型从从属的辅助的作用出发逐渐接管两核风控全流程，效率和成效都需要进一步提升。主要包括以下两个问题。

1. 寿险两核营运数据未被系统管控，未形成闭环：两核指标分散在各个统计系统，未统一管控，政策成效复盘严重依赖临时提数和分析，难以及时指导业务决策。

2. 两核风控数据服务所依赖的数据基于相同的业务场景，数据却没有互通互用，存在重复建设和口径不一致的问题。

解决上述问题，不仅可以节省大量的数据开发成本，还可以让寿险技术和两核作业人员将精力和资源更多地投入到风控策略优化本身上，既保障了公司的资金安全，给公司带来利润的提升，也保障了寿险客户的权益。

三、项目重点解决的问题及主要创新点

（一）通过分析服务实现营运决策数字化助力

营运数据中台基础模型覆盖两核主要业务过程，分析模型覆盖了两核主要分析场景。营运分析服务覆盖两核、品控及客服的指标需求，移动端覆盖关键指标，业务人员能够方便快速地查询到关键指标，分析业务现状，洞察和挖掘潜在的因素。一体化的数据基础结合高效的 BI 工具，使指标和报表能够周级别交付，后续两核的任意分析需求都能快速地得到响应和满足。

（二）两核风控数据闭环化落地

建设模型学习闭环链路，模型交付周期提升至周级别，模型快速迭代，防止了模型效果衰减。并且实现对作业指标、风险指标、赋能指标以及管理类指标的追踪和监测，使业务人员和建模人员一起参与到智能风控决策的迭代优化中，群策群力。

（三）两核决策智能替代率提升

两核自动化决策服务上线，综合运用大数据、知识图谱、机器学习和深度学习技术使两核决策从人工决策逐渐转变为“人工+智能”决策混合的模式，智能替代率逐步提升。使作业人员能够在不增加人力的情况下支撑高速发展的业务。核赔智能决策替代率达到40%，核保智能决策替代率达到35%。

四、项目主要建设内容

（一）夯实统一两核数据基础，提供两核全景分析视图

1. 统一规划、统筹建设营运两核数据基础。基于阿里云数据中台统一技术架构，从两核数据出发，打造全面、规范、可理解和可运营的营运两核基础数据体系。源系统数据直连数据中台，从源数据到应用数据，基于维度建模理论，构建营运数据仓库，围绕核保、理赔、保全和客服等基本业务过程设计和构建事实表，设计并构建时间、区域、机构和险种等维度数据。

2. 梳理两核、保全以及保登新服务评价指标的计算公式与口径，增加关键维度统计。构建营运业务核心指标体系，以全面优化数据质量及改善准确度。

3. 通过分析覆盖营运全业务场景实现营运两核决策数字化。构建营运驾驶舱、多维自助分析和决策评估指标体系助力营运各业务场景数字化决策。同时基于两核数据中台，搭建两核数据驾驶舱，建立全景监测指标体系，实施智能化全方位的监测预警，实现数据质量全面优化、调取分析效率提高、准确度显著改善，以及各类数据的挖掘和应用进一步深化。

（二）打造两核决策数据闭环，提升两核决策智能成效

以智能理赔风控数据链路为例，来说明两核智能决策数据闭环，见图1。

（三）实现智能风控闭环化

1. 统一特征库。建设命名规范、可理解及可复用的特征库，供模型按需取用。

2. 决策服务数据闭环化。决策服务数据链路自动化，基于阿里云 Dataworks 开发并管理风控决策闭环数据链路上的相关作业任务。

3. 设计并实现每一个决策服务的评价指标体系，以合适粒度周期更新。

模型优化与系统研发解耦，建设专用的模型构建和发布平台，提供模型构建、特征提取、样本生成和模型服务等一系列功能，使建模人员能够快速地构建和交付模型到生产环境，从年级别的模型交付到周级别的模型交付和调优均获得显著的成效提升。

（四）引入前沿知识图谱、人工智能技术，在核赔、核保风控流程中多个环节应用智能风险预测模型，提高智能决策占比

根据保单、代理人、客户数据、投保和理赔数据，将投保人、被保险人、业务员作为人物节

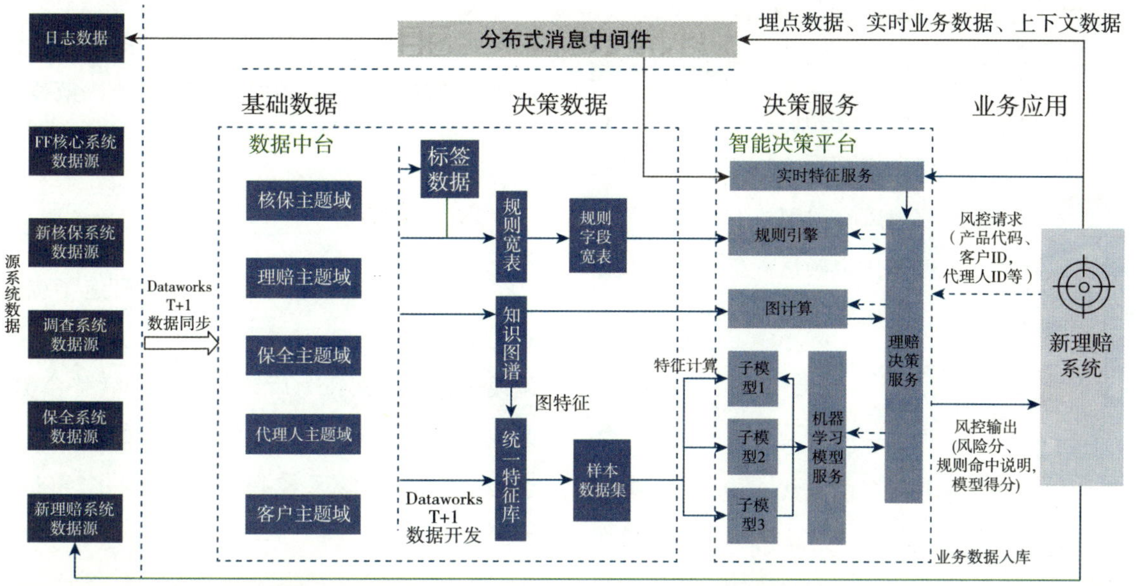

图1 智能理赔风控数据链路

点，将投保和理赔作为事件节点，分公司、中支、支公司、业务室和业务部分别作为不同的机构节点，构建人物—机构—事件关系知识图谱；根据医疗知识、梳理疾病、诊断、药品和诊疗等实体及其属性和关系，构建医疗知识图谱；根据保险产品、条款和责任构建寿险保险产品知识图谱。

最终整合基于关系、医疗、产品三大知识图谱，深刻地洞察核保和核赔案件中不合理的簇点以及异常关系，高效精准地提供风险识别服务。

（五）人工智能模型应用（深度学习）

以 Graph embedding、Deep-FM 为代表的表示学习方法，对人员、机构、药品和疾病等不同实体，能根据历史数据，挖掘特征间深层潜在信息，与传统机器学习形成互补。在风控反欺诈有较好的应用前景，实验和生产实践证明这一类方法在两核风控上相比以 Logistics regression、GBDT 为代表的传统机器学习方法能更深入地挖掘和识别复杂的模式和规律。

（六）智能规则调优

风控体系中的规则评估从时效性、解释性方面看仍然有不可替代的作用，如何更精准地设计、调优和评估规则是两核智能风控所需要考虑的，本项目通过构建统一的规则引擎，一方面通过科学的分析指标体系量化的调优经验规则，另一方面运用机器学习技术智能地发现和生成最优规则并调整规则参数。最终通过系统的分析规则、知识图谱和机器学习模型的风控效果，设计并实现融合策略，达到整体上风控成效最优。

五、项目效果

本部分描述的项目效果，可以从案例对公司产生的实际效果、案例对行业的应用价值和示范效应等角度进行分析。

（一）智能两核风控成效显著提升

核保风险预估模型、核赔事中风险识别模型旨在将高风险场景检出，提升转人工件的阳性率。风险分层的核保模型年高风险检出涉及金额达5亿多元，核赔事中风险识别机器学习模型每年检出风险案件涉案赔付金额达6亿多元，抗辩期智能模型涉及挽损金额约1亿元，极大地保障了寿险公司的资金安全。

（二）两核决策智能替代率提升

两核自动化决策服务的上线，使两核决策从人工决策逐渐转变为“人工+智能”决策混合的模式，智能替代率逐步提升；使作业人员能够在不增加人力的情况下支撑高速发展的业务；核赔智能决策替代率达到40%，核保智能决策替代率达到35%。

六、总结

寿险两核项目为两核风控作业打造了统一的数据基础，并成功建立了初步的数据闭环和智能化模型服务框架，为后续的数据持续整合治理、风控策略持续迭代优化，打下了良好的数字基础设施，促成两核风控持续向智能化、自动化转型。

专家点评

太平洋人寿保险股份有限公司研发的寿险智能两核，基于两核数据平台，搭建两核数据驾驶舱，建立全景监测指标体系，实施智能化全方位的监测预警，有助于提高公司调取分析效率、改善项目人员决策的准确度，是公司数智化转型的重要基石。公司充分合理地运用大数据、互联网技术，在多个环节应用风险预测模型，提高智能决策占比，为后续的数据持续整合治理、风控策略持续迭代优化，打下了良好的数字基础设施，有助于促成公司持续向智能化、自动化转型，对行业具有一定的借鉴意义。

阳光人寿天眼系统

◎阳光人寿保险股份有限公司

一、项目概述

天眼系统是利用“大数据+人工智能”技术，通过对体系化指标开展常态监测及预警，识别销售人员销售行为风险及机构关键管理人员重大违法违规风险的智能化风险监测预警系统。

二、项目背景及意义

银保监会2019年前三个季度保险业案件通报情况：前三个季度保险业内案件196件，涉案金额4.41亿元；涉案金额千万元以上的案件11件，涉案总额3.34亿元；人身险公司95件，涉案金额2.53亿元；涉案类型主要为诈骗、职务侵占和非法集资等。天眼系统是阳光人寿保险股份有限公司(以下简称阳光人寿)用于防范重大风险、提升业务人员业绩品质、发现追责违法违规行为的预警监测工具，是总分公司各层级管理人员用于督导、监测机构业务和人员风险的有力抓手。系统通过对已发案件中提炼的关键指标进行高频监测，可以辅助现场检查、风险排查以及其他单独依靠人力进行的风险识别手段。天眼系统监测，提高了风险识别效率，使相关风险早发现、早处置，防范公司合规风险、声誉风险及案件风险，为公司实现既定战略筑牢根基。

三、项目重点解决的问题及主要创新点

1. 天眼系统是对前线业务风险进行监测和筛选的多业务渠道风险监测体系。通过该监测体系，将进一步完善大案、要案(以营业区为单位)的排查认定以及非法集资案件预警。

2. 天眼系统旨在主动识别公司关键内外勤员工的违法违规行为，其监测对象、监测模型、数据对接和处理均为行业首创，经调研同业保险公司和专业金融风控科技公司的相关产品及方案，主要是针对外部客户的欺诈风险、信用风险进行监测预警，尚无通过“大数据+AI”技术针对公司内部人员及其销售行为进行监测预警，并形成完整的机制融入公司风控管理体系内。

四、项目主要建设内容

天眼系统是基于“大数据+人工智能”技术，通过对体系化指标开展常态监测及预警，识别销售人员销售行为风险及机构关键管理人员重大违法违规风险的智能化风险监测预警系统，主要有以下几个特点。

1. 监测重点为内外勤人员的违法犯罪风险。

2. 监测指标多元。通过对60余项指标进行独立、组合分析，识别销售人员违规销售风险。基于130余项指标的综合分析，确定关键管理人员的风险水平。

3. 打通内外部数据。内部对接业务核心系统、人员管理系统、业务管理系统、咨诉系统以及财务数据、稽核数据、声誉风险数据等，外部

对接司法、征信、黑灰名单和行业高风险名单等信息。

4. 建立了完善的运行机制与管理体系。将风险预警、核查和处置等操作嵌入系统，通过稽核以及总公司、分公司多级核查处置风险，形成完整的管理闭环。

五、项目效果

1. 2018 年某机构重大风险事件涉及金额 9000 万元以上，2019 年某机构重大案件损失金额在亿元左右。通过复盘，证明天眼系统能够监测、预警到该类风险，公司提前进行处置，能够有效地避免重大经济损失。

2. 该系统持续有效预警了多起业务违规行为，并妥善处置，有效避免了因销售行为而引发的各类风险或损失。例如，2020 年天眼系统通过“短期内退保件数异常”这一风险预警指标，预警了一起外勤销售人员的风险事件。通过核查发现，该保单业务员涉嫌违规销售非保险金融产品，且所销售理财产品已出现兑付困难的情况。所幸，该系统提前预警，公司及时对涉事业务员进行风险隔离并开展相关排查，将风险隐患扼杀于萌芽状态，成功地避免了一起可能引发风险的事件。

3. 自 2021 年以来，依照天眼系统预警监测，核查并处置了 8 名基层机构管理人员，对业务员、业务团队处置或提高风险关注程度 1503 件次。

4. 该项目在行业内处于领先地位，可作为阳光人寿的技术与管理项目储备并对外进行金融科技输出，类似风控项目整体费用预算均在百万元以上。

六、总结

（一）外部数据尚未充分全面对接与应用

虽然目前已对接部分外部数据，但仍未实现全面系统层面的对接，比如“监管机构处罚信息”仍需要人工统计录入，“各级行政机关的失信联合惩戒名单、黑名单及行政处罚信息”仍不健全，“行业舆情监控”尚未对接。后续需要加强与外部数据供应商的合作，健全外部数据的对接，强化预警监测功能。

（二）指标优化及模型自动优化功能的运用

天眼系统涉及多维度、多方向的指标，前端显示指标超过 200 个，底层数据量更是巨大，目前 AI 技术扔需要数据积累，以及阳性案例的反馈，相信后续 AI 模型可让监测预警更加精准，优化响应更加及时。

（三）强化核查工具与主动监测工具

当前天眼系统依照固定规定，推送现有指标的风险预警信息，难以满足基层机构的个性化风险监测预警需求。后续拟定开发自定义核查与监测工具，能够依照不同区域、不同渠道，根据不同管理现状使用复核管理现状的预警指标与工具，开展主动监测预警工作。

专家点评

阳光人寿保险股份有限公司的天眼系统，利用大数据技术，通过对体系化指标开展常态监测及预警，识别销售人员销售行为风险，以及机构关键管理人员重大违法违规风险，对于行业具有一定的创新性。系统通过大数据手段针对公司内部人员及其销售行为进行监测、预警，对监测、预警到的该类风险，公司提前进行处置，能够有效地避免重大经济损失，为公司经营提质增效。对于该系统持续有效预警的多起业务违规行为，公司进行了妥善处置，有效避免了退保及可能的诉讼损失。对于公司，该系统具有一定的经济效益，值得借鉴。

长城人寿智能化运营多维风控体系

◎ 长城人寿保险股份有限公司

一、项目概述

保险业作为国民经济的重要组成部分，与宏观经济的联系日益紧密，近十年来，我国保险业发展迅速，年均增长率约为15%。随着保险业对外开放提速，保险服务模式与科技应用持续创新，“风险管理”也成为行业发展过程中最关键的议题。全球每年有20%～30%的保险赔款涉嫌保险欺诈，我国保险人对保险欺诈的识别能力仅约占1/3。在我国利率下行的环境下，公司迫切需要多措并举提升经营死差益，如何帮助客户管理其所遇到的风险，如何管理保险公司自身面临的风险，对于监管及保险公司至关重要。

我国保险业风控手段可以归结为传统风控、数字风控和智能风控三类。长城人寿通过深度开发保险科技，领先行业上线应用了运营多维智能化风控体系，从事前、事中及事后形成有效闭环，升级风险管理手段，实时对获取的风险进行判断，使风控定位更加精准、作业效率更高，助力公司及保险业健康高质量发展。

二、项目背景及意义

保险作为金融体系和生产生活保障的重要组成部分，其发展与国民经济发展密切相关。在我国保险市场蓬勃发展的同时，高赔付、低盈利的现状不容忽视，居高不下的赔付率直接影响保险业的盈利水平和发展的可持续性，而加强风险管控则是控制赔付率的关键。如何通过风险的识别及制度化管控，有效控制经营过程中的风险因素，降低整体赔付水平，提升运营效率，是保险公司普遍面临的难题。

（一）三大机遇，推动发展

1. 行业持续快速增长，市场容量变大。近十年来，我国保险业发展迅速，原保费收入实现近3倍的增长，依据银保监会公布的各类保险经营数据，保险业2020年累计实现原保费收入4.53万亿元，同比增长6.12%，而2019年同期同比增长12.17%。

目前，我国的保险需求尚未得到有效释放，保险市场的深度(保费与GDP之比）和密度(人均保费）仍有很大的发展空间。与世界平均水平相比，我国保险市场的深度和密度存在较大差距。世界平均保险深度为6%，我国保险深度为4.22%，相差超过40%；世界平均保险密度为4127元，我国保险密度为2724元，相差超过50%。

2. 保险市场结构优化，成长型产品加速。与发达国家成熟的保险市场相比，我国当前的保险市场结构仍有待调整和优化。2020年，从人身险情况来看，累计实现原保险保费收入3.33万亿元，同比增长7.53%，增幅较2019年同期下降6.23个百分点。其中，寿险业务实现原保险保费收入2.4万亿元，同比增长5.4%；健康险业务实现8173亿元，同比增长15.67%；人身意外伤害险实现1174亿元，同比下降0.09%。从财险业务情况来看，2020年累计实现原保险保费收入1.19万亿元，同比增长2.4%，增幅较2019年同期下降5.76个百分点。

3. 疫情提升大众保险意识，接受度明显提高。随着保险市场的发展，保险产品的不断创新，以及国民对保险的认识趋于成熟，大众对保险的接受程度逐渐提高。随着新冠肺炎疫情暴发，关心保险的人日益增多，老百姓的健康意识和对风险保障的关注度明显提升。许多人选择购买健康险提高自己的医疗保障水平，推动了健康险的发展。保险公司若能帮助客户管理健康状况，就能让健康险发挥更大的价值。对客户而言，通过健康管理服务可以变得更健康；对保险公司来说，客户更健康、就医支出减少，可以节省赔付支出。

（二）三大挑战，亟待破局

经过多年粗放型的发展和无序的市场竞争，传统保险公司面临的经营问题日益凸显。渠道佣金、管理费用成本高昂，与客户接触频率低发、关系薄弱，保险欺诈手段多样、赔付虚高，代理人队伍管理难、流失率高，这四大挑战导致众多保险公司承保亏损、经营困难，而同时保险客户却对保险公司越发不满。在挑战面前，保险公司若无法快速破局，将面临互联网等跨行业主体的颠覆与冲击，行业变局已开始酝酿。

1. 综合成本率高，盈利困难。目前，财险公司平均综合成本率高达100.1%，中小财险公司平均综合成本率高达109.0%。财险承保处于行业性亏损的状态，改变连续8年承保盈利的局面，靠承保盈利越来越困难，导致承保亏损。

随着互联网保险的兴起，其作为新兴保险渠道促使整体保险业务收入增长明显，但是手续费及佣金支出持续增长，个别公司综合成本率居高不下，而净利润仍在积累期。从四家互联网保险公司发布的2020年的年报看，四家公司全都亏损，提升盈利的关键点是改善客户体验和成本结构，以及利用科学技术带来的优势创造新的产品和转换商业模式，但最主要的还是强化风控手段。

2. 客户接触频率低，关系维持薄弱。与银行不同，保险产品本身为低频交易的金融产品，传统保险公司平均每年与客户接触仅1~2次。对于人身险长期性保单，保险公司往往在保单到期或理赔时才会与客户打交道；对于车险等一年期产品，如果不出险，保险公司一般也不与客户接触；对于除货运险以外的其他险种，保单基本都不能转让。

良好的客户关系能创造更多的价值和利润，比如可以通过多险种交叉销售、增值服务销售及续保率提升等方式创造更多的价值和利润；薄弱的客户关系不仅会影响客户价值贡献，还可能引发客户满意度低、产生投诉等负面影响。对客户而言，购买保险不仅是风险投资，而是为自己和家人购买一份关怀与保障。如何将保险从产品升级为服务，帮助客户抵御风险以及在风险来临时提供及时、安心的保障，继而将保险公司与客户的联系变得更加高频、紧密，将是直接影响公司核心竞争力的关键。

3. 保险欺诈比例高，手段专业多样。自保险产生以来，就一直伴随着保险欺诈。以保图赔或以保获利成为一些投保人或被保险人的畸形心态，其目的是通过保险获取额外利益。保险欺诈的表现形式包括投保人未如实告知、虚构或伪造索赔金额、故意夸大索赔金额、重复索赔等，而保险公司内部和保险中介也存在大量的故意欺诈。根据国际保险监管者协会(也称国际保险监督官协会，IAIS）测算，全球每年有20%~30%的保险赔款涉嫌欺诈；1969—1998年美国有44家保险公司因为保险欺诈而破产；而据保守估计，我国车险行业的欺诈渗漏占理赔金额的比例至少达20%，对应的每年损失超过200亿元。随着信息传播技术的发展，保险欺诈风险日益凸显，并呈现出专业化、团伙化等特征。在我国利率下行的环境下，公司迫切需要多措并举提升经营死差益，如何构建科学有效的反欺诈体系，已成为亟须解决的问题。

三、项目重点解决的问题及主要创新点

（一）保险业风险管控的痛点

保险公司面临的风险包括业务风险、财务风险和资金运用风险等，而业务风险中的承保和理赔两核风险尤为突出。承保风险来自对经济环境、市场环境和投保人等风险的把控不足；理赔风险则主要来自被保险人、从业人员和第三方服务商的欺诈与渗漏。

当前保险业风险管控仍处于相对粗放的阶段，承保风险及理赔风险仍广泛存在，保险公司控制效果不佳。总结来看，保险业的风险管控面临欺诈频发且欺诈手段呈多样化、专业化和团体化等特征，以及依赖人工、成本高效率低及风险信息割裂、效果不佳三大挑战。

（二）保险业风险管控的手段分析及主要创新点

我国保险业的风险管控主要分为传统风控、数字风控和智能风控。但目前各家保险公司的风控体系建设水平参差不齐，部分小型保险公司仍采用传统风控手段，数字化、智能化手段非常匮乏，导致对风险的反应迟缓、业务支持能力弱，亟须加快风控的科技化进程。

1. 传统风控手段是少数小型保险公司采用的风控模式。传统风控手段主要依靠人工审核与经验判断潜在的风险，部分小型保险公司采用该风控模式。

2. 数字风控手段是多数同业公司采用的风控手段。随着电子化、互联网等技术的普及，多数保险公司采用了数字风控手段，通过设置简单规则与事后稽查进行风险管控。保险公司通过对人工经验的总结，建立简单的风险管控规则，并通过半自动的条件筛选方式实现风险预警，辅助核保、核赔等人工判断。海量规则的建立需要投入巨大的人力成本，而且由于人工学习与数据处理的局限性，数字风控阶段的管控效果并不理想。一方面，由于缺乏技术手段的支持，难以用系统方法对理赔案件的赔付额进行排序和关注，无法甄别最可疑的理赔行为与欺诈渗漏；另一方面，由于风险识别工具缺乏强延展性，无法有效侦测新发风险。

3. 智能风控手段是长城人寿保险股份有限公司(以下简称长城人寿）首推独创的风控手段。随着保险科技与保险业的深度融合，长城人寿加强科技应用，领先行业实现了智能预警和多维核验，采用智能风控手段。通过深度应用人工智能、大数据和云计算等前沿技术，从数字化、自动化、前置化和智能化四个方面升级风险管控手段，使风控定位更加精准、作业效率更高，在降低经营成本的同时，提升客户满意度。

智能风控改变了过去以合规、满足监管要求为导向的风险管理模式，强调用保险科技降低风险管理成本、提升客户体验、优化风控效能。相

对于传统风控手段，智能风控的优势明显：第一，智能风控拥有海量风险规则支持风险筛查，全面覆盖人工筛查容易遗漏的细小风险规则；第二，针对高风险案件环节，设置风险预警方案及时预警，防止风险向后流转；第三，为应对客户对风险管控的不同要求，可灵活修改及配置引擎规则中把握风控程度的阈值，实现个性化风险管控；第四，根据案件调查结果反馈及多维数据输入，机器可不断学习进化与迭代，提升风控精度，并应对不断新增的风险类别。

四、项目主要建设内容

智能化多维风控体系旨在打造公司智能化运营多维风控体系，以精准、智能、高效的两核风控为目标，深度应用大数据、人工智能、云计算等前沿技术，从事前、事中、事后形成有效闭环，升级风险管理手段，实时对获取的风险进行判断，使风控定位更加精准、作业效率更高，助力公司业务健康可持续发展。

（一）事前数字化风险管控

精准的风险评估是风险管控的必然要求，而客户风险评估的准确度取决于保险公司收集和处理客户信息的能力。近年来，公司将大数据深入应用到业务各流程，引发风险管控前所未有的颠覆与蜕变。以大数据化解风险点，筑牢风险“防火墙”，成为应对道德风险和逆向选择的利器，是保持公司业务健康可持续发展的重要支撑。

“小智核保”项目是长城人寿结合自身业务特点与保险科技“医学大脑”优势，将大数据分析和人工智能技术成功融入核保业务和审核环节的一款智能核保系统，借助大数据风控模型对投保客户进行逆向选择风险、欺诈风险预测，对高风险客户在承保前采取有效的核保风控手段。上线后，核保效率显著提高，在实现减损降费的同时提升了客户满意度。

在理赔方面，为了提前预防和控制相关风险的发生，降低风险所带来的损失，从而降低赔付，长城人寿将风险管理由被动向主动、由事后向前置发展，实现客户无感知的行业承保信息、医保中心数据、财务出行和司法判决等全面数据的实时筛查、实时反馈，规避逆向选择与道德风险，把好承保风险入口关，预测投保客户的逆向选择、欺诈等风险。

（二）事中立体化风险管控

由于欺诈方式的多样化、专业化和复杂化，保险业单个部门或单个公司的数据对复杂的欺诈、渗漏已无法有效管控，保险风险管控的立体化将是应对日益复杂的保险风险的重要趋势。

伴随着长城人寿重大疾病等健康险业务占比的大幅增加，不实告知、带病投保等逆向选择风险也日趋严重。长城人寿利用大数据分析、云平台等技术以及风险信息库和历史档案等数据，构建规则、模型和欺诈网络分析等针对个案或团伙欺诈的智能识别系统，对高风险客户制定详尽的排查机制，并对承保两年内的重疾险客户进行风险筛查，有效降低了带病投保的赔付风险。

（三）事后智能化风险管控

在不断完善基础数据库建设及历史数据库清理的基础上，长城人寿运用大数据分析、机器学习及深度学习等技术，事后建立风险管控与预警模型，对共性欺诈案件进行有效的识别，推动风险管理的智能化。长城人寿通过“人工经验输入+统计学算法+云调查解析”相结合的方式，从数据中挖掘出风险因子，并搭建风险评估与预警模型，再通过落地应用与反馈，持续推动模型的自我迭代与优化。

许多欺诈案件的发生都是利用了保险公司的信息不对称进行作案，比如在各家保险公司之间重复索赔，同一手段在不同的保险公司之间多次使用等。公司协同行业及公估公司调查力量，形成查勘网络，排除欺诈风险，与多方共建智能风控平台，可全面提升保险整体业务的风险管理能力。

五、项目效果

科技应用将成为保险业风险管控未来发展的重要突破口。长城人寿将人工智能、大数据、云计算等技术已逐渐渗透运营核心业务流程中，引起风控模式和客户体验等方面的变革，促进运营效率的提升和运营成本的下降，取得了较好的经济效益、社会效益和服务效益。

（一）经济效益是公司生存和发展的前提

经济效益的提高是所有企业追求的目标，这是市场经济条件下价值规律运作的必然结果。长城人寿多维风控体系自上线以来，2019 年为公司止损金额达 1.2 亿元，2020 年止损金额同比提升至 41%，高达 1.7 亿元，为公司实现稳定连续盈利作出了突出贡献。

（二）社会效益有助于提升公司品牌形象

立足新形势，匠心做好服务，打造有益于社会、有益于客户的创新服务，是长城人寿运营人始终不变的追求。在改变消费群体的消费习惯的同时，也给许多行业和业态带来了深刻变革，以简捷、品质、温暖为服务转型方向，从需求、供给、评价和保障四个方面，构建全链条、整体性的服务体系，将智能科技融入运营服务的各个环节，首推独创的 AI 识别使医疗材料结构分解，领先保险业的创新与发展。同时，与同业公司单一产品或高保额风控手段不同，公司采用全产品、全流程和全方位的风控手段，形成多维风控闭环，带动保险业迎来高质量发展的新时期。

（三）服务效益走深走实获社会认可

借助数字化科技支撑和智能驱动体系，科技赋能运营创新，长城人寿不断提升运营效率和精细化服务水平，实现运营多极化服务体系建设。通过极“智”业务支持、优“智”服务体验和品“智”风险管控，高效运营助力公司业务增长，创新服务，提升客户体验，打造具有公司特色的运营服务品牌，从数字化、自动化、前置化和智能化四个方面升级风险管控手段，使作业效率更高，服务时效更短，得到了社会认可。“小智核保”荣获“2019 年保险业信息化年度优秀案例”。

六、总结

通过长城人寿智能化运营多维风控体系，梳理保险业、保险科技和保险风控的发展现状，分析保险风控存在的问题和痛点，剖析保险风控的先进经验、前沿实践和所取得的效果，未来将持续通过创新技术赋能，推动保险业风控的持续发展。希望行业、监管部门和行业协会、科技服务等第三方机构相互配合与协作，共同推动保险智能风控体系的发展。

（一）完善法制建设

相关监管部门应完善法律的规定，利用法律严厉打击和震慑保险欺诈行为，为保险业良性发展提供良好的法制环境。法律体系的完善主要从以下两个方面进行：一是出台相关的法律法规规范保险公司的业务流程，对欺瞒客户、违规操作和超承保能力等行为进行严厉打击；二是对于投保人蓄意进行的保险欺诈、提供虚假材料等行为制定更为严厉的惩罚机制，并纳入个人征信系统中。

（二）建立行业标准

搭建行业标准，建立起保险风控的底线，为保险风控提供参考依据。聚焦提高保险业服务质量、化解防控风险及扩大保险科技应用三大领域，落实保险业迈向高质量发展、增强风险防范化解能力的具体举措，使行业在有效管控风险的前提下，能充分利用智能化科技手段创新服务方式。

（三）搭建共享数据库

希望由政府及相关行业组织牵头，建立官方的跨行业数据库，形成数据资源共享和数据互换。政府相关部门牵头设立的数据库应不仅局限于保险业内，还可以结合传统征信数据库的数据，进行跨行业的数据共享，比如零售电商、电信运营商及银行等非保险金融机构，并通过大数据技术建立精准的客户画像，助力保险业全面风险把控。

专家点评

长城人寿保险股份有限公司建设的智能化运营多维风控体系，充分运用大数据分析、机器学习及深度学习等技术，建立事后风险管控与预警模型，能够对共性欺诈案件进行有效的识别，推动了公司风险管理的智能化，对行业具有一定的借鉴意义。公司借助数字化科技支撑和智能驱动体系，科技赋能运营创新，创新性地将AI识别应用于医疗材料结构分解，提升运营效率和精细化服务水平，是公司创新力的重要体现，对行业创新发展提供了实践经验。长城人寿通过创新技术赋能，推动保险业风控的发展，具有一定的代表性。

国富人寿智能风险控制体系

◎ 国富人寿保险股份有限公司

一、项目概述

国富人寿保险股份有限公司(以下简称国富人寿)在业务系统中建设了以公司内部的客户风险管理系统和“规则引擎”为基础，结合保险业内部的中国银保信意健险风险控制系统，并扩展到保险业外的第三方大数据风险控制系统为一体的智能风险控制体系。

该智能风险控制体系以公司自有数据、行业数据和外部大数据为基础，通过集中比对和风险预警，解决了高度依赖人工经验审核导致的成本高和效果差的问题，保障了公司业务快速健康的发展。

二、项目背景及意义

国富人寿是2018年6月成立的广西壮族自治区内首家全国性寿险公司，目前业务涵盖个险、中介、网销、银保和健康险渠道。随着公司的发展和业务规模不断增长，对风险控制的要求也日渐增强。2019年底，国富人寿首先在网销渠道试引进外部第三方大数据风险控制系统，并在2020年逐步扩展范围和深度，应用到各业务渠道，通过风控系统的规则模型运用，针对公司寿险、医疗及重疾等保障类产品业务，客户在投保时利用智能风险控制体系，进行风险控制筛查，满足公司风控的要求。2020年5月，国富人寿构建了规则引擎系统，满足公司运营规则和产品规则的快速迭代更新的要求，及时解决规则配置与逻辑校验的问题。2020年11月，国富人寿引入中国银保信意健险风险控制系统，对接保险业内部风险控制系统，以保险业内各家公司的承保理赔数据为基础，对意外险和健康险类产品的风险控制，特别是在防范保险欺诈风险方面发挥重要作用。2020年12月，国富人寿开始着手建立公司内部的客户风险管理系统，有效地解决了风险客户的投保问题。

在获取客户充分授权和满足客户信息保密的前提下，国富人寿应用智能风险控制体系进行风险控制。在整个智能风险控制体系中，中国银保信意健险风险控制系统对既往有商业保险行为的客户进行筛查，通过该系统对有异常投保行为，比如短时间内密集投保、高保额投保、非正常理赔结论以及非正常核保结论等客户群体，在办理投保等业务时进行有效识别；通过行业外大数据风险控制系统则可提供目标客户的财务画像、信用和行为画像、教育和职业画像、健康风险画像等信息，依据风险数据模型结合画像信息实现标记高风险群体投保。通过事前建立风险控制模型、事后分析风险控制结果，公司针对不同产品责任、不同渠道、不同客户群体的特点有针对性地制定及调整风险控制策略。

三、项目主要建设内容

商涌和千里眼大数据风控，是在对收集的人

群日常的就医行为、出行习惯、交易活动、社交偏好、征信行为及消费信息等各方面的数据进行分析并综合评估的基础上，建立了人群的健康画像、行为画像、财务画像和职业画像，运用于保险的风险控制。扩展中国银保信意健险风险控制系统的数据涵盖范围外的客户群体，补充未在国富人寿投保商业保险的客户风险筛查。大数据核保风控基本框架见图1。

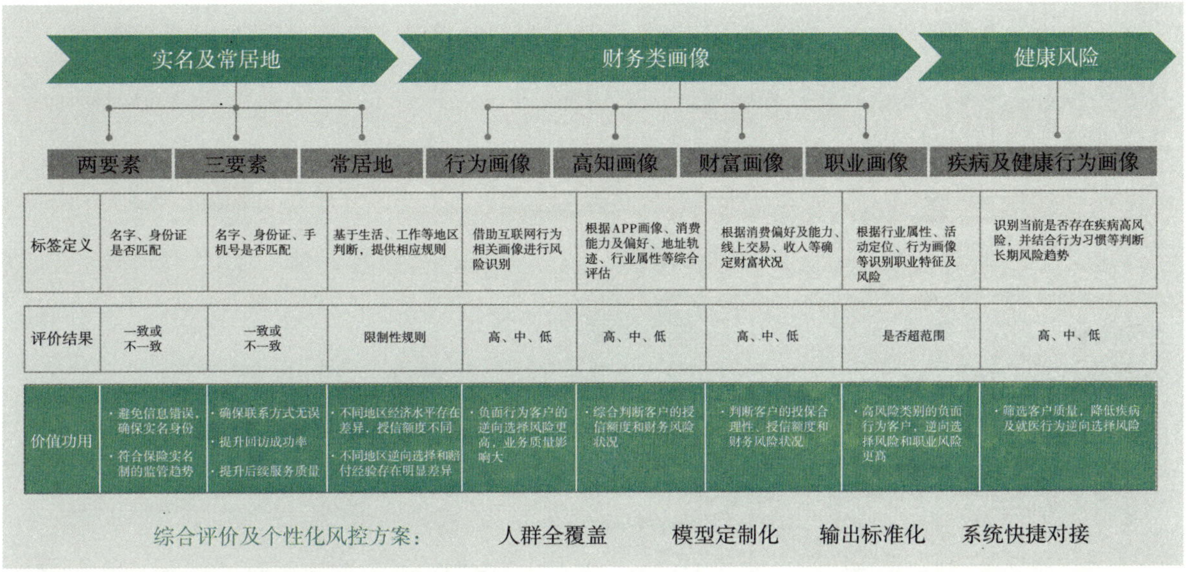

图1　大数据核保风控基本框架

为了提升国富人寿在保险业的竞争力，助力公司稳健经营，更好地维护大多数客户的利益，2019年底，公司开始筹划引入第三方风险控制系统，并于2020年全面应用于各业务渠道。该风险控制系统可实现对投保客户的综合分析，分析结果将作为公司核保人员评估客户风险参考的依据之一。公司引入的第三方大数据风险控制系统，其核心团队在商业保险、医疗健康及人工智能等方面有较深的研究。该系统的优势在于其具有数据量大、覆盖面广和涉及面深的特点。数据可覆盖全国30余个省市，涉及互联网、移动运营商、医疗和APP等多个维度。应用场景与中国银保信意健险风险控制系统相互补充，公司可根据不同的核保策略及针对特定风险进行事前、事中、事后及时调整，根据不同产品、不同保险责任、不同客户群体及不同风险情况，制定风险控制数据模型。客户投保时，系统将与第三方大数据风险控制系统交互，按照公司事先建立的风险控制数据模型，对客户进行风险评估，拦截不符合模型要求的客户，实现降低特定风险的目的。在系统运行过程中，及时修正风险控制数据模型，实现业务发展与风险控制同步提升。全面的大数据风控体系见图2。

中国银保信意健险风险控制系统是由中国银行保险信息技术管理有限公司在2018年中期上线的风险控制系统。该系统基于保险业的保单登记平台数据，针对意外险及健康险业务的八大类场景，提供数据服务，辅助保险公司进行关键业务场景的风险控制。客户在国富人寿投保填写基本信息后，调用该系统，识别出不符合系统预先设定风险控制数据模型的客户，其投保申请会自动流转至对应的处理环节。对符合拦截规则的客户投保申请流转到人工核保环节，并提示公司核保人员具体的拦截原因，核保人员根据客户被拦截的原因和客户的基本情况，对本次投保进行人工评估处理。

图 2　全面的大数据风控体系

四、项目效果

（一）平衡保险公司与投保人信息的对称性，维护大部分客户的利益

人身保险核保工作是指保险人对投保的保险标的(人的生命或身体）风险加以审核、筛选和分类，以决定是否接受投保和承保的条件如何、采用何种费率承保，从而保持保险费的公平合理和公司承保风险可控的过程。核保的关键是衡量申请人即被保险人的预期损失是等于、大于还是小于保险人在标准费率表中的预计损失。了解被保险人投保时的身体健康情况及既往投保信息对于核保工作非常重要，而在日常实务中，可能会因各种原因促使投保人对被保险人的身体状况及各类信息向保险人进行不实告知(不实告知包括完全不告知、不完全告知或避重就轻的告知等)。一方面，当不实告知的人群大量承保时，后期可能会使保险公司背负过高的赔付率，长此以往保险公司的经营状况会出现问题，从而损害其他客户的利益；另一方面，不实告知的客户保单承保后，可能在发生保险事故时，无法得到正常的赔付，影响客户自身的利益。智能风险控制体系可缓和客户与保险公司之间的信息不对称性。

国富人寿通过使用中国银保信意健险风险控制系统，可了解客户在同业的投保情况，对于高风险的投保行为在前端进行预判并指导核保。通过使用第三方大数据风险控制系统，在一定程度上可以了解被保险人的医疗行为、职业画像及习惯偏好等各方面的风险程度，然后根据不同种类的风险程度、不同的投保险种，按公司预先设定的风险控制数据模型进行评估，作出是否可承保的核保结论。

外部风险控制系统的运用，使客户与保险公司信息相对平衡，对维持保险公司健康经营和维护大多数客户的利益起到很大的作用。

（二）降低保险欺诈、骗保行为，保护被保险人人身安全

近年来，骗保案件时有发生，甚至出现了团伙骗保的黑色产业链。保险公司为了更好地维持稳健经营、保护大部分投保人的利益，需要耗费大量的人力、物力和财力，避免损害保险公司的形象，以及影响保险公司的健康经营。保险公司通过第三方大数据风险控制系统，根据客户的行为习惯、消费偏好等信息，能够精准地识别风险，完善对特定地区人群的筛查标准。中国银保信意健险风险控制系统对于客户的高风险投保行为也能给出提示，比如客户在多家保险公司重复投保，或投保过高保额的保险产品；既往的非正常理赔结论或非正常核保结论等。通过大数据技术定位被保险人的行为习惯，侧面评估被保险人从事的职业，对于以职业危险程度厘定保险费率的产品，通过大数据技术评估的职业类别作为参考对被保险人的整体职业情况进行核保评估。大数据技术分析评估出的综合行为财务画像，可用于评估被保险人是否存在多头借贷、交易欺诈、债务逾期、失信和违法涉黑等风险，公司在进行核保评估时可结合大数据风险情况的提示，以及实际了解到的被保险人的情况进行综合评估，作出核保决定。另外，通过对被保险人的消费偏好、能力等信息初步评估被保险人的财务状况与其投保的保额是否匹配。

在运用大数据技术后，根据筛查规则，对短期内多家投保的行为、被保险人在各家保险公司累计超过一定保额的情况，系统会作出预警提示核保人员，核保人员可进一步向投保人、被保险人核实既往的投保情况和投保动机，并作出是否承保的决定。在一定程度上可减少类似“骗保”案件的发生。降低保险欺诈案件发生，保护被保险人的利益。

（三）在大数据支撑，以及做好风险控制的前提下，放宽核保政策，提升公司竞争力，降低人工成本，提升自核率

国富人寿在投保前根据产品的目标客群特征、保险产品责任等情况制定出不同的风险控制筛查规则，不符合风险控制数据模型的客户在投保环节会被拦截。在投保前端，因智能风险控制体系对投保客户已进行了一次风险筛查，所以公司可以针对已通过风险控制筛查的客户制定更为宽松的核保政策。

国富人寿分别于2020年9月和12月完善了业务规则，制定了更为宽松的核保政策，比如寿险免达标体检，以及对不同年龄层次的客户提升了重疾险风险保额，同时也提高了免达标契约调查标准、免达标填写财务问卷和免达标提供财务资料等的标准。目前，公司核保政策的宽松程度在广西市场处于前列。公司不仅放宽了核保政策，也在很大程度上提升了投保单自动核保通过率。自动核保率的提高，意味着人为操作的工作量减少，一定程度上为公司节约了人力成本。

（四）从长远来看，将引领保单品质及理赔数据向更优质方向发展

虽然国富人寿全面实施智能风险控制体系时间较短，但已带来一定的效益。从长远来看，因

智能风险控制体系能精准定位客户群的风险点，并针对风险点进行提示，对公司保单的品质会有一定幅度的提升，终将会引领后续的理赔数据向优质方向发展。

五、总结

国富人寿秉承“锐意国富，全速前进”的企业文化，业务规模实现快速增长，对风险控制的要求也日渐增强。国富人寿快速建成了以公司内部的客户风险管理系统和“规则引擎”、保险业内部的中国银保信意健险风险控制系统以及保险业外的第三方大数据风险控制系统为一体的智能风险控制体系。

专家点评

国富人寿保险股份有限公司推出的智能风险控制体系运用自有数据、行业数据和外部大数据进行智能核保，有效地解决了风险客户的投保问题，特别是在防范逆向选择方面起着重要的作用。该体系比较创新的部分是，其比对了保险业内其他公司的承保理赔数据来进行各类产品的风险控制，具有较好的借鉴意义。但是，比起人工核保来说，智能核保条件较为严格，对于某些特殊情况能否有针对性地进行处理，在维护大多数客户利益的同时如何兼顾小部分客户，及时修正风险控制数据模型等问题，仍需重点关注。

平安健康智能风控决策引擎

◎ 平安健康保险股份有限公司

一、项目概述

将数据科技引入风险管理是商业医保形成健康经营的必经之路，因而健康险数据化风控项目从公司业务实操中风控能力不足的主要原因出发，借助“互联网+科技”的力量，逐步搭建以数据为驱动的联合动态的风控系统，以达到全公司、各机构及各部门数据共享和降本增效，并赋能前端保险业务的目的。

2021 年，在前期“智能风控分析”的基础上，数据化风控项目以“智能风控决策”为核心建设重点，一方面依托 AI 智能技术，结合业务专家经验，完成 NDC、PBM、RCD 等风控规则及模型的建立，打造智能风控体系中的核心价值；另一方面，依托大数据建立决策引擎平台，将断点、分散式的风控手段进行统一模块化管理及输出，通过构建、管理全链路风险决策与风险效果监控，赋能业务精准决策。

二、项目背景及意义

项目 2020 年的建设主要解决了前端业务实操中数据化运营能力不足的问题，但是对于健康险业务中存在的滥用风险、不实告知风险、客户健康及信用风险等问题，仍然缺乏有效的识别及管理手段，这意味着在业务的不同节点都存在风险被忽略的可能。同时，随着健康险业务的逐年增长，保险公司在人工审核人力资源有限的情况下，需要利用科技手段让业务流程更高效、风险拦截更强效。因此，搭建一站式的智能风控决策管理平台，既能实时清晰地监测决策流程，帮助业务监控、优化规则及模型，又能对健康险核心的风控手段进行可视化、一体化和模块化的管理，提升全流程效率，并实现内部风控知识的共享与对外风控能力的输出。最终通过提升风险拦截能力与降低人工审核成本，提高风控减损，进一步提升健康险价值空间。

三、项目重点解决的问题及主要创新点

（一）沉淀风控模型及规则，提升人工审核效率

滥用风险、不实告知风险、客户健康及信用风险为健康险面临的三类主要风险。以下主要对滥用风险、不实告知风险进行介绍。

1. 针对滥用风险的识别及拦截，健康险主要依赖门诊控费模型（以下简称 DEG 模型）、住院控费模型（以下简称 DRG 模型）及药品福利管理（以下简称 PBM）。

（1）DEG 模型建立分为两个主要步骤：第一步，将所有疾病进行 DEG 编码标准化，被编入同一个编码的疾病组具有较为接近的疾病治疗费用；第二步，将标准化的 DEG 变化与客户的其他基本特征（如地区和年龄、既往症等）相结

合，通过机器学习模型给出客户此次门诊的预期费用区间，当客户的理赔申请费用明显超出此区间时，DEG 模型则给出预警。

（2）DRG 模型同样是平安健康险实现疾病管理和理赔精准控费的重要模型，与针对门诊案件的 DEG 模型不同，DRG 模型是针对住院案件的，通过识别住院案件中的异常理赔费用来避免过度医疗。其基本技术方案与 DEG 一致。

（3）PBM 基于药品说明书与保险条款协议建立，主要控制药品错用、滥用和误用。平安健康将药品风控场景主要分为产品责免药品、昂贵药品、常用药品、特殊治疗途径药品，然后针对不同类别的药品梳理制定相应的规则。基于年龄、性别和药品名称、规格包装、用法用量等输入条件，最终达到药品—诊断合理性判断、药品—人群合理性判断及药品—药量合理性判断。

2. 针对不实告知风险的识别及拦截，主要通过提炼案件、提调规则，形成不实告知模型（以下简称 NDC 模型）。

NDC 模型可在理赔审核阶段识别不实告知客户。该模型为结合业务专业知识及机器学习算法的新型模型，分为以下两个模块：第一个模块，基于医学专业知识及审核专家经验归纳出易发生不实告知的疾病，这些疾病的病程通常较长，理赔客户往往都有极大的不实告知风险；第二个模块，将业务知识的归纳与客户/保单的基本信息相结合，通过机器学习算法给出该客户不实告知的综合判断，当模型发现客户的不实告知概率超过警戒阈值时，则进行风险警示。

（二）建立全生命周期的风险客户画像

客户风险画像通过健康和信用两面刻画不同等级风险客户的基本特征。对于契约、核保和理赔各个保险业务环节，识别、联动及合作管理风险客户较难，在提升保费与控制风险间维持平衡更是重大挑战。建立全生命周期的客户风险画像后，可实现客户的精细化管理，为客户及公司提供双赢的服务支持。

客户风险画像按照客户类型分为两个部分。第一个部分为面向新客户的风险画像，该画像应用于核保阶段，在核保阶段将客户的基本信息与风险画像相对比，当发现该客户与风险画像的匹配度较高且有需要重点关注的潜在疾病时，风险客户筛选（以下简称 RCD）模型将会给出风险核查提示；第二个部分为面向存量老客户的风险画像，由于老客户具有更丰富的信息积累，其风险画像可以精细到每一位客户，会为每一位客户评定风险等级。比如，对于中高风险的客户，可通过健康管理的手段改善其健康状况，并引导、推荐其购买更适合的健康险产品，为客户提供“有温度”的核保理赔服务。

（三）打破风险黑盒，风控策略灵活配置、实时监控

风控决策引擎建设前，健康险风控规则、模型分布较为分散且看不清、摸不到、管不好。契约核保理赔有哪些规则模型、规则之间的关系、用在何处、用的如何，无法可视化地追踪和度量，缺乏科学有效的一体化风控策略流程监控、盘点和评估；且规则、模型大多依赖开发代码布置，迭代更新升级慢，难以跟随业务的发展快速灵活调整。

风控决策引擎以“决策千里，始于规则”为设计理念，通过数据、规则、模型和策略等模块的统一管理与灵活配置，构建专业、强大、灵活的风控决策中台。针对保险客户投保、核保和理

赔等多环节的欺诈风险，以丰富的规则模板、极简化配置、多模型运行，7×24 小时持续、高效，以及高并发、高准确性、低延时的优势，实现全流程风控管理。效果监控模块针对业务风控策略评价体系，通过策略、规则集、规则、判定命中率深度下钻式的实时监控与统计分析，与业务风控规则模型的通过率、假阳率和假阴率等监控指标的有效融合，促进规则、模型、策略的迭代优化升级，使得规则误判和漏判造成的业务损失和人工调查成本在可控范围以内波动，助力业务精准决策、有效减损，真正实现降本增效。

四、项目主要建设内容

（一）项目一期建设成果

数据化风控项目一期从数据层出发，首先解决数据缺失的问题，利用 OCR 技术等方式获取并保存细粒度的就诊数据，为后续风控管理奠定基础。针对已有数据，依托大数据建立前端的数据化风控管理平台，能够对各类风险指标监测预警、深度分析、提前预测及定位，并在线自动化生成智能风险报告，帮助公司运营及管理人员实现智慧经营。

（二）搭建风控集市，管理风控数据资产

通过整合离线实时数仓、AI 算法平台、第三方数据等多样化的数据来源，构建由模型层、应用层和加速层组成的风控数据集市。应用层由黑名单、特征库和风控知识库等多模块构成，黑名单包含客户、中介、投保单位和医院等多方数据来源，风控特征库分为用户基本、健康、行为和关系等维度并结合药品库、疾病库等知识库。加速层集合 Redis、MySQL、ES 和图知识库等技术手段，为风控决策引擎的规则、策略调用提供强有力的数据支撑与技术服务。另外，风控集市的搭建可解决风险数据找数难、用数难及价值发挥更难的问题，有利于形成集风控数据资产分析、应用和运营为一体的全链路管理体系与方法论，为业务提供多维度风险数据分析、评估及自动化、智能化的风险数据资产治理。

（三）搭建决策引擎，实现一站式精准风控

通过搭建风控决策引擎平台，业务人员可实现规则灵活配置、AI 智能规则优化、策略自助化随时发布、多维能力共享、数据驱动和快速接入等功能操作，在复杂业务场景下实现自动化、个性化的精准决策。

决策引擎业务领域管理涵盖契约、核保和理赔等多样化的保险领域分类，支持不同业务场景下的风控流程决策配置。功能模块涵盖策略管理、规则管理、字段特征管理、黑名单库管理和策略效果监控等主体功能模块。

策略、规则集支持业务自助灵活升级与复制，减少对开发技术及版本周期时间的依赖性；API 提供通用接口服务，支持同步、异步等接口形式，结合规则兜底设计、版本管理、本地试算及灰度、影子测试等技术，提供策略、规则的有效流程管理；与风控集市多表的特征实现在线联动，通过引入外部第三方数据、核心系统等多方数据源，为规则集、策略多样化提供丰富的通用字段/特征库检索、引用服务；规则集支持 PMML 模型、基础规则集、脚本和决策树等多种输入形式，可实现私有规则的自建、通用规则的共享等，并提炼理赔、核保等多风控领域的业务规则模板、风控决策标签。

监控模块可以实时监测每个业务客户、案件在策略、规则集、规则、条件判定等多维度的命

中率情况，并实现多版本指标的数据对比。此外，平台还可供业务提取规则、模型的效果指标，实时在线监控客户、案件的通过率、拒绝率、策略漏判率和误判率等指标，形成与业务流程紧密结合、与效果反哺的风控策略评价体系，赋能风控人员，快速决策。

五、项目效果

（一）打造企业级风控策略一体化管理与监控模式

风控决策引擎平台，从健康险全局风险管理视角出发，协同核保、理赔等核心风控业务部门，整合散落各处的风控规则，构建可拓展、便于升级和高复用的风控策略规则体系，为风控建模师、风控策略规则管理员提供模型和规则的实时分析和监控，并为后续模型和规则的迭代优化提供数据支撑。通过率、拒绝率等业务流程的监控可为理赔审核人员监控整体的案件风险评估结果；漏判率、误判率等策略效果内容的监控助力风控建模师、策略规则管理员迭代优化升级模型规则，减少假阳性、假阴性案件在所有案件中的结果比例，提升真阳性案件的防控效果。在策略监控体系下，理赔 NDC 不实告知模型准确率可提升至 10%以上。

决策引擎以模型、规则体系实现自动分析决策为主、人工审核为辅，帮助风控人员作出客观的风控决策与评估。在核保、理赔等一体化风控策略的监控下，风控减损金额每年可提升至少 40%，达上千万元。

（二）基于健康险行业，探索并建立高效识别与拦截风险能力

在应用风控规则及模型前，主要依赖风控专家经验在审核中发现案件风险，但由于专业技术水平存在差异，难以统一审核标准，势必存在风险渗漏的情况，并且对于一些低风险的案件，无法通过系统自动进行评估，造成一定的审核、调查等人力成本的浪费。完善风控规则及模型搭建后，对于不同类型的业务和不同的风险匹配相应的处理策略，对于低风险案件减少人工参与，对于中高风险案件给予重点方向指导。除了发现一般风险，还能通过 AI 智能技术，对保险客户、案件等数据进行全局分析，发现人工忽略的隐匿风险，进一步提升风险拦截率，2021 年预计提高 0.26%。

六、总结

数据化风控项目 2020 年以“智能风控分析”为建设目标，通过“30+”风控维度指标的组合下钻分析、AI 赔付率和出险率等指标的预测、预警，以及智能风控报告的自动生成等功能，从 0 到 1 搭建智能风控分析平台，统一数据口径，释放业务分析人力。

2021 年，项目在此基础上以“智能风控决策”为核心建设重点，从 1 到 N 搭建风控决策引擎平台，沉淀专家反欺诈等风控经验，结合 AI 智能模型技术，创新高风险客户、药品、疾病和诊疗费用等相关的风控模型，整合互斥、黑白灰名单等风控规则。同时，搭配风控策略规则灵活配置，以及命中率、通过率和误判率等效果指标的实时监控，将断点式、分散式的风控手段进行一体化、可视化和模块化的管理。通过构建、管理全链路风险决策，实现健康险风控平台的对内共享与对外输出的双轨能力建设，反哺业务强化风控手段，助力风控管理达到精准决策及有效减损。

专家点评

平安健康保险股份有限公司研发的智能风控决策引擎，以“智能风控决策”为核心建设重点，依托 AI 智能技术，结合业务专家经验，完成风控规则及模型的建立，打造智能风控体系的核心价值，为公司运营提质增效，是公司智能化的有力体现。项目依托大数据建立决策引擎平台，将风控手段进行统一模块化管理及输出，通过风险决策管理与风险效果监控，实现健康险风控平台的对内共享与对外输出的双轨能力建设，助力风控管理达到精准决策及有效减损，提升公司经营效率，降低成本，具有一定的经济效益。

长江养老风险限额智能化同步项目

◎ 长江养老保险股份有限公司

一、项目概述

长江养老保险股份有限公司(以下简称长江养老或公司)自成立以来专注于养老金管理主业，聚焦长期资金管理，全面服务养老保障“三支柱”，拥有基本养老保险基金投资管理、企业年金基金管理、职业年金基金管理、养老保障管理和养老资产管理等业务牌照。公司的业务结构与资金性质较为复杂，覆盖了受托、投资等多类业务，包含了保险、年金及银行委外等多种资金，涉及400多个投资组合，投资风险监督难度与复杂度较高，对事前、事后风险管理的监控提出了很高的要求与挑战。

由于资管行业事前拦截主要依赖于恒生交易系统的风控模块，其风控阈值设置规则复杂，不支持资产分类扩展，导致大量冗余风控设置，影响投资交易速度。另外，在年金投资领域，禁限投池多(300个以上)、投资比例阈值2000多条均无法灵活查询；系统也无法支持浮盈亏、回撤、波动率、止损等类型风控的设置，迫切需要搭建事后风险监控平台以补充事前监控的不足。

在搭建事后监控平台的过程中，公司突破了传统独立搭建事后监控平台的模式，采用智能化方式识别和解析，同步事前交易系统1200余条风险限额，实现了事前、事后一体化监控平台，减少了人工事前、事后双重设置风险阈值的操作风险；可为投资经理精准提供投资组合的风险超限提示和预警，提升风险管理效率。

二、项目背景及意义

（一）信托型养老管理公司投资监督工作的特点

在投资监督工作方面，年金投资需满足人社部的相关法规要求，且养老金投资领域有账管人、委托人/代理人、受托人和投管人的角色，还需要满足受托人/理事会的投资政策要求。相较于保险资金账户管理而言，养老金投管组合存在规模小、账户多，对投资业绩进行绝对收益考核、定期排名要求，以及投资政策具有个性化、精细化程度高和调整频率高等特点。同时，由于年金委托客户以央企、地方国企等大型集团客户为主，委托人、受托人对各投管组合进行绝对收益考核，定期进行投资收益排名，投管组合按照净值法估值，因此对投资组合的波动率、回撤、止损和个股浮盈亏均有明确的要求。

保险资金投资则需满足银保监会关于资金运用的相关法规要求及保险委托人的投资指引要求。保险资金在投资范围、资产认定标准(如流动性资金的口径、资产支持证券归类)和资产分类方面都存在明显差异。保险资金按照账户管理为主，账户规模相对较大，投资指引每年更新，账户按照年度净值增长率考核，同时收益兑现需满足金融企业会计的要求，投资监督事项相对固定。

（二）事前风控系统监控的不足

对于资管行业，各公司投资交易的事前拦截主要依赖于恒生交易系统的风控模块，包括授权审批、投资范围、投资比例、禁限投池和可投池等方面。然而，现有恒生交易 O32 系统风控阈值设置规则复杂，风控设置及监控同步人工交互过多，规范性差，不支持资产分类扩展，且运行多年后，必然会出现大量冗余风控设置，影响投资交易速度。在保险资金、年金、银行资金、基本养老、产品等多种资金共同投资运作时，事前风控系统监控不足的问题尤为凸显。比如，现有资产分类不支持养老金产品、资管产品，对其无法精准区分，导致只能通过大量的互斥风控来区分，且设置逻辑复杂；300 多个禁限投池、1200 多条投资比例类阈值无法在交易系统中灵活查询；系统也无法支持浮盈亏、回撤、波动率和止损等类型风控的设置。

在保险资金投资监督中，账户规模大、投资监督事项差异化程度低，事前交易系统拦截的效率基本达到 100%，因此事后监督事项较少，基本独立于事前交易拦截事项。然而，在年金投资组合规模小、政策精细化程度要求高的情况下，对事前交易系统拦截的准确率、禁投池、限投池和资产比例类监督事项的事后查询均提出非常高的要求。为保持与托管行监控口径的一致性，为确保年金投资不违反委托人的各项投资政策，从依赖于托管行进行事后监督转变为主动风控，必须建立完善的事后监控平台。

（三）建立智能化事后监控平台的重要性

在建立事后监控平台时，如果采用传统的独立建设系统的模式，投资监督人员既要保证投资政策在事前交易系统完成阈值设置及更新，同时还要在事后系统同步完成调整，这既带来投资监督工作量的翻倍，也会产生操作风险，无法确保事前和事后阈值设置的一致性。在投资监督人员非常有限的情况下，无法支持单独建立事后监控平台。

公司在经过对衡泰系统开发商调研、沟通需求后，决定采用智能化同步事前风险限额的方式建立事后监控平台。具体而言，采用恒生 O32 系统静态风控类条款同步到衡泰 xAsset 系统的方式，提供投资监督人员只需在 O32 系统设置一次阈值的便利，并可通过 xAsset 系统解决 O32 系统无法做到的事后监控功能。

2020 年 8 月，公司启动事后风险监测平台系统的项目，历时 1 年，完成该系统的立项审批、需求分析、开发商选择、现场开发、测试和上线运行。除了授权审批类、交易价格类无须同步限额，需要同步交易系统近 1500 条风险限额，实际同步比例达 85%。该项目减少了人工事前、事后双重设置风险阈值的操作风险；可为投资经理精准提供投资组合的风险超限提示和预警，提升风险管理效率。

三、项目重点解决的问题及主要创新点

（一）实现事前、事后监控的统一，实现一体化监控平台

本项目实施的重点和难点在于对恒生交易系统风控设置规则的解析和同步，涉及的范围包括对 O32 系统支持的风控类型的解析、账户结构、控制方式、基金控制类型、分子及分母解析、风控基金组、资产类型和维度、风控条目要素、组合绑定的同步，需要实现风控阈值的日常调整同

步和新增指标的同步。

在交易系统限额同步的过程中，不是简单对风控阈值分子和分母的同步，而是对风控阈值设置规则、控制类型、优先级及生效时间的同步。因此，事后监控预警会对事前风控设置的准确性进行校验，在事后监控预警指标测试的过程中，事前风控阈值从3000多条梳理减少至2000条，有效减少冗余设置。同时，事后风控阈值来自交易系统阈值同步，保证了事后监督事项的完整性和准确性，以及事项事前、事后的有机统一，实现一体化风险监控平台。

（二）规避重复设置风控阈值的操作风险

本项目实施实现了对事前交易系统从A类至S类风控的同步，包括证券持仓数量控制（A类）、证券持仓成本控制（B类）、证券持仓市值控制（C类）、证券市值按行业控制（D类）、证券类别市值控制（E类）、剩余天数控制（K类）、到期回购资产控制（L类）和合同类（S类）控制指标。除授权审批类、交易价格类无须事后监控指标外，互斥类指标在识别控制优先等级后也可实现同步，基本实现了现有交易系统风控阈值智能化同步。该项目解决了投资监督岗重复事后设置风控阈值的工作量，在不增加人力成本的情况下，建立了有效的事后监督体系，规避重复设置风控阈值的操作风险。

（三）实现对投资经理的精准预警

考虑到投资组合数量多的特点，为了进一步提高预警效率，在项目实施过程中，同步了投研一体化平台中的投资经理信息，包括人员名称和邮箱的绑定，在限额校验完成后，可以实现监控预警事项对投资经理、风控经理、部门负责人和投资总监的精准预警，并能提示监控预警事项的累计触警日期，便于投资经理在规定的时效内及时调整。

四、项目主要建设内容

（一）同步事前交易系统限额建设的整体架构

智能化同步事前交易系统限额建设的主要思路包括O32投资风控设置的解析、限额指标的同步（基金或风控基金组、控制方式、控制层次和基金控制类型、分子和分母）、监控同步（自动检测O32设置变动、指标日常自动同步、新增限额的自动绑定组合、限额调整）和限额分析报告。

（二）智能化同步事前交易系统限额的实施路径

项目实施的路径是明确O32的控制逻辑和规则，具体而言，需要解析O32风控类型；明确资产类型并与事后系统形成一一对应的关系；明确风险控制方式，按证券、证券类别、维度、证券池和期货品种明确风险控制方式；判断控制层次，包括单基金或多基金联合、风控基金组和组合层控制；条款基本信息识别，包括比较方向、生效日期、风控等级和触警操作等信息；识别分子和分母类型，包括净值、总资产、敞口、流通股本/总股本和市场成交量等类型。

事后监测平台自动同步限额条目要素，包括条目类型、监控类型、监控指标、计算方式、合规方向、监控值和预警值。具体的条目要素同步结果对应关系见表1。

表 1　交易系统风控阈值同步示例

字段说明	O32 系统	xAsset 系统	说明
条目类型	绝对控制比例控制	范围、比例、复合	绝对控制对应范围型(其他范围) 比例控制对应比例型
监控类型		范围：其他范围	
监控指标			一一对应
计算方式	汇总控制(单独、汇总)	汇总、分类遍历、明细遍历	单独对应明细遍历汇总对应汇总
比较方向	1 大于、2 小于、3 大于等于、4 小于等于	不超过、不低于、低于、超过	一一对应： 大于对应小于等于 小于对应大于等于 大于等于对应小于 小于等于对应大于
触警操作	三个等级(1. 预警、2. 指令审批 3. 禁止)	预警、违规两个等级	同步预警、禁止两个
阈值	三个阈值	两个阈值	同步预警、禁止两个

五、项目效果

（一）智能化同步事前交易系统限额的结果比较

本次交易系统限额同步项目实施，实现了事前 1200 多条风控阈值的智能化同步，包括禁投池、限投池、证券投资比例(按证券池、维度、证券代码和证券类别）和投资绝对金额控制，可以实现对单组合、多组合联合和风控基金组(有效排除基金或基金组）同步。

以下是按照禁投池、比例类控制和绝对金额控制的实际示例。

1. 禁投池控制。

（1）禁投池判断逻辑。证券池，根据证券池类型(投资股票池、限制股票池、禁止股票池）判断是否为禁投池；非证券池，根据证券维度名称(名称中带限投）判断是否为限投池。

（2）禁投池智能化同步。衡泰 xAsset 系统智能化同步恒生 O32 系统中禁投池的明细券数据。

（3）合规监控结果对比。

2. 比例类控制。

（1）比例类控制判断逻辑。恒生 O32 系统中“比例控制”对应衡泰 xAsset 系统中的“比例”。

（2）合规监控结果对比。

3. 绝对金额控制。

（1）绝对金额控制判断逻辑。恒生 O32 系统中“绝对控制”对应衡泰 xAsset 系统中的“范围”。

（2）合规监控结果对比。

（二）智能化同步事前交易系统限额对行业投资监督的应用价值

从上述事前、事后限额同步案例对照结果来看，采用智能化的方式识别恒生交易系统风控阈值的控制方式和逻辑，可实现事前、事后一体化监控平台，事后监控系统是对事前风控设置的有效检验，同时避免了因人力不足而导致事后监控缺失的缺陷，也规避了事前、事后双重设置风控阈值造成人力成本浪费且出现操作风险的情况。该项目的实施，能有效解决年金投资组合多、规模小和投资政策更新频率带来的投资监督工作困难的痛点，有效提升投资监控效率和精准度，对行业有一定的指导和应用价值。

六、总结

本次智能化同步事前交易系统限额项目，同步交易系统 1200 多条风险限额，实现了事前、事后一体化监控平台，减少了人工事前、事后双重设置风险阈值的操作风险；可为投资经理精准提供投资组合的风险超限提示和预警，提升风险管理效率。

在项目实施过程中，尚未解决的问题包括：一是由于事后风险限额通常不区分优先级，对于有优先级的互斥类风控，事后监控系统尚不能根据优先级来确定组合应适用的阈值。未来，还将在事后限额开发中，增加优先级的控制逻辑。二是公司还将进一步探索智能化对托管行预警邮件和事项的非结构化解析，并与事后监控平台关联，实现对托管行预警事项的及时跟进和追踪。

专家点评

长江养老保险股份有限公司建设的事前、事后风险限额智能化同步项目，突破传统独立搭建事后监控平台的模式，采用智能化方式识别、解析，实现了事前、事后一体化监控平台，降低了人员的操作风险，具有一定的创新性。该项目可提供投资组合的风险超限提示和预警，提升风险管理效率，避免事后监控缺失的缺陷，规避了人力成本浪费，提升公司经营稳定性，具有一定的经济效益。该项目可以有效解决年金投资组合多、规模小、投资政策更新频率带来的投资监督工作困难的痛点，有效提升投资监控效率和精准度，对行业有一定的指导和应用价值。

泰康养老智能反欺诈风控平台

◎ 泰康养老保险股份有限公司

一、项目概述

2018年，中国保监会下发了《关于加强反保险欺诈工作的指导意见》《反保险欺诈指引》。为积极响应监管要求，维护保险市场经济秩序，保障善意投保人和被保险人的合法利益，强化公司经营风险管控能力，泰康养老保险股份有限公司（以下简称泰康养老）规划建设了保险欺诈风险的评估与分析、预警与监控和调查的反欺诈信息平台，2020年在原平台基础上进行了全新智能化升级改造。新系统深入挖掘保险业务全生命周期风险点，积极整合内部业务、行为数据和外部医疗、征信数据，搭建客户大健康数据和信用数据平台。基于用户征信、健康状况、职业类别、行为习惯和医疗记录等数据，借助大数据分析、自然语言处理和机器学习等创新技术，搭建以客户为中心的风控标签体系和风控模型。耗时两年打造的智能反欺诈风控平台，可实现承保前主动预警、承保后两年主动调查、保全生存主动排查和理赔智能查勘辅助等功能，主动识别欺诈风险，提高风险管控效率，降低欺诈渗透率。

二、项目背景及意义

一直以来，保险欺诈都是保险业的毒瘤，保险公司每年因各种“骗保”“骗赔”的经济损失占保费收入的10%～30%，保险业的欺诈渗透率为10%～15%。保险反欺诈风控工作还面临来自社会管理层面和民众心理层面的挑战。社会管理层面集中表现为政府重视的程度还不够，因此导致相关立法不完善，使得欺诈人员有机可乘，且欺诈犯罪的成本较低。同时，在打击欺诈的过程中，大量工作需要在政府层面加以协调和统一，特别是在标准定制和信息共享方面。民众心理层面体现为社会集体对保险欺诈的宽容。在美国的一项统计中，25%的民众认为“欺诈保险公司”是可以接受的。在英国，相关社会调查中40%的受访者认为可以接受“夸大保险索赔”。

目前，关于意外险和健康险的保险欺诈事件层出不穷，影响恶劣。但绝大部分经营健康险的保险公司欺诈管理方面还比较薄弱，行业长期存在反欺诈风险高、调查成本高和结果不够精准等痛点、难点。同时，客户健康及保险行为数据获取难度高，数据维度有限，难以满足保险反欺诈工作的需要，特别是随着保险欺诈犯罪手段的不断升级，问题更加突出。医学疾病归类繁多，审核尺度难统一等也都增加了保险机构风险管控的难度。客户带病投保、不如实告知承保后，理赔纠纷多、解约可操作性难更是行业内普遍面临的问题。为此，将事后风险赔偿逐步转变为事前风险管理，是系统建设过程中关键的策略转变。

优化流程层面，通过提前识别核保、保全和核赔过程中的欺诈风险，降低“死差损”，在业务降本增效的同时，有效降低公司的经济损失。

赋能作业层面，科技赋能查勘工作，通过预警和查勘建议显著提升核保、核赔和查勘效率，赋能泰康养老，将有效的人力资源聚焦在为客户提供更好的产品和更优质的服务上。

与此同时，泰康养老积极开展行业交流、撰写专利、申请软件著作，输出自己的宝贵经验，赋能同业。泰康养老将以始为终，一如既往地密切配合银保监会、公安、民政、社保、卫健委等有关部门，坚决铲除不法之徒的金融犯罪土壤，为构建和维护国家良好的金融秩序和环境献言献策。

三、项目重点解决的问题及主要创新点

为更好地保障保险欺诈风险管理顺利实施并达到预期效果，泰康养老不断完善系统建设，引入内外部风控数据，建立保险欺诈风险的评估与分析、预警与监控的信息平台。通过对实际业务操作风险及既往经验风险总结，形成欺诈风险管控及预警规则，将风险管控规则转化成系统语言设置在模型内，从系统层面对欺诈风险进行预警监测和数据分析。

一方面，由于反欺诈风控能力提升对数据的依赖性在不断上升，因此，平台集成了大量内部、外部风险数据，内部包括泰康体系内子公司的既往拒保和既往重疾数据，外部包括意健险平台数据、多地医保风险数据及体检信息，为风险识别、调查线索获取和风险分析提供了数据基础。

另一方面，大数据模块为模型分析模块提供有效的数据和信息支持。系统分别从数据端和模型端识别并报告疑似欺诈客户及交易，记录和处理与欺诈风险相关的数据；提供欺诈风险信息，满足内部管理、监管报告、信息披露和共享要求。通过智能反欺诈风控平台，可自主查询以及检索高风险客户多家投保、高额投保以及既往理赔等疑似欺诈的信息，便于及时发现识别高风险客户，实现欺诈风险前置管控。

技术创新主要有以下几个。

1. 自建大数据核保风控模型，前置核保，客观分析客户风险。在客户充分授权的前提下，多渠道、多角度和多维度获取客户健康类数据、保险行为类数据，结合自建大数据核保风险控制模型，判断客户风险等级，对客户健康风险分级管理、分级审核。

2. 使用高效的多分类模型算法对多种一级核保结论进行预测，为核保一线人员提供参考以提高最终结论的准确性，并为后续加入二级标签打下基础。

3. 利用 AI 提高非结构化数据比对技术，直接提高筛查的准确度和效率，并根据保险欺诈的新动态，实时调整和完善分析模块的参数及维度。

4. 使用命名实体识别(NER）和自研的核保医学知识图谱，将初始核保所需的文本数据进行结构化处理，减少数据最初始的提取阶段对人力资源的依赖。

四、项目主要建设内容

1. 数据是企业数字化的血液，所以数据建设是保险运营科技的基础。高质量的风控离不开海量的高质量数据。为此，泰康养老自建风控反欺诈数据仓库，对接不同的内外部系统和数据源，比如养老业务核心系统、养老理赔中台和泰康集团各健康数据系统，人民银行征信数据和第三方数据源的医疗、健康数据，并将数据按客户、

业务员、医院和机构维度分类获取、加工和整合。

首先，要解决“质”的问题。按客户、业务员、医院和机构四个维度定义数据模型结构，再进行数据清洗、删除、修正或补充这些数据中可能存在的数据缺失、有异常值和数据不均衡等问题。之后，针对同一种数据存在量纲不一致的问题，需通过归一化将客户的数据单位统一。接下来，根据客户唯一 ID、业务员唯一 ID、医院和机构的唯一编码，将数仓的各类业务数据和交易数据关联起来，构建 OneID 的数据体系，以实现 360 度全方位整合、处理、分析的高质量的客户运营全生命周期数据。

其次，要解决“量”的问题。我们通过提高数据量采集的规模，整合更多内部系统的保险流程交易数据，增加面客系统行为数据的埋点，积极对接医保、医院和第三方医疗数据的方式，不断拓展数据范围、细化数据维度，为风控模型提供数据化支撑。

2. 依托客户的征信信息、健康状况、职业类别、行为习惯和医疗记录，泰康内部各种历史交易数据，泰生活、养老商城等用户行为数据，以及外部的征信、医疗数据，借助大数据分析、自然语言处理和知识图谱等创新技术，搭建以客户为中心的画像标签体系。

依据数仓中的客户与客户的关系，构建以客户为中心的数据图谱关联视图。反欺诈场景里最常见的就是团伙作案，那么与之关联的客户的欺诈风险也会较高；同时，结合黑节点客户的画像标签，如果客户的标签相似度也很高，就要将其标注为高风险。如果多个黑节点客户关联的是同一名业务员，则这个业务员很可能和欺诈团伙内外勾结。根据类似的逻辑，将业务员进行风险等级标注，构建业务员的画像。同样，依据客户与医院、就诊机构的关系，可以发现有问题的就诊机构或者医院，依据同样的逻辑，将医院和就诊机构进行风险等级标注，构建医院和就诊机构画像。

通过客户、业务员、医院和就诊机构整体画像标签体系，结合不同业务场景下的反欺诈风控规则，可实现针对一位客户的全生命周期数据的自动化采集、分析，风险模型的自动匹配，以及风险等级的多维度评估。这样，业务人员在核保、二核和理赔作业的时候，能够一目了然地看到这些风险评估信息，辅助决策。同样这些风险评估信息，为查勘工作提供了有效的调查线索，在帮助作业人员明确定位调查目标、缩小调查范围和降低查勘难度的同时，提升查勘效率。

泰康养老一直积极探索基于大数据技术的反欺诈系统的研发与应用，智能风控系统实现了从传统风控到数字化转型再到智能化升级，覆盖营销、核保和核赔多个环节，可准确、快速、全面、有效地进行各业务环节的风险识别、风险评估、风险预警和风险处理。

五、项目效果

通过泰康养老智能反欺诈风控平台，能够分级定义和管理健康风险，将核保规则前置，针对不同风险等级的客户，定制不同的风险策略，使得优质客户可快速通过投保，高风险客户可实现预审核、预拒保和可沟通的个性化审核流程，并根据健康情况为其他产品的投保提供指导和帮助。针对二核、保全生存调查和理赔查勘作业，风控平台的实时风险预警、风险提示和查勘线索，在大大提升业务人员、查勘人员的作业效率的同时，有效降低了骗保、骗赔的风险。

智能反欺诈风控平台借助跨平台数据引入、大数据分析等科技创新，确保了反欺诈的准确性、缜密性和时效性。通过外部数据引入和合作，打破了传统的仅靠客户提供的片面信息而导致欺诈风险不能被有效识别的局面，并打通承保前—承保后的风险评估链条。该系统2020年累计调查案件数十万件，查勘命中率超过90%，预警阳性保单数百件，拒保保额约为4000万元，有效避免了公司的经济损失。

六、总结

保险欺诈行为已严重侵害消费者和保险经营机构的合法权益，影响了保险业的绿色健康发展，损害了社会诚信体系。风险管控模式正在从过程和事后的风险管理模式，逐步转变为事前安排和对冲的风险管理模式，从一种外在的模式走向内涵的模式。

数字化转型对保险业发展的重要性不言而喻，但与此同时，数字化面临如何与自身业务高度融合、如何打破企业内部部门墙的挑战，这就需要在管理层的数字化战略指导下，实现科技、业务的高效协同。目前，泰康养老智能反欺诈风控平台主要聚焦在泰康养老的风控体系，服务养老的业务和客户。

未来，我们将立足养老，利用养老反欺诈风控平台沉淀的技术、数据能力，对内主动探索与泰康人寿、泰康在线交流合作，打通各分公司的数据孤岛，对外积极对接医保、征信、医疗机构和第三方机构的数据，打造泰康集团 one ID 大健康风控平台，赋能公司“做大健康支付”战略，发挥好自身的科技属性。深化大数据、人工智能和区块链等技术在保险反欺诈中的应用，强化反欺诈能力，为实现泰康“做中国大民生工程核心骨干企业”的历史使命不断拼搏、奋进。

专家点评

泰康养老保险股份有限公司搭建的泰康养老智能反欺诈风控平台，整合内外部数据，借助大数据创新技术，搭建客户大健康数据和信用数据平台，打造智能反欺诈风控平台，做到主动识别欺诈风险，提高风险管控效率，降低欺诈渗透率，对行业具有一定的借鉴意义。平台借助跨平台数据引入、大数据分析等科技创新，确保了反欺诈的准确性、缜密性和时效性。通过外部数据引入和合作，打破了传统的仅靠客户提供的片面信息而导致欺诈风险不能被有效识别的局面，具有一定的创新性。

人保金服网络安全保险新探索

——以“防+保”为核心的新模式

◎人保金融服务有限公司

一、项目概述

（一）项目介绍

人保金融服务有限公司(以下简称人保金服）协同中国人民财产保险公司(以下简称人保财险）在开展网络安全保险业务的过程中，根据市场发展的基本规律和客户的需求情况，充分利用高技术手段，并结合创新性的模式，为客户提供承保服务，获得了客户的高度认可，具有非常高的推广价值。

（二）项目的主要创新点

本项目主要的创新有以下几个方面：

1. 模式创新。人保金服在进行网络安全保险的承保探索时，创新性地提出了“防+保”结合的模式。一方面，在承保过程中充分评估企业的网络安全防护能力，并对企业提供更全面的安全管理服务；另一方面，网络安全保险的承保从本质上解决了企业残余风险的转移问题。这种模式的创新使得客户对保险公司的服务满意度提升，增加了保险公司的业务规模，也促进了保险公司对于承保风险的管理，降低了事故发生的概率。

2. 技术创新。在承保网络安全保险业务的过程中，人保金服首次使用了大量先进的网络安全风险评估技术，并积极同外部的合作伙伴一起，对于风险的量化分析、定价模型、承保条件进行了持续的创新开发，逐渐形成了基于人保自身承保能力出发的网络安全风险的评估和量化分析体系，对于网络安全风险的持续深入研究、量化分析、巨灾模型建立和核保体系建设，奠定了良好的基础。

3. 建立、健全生态体系。人保金服通过科技服务和产品，为集团主业提供科技赋能和生态连接。持续在网络安全保险领域进行深入探索和研究，联合人保财险以及第三方风险管理技术服务机构源堡科技，共同建立基于网络安全保险业务的完整生态体系。各方基于自身的专业能力和优势在业务开展环节中承担不同的服务任务，构建了基于安全服务、数据共享、产品和模型开发、智能化销售等一系列的生态体系。

二、项目背景及意义

（一）项目背景

网络安全保险主要是承保被保险人遭受网络安全事故(如黑客攻击、恶意软件等）导致的各项损失。自美国在20世纪80年代首次引入网络安全保险的承保概念和承保产品后，网络安全保险已诞生并发展了近40年。我国保险公司于2015年前后开始对网络安全保险的承保进行探索和试点，在此期间经历了直接引入外资保险公司的产品承保阶段、与安全服务公司探索合作模式等阶段。目前，随着我国企业数字化和信息化程度的提升，网络安全保险的需求呈爆发性的增长趋势。

网络安全保险不同于普通的财产保险，对于保险公司而言，其承保难度大、技术要求高。在缺乏足够的安全和理赔数据的背景下，保险公司很难通过与其他保险产品一样的方式来解决判断风险是否可保、不同的风险如何定价及承保风险如何进行管理等问题。这就需要保险公司必须在核保技术、量化风险评估和定价建模方面进行创新，以满足承保的要求。

（二）项目意义

人保金服充分利用并整合自身生态合作伙伴的技术能力和数据库，提出了"防+保"的主动型网络安全风险管理解决方案，为我国保险业更科学、有效、准确地承保网络安全保险提供了一个很好的样本。同时，人保金服创新型的承保模式改变了过去保险业只关注承保，而不关注服务，且同客户交互频率过低的痛点，通过在承保过程中充分进行网络安全风险管理，向客户提供非常有价值的安全服务。不仅增加了客户的服务体验和黏性，也对未来保险公司在特殊风险领域建立完整的集承保和服务于一体的生态链进行了非常有益的探索。

三、项目重点解决的问题及主要创新点

（一）项目重点解决的问题

人保金服在网络安全保险业务领域的创新模式，解决了网络安全保险价值链上的主要问题，针对网络安全保险承保痛点有以下几个解决方案。

1. 保险销售端。网络安全保险需要销售人员具备非常强的专业能力，以及网络安全相关背景知识，但目前保险公司的销售团队并不具备这样的能力，这就导致了在销售端，保险公司销售人员无法同客户的IT人员进行有效的沟通。人保金服连同人保财险、源堡科技共同开发了专门为网络安全保险服务的销售支持系统，可以在销售人员和客户进行面对面沟通的场景下，实现对客户网络安全风险等级的分钟级快速评估，并自动生成承保方案。这个方案既能辅助销售人员提升销售效率，也能够提升客户的体验感。

2. 承保端。现阶段对于保险公司而言，网络安全保险无论是承保经验还是承保数据和理赔数据，都是相对比较缺乏的，核保人员在进行承保决策时往往没有任何的客观依据，而网络安全厂商提供的安全评估报告也无法转化为保险公司所惯常需要的风险评估报告。因此，人保金服整合了相关的技术资源，研发了SaaS化的网络安全风险评估工具，从企业外部的安全风险、内部的安全能力和基于场景的量化风险评估三个维度对企业的网络安全风险进行全面的评估，为保险承保提供定性和定量的技术依据。

3. 定价端。同外部的网络安全厂商、科技公司以及再保险公司紧密合作，利用第三方提供的事件数据库和数据平台，一同设计并优化网络安全保险的定价模型，使得网络安全保险的定价能够客观反映投保客户的安全建设能力和所在行业的客观风险水平。同时，帮助客户针对不同场景的风险进行货币化展现，让客户清晰地了解网

络安全风险带来的预期总损失，指导客户选择适当的保险方案。

4. 风险管理方面。充分利用合作方的安全技术和安全能力，推出了包括渗透测试、7×24小时自动化安全风险监测和钓鱼邮件测试等风险管理手段。一方面是为自身管理已经承保的网络安全风险提供工具，了解客户在承保过程中的风险动态变化情况，做到事故预警并降低出险概率；另一方面是以增值服务的形式增加客户的黏性，解决保险销售过于低频的问题。

5. 理赔服务方面。通过建立网络安全专家团队，能够更好地对事故发生的原因、损失评估和应急响应支持等方面提供专业服务，妥善解决客户在理赔过程中的各种问题。

（二）主要创新点

人保金服已经将网络安全保险列入主要的战略方向和发展领域，对于网络安全保险业务模式的积极探索，其主要有以下几个创新：

1. 商业模式的整体革新。网络安全保险业务模式的创新，改变了过去在保险销售场景中单纯以销售为主而缺乏服务的模式。作为一种“承保+服务”并重的业务模式，它解决了长期以来保险销售过程中客户体验差、交互频率低和缺乏必要服务等问题。

2. 新科技的大量运用。在网络安全保险业务开展的过程中，人保金服同生态合作伙伴一起大量运用了自主研发的 SaaS 化销售工具。网络安全风险评级 SaaS 化工具、网络安全能力评估在线系统、7×24 小时网络安全风险监测工具等新型技术，全面赋能网络安全保险的销售、承保、定价、风险管理等各个环节，做到科学、准确和客观地承保每种风险。

3. 人保和生态伙伴合作。独创性地基于网络安全风险的场景来进行风险量化分析和定价建模工作，对于网络安全风险的量化分析和定价提供了理论基础和实践案例。

四、项目主要建设内容

人保金服在开展网络安全保险业务的过程中，充分与生态伙伴一起合作，运用了众多新型技术手段赋能保险业务价值链的各个环节。新技术的运用，帮助人保构建了完整而扎实的网络安全保险销售体系。

（一）智能化的售前支持工具

人保金服与生态合作伙伴一起，为解决网络安全保险销售缺乏专业性的问题，共同开发了网络安全保险售前支持工具。该工具是一款无须部署的 SaaS 化工具，整合人保及人保生态合作伙伴提供的安全事件大数据库、漏洞扫描和风险量化分析等技术，能够实现功能：实时更新国内外重大网络安全事件和新增安全漏洞信息；分钟级快速评估企业客户的网络安全风险等级，快速计算企业客户的网络安全事件损失并自动化形成对应的保险承保方案等。售前支持工具的使用，很好地解决了保险公司内部对于网络安全保险销售缺乏专业支持的痛点。

（二）高效的核保评估工具

为解决网络安全保险缺乏数据和核保专业度较高的痛点，人保金服在开展网络安全保险业务的过程中，充分利用科技公司强大的网络安全风险评估技术和数据库的优势，开发并建立了完整的网络安全保险核保评估工具和评估体系，实现了精准、高效的核保。

网络安全保险的核保体系共分为三个部分，

包括企业网络安全风险评级、网络安全能力评估和基于场景的量化风险评估。这三个部分从不同的维度，分别基于企业客户的外部安全风险、内部安全能力和风险损失水平进行评估，回答了核保人关注的“可不可保、以什么价格承保”这两个最重要的问题。

企业网络安全风险评级，是我国首创的 SaaS 化安全风险评估平台。该平台从网络安全、端口安全、系统安全、邮件安全、数据安全、资产暴露、补丁漏洞、DNS 安全和 IP 声誉九大维度，探知企业面临的外部网络安全风险，并结合行业平均情况和事件数据库综合给定企业的安全评级，帮助保险公司充分了解企业暴露在互联网端的风险，以及该企业的风险在同类企业中的综合水平。

网络安全能力评估，结合在线问卷评估、现场评估和专家评估，从合规遵从、组织架构、制度体系、人员安全和安全技术五个方面，综合评估企业的内部安全能力，一方面为投保提供重要依据，另一方面也为企业优化其风险管理提供有用的建议。网络安全能力评估体系见图 1。

（三）自动化的网络安全风险监测工具

对于承保中的网络安全风险管理，人保金服采用了 7×24 小时网络安全风险监测工具。该工具从黑客的视角，利用蜜罐、安全扫描、资产探测和威胁情报分析等技术对用户暴露在互联网端的数字风险进行 7×24 小时监测，帮助客户建立外部风险持续监测和快速应急响应能力。

自动化的网络安全风险监测工具采用非侵入的技术，一方面可以对保险公司管理企业的网络安全动态风险提供工具；另一方面，该工具分钟级的响应能力能够实时告知客户其高危风险和高危漏洞，便于客户及时处理高危风险。

五、项目效果

人保金服自大力推广创新型的网络安全保险业务模式以来，在数个月的时间内，选定了一批经营机构积极进行试点，取得了非常显著的效果。

从保费规模来看，2021 年上半年承保业务的保费规模超过了 2020 年的保费规模，首次突破了 1000 万元，并且承保了多个单均保费在 100 万元以上的大型标志性的客户，取得了良好的市场成绩，也改变了过往网络安全保险单均保费低、总体保费规模不过千万元的情况。

从服务效果来看，新的业务模式得到了众多上市公司、大型国有企业客户的高度评价，客户普遍认为：以人保为核心，结合众多科技力量为客户提供承保和风险管理服务的方式，既能够使客户享受到保险的保障，也能够使客户免费享受到高质量的网络安全增值服务，具有非常高的性价比。

从风险管理的结果来看，采用该模式承保的客户，保险定价更为科学，且承保过程中实现了良好的风险管理，使得业务的综合成本率总体没有超过 60%，获得了不错的利润水平。

六、总结

网络安全保险是财险公司经营领域中一个非常新的领域，其风险的组成和管理具有非常强的特殊性和专业性，且具有明显的巨灾特征。在全球网络安全保险的承保实践中，有相当多的著名外资保险集团因为网络安全保险的赔付率较高而退出了这个市场。随着新技术、工业互联网和自动驾驶等高新技术领域的不断推广和运用，网络安全保险将会成为未来企业经营的一个基础性需求，我国市场会实现非常快的增长。但是，保险公司如何经营和管理网络安全保险，并达成良好的经营业绩，对于整个行业而言，都是非常大的挑战。

摒弃过往的粗放式经营思维，积极进行产品、承保和服务模式的创新，并依托外部力量共同构建良好的网络安全保险生态体系，是确保网络安全保险高质量发展的最优路径。人保金服未来将和生态合作伙伴一起，在产品开发、智能化销售、承保技术优化、数据平台建设、量化风险分析和定价模型优化等领域进行深度合作，充分利用科技的力量，塑造专业化保险服务的新形象。

根据××××公司提交的问卷结果，结合源堡科技网络安全成熟度模型计算得出，××××公司的网络安全成熟度得分为8.30分，总体防护能力处于风险驱动级。

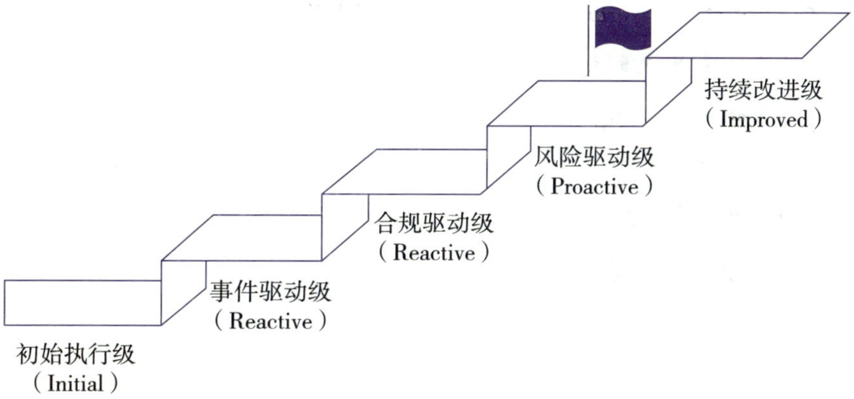

从“合规遵从”“制度体系”“组织架构”“人员培训”“技术防护”五个方面来看投保成熟度如下：

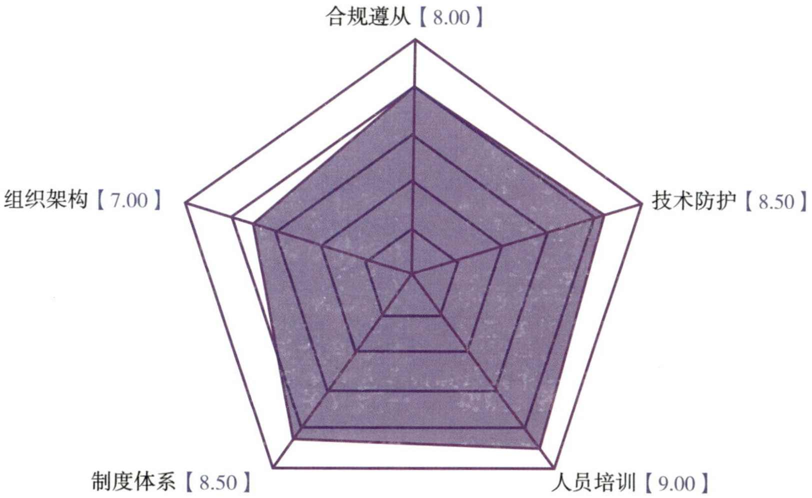

图 1　网络安全能力评估体系

专家点评

人保金融服务有限公司提出的主动型网络安全风险管理解决方案，通过在承保过程中进行网络安全风险管理，向客户提供高价值的安全服务，增加了客户的服务体验和黏性，有利于公司持续经营发展。公司充分利用科技的力量，积极进行产品、承保和服务模式的创新，构建良好的网络安全保险生态体系，确保网络安全保险高质量发展，塑造了专业化保险服务的新形象。公司在特殊风险领域，对建立完整的生态链进行了非常有益的探索，为行业提供了一定的实践经验，具有一定的借鉴意义。

2021 Selected Cases on the Information Mangament to Insurance Industry | 保险业信息化优秀案例精编

第二章

数字化提高服务质量

中国银保信电子化助力农业保险高质量发展

◎ 中国银行保险信息技术管理有限公司

一、项目概述

农业保险是防范化解农业生产经营风险的重要工具，是全球主要市场普遍采用的农业支持保护政策。2019 年，习近平总书记主持中央深改委会议审议通过《关于加快农业保险高质量发展的指导意见》，把农业保险放在了推进现代农业发展、促进乡村产业振兴、改进农村社会治理、保障农民收益的重要地位进行统筹部署，标志着我国农业保险由高速发展转向高质量发展的新阶段。中国银行保险信息技术管理有限公司(以下简称中国银保信）全国农业保险信息管理平台(以下简称农险平台）立足行业基础设施定位，发挥平台数据与科技价值，联合监管及保险机构搭建统一的标准化农业保险承保电子化业务支持平台，创新农业保险作业模式，促进农业保险高质量发展。

针对行业信息化水平不高、数据真实性差和农户信息透明度难保障等问题，自 2018 年起，农险平台联合行业开始搭建统一的标准化农业保险承保电子化业务支持平台。平台向保险公司和广大农户提供线上的投保告知、投保公示、电子单证存管、承保信息公示查询，以及保批单确认等一揽子电子化服务，并以短信和邮件方式实时向投保农户发送告知消息，实现承保关键环节的线上管理，运用信息技术手段打造了农险平台与农业保险实务流程深度结合的新型投保模式。

通过发挥农险平台基础设施作用，有效改善了传统农业保险投保手续烦琐、承保周期长、业务操作不规范等问题，有效促进行业降本提效、合规化发展，获得多地监管及行业的认可。当前农业保险承保电子化服务分别在湖北、安徽等 19 个地区上线，35 家行业主体公司中有 27 家已完成电子化改造，实现了行业内主要农业保险公司全覆盖。预计 2022 年将完成全国农业保险业务及地区的电子化上线运行。

二、项目背景及意义

（一）农业保险高质量发展时代要求以保障农户利益为发展目标

随着 2019 年 11 月四部委联合印发《关于加快农业保险高质量发展的指导意见》(以下简称《指导意见》)，标志着我国农业保险由高速发展转向高质量发展的新阶段，高质量发展已成为当前农业保险工作的目标与方向。《指导意见》明确指出，坚持把保障农户利益、增强农民获得感作为电子化工作开展的工作目标。农业保险是否高质量发展，关键看农民的获得感强不强，是不是真正帮助农民解决问题。《指导意见》要求推动保险机构牢固树立以农户为中心的经营理念，要按照农业保险高质量发展要求，将便民惠民举措落到实处。

（二）农业保险当前面临合规难、经营成本高的两难困境

农业保险现行操作实务基本上是以线下作业为主，由于农业保险的特殊性，比如我们大国小农的国情、土地分散和农户经营权变化频繁，导致现有的农业保险承保实务从承保到理赔存在很多问题。虽然多年来，保险公司通过不断加强基层服务网络、细化经营规则等手段加强服务，但是还是难以达到政府和监管的要求，出现了一系列的经营困境，比如线下公司经营成本高、承保理赔信息透明度不够、操作流程的合规性不被监管认可，等等。

（三）数字技术为农业保险线上流程提供新的发展路径

近年来，大数据、云计算、区块链、人工智能等技术通过保险业务流程全面地深入应用，提升了保险业的业务效率。对标财险行业电子化、线上化、智能化发展趋势，农业保险信息技术水平还有显著差距，农业保险基础设施建设亟待完善。以人保、太保、平安为代表的各家行业主体，积极探索利用大数据功能和优势，依靠新技术、新手段，改变传统农业保险的粗放经营型模式，打造现代化的精准高效型模式，从而提升服务质效。

三、项目重点解决的问题及主要创新点

虽然很多保险公司做了大量数字化、线上化流程的创新尝试，但是保险公司自身的电子化试点存在流程模式不标准、公信力不足、信息透明度不够等难以解决的痛点和难点，导致以保险公司为基础的操作模式难以获得政府和监管的认可，经营成本难以真正降低。

中国银保信农险平台作为行业的基础设施，发挥自身平台对接行业数据便捷、专业的优势，建立了一套标准的与保险公司进行数据传输的接口规范；在保障数据标准和安全的前提下，发挥自身行业中立地位，依托现有的互联网技术，在农业保险公共环节尤其是需要保障农户知情权，需要对农户进行告知的环节，向保险公司和广大农户提供互联网端的投保告知、投保公示、电子单证存管、承保信息公示查询，以及保批单确认等一揽子电子化服务，并以短信和邮件的方式实时向投保农户发送告知消息，实现承保关键环节的线上管理，运用信息技术手段打造了农险平台与农业保险实务流程深度结合的新型投保模式；通过信息化、数字化的手段，打破地理距离的障碍，优化现行的农业保险作业流程，降低行业在操作过程中不必要的成本，充分保障农户的知情权，提高行业数据的精准性和及时性，提升行业的风险识别能力和管控能力，深受各地监管、行业公司及农户的认可。

当前农业保险承保电子化服务分别在北京、四川等10个地区上线，22家行业主体公司已完成电子化改造。2020年，全国共承保电子保单逾20万张单，覆盖超过1000万农户。行业业务规范度显著提高，农险平台上线的各地区电子保单制单率从46.1%提升至96.03%，线上告知率从70.4%提升至98.65%，线上公示率从1.7%提升至98.07%；业务数据质量显著提高，保单信息平均上传时效缩短至0.72天；农户信息透明度显著提高，实时向农户发送告知短信，当前平

均发送短信时效为1.2秒，短信发送成功率提升至78%。据测算，如果在全国全面推开农业保险承保电子化服务，每年将为行业节约运营成本10亿元以上。

四、项目主要建设内容

农险平台联合行业搭建统一的标准化农业保险承保电子化业务支持平台，向保险公司和广大农户提供线上的投保告知、投保公示、电子单证存管、承保信息公示查询，以及保批单确认等一揽子电子化服务，并以短信等方式实时向投保农户发送告知消息，实现承保关键环节的线上统一管理，运用信息技术手段打造农险平台与农业保险实务流程深度结合的新型投保模式。

（一）投保告知及确认

通过农险平台，将保险公司向投保农户展示的投保告知信息以及由平台生成的投保验证码，以短信形式发送至投保农户的手机。投保告知信息包括投保农户投保信息、保险条款、权利和义务、相关政策等内容。投保农户可通过手机、电脑等电子终端设备在线阅读保险公司的告知说明信息，在线点击确认投保，完成投保告知及确认动作。通过电子化投保确认，一方面实现投保信息的无纸化管理，节约了保险公司印刷纸质投保单的成本；另一方面，保险公司在线即可完成投保告知说明和确认过程，提高了承保时效，强化了履行告知说明义务的真实性。

（二）电子化公示

为解决农业保险纸质公示成本高、效果差及违规风险高等实际问题，根据行业应用诉求和相关要求，建设线上承保公示系统，面向全国各地区统一提供农业保险电子公示功能。该功能根据保险公司公示需要，以网上方式实时展示公示期内保险公司的投保数据，支持相关农户在线查看、确认公示内容和反馈公示异议。同时，公示期间农险平台以短信等方式向参保农户告知承保的基本信息以及电子公示的查看方式，提高农户对电子公示的知晓率。此外，平台支持保险公司在线获取公示结果，并对存在异议的内容进行处理。农险平台的电子公示服务，解决了保险公司在公示数据透明度、安全性和过程监控等方面的问题，凸显了行业第三方平台在公示管理过程中的独立性和中立性。

（三）电子单证管理

农险平台依托中国银保信电子保单服务平台，面向行业提供农业保险电子保批单、电子分户凭证的统一制单和查询验真服务，进一步提高农业保险作业时效，改善投保农户的保险体验，降低行业单证印刷、发放成本。在电子化开展地区，根据当地监管要求的单证格式，农险平台统一向保险公司提供电子单证存管服务，实现农业保险电子单证标准化、统一化管理。

电子单证管理主要包括以下四个方面的内容：一是中国银保信统一制定和管理电子凭证，并支持保险公司自主批量下载。二是电子保批单、电子分户凭证均具有行业统一标识的在线核验功能，通过扫描二维码实现电子单证的验证。三是支持投保人、被保险人通过中国银保信电子单证服务网站和微信公众号自主查询和下载电子单证。四是农业保险平台以短信等方式向投保人、被保险人发送承保基本信息以及电子单证信息，实现电子单证的实时发送。

（四）信息查询

基于全面、完整、及时的农业保险数据优

势，农险平台面向投保农户提供农业保险承保理赔相关信息的查询服务。投保农户通过平台查询系统或农险平台微信公众号，查询个人历史及当期在各家保险公司所投保农业保险的承保理赔以及电子单证等信息，实现个人农业保险信息跨公司层面的完整呈现，有助于提升农户农业保险体验和促进农业保险承保理赔信息的公开透明。

五、项目效果

各地区开展的农业保险承保电子化试点以服务“三农”为出发点，以金融科技为创新要义，有效改善了传统农业保险投保手续烦琐、承保周期长和业务操作不规范等问题，在提升农业保险服务水平、监管工作效率和社会效益等方面具有重要意义。

（一）补齐便民服务短板

一是简化承保流程。特别是对于保险标的无变化的保单，续保农户只需对投保信息进行确认，无须反复提供投保资料，便捷性显著提高。二是缩短承保周期。农户少跑路，只需反馈一次验证码即可完成投保，无须在提交投保单、查验标的等多个环节到指定地点签字确认。三是进一步保障农户知情权。通过中国银保信和保险公司官网，农户可随时随地查询、下载和验真电子保单，可在线查看分户承保公示信息，拓宽农业保险信息公开渠道。

（二）提升监管工作水平

一是数据基础更加扎实。保险公司与全国农险平台的数据交互由“T+1”升级为“T+0”实时传输，覆盖地区所有的农业保险保单，数据的及时性、全面性和准确性均大幅度提升，为监管部门掌握农业保险市场发展、监测风险等情况提供有效的数据支持，也为农业保险市场创新发展夯实基础。二是监管手段更加丰富有效。承保电子化将纸质档案转换为电子资料，可以实现电子数据和资料的批量审查，并引入大数据稽查、卫星遥感新技术稽查等多种手段，提高监管效率。

（三）促进绿色规范发展

一是节约运营资源。承保电子化简化承保流程，取消保单打印、配送和分发等环节，不再留存身份证、银行账户和承包租赁合同等材料复印件，能够有效地节省服务资源和成本。以河南省为例，2020 年全省农业保险承保农户 1619 万户次，其中集体投保 1474.64 万户次；保单 16.8 万件，其中集体投保农户 7.82 万单。以单户承保资料 5 张 A4 纸、集体投保 15 张计算，电子化每年可节省 160 万张纸，减少资源损耗，支持农业绿色发展。二是业务数据更加真实。承保电子化进一步加强农业保险承保管理，强化信息系统管控功能，确保农户和保险标的信息资料完整准确、业务流程符合逻辑。同时，承保各环节均可追溯、可稽查，及时全面反映违规风险和隐患，倒逼公司提升数据的真实性。

专家点评

中国银行保险信息技术管理有限公司的“标准化农业保险承保电子化业务支持”平台，提供线上投保告知、投保公示、电子单证存管、承保信息公示查询以及保批单确认等线上电子化服务，构建农业保险线上平台和农业保险实务流程深度结合的新型投保模式。公司发挥自身优势，建立了一套标准的与保险公司进行数据传输的接口规范，运用信息化和数字化方式，打破地理距离的障碍，进一步优化了目前农业保险的投保理赔全流程，降低操作过程中的非必要成本，保障了投保农户的知情权，保证了农业保险数据的及时性和精准性，帮助提高保险公司的风险识别能力和管控能力，深受各地政府监管部门、保险公司以及投保农户的认可。

中国银保信电子保单服务平台

◎ 中国银行保险信息技术管理有限公司

一、项目概述

2016 年底，中国银行保险信息技术管理有限公司(原中国保险信息技术管理有限责任公司，现简称中国银保信) 成功上线电子保单服务平台，在北京地区试点支持车险保单电子化。经过近五年的业务深耕和拓展，电子保单服务平台可面向保险业集中提供差异化的电子单证生成、存管、查验和签署等全生命周期服务，覆盖了车险、农险、家财险、货物运输险、船舶险及人身险等多个业务种类，以及投保单、保单、批单和保险标志及凭证等多个单证类型。电子保单服务平台通过行业共建的模式降本增效，并从源头上保证平台数据的准确性和可靠性。目前，电子保单服务平台服务覆盖全国各地区，已向 80 余家保险总公司提供服务，市场影响力不断提升，得到了行业及监管部门的肯定和认可，持续助力保险业数字化转型升级。

二、项目背景及意义

（一）背景

2016 年底，北京保监局、北京交管局联合发布《关于实施机动车交通事故责任强制保险电子保单试点的通告》，在北京地区彻底废除车险纸质保单，以电子保单全面替代，拉开了保险业单证电子化的序幕。在此背景下，电子保单服务平台应运而生，为当时北京地区尚不具备电子保单服务能力的 14 家保险公司提供车险电子保单的制、存、送、查、验全流程服务。

2017 年，太保寿险等保险公司为提升客户体验、降低运营成本，推动人身险电子保单的客户接受度，委托中国银保信提供基于区块链技术的电子保单托管及查询服务。

2018 年 9 月，公安部办公厅与银保监会办公厅联合下发《关于加强警保合作进一步深化公安交通管理“放管服” 改革工作的意见》，要求通过信息系统实时查询电子保单，做到“无纸化” 证明，为电子保单服务平台服务推广提供了助力。

（二）意义

保单平台作为行业公共基础设施平台，对保险业数字化转型有着重要意义。

1. 有利于辅助行业降本增效，降低金融普惠门槛。单证电子化，最大限度地减少了单证从保险公司到保险消费者的成本，在大幅降低行业运营成本的同时，减少了保险消费者的烦琐操作，提高了业务和服务效率。对于保险业而言，集中建设电子保单服务平台，可创造性地解决保险公司自行建设电子单证系统成本高、改造难度大、实施周期紧、安全管理难等行业共性问题，降低保险公司单证电子化门槛，为行业整体电子化转型升级奠定基础。

2. 有利于保护消费者合法权益，提升金融市场交易透明度。对于保险消费者而言，统一渠道有助于集中查验保单，保护自身合法权益。保单平台通过运用区块链以及电子签名等技术，有效防范虚假单证等保险欺诈行为，在保护保险消费者合法权益的同时，也为监管部门提供了有效抓手，以确保保险公司规范经营。

3. 有利于落实国家金融标准，提升电子保单公信力。以标准指导保单服务建设，以平台服务保证标准落地实施。保单服务为行业集中提供各类电子单证的制单、托管和查验服务，可从源头上保证各项行业标准的落地实施，通过行业标准提升全社会对行业信息化的认可度。

三、项目重点解决的问题及主要创新点

保单电子化服务经过近五年试点，积累了丰富的推广建设经验，克服和解决了电子保单发展过程中遇到的三大问题和两大风险。

（一）电子保单服务平台克服的三大问题

1. 各地执法部门认可度不同。例如，对于车险电子保单，北京、上海等地区实现了当地警保数据交互和交强险无纸化查验，但车辆出省后存在交强险电子保单无法被外地交管识别查证的问题，导致客户和机构依然需要纸质保单，给车主带来不便。

2. 假保单问题。由于各保险公司自行生成的电子保单采用的电子签名技术不同，无法在平台上做到集中验真，为验真带来不便。而打印出的电子保单，因没有原监制单证的各项防伪内容，如果不附带行业统一的认证二维码，就无法直观核实其真伪，从而为虚假保单、吃单埋单和阴阳保单等违法违规行为带来可乘之机。

3. 消费者接受程度低。电子保单的法律效力通过真实可靠的电子签名保证，但电子签名的验真原理有较强的专业性，普通消费者不易理解，且不具备纸质保单防伪底纹的直观感，从而造成消费者对电子保单普遍不信任：一是不信任保险中介，质疑所购买电子保单的真实性；二是不信任保险公司，担心所持的电子保单后续随时不被承认。

（二）电子保单服务平台解决的两大风险

1. 信息真实性风险。传统用户认证依托营业场所、实物凭证和面对面服务方式，具有高自主可控的特性，仿冒作假的可能性较低。而电子保单服务具有非现场、非实物原始凭证、非面对面服务的特点，增大了获取保险消费者真实联系方式的难度，造成大量真实消费者难以获取电子保单，或是获得了电子保单，但难以识别其真伪。

2. 易复制、易灭失风险。纸质保单具备唯一性，在后续退保或批改过程中，可通过加盖作废章或骑缝章来标识原保单的变更。而电子保单可以无限复制，无法在原保单上体现变更，可能存在保单已被变更，而被保险人却并不知情的情形。电子保单对于普通消费者而言不易做本地化保管，很容易出现保单文件丢失的情况，给消费者查询和使用保单造成不便。

（三）电子保单服务平台的主要创新点

1. 引入电子签名等技术，提升行业电子保单可信度。电子保单服务平台通过 PKI 体系证明电子保单不可篡改，从根本上杜绝电子保单被篡改的可能，方便识别保单真伪，提升电子保单的可信度。

2. 覆盖保单全生命周期，实现功能灵活可

配。电子保单服务平台以灵活可配置的方式，支持全险种、全流程和多类型电子单证稳定高效的服务。保险公司可以根据自身需求选择制单、存单、送单、查单、验单和签单中的任意功能，助力保险公司提升服务黏性。

3. 落实电子保单行业标准，建设统一查验平台。中国银保信电子保单服务平台是目前唯一符合《电子保单业务规范》(银保监发〔2019〕51号) 对“电子保单统一查验平台”定义要求的行业基础设施，为行业集中提供电子保单的查询、下载、验真以及扫码服务。行业统一查验平台的推广应用，将提升保险业的综合运营效率、降低运营成本，有助于支撑我国保险业务模式的不断创新，为保险业务数字化奠定了良好的基础。

4. 通过行业统一认证二维码的扫码功能，实现全行业保单在线验证。此处的“码”专指附加在电子保单上，可通过电子保单服务平台官方指定渠道扫码获知保单基本信息，以验证当前保单信息真实性的二维码。消费者或相关执法单位可通过公众号扫描二维码，获取当前电子保单权威溯源信息，进而核实所持保单内容的真实性。

四、项目主要建设内容

（一）支持北京车险投保电子化

2017 年 9 月，根据北京保监局《北京实施车险电子投保，实现车险投保全流程电子化》文件要求，北京地区在车险保单电子化的基础上，全面推行车险投保电子化。电子保单服务平台通过功能拓展，为北京地区 32 家保险公司提供车险电子投保单文件的生成、展示、签署和阅读功能服务，在电子保单原有五大服务场景的基础上增加了电子单证个人签署服务场景，初步支持车险投保全流程电子化。

（二）实现上海、广东等地区车险电子保单全面集中查验

能否做到安全方便的集中查验，成为影响保险消费者接受电子保单的关键。为此，电子保单服务平台新增电子保单集中存管和保单二维码集中制码接口，面向公众提供电子保单查询下载和扫码查询服务。

2019 年 5 月至 8 月，电子保单服务平台率先支持上海、广东地区通过集中托管全行业车险电子保单和集中生成行业统一认证的二维码，实现电子保单集中查验。这一应用引发各地纷纷效仿，推动其他电子保单与纸质保单并行使用地区的电子保单替代率①达到 67.63%。

（三）拓展非车险电子保单

2018 年 7 月，电子保单服务平台上线人身险电子保单存管服务，开始向非车险拓展。2019 年 5 月，率先在北京地区启动为全行业提供农业保险电子保单服务试点。截至 2020 年上半年，农业保险电子保单集中推广地区已扩展到四川、宁夏等 10 个省市，实现了当地全行业农业保险保单的集中查验。

（四）与公安部交通管理科学研究所开展数据交互

2019 年，为支持公安部办公厅和银保监会办公厅联合下发的《关于加强警保合作进一步深化公安交通管理“放管服”改革工作的意见》落地，电子保单服务平台优化查询接口，与公安部交通管

① 电子保单替代率是指某一业务范围内的电子保单中不再出具纸质保单的数量占比，反映该业务的电子化水平。

理科学研究所交管系统对接，支持交通管理部门在全国范围内集中查询获取交强险电子标志。

（五）积极支持行业抗疫

在新冠肺炎疫情期间，出行和接触式服务受到较大影响，无接触、线上化的消费需求却增长加速。为应对新冠肺炎疫情带来的出行不便，保单平台在疫情期间有效保障全国 62 家保险公司车险电子保单服务，积极响应行业电子化和线上化业务需求，助力行业数字化转型提速。

（六）全新升级，支持跨行业、多类型、全链条单证电子化服务

2021 年，为支持更多电子单证类型的需求，结合相关业务标准，电子保单服务平台完成全新升级，拓展完善了电子单证服务功能与类型，不仅支持保险业多类型的单证电子化服务，也支持其他行业如电子当票、电子鉴定报告、电子车辆召回单及电子合同等多场景单证服务。

五、项目效果

从服务规模上看，已由北京地区拓展到全国 36 个省市；从仅服务于北京地区 14 家分公司，发展到对接 80 余家保险总公司；月均服务单量从 5 万单提升到 2000 万单。

从服务范围上看，由仅在车险领域试点拓展到农业保险、人身险及部分非车非农财险业务，涉及投保单、保单、批单和交强险标志等多个业务单证类型。

从服务流程上看，从最开始的制单服务，逐步实现单证生成、存储、送达、查验和签约的全流程电子单证相关服务。

六、总结

电子保单服务平台的推广和应用，不断解决电子保单在推广过程中的用户体验、公信力和行业重复成本投入等相关问题，为保险业数字化转型奠定基础。未来，电子保单服务平台将在现有服务的基础上，引入实名查验技术。保险消费者将通过统一的实名查验服务，在线完成各项保险业务，并通过统一的电子保单实名账户管理自己名下的保险资产，回溯所办理的各项保险业务，从而进一步助力行业数字化转型升级。

专家点评

中国银行保险信息技术管理有限公司的“电子保单服务”平台，为各家保险公司提供差异化电子保单服务，涵盖单证生成、存管、查验和签署等全生命周期服务，覆盖各类财险和人身险业务种类，通过行业共建的模式降本增效，保障各平台数据的准确性和可靠性。该平台有效地解决了政府部门对不同地区的电子保单认可度不同的难点，保障电子保单的真实性和准确性，避免了保单丢失的情况，提高消费者对电子保单的信任度。电子保单服务平台的推广，有助于保险业数字化的转型升级，推动保险业的健康有序发展。

中再集团基于健康险医疗风险智能量化分析平台

——天玑平台

◎ 中国再保险（集团）股份有限公司

一、项目概述

随着人工智能技术迅猛发展，保险业开始探索在实际业务中引入人工智能技术，预期达到提高实际业务中的作业效率、提升专业服务水平和降低综合成本等方面的目标，同时进一步发挥数据价值。人工智能技术本身存在广泛的细分领域，在人类社会的实际生产应用中已经证明，单一智能技术类别只能解决局部的问题，对于整体业务链的效率提升有限。因为保险业具有业务链条长、业务规则复杂、跨界知识应用密集和业务规则迭代快速等特点，所以单一智能技术的应用势必不会带来人们所期待的效果，能够落地于保险生产环节的智能技术，必须具备智能技术集成自动化、业务模块特异化、知识集合专业化、数据使用智能化等特点。中再·天玑智能量化分析平台就是按此思路打造的一款集智能、量化和预测分析多维于一体的保险业务自动化集成平台。

中国再保险(集团）股份有限公司(以下简称中再集团）结合保险领域的专业知识和先进的智能分析、数据推理和知识引擎等技术，为保险领域客户量身定做了中再·天玑智能量化分析平台。目前，该平台通过对大量保险案例的学习，已经可以全自动端到端地完成如下业务场景的任务，并在不断地学习人类行为的过程中继续进化完善：健康风险智能量化分析，全流程智能理赔核定、计算，业务模型量化分析模拟预测，疾病智能管理。

二、项目背景及意义

保险业务本身具有很多独特的业务属性，特别是在风控、核保和核赔等环节中，需要对大量的外来资料进行综合分析、推理和判定。在这个过程中，业务理解能力、跨界知识使用能力以及既往案例熟悉程度缺一不可。由于实际业务人员对上述能力的积累不同，往往造成同一业务场景、业务判断过程模糊和结论尺度难以统一的情况。随着保险业务的高速发展，特别是健康险的出险，使得判断依据更加复杂、个性化，完全依靠人工经验来完成各个业务环节的判断必然成为业务发展的“瓶颈”。只有通过数据的高质量量化、多维度分析能力标准的建立，才能够使得行业标准化以及保险业的高质量业务发展得以推进。

健康险医疗风险智能量化平台综合利用多种人工智能算法，针对各类投保资料、理赔资料、业务资料及医疗资料提供自动化识别、解读的功能，并在各种业务场景中，结合响应的保险知识引擎、医疗知识引擎等提供基于数据量化分析的专项风险评估能力。平台使用 SaaS 云平台设计模式，可以根据客户的需求灵活配置相应的业务链，提供核心标准化接口设计，与客户的核心系统无缝衔接，提供完整的云平台数据安全解决方案，为客户提供端到端的具有保险业务洞察、处理能力的云端保险智能解决方案。该系统独立自主研发，并且已经取得了专利及软件著作权。

迄今为止，中再·天玑智能保险平台已经与阳光人寿、中银三星、昆仑健康和英大财险等保险公司开展合作，也通过微保等保险代理公司及经纪公司平台为众多中小型保险公司提供核保和理赔服务，在实际使用中取得良好效果。与传统人工作业流程相比，已经证明在效率、数据完成性、业务标准化及判断准确性等方面具有明显优势，该系统成为真正可以落地保险实际业务场中的智能云平台。

三、项目重点解决的问题及主要创新点

顾名思义，健康险是以保障人类健康为己任的保险业务，保险标的为“健康”。在健康险业务的任何一个环节都无法离开对于“健康” 的判断。但是如前文所述，健康的判断过程是人们根据已有经验得出的一种相对主观结论的过程。判断的资料来源于各种类的医疗资料，解读依据为临床医学，但是由于业务人员的积累各有不同，对于同一现象的理解就会不同，看到的风险也不同，最终得出的风险结论自然不同。在这个过程中，缺乏一个对现象、知识、数据及风险统一的量化方式。

在中再·天玑的健康险医疗风险智能量化平台上，通过智能分析医疗资料，以及根据医疗引擎智能判断风险范畴、保险业既往案例建立的风险量化模型，完成从健康风险到保险风险的量化解读过程，可广泛应用于核保、理赔、健康管理及产品风险预测等多种业务领域中，主要业务创新包括如下几个方面。

（一）医疗资料智能解读

系统采用全息智能识别技术和文本定位技术，能够对身份信息、普通体检报告、门诊病例、住院病例、检查报告、病理报告及放射性报告等十几种复杂的医疗资料进行识别和提取。

数据提取的过程集成了大量的医疗知识解读能力，并非直接将传统的 OCR 文字识别能力集成到平台上，而是通过对所在场景进行“识别+NLP+知识引擎” 三重判断，对所提供的资料进行结构化解读。

例如，对于不同部位的影像学报告，将根据解剖学对于该部位的描述，以及检查手段的不同，目标性寻找可以用于结论判断的特征描述，比如血流形态、性质、边缘、位置及大小等。对于化验报告的解读，则需要结合诊断学对于各类指标的解读，完成关联指标的联想和归类。对于药物清单、处方等内容的判断，还要有“用药方案” 的思路去识别，在识别到关键用药的同时，对关联用药进行目标性寻找。

最终，资料解读所获取的数据具有完整、有学科特征值、有时间序列及逻辑关联链接等特征，可以直接用于下一步的医疗风险判断环节。区别于传统识别的无序数据，这种数据归集化处理能力是一种能够使用智能推理算法和知识引擎的关键数据处理能力。

（二）医疗风险智能判断

医疗风险智能判断环节主要使用了智能推理

算法及医疗知识图谱技术。该平台根据国家临床指南，构建了“8000+”种疾病知识图谱，每一个单一疾病的知识图谱都包含了合理用药、检查、耗材、治疗过程及关联疾病等分析，可以对任何投保资料进行医疗过程审核，并向客户提供完整的有医学根据的风控判断。

以乳腺癌为例，该平台不仅包含了特征用药等部分，还根据治疗过程集成了各个治疗过程中的医疗方案，同时根据不同的诊断维度，提供了诊断过程中各个诊断指标所代表的风险含义，对应前述的医疗资料解读后的结构化数据，可以进行疾病程度、阶段的判定解读。

区别于传统的医疗风险规则集的设计，这个智能风险判断环节是利用人工智能技术中的推理分析能力模拟人类医疗人员对于疾病风险判定的过程，并且这个过程带有人工智能技术的多维度联想能力、高效率计算能力。从而有效补充了业务人员医疗知识和经验不足所带来的业务风险，适合于规模化的案例分析过程。

（三）保险风险量化分析

无论是医疗资料解读还是医疗风险分析，目的都是在“健康险”领域更好地对标的风险进行评估。以定性描述和人工主观判断的风险判定方式是不可持续发展的，将成为健康险发展的“瓶颈”部分。量化分析过程的建立不仅有助于推行行业标准化共识，更是业务自动化处理的基础。本平台在完成保险风险量化的过程中主要进行了以下两部分创新型尝试。

1. 通过历史案例的投保数据与出险数据的大规模量化分析，并结合精算中的风险统计模型，根据健康险出险投保人的不同疾病、职业，以及金融细分维度建立了风险计算数据模型。该模型为统计学动态分布模型，可以通过输入不同维度的数据，综合得出出险案例在健康险领域整个风险模型中的分布位置。

2. 区别于传统的寿险判断，健康险对于疾病的洞察更加完整和严格，特别是在疾病的早期阶段，通过相应的医学判断指标，能够将案例的疾病风险状态通过数值表达的方式映射到风险分布模型中。所以，医疗保险跨界的统计学智能分析模型具有重要价值，既支持保险中的千人千面，又可以完成细粒度的数值化表达及风险分层机制。

（四）健康风险结论归一

医疗风险智能判断是一个综合的过程，将这个过程进行量化处理，是为了综合推理的结果有据可依。健康风险需要通过结论的归一化处理，完成风险分层，因为本质上，保险风险分析是一个风险聚类的综合分析过程。结论的归一满足了结论性自动化输出的需求，使得整个业务链条完整。

四、项目主要建设内容

（一）灵活的分布式服务架构

平台独创了以容器为计算单元的调度模式，通过容器对各个 DL 模型进行封装，封装后的模型运行与物理位置无关，分布在多个物理服务器上的模型可以并行运行，并且模型不必是一样的。通过这种架构，不限数量的且与位置无关的多种模型为不同的应用同时提供服务，极大地提升了服务效率。这种动态共享模式将 GPU 和模型视为资源组，实现了资源的灵活调配。

（二）先进的机器学习及深度学习算法（见图 1）

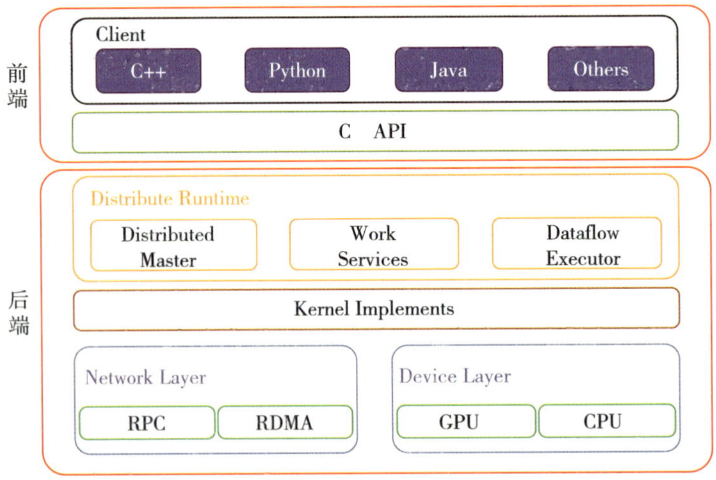

图 1 先进的机器学习及深度学习算法

（三）提供了多种算法模块，“云+端”的形式对外提供多元化的能力输出

平台具有包括图像分类、图像识别、文字识别、语义分析、语义理解等多种能力输出，同时可以提供大量的在线服务，并保证高可用性、高性能。整个平台根据各个业务的特性和需求，采取了不同的负载均衡策略，能方便地支持大规模在线集群服务及快速的扩容部署。为了方便云端控制及支持能力服务使用者多样化的需求，服务能力系统中的每种业务都是高度可定制化的，可以通过多种方式和途径对业务能力进行裁剪、加强、开放或禁止，同时平台提供服务效果、服务性能的自动化监控功能，保障服务效果最优、稳定。

（四）服务保障及数据安全能力

目前，平台部署在中再云服务商，硬件设备部署在国家超算中心，两部分独立运行。同时，做了两地双活处理，可实现 7×24 小时服务保障。

五、项目效果

本平台包括数据解析层、智能组件层、业务组件层和业务流程层四个层次。数据解析层包括数据提取、数据清洗、数据校正、数据映射和数据关联的功能；业务组件层集成了专业的医疗知识图谱，提供“8000+”种疾病的合理用药、检查、耗材、治疗过程及关联疾病等分析，可以对任何投保资料进行医疗过程审核，并向客户提供完整的有医学根据的风控报告；在智能组件层集成了常见的人工智能算法，包括数据挖掘、机器学习和深度学习；业务流程层主要包括智能核保、智能风控、疾病及健康管理 3 个业务模块。中再·天玑智能量化分析平台见图 2。

在数据安全规范方面，平台支持定制化的 API 接口，采用 256 位及更高位数公私钥流加密机制。该加密机制支持多种接入方式，比如 VPN、专线和互联网等；支持同步、异步通信；支持常见通信接口，比如 Socket、WebSocket 和 MQ 等；支持多种协议，比如 http、https、ftp、 sftp 和 RestfulAPI 等。通过对密钥的独立存储，保证了加密和解密的密钥只可被用户可见，保障了密钥的生成、存储、管理和保护的可靠性，确保了加密传输的可靠性。

图 2　中再·天玑智能量化分析平台

专家点评

中国再保险（集团）股份有限公司的天玑平台，是通过结合保险专业知识与各类智能化分析、数据推理和知识引擎等技术打造的。该平台完成对海量保险案例的学习后，能够全自动化地完成各类场景任务，并在学习人类行为的过程中不断进行自我完善。同时，该平台经过对医疗资料的智能解读、判断风险范畴以及建立风险统计模型，来统一量化现象、知识、数据和风险的解读过程，有利于客观地评判“健康”指标，保证了健康险业务中核保与理赔等流程的公平性和合理性。公司运用人工智能和云端等技术进行创新，在核保、理赔、健康管理和产品风险预测等多种业务领域均具有一定的借鉴意义。

太保集团“猫” 系列自动化测试平台

◎ 中国太平洋保险（集团）股份有限公司

一、项目概述

中国太平洋保险(集团) 股份有限公司(以下简称中国太保、太保集团、太保) 紧紧围绕客户体验最优、业务品质最佳和风控能力最强，成为行业健康稳定发展引领者的战略转型目标，坚持走高质量发展之路，制定了用户体验最佳、软件质量最优、安全稳定最强的软件质量方针，同时参照国际 TMMi 软件测试成熟度模型，组建独立的软件自动化测试研发团队，致力于软件自动化测试体系建设并持续改进。

得益于 2016 年中国太保成立自动化测试研发团队，主攻自动化测试平台研发，经过数年卓有成效的技术攻关，如今太保已经建立起完备的、拥有完全自主知识产权的“猫” 系列自动化测试平台。该系列自动化测试平台完全替代国外商业工具，在各专业测试领域广泛使用，平台性能和易用性达到国际领先水平。国际 TMMi 基金会认证主席 CliveBetas 先生现场评估后，认为太保“猫” 系列自动化测试平台“具有世界级创新性和领先性”，太保自动化测试体系和应用被 TMMi 基金会推荐为“全球自动化测试最佳实践”。此外，本平台先后荣获 2021 年国务院国资委“国企数字化转型十大成果奖”、2020 年中国人民银行《金融电子化》杂志“中国金融科技创新突出贡献奖” 等大奖。

二、项目背景及意义

一方面，在自动化测试工具领域，国外供应商凭借产品的垄断地位提出高额的技术服务费用和版权限制，我国企业在商务和技术上受到威胁，要求我们提升核心技术自主创新力；另一方面，在瞬息万变的环境影响客户行为的背景下，如何保证每个产品交付上线，也给软件产品、需求、开发和测试等各个团队提出了更高的要求。

（一）响应国家双循环新发展战略

2015 年以前，中国太保软件自动化测试主要依赖某国外商业软件，该商业工具占全球市场 80%的份额。由于金融保险系统软件质量要求高、流程严谨和业务逻辑复杂，大规模功能回归测试、性能压力测试必须使用自动化工具才能实现。因我国没有替代产品，国外供应商凭借此类产品的垄断地位收取高额的技术服务费用，实行严格的版权控制，我国企业在商务和技术上均受到威胁。

中国太保“猫” 系列自动化测试平台能够完全替代国外的商业工具，在各专业测试领域广泛使用，平台性能和易用性达到国际领先水平。其成功推广和实施，是中国企业成功突破国外商业软件垄断限制的典型案例。

（二）响应太保集团数字化转型战略

太保集团正处在转型 2.0 关键阶段，太保 IT

团队作为集团战略承接的践行者，提升科技赋能、实现降本增效是其重要任务之一。同时，如何保证每个产品交付上线的质量和效率，对包括测试在内的软件产品、需求和开发等各个团队提出了更高的要求。

业务复杂度增大和用户场景多样化带来的是质量保证工作量剧增，快速响应用户需求的敏捷开发模式带来的是交付团队各个环节时间的压缩。中国太保自动化测试体系恰好能通过技术手段保证快速迭代的交付质量和效率，凭借云端多样的专业领域测试，快速批量完成测试，大幅减少测试时间，有效降低测试成本，显著提升软件质量。同时，通过互联网直接使用云端设备，开发者可以进行自动化测试脚本开发和调试，批量自动化执行测试脚本等任务，使测试开发更有效率。

三、项目重点解决的问题及主要创新点

国外供应商自动化测试工具高额的技术服务费用、版权限制和技术威胁，是太保面临的首要难题。同时，业务场景的多样性和用户行为的千变万化，如何保证每个产品上线的效率和质量，也对包括测试在内的软件产品、需求、开发和测试等各个团队提出了新的要求和挑战。

（一）自主创新，打破技术壁垒

中国太保自动化测试平台体系的诞生就是要打破国外供应商的技术壁垒，实现核心技术的自主可控。通过汇集开源框架，结合自主研究和创新包括自然语言编程、组件化开发和云测试等自研技术，建立自动化测试平台，将 UI、接口、移动、性能和代码扫描测试等进行一体化打造，全面覆盖各专项自动化测试类型；同时，锻炼出一支超过百人的包括自动化测试产品、需求、开发、测试、实施和研究在内的自动化测试团队。近十年，该平台体系为公司在自动化测试方面节约直接投入超过 5000 万元，19 项专利的完成也保证了核心技术的自主可控和可持续发展。

（二）降本增效，提升科技赋能

中国太保自动化测试平台体系在设计之初就秉承业务与技术分离的思想，结合零代码编写、关键字驱动和测试数据自动生成等自研技术，降低自动化测试进入门槛，让熟悉业务的功能测试工程师能够迅速投入并完成自动化测试脚本编写、执行和维护，全员使用工具的结果就是测试效率的极大提升。通过在集团及各子公司广泛推广和应用自动化测试平台，大幅提升了公司测试团队的工作效率，节约的人力又保证测试的深度和广度的进一步提升，同步提高了 IT 交付质量和效率，更加灵活和快速地响应一线业务需求，达到科技赋能业务的目标。

四、项目主要建设内容

通过自主攻关，中国太保已经建立起拥有完备的、完全自主知识产权的自动化测试平台体系，其主要建设内容如下。

（一）采用开源框架，汇集全行业智慧基础

“汇”全行业智慧，“集”各方优势于一身，开源工具积累了行业精英思想和技术，平台开发是站在“巨人肩膀上”的。该平台系统主要集成包括 Robot Framework、TestNG、Findbugs、Sonar 和 PMD 等自动化测试开发框架或组件，结合平台开发技术 Spring Cloud、Vue、FastDFS、Node. js 和 Netty，以及在这些技术基础上自研的自动化执行机调度引擎。

研发过程，同时也是公司员工技能提升的过程。在平台的开发过程中，开发测试团队深入代码层面理解框架和组件原理，通过技术难点的解决和项目推动实施，极大地提升了人员的技能水平。

（二）脚本零代码，拖拽拼接完成脚本开发

为降低自动化测试脚本的开发和维护成本，创造性地构造了脚本零代码编写的模式。测试人员在自动化测试平台上编写自动化测试脚本，没有任何技术门槛，不需要编写任何代码，只需要按照业务逻辑顺序进行拖拽组合，即可完成脚本的编写。这种方式极大地降低了编写脚本的进入和开发门槛，为全员推广、普遍提效创造了条件。

（三）关键字驱动，让复杂的事情简单化

通过简单化、流程化、标准化和自动化的思维，把复杂的事物分解成每个人都能各自熟练处理的单元，这是太保的核心思想。对“操作对象”“操作类型”“测试数据”的“归一化”“条理化”处理，进一步降低编写脚本的开发门槛，最大限度地减少测试实施的难度。

（四）业务技术分离，让专业的人做专业的事

在自动化测试实施过程中，主要有测试人员、平台开发人员两类角色。测试人员只需关心业务流程，通过“自然语言”编写测试脚本，而对应测试脚本的代码生成等其他工作，均由平台开发人员实现功能自动完成。通过这种方式，让业务和技术分离，业务测试人员更专注于业务和功能的测试，平台开发人员做好技术层面的研发和保障工作，真正做到让专业的人做专业的事。

（五）自然语言编程，开发脚本如同“母语交流”

业务测试人员只需关心业务系统操作流程，通过“自然语言”编写测试案例，测试平台自动转化为JAVA代码，极大地降低了自动化测试的技术门槛，让测试代码开发如同“母语交流”，让自动化测试接近“人与人面对面的交流”。

（六）数据自动生成，自动化测试更有“灵性”

测试平台提供给用户操作的界面，最重要的是积累了大量的业务数据，数据才是测试的“灵魂”。测试工作非常重视测试数据的多样性，通过测试数据自动生成的思想，解放大量劳动力，让自动化测试覆盖更加丰富的业务场景，让测试工作更加具有“灵性”。

（七）全组件化开发，开发过程如同“搭积木”

将被测系统的操作动作进行归类，比如浏览器点击、输入等，封装超过300个常用的关键字，涵盖WEB端系统的全部操作，这些操作代码通过“自然语言”的关键字封装。这种方式节省了大量因为“重复造轮子”产生的脚本开发工作，业务测试工程师只需要组装组件，让脚本开发过程如同“搭积木”。

（八）对象自动抓取，页面元素精准定位

被测系统的页面对象不需要手动进行添加，所有页面操作元素由平台自动抓取后存入对象库，业务测试工程师在编写脚本的过程中直接使用即可，元素精准定位，减少后期维护工作量，降低测试工作的技术门槛。

（九）脚本数据分离，实现代码重复使用

脚本数据分离的目的是实现代码的高度“复用”，测试数据参数化、独立数据源，通过配置实现“一套代码”跑“万条数据”，同时测试数据的独立管理，也为测试数据中心的建立提供了技术保障和实施基础。

（十）智能自动调度，分布式执行完成云测试

自研的智能自动调度引擎，根据任务需求动态分配执行机数量，按照设备的忙闲状态自动选择执行机，同时支持手动指定执行机。通过这种模式，实现执行机的集中调度和共享使用，提高了执行机的资源使用率。

（十一）全配置化菜单，提高开发维护灵活度

自动化测试平台通过“微服务化”和“全资源理念”，采取后台配置的方式，实现系统菜单的前端全配置化，解决代码模块“硬连接编码”的问题，提高平台整体的开发维护灵活度。同时，微服务化、全配置化的功能，也为平台分权限管理创造了条件。

（十二）互动平台建设，技术持续优化源动力

自动化测试平台最终需要交付给用户使用，平台研发始终以用户反馈的问题为导向。聚焦系统的关键短板，实践创新，让平台使用者转变为平台共建者，为平台技术持续优化提供源动力。

五、项目效果

中国太保“猫”系列自动化测试各专项测试平台的相继上线投产，在公司、保险业内以及金融测试领域取得了显著的应用成效。

（一）提升核心技术自主创新力

太保自动化测试平台体系通过平台自研，打破了国外对于自动化测试软件工具的垄断；通过技术推广，极大地节省了第三方工具采购成本；通过平台协作，实现全流程、全团队的量化管理。通过这些实践举措，最终形成合力，将专业、先进的测试能力以服务的形式赋能给企业，最大限度地提高了信息化转型企业对软件和系统质量的把握，对太保集团各公司软件质量提升、生产风险控制，以及数字化、智能化管理作出了重大贡献。

（二）公司及业内的广泛推广应用

太保自动化测试平台体系目前已经在包括太保集团、产险、寿险、健康险、资产、长江等公司的全部测试团队、软件测试整个生命周期中得到极佳的落地与实践，涉及项目系统超 400 个，自动化测试平台应用前后自动化测试覆盖率提升 4 倍，回归测试效率提升 3 倍。“猫”系列自动化测试平台完全替代国外商业工具，在各专业测试领域广泛使用，平台性能和易用性达到业内领先水平；同时，通过国务院国资委国有企业数字化转型论坛、MTSC 中国互联网测试开发大会和中国国际软件质量工程峰会等行业交流，向金融、互联网等行业推出了一系列的技术研究成果，得到业内一致认可。

六、总结

目前，中国太保自动化测试平台体系在提升效率方面已经有了极佳的实践，在保障和提升软件质量方面还有一定的进步空间，特别是在需求漏测分析、回归精准圈定和代码覆盖可视等前沿

和热点方面，还需要继续引领潮流、开拓创新。精准测试自然成为中国太保自动化测试平台体系追求的下一个目标和技术方向。把精准测试与自动化测试平台相结合，探索一条提升软件交付质量和效率的新路子，将测试的过程和数据进行精准的追溯和分析，有效放大软件测试的价值和意义，必将推动测试行业的数字化改革，为传统金融保险业务及金融创新提供更智能、有效的软件高端质量保障思路和方法。

中国太保自动化测试平台体系是把理念上的规范框架落地到公司的具体步骤，为我国金融保险业软件测试领域的服务质量提升寻求了一个新的解决方案；是中国企业成功突破国外商业软件垄断限制的典型案例；为金融保险业甚至国家信息化产业长远发展提供了可借鉴、可参考的成功案例。

专家点评

中国太平洋保险（集团）股份有限公司的“猫”系列自动化测试平台，依托于自然语言编程、组件化开发和云测试等自主研发技术，是UI、接口、移动、性能以及代码扫描测试一体化的自动化测试平台，一方面降低自动化工作技术门槛，另一方面有利于提高公司交付质量和效率。该平台降低自动化测试脚本的开发和维护成本，让各类人员各司其职来保障平台开发和测试效率，提供建立测试数据中心的技术支持和实施基础。中国太保开发的全自动化测试平台不仅打破了国外供应商对测试软件工具的垄断，提升了自身核心技术创新能力，还广泛应用于各集团子公司，提高了回归测试效率，对保险业以及国家信息化产业均具有一定的参考意义。

太保集团云盘

◎ 中国太平洋保险（集团）股份有限公司

一、项目概述

中国太平洋保险(集团)股份有限公司(以下简称太保集团)云盘(以下简称本系统)的诞生和升级始终以企业内部办公及工作协同作为触发点，旨在解决企业内部办公协同过程中出现的各类挑战和问题。在坚持以安全为先的前提下，不断提升日常办公协同工作效率，通过自主研发管理的方式降低整个系统的边际成本，同时实现企业文件和数据在办公场景下的安全可控。

二、项目背景及意义

太保集团作为世界500强企业，员工人数众多，业务量巨大，在日常办公中存在需对大量文件进行存储、归档、备份、共享、协作、加密和授权的工作场景。基于太保集团公司数字化转型的大背景，提出了以安全自主可控为前提而满足日益互联网化、办公多元化的要求。

（一）满足办公终端多元化

随着笔记本、Pad等移动终端的兴起，办公终端实现多元化，文件和数据云端同步、存储和归档的需求提升。

（二）组织结构结构庞大，协同办公兴起

随着企业规模及组织结构的逐渐庞大，工作流程复杂以及协同人员的不断增加，对协同办公的需求不断提升。

（三）企业数据安全可控要求提升

协同办公初期采用微信等工具进行，但是办公过程中文件数据的敏感性及安全性不同于工作协作沟通，数据通过互联网IM工具存在暴露和泄露的风险，不符合公司数据安全保密的要求。

三、项目重点解决的问题及主要创新点

以安全为前提和以高效、协同为基础是本系统的设计初衷，其中包括系统架构安全、数据安全、使用安全、海量文件存储和灵活的权限管控，高效协同是本系统建设的重点和难点。

（一）应用架构

应用架构实现系统的分布式双活部署设计，满足跨中心的分布式部署，支持业务高可靠和连续性的要求。

（二）基础架构

基础架构层面设计时，本系统利用太保内部数据中心基础及太保云计算平台作为基座，满足高可靠和连续性要求。

（三）数据安全

本系统数据存储基于太保云计算平台的分布式存储软硬件支撑，实现文件存储多副本存储管理，实现多副本级别的数据安全。

（四）用户行为安全

对系统使用人的行为进行跟踪和管控，确保操作留痕记录。通过用户行为日志的全程记录，文件下载的强制水印，进一步实现企业数据防泄露可跟踪追溯。

（五）海量文件存储

本系统底层使用安全、可扩展和大容量分布式文件存储系统，可根据规划动态扩容，满足日益增长的容量需求。

（六）灵活权限管控

本系统提供个人空间、群组和组织架构三种类型的空间，能够满足个人、工作组和官方组织结构不同维度的空间使用，通过实现对不同角色的设置，可实现灵活的分权分域管控要求。

（七）协同办公

本系统实现多人编辑一个表格，可用于数据收集、任务协作、进度共享以及实时信息展示等多样化办公场景。

（八）跨系统集成

本系统实现与太保内部的单点登录系统（SSO）、人力资源管理系统（EHR）和账号权限管理系统的对接和集成，实现操作入口统一、账号统一管控。

四、项目主要建设内容

（一）应用跨中心双活能力建设

本系统建设核心采用智能DNS，实现对全国各地机构基于策略的流量就近引流，分布式对象存储实现文件的就近存储和读取；实现数据库的跨中心数据同步。结合上述技术的综合运用，实现了本系统的双活建设部署，在数据中心异常时完成快速切换，保障业务连续性。

（二）应用多维度存储空间建设

本系统以个人空间、群组和组织架构三种空间类型共同提供服务，满足企业传统人员组织架构，以公司或部门方式进行文件存储和归档；满足工作小组、事业群和项目组等灵活结合的人事组织；满足个人的文件存储需求。

1. 每个用户拥有独立的个人空间，用户间互不影响，保证个人文件的安全性和私密性。

2. 项目组、事业群、工作小组可创建文件共享的群组，个人文件和群组文件通过复制方式共享。

3. 组织架构文件以登录用户的组织层级进行权限管控，用户只可访问本部门或上级部门的文件。单个文件以私有、公有、白名单和黑名单方式进行权限管控和共享。

（三）安全管控

本系统在设计上不支持用户的自由注册，主要通过公司的账号权限和人力资源管理系统进行对接完成权限的开通，在用户使用过程中通过以下几种方式进行管控：

1. 用户操作日志的全链路。完整记录用户登录、操作时间、操作对象和操作内容等信息，实现云盘内部文件操作的全链路管理。

2. 文件水印。文件一旦进行下载，会强制打上实名下载人的水印，对于文件的肆意分享形成了威慑作用，一旦泄露便于溯源。

3. 权限管理。各机构部门可按照不同部门级别做空间隔离，同一部门内也可以文件为最小单位进行多种权限配置，实现文件权限的精细化管控。

4. 空间隔离。由于办公网和互联网天然隔离，同时云盘公网 IP 不暴露在外网环境，保证文件分发只在办公内网进行，杜绝外网访问链；机密空间与普通空间隔离，保证机密空间只能通过特定 IP 访问，保证机密文件安全。

（四）灵活的共享机制

本系统在设计上满足个人空间、群组和组织架构等不同维度的需求，并以连接分享、云盘分享等方式进行多样化、个性化的文件共享。

1. 个人空间、群组和组织架构均可作为分享源，目标可以是任何个人、群组或联系人组。

2. 分享设置到期日期和分享密码。

3. 分享文件可转储个人空间。

（五）协同编辑

本系统可对云盘文件、系统文件进行协同编辑，并可跨部门、子公司及任意人员范围指定协同者。

1. 协作模式。私人分享协作支持邀请个人、群组和联系人组进行文件协作；公开分享协作生成公共访问连接，供公司内部所有人协作。

2. 编辑记录记入操作日志，实现协同文件全生命周期管理，便于回溯及历史版本查看。

3. 可将文件导入进行协作，协作完成再导出使用。

（六）性能

1. 底层存储使用两地、两数据中心分别存储，文件信息以共享方式部署，异地访问时，优先从近的数据中心获取文件，提高访问速度，数据中心之间可相互备份文件。

2. 对文件指纹一致的文件，底层只保留一份副本，避免多人同时上传时占用多余资源，上传做到秒传。

3. 带宽限速。对云盘整体带宽进行限制，保障系统流量平稳，避免云盘峰值带宽过大影响其他业务系统；个人网络带宽按照角色进行上传下载速率控制，避免带宽分配不均。

（七）操作便利性

云盘文件新建、复制、移动和删除模拟 Windows 操作系统的基础文件操作，让用户快速适应，避免产生学习成本；回收站与常规操作系统一致，增加回收有效时间，到期自动回收。

（八）系统运维

1. 本系统对所有改动文件的相关操作均需记录操作日志，日志可对操作资源进行日志链追踪，下载查看等。

2. 通过云盘运行看板可实时观测云盘空间的运行、使用和剩余等情况。

3. 提供用户使用情况报表及费用报表。

4. 任何第三方系统可在云盘申请账号，用于该系统集成文件上传下载的功能。

五、项目效果

（一）主要场景一：文件云端归档和存储

当前文件上传归档月均 8 万余次。文件云端存储和备份归档，经初步分析主要应用于以下几个方面。

1. 多终端的工作环境下文件的云端存取操作。

2. 员工离职过程中的文档交接。

3. 数据归档，避免终端设备故障导致的数据文件中数据的丢失。

（二）主要场景二：文件共享和预览

实现月均 3 万余次的预览。云端文件分享，可以最大限度地避免不必要的数据副本拷贝操作，在减少存储空间的同时，降低数据泄露风险。

（三）主要场景三：协同办公，工作效率提升

实现月均 500 次协同编辑操作，通过协同文件的创建实现高效的办公信息收集填写，减少传统模式下需要进行的文件发送、填写和汇总的操作环节。

六、总结

（一）应用场景的进一步的拓展

1. 存储和归档场景进一步拓展。

（1）实现与邮件系统对接及邮件的归档或附件快速邮件发送。

（2）实现与 IM 工具的对接及实现沟通过程中文件的快速归档保存。

（3）实现与公司内社区的进一步融合。

2. 在线协同场景的进一步拓展。

（1）协同文件类型的拓展。

（2）协同文件的管控。

3. 自动化支持。

（1）定时任务。

（2）触发任务。

（二）多客户端形态拓展

1. 移动端支持。

2. 桌面客户端支持。

专家点评

中国太平洋保险（集团）股份有限公司的云盘，以太保云计算平台为基础架构，设计采用分布式双活部署的应用架构，实现多副本文件存储管理，对使用人的行为进行管控来增加数据的安全性，实现多人编辑同一表格，保证协同办公效率。该平台支持办公终端多元化，有效解决因组织架构庞大而带来的协同办公问题，同时满足企业对于数据安全可控的要求，提高公司日常工作效率。公司开发和升级云盘旨在解决企业内部办公和工作协同的问题，同时保障企业文件和数据的安全，对于提高保险业的公司经营效率及数据安全具有一定的借鉴意义。

太保集团混合云管理平台

◎中国太平洋保险（集团）股份有限公司

一、项目概述

太保云项目是中国太平洋保险(集团)股份有限公司(以下简称太保集团)“数字太保”的关键核心项目，太保云是支撑未来太保业务可持续增长的重大基础设施平台。自2018年以来，项目通过IT资源交付自动化、资源交付流程标准化，以及与周边IT系统的无缝对接，使得IT资源交付效率得到长足提升，业务灵活度得到明显改善。未来，持续改进中的太保云将带来更加丰富、便捷的云服务内容，全面助力太保业务增长和转型2.0的战略目标达成。其中，作为私有云计算服务的核心——混合云管理平台承担着集各技术之所长，融各技术生态，为用户提供标准统一服务的重大使命。

二、项目背景及意义

打造“中国太保云”的混合云管理平台，加速推进太保私有云建设，建立支持快速部署、弹性扩展、快速响应、可计量和自服务的私有云平台。打造云服务输出能力，推动云生应用，实现应用云化和业务上云；形成基于“中国太保云”的数字化生态，支持“数字太保”业务发展和模式创新，实现“亿级用户、全量数据、秒级响应”，支撑太保未来业务高速发展。特别是在当前实现科技赋能业务、技术路线多样、生态融合先进和安全自主可控的整体要求和大背景下，混合云管理平台生逢其时，主要意义有以下几个方面。

（一）支撑业务的快速变化

国际经济金融形势错综复杂，保险业务竞争日趋激烈，需求快速变化，作为整个IT服务供应链交付的末端环节，传统交付模式速度慢、效率低的问题凸显。通过云计算的软件定义、自动化能力和实现多态资源池的统一调度快速实现资源交付，是整个IT服务供应链高效的重要保障。

（二）安全自主可控与多态融合

全球国际社会正在发生百年未有之大变局，对我国信息技术自主掌控能力的要求提升，实现多种技术生态和路线的融合以及具备自主可控的能力，是当前科技生产力的关键部分，基于灵活多样的合作模式实现混合云管理，可灵活面对各种变化。

三、项目重点解决的问题及主要创新点

自2018年下半年启动太保云开始，先后经历了开发测试云上线太保云门户自研、生产云上线等阶段。太保云方便了系统、网络等生产部门的专业团队在云上进行资源规划，简化各资源管理员的审批流程，方便用户及时申请资源。网络资源等相对简单的资源实现秒级响应，主机数据

库等较复杂的资源交付由天级提升为分钟级。交付标准统一，不再因人而异，提高资源交付效率，也帮助专业团队提升工作效率。

（一）灵活可控的审批管控能力

在混合云管理平台上，在继续保留传统流程审批能力的同时，对技术风险进行了分级分类管理。通过黑、白、灰名单实现规则定义，相关名单可基于实际情况进行快速管理，这样在加速审批的同时可对风险及未知内容进行识别，迅速审批通过白名单，拒绝黑名单，人工介入处理灰名单，在把风险降到最低的同时提升了相应的流程流转效率。

（二）灵活可控作业窗口管理

金融业中有各种类型的重保活动窗口，对云计算不同的作业类型有不同的作业窗口，项目实现作业窗口时间段的灵活定义，这个与传统公有云的即买即得有本质的差别。

（三）多态资源池的统一管理

在混合云管平台建设过程中，为保证用户在云计算服务过程中用户体验统一，同时为进一步提升投入产出比，对传统硬件资源实现了利旧，非标规格的硬件资源池纳入混合云管理，实现统一管理和对外服务。

（四）多技术生态融合下的平滑演进

在云计算发展阶段，为确保生产的安全稳定，充分利用原有技术应用管理经验，技术生态的平滑过渡和技术生态的融合至关重要。混合云管平台实现了 KVM/VMware 虚拟化技术，将硬件防火墙、负载均衡和不同品牌的软件定义网络、软件定义存储进行了融合统一管理。

四、项目主要建设内容

面对金融业对技术和合规严苛的标准要求，兼顾面向未来的演进空间，中国太保云实现分层解耦“两地三中心” 布局，建成多活数据中心一体化管理的云平台，并不断推进核心系统上云的优化升级和迁移。中国太保云能为用户提供全栈式、一体化和自助式云服务，提供弹性的资源管理和高可靠的性能保证。同时，模块化软硬件解耦合设计，能够以灵活的方式支撑管理和业务的敏捷升级，开放的分布式架构能够承载大规模、可扩展、可演进和安全可控的金融生产云。

（一）全栈一体化云服务能力建设

太保云整体建设包括以下几个方面。

1. 一个云管。一个混合云管理平台。

2. 两大区域。资源利旧区，云服务资源标准区。

3. 两大形态。传统网络区域和 SDN 网络区域。

4. 六大服务板块。计算、网络、存储、安全、备份和 PAAS。

5. 周边生态全融合。单点登录、账号权限、堡垒机、特权管理、自动化运维、监控和集中日志平台等已有运维工具平台的全融合贯通。

（二）多态资源统一融合建设

云计算建设是重大资产建设，特别是需要投入大量的硬件资产，建设完成后存量设备的利旧可大幅提高投入产出比，同时新技术的应用存在不可预知、管理经验缺乏的风险。云计算作为重大基础设施，需要保持整体的安全稳定，新技术基本以局部作为试点，待成熟后再逐步推广。在太保云计算建设过程中实现了资源利旧和多态的资源管理，主要包括以下几个方面。

1. 虚拟化引擎的共同运用。太保将 KVM 作为应用节点资源池、VMware 作为 IO，要求更高的数据库资源池使用。在这个过程中云管平台需要针对两类资源进行适配，并进行类似而又独立的策略管理，整个管理流程贯穿 IP 资源规划、存储资源池、系统镜像和下发策略等多个管控环节。

2. 多 SDN 控制器的共同使用。为避免厂商的 SDN 控制器存在同样的逻辑错误导致全局性网络故障，在太保云设计之初，即考虑采用两个不同技术实现的 SDN 控制器分别支撑两个资源可用域。不同 SDN 控制器存在不同的实现逻辑，比如端口上线流程，OS 控制器插件调用逻辑等均存在不少差异。在云管平台建设初期经历了大量适配改造，大量实验证明，在控制器存在逻辑缺陷的情况下，采用这种方式可有效避免全局性的故障发生。

3. 对跨品牌传统网络设备的资源统一管理，包括不同品牌型号的负载均衡、防火墙，存量的计算和存储资源等硬件设备。

（三）端到端弹性能力建设

云计算平台资源交付速度具备天然的优势，当前互联网敏捷形态的创新类应用需要资源弹性能力的支持。弹性建设过程中，各种云资源和服务的协同弹性的难度非常大，围绕应用为核心的弹性能力建设需要包括以下内容：

1. 存储资源。比如 NAS 的共享挂载。

2. 网络资源。防火墙策略联动开通。

3. 运维服务联动。堡垒机、特权管理、自动化运维、监控和集中日志平台等功能的接入。

4. 应用快速部署。控制器的启动和应用安装。

5. 安全服务和投产。安全漏洞扫描及投产检查。

6. 服务接入引流。DNS、负载均衡的联动配置。

五、项目效果

（一）货架齐全的全天候交付能力

通过云服务门户实现用户入口的统一，结合资源订单流程及人机结合的审批能力，实现 7×24 小时资源在线购买和交付，目前已经涵盖云主机、云硬盘、数据库、中间件、防火墙策略、负载均衡、DNS、公网 IP、数据库备份和安全漏洞扫描等多种计算、存储、网络及安全等资源和服务。

（二）多态资源交付池化自动化，效率大幅提升

实现计算、网络和存储不同形态的资源池化管理，通过订单化管理流程的实现，网络和策略的交付实现秒级响应交付，云主机、数据库等较复杂的资源交付由天级提升为分钟级，交付标准统一，不再因人而异，在提高资源交付效率的同时，也帮助专业团队提升工作效率。

（三）多态资源统一管理，配置效率大幅提升

实现计算、网络和存储不同形态资源的统一可视化管理，便于系统、网络等生产部门的专业团队在云上进行逻辑资源池的灵活创建，实现如搬迁生产验证区、创新试验区等不同逻辑隔离区域，加速创新业务资源准备环节，资源配置和调节效率大幅提升。同时，保留与公有云对接的能力，为后续向深度的混合云建设提供保障。

（四）实现自主研发和自主运维团队的构建

自 2018 年下半年启动太保云建设开始，首先联合新华三构建联合开发工作小组，启动联合开发工作，半年后实现开发测试云上线，同年底启动混和云管理平台自研，进一步实现太保定制化自研方针。至 2021 年中已经实现了自主研发和自主运维能力的建设。

（五）为市场化运行提供了技术和平台基础

云管理平台已具备了基础的服务目录管理、租户管理和计量计费的能力，后续通过市场化结算的手段进一步调节提升资源配置的效率和投入产出比，为今后的市场化运行提供坚实的基础。

六、总结

积极拥抱新技术，是中国太保在数字化时代构建核心竞争力的关键所在。太保混合云管理平台具备金融业的基因和特点，不仅是大型金融机构生产环境整体上云的一个实践典范，更向业界展示了一种打造金融科技新业态的路径，并将进一步为金融业数字化转型升级提供创新动能，后续运管平台建设将进一步持续深入。

（一）资源池化及软件定义能力的进一步提升

随着公司硬件逐步升级替代，进一步提升软件定义的能力，主要包括以下几个方面。

1. 大数据、GPU 资源池化能力构建。
2. SDN 控制器的软件化。
3. 负载均衡能力的软件化。
4. 防火墙能力的软件化。

（二）云运营能力进一步提升

1. 完善资源池的台账和库存管理，完善资源预定流程。

2. 租户管理能力进一步提升，用户自助能力进一步强化。

3. 计量计费能力进一步下探，实现传统环境的资源统一计量计费。

（三）深度混合云管理平台的建设

1. 实现大数据平台、数据中台云基座接入。
2. 实现公有云接入。

专家点评

中国太平洋保险（集团）股份有限公司的“混合云管理平台”，为用户提供全栈式、一体化和自助式云服务，保障了弹性的资源管理和高可靠的性能，通过解耦和设计将软硬件模块化，灵活升级管理和业务，是大规模、可扩展和安全可控的金融生产云。该平台提高了审批管控的流转效率，实现对作业窗口的灵活可控管理，同时统一管理多态资源池，加强了对不同品牌的软硬件的融合统一管理。公司运用云计算的软件，提高自动化能力，实现多态资源池的统一调度，快速实现资源交付，保障了 IT 服务供应链的高效率。

大家保险集团“大家衞”助力审计工作数字化转型

◎ 大家保险集团有限责任公司

一、项目概述

“大家衞”以“统筹规划、全面覆盖、互联共享、便捷应用”为设计理念，纳入大家保险集团有限责任公司(以下简称大家保险集团)信息科技整体规划框架。通过建立以审计知识库、资源库、数据库和问题库为支撑，集审计管理、信息管理、数据监测预警及数据分析挖掘为一体的审计信息化工作平台，搭建对集团及各主体公司从宏观到微观的非现场监测预警体系，持续提升审计监督的精准性和及时性，完善审计和监测与分析高度融合的审计模式，建立覆盖集团全业务领域的多元化审计网络，构建系统有机整合、信息高效流转、技术充分应用、数据深度挖掘和成果广泛共享的局面，实现审计监督的智能化和审计管理的自动化，推动审计工作的数字化转型应用向同业先进水平迈进。

二、项目背景及意义

“大家衞”是大家保险集团审计中心开展工作的基础工具、实现审计信息化的主要平台，是充分发挥审计的风险防控第三线功能、为集团公司持续健康发展和战略目标的顺利实现保驾护航的重要抓手。通过符合规律的系统建设过程，提升审计数据的处理能力，强化审计检查的有效性，提高审计管理的效率和水平，培养科技化审计队伍。在集团科技引领、创新驱动的大背景下，实现大家保险集团审计科技从无到有的突破。

三、项目重点解决的问题及主要创新点

目前集团业务多样化对审计提出新的要求，而审计工作仍处于手工作业管理的初级阶段，在集团科技引领、创新驱动的大背景下，依据审计业务的独立性与集团审计的垂管特点，需要建设统一、独立、高效的审计系统，辅助各主体开展内部审计。当前审计工作中存在以下几个业务痛点。

1. 内部审计工作以线下模式为主，工作流程没有实现规范化、信息化。

2. 审计工作效率不高，非现场审计工作不够深入。

3. 审计数据获取难度大，数据分析难度大、效率低。

“大家衞”项目着眼解决以上业务痛点，同时实现了审计科技水平达到同业中上游水平，在系统建设中实现以下几个创新点。

1. 突出系统数据“静态部署+动态探索”，实

现清单级业务数据全覆盖，聚焦“审数”。

2. 数据探索功能多样，支持多数据源灵活配置，数据模型配置可视化，提高数据探索效率，降低使用门槛。

3. 通过“审计作业+审计管理”，实现审计业务全流程数字化管理，建立和制定标准审计程序、审计词条和审计方案，做到审计业务的高效和标准化管理。

四、项目主要建设内容

“大家衞”系统建设规划整体上分为两大平台，分别涵盖审计工作的两大领域。

审计业务平台(现场审计)。实现审计项目工作的规范化和流程化管理；实现审计日常工作的系统化管理，为绩效考核提供准确的数据支撑；实现审计计划管理、审计立项、审计准备、审计实施、审计报告、审计终结、审计档案、统计报表等方面的知识与资源共享；实现各种类型的操作、查询、统计、分析和报告等功能。

审计数据平台(非现场审计)。实现定期同步或导入外部数据、其他系统计算生成的监测指标数据，通过系统的建模工具和数据分析工具，实现风险监测指标、风险模型自定义和管理等功能。根据监测指标和风险模型的运行结果，获取异常指标、疑点数据等信息，实现对重点风险领域的预警和查证落实，实现非现场审计工作的系统化、标准化管理。

（一）技术架构

系统的技术架构采用主流的 MVC 架构方式，支持采用标准 API 和 WebService 等方式与其他系统进行对接。技术架构见图 1。

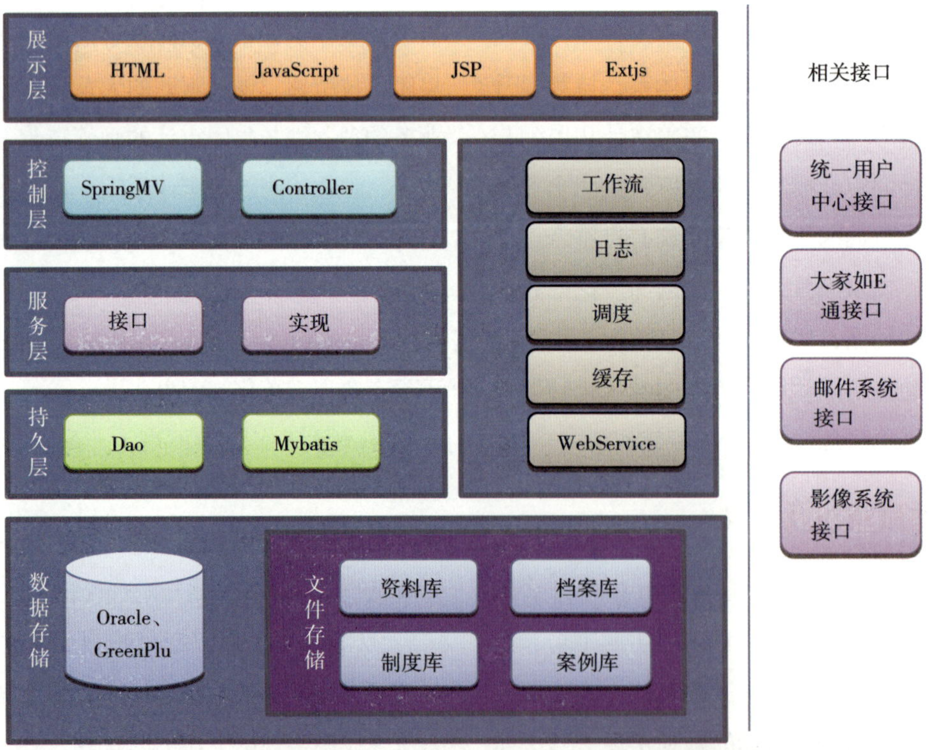

图 1　技术架构

1. 展示层。展示层是审计信息系统和用户交互的接口，系统以浏览器页面的方式向用户呈现操作界面。

2. 控制层。控制层是系统展示层和服务层交互的接口，提供页面跳转、请求转发、参数解析和安全控制等功能。

3. 服务层。服务层是系统业务逻辑的处理层，对外提供服务接口，对内实现业务处理和外部接口的调用等功能，接口控制层传入的参数，进行业务运算后返回结果，并调用持久层将数据保存到数据层。

4. 持久层。持久层也称为数据访问层，主要功能是将服务层的数据持久化到数据库或磁盘上，从数据库和磁盘上读取服务层需要的数据。

5. 数据层。数据层包括数据库和文件目录两部分。数据库主要是存储系统结构化的数据，文件目录主要是存储系统非结构化的文件，包括附件、档案、制度和底稿等数据。数据库包括管理数据库和审计集市，其中管理数据库采用 Oracle 数据库，用于存储系统支持的相关数据；审计集市采用 GreenPlum 数据库，用于存储业务数据，包括贴源层数据、主题层数据以及模型结果数据等。

6. 组件。组件是各功能模块可复用、相对独立的一组方法和工具的封装，本系统涉及的组件包括工作流、日志、调度、缓存和 WebService 等。

7. 相关接口。相关接口是指本系统和其他系统之间的调用接口，主要包括（不限于）统一用户中心、集团统一数据平台、大家如 E 通、邮件系统和影像系统，由各个办公系统提供用户认证、集团及各主体业务数据、OA 流程审批信息、集团及各主体组织架构、发送邮件提醒和查看各主体业务影像资料等信息。

（二）功能架构

审计系统功能包括计划管理、现场审计、非现场审计、资源管理、档案管理、绩效管理、知识库等功能。其中现场审计包括项目立项、审前准备、审计实施、审计报告、审计结项；非现场审计包括审计建模、模型管理、风险监测、查证分析等功能。系统支持可视化数据建模，建模过程面向业务人员，无须具备 SQL、编程等技术背景。功能架构见图 2。

（三）数据架构

审计系统数据架构见图 3。

（四）核心技术点

1. 关键功能组件设计。

（1）数据持久化。数据持久化组件为 DB 操作 jar，其类似于 Hibernate。通过配置 JavaBean 实体与数据库表之间的映射关系、数据库连接文件，使用 Service 服务接口调用 Dao，持久化操作实体，Dao 支持原生 SQL 操作和 SqlBuilder 对象操作，可支持不同的数据库方言。

（2）接口 Service。后台使用 Rainbow 平台，类似于 Spring 框架。Service 支持单类、多类方式注入系统。

（3）扩展点 Extension。扩展点是一种特殊的服务接口，基于 java 特性，系统提供可扩展服务接口，即开发者可以利用接口的扩展性添加新功能，提供新服务。新增的扩展点可以是接口（interface），也可以是抽象（abstract）方法，且扩展可以随时新增。

（4）JS 接入 Service。前台页面展示使用 Extjs 技术，全部通过 Ajax 方式访问后台接口，Ajax 直接调用 Service 接口。

Service. js 封装 Ajax，支持同步请求、异步 请求。

图 2 功能架构

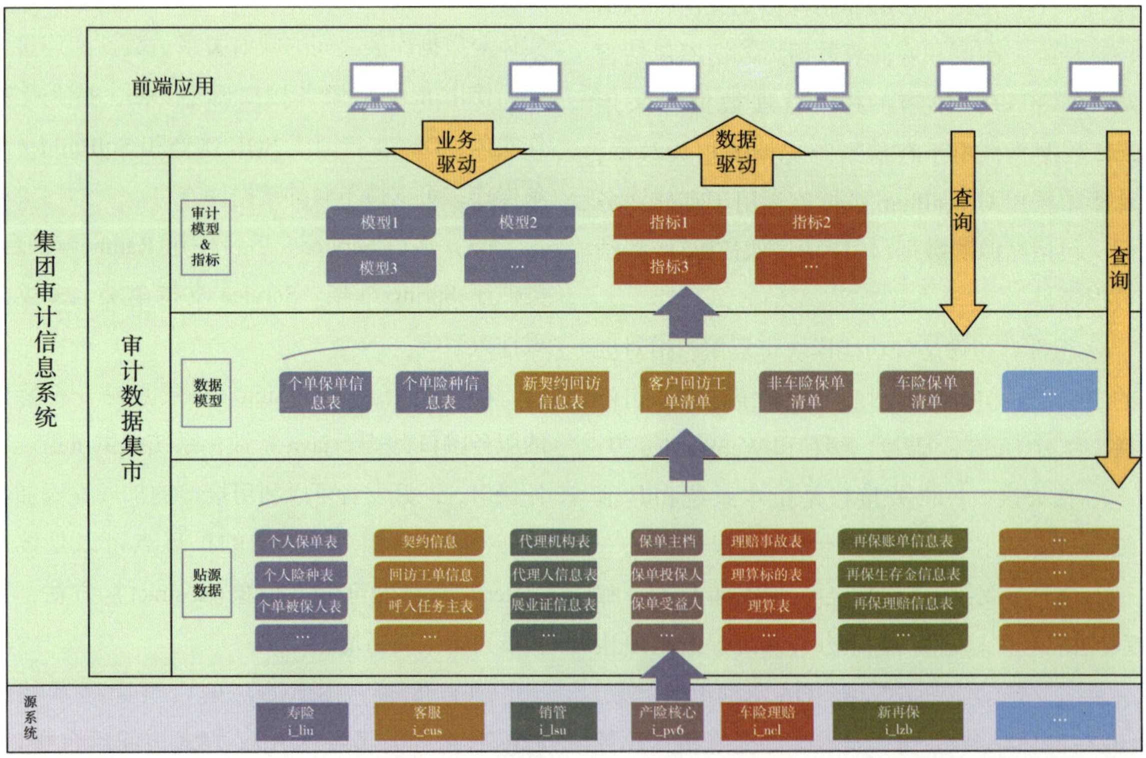

图 3 数据架构

2. 重点程序设计。

（1）多数据源。支持灵活配置各种业务数据库，比如 MySql、Oracle、DB2、GreenPlum、Gbase、Hadoop 和 Postgres 等，并可以在后续的功能模块(比如数据导入、可视化模型和专业模型等）中提供多数据源选择功能，用户可以灵活地查询各种数据库的数据，支持 OLAP 联机分析。

（2）元数据管理。数据管理员角色可以通过元数据管理模块来查询和维护元数据的属性功能。通过实体编辑、字段编辑等来满足数据使用人员使用数据管理器、可视化模型、专业化模型和关系定义等模块时对数据的要求。

（3）数据管理器。数据管理器模块中可以查询已经接入大数据审计的业务系统数据表及个人私有数据表。对于输出的查询结果系统支持做进一步操作处理，比如自动调整全部列宽、计数、排序、数据筛选、选择字段、敏感字段访问申请、数据导出及为每一条数据提供关联关系探索(智能追踪）的入口。

（4）专业化模型。专业化模型为模型编制者提供了 SQL 的编制，可以查询模型基本信息；可以定义输入参数、定义查询 SQL、定义输出字段、定义模型跳转、定义结果模板和对模型信息汇总查询，以及对模型结果页面的展示；可以对模型结果数据进行统计、排序、导出、报表和图形等操作。

（5）可视化模型。建模人员利用该模块提供的编辑器等工具，对数据进行提取和加工，编制具有针对性的提取分析数据的一种关系工具。一方面模型使用人员可以运用模型定期或不定期的筛选数据，将疑点数据推送现场核实，达到全面覆盖风险点筛查的目的；另一方面，使其他数据满足指标检测等不同的管理需要，以及为经营管理提供增值服务等。

该模块主要包括建模人员编辑模型和管理模型两大模块。编辑模型时，该界面提供增加步骤、插入步骤、复制步骤、编辑步骤、删除步骤、单步执行步骤、执行当前及后续步骤、执行当前及相关步骤、全部执行和任务列表等功能。管理模型界面提供新建模型、查看模型信息、编辑模型基本信息及步骤、另存模型、删除模型、完成编辑状态的模型、共享完成状态下的模型、模型提交上线、执行模型和模型执行后的结果查看等功能。

（6）调度器。调度器是系统后台对用户提交的执行申请更合理的运用系统资源而进行调度及监控的工具。调度器是模型任务及模型执行的控制大脑，是非现场检查模块的核心控制区，包括调度器设置、运行池、调度池、错误池、周期任务和调度日志，可以设置各项参数，比如设置时间段、设置运行参数、调整优先级和调整时间控制等。

五、项目效果

“大家衛”的投入使用，使得审计业务实现审计对象提供数据和报表取数向系统供数转变、手工作业向系统作业转变、实物取证向电子取证转变和项目审计向数据审计转变四大转变。

系统于 2020 年 11 月正式上线运行，累计建立承保、理赔和财务预警指标 60 余条。引进 Navicate 专业数据工具，健全监测机制，实现“大家衛”与公司相关系统的对接，借助于其他外部工具，部分实现提前介入，为数据分析、实时预警和非现场审计等后期功能提高运行效率提供技术保障。

系统上线伊始，在审计项目数量基本维持不变的基础上，审计人员出差总天数由4236天降至2179天，人均出差天数由84.72天降至43.58天，非现场审计项目由38个增至84个。在审计队伍人员减少、项目数量逐年增加10%的情况下，差旅费用下降22%，项目周期压缩了30%。系统基本实现中支以下机构非现场全覆盖，提高工作效率，减少现场时间，同时降低审计成本。

系统功能需求已完成202项，手工定期导入报表、核心和财务三大类数据，涵盖大家保险业务财务数据；覆盖全部业务流程，审计系统保留全部电子数据和档案。目前，审计系统已经录入的数据中，共有年度计划168个，审计计划共发布208个，项目计划162个，项目方案164个，审计资料需求48个，实施方案168个，审计通知129个，工作底稿43个，事实确认书35个，审计分报告19个，征询意见稿118个，审计报告58个。在财险、寿险和电商的高管离任审计中，依托与OA系统的交互接口，手工导入报表系统的相关数据和外部工具，进行了创新数据审计模式部分功能的试点，逐步形成了年度重点工作和日常运行维护双轨并进，同时确立了基本定期培训反馈机制。

系统较好地体现了指明未来发展方向、助力审计项目高效开展、规范审计项目执行流程和建立审计工作沟通纽带的工作成效。

一是展现审计结果，辅助领导决策。该系统帮助领导对审计结果进行理解和分析，探查大量数据间隐藏的关系得出问题的答案，主要功能包括现场项目实施情况、非现场查证预警情况、各区域经营情况分析、审计发现及整改情况统计、审计工作成效统计。

二是实现审计工作全流程管控。通过现场审计信息系统的开发与应用，实现包含年度计划制定、具体项目实施、发现问题梳理、审计建议提炼和审计成果运用等审计全过程信息化，通过系统实现对审计结果的分析、查找和汇总。细化分解公司审计工作流程中的16个审计步骤、33项审计工作内容，逐一分析并固化到系统内，实现对非现场和现场工作流程的完善，加强审计质量监督。

三是扩展审计分析业务维度，增加对人身险、财险的查证预警。除基于一期审计信息系统所建立的车险、农险、责任险核心覆盖险种外，还需要建立针对人身险、财险等其他业务条线的审计工具，全面覆盖公司审计业务核心，为现场审计提供线索和重点，构建完整有效的审计监督体系。

四是建立稽核审计内审学堂。为推进“学习型、创新型”组织建设，努力提高稽核审计人员的技能和素质，建立稽核审计内审学堂线上平台。

五是整合先进的统计分析工具。整合国内外知名的数据探查和统计分析工具，加强审计系统使用的灵活性和自由度，建立如自由定义数据采集的格式和方法、自由定义计算指标、自由定义审计分析模型和自由定义分析报表格式等数据采集分析手段，实现对审计数据的深入探索，确保审计数据分析处理过程高效、可靠；同时深化对审计模型的研究力度，通过发现探索可疑线索的规律，提高风险预警的准确度。

六是优化审计分析模型和管理流程。在审计模型的建设优化过程中，邀请行业专家和权威机构，研究公司审计过程中的不足，同时吸取行业内前沿研究成果并加以利用，实现优化审计过程、合理安排审计资源、提高审计工作效率和降低审计成本的目的。

七是历史数据迁移。将历史项目作业过程中产生的审计工作底稿和审计报告导入审计系统进行管理。

六、总结

“大家衞”项目的建设围绕大家集团“三年打基础、五年达转型、十年显成效”的工作要求，结合实际，在借鉴审计署、同业及外部审计的先进经验的基础上，在集团信息科技整体规划的框架下，通过五年的科技化建设，建立以审计知识库、资源库、数据库、问题库为支撑，集审计管理、信息管理、数据监测预警及数据分析挖掘为一体的审计信息化工作平台，建立覆盖集团全业务领域的多元化审计网络，实现系统有机整合、信息高效流转、技术充分应用、数据深度挖掘和成果广泛共享的局面，实现审计监督的智能化和审计管理的自动化，为数字化审计转型奠定基础，推动审计科技化应用向同业先进水平迈进，达到“审数智云”四位一体的数字化审计愿景。

专家点评

大家保险集团有限责任公司的“大家衞”平台，以审计知识库、资源库、数据库和问题库等各类数据库为基础，建成审计管理、信息管理、数据监测预警以及数据分析挖掘为一体的审计信息化管理平台。该平台对系统数据进行静态部署和动态探索，实现多数据源灵活配置，提高数据搜索效率，支持审计业务全流程数字化管理，提高审计业务的效率和标准。公司通过对审计系统的信息化升级，提升数据分析、实时预警和非现场审计等后期功能的运行效率，有效地减少人员出现场的时间，降低审计成本，推动数字化审计转型，为保险业审计科技化提供借鉴经验。

阳光集团管理驾驶舱

——一站式决策支持平台

◎ 阳光保险集团股份有限公司

一、项目概述

随着指标、数据的不断增加，随之而来的问题就是指标口径多样化，但保险业手工制表现象依旧普遍存在。管理驾驶舱——一站式决策支持平台制定各主体数据对接标准，通过指标字典标名每个指标的口径、计算规则等标准，让用户清晰地了解指标的相关信息；同时，驾驶舱引用大数据技术为一线人员提供实时追踪业绩的功能。结合 BI 工具，一线人员可自主制作设计报表、报告，达到一次制作多次使用的效果，且可发送至企业微信，实现随时随地查看数据，不再受网络、设备的限制，实现数据智能线上化。

二、项目背景及意义

（一）项目建设背景

随着大数据、云计算和人工智能等技术的兴起，保险业迎来又一轮技术变革浪潮。2020 年新冠肺炎疫情突然来袭，又大大加速了保险业线上化、移动化的步伐。然而，传统保险公司的管理模式仍然存在大量手工报表层层上报的方式，不仅信息反馈不及时，报表指标数据口径参差不齐，静态数据无法提供对未来趋势的预测和指导，且制表消耗各级机构大量人力，严重降低工作效率。

基于以上问题，阳光保险集团股份有限公司（以下简称阳光集团）启动管理驾驶舱项目建设，旨在为各级管理者提供一站式决策支持，同时为一线机构提供线上实时业绩追踪，最终实现经营管理全线上化、智能化的总目标。

（二）项目建设意义

管理驾驶舱旨在满足集团和子公司各层级经营管理者不同角色类型的差异化指标分析需求，大大提升管理效率。随着新一代信息技术的发展，技术与实体产业的结合越发紧密，其中大数据、人工智能和区块链等新技术可以赋能金融企业的高效化运营管理。

在保险业中，通过将大数据、人工智能等新技术引入管理驾驶舱，可以自主学习、分析和判断使用者的使用习惯，为管理者提供更为精准智能的一站式决策支持；通过详尽的指标体系，将采集的数据形象化、直观化和具体化，把企业的运营状态实时反映给管理者。因此，基于以上技术发展趋势，构建更加智能的管理驾驶舱系统将是保险业与新一代信息技术融合的大势所趋，也将是保险企业立足于市场竞争的核心竞争力之一。

三、项目重点解决的问题及主要创新点

建设面向全集团各主体的数据全面、系统性强、智能化水平高和自动化的决策支持平台，将总部数据直供至基层，提高后台数据的支持能力、前端页面的整合能力以及数据的存储能力和处理能力。

1. 引入 CDH 大数据平台，解决海量数据的存储和计算问题。

2. 引入敏捷 BI 工具 Smartbi，实现报表快速交付及自助分析。

3. 智能追踪预警，把控业务节奏。

4. 智能搜索，实现人机交互新体验。

5. 通过与 OA 打通，实现权限的自主、自助授予。

6. 整合定时任务 Quartz 框架，实现自定义检测数据规则，将问题前置。

四、项目主要建设内容

1. 制定各主体数据对接标准，统一数据口径。由集团制定统一的指标定义、计算公式和归属等规范标准，各主体参照标准进行数据推送对接，确保数据口径一致，避免重复建设浪费资源。

2. 报表监控预警机制，确保数据及时准确生成。通过整合定时任务 Quartz 框架，将自定义检测规则嵌入报表数据准备、报表数据处理和报表数据生成三个阶段，对其及时性、完整性和准确性进行三重校验，并将异常预警信息通过企业微信消息通道实时发送给各接口的运维人员。在提升报表生成时效的同时，降低异常数据的影响，释放运维人力，提高自动化运维水平，为公司经营管理、业绩追踪提供更有效的技术保障。

3. 项目管理制度保障。成立战略项目管理委员会，安排专职人员定期追踪项目预算执行情况、项目阶段性里程碑达成情况，并沟通协调各主体的资源，持续进行项目投入产出分析，确保项目按计划推进、落地且达成立项目标。

4. 引入 CDH 大数据平台，解决海量数据的存储和计算问题。利用 CDH 大数据平台的分布式文件存储和分布式计算技术，解决现有 Oracle 数据库存储和计算性能不足的问题，利用 Hbase 的实时读写、随机访问超大规模数据集的特点，提高页面访问效率，解决数据建模的扩展性，为数据治理打下基础。

5. 引入敏捷 BI 工具 Smartbi，实现报表快速交付及自助分析。“Excel+” 敏捷 BI 工具，业务人员可快速上手操作，通过拖拉拽的方式快速生成图表组合的报表，降低传统开发报表的时效，业务人员可根据自己的需求进行报表样式的调整，减少与 IT 人员的沟通成本。

6. 智能追踪预警，把控业务节奏。结合 Smartbi 工具建立竞赛报表从数据提取、指标计算、报表生成和定时发送的一条龙服务，解放制表追踪人力。同时，自研预警指标自定义功能，辅助机构通过设置预警指标掌握竞赛及考核短板，及时进行节奏调整，实现机构业绩智能追踪及预警。

五、项目效果

截至目前，平台通过统一消息预警发送消息累计 44 万条，累计 1000 人使用自助授权申请权限，配置导入模板“90+” 个，通过 BI 配置报表“200+” 个，报表发送企业微信“5.5 万+” 条。通过自主的工作方式，平台变革了 IT 和业务的工作方式，提高了工作效率，使更多指标数据实

现线上化，为决策提供更多、更有利的支持。

1. 覆盖范围广。

截至目前，平台已对接集团、产险、寿险、阳光信保、产险信保、融和医院和资管七大主体的 30 多个条线，累计“3000+”指标，基本实现各主体核心指标线上化目标。

2. 更新频率快。通过引入“GoldenGate + Kafka+Zookeeper+SparkStreaming+HDFS+YARN+MySQL+Redis”等大数据技术，建立集数据采集、数据计算、数据存储和数据服务于一体的流式大数据计算平台，实现“开门红”等场景中对保费相关指标的实时追踪。

3. 可视化程度高。采用当前业界流行开源可视化图表工具 Echarts 结合 Vue 前后端分离框架，打造红黄蓝地图、动态数字看板、动态列表和轮播 SHOW 等可视化组件，能够快速搭建各种业绩分析大屏、战略追踪大屏，助力集团战略高效落地。

4. 智能预测。采用 Prophet 算法和 GBDT 算法进行组合优化，打造专属预测模型。对寿险多个指标维度的数据进行特征衍生，共生成 200 多个入模特征，目前已实现标保及人力指标的每日预测，月总误差率在 10% 以内。

5. 权限体系设计灵活，可依据组织架构快速调整。依据 RBAC 角色权限模型并贴合阳光集团实际运营管理情况设计的授权体系具有配置灵活、操作简单和扩展性强等特点。不仅能够针对人员以及机构、职级进行组合授权，同时通过继承设计，还能够实时调整因人员异动调岗带来的权限变化。另外，分离报表查看及下载的权限设计，可以更好地结合各主体各部门的实际情况做到权限精细化管控。

6. 自定义报告，智能输出分析结果。通过逻辑回归等算法针对各机构核心指标数据进行分析，辅以各机构考核的情况进行逻辑分类归并，系统自动输出对应的分析结果。同时，结合智能 BI 工具，用户可自定义报告相关话术和样式，并将分析报告以 Word、PPT 等格式导出。

7. 多重加密措施确保数据安全。所有报表页面添加明水印防拍照截图；所有敏感操作系统记录日志可查询、可追溯；报表查询与下载的权限分离，减少数据的泄露风险；成本利润等敏感数据通过自研算法二次加密存储，防止数据泄露风险。

六、总结

管理驾驶舱一站式决策支持平台通过将人为参与、重复进行的工作交给系统，自动实现流程的处理、数据的更新，降低人为干预度，提高效率，提高稳定性，节省成本；将重复开发的工作进行组件化，提升代码质量，提高系统的稳定性；将固定式报表开发通过引入自助工具，解放 IT 开发人员，实现业务人员身份的转变，参与报表配置，达到一次制作、多次使用的目标，提升工作效率，降低手工制表的枯燥感，实现报表、报告自由。

专家点评

阳光保险集团股份有限公司的管理驾驶舱平台，设置各主体数据对接标准，制定各指标口径和计算规则，让用户清晰地了解指标信息，为一线人员提供实时跟踪业绩服务，加快数据线上化和移动化的进程。该平台能够有效解决大量数据的存储和计算问题，支持报表快速交付和自动化分析，实现智能化追踪业务，提高一线人员的工作效率，为人员决策提供更多可靠的依据和支持。公司运用大数据技术创新，将耗费人力的重复性工作交给平台系统，实现自动化数据处理和更新，进一步解放生产力。

华泰集团统一客户平台项目

◎ 华泰保险集团股份有限公司

一、项目概述

华泰集团统一客户平台项目从立项到搭建大数据基础平台，充分利用集团资源，打通财险、寿险授权客户的数据，以客户为中心形成统一的客户视图，建设标签体系，为子公司提供整合后的通用数据服务，赋能子公司运营。同时，为子公司提供丰富的计算、存储资源，供其进行特色业务数据服务开发。

二、项目背景及意义

近年来，随着客户保险意识的增强以及互联网技术的快速发展，客户对保险的购买意愿不断增强，同时对个性化、便捷化购买保险的需求也越来越高。因此，各保险公司纷纷快速建设各类系统（比如 PC 出单系统、微信商城系统、微信小程序和 APP）来满足客户的个性化需求。

通过快速建设的各类系统满足了各类客户的个性化需求，但各类系统之间的数据普遍不互通带来了数据割裂的问题，因此亟待一个集强大的计算、存储功能于一体的平台来整合各系统的数据，形成集团范围内统一的客户视图，为以客户为中心的服务提供坚实的基础。对客户个性化的服务是建立在对客户深入了解的基础上的，而客户标签体系是认知客户的基础。

三、项目重点解决的问题及主要创新点

（一）项目重点解决的问题

1. 数据割裂。由于公司有多个业务核心系统，同一个客户的基本信息、保单信息等分散在各个核心系统中，更不具备一个全局统一的客户 ID，这对了解客户在公司的完整信息带来很大的挑战。

要解决这个问题，需要设立一个计算、存储功能强大的数据平台，采集各有关系统的数据，依据给定的规则，将所有客户的数据打通，形成统一的客户 ID，为全面地认知客户奠定基础。

2. 客户洞察。形成统一的客户 ID 后，公司仅能从几大客户要素简单地认知客户，无法进行深入了解。要解决这个问题，就需要结合业务运营关注点，根据给定的规则，生成统一的客户标签体系，为所有客户打标，进而提供客户的标签系统，为业务提供客群筛选及客户 360 视图的接口调用等数据服务。

（二）主要创新点

1. 集团赋能。本项目利用集团的计算和存储资源，打通财险、寿险数据，提供保单整合查询、客户标签及画像等应用，为子公司的数字化、智能化运营赋能。

基于集团建设项目，充分体现出集团的数据

整合优势，同时在一定程度上避免重复建设。

2. 配置化开发。本项目采集数据表200多个，数据加工任务上千个。为了更加高效、快捷地开展工作，项目中的数据处理都是基于配置化进行的。

（1）数据采集。每个数据源对应一个配置文件，配置好数据源信息及表信息就可以进行数据采集，方便快捷。

（2）数据加工。每个基于Spark的数据加工，只需在配置文件中填写好待执行的SQL，运行时指定配置文件及待替换的变量参数即可，省去了编写Java代码、打包发布等烦琐的操作，从而高效、快捷地实现数据加工。

四、项目主要建设内容

（一）主要功能介绍

1. 客户统一的视图。要想以客户为中心，提供优质的服务，首先需要在客户授权的前提下，持续不断地将分散在各个系统中的数据集中起来，基于一定的识别规则加工整合后，形成客户统一的视图。

2. 客户标签。统一的客户视图是后续所有工作的基础。生成统一的客户视图后，需要基于业务需求以及行业经验，统一建模。加工出涉及客户基本属性、保单属性、理赔属性、车辆属性和金融属性等共10个主题的351个客户标签。

建设统一的客户标签系统，为业务用户提供基于WEB系统的标签管理、客户筛选和客户360视图等功能，同时为下游数据需求方提供客户标签接口服务。

（二）技术应用

1. 数据采集。

（1）Sqoop。SQL-to-Hadoop，是连接传统关系型数据库和Hadoop的桥梁，把关系型数据库的数据导入Hadoop系统（比如HDFS、HBase和Hive）中，把数据从Hadoop系统里抽取并导入关系型数据库里，利用MapReduce、批处理方式进行数据传输。Sqoop有以下几个优点：一是可高效、可控地利用资源，比如任务并行度、超时时间等。二是数据类型映射与转换可自动进行，用户也可自定义。三是支持多种数据库（MySQL、Oracle、PostgreSQL）。

（2）Canal。Canal译意为水道/管道/沟渠，主要用途是基于MySQL数据库增量日志解析，提供增量数据订阅和消费。

Canal工作原理如下：Canal模拟MySQL slave的交互协议，伪装自己为MySQL slave，向MySQL master发送dump协议；MySQL master收到dump请求，开始推送binary log给slave（即canal）；Canal解析binary log对象（原始为byte流）。

2. 数据加工。数据采集后，存储到贴源层。然后结合业务需求和行业经验，采用维度建模的思想，逐层加工。数据从贴源层到整合层以及汇总层，都基于Spark来加工计算。

Spark最初由美国加州伯克利大学的AMP实验室于2009年开发，是基于内存计算的大数据并行计算框架，可用于构建大型的、低延迟的数据分析应用程序。Spark具有以下几个主要特点：

（1）运行速度快。Spark使用先进的DAG（Directed Acyclic Graph，有向无环图）执行引擎，以支持循环数据流和内存计算，基于内存的执行速度可比Hadoop MapReduce快上百倍，基于磁盘的执行速度也能快十倍。

（2）易用性强。Spark支持使用Scala、

Java、Python 和 R 语言进行编程，简洁的 API 设计有助于用户轻松构建并行程序，并且可以通过 Spark Shell 进行交互式编程。

（3）通用性强。Spark 提供了完整而强大的技术栈，包括 SQL 查询、流式计算、机器学习和图算法组件，这些组件可以无缝整合在同一个应用中，足以应对复杂的计算。

（4）运行模式多样。Spark 可运行于独立的集群模式中，或者运行于 Hadoop 中，也可运行于 Amazon EC2 等云环境中，并且可以访问 HDFS、Cassandra、HBase、Hive 等多种数据源。

3. 数据脱敏。为了用户数据安全，客户敏感信息（如证件等）在界面上展示前，都会经过脱敏处理，数据脱敏基于脱敏接口服务进行。

4. 服务发布。统一的客户保单查询系统基于 Spring Cloud 框架搭建，它利用 Spring Boot 的开发便利性巧妙地简化了分布式系统基础设施的开发，比如服务发现注册、配置中心和负载均衡等，都可以用 Spring Boot 的开发风格做到一键启动和部署。

各服务基于青云私有云部署，当接口压力较大时，可以灵活扩展，以保证系统的稳定性。

本项目的开发、发布基于 Git、Jenkins 等组件搭建的流程，实现一键完成拉取代码、打包和部署等整套流程，大大提高了开发、测试和部署的效率。

（三）系统架构

1. 整体架构。本项目用到的数据最原始来源为各业务系统，采用 Sqoop 从源端持续采集到 hive 中，形成贴源层，贴源层的数据使用 Spark SQL 依次加工到通用的整合层、汇总层，同样存储在 hive 组件中。汇总层的数据根据业务需求，加工到应用层，供具体应用使用。由于本项目需要支持单条件与多条件组合查询，故应用层的数据被推送到 Solr 搜索引擎服务器中。系统架构见图 1。

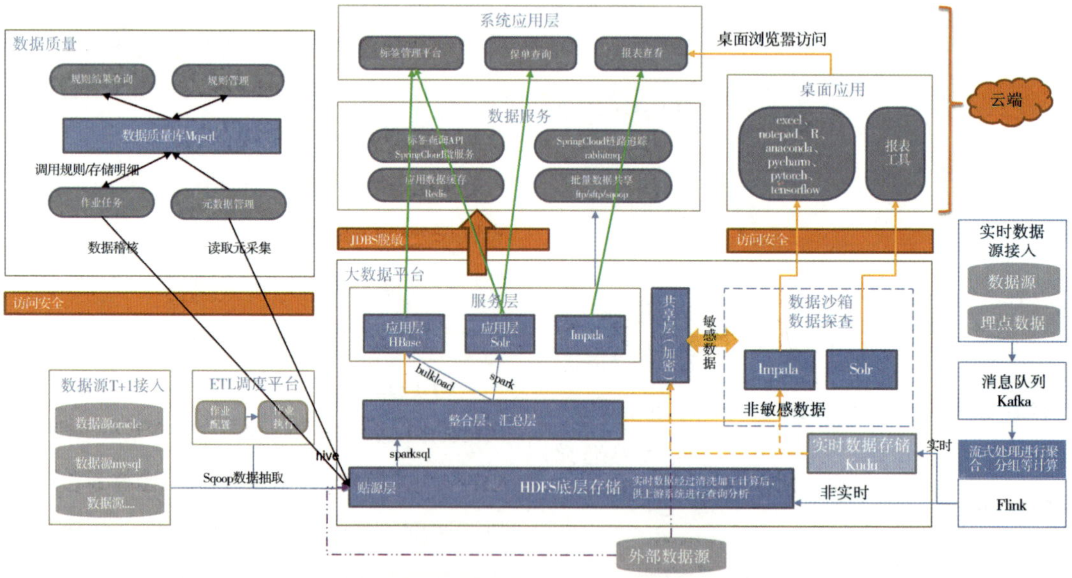

图 1　系统架构

2. 数据架构。数据接入贴源层之后，首先根据统一客户识别规则，形成客户统一视图；来源于各业务系统的保单、客户等数据，经过跨域整合，形成客户保单汇总表；客户、保单等表根据本项目的需求，整合后推送到 Solr 中供各种场景查询使用。系统数据架构见图 2。

五、项目效果

1. 数据集中。通过本项目，财险、寿险子公司授权客户的有关数据依据规则被整合，形成统一的客户视图，存储在统一建设的大数据集群平台。

建成的大数据基础平台具备丰富的计算、存储资源，目前供三大部门同时通过授权后，在平台内合规使用计算、存储资源，以及基础数据和统一的客户视图数据，进行数据分析挖掘。

2. 客户洞察。客户基于标签体系的 351 个标签被打标后，业务同时通过标签系统 WEB 界面进行自定义人群分组探查，为业务运营提供支撑。

电销系统接入客户 360 视图数据服务，在指定业务场景调用授权的某些客户标签，让座席从多角度了解客户。目前，接口日均调用量 60 次。

六、总结

本项目通过集团立项建设通用数据服务平台，充分发挥集团数据整合的优势，提供单个子公司不能达成的数据服务：统一的客户标签系统，集团采购、建设基础设施平台，供子公司使用，可减少子公司重复建设，减少资源投入。

相对固定的功能，通过实现配置化开发，可以最大限度地提高开发效率；针对使用门槛较高的组件（比如大数据生态圈），通过配置化封装后，开发人员只需关注配置化的部分，也降低了使用和运维门槛。

另外，现有客户标签体系在后续的使用过程中，需根据业务运营的关注点，逐步进行完善和更新。

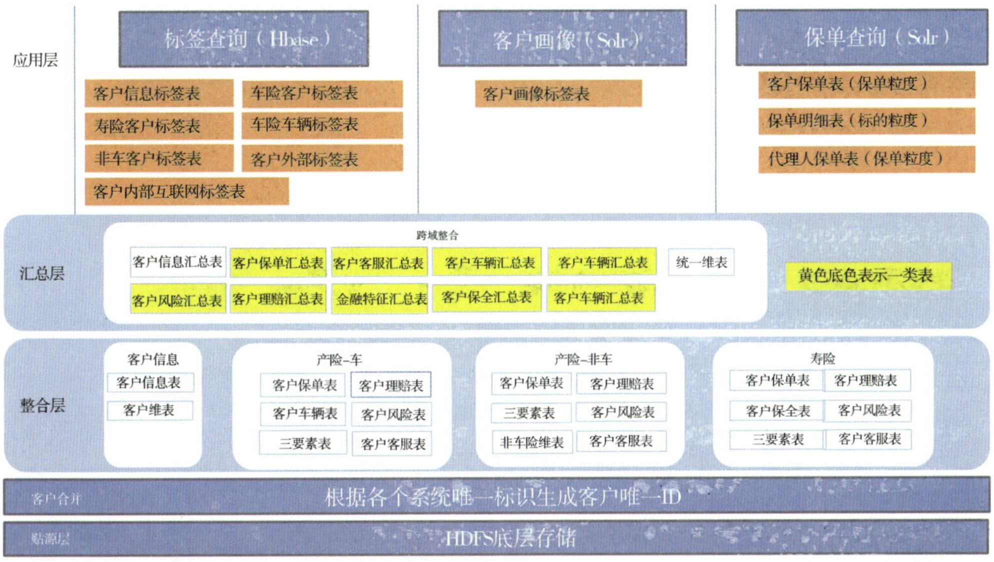

图 2　系统数据架构

专家点评

华泰保险集团股份有限公司的“集团统一客户”平台，通过利用集团资源搭建大数据基础平台，统一整合财险、寿险的授权客户数据，对保单进行整合查询，建设标签系统，为子公司提供数据存储资源和服务，提高子公司的运营效率。该平台给每个数据源配置相应的表信息，增强了数据采集的便捷性，同时在配备文件中提前填写待执行SQL，降低编码成本，实现高效的数据加工。公司通过建设通用数据服务平台，发挥集团数据整合优势，为子公司提供基础设施平台服务，减少子公司对数据整合平台开发的投入，从而更好地为子公司数据赋能。

人保财险农险数字化转型实践

◎ 中国人民财产保险股份有限公司

一、项目概述

中国人民财产保险股份有限公司(以下简称人保财险）农险数字化转型实践紧紧围绕落实中国人保集团“卓越保险战略”，以服务国家农业现代化建设为根本出发点，全力推动农业农村保险线上化、数字化、精准化和智慧化转型，打造“承保+减损+赋能+理赔”的数字驱动运营模式，为引领全球农险市场发展、打造全球领先的财险公司提供核心驱动力。

人保财险在实践过程中，从农险高质量发展战略要求和一线业务实际需求出发，通过科技赋能、创新驱动，强化大数据、云计算、移动互联和人工智能等新技术的研究与应用，创新保险业务场景，提升价值创造。

二、项目背景和意义

（一）加快推进农险数字化转型，是充分发挥农业现代化建设风险保障作用的必然要求

习近平总书记指出，农业出路在现代化，农业现代化关键在科技进步，必须比以往任何时候都更加重视和依靠农业科技进步，走内涵式发展道路。农业农村保险作为我国现代化农业发展的重要组成部分和保障主体，必须通过科技赋能形成与农业现代化建设相匹配的风险保障能力，形成与农业现代化建设相契合的发展定位。

（二）加快推进农险数字化转型，是深入落实“卓越保险战略”的关键举措

数字经济深刻改变保险形态，技术和数据日益成为保险企业的基本生产力和核心竞争力，保险的经营逻辑正在从“承保+理赔”向“承保+减损+赋能+理赔”转变。农业农村保险必须通过科技创新突破农险传统运营和改革发展中的“瓶颈”，必须通过科技创新推动传统经营向数字驱动运营转变，必须通过科技赋能实现卓越发展。

（三）加快推进农险数字化转型，是大力推动农业农村保险高质量发展转型的必由之路

农险经营过程中具有点多面广的特点，存在工作量大、数据采集难、信息不对称、经营成本高和合规风险大等难题，严重影响了承保的准确性和理赔效率。通过科技赋能，才能从根本上改变农险粗放性的特点，杜绝虚假承保、虚假理赔、不足投保和重复理赔等不规范的行为，实现农业农村保险高质量发展。

三、项目重点解决的问题及主要创新点

（一）建立农险大数据获取与应用体系

人保财险创新应用小型传感器、卫星遥感网

络和牲畜耳标等多样化智能传感器进行农险大数据的采集作业，有效消除传统人工采集数据在精准度和效率上的局限性，实现同一主体、同一状态在时间、空间的多个维度、多种形式的信息采集。

1. 获取标的信息。标的信息数据是围绕农作物生长、动物成长的作为动植物全生命周期管理的基础数据。对于种植险标的信息，通过物联网技术、遥感技术等进行苗木长势监控；对于养殖险标的信息，通过动物耳标、脚环等进行识别；对于花纹特征明显且单个价值高的牲畜，通过 AI 识别技术进行花纹录入识别与标的确认。

2. 获取业务信息。农险业务数据是经营农险业务时由核心业务系统在办理保险业务过程中产生的数据。

3. 获取客户信息。构建形成一套准确的、完备的和客观的客户信息档案。通过客户信息的智能识别技术对农户的基本信息、证件信息、资产权属信息和电子签名等进行智能化精准入库采集。

4. 获取地理信息。地理信息数据是农业生产经营基础，通过“3S”（GIS、GPS、RS）技术，构建形成农险地理信息数据“一张图”。

5. 获取市场信息。通过系统对接，实现期货数据、农产品价格数据和销售行情等市场信息的获取。

通过运用人工智能、数据模型和神经网络等技术，对收集到的原始数据进行数据清洗与量化分析，将原始数据转化为可供支持决策的可读、可用的数据。运用数学模型对原始数据进行聚类和关联分析得出量化模型，以此进行经营分析，发现产品或策略的优势与不足，优化调整决策方向。基于大数据计算、人工智能系统以及神经网络学习，形成因素演变分析能力与变量预测能力，从而实现气象灾害与农产品价格波动预测、经营异常行为预警。

（二）建立农险科技支撑体系

人保财险用新思路、新方法和新措施完善农险科技支撑体系，为实现大数据、云计算、空间信息技术、互联网技术和移动互联技术等与农险业务的有机结合提供科技平台支撑。

以农险承保业务操作规范为底层业务逻辑，依托移动互联技术，实现信息采集、承保、验标与核损和理赔等业务流程再造与管理升级。“耘智保” APP 是人保财险基于移动设备终端和移动互联技术开发的手持设备应用，支持农险移动精准承保、线上高效理赔。在承保环节，基层业务员手持移动终端，现场开展投保单信息录入、投保农户信息识别与采集、种植业标的（地块信息）空间采集、养殖业标的个体特征采集、拍摄承保标的水印照片、生成投保单、现场核保、移动支付保费、电子保单制作和农户电子签名，真正实现快捷承保。在理赔环节，查勘员手持移动终端现场开展查勘，录入出险信息，采集出险位置，拍摄出险标的的水印照片，现场核保，并探索移动支付赔款，实时理赔，真正实现快捷理赔。

人保财险将黑科技应用嵌入农险核心业务流程，提升农险业务处理的智能化程度。当前在农业农村保险领域主要应用的黑科技可分为大数据类、可视化类和计算分析类。

大数据类科技主要包括物联网、空间信息和无人机等，主要实现了大范围、动态和全天候获取信息并深入分析、计算，大幅提升运营效率，改变经营格局。

可视化类科技主要包括虚拟现实(VR)、数字孪生技术等，将数据3D可视化，实现运营管理的可视化动态监控与展示，可用于承保端线上可视化动态验标、理赔端线上可视化动态查勘等，大幅降低业务运营成本，提升管理效率与精准性。

计算分析类科技主要包括人工智能、区块链、云计算和生物识别等，通过该类型科技，可快速将农业数据采集、智能识别、深度学习与需求决策整合，为农业生产及农险运营提供有效率、有质量的全面解决方案。

四、项目主要建设内容

人保财险通过细分农业农村保险的客户触面，形成以客户触面为维度的智慧化“保险+科技+服务”体系，打造行业领先的线上服务能力和服务体验。

（一）TO G：建设面向政府的支持工具集群，强化服务乡村振兴能力，深化与政府的合作与创新

人保财险结合政府管理要求，打造服务地方性政府部门和社会民生领域的数字化管理平台，将防止返贫和乡村振兴作为工作重点，为农村地区的综合服务管理提供有效抓手。通过保险数据与政府部门数据的动态融合，积极参与政府防止返贫动态监测预警和救助帮扶机制建设，整合农业数据、医疗数据、权属数据、人口数据和气象数据等信息，对外建立可实时查询的农村综合服务系统，评估区域的保险深度及密度，实时展示承保、理赔、公示和财政补贴资金的审核及数据校验，实现农村大数据管理。

（二）TO C：强化农户个人的客户线上触面功能，提供高效、便捷、精准的农事管理及保险服务

1. 农户线上自助承保理赔。

（1）线上化投保。通过移动互联、OCR识别和“3S”等技术，自动定位GIS投保区域，采集标的的GIS位置，客户的OCR信息、标的信息、线上告知、线上公示、电子签名确认和承保回访等都在线上完成，实现农险投保线上化。

（2）线上化理赔。通过移动互联技术，实现农户在线报案，采集出险位置，上传损失照片、无害化证明材料等，实现理算和定损线上公示、电子签名确认、移动核赔、理赔回访等。

2. 农情信息推送及农事服务。人保财险推动建立支持农险标的事前预警、事中干预及事后评价的防灾防损智慧平台，为农户提供智能化的风险预警及农事服务。

（1）风险前瞻防控。基于大数据和人工智能识别技术，结合农作物生长以及气候特征，模拟灾害发生轨迹，评估灾害发生概率，预测灾害发生的趋势，在气象预警之前，为农民推送灾害预判提醒，提前灾害管理的时间窗口。

（2）气象灾害风险预警。基于地理信息集成台风实况及预报路径、国家突发事件预警信息以及洪涝、地震、病虫害、火灾、台风、干旱等灾害风险数据，结合农险承保理赔和防灾防损信息，为农民提供专业的日常风险排查与灾前防灾防损预警服务。

（3）农事服务推送。基于移动互联技术，为农民推送农业知识、国家政策以及宣传信息等资讯服务，提供气象证明、无害化处理证明等电子材料下载服务，提供种植咨询、灾害询问等线

上咨询服务。同时，引入银行信贷，通过保险机制提供担保和缓释风险，与银行合作探索“信贷+保险”的“银保”合作小额信贷保险业务，解决农民贷款难、贷款贵的问题。

（三）TO E：为内部员工、服务队伍提供功能强大、便捷易用的平台工具，实现精准作业与降本增效

1. 种植险、森林险精准作业。人保财险以“3S”及无人机技术为支撑建立种植险、森林险一张图管理模式。以遥感影像为底图，建立农村耕地地块图斑库。通过定制开发的专业移动端APP软件，确定承保地块的空间位置、范围、形状、大小、地理坐标和行政坐落等基础地理信息；通过拍照自动识别，录入投保人、被保险人等权属信息，拍照记录承保标的物等作物信息，综合形成基于耕地地块空间图形的“地块+农户+标的物”的一体化农保空间信息数据，实现以地图的方式管理所有种植业保单地块。

2. 养殖险精准作业。人保财险加快推广RFID电子耳标。RFID电子耳标已先后在全国20余个省份推广应用，适用标的逐步从单一的能繁母猪推广到育肥猪、奶牛、肉牛羊、驴、马等各类牲畜。

（1）开展畜脸/身纹识别技术试点。畜脸/身纹识别技术是基于AI智能算法，通过采集牲畜外形特征实现对其身份的识别。随着牲畜脸部/身纹识别技术成熟度和准确性逐步提高，该技术重点针对牛、羊、驴、马等身纹特征明显、生长周期较长、面部变化较小的牲畜，将图像采集功能集成在APP或微信小程序中，承保时进行拍照采集，查勘时直接调用验标时牲畜脸信息进行自动比对，确保是同一个保险标的。

（2）基于畜禽可穿戴设备的“保险+科技+融资”业务模式。智能项圈/腿圈作为新一代畜禽可穿戴设备的典型设备，可以存储位置信息，敏锐感知牲畜体温、运动状态等，具有佩戴简单、对标的伤害小和功能强大的优点。该技术已逐步应用于现代化程度较高的规模化养殖场，为各生产环节的业务管理和精准决策提供数据支撑。这使生物资产作为信贷融资的增信抵押物成为可能。

（3）基于政企联盟链的区块链技术。人保财险采用区块链技术，以耳标为最小的管控单元，以检疫标记牲畜流通轨迹，以查勘和无害化处理确定牲畜真实灭失，记录牲畜从入到出的全过程，养殖场(户)、各环节兽医卫生监管机构、病死动物无害化处理企业、屠宰企业、物流企业和保险公司等多方参与，共同认证数据，有效实现个体识别和溯源，做到全程闭环，为承保验标、防灾防损和理赔查勘定损提供可靠依据。

五、总结

人保财险农险数字化工程立足政府、农户和企业内部管理者的不同需求，针对性地提供各类支持服务。

1. 为政府提供了数字农村综合服务。为政府提供“农村一张图”数字农村综合服务，将防止返贫和乡村振兴作为工作重点，为农村地区的综合服务管理提供有效抓手，强化与政府的数据融合，切实增强与政府的合作关系，建立业务发展核心优势。

2. 为农户提供了保险信息及农事管理服务。按照“让数据多跑路，让农户少跑腿”的要求，向农户提供保单管理、标的管理和理赔进度的查询服务，农户可以通过移动端或网站查看保险信

息、公示信息和理赔信息，真正做到承保理赔信息的公开。同时，推送宣传信息、农业知识和国家政策等信息资讯服务，推送气象预警、防灾减损建议等信息。

3. 为内部管理者提供了管理与决策支持。为农险经营决策提供数据支撑，实现在线查询、在线指导、实时调度、实时响应，并基于数据评估分析经营状况、产品试点或政策试行效果，智能化解决业务问题，调整管理逻辑。

专家点评

中国人民财产保险股份有限公司通过科技赋能和创新驱动，应用人工智能、大数据、云计算和移动互联等技术，创新农险业务场景，推动农业农村保险向数字化和智慧化转型，满足农险高质量发展的战略要求。公司运用多种智能传感器进行大数据采集，克服了传统人工数据采集的低效率和低精准度的困难，同时通过人工智能等技术将数据加工，为人员做决策提供支持，并且将各类创新技术与农险业务价值链有机结合，提高业务运营的效率。农险的数字化转型不仅有利于保险内部管理者对业务进行有效决策，还能让农户实时了解保单信息、宣传信息、农业知识以及国家政策等资讯，而且为政府提供了数字农村综合服务，对行业农险智慧化转型具有一定的借鉴意义。

太平洋产险云门店数字化平台

◎ 中国太平洋财产保险股份有限公司

一、项目概述

中国太平洋财产保险股份有限公司(以下简称太平洋产险)提出“高质量发展，有效益、精细化、可持续”的战略目标，在新冠肺炎疫情的大背景影响下，创新之路有了不同的认识发展方向。为支持门店数字化转型，在以客户为中心和提升客户体验的理念下，太平洋产险推出了云门店项目：综合应用“门店+数字+保险+科技+体验”，以此形成线上和线下互通，无人和有人组合，可更好地为客户提供全流程、无缝对接服务的体系；推动客户线上化办理，减少临柜服务人员；简化流程，提高服务便捷和效率。

二、项目背景及意义

（一）背景

太平洋产险的门店共有2612家，而临柜服务一直存在客户上门不方便、办理耗时长和无法一站办理三大痛点，导致客户体验不佳。

2020年，突如其来的新冠肺炎疫情使公司的大多数门店被动闭门，无法正常营业，疫情期间客户也不便上门办理业务，给公司临柜服务带来巨大挑战。

为更好地为有需求的客户提供及时的服务保障，部分分公司转变思路，将营业网点搬到“线上”，为客户“隔空”提供面对面的服务，保证客户服务的连续性，得到客户的好评。项目有效提升了客户服务体验和公司的品牌形象。

（二）意义

通过搭建云门店系统，为客户提供“在线就办、随时能办、异地可办”的线上便捷服务，减少上门的客流量，方便客户，提升客户服务满意度；进一步整合门店资源，实现“在线统管、跨界融合”的管理模式，实现服务全流程记录可追溯、服务品质可管控。

三、项目重点解决的问题及主要创新点

（一）项目重点解决的问题

1. 上门不方便。网点大多路程远，客户可能需要多次往返；营业时间有限制，客户需要请假前去办理。

2. 办理耗时长。部分门店人员多需排队，等待时间长；环环审核，办理时间长。

3. 流程断点多。权限限制，机构内部服务有差异；机构壁垒，无法跨机构办理业务。

4. 管理不方便。公司2000多家门店，店多人多，忙闲不均；门店柜员事多活杂，无法专心；门店业务无信息记录及管理系统，无法进行有效跟踪。

（二）主要创新点

1. 柜面服务线上化、智能化引导客户通过自助或人工辅助的方式，实现多场景服务的闭环；实现在线就办、随时能办、异地可办。

2. 建设线上化团队，提供线上化面对面的服务。

3. 简化作业流程，提高服务时效。

四、项目主要建设内容

云门店项目作为一个面向客户的营运服务平台，主要包含线上服务、线上作业和线上管理三个层面。

（一）客户端

通过总、分公司微信，H5 或小程序方式等客户端，获取各类云门店服务，远期计划集成 95500 实现话务对接，功能主要包含咨询投保、保单查询、保单补发、信息变更、办理理赔和门店预约等。客户可以通过图片拍摄、图片上传、OCR、人脸识别和电子签名等自助认证方式，进行在线自助办理；通过人工视频在线验证的方式，对代办等业务进行认证并办理业务，同时也支持创建工单，由柜员或业务员线下跟进。

（二）服务端

通过搭建门店管理平台，完成上门及线上客户服务，主要包含资源管理(人员、岗位、角色、排班)、门店管理、任务管理、公告管理、系统管理，提供买保险、补单证、改信息和办理赔等线上业务。通过任务管理可以处理任务的预约、查询、调度、改派及查看轨迹等操作，并通过企业微信实时推送到指定业务员手中，实现多渠道任务的精准发放，实时办理业务。

（三）管理端

对公司柜员工作进行线上化跟踪记录，便于量化考核，提升管理效率；通过任务管理对所有任务进行实时跟踪，对人员忙闲、任务异常状况实现可视化展示，便于管理人员及时干预；通过数字报表对客户来源、作业类型、服务时长和满意度等进行多维度分析，提升门店服务管理的精度。

五、项目效果

截至 2021 年 7 月，云门店小程序一期功能在全国范围使用，覆盖 60% 的门店高频服务场景：用户可直接通过云门店小程序提交车险保单的信息批改；提供的电子保单及纸质保单的线上补发功能，用户无须到店，即可一键办理；同时，提供买保险的人工咨询功能，用户可直接在线提交投保意向。主要有以下几个效益：门店运营成本降低 10%；改善客户体验，提高服务效率。

六、总结

云门店的应用推广，通过应用服务和视图的整合，提供线上化的自助服务场景，优化作业流程，极大地便利了一部分客户，提高了服务质量，提升了客户体验，同时大幅提高了作业人员的工作效率和质量。未来计划融合图像分类、图像识别、语音识别和大数据建模等技术，提供更优质、更安全、更便捷和更高效的门店云服务。

专家点评

中国太平洋财产保险股份有限公司的云门店数字化平台，通过柜面服务线上化，让客户享受“在线就办、随时能办、异地可办”的智能便捷服务，提升客户体验，简化业务办理流程，提高业务人员的服务便捷性和效率。该平台将服务和视图有机结合，提供线上自助服务场景，不仅有效解决了客户网点办理业务不方便、办理耗时长、无法跨机构办理业务等难点，极大地便利了部分客户，而且还方便管理人员对数量众多的网点进行管理，提升了作业人员的工作效率和质量。

太平财险车险理赔线上化

◎太平财产保险有限公司

一、项目概述

随着“互联网+”时代的到来，保险新科技迅猛发展，太平财产保险有限公司（以下简称太平财险）大力推进信息化建设，坚持以信息化技术驱动公司经营高质量发展。为解决车险理赔慢、理赔烦和理赔难的保险业痛点问题，太平财险积极探索创新技术在理赔场景的应用，创新理赔模式。

2019年11月，太平财险应用人工智能、大数据以及视频技术，依托微信、APP等平台，搭建立体式车险线上理赔平台，为客户提供体验便捷、先进的理赔工具，客户可以通过多类工具进行全流程线上理赔。该平台发挥视频理赔、微信理赔在不同场景的应用优势，直击客户痛点，帮助客户解决实际问题，实现线上线下无缝融合。该项目借助视频技术和图片自助理赔等技术，重点建设多入口线上理赔平台，结合实际理赔流程中不同环节中的作业场景，实现更多生产应用。

2020年，为应对新冠肺炎疫情防控的特殊要求，太平财险按照银行保险监管部门相关指导意见的工作部署，以“场景化”“生态化”“智能化”为核心，以“方便、快捷、省心、温暖”为指导思想，全面推行线上化，集成推进线上化任务，拓宽线上化服务领域，实现全面无接触的快速理赔，简化客户理赔操作流程，提升理赔时效和运营效率。在疫情期间为超过百万的客户提供线上零接触服务，有效保护了客户权益。

围绕“以客户为中心”，通过梳理当前流程中存在的痛点，整合设计各触点业务流，太平财险于2021年启动车险线上理赔2.0版本“理赔一线通”服务。该服务打通车险“接报案、查勘、定损、理算、支付”的理赔全流程，大幅提升理赔运营效率，客户一次进线、一通视频即可在30分钟内一站式完成理赔流程，体验到智能科技带来的极致服务。

二、项目背景及意义

（一）项目背景

1. 车险理赔模式。传统车险理赔流程包括报案、查勘、定损、核价、核损、单证收集、理算、核赔和赔款支付9个环节，涉及人员多，沟通反复多，耗时费力，环节连贯性差，等待时间长，从而导致“理赔慢”“理赔烦”“理赔难”的行业痛点问题，且需要投入大量的人力进行服务。

（1）保险公司要在各地都配置足够多的现场查勘人员和查勘车辆，导致运营费用高，查勘成本高。查勘成本包括人力成本、车辆成本，以及异地代查勘成本，异地代查勘成本在查勘成本中占比最高。

（2）出险客户要等待查勘员，服务感受不好，查勘时效慢。现场查勘方式下，查勘员抵达现场的时间，城区平均在30~60分钟，郊区在2小时以内。长时间的等待，远远满足不了客户的需求。

（3）查勘员与修理厂勾结骗保已是行业痼疾。

2. 新技术发展。数字经济时代到来，随着5G网络、智能手机的普及及新生代的崛起，消费者对于财险线上业务的需求稳步增长。智能手机、5G网络、手机APP、视频技术、人工智能和图像识别等迅速发展，线上理赔将顺势而为，取代传统理赔模式。

（1）视频技术发展迅速，已实现实时通话、视频录制、压缩流量和清晰展现视频/照片等功能。

（2）中国手机网民规模占比急速增长，国内5G移动网络越来越普及，移动网络的流量费用大幅下降，用户对视频交互的接受度越来越高。

（3）由于微信、支付宝及各类APP的普及，客户对于通过手机自助完成车险理赔的意愿持续提升。

（二）项目意义

1. 提高客户服务感受。通过线上化的方式第一时间介入事故现场处理，避免客户在现场等待；线上一站式完成理赔流程，实现快速结案赔付，提高客户的满意度。平台打造全流程线上化理赔功能体系，实现案件全流程零接触的快速索赔，缩短客户在现场等待的时长和案件处理周期。

2. 快速自助理赔，缓解城市交通拥堵。随着城市化发展和车辆保有量的不断攀升，城市道路越来越拥堵，小汽车出行规模和使用频率快速增长。在引起拥堵的诸多原因之中，交通事故尤其是高峰时段的交通事故是主要因素之一。客户通过线上理赔平台自助理赔，实现快速完成车险查勘、定损，能有效疏导上百个拥堵点的交通，可明显减轻路面压力，大幅提升市区各条干道的通行能力。同时，通过大幅缩短消费者的理赔时间，有效节省社会时间成本，提升客户对保险服务的满意度，推动保险业的服务供给升级。

3. 内部风控管理。应用线上化通道完成“线上工具+线下调查+科技应用”联动的创新模式，推进查定分离、大案视频监控，实现风险前置管控、避免线下暗箱操作以及斩断内外勾结等不当的利益链。

4. 降低运营成本。线上案件无须路途时长，人员产能较线下处理大幅提高，同时可减少车辆使用费用，降低运营费用。

三、项目重点解决的问题及主要创新点

（一）项目重点解决的问题

1. 车险理赔服务体验差。出险客户要在现场等待查勘员，尤其是在郊区、县域，需要长时间等待，线下车险理赔慢、理赔烦、理赔难，给客户的服务体验差。

2. 车险理赔运营成本高。保险公司要在各地都配置足够多的现场查勘人员和查勘车辆，路途时间长，人员产能低，导致运营费用高。

3. 理赔案件欺诈风险高。现场查勘定损人员与修理厂勾结骗保已是行业痼疾，增加经营成本。

（二）项目主要创新点

1. 理赔服务创新。

（1）多方平台建设，打造线上化立体平台。以视频理赔系统为基础，打通太平通 APP、太平财险官微等理赔通道，实现视频、微信小程序自助查勘和定损，解决客户线下理赔痛点。为客户提供智定损 APP、太平通 APP、放心赔小程序和微信公众号等多种服务工具，客户可以根据自身喜好及便利性使用其中一项工具。发挥视频理赔、微信理赔在不同场景的应用优势，直击客户痛点，帮助客户解决实际问题，实现线上线下无缝融合。

（2）三张照片极速理赔模式。太平财险微信小程序“放心赔”，实现客户自助拍摄三张照片即可快速完成赔案处理，在不占用视频理赔带宽的情况下，实现静默的方式方便、快捷地完成小案理赔。

（3）打造全流程、全场景、全触点线上化理赔体系。将传统线下全量理赔服务迁移至线上，对客户提供线上零接触服务，线上线下无缝融合。理赔线上化平台覆盖车险理赔全流程、全场景，包括在线报案、查看查勘员位置、视频理赔、图片自助理赔、补传单证、在线调解、电子单证、理赔进度提醒、微信支付赔款、服务评价、申请增值服务、查找维修厂和预约维修等功能。

（4）通过全流程、全场景线上化服务，为真实 C 端客户提供全场景线上化服务体验，培养客户习惯，实现吸客、黏客。

2. 技术创新。自主创新开发视频流媒体技术，拥有产品知识产权，集实时音视频、文件标注、实时消息、录制存证和图像增强等多项功能于一体，满足金融、银行、保险多元化的线上化业务的发展需求。

（1）一站式解决方案。基于音视频编解码算法和优异弱网对抗能力，支持 1080P 60fps 超清视频、48kHz 全频带音频编码，优秀的音频算法和 AI 智能降噪算法。

（2）高品质音视频。通过全流程数字化运营，帮助保险公司开展体系化的评估业务，量化评价运营结果，不断优化数字化效果。

（3）同步录制存证。经过数千万分钟录制服务验证，音视频内容严格同步，支持录制私有化部署，录制、传输和存储均可以在用户内网完成，确保录制文件的稳定可靠。

（4）数据安全可靠。支持混合云部署方式，数据传输经过多重鉴权控制、传输加密和异地容灾等安全机制保障，还提供实时运维监控的服务。

（5）弱网高质量通信的核心技术。

一是支持低延时、低速网络。毫秒级延时，保证通话的实时性。实现弱网高质量通信，80% 丢包下音频通话流畅，70% 丢包下视频通话流畅，即使在城市集中区的信道堵塞、野外基站信号差等环境下，客户仍可以流畅地完成查勘定损流程。

二是超清画质，最大化还原细节。基于机器学习的超分辨率算法，低卡顿，无花屏、绿屏和黑屏等现象，实现低码率超清画质，可将 360P 图像放大至 720P/1080P。

三是码率自适应。机器学习带宽预测算法，实时根据网络状况优化码率，保证体验的同时兼顾画质和流畅度，360P 至 1080P 自由切换，视频的宽、高、帧率和码率可自定义。

四是图像增强，主动对焦。清晰地还原现场照片，使得智能视频查勘可以覆盖的情景更多更广，必须现场出险的极端情况大大减少，成本得到有效控制。

四、项目主要建设内容

（一）建设立体式车险线上理赔平台

通过建设车险线上化平台，为客户提供智定损 APP、太平通 APP、放心赔小程序和微信公众号等多种线上服务工具，客户可以根据自身喜好及便利性使用其中一项工具进行在线理赔。发挥视频理赔、微信理赔在不同场景的应用优势，直击客户痛点，帮助客户解决实际问题，实现线上线下无缝融合。

（二）线上一站式创新理赔流程

1. 实现客户、协勘和合作车商通过视频理赔 APP、微信小程序等线上工具与远程管理岗建立实时自助视频，依托 H5 页面及视频 APP 与客户进行理赔全程视频线上交流，理赔人员后台实时指导、取证和录单。打造业内首创的理赔服务多维化管理模式，全新呈现客户自助服务及线上协作理赔服务网络。

2. 线上理赔后端人员一站式完成车险查勘、定核损、单证收集和理算核赔等车险理赔全环节，无须客户现场等待、多次跑动和现场提交单证等，现场完成赔款支付。

3. 客户体验与风险防控体系加固。理赔人员通过视频理赔系统第一时间介入事故现场处理，获取一手取证资料，还原事故原貌，实现一站式理赔服务，提高客户满意度，提升监管服务评价。通过案件影像和拍照取证记录查勘全过程，有效杜绝理赔人员的不规范操作，按照随机派工机制斩断定损员与其服务区域修理厂的不正当利益链，规避渗漏风险，助力公司实现降赔减损目标。

五、项目效果

（一）提升服务水平

提高理赔效率，缩短理赔时效。2020 年服务超过百万位车险客户；2021 年超过 70% 的车险理赔案件通过线上处理；2021 年 7 月河南水灾导致当地停电停网，无法处理案件，通过“理赔一线通”服务和线上理赔服务，全国各分公司第一时间远程支援河南，快速处理案件。

第一时间介入事故现场处理，避免客户现场等待；线上一站式完成理赔流程，实现快速结案赔付，提高客户满意度。打造全流程线上化理赔功能体系，实现案件全流程零接触快速索赔，缩短客户现场等待时长的 60%；一案到底案件结案周期缩短 5.2 天。

（二）降低运营成本

1. 人员产能提升。以视频理赔、微信理赔为通道，实现理赔信息在线传输，打破传统线下理赔体系，提升作业效能，远程岗人均产能相比全流程线上化作业模式推广前提升 210%。

2. 通过线上化处理案件，减少人员在途时间以及线下沟通成本，优化人力及车辆运营成本，查勘车比之前减少 107 台。

3. 应用线上化通道完成“线上工具+线下调查+科技应用”联动的创新模式，推进查定分离、大案视频监控，实现风险前置管控。

4. 培养消费者线上平台使用习惯，整合承保理赔全流程，实现理赔端向业务端引流，提升续保率。

（三）构建成熟的线上服务模式

全流程、全场景和全触点线上化理赔体系覆

盖车险理赔客户服务需求，线上化服务模式运行稳定成熟，自主创新开发视频流媒体技术，拥有产品知识产权。可以向行业推广应用该服务模式，提升行业线上化服务水平，为中小财险公司提供一站式线上服务解决方案。

（四）品牌价值提升

为积极响应银保监会提出的2022年线上化率达到80%的工作要求，体现央企担当和责任，太平财险积极推动、探索线上化理赔方式，为后续达成监管要求提前准备。2020年，车险理赔线上化平台服务客户保单数183万单，占全部出险保单数的78%，通过线上化的方式让消费者体验线上方便快捷的极致服务，扩大品牌影响力，提高公司品牌价值。

六、总结

综合费改后，在行业竞争越加激烈、新车增长放缓的市场背景下，建立ToC经营模式显得越加重要。在ToC经营模式中，需要有能够承载多终端服务的能力和一站式服务的功能，以及从0至1闭环服务流程的立体化综合性平台。太平财险以线上理赔服务平台为理赔客户的核心入口，构建面向客户的一站式车险理赔服务自助平台，全面向线上化转型，建立立体化线上服务平台与覆盖全辖的线上服务队伍。通过全流程、全场景线上化服务，为真实C端客户提供全场景线上化服务体验，培养客户习惯，有效提升触客、黏客和续客的客户全生命周期经营管理能力。

专家点评

太平财产保险有限公司的“车险线上理赔”平台，基于微信、APP等平台，运用人工智能、大数据及视频技术，提供客户线上理赔服务，增加了视频和微信的理赔场景，实现线上和线下相融合，有效帮助客户解决各项理赔问题。该平台将传统线下理赔服务搬迁到线上小程序或者APP平台，同时打通公司各种理赔通道，客户可以自助查勘和定损，通过拍摄三张照片即可快速完成理赔处理，降低理赔人员查勘和定损成本。公司自主创新开发视频流媒体技术，帮助客户完成零接触和一站式理赔流程，实现快速结案赔付，提高服务质量，提升展业人员产能，减少人力和物力成本，扩大公司的品牌影响力。

阳光产险闪赔宝

◎ 阳光财产保险股份有限公司

一、项目概述

随着互联网信息和智能技术的不断发展，车险客户对理赔体验的需求日益提升，车险市场的竞争已逐渐由“价格战”向“服务战”转变。由阳光财产保险股份有限公司(以下简称阳光产险）首创的闪赔模式在被同业公司争相模仿后，先发优势已消弭殆尽。为找回阳光闪赔基因，特成立闪赔宝项目组，通过“闪赔宝”产品，给私家车客户提供“现场赔、放心修”的简单案件极致理赔体验。

闪赔宝主要由智能报案直连、AR 智能定损及在线推修三大功能点组成。通过报案直连实现客户单点服务；AR 定损辅助客户在引导状态下互动完成查勘定损过程并自动生成定损结果；在线推修环节，向客户推荐合作承修方，在保证维修质量的情况下转移客户定损金额争议，以实物服务完成闪赔赔付。

闪赔宝是行业首个引入集成于微信小程序的 AR 智能定损功能的简单车损案件闪赔产品。

二、项目背景及意义

（一）项目背景

车险是消费者接触最为频繁的商业保险之一，各大保险公司都在车险的智能科技领域暗暗发力，尝试利用车险本身的客户规模化、流程规范化和系统规则化的特点，实现收入、效率、成本以及市场等多维度的共赢。商业车险费率改革使保险主体的着眼点从“价格”逐步转向“服务”。

银保监会在 2020 年 5 月 21 日下发的《关于推进财产保险业务线上化发展的指导意见》中明确指出，到 2022 年，车险、农险、意外险、短期意健险和家财险等业务领域线上化率达到 80% 以上，其他领域线上化水平显著提高。加之新冠肺炎疫情对各行各业的冲击，无接触、智能自助理赔的作用得以凸显。各保险主体纷纷顺势进入数字化转型阶段，引入智能科技解放生产力。自阳光首次提出闪赔标准以来，各保险主体闪赔产品同质化严重，单靠系统开发无法进一步提高理赔效率和质量，必须引入更智能化的功能来改变这一现状。

（二）项目意义

闪赔宝应用智能语音技术分析客户来电意图并分流不同案件类型，符合简单特征的案件直连归属地理赔人员，“走捷径”“去中间”，一站式理赔。

闪赔宝是行业首个引入集成于微信小程序的 AR 智能定损功能的简单车损案件闪赔产品。产品将“智能科技”与“人性设计”结合在一起，力求轻量化、智能化和人性化，注重客户操作体验，形成投入使用的 AI 理赔产品。产品为保险理赔领域车险智能化工具的应用提供了范例，同时为阳光产险自研 AI 算法平台提供了数据基础和持续迭代能力。

闪赔宝在线推修，将原有理赔模式下客户对赔款够不够修车的争议，转化成承修方与保险公司之间的谈判，形成向客户确保维修质量的“放心修”模式，对进一步提升理赔效率和客户满意度有重要意义。

三、项目重点解决的问题及主要创新点

（一）项目重点解决的问题

1. 解决客户报案流程烦琐、多人联系的情况。通过智能语音报案，自动转接符合条件的客户报案至归属地一键赔，跳过 95510 接报案节点，避免多节点对客户的重复问询及可能造成的信息不一致。

2. 解决简单案件缺乏定损标准导致的现场定损不及时，闪赔时效无法进一步提升的问题。在车生活慧定损 AR 版数据的基础上，优化识别效果，并将 AR 引导客户查勘定损场景迁移至更轻量的小程序上，扩充引导场景及智能互动内容，实时定损，营造更自然、智能的前端服务体验。同时，理赔工作台一个界面整合案件查勘、定损、推修和支付信息，方便一键赔岗提升服务时效。

3. 解决客户对维修金额合理性和维修质量的后顾之忧。根据距离、是否合作等多维因子实时智能推荐修理厂，引导客户选择包修。开发修理影像上传功能，修理过程可视化。同时，提供修理厂维修质量承诺，赢得客户对产品的信任感和公司的口碑。

（二）主要创新点

1. 可复制性。闪赔宝采用报案直连归属地理赔人员、跳过客服座席的方式，能够在寿险及非车险理赔中复用。

2. 技术共享性。采用报案直连的技术可以与当下正在发展的 5G 视频通信技术共享，作为未来一站式服务的蓝本。

3. 战略意义。落实集团“一聚三强”中“科技数据”战略，提升业务流程与人工智能的综合运用能力。

4. 品牌意义。闪赔宝扩展合作送修网络，充分将客户损失价格争议转移至保险公司与承修方之间，通过闪赔宝一站式服务显著提升理赔效率和服务感受，扩大公司品牌效应。

四、项目主要建设内容

（一）技术原理

闪赔宝报案部分基于 Genesys SIP Phone 网络分机授权，将闪赔团队纳入专用接报案系统。大数据部提供的智能语音识别模型与客户实现语音互动，区分客户来电意图，并根据案件分类规则将固定类型来电导流至闪赔分机。将闪赔 ID 与理赔 ID 关联，实现闪赔接报案派工自调度，即报案、查勘定损一体化。

闪赔宝查勘定损部分基于目前理赔工作台、理赔核心、阳光 E 赔和一键赔进行升级开发，系统架构依托现有架构进行设计和开发。闪赔宝项目继续深入优化阳光实时音视频服务（Sunshine Real-Time Communication，SunRTC），完成各项视频功能。财险理赔“阳光 95510”微信小程序、阳光 E 赔 APP、车生活 APP 移动端集成 SunRTC

SDK，理赔个人工作台系统集成 SunRTC H5 组件，调用 API 接口，通过原有业务数据流路径（阿里云与阳光内网专线）与 SunRTC Java 组件交互，实现视频相关数据信息的交互。

闪赔宝采用成熟的第三方对接方案，利用 MQ 消息中间件实现系统间的解耦，实现消息异步和削峰；同时，借助第三方增强现实（AR）及视觉人工智能（AI）技术，与理赔系统对接，为理赔提供智能定损单生成服务。

（二）智能科技应用

闪赔宝应用智能语音客服（IVR）、智能定损（ILA）及智能位置服务（ILBS）为客户提供服务。

IVR 在接到客户报案时，通过语音合成（TTS）播报设置问题，语音识别（ASR）与语义理解（NLP）模块理解客户来电意图，根据规则引擎区分符合闪赔条件的案件，自动引流至归属地一键赔 SIP Phone 分机，实现跳过座席直连理赔人员。

客户通过点击手机上接收到报案成功的短信中附带的地址链接，自动进入微信小程序，启动 AR 指引动态扫描车牌号、VIN 码和车损，过程中使用实时距离、方位和角度 AI 探测，保证从视频流中抓取最合适的帧送交后台 AI 定损，并实时反馈定损结果，组合完成查勘定损环节。

智能位置服务（ILBS）根据客户出险位置实时推荐距离最近的承修方，综合其他因子后计算出最优承修方，完成线上推荐。

五、项目效果

（一）量化收益

闪赔宝带来以下效益：

1. 续保率提升。按照闪赔宝年服务 30 万位客户（总出险客户量的 12%）、承保车损险的家用车车均保费 2200 元、闪赔宝续保率贡献 0.5% 来估算，约带来保费收益 330 万元。

2. AR 定损规范标准后，节约了赔款。按照闪赔宝年处理 30 万起案件，定损标准统一每案渗漏减少 5 元来估算，节约成本约 150 万元。两项折合经济效益 480 万元/年。此外，闪赔宝通过 AR 定损和包修直赔的方式减少维修价格争议，促使快速结案，提升客户满意度，减少超时支付带来的合规损失及投诉影响的品牌效应损失。

（二）非量化收益

1. 可复制性。闪赔宝采用报案直连归属地理赔人员而跳过客服座席的方式，能够在寿险及非车险理赔中复用。

2. 技术共享性。采用报案直连的技术可以与当下正在发展的 5G 视频通信技术共享，作为未来一站式服务的蓝本。

3. 战略意义。提升财险理赔业务流程与人工智能的综合运用能力，吸纳车险定损数据，为 AI 定损提供自我迭代升级能力。

4. 品牌意义。闪赔宝扩展合作送修网络，充分将客户损失价格争议转移至保险公司与承修方之间，通过闪赔宝一站式服务显著提升理赔效率和服务感受，扩大品牌效应。

六、总结

（一）存在问题

鉴于闪赔宝智能功能应用的要求，客户的手机性能对于闪赔宝的使用可能会有不确定的影响，需要排除这个影响；AI 模块的识别准确率提升空间大，还需要在生产环境积累大量数据并不断迭代。

（二）下一步思考

闪赔宝的成功上线应用为车险 AI 定损和相关产品开发提供了以下三条破局之道：

1. 大道至简。植根小程序，无须下载，即点即用。慧定损 AR 版 2.0 视频智能定损产品基于微信小程序开发，不给客户添麻烦。

2. 大道至诚。能够正确认识当前 AI 定损技术能力的局限性，从而设计友好的客户互动场景，形成半人工的理赔模式，让客户会用。互动流程还可以进一步优化，使之更人性化。

3. 大道至愚。不苛求客户完全配合，只要按照基本引导拍摄，慧定损充分考虑到当前 AI 水平可能达到的所有的分支路线，让整个 AR 引导殊途同归，少出故障，将客户可能遇到的问题都提前考虑好。总之，好的产品是“傻瓜式”的，人人都可以上手。

专家点评

阳光财产保险股份有限公司的“闪赔宝”，将智能报案、AR 智能定损以及在线维修三大服务相结合，实现对客户单点服务的连接，为客户提供便捷的线上定损辅助，向客户推荐合作承修方，以实物服务的方式完成理赔赔付。该平台有效解决了客户出险后报案流程烦琐和不确定归属管理人员的问题，利用 AR 技术智慧实时定损，提高客户前端服务的用户体验，将维修过程可视化，加强客户对产品和公司的信任度。公司设计快速理赔平台，其中智能报案功能不仅可以运用于车险理赔中，还可以应用于寿险和非寿险，降低技术开发成本。智能定损和在线维修能够提升客户满意度，扩大品牌效应。

阳光产险信保一体化数字智能客户经营服务平台

◎阳光财产保险股份有限公司信保事业部

一、项目概述

一体化数字智能客户经营服务平台以企业微信为载体，将潜客、准客户、新增客户、历史存量客户，以及原来分散在客服、签约、电销、保后、直销等线下、线上的各级触点统一迁移、统一运营管理，打通保前、保中和保后各服务环节，在线提供NV1一体化无缝转接服务，将现有分散式运营转变为统一的客户全生命周期差异化经营。该平台既实现集成信保各项服务的线上化统一运营管理，也实现集存量经营、价值开发于一体的数字化、智能化客户经营变革。

二、项目背景及意义

鉴于市场发展趋势，轻量级、智能化作业平台备受客户青睐，微信用户的精准运营及转化成为行业发展新契机。阳光财产保险股份有限公司信保事业部(以下简称阳光产险信保)顺应市场趋势，正式立项事业部2021战略级数字化经营项目——基于企业微信的一体化数字智能客户经营服务平台项目。阳光产险信保成为全信保行业第一家大规模应用企业微信进行客户全生命周期经营服务的公司。阳光财险信保从保前到保后的作业流程长且复杂，与用户交互密度强，引入数字化智能技术，对于提高作业自动化流转、提高标准化程度、提高人效，以及针对客户全生命周期及业务全链路进行有效管理，均有很大的意义和价值。该项目是年度事业部战略级A类项目，其建设将引领公司客户经营服务能力进行数字化转型，助推客户经营服务模式从传统人工服务模式向数字化、智能化模式变革。

三、项目重点解决的问题及主要创新点

在客户经营、服务的过程中，面临客户咨诉烦琐、服务人效低、条线割裂分散、强依赖线下、客户对话通道重和工单作业流程慢等系列问题，导致作业人效低，以至于客户体验不佳。因此，阳光产险致力于全面建设一体化数字智能客户经营服务平台项目。其主要创新点有以下几个。

（一）从割裂式服务升级为一站式无缝衔接服务

将保前、保中、保后各个服务环节统一接入客户经营平台，由统一的账号服务客户，对客户展示同一身份，一站式解决客户问题，为

客户提供集中化、个性化和标准化的立体式经营和服务。

（二）从单向人工服务升级为 AI 智能交互式服务

1. AI 智能交互式服务。利用 AI 智能机器人、知识库帮助文档、视频操作手册和 SOP 操作手册等全新的科技手段，帮助客户自助查询，满足客户自主、随时、随地的服务需求。根据用户问题的语义识别结果，自动调用知识库和问题库里的答案，回复客户，大幅提升客服效能，提升用户需求响应率，切实提升客户体验。

2. AI 智能质检。AI 智能质检系统，实现关键词检索、屏蔽，确保用户交互过程中礼貌用语、合规用语和无禁忌语等规范，通过 AI 智能质检实现对作业人员交互行为实时监督、100% 覆盖，确保交互行为合法、合规和文明。

（三）从人工低效派单升级为云端自动流转模式

通过基于云端的工单自动流转，可实现部门内部、部门之间协同办公。客服人员随时随地可在系统上直接给销售、签约、保后和运营等其他部门派单，提升流转解决问题的效率，避免部门牵制。在数据及科技的引领下，变革客户服务理念，建立 1V1、1VN 和 NV1 等多位一体的客户服务模式，全场景融入。

四、项目主要建设内容

为了便于客户全周期运营管理，充分发挥科技力量，借助“AI+”模式，助推客户经营模式从传统人工服务模式向数字智能服务模式变革，搭建对客、对内的双向交互的一体化数字智能客户经营服务平台，对客户实施集中化、差异化和标准化的统一经营与服务，见图 1。

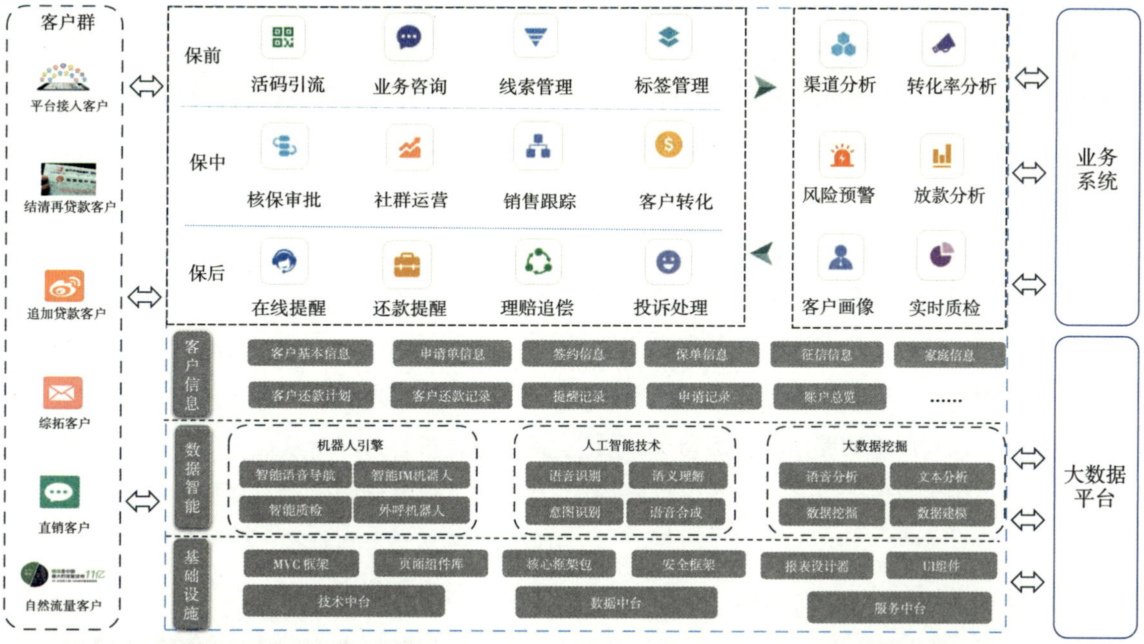

图 1　一体化数字智能客户经营服务平台

（一）客户数字化精准有效识别

数字化运营的基础是客户信息的精准识别，客户经营服务平台打通微信用户与生产业务系统客户关联关系，通过客户参数信息二维码技术，精准定位匹配生产系统客户，同时打通各业务系统间客户数据，通过大数据平台技术应用，真正实现客户数字化管理和运营服务。

（二）全生命周期客户统一管理

将阳光产险信保全生命周期各阶段客户统一接入、统一运营，既保留细分阶段精细化运营，减少盲目及过度营销，提升客户体验，又提供一体化的在线对客平台，通过大数据应用，对客户从建立认知、营销转化、投保进件、放款落地、保后咨询到复贷转化的全链路进行统一的实时精准运营，一站式服务解决，实现真正意义上的一体化管理。

（三）业务线 NV1 客户运营模式

对客户，实施全阶段统一化运营；对内，对连接保前、保中、保后等各客户触点进行统一管理。运用科技力量，通过一体化客户经营服务平台，实现对客单触点、后台多角色的运营机制，打破原有分散式各自为战的现状，实现全业务链条在线 NV1 服务模式，形成业务合力。彻底避免同一问题对不同业务角色多次阐述而带来的烦琐体验，彻底消除同一客户的同一问题既要向客服部门阐述又要向责任处理部门阐述的情况，通过运营及沟通记录全方位的数字化展示，打破沟通壁垒。

（四）大数据挖掘及应用模型

基于客户数据营销平台，建立客户集市、风险集市等，开展一体化客户洞察，建立健全 360 度客户标签，通过对客户维度全方位、全轨迹的数据分析，充分发挥数据模型的预测和指导能力，并结合客户标签对客户进行差异化分层管理，提升客户营销及运营精准化。同时，建立实时数据看板及指标监控管理系统，对客户的关键指标进行分析，指导运营方向，佐证运营动作，从而实现贯穿数据挖掘、数据建模、模型应用、数据反哺运营及营销的整体大数据模型应用通路的建设。

（五）AI 智能机器人多场景应用

利用语音识别（ASR）、语义理解（NLU）和自然语言处理（NLP）等技术应用，建立 AI 智能机器人应用，广泛应用于电话、视频、微信和 IM 等交互场景，大数据及智能技术的深度应用，不断提升机器人回复的准确率，切实提升运营效率。利用人机交替应用模式，在保证运营效率的同时，最大化地改善客户体验，实现真正意义上的随时、随地、随心的服务需求满足。

（六）存量客户线上化经营变革

存量客户有效运营是公司得以可持续发展的有力基础。客户经营服务建设打破现有存量用户经营强依赖线下的困境，以线上实时服务提高用户黏性，形成良好的客户关系，实现用户高留存率。在实时数字化标签的助力下，避免运营错位、失位，实现精准有效的千人千面在线运营，逐步将存量客户经营从线上场景中，迁移至线上化运营，提高运营效率及复贷投保转化率，且恰到好处的运营节点把控，能够在提供满意服务的同时不过度打扰客户，实现友好交互。

（七）跨业务线交叉营销模式升级

集合集团各业务线，可实现用户交叉需求意

向在线无感流转，用户意向确认后在线转接、实时接入、实时营销，减少传统方式的流转时间差，实现用户跨业务需求的实时满足。同时，摒弃传统数据分发致电的生硬营销方式，站位客户，从客户的实际需求出发，交叉线索挖掘，借助数字化营销轨迹在线实时100%传递，在提升用户体验的基础上，最大化客户价值。

五、项目效果

2021年4月，事业部战略级数字化经营项目——基于企业微信的一体化数字智能客户经营服务平台项目开启上线，初步跑通基础功能模块。截至7月25日，平台客户量达到6万个，目前已打通保前、保中环节，正在落地保后各服务环节的应用接入，为后续开展客户全生命周期差异化经营打下良好的基础。

经过初始客户积累后，一体化数字智能客户经营服务平台将实现降本、增收、提效，引领公司客户经营服务能力进行数字化转型。

（一）降本

据预估，客户规模达到20万个后，每年可减少的调研费用、活动触达费用、机器人外呼还款提醒费用等合计达25万~100万元。随着客户量增加，降本规模将更可观。

（二）增收

据预估，客户规模达到20万人后，每年承保金额达2000万元以上。随着客户量增加，增收规模将更可观。

（三）提效

1. 提升客户服务能力。2020年阳光产险信保全年95510、400热线接线服务量约6万件。一体化数字智能化客户经营服务平台自2021年5月至7月26日，在两个多月时间里，接待客户服务近7万件，预估全年客户服务接待量将达到30万件以上，比2020年提升了4倍。

2. 提升运营人效。

（1）在线NV1转接，提升沟通时效。利用后台多角色运营机制，在线实时转接，摒弃原来的客服“人传人”的沟通机制，不仅大大提高沟通时效，而且减少信息不对称导致的理解偏差，客户沟通记录在线100%源传递，去掉客服信息解读过程，保证客户沟通信息的真实准确。原来规定48小时以内的沟通处理时间，现提升为客户问询实时处理。若涉及跨业务处理部门，在线实时转接，客户的问题从提出到转接问题处理部门，一键在线完成，极大地提升问题的处理效率。

（2）在线智能质检，提升质检效率。原有人工质检模式下，为保证准确性，需要反复查看每条记录，质检效率低下。引入在线实时质检技术后，每条沟通记录，在线100%实时质检、实时拦截，不仅提升效率，而且避免人工质检的滞后性。截至2021年7月底，已完成近30万条在线实时质检记录。

六、总结

一体化数字智能客户经营服务平台，对阳光产险信保客户数字化经营服务能力转型具备非常重要的战略价值，对客，提升了服务能力；对内，提升了运营人效，在保障客户满意度的同时，确实提升了公司的客户经营和服务能力。目前，平台尚处于项目完善建设阶段，公司将大力投注科技力量，不断夯实平台的能力建设，助力公司数字化转型，助推信保行业客户经营和服务模式变革。

专家点评

阳光财产保险股份有限公司信保事业部的全线上化智能化客户经营服务平台，依托企业微信，统一运营管理线上和线下各级触点客户，打通投保、核保和理赔全流程服务环节，线上提供多对一的无缝转接服务，将现有对客户的分散式运营转变为统一客户全生命周期差异化经营。该平台通过人工智能、知识库帮助文档、视频操作手册以及SOP操作手册等技术，为客户提供线上的自主便捷服务，提升客户的用户体验，同时实现公司内部各部门之间系统办公，提高流转问题的解决效率。公司搭建线上智能化服务平台，有效降低经营成本，增加客户量，提高客服的服务质量，推动客户运营和服务模式变革。

华安保险财险业务线上化服务

◎华安财产保险股份有限公司

一、项目概述

（一）财险询报价业务线上化——非车险询报价系统

财险近几年不论是保单件数还是保费收入都在快速增长。询报价线上化服务解决了业务展业过程中普遍存在的沟通成本高、定价体系不完善和报价不准确等痛点。该系统支持移动端、PC端多入口，具备多产品、多标的和多方案组合报价，定价审核规则化，具备一键发起风险查勘、一键转投保以及电子报价单发送等丰富功能，操作简单，是业务员展业的好帮手。

（二）财险风控智能化线上化——非车险智能风控系统

为了满足探索财险业务线上化、风控智能化业务管理的需要，助力非车险业务快速发展，财险风控智能化线上化服务打通了报价、风勘、核保和出单流程，实现了一体化管理。该系统具有线上化作业、前后端联动、引导式操作、多因子建模、自动化评分和标准化报告等显著优势，于同行业中领先落地，有效降低了风勘人员操作门槛，为公司提升风勘作业覆盖率、把控非车险业务风险能力提供有力支撑。

根据监管线上化的相关要求，不应仅局限于单一业务场景下的线上化部署，更应探索保险服务全流程线上化，推动财险提质增效、转型升级，更好地满足广大人民群众日益增长的风险保障需求。目前，华安财产保险股份有限公司(以下简称华安保险）已实现财险询报价、投保、缴费、保单和批单业务全面线上化，老百姓足不出户即可享受到便捷的保险服务。

二、项目背景及意义

（一）财险一单一议业务占比高

财险一单一议业务保费占比达70%以上，且每年不论是保单件数还是保费收入增速都达25%以上，但是业务模式上存在“线下询价、线上出单”前后脱节的问题。因此，实现询报价线上化、打通线上作业流程势在必行。

（二）沟通成本高，难以满足业务快速发展的需要

展业过程中，存在客户、业务员、综合内勤、出单员和核保人等多人沟通，多方式沟通，操作难回溯，信息衰减等问题，导致沟通成本高，展业困难，客户体验差。

（三）没有定价体系，核心竞争力不足

财险一单一议业务报价，往往靠核保人主观定价，以致存在以下问题：一是高报。低风险业务报价太高，就会失去竞争力，造成业务流失。

二是低报。高风险业务报价太低，会导致费率不足，与风险不匹配。三是不报。核保人专业技能和经验不足，不敢报价，以致错失业务机会。四是误报。核保人容易操作失误，带来风险隐患。

（四）报价单不专业，不规范

给客户的报价单是手工制作的，容易出错、遗漏，存在风险隐患；报价单无统一制式模板，显得不专业、不规范，影响公司形象。

（五）客户信息流失，资源浪费

客户信息是公司的重要财富，由于没有统一的平台管理，未出单客户信息没有进入系统管理留存，造成客户信息流失；对于未出单客户，难以进行有效的跟踪、统计、分析、开发和管理，造成资源严重浪费。

（六）考核体系不健全，数据效能难以提升

对未出单客户没有系统管理，客户信息缺失，数据不健全，导致考核体系不健全；无法有效统计、分析未投保的原因及业务类型，难以提出有针对性的改进方案；对于未出单客户难以跟踪、管理和二次开发，产能难以提升。

（七）风勘处理时效影响询报价时效，跟不上业务快速发展

一般风勘时效以天为单位计算。专业风勘人员不足，风勘覆盖率不足，直接影响到询报价时效。业务快速增长的情况下，可以预见，未来标准化业务询价量会急剧攀升，自动报价系统是业务发展的趋势，而掌握标准化的风勘信息是自动报价的必要条件之一。

（八）风勘质量直接影响风险定价能力

全流程线下操作，缺乏有效的权限管理，无法保证风勘报告的真实性和有效性；固化的纸面报告模板，其风勘品质取决于风勘人员的个人专业素养；书面报告数据利用率极低，会造成历史数据沉睡。

风勘信息准确性直接影响风险定价。常发生关键信息录入错误，比如“屋顶为钢结构”可能误报为“屋顶为钢筋混凝土结构”。

三、项目重点解决的问题及主要创新点

（一）双询价入口让询价更便捷

提供手机移动端和PC网页端双询价入口，满足业务员在客户现场实时询价、业务员转机构内勤和出单员录入询价等多场景询价要求。

移动端、PC端产品询价信息，由产品工厂提供统一的产品询价信息模型，由统一的承保中台服务提供统一的后台询价处理服务，数据信息实时同步共享。

（二）解决询报价业务过程中沟通成本高的问题

原询报价业务需要前后线人员多端沟通，存在沟通成本高、信息衰竭和处理时间长等问题，严重阻碍业务发展。

线上化后，业务员询价、内勤录入（如需）、核保人报价审核、审核意见下发和审核流转等业务环节均在线处理，沟通信息实时共享。询报价系统可通过流程驱动初始询价、待报价、下发修改、已报价和已转投保等环节流转，查询各状态询报价数据及处理人。

（三）搭建定价模型，辅助核保人定价

财险一单一议业务均完全根据核保人经验定价，风险评估完全依靠核保人个人完成，存在较

大风险隐患。

本项目引入了风险模型和定价模型来辅助核保精准报价。

风险模型。建立财险、责任险和工程险等不同产品的风勘模型，不同模型下可维护风勘因子，根据线上风勘进行整体排查、分层排查、内部排查和外部排查，通过风勘模型系统自动计算出风险评分。

定价模型。根据不同产品的基准费率、标的属性、承保条件和客户信息等多个定价因子并结合风险评分，导入 ILOG 规则引擎中设定定价规则，得出建议定价。

核保人参考系统自动计算出的建议定价，再结合实际情况，给出实际报价。

（四）无缝对接智能风控系统，打通岗位墙

原来的业务模式中，核保人往往根据客户提供的资料、照片进行风险评估，而需要实地查勘的业务，受限于线下作业、风勘效率慢和风勘信息不能互联等原因，较少进行保前风勘或需要较长时间等待风勘结果，影响报价时效及质量。

本项目在核保人报价平台上无缝对接了智能风控系统，核保无须线下沟通，可在定价界面上一键发起在线风勘，风勘任务自动分配到风勘人员，风勘人员及时去现场查勘，风勘完成后，报价平台同步显示风勘报告及评分信息。

（五）系统驱动报价审核体系

原报价审核均在线下完成，总、分公司审核权限只能靠线下宣导要求，无法做到严格管理，人员审核权限无法限制管控，且报价审核的记录没有信息化计划，往往分散在个人电脑、邮件和签报等各种媒介上，后续客户投保，如需查阅之前的报价记录非常困难。

本项目同步搭建了报价审核体系，具有以下几个特点：

1. 工作流驱动报价审核任务，任务自动分配到组和个人。

2. 规则引擎定义核保人员报价审核权限、自动识别报价单的审核级别，不满足权限的需提交上级核保人审核。

3. 对于多核保报价、多次修改定价的，系统均记录历史轨迹，可方便查看差异信息。

4. 投保单核保时，核保人可查询报价信息。

（六）闭环流程管理，支撑风控体系

为提升非车险风控能力，解决风勘时效慢、质量低、信息化程度不高等问题，非车险智能风控系统主要从以下几个方面建立风控体系：

1. 风勘调度。任务调度规则支持多种模式，触达到人。

2. 风勘作业。手机移动作业，支持离线作业；流水式现场作业，降低使用人员专业门槛；智能风险评分体系自动实时计算评分。

3. 风勘审核。逐项逐级任务审核，提高风勘质量。

4. 风勘报告。风勘作业审核通过后，系统自动生成电子风勘报告。

5. 防灾防损，支持批量发起、临时发起任务；电子报告，方便客户查收；整改追踪，自动生成跟踪任务，自动提醒与预警。

四、项目主要建设内容

本项目建设内容包含非车险询报价系统和非车险智能风控系统两部分。

（一）非车险询报价系统

非车险询报价系统采用云原生技术实现应用

容器化快速部署，前端表单模板渲染引擎实现非车险业务的快速扩展，基于公司工作流引擎，实现询报价审核任务智能派单。主要以下几个科技应用：

1. 前端表单模板渲染引擎。前端主要采用React框架，利用丰富的前端组件，结合灵活的插件机制，使前端支持复杂的数据模板展示及交互。通过界面模型UI配置以及低代码的插件配合适应各种复杂的大型表单业务场景。后续表单业务增加，无须前端介入，通过后端模型以及插件配置快速实现业务功能开发部署。

2. 云原生技术应用。基于云原生技术，采用微服务+k8s容器云平台架构，兼容性强，上线迅速，支持高并发、高可用，支撑技术、业务和性能三项扩展能力。

3. 工作流引擎运用。整合华安自研基础工作流平台，前端询价、承保，后端理赔，核保核赔人员工作集中在平台处理，提升业务审核时效，助力快速出单、理赔。

4. 多端报价连通各系统。移动端方便业务展业，PC端综合内勤应用，与后端风控管理平台、承保出单系统实时对接，多端互联。

（二）非车险智能风控系统

非车险智能风控系统采用云原生技术实现应用容器化快速部署，混合云技术助力云端影像落地，自研电子签章平台实现无纸化签章流程管理与签章证据链留存，基于公司工作流引擎，形成业务流前后端闭环管理与多端互联。

1. 小程序实现多端互联。前端以微信小程序、企微小程序为入口，实现一套代码多端使用，方便内外部人员使用，与后端风控管理平台实时对接，多端互联。

2. 云原生技术运用。基于云原生技术，采用“微服务+k8s”容器云平台架构，兼容性强，上线迅速，支持高并发、高可用，支撑技术、业务和性能三项扩展能力。

3. 私有云及金融云混合运用。应用系统基于私有云，影像系统基于金融云部署，实现多云互联，发挥各自能力优势，让影像流转查看更加便捷，助力非车险线上化业务开展与业务跟踪具体落地。

4. 数字签名技术运用。使用华安自研电子签章技术，颠覆传统邮寄纸质报告模式，采用电子签章、线上手写签章相兼容模式，实现无纸化签章流程。线上签章流程可追踪，可回溯，提升公司风控能力。

5. 工作流引擎运用。整合华安自研基础工作流平台，形成从前端询报价到后端核保、理赔一系列工作流程的风控信息共享，提升公司系统整体风控能力。

五、项目效果

（一）非车险询报价系统运行效果

该系统于2020年12月试运营上线，截至2021年4月底已将全部功能及16款产品上线。

截至2021年11月，主要有以下几个非车险询报价系统运行效果：

1. 询报价系统处理询价业务3.6万笔、报价保费57.4亿元、转投保0.65万笔、保费3995多万元。

2. 报价平均时效由之前约8小时，提升到目前约1.5小时。

3. 客户留存量共计1.4万份，解决了之前报价客户信息流失的问题。

2021年，同业财险公司已同华安保险就这套询报价系统进行了多次线上交流，均表示相关功能很有针对性，解决了目前中小保险公司线下报价的实际业务问题，系统具有较大的借鉴价值。

（二）非车险智能风控系统运行效果

该系统于2020年底正式上线，截至2021年11月，主要有以下几个非车险智能风控系统运行效果：

1. 累计完成风勘327条，节约成本16万元（按每单350元计算）。

2. 现场风勘处理平均时效0.47小时，从提交审核到审核完成约2.06小时，从开始风勘到完成时间由上线前的5小时提升到3小时内。

六、总结

（一）自动定价能力还需提升

目前，系统自动计算的参考价与实际定价还有较大差异，还不能作为最终报价给客户，自动定价能力还需提升。

未来可考虑通过积累公司经验数据、市场行情数据、行业风险数据及机器学习算法来持续优化定价模型。

（二）风勘、风控能力还有较大的提升空间

目前，已实现线上化调度、作业和审核的目标，但是自动化、智能化方面还有较大提升空间。

后期可考虑以下几个方面：

1. 从外部引入风险地图，提升精确风险预警、风险预防方案方面的能力，最终能建立华安保险自己的风险地图，为客户提供精准的风险预警服务。

2. 对接企业的一些风险预警智能设备，比如安装在标的现场的烟感器、温感器等，相关数据实时对接，积累数据后做一些大数据分析，未来能实现风险提前预警，自动发送客户防灾防损整改方案消息。

专家点评

华安财产保险股份有限公司的“非车险询报价系统”，支持各类入口接入，具备多种产品、多种标的以及多种方案组合报价，制定标准的定价审核规则，实时进行风险查勘、转投保以及发送电子报价单，方便营销员展业。“非车险智能风控系统”实现一体化管理，打通报价、风险查勘、核保以及出单全流程，加强财险风控的智能化和线上化。公司应用云原生技术搭建非车险询报价系统和智能风控系统，有效降低了询报价的沟通成本，辅助核保人搭建定价模型，提高非车险的风控能力，对非车险行业公司的定价和风控具有一定的参考意义。

安盛天平基于云原生的自研 DevOps 容器云平台实践

◎ 安盛天平财产保险有限公司

一、项目概述

近年来，随着安盛天平财产保险有限公司（以下简称安盛天平）业务的快速增长，传统 IT 架构服务能力面临严峻的挑战。IT 技术日新月异，“云”架构的崛起更是吹响了 IT 基础架构变革的新号角。安盛天平顺应技术发展潮流，与时俱进，提出了“云”优先的 IT 战略目标。与多数互联网企业一样，安盛天平在追求架构的稳定、安全、可扩展性和效率等方面进行积极的探索，基于云原生的自研 DevOps 容器云平台就是安盛天平在该领域的成功实践之一。

二、项目背景及意义

随着 DevOps 理念不断深入、容器技术不断成熟，安盛天平传统的应用管理平台在敏捷研发交付、服务弹性伸缩、运维管理和资源管理等方面已难以满足业务的快速发展。具体存在以下痛点。

（一）系统架构不一致，维护复杂度高

系统架构复杂和技术栈不统一是导致维护成本和建设成本高的主因。安盛天平通过系统改造升级和统一技术栈，实现业务和技术组件复用，降低团队学习成本，提高开发效率。

（二）计算资源利用率低

互联网服务业务逐年增多，加之不定期的促销活动，安盛天平业务频繁出现高低峰的情况。为保障业务高峰时服务稳定，技术部门不得不预备大量服务器资源进行服务部署，但在业务低峰时，无法做到用户无感知地减配，导致计算资源无法有效的合理利用。

（三）业务迁移或水平扩展困难

传统应用部署严重依赖主机环境，业务的迁移或水平扩展意味着需要及时进行资源申请、环境配置、服务节点的重新部署和调试等工作，效率低下且生产故障频发。

（四）服务总量繁多，管理复杂度高

安盛天平的核心业务系统在经过分布式和微服务改造后，涌现出大量的独立服务实例，而这些服务均要求快速、便捷和安全的部署，因此，如何管理数量庞大的服务生命周期成为一件棘手的事情。

基于以上痛点，安盛天平以自主研发与开源技术融合为产品设计宗旨，全力打造领先行业的新一代 DevOps 容器云平台。

三、项目重点解决的问题及主要创新点

（一）项目重点解决的问题

统一开发技术栈。1. 通过系统改造和技术升级等手段，将存在历史遗留问题的系统进行技术栈统一，并制定标准化组件和研发框架平台，提升系统规模化、流水线式的交付能力。

规范和统一研发、测试、运维管理流程。2. 将原来各团队的线上、线下工作流程梳理成平台规范化标准流程，并通过相关公开、透明的度量指标对团队进行激励，以此提升交付效率。

平台工具链选型。3. 工欲善其事，必先利其器。好的平台建设离不开优秀、合适的工具支持。平台通过整合开源和自研工具，将项目规划、问题跟踪、源代码管理、构建、测试代码、持续集成和部署、管理配置、监控和记录、沟通以及知识共享等工作全部串联起来，提升团队整体工作效率。

（二）主要创新点

DevOps 方法论落地实践。1. DevOps 是一组流程、方法和体系的集合，用于促进软件开发、运维和测试三个部门之间的沟通、协作和整合。它的出现说明，为了按时交付软件产品或服务，大家对开发与运维相互依存、紧密合作的关系有了更清晰的认识。但针对 DevOps 的落地，由于各企业在合规、安全、企业文化方面的不同理解，难有标准化的统一实施方案。基于云原生的自研容器云平台是安盛天平基于内部长期 IT 工作实践进行总结的产物，在开发运维一体化方面提供全栈式支持。从需求管理、任务管理、版本管理、环境管理、流水线管理、部署管理和服务治理等全维度提供平台级能力，助力提升开发运维管理效率。在持续集成、交付方面，提供可视化、可配置的 CI/CD 自动化流水线能力，用户可以通过可视化页面进行 CI/CD 流水线配置，根据需要增减相应环节。此外，一键式配置能力使用户无须进行多环节配置，即可实现 CI/CD 过程的全流程打通。

平台更贴近保险业务场景。2. 相较于公有云和金融专有云，安盛天平的私有云平台更加专注于保险业务场景的使用，能更好地满足安盛天平对保险业务数据、安全性和服务质量等控制要求。核心数据安全管理模块，针对保险核心业务的敏感数据进行加解密、审计管理。平台定制化的持续集成和交付生产流水线是安盛天平多年 IT 研发经验的总结和体现。平台的负载均衡软件（Haproxy）可视化配置管理工具以及分布式应用日志实时分析工具（EasyLog）等均为平台独有的特色功能。

成熟完善的应用容器化迁移方案。3. 在应用迁移到云平台方面，安盛天平在平台设计阶段即评估了现有的系统架构，充分考虑迁移的影响因素，经过大量的论证和实践，形成了一套完整的迁移方案。测试验证过程中，通过 POC 测试、性能测试，验证迁移方案的可行性，同时确认网络带宽、迁移时长和迁移工具等方案细节。在迁移上线环节，做到了完整的业务功能验证，依据应用分级情况，采用从外围到核心突破的方法，逐步分批完成迁移工作，将线上流量平滑地切换至目标环境。平台建成后，安盛天平在不到一年时间内实施完成 220 个保险核心应用全部迁移至云平台的工作。目前根据云上的监控数据和用户痛点需求，正在有计划地做平台系统优化工作，使平台更健壮和易用。

四、项目主要建设内容

项目旨在为安盛天平 DevOps 实践提供全面统一的技术平台，支持构建全功能团队以及持续交付流水线的建设，为 IT 团队提供统一的交付标准和技术环境，解决软件或服务交付中所涉及各个部门存在信息屏障、软件交付质量难以管控以及软件持续交付过程缺乏信息可视化的痛点。DevOps 容器云平台功能架构见图 1。

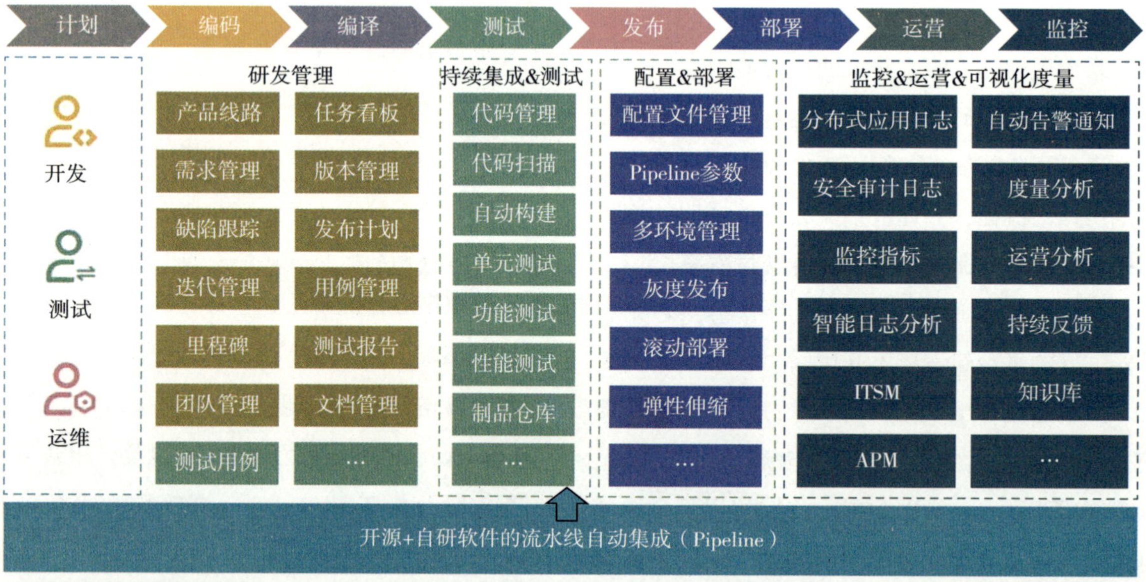

图 1　DevOps 容器云平台功能架构

1. 敏捷研发管理平台建设。为了开发更贴合安盛天平自身管理规范的应用研发管理平台，以提升团队协作和研发效率，摆脱 JIRA 等商业软件的束缚，安盛天平经过充分的调研和分析后，着力自研应用一站式敏捷开发平台，实现项目研发的全生命周期支持。

2. 应用框架升级。安盛天平项目几乎都采用 JEE 架构的开源组件，在 JDK 升级到 1.8 之后，可以更好地实施开源组件升级以及提升应用运行性能。同时，通过升级 Sping Framework 基础开发框架到 4.2，可以更全面地使用新框架特性和新组件。

3. 服务治理。随着业务服务的快速增长以及微服务化，通过引入 Dubbo SOA 服务治理框架来管理整个服务生命周期，可有效地降低各系统服务间的高度耦合，使得系统服务更易于维护和水平扩展，服务架构更清晰，便于管理。

4. 应用迁移轻量级 Web 容器。安盛天平应用服务器普遍采用 JBoss4，版本过于陈旧，导致架构和技术升级困难，且 JBoss 中很多 JEE 的特性在实际业务系统中基本不会用到。经过 JBoss4 与轻量级的开源中间件 Tomcat8 在相同环境负载压力测试的对比，Tomcat8 性能更胜一筹。采用 Tomcat8，可以更好地推进安盛天平业务系统部署标准化，更好地推进系统私有云化。

5. 通用权限认证框架实施。安盛天平权限认证依赖 JBoss 服务器 JAAS 技术，应用服务器也有较强依赖性，且扩展性不强。对于将来应用服务器的更新换代极为不利。开源 Spring Security 框架，能够为基于 Spring Framework 的企业应用提供声明式的安全访问控制解决方案。业务系统实施 Spring Security 后，可以方便和个性化地进行权限扩展。

6. 配置管理中心建设。如果中间件管理员通过手动在服务器上操作实现应用的配置更新维护工作，当服务节点过多，配置修改的时效性、一致性和正确性都无法得到保证。通过配置管理中心建设，可以很好地解决应用各节点所依赖的配置文件维护统一性和便捷性。同时，统一的配置管理也是将应用与环境信息剥离的一种有效手段。

7. 应用无状态化改造。在生产服务运维管理过程中，常见的处理有故障节点维护、扩容、缩容或版本维护。当服务节点含有大量用户的 Session 信息，会导致服务节点维护后用户的 Session 丢失、重登录等一系列问题。通过在 Tomcat 中实施 Session 共享组件技术，将用户的 Session 信息集中在第三方 Redis 中间件中维护，有效地保证了服务维护过程中用户无感、业务不中断和服务节点无状态化。

8. 数据源密码等关键信息加密。应用的数据源密码或敏感配置信息采用明文，既不符合审计要求，对信息安全也是一种最直接的挑战。通过在 Tomcat 中实施算法密钥组件相关技术，对数据源密码或敏感配置信息数据加密，可以有效地保证数据库安全，杜绝敏感信息泄露。

9. 私有云平台建设。可利用 Kubernetes 技术建立一套完整的容器服务管理平台。Kubernetes 是 Google 开源的容器集群管理系统，构建在 Docker 技术之上，为容器化的应用提供资源调度、部署运行、服务发现和扩容缩容等一整套功能。私有云平台建成后，可实现软件环境隔离，纳管主机、存储和网络等基础设施资源，管理容器集群全生命周期，以及编排调度，资源细粒度使用等基础服务。

10. 工具链整合。平台工具整合建设方面，安盛天平结合业务要求和自身技术团队情况，始终保持着审慎的态度。凭借技术团队对开源产品的深入理解和驾驭能力，始终以安全性和成熟度作为开源软件选择的首要标准，同时借助强大的技术自研能力，逐步整合完善整个交付流水线。

五、项目效果

基于云原生的自研 DevOps 容器云平台，助力安盛天平的数字化转型，大幅降低数字化建设的成本和风险。据测算，在软件交付方面，与传统模式相比，安盛天平利用 DevOps 容器云平台可降低 20% 左右的软件成本，减少近 80% 的劳动力成本。

安盛天平所有的 220 个保险核心业务系统，均已迁移到该平台并稳定运行。在全核心系统迁至 DevOps 容器云平台的支持下，业务需求交付时长由原来的 33 天下降到现在的 14 天，效率明显提升。日均执行标准流水线 400 次以上，执行总量超过 30 万次。每月支持版本发布 1000 次以上，常规需求版本上线发布前置时间缩短到 30 分钟内，投产由原来每月 1 次提高到每月 3～4 次。线上缺陷修复时长由原来的 1 天降至 2 小时内。当前，平台管理着近 500 台 Docker 主机节点、200 多项业务服务和 1000 多项服务实例的稳定运行。

六、总结

IT 架构升级已经上升到安盛天平数字化战略的核心地位。安盛天平的 DevOps 容器云平台，彻底改变了原有应用交付、应用生命周期以及基础设施的管理制度。未来，安盛天平将继续以自主可控与开源技术相融合的手段，进一步完善 DevOps 容器云平台，优化 DevOps 方法论落地、持续交付、微服务治理、多集群管理、自动化运维、弹性伸缩和基础设施资源等需求场景，加速业务需求的迭代落地，降低整体 IT 成本。

专家点评

安盛天平财产保险有限公司的 DevOps 容器云平台，基于云原生技术，为沟通、协作和整合软件开发、运用维护和测试三个部门提供支持，满足公司对于保险业务数据的安全性和服务质量等控制要求。该平台帮助公司进行数字化转型，降低数字化建设的成本和风险，减少业务交付时长，提升内部管理效率。公司升级应用管理平台，统一系统架构，降低维护成本，有效合理利用计算资源，能够快速、便捷和安全地提供服务，满足敏捷研发交付、服务弹性伸缩、运用和维护管理以及资源管理等方面的要求，实现业务的快速发展。

国泰产险智能引导式理赔

◎ 国泰财产保险有限责任公司

一、项目概述

（一）总体思路

智能引导也可以称为专家引导，是指基于理赔专家的作业经验提炼出标准作业规范(理赔作业 SOP)，来引导人们按照该标准规范进行理赔业务处理。在常用的场景中，基于各险种理赔作业 SOP 和不同的业务处理背景，智能引导识别出用户的意图，结合规则推理进行业务处理提示，一步一步引导用户进行规范作业，以提高作业效率和质量。

本项目将理赔线下作业过程进行标准化，分解成原子化的 SOP 作业路径，结合专家的理赔经验，形成专家知识库。结合越来越成熟的人工智能、大数据等技术，整合第三方标准库资源，按“产品+场景+事故原因”等多维度条件组织智能化引导理赔作业模式，赋能理赔人员高效率、高质量地完成理赔作业。

（二）实施要点

1. 智能引导技术的关键点在于识别理赔人员在理赔流程不同场景的作业意图，这依赖于对图片、语音和长文本等非结构化数据的处理。

2. 理赔作业标准化，根据线下理赔作业流程提炼出可线上理赔的 SOP 作业路径，将理赔的实务流程进行拆解。只有拆解到原子流程时，才具备 SOP 的可能性。

3. 沉淀理赔专家的经验，形成专家知识库，即收集理赔专家的经验，抽象提炼，进行结构化处理，形成可见的数据、规则。

二、项目背景及意义

近几年，我国保险业高速发展，特别是 2020 年新冠肺炎疫情暴发以来，全民的保险意识和保险诉求明显增强。据银保监会数据统计，2020 年全国保险的原保费收入为 4.53 万亿元，同比增长 6.12%。在客户数量剧增、业务量增长的同时，保险消费者对保险理赔服务也提出了更高的要求，保险公司之间的竞争已经由保费规模转变为保险服务的竞争，优质的保险理赔服务已成为保险公司的核心竞争力。

国泰财产保险有限责任公司(以下简称国泰产险）与行业内的中小保险公司类似，在理赔服务上还存在以下问题。

（一）理赔服务模式单一

传统理赔服务模式，所有险种无差异，都按既定理赔流程服务客户：报案、查勘、立案、单证收集、定损、核损、理算、核赔、支付和归档。不分金额大小，客户都必须邮寄理赔资料给保险公司，理赔时间较长，客户理赔体验差，无法满足客户个性化的理赔服务需求。

（二）保险运营能力要求高

传统理赔服务模式，对保险公司的运营能力要求较高，要想提升客户的理赔体验，需匹配大量人力，人力成本投入巨大。有时受公司编制影响，只能外包委托TPA公司处理理赔业务，由于TPA具有人员能力参差不齐、流动性大和管控能力弱的天然属性，因此理赔服务质量堪忧。

在保费规模持续高速增长的情况下，理赔人力扩张速度远低于保费增长率。这就要求保险公司必须向系统要效能，以更完善的科技能力提供更加强有力的作业支撑能力。

为助力业务发展，解决理赔服务低下的难题，国泰产险设计智能引导式理赔，组织理赔SOP作业路径，引导理赔人员作业，提升理赔整体水平，进而提高理赔作业效率和作业质量，提升保险公司的保险理赔服务能力。

国泰产险独创首例保险运营中台智能引导式理赔模式，为改变传统理赔服务模式提供了新的角度及思考。

三、项目重点解决的问题及主要创新点

（一）业务模式的创新

将专家理赔经验转化为系统语言，以流程节点的设计模式，结合差异化的理赔场景，构建引导式理赔。

（二）智能科技的创新

1. 智能引导技术。

（1）识别作业意图。

（2）依据案件事件和专家逻辑识别出案件主体数据，推理其是否符合保单约定。例如，萌宝提炼出6个SOP作业路径。

2. 智能数据采集、案件审核、系统规则判断和风险预警。

（1）区分场景设立8个作业场景，深度定制化数据预填。

（2）用OCR技术等实现数据快速采集，并结合医院、诊断等知识库（门诊病历、入院记录、出院小结、医疗发票、户口簿、身份证和出生证明等重点单证）确保其准确性。

（3）通过将51个案件审核点植入系统，完成对案件的审核，减少审核方面的人力投入。

（4）内嵌17条作业审核判断规则，在作业过程中通过系统判断自动进行预警提醒，引导理赔作业。

（5）通过积累风险库及审核规则，上线3条风险规则，对作业不规范和理赔风险作出预警。

四、项目主要建设内容

1. 提高资源配置效率及经济运行质量，让专业的人做专业的事。项目的本质是通过在理赔流程植入“引导式理赔”，大大降低对理赔人员能力的要求门槛，让小白能够加速成长为专业型人才，确保作业效率的同时兼顾理赔质量。

2. 合理化降低理赔间接费用。本项目当前处于上线初期，在业务规模未突增的情况下，人均作业产能提升30%，人力成本预计可节约15%~20%；预计项目处于稳定期后，在业务规模翻倍的情况下，人力成本保持不增加或持平。

五、项目效果

（一）项目示范和推广价值

如前文所述，本项目是国泰产险解决实际理赔效率和质量低下的一个创新项目。在行业内，

各个产品线都有相同的理赔能力提升诉求，保险公司理赔团队与业务规模不匹配时，会遇到类似的发展“瓶颈”，同样存在较大的诉求。另外，随着互联网和人工智能技术发展、大数据积累和风险控制能力的提升，科技赋能业务将更加彻底，更加完善。本项目正是科技赋能业务的必然产物。

从本行业看，理赔作业流程和模式具有可复制性，可以将本项目推广到全产品线的理赔作业流程。跳出本行业，其他各行各业在金融科技日益成熟的今天，也可以将自身的痛点拿出来，和诸如大数据、区块链、云计算和人工智能进行匹配，用新技术解决老问题。

（二）可行性分析

本项目第一个阶段已在国泰产险的萌宝保产品成功落地。

2021年2月26日至7月18日，本项目上线使用以来，通过智能引导的理赔案件指标数据情况有以下几个：

1. 报案12640件，其中智能引导报案11448件，占累计报案的90.57%。

2. 报案结案周期时效缩短为27.21%，查勘定损时效缩短为27.16%。

3. 作业效率提升明显，结案量提升40%，案件跟踪量提升57%。

4. 智能SOP上线后，案件准确率提升26.92%。

从案件处理时效、作业效率和作业质量看，效果提升显著，该项目的可行性已被案例证实。

六、总结

智能引导也可以为专家引导，是指基于理赔专家的作业经验提炼出标准作业规范——理赔作业SOP，来引导人们按照该标准规范进行理赔业务处理。在常用的场景中，基于各险种理赔作业SOP和不同的业务处理背景，识别出用户的意图，结合规则推理进行业务处理提示，一步一步引导用户进行规范作业，以提高作业效率和质量。

本项目将理赔线下作业过程进行标准化，分解成原子化的SOP作业路径，结合专家的理赔经验，形成专家知识库。结合越来越成熟的人工智能、大数据等技术，整合第三方标准库资源，按“产品+场景+事故原因”等多维度条件组织智能化引导理赔作业模式，赋能理赔人员高效率、高质量地完成理赔作业。

专家点评

国泰财产保险有限责任公司的“智能引导”平台，依托于理赔专家的工作经验制定标准作业规范，引导理赔人员按照理赔标准规范来处理理赔业务。该平台结合人工智能、大数据等技术，整合第三方标准库资源，按照产品、场景和事故原因等多种条件构建智能化引导理赔模式，提高理赔人员作业的效率与质量。公司运用这一平台，解决理赔服务模式单一化痛点，满足客户个性化的理赔服务需求，降低理赔运营成本，减少案件处理时效，提高整体理赔服务水平。

紫金保险紫易赔项目

◎ 紫金财产保险股份有限公司

一、项目概述

近年来，随着保险业转型升级，车险和非车业务快速发展，对理赔服务提出了更高的要求，特别在服务的时效性和快捷性方面。

紫易赔项目是紫金财产保险股份公司(以下简称紫金保险或紫金）推出的理赔相关移动端统一的解决方案。客户通过公众号、小程序和 H5 页面等多个线上通道直达紫易赔，实现多项理赔功能，包括车险理赔的我要报案、我要销案、我要垫付、理赔进度、理赔咨询、服务评价、自主定损、图片定损和视频定损九大功能，以及财意险理赔等全方位服务功能。业务人员通过 APP 进行查勘、定损任务处理、案件信息图片提交等工作。

二、项目背景及意义

紫金保险于 2017 年制定了“1248” 战略，向高质量发展经营模式转型和飞跃。为了契合整体业务发展战略愿景，紫金保险于 2018 年制定了“数字紫金” IT 战略，将致力于打造我国保险业数字化发展的领军企业作为信息化长期发展愿景，坚持以创新科技为自身科技发展主线，通过技术上的架构升级和治理上的组织革新来建设公司未来的“智慧保险体系”。

2020 年，银保监会向各财险公司下发《关于推进财产保险业务线上化发展的指导意见》，其中提出，到 2022 年，各业务领域线上化率达到 80%以上；加快线下服务的数字化转型，推动线上线下渠道互动融合。

保险企业面临激烈的业务竞争和技术创新竞争，特别是在互联网思维的影响下，互联网理赔已成为时下最热门的话题。紫易赔从产品设计到开发上线，历时一年，通过洞察客户需求，攻克多个技术难点，对紫金线上理赔进行了一次全新升级，系统具有多通道、多功能的特点。

三、项目重点解决的问题及主要创新点

（一）移动端快捷报案，查勘和协勘

运用移动互联网解决传统模式中存在的报案流程冗长、资料收集慢和结果反馈不及时的问题。支持客户在移动端进行报案信息的提交，业务人员通过移动端采集、查勘拍照，提交核心系统进行快速承保理赔工作。另外，创造性地实现：通过外部协勘人员提交现场图片、查勘信息给紫金保险理赔人员进行审核。

（二）在线视频查勘

运用在线视频通话技术，解决用户提交图片的不真实、不准确的问题，提高查勘的效率和时效性，降低人工现场查勘成本。实时视频通话通过对用户进行实时定位以及在过程中进行实时截

图，保证查勘图片的真实性和有效性。

（三）理赔系统采用微服务化架构、敏捷开发

项目服务使用微服务化架构开发、应用云容器部署，运用业务、数据中台化的方式进行对接，提高开发生产率，降低应用层面出现事故的概率，减少开发、运维人力。采用敏捷方式开发，优化人员使用，明确系统开发目的，从而使用远少于同体量级行业系统的经费开发出相同体量级的系统。

四、项目主要建设内容

（一）业务功能说明

1. 紫易赔小程序，即用即走，手机就是“理赔大厅”，足不出户办理赔，方便快捷。其中，人伤垫付功能和自主理赔功能为业内首创，为客户提供报案、自主定损、资料上传、人伤垫付、自助销案、视频定损和理赔评价等服务。

（1）我要报案。实现在线快捷报案，申请提交后，客户可随时随地点击“理赔进度”进行查询，轻松掌握理赔关键点的进度，理赔流程更加透明。一键报案，一键查询。

（2）自主定损。你的定损你做主！紫金保险五星客户的简易案件，填写损失金额，根据提示上传车辆损坏部位的照片，即可完成自主定损。简单操作，定损完毕，赔款到账，几分钟完成理赔全流程。

（3）图片定损。把需要交给保险公司的理赔材料，直接拍照上传至紫易赔。无纸化、少奔波，绿色环保、便捷高效。

（4）视频定损。客户点击视频，便可与理赔人员视频通话，理赔人员通过视频框截取车辆损坏部位、理赔必要单证等，并和客户协商理赔赔偿等事宜。节省客户时间，真正做到从客户角度出发，提升客户满意度。

（5）人伤垫付。发生有责人伤交通事故，通过紫易赔可在线申请医药费垫付，以便第一时间抢救伤者，缓解客户资金压力。对于受伤住院的伤者，紫金保险推出“住院无忧”理赔服务，为因伤住院的伤者安排专职护工照顾护理，解决伤者住院无人看护的窘境。人伤无忧，性命相托；住院无忧，健康保障。

2. 紫易赔 APP，专业稳定，打通车险、财险移动查勘、定损通道，实现查勘、定损移动化、线上化和智能化。

（1）内部通道。公司查勘人员通过案件列表，获取案件报案详细信息，进行查勘、定损任务处理，提交事故现场、人伤资料、车辆损坏部位、客户证件等图片。

（2）第三方通道。通过聘请外部协勘人员，提交现场图片和查勘信息给紫金保险公司理赔人员进行审核。

（二）技术方案说明

1. 紫易赔项目后端采用先进的云原生微服务架构技术，以分布式数据库、分布式中间件为核心，形成敏捷开发、持续集成、海量交易支持为核心能力的技术敏捷平台。

借助分布式技术架构，将互联网保险云核心业务处理能力提升了上千倍，并支持弹性扩容，使所有部署的微服务均为无状态、多副本的高可用形态。

同时，项目使用了私有云容器化，容器封装了与应用相关的依赖组件及操作系统信息，由此减轻了应用在不同计算环境下的配置需求，通过

Web 控制台、文件管理等功能，可以快速实现镜像文件的打包和迁移，轻松部署环境与管理业务，而无须处理复杂的底层服务器维护工作。轻量级的打包方式使容器云具有更好的性能与更小的规模，有效解决了应用程序的平台依赖和冲突问题，帮助开发人员更快地开发程序，见图 1。

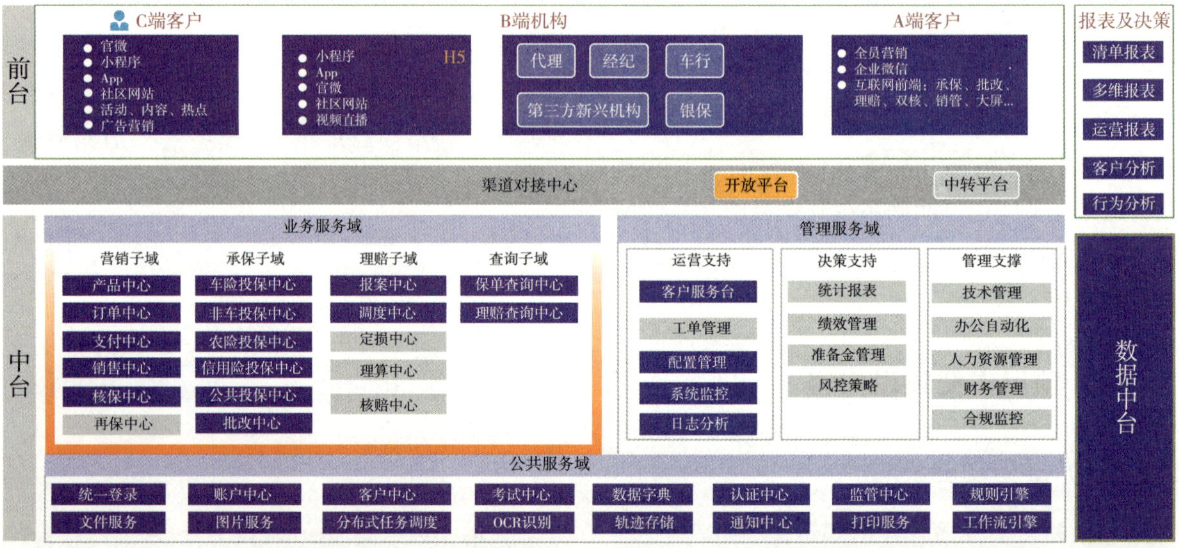

图 1　紫易赔项目分布式技术架构

2. 紫易赔 APP 采用 Flutter 跨平台技术架构，能够使用一套代码在 Android 和 iOS 平台上使用，保证 UI 和业务逻辑的一致性。通过使用紫金保险基于 Flutter 构造的统一的 APP 工具库(网络请求、数据缓存、消息队列和路由管理) 以及公共的业务库、UI 组件库，保证了 APP 开发的质量和性能。

3. 紫易赔小程序采用微信小程序原生框架，对原生进行二次封装，具有更高的性能与运行效率。

五、项目效果

紫金保险理赔线上化体系，有效地解决了客户理赔周期长、赔付慢、提交资料烦琐的痛点，简化了理赔流程，缩短了理赔时效，从报案至结案仅需 5 分钟，为客户打造了最佳体验，提供了精细化服务。

单方事故或无人伤双方事故，通过紫易赔可自助报案；拍摄事故现场和车辆损坏部位的照片等，即可完成自助查勘。快速撤离现场，无须等待，简单、快捷、高效。

通过视频定损，远程视频连线客户，理赔员实时视频指导客户完成现场查勘，线上完成车辆定损及赔款支付录入，从而轻松完成自助查勘、定损工作。

紫易赔项目上线半年来，通过 APP 进行移动查勘和协勘任务数量累计超 5 万件，线上处理率为 63.5%，视频定损和图片定损总计占比为 39.2%。

六、总结

紫金保险实施理赔线上化战略项目，优化理

赔线上化系统，提升理赔线上化效能，丰富客户线上化体验。紫易赔上线是理赔线上化战略项目的关键里程碑，推进理赔全流程线上化、智能化，为公司高质量发展提供坚强保障。

专家点评

紫金财产保险股份有限公司的紫易赔平台，基于公众号、小程序以及APP等多个线上平台，提供给客户多项理赔功能，包括车险理赔中的报案、销案、进度查询和咨询，定损中的自主定损、图片定损、视频定损，以及垫付、服务评价等其他服务。该平台解决了传统理赔模式中的报案流程复杂、资料采集慢和结果反馈滞后等问题，同时通过在线视频通话技术克服了用户提交图片不真实和不准确的难点，并且采用微服务化架构开发，提高了开发生产率。紫金保险通过升级理赔平台，提高理赔线上化效能，改善客户的线上化服务体验，推动理赔流程更加智能化，有效地提高了各业务人员的查勘定损和理赔效率。

华泰财险一站式智能客户服务平台

——数字化驱动个人客户线上服务生态圈

◎ 华泰财产保险有限公司

一、项目概述

保险生态圈是一种新的商业模式，是以客户为中心的针对保险诉求的营销体系及服务体系的有机整合。华泰财产保险有限公司(以下简称华泰财险或华泰）的个人客户线上服务生态圈是基于华泰财险服务号而构建的面对华泰C端客户的营销及服务体系。服务提供主要以小程序方式展现，通过客户微信生态圈，实现产品营销“买保险”、客户权益“领福利”、保险服务“享服务”三大生态圈板块，并与线下服务相结合，实现线上线下一体化。通过大数据平台和精准营销模型，实现营销和服务的精准化；通过引入人工智能应用，进一步提升客户体验和客户黏性。

二、项目背景及意义

（一）项目背景

在当前经济高速发展的时代，保险作为金融服务的重要组成部分，必然需要寻求从经营理念到管理方式的与时俱进，逐步实现“以产品为中心”到“以客户为中心”的转变。保险客户服务工作也必然要顺应互联网技术创新和用户体验的发展趋势，推进产品、营销和服务的一体化进程，提升客户价值和客户忠诚度，延长客户生命周期。

华泰以往简单的线上承保功能已经不能满足公司经营的诉求，需要建立线上服务的生态圈，提升客户服务的质量，来满足日益多样化的客户服务需求。在数字化转型的大背景下，华泰个人客户线上服务生态圈应运而生。

（二）项目目标及收益

华泰为个人客户搭建线上服务生态圈，提供问、买、改、赔和救一站式服务，实现运营服务与科技的有效结合，为客户带来智能化、电子化和自助化的服务，提升各项客户服务能力，有效降低运营成本。

1. 场景化。将微信生态圈融入客户生活中，基于场景为客户提供自助保险业务服务、专业服务业务咨询等，提升客户黏度。

2. 定制化。对客户进行分级分层，提供个性化服务及流程；对特定客群，制定专业化服务内容。

3. 碎片化。生态圈引入多样化的增值类服务，融入更多客户生活方面的服务和车主的服务，服务内容支持碎片化的服务需求。

三、项目重点解决的问题及主要创新点

（一）设计理念

1. 小程序矩阵构成华泰财险客户综合服务

载体。个人客户线上服务生态圈由华泰财险小程序矩阵构成，每个小程序定位于不同的服务场景，其中华泰财险小程序定位于面向 C 端客户的保险综合服务工具。通过会员体系、线上营销工具、营销资源的结合，整合公司以及代理服务个人客户的资源和能力，实现客户的线上管理及服务水平的提升。

2. 通过采集行为信息为客户提供精准服务。客户在生态圈的行为轨迹，比如浏览产品信息、自助投保、自助批改和自助理赔等，都会自动被记录下来，同时会收集客户的基本信息、行为偏好和家庭关系等数据，不断丰富和完善客户画像。通过华泰的精准营销模型，对采集的信息进行自动化分析，形成各类商机，包括自增商机、续保商机、活动商机和潜在商机等，产生高价值的销售线索，了解客户的诉求，有针对性地进行客户服务和客户营销。

（二）解决方案

客户线上服务生态圈前端主体为服务号及小程序矩阵，中间层包括大数据分析平台和精准营销模型，后端支持系统包括核心服务和客户服务组件、增值服务、产品工厂、营销配置管理平台和小程序运营分析平台等。

客户生态圈为客户提供了综合保险服务，涵盖保险销售、营销、保单服务、理赔服务、品牌宣传和个性化服务等多个领域，功能包括保险产品的报价、销售、营销活动、保单服务、理赔服务、保险小课堂、话题互动、在线咨询和其他增值服务等几十项内容，同时为代理提供个性化服务展示平台，包括基本信息、荣誉体系、互动留言、微信交流和个性化服务等内容。客户生态圈架构见图 1。

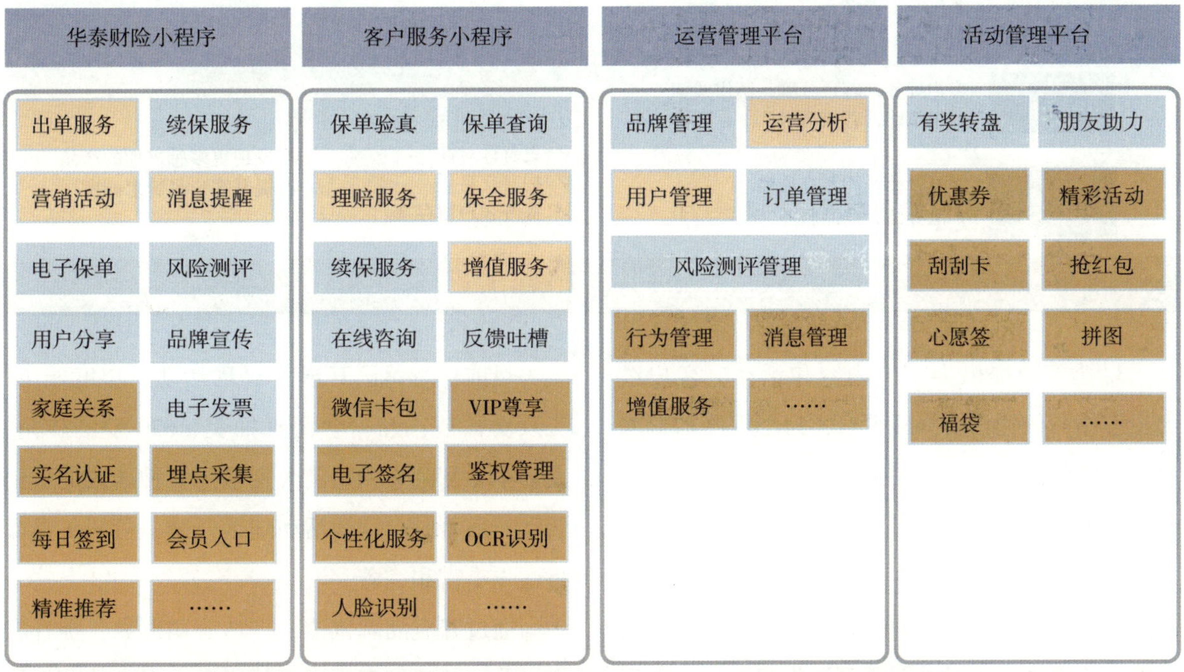

图 1　客户生态圈架构

（三）主要创新点

1. 线上线下客户服务一体化。华泰的客户服务，以往主要定位于线下服务，通过线上客户生态圈的搭建，实现线上与线下服务互通渗透、互通流量和共享数据，利用数字技术和工具携手打造客户运营服务闭环，从而实现与客户高质量的高频互动，最大限度地挖掘客户价值，为客户提供全场景、全方位的保险服务。通过进一步拓展营销范围，延伸服务能力，提升服务水平，实现了保险服务的O2O闭环。

2. 埋点采集客户行为信息。通过对客户生态圈内的小程序矩阵各个页面进行埋点设置，对客户行为数据信息进行采集，丰富客户标签，加上客户基本信息、支付信息等内容，为客户进行360度画像。依据精准营销模型，提取客户行为数据和基础信息，对收集的信息进行模型分析，形成销售线索。针对每个客户提供差异化产品推荐和服务，匹配营销计划及相应的营销跟进策略，实时高效转化，辅助公司进行客户日常运营。

加速客户线上化，打通公司个人客户资源，能够有效了解客户信息，实现商机资源集中管理，针对不同客户的多样化需求提供个性化、专属化的产品与服务，实现一客一策的目标。线上生态圈提供个性化、专属化的服务方案见图2。

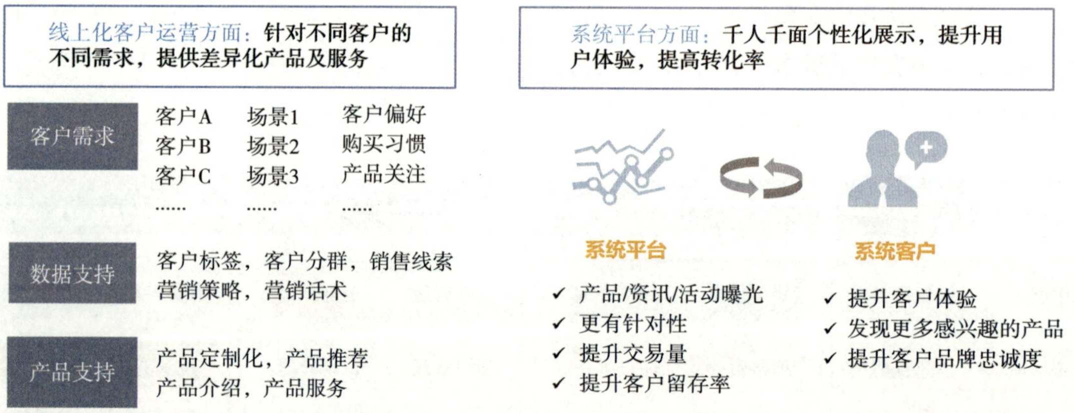

图2 线上生态圈提供个性化、专属化的服务方案

3. 为客户提供丰富的内容和活动。客户线上生态圈，依托活动管理平台，为小程序前端输出品牌宣传和营销活动的支持能力，主要包括品牌宣传模块的配置与发布、营销活动工具库两大主体功能。模板主题丰富，覆盖多种类型的营销场景；业务可根据不同的目标，匹配不同的营销模板；业务同时可通过页面可视化配置，实现所见即所得的实施效果。

目前，公司已开展了双旦活动、年度账单、三八女神节、五一老司机抽奖、520爱的转角、大暑小暑刮刮卡和赠险大礼包等多种形式的营销活动。随着时点营销活动陆续开展，营销工具库将逐步丰富和完善。

通过开展品牌宣传，打造公司形象，提升客户对公司的忠诚度；通过开展线上丰富的营销活动，促进客户线上留存和复购，赋能公司进行个人客户经营。

4. 为客户提供便捷的保险服务。客户线上生态圈，依托微信社交网络，构建新型人际关系业务转介绍人网络，挖掘和获取潜在目标客户，延伸公司的服务半径，提升公司的业务量和服务水平。客户在线能够轻松实现保险产品咨询、购买、自助批改、自助报案、申请救援和申请增值服务等功能。

5. 客户可享受千店千面的专属服务。对于客户生态圈中的门店用户，可为其提供特色化服务功能，体现门店的“竞争优势”。为客户提供具有门店特色的相关增值服务，以及时点促销等服务。同时，为门店提供多功能展示区，间接增加了客户的互动性。

6. 引入智能应用提升客户体验。客户生态圈的一些自助服务场景，引入了人脸识别、电子签名、OCR 图像识别和智能语音等智能应用，给客户带来了较好的客户体验。随着业务线上化、自动化和智能化的要求逐步深入，以上创新技术积累的底层能力可望在更多的场景得到复用和推广，赋能和激发更多的创新模式，从而创造更大的价值。

四、项目主要建设内容

（一）技术方案

1. 应用架构。前端以小程序矩阵为基础。对接增值服务平台，承接客户增值类保险后服务能力；对接埋点平台，对客户行为数据进行采集；对接大数据平台，完善客户标签和画像，形成客户 360 度视图；对接营销平台，提供销售线索；对接产品工厂，承接保险产品售卖能力；对接核心系统，承接保险服务能力。

后端以运营管理平台和小程序配置管理平台为核心。其中，运营管理平台为门店客户运营提供基础的分析和统计工作；小程序配置管理平台包括小程序矩阵板块配置、功能配置、服务配置和活动配置等内容。线上生态圈的应用架构见图 3。

2. 技术架构。

（1）标准化的应用开发过程管理体系。标准化的应用开发过程管理体系是保证自主开发软件的质量的必要手段。无论是自主开发软件还是外包商开发软件，公司都需要对开发过程进行质量控制，而不仅仅是对开发结果进行质量控制，从而就必须有一套完整的体系来保证开发过程中的质量。

标准化的应用开发过程管理体系规范整个开发过程的方法、标准和流程，涵盖从业务需求的提出到部署再到生产系统的每一个环节，包括需求分析方法、系统设计方法、配置管理、测试管理、问题管理、项目管理、性能调试和代码检查工具等方面。

（2）融合敏捷的开发模式。融合敏捷的开发模式，对流程场景、需求条目进行梳理，设立单个迭代需求挡板，同步或迭代开发的项目团队间建立敏捷协同机制。同时，在创新过程中大量复用原有零部件，少量 IT 开发，将风险管控规则嵌入流程标准体系，使创新的风险得到过程控制，提前缓释风险，避免风险遗传到上线。线上生态圈的开发模式见图 4。

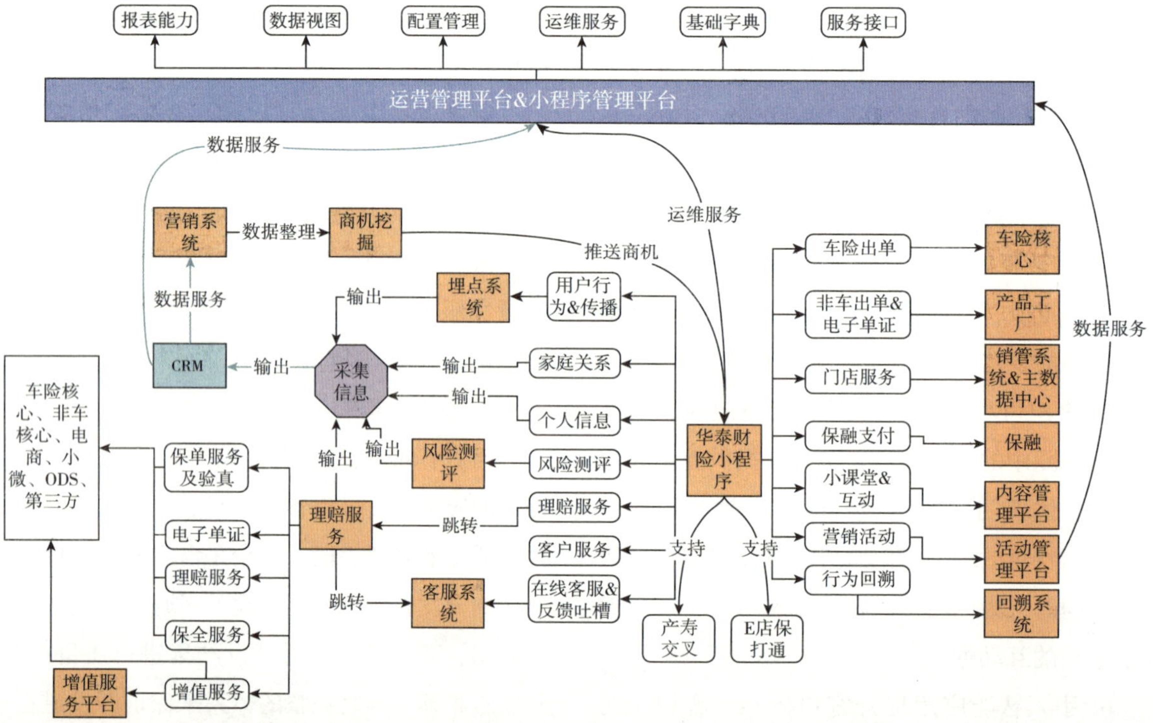

图 3　线上生态圈的应用架构

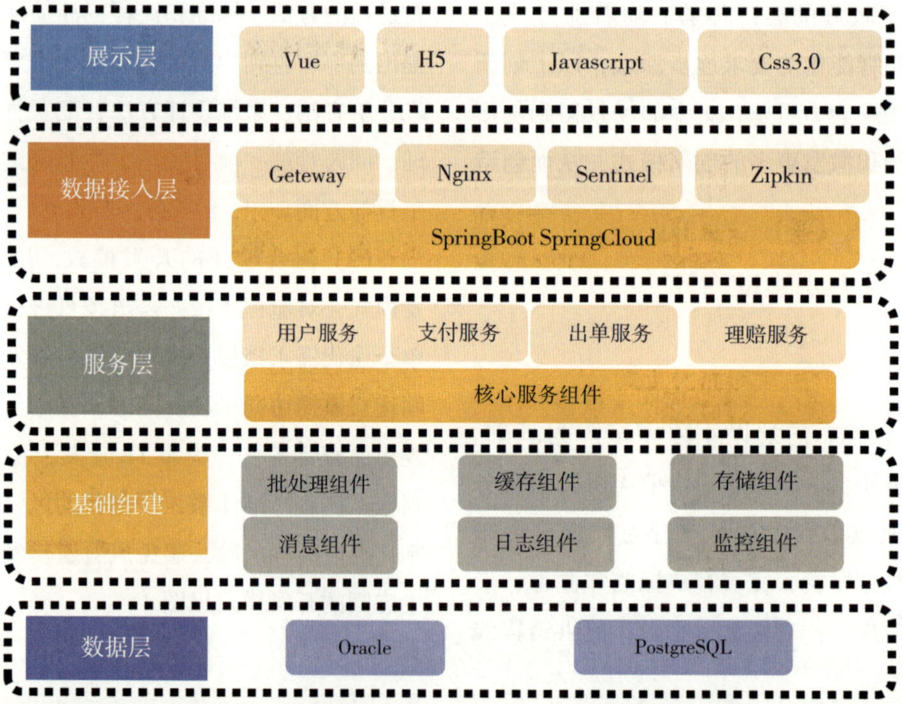

图 4　线上生态圈的开发模式

（3）版本控制。搭建统一的 Gitlab 平台。制定部门级的 Gitflow 分支工作流管理规范，并使用 Merge Request 做代码评审。搭建统一的 Nexus 制品库管理平台，同时采用双机热备的高可用方案。对制品发布设置相关审批机制和分级规范。使用统一的 Jira 项目管理平台。建立可复用的流水线方案，通过问题状态的扭转实现各平台环节的自动触发。其中使用了 Jira 的 Webhook，开发中间服务分别调用 Git、Jenkins 的 Api。

一是实现创建 Jira 问题的同时，自动创建 Feature 分支。

二是实现从 Feature 分支合并到 Develop 分支时，自动关闭 Jira 问题为开发完成并启动 Jenkins 自动编译部署。

三是实现在 Jira 创建 UAT 任务问题时，自动创建 Release 分支。新建 Jira 的 UAT 主任务，测试问题作为子任务。关闭主任务的同时，自动进行 Jenkins 的构建。主任务可进行多次变更，多次部署。

Jira 发版，触发 Jenkins 自动将测试环境的镜像推送到生产进行发布。

（二）重点功能介绍

华泰客户线上生态圈的前端功能建设，以个人客户为中心，搭建保险产品的销售、营销活动、保单服务、理赔服务、在线咨询、客户管理和门店管理等功能，并通过精准营销模型辅助营销计划的执行，有利于实现“围绕个人客户”线上生态圈的建设。

客户线上生态圈为客户提供线上综合保险服务，集投保、理赔、保单、车险报价和在线客服等服务于一体，客户可自助实现投保、报案、理赔和查询等基础服务。

发现栏目包括精选板块、保险小课堂和话题有奖互动等模块，通过多样化的营销方式，创造互动契机，间接传递产品信息，实现与服务号相互引流。线上营销活动激活现有客户，吸引用户点击参与，实现与客户高频率交互，提升用户活跃度，增加触达机会。

增加客户会员权益，包含积分商城、会员等级、生日祝福和优惠通知等，让客户获得超预期体验，提升客户互动活性。配套合适的权益进行刺激转化，从而整体提升成交率。系统通过客户会员权益、增加营销互动、内容生态等模块，加强引流、激活、转化、留存和拉新等功能，提升客户体验和黏性，为个人客户管理、营销线上化夯实基础。

华泰客户线上生态圈的后端功能架构中，配置管理端包括订单管理、商品管理、销售管理、财务管理、机构管理、门店管理和用户管理七个功能模块，实现客户关系管理、社交营销平台、业务分析和运营统计分析等。

五、项目效果

截至 2021 年 6 月，微信生态圈客户由 2020 年初的 30 万人极速扩展到 128 万人，年化保费销售 6500 万元，使用保险服务客户近百万人。基于大数据平台和精准营销模型，推送商机 13 万条，有效商机 3 万条，转化商机 1500 条，转化销售保费 300 万元。

六、总结

华泰客户线上生态圈的构建有效地促进了线上运营的发展。作为华泰财险开展线上业务的重要载体，其将保险服务、品牌宣传、资讯推广、营销服务等集于一身，打造具有华泰特色的综合服务平台，为客户提供一站式服务体验，为公司数字化经营发展战略转型提供了强有力的支持和保障。

专家点评

华泰财产保险有限公司的一站式智能客户服务平台，依托于华泰财险服务号，针对客户的保险诉求来构建营销体系和服务体系，包括购买保险、客户权益及保险服务三大功能，与线下服务结合，推动线上线下一体化。该平台利用大数据和人工智能等技术，再设置精准营销模型，实现对客户的精准营销和服务，提高客户的用户体验感和黏性。公司通过搭建线上客户生态圈，统一整合保险服务、品牌宣传、咨询推广以及营销服务等功能，达到线上线下服务相互渗透和数据共享的目的，有利于提升品牌形象，提高营销和运营效率。

众安保险健康险（医疗）全智能理赔项目

◎众安在线财产保险股份有限公司

一、项目概述

科技赋能，通过医院直连、财税直连和图文识别等方式对理赔信息进行自动化采集，同时搭建模型对案件进行风险筛查，中低风险案件通过系统自动审核，实现分秒级赔付，实现真正意义上的全系列医疗险产品、全链路理赔流程的无人工作业。

二、项目背景及意义

（一）解决痛点

1. 从客户的视角来看，理赔流程冗长、时效慢，且报案后不能第一时间了解材料是否齐全。

2. 从保险公司的视角来看，理赔服务成本逐年走高，提供有竞争优势的服务成本更高。

（二）意义

1. 在客户服务方面，报案至赔款支付，案件在保险公司将主要经历信息采集、核损核赔两个阶段。传统模式下，保险公司需要人工先将客户提供的发票以及病历上的相关信息进行采集并录入系统，然后审核人员再根据相关信息判断案件可赔付金额。同时，为了保证录入的准确性，保险公司通常会安排两人同时录入单张影像，录入一致方可落库。纯人工作业存在时间"瓶颈"，无法将整体时效控制在分秒级，该操作将直接制约高价值服务的落地实施，比如商业保险直付、担保就医等。健康险(医疗）全智能理赔项目不仅可以保证理赔标准的统一，还能让申请支付时效获得质的飞越，为客户提供更加良好的理赔体验。

2. 在成本管控方面，通过机器作业替代人工作业，可以有效地抵御因人力成本上升而引起理赔成本增加的风险。同时，可以将有限的资源投入更优质的理赔服务中，从而帮助业务部门更好的获客。

三、项目重点解决的问题及主要创新点

1. 通过与医院数据直连获取客户完整的数字化理赔信息。与主流医院合作，在获得用户授权的情形下从医院调取电子化就诊信息与费用信息，自动完成信息采集过程。

2. 随着医疗行业数字化进程的推进，本项目在基于用户授权的情形下直接从财税部门获取客户的相关费用信息，实现对客户医疗费用的自动化精准采集。

3. 本项目颠覆传统的用户必须提供纸质材

料或者是材料影像的理赔模式，直接从医院或者财税机构获取用户的数字化理赔数据，部分用户可减免部分材料甚至无须上传全部材料至保险公司。随着电子发票以及直连医院覆盖面的增加，将有更多的用户可享受该简洁的创新理赔模式。

4. 采用图文识别技术，对用户提供的材料进行精准识别，将影像材料转换为文本信息，并通过 NLP 技术将文本转换成理赔所需的标准信息，从而实现全程无人工的信息采集。理赔是一项对数据精度要求非常高的工作，图文识别技术最大的弊端就是无法知悉识别出的文本是否有误。本项目通过建立数据校验模型，可有效检出无效数据，并通过校准模型进行数据修正，有效地保证采集数据的准确性。

5. 通过将研发的材料分类，以及清晰度、完整度检测等模型前置应用到用户线上报案环节。在用户上传材料时进行实时检测，将理赔规则前置，事中干预，减少因为用户漏传或者错传材料带来的理赔往复，让客户能更加顺畅、便捷地获取理赔款。

6. 自动审核可覆盖全医疗产品，研发了适合全医疗产品的自动审核模型。当有新产品问世时，该产品的新客户也可以直接享受到本项目提供的秒级赔付服务。

7. 大数据训练产出的风控模型，实现了电脑与人脑的有机集合。中低风险案件以电脑判断为主，人脑抽检为辅；高风险案件以人脑审核为主，电脑提示为辅。

四、项目主要建设内容

1. 搭建数字化信息的获取通路。通过数据直连的方式从第三方直接获取数字化信息，并将其有效转换为保险公司理赔所需的标准化信息。

2. 研发理赔所需核心材料的分类以及识别解析模型。

3. 研发通用的字段级精细化数据治理平台。由于第三方数据的多元性，该平台采用事中智能校准、事后专家判断的逻辑，逐步完善全国医院字段级的数据治理应用。

4. 优化重构适合全产品的智能审核模型，并保证理赔结论的准确性。

5. 优化完善智能风控模型的效能，对案件进行有效的分流。

五、项目效果

1. 目前 95% 以上的客户均采用在线报案的方式进行理赔申请，均可享受到前端简洁的理赔申请服务。即使是从未进行过理赔的用户，也能准确、有效地完成理赔申请与材料提交，95% 以上的用户无须多次补充材料。

2. 30% 的案件可自动化审核结案，案件最快结案从报案到赔付仅需 6 秒。项目在给理赔时效带来质的飞越的同时，也有效地减轻了保险公司理赔人力成本的损耗。

3. 从医院或者财税直接获取信息，用户可无须上传材料或者是仅上传少量材料即可进行有效理赔，给用户提供了更加便捷的理赔申请服务。

六、总结

全智能理赔只是一个开始，是理赔直付的基础。随着医疗行业数字化进程的推进，以及卫生、财税等国家机构对保险业的开放，保险公司可以更加便捷、有效、合法且低成本的获取理赔客户的相关电子化信息，再配以保险公司秒级审核结案的能力，可以更有效地实现商业保险的实时结算。大量客户将不再需要先行支付就诊费用，以及收集准备各类纸质材料前往保险公司进行事后理赔。经济困难客户将不再因为就医医疗费用而发愁，保险公司可直接与医院结算可理赔费用。

专家点评

众安在线财产保险股份有限公司的“健康险（医疗）全智能理赔”项目，利用科技赋能，通过财税直连、医院直连以及图文识别等方式自动采集理赔信息，运用风险模型对理赔案件进行风险筛查，自动审核中低风险案件，支持快速赔付。该项目不仅有效解决了客户申请理赔流程冗长、等待理赔时间漫长以及报案材料烦琐的难点，同时降低理赔服务成本，提高公司的竞争优势。项目通过与医院和财务部门的数据直接连接，自动化完成客户就诊信息和医疗费用等信息采集，采用图文识别技术精准识别材料，实时检测客户上传资料，避免材料漏传和错传，实现了商业保险快速结算，提高了理赔服务效率。

京东安联保险“手机碎屏识别系统”

◎ 京东安联财产保险有限公司

一、项目概述

随着智能手机的不断发展和使用率越来越高，客户对于“碎屏险” 的需求也日益增加。但在碎屏识别环节，以往需要通过人工逐一进行审核，需要投入大量的人力和花费大量的时间，同时还存在骗保等情况。

京东安联财产保险有限公司(以下简称京东安联保险或京东安联）通过引入“手机碎屏识别系统”，基于风控模型、产业特点、过往碎屏险痛点以及京东安联积累的案例等数据进行联合建模，利用 AI 技术辅助人工实现对手机保险的快速理赔以及风险控制，单个理赔案件的处理时间缩减至 5 ~ 10 分钟，手机碎屏识别率能够达到 98%以上，手机 IMEI 的识别率在 97%左右，有效助力保险公司提高工作效率，降低“骗保” 概率，控制企业成本，促进企业和行业循环健康发展。

二、项目背景及意义

目前，中国已经成为全球最大的智能手机市场。根据统计数据，截至 2020 年 9 月，中国移动电话用户数达到 16 亿户。而随着智能手机的不断发展，大屏幕手机也越来越普及，屏幕的造价也越来越高，一旦屏幕发生破碎等损坏，正规维修的价格比较高昂。如何保障手机屏幕破碎之后消费者的利益成为消费者的核心诉求之一，于是，碎屏险应运而生。消费者除了可以选择官方保修以外，还可以通过京东等电商平台购买手机时选择购买碎屏险。

为了让用户在手机碎屏时能够实现快速理赔，以及避免大量人工审核导致的审核员疲劳而产生的初步误判现象京东安联引入“手机碎屏识别系统”，利用 AI 技术辅助人工实现对手机保险的快速理赔以及风险控制。同时，利用该碎屏识别系统也能准确地分析出人眼难以看到的细小裂纹等，从而提升保险企业的工作效率、降低“骗保概率”，控制企业成本，促进企业和行业良性健康发展。

三、项目重点解决的问题及主要创新点

（一）重点解决的问题

在以往的碎屏险服务中，无论是企业端还是消费者端，都存在不少痛点。

从推出这一服务的主体来看，目前主要有手机厂商服务、保险公司保险服务和电商平台服务等。其中，手机厂商和电商平台主要是联合保险公司，针对手机销售提供相关产品；而保险公司则是依托市场及客户对产品的需求，进行保险产品定制。但在实际应用的过程中，“骗保” 情况较多，难以远程辨别。例如，投保时是 A 手机，

理赔时却是 B 手机；手机碎屏后再“带病投保”；在审核识别环节，全部需要人工完成，消耗大量的人力和时间成本；等等。基于上述各种原因，很多企业做碎屏服务都存在亏损的情况。

对于消费者来说，以往很多的碎屏服务也存在使用痛点，比如一些中小商家推出的碎屏服务产品不仅价格不一，且屏幕质量、维修质量参差不齐。因此，为了满足更多消费者的需求，真正提升消费者对碎屏服务的认可，保险业亟须与正规的售后维修服务商合作，完善整个产业链。

（二）技术原理及创新点

1. 技术原理。“手机碎屏识别系统” 采用计算机视觉技术，结合业务场景的规则进行开发，涉及物体分类，目标检测以及 OCR 等关键技术，并结合碎屏保场景，将其各个机能模块有机结合起来。

2. 技术架构。该系统主要由服务管理理赔平台传入图像，通过 AI 手机碎屏系统识别，输出是否碎屏以及手机 IMEI 识别结果，并将该结果与业务知识相结合，从而判断是否通过理赔审核。京东安联保险通过自研算法，并结合公司手机保险场景积累的大量数据，利用深度学习技术实现对手机碎屏理赔的自动审核。该系统主要由前置分类模型、手机检测模型、碎屏分类模型以及 IMEI 识别模型共同组成。在研发期间，京东安联保险调研了大量的物体分类、目标检测，以及 OCR 识别等相关最新算法，并对其进行改进，从而适配手机保险场景。做到仅需传入一张带有 IMEI 的完整手机照片即可判断出该手机是否碎屏以及识别出 IMEI 号等信息，并将该信息输入理赔平台，结合人工实现快速理赔及风险控制。系统组成见图 1。

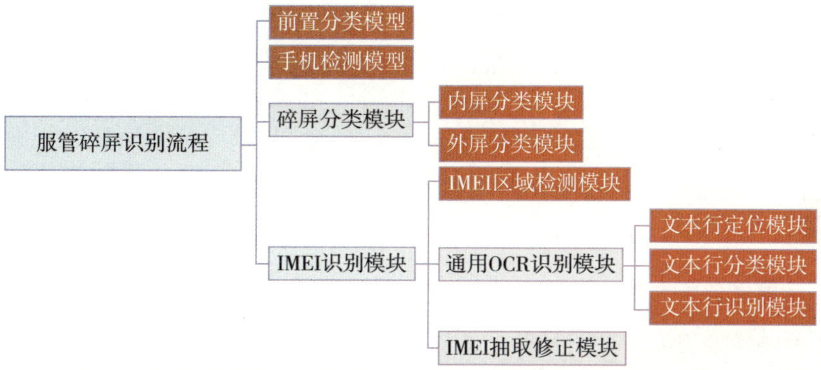

图 1　系统组成

四、项目主要建设内容

经过三次版本迭代，目前京东安联保险手机碎屏识别率能够达到 98% 以上，手机 IMEI 的识别率在 97% 左右，后续仍在继续优化中。

为了能够更直观地展示模型效果，构建了 AI 演示平台，从而方便直观展示系统成果。

五、项目效果

京东安联保险引入“手机碎屏识别系统”，利用 AI 技术辅助人工实现对手机保险的快速理赔以及风险控制，单个理赔案件的处理时间缩减至5~10分钟，手机碎屏识别率能够达到98%以上，手机IMEI的识别率在97%左右，同时搭载京东平台的销售渠道，“京东服务+”的售后维修渠道，形成“京东商城+京东安联保险+京东物流”的“渠道+风控+质控”服务生态。

截至2021年6月30日，京东过去12个月年度活跃购买用户数达5.32亿个。2021年第一季度，京东集团净收入为2032亿元，其中，电子产品及家用电器商品收入同比增长34.0%，超过市场平均增速。通过京东平台，京东安联保险的碎屏险能够连接数量庞大的消费者。

“京东服务+”作为京东物流旗下的服务品牌，深耕3C、家电、家居、生活领域的安装、维修、清洗保养等服务，因服务专业、便利而备受消费者喜爱。据介绍，“京东服务+”维修中心已有上千名专业的高级工程师，有上万平方米的高标准维修场地，在全国范围内提供取、送、修一体化的服务。在3C品类的检测、维修和调试等方面，京东成为行业内首屈一指、消费者信赖的售后一体解决方案提供商，同时已与华为、小米、惠普和三星等近50个主流品牌厂商合作，成为他们重要的维修能力支撑。

在碎屏险的产业链中，服务商除了提供维修外，还承担了一部分对客服务的功能，此外，还会将维修中发现的风险点反馈给平台和保险公司，帮助进一步完善碎屏险的风控。京东内部生态的构建，还有助于数据的回收、反馈。

六、总结

手机行业依旧在快速发展和迭代，曲面屏、全面屏和内屏穿孔技术等设计的电子产品也越来越普及。屏幕是手机配件中最昂贵又最脆弱的，碎屏险成为创新保险类别中的高频产品，创新又以技术发展为驱动。当下碎屏险的存量市场尚且未至“天花板”，因此对于保险公司和行业来说，应该不断引入AI等新技术，满足和服务于消费者需求，促进行业不断发展。

专家点评

京东安联财产保险有限公司的“手机碎屏识别系统”，依托于风控模型和产业特点，结合公司积累的碎屏案例数据库，利用人工智能技术和计算机视觉技术辅助理赔作业人员实现对手机碎屏保险的快速理赔和风险控制。公司使用该系统，提高了手机碎屏识别率，缩减了单个案件的理赔时间，完善了京东商城、京东安联保险、京东物流相结合的“渠道+风控+质控”的服务生态圈，提升了后期理赔的效率，提高了公司对消费者的售后服务质量，促进了保险业的持续发展。

中国人寿寿险理赔全流程智能服务

◎ 中国人寿保险股份有限公司

一、项目概述

中国人寿保险股份有限公司(以下简称中国人寿)坚持以客户为中心，以简化流程、提升时效为目标，全面重构理赔系统，构建了理赔全流程智能作业模式。自2019年至2021年6月，中国人寿已为超2900万人次的客户提供理赔全流程智能服务，实现了全行业超千万规模的医疗责任理赔案件的智能化作业，有效破解了既往医疗险赔案人工逐案理算、标准不统一、时效慢的问题。同时，中国人寿深度聚焦“医疗+保险+互联网”，打造理赔直付服务模式，通过与社保、医院和第三方数据直联，在部分地区提供“一站式”理赔服务，出院即结算保险金，直接抵扣医疗费，真正实现“零距离、零时效”赔付，为客户提供便捷、高效的理赔服务。本项目应用成效显著，得到政府相关部门和广大客户的充分认可，引领行业理赔新模式。

二、项目背景及意义

新时代下，随着公众保险意识的日益增强，理赔服务作为客户最重视的环节之一，越来越受到全社会的关注，成为衡量保险公司核心竞争力的重要组成部分。中国人寿深耕理赔领域数十载，基于对理赔服务的深刻理解和认知，全面重构理赔系统，构建行业领先的理赔全流程智能服务模式。该模式成功攻克理赔领域诸多技术难点，实现全行业超千万规模的医疗责任理赔案件的智能化作业，为社会提供“快捷、温暖”的理赔服务，赢得了业内和客户的一致好评。

三、项目重点解决的问题及主要创新点

（一）独创行业领先的智能模型，拓展理赔广度

中国人寿坚持以客户为中心，以简化流程、提升时效为目标，全面构建了多个引领行业的智能模型。

1. 打造四层保险责任结构化模型，有效解决复杂特约责任理赔难题。随着短险业务的获客渠道不断拓宽，公司的承保面不断扩大，保险责任呈多样化发展趋势，尤其是团体保险客户由于地区差异、行业差异等，广泛存在承保方案个性化、理赔责任灵活化等特点，导致相关赔案需人工逐案理算、标准难以统一等问题。针对上述痛点，中国人寿通过广泛收集各类型的保险责任，并进行深入的分析和提炼，设计了“元素—规则—责任—方案”四层保险责任结构化模型。该模型支持特约责任快速、灵活的设定，实现了复杂

化、个性化特约责任文本的结构化、数据化，实现了集团客户下多责任组合的智能理赔，在行业内取得领先的地位。

2. 引进智能 OCR 图像质检技术，有效提升理赔影像资料质量。针对客户移动端理赔报案时影像资料不清晰、方向歪斜和类型不齐全等问题，中国人寿引进智能 OCR 技术。该技术涵盖影像纠偏、清晰度识别和类型识别等功能，加强对必须申请资料及影像资料的审核控制，有效减轻理赔作业人员的处理压力，提升客户理赔报案体验，助力公司构建服务卓越型企业。

（二）支持超千万理赔业务智能化作业，加快服务速度

理赔全流程智能服务有效支撑了规模庞大的团体特约责任理赔业务智能化快速处理。

1. 实现全行业超千万规模的医疗责任理赔案件的智能化作业。针对医疗保险理赔案件数量大、特约多和责任杂等难点，中国人寿构建责任结构化模型，实现超千万规模的医疗责任理赔案件的智能化作业。无论是理赔案件数量还是理赔比率，均在行业中位于前列。

2. 实现超千万理赔案件的快速处理。针对既往理赔作业需要大量人工参与的特点，中国人寿通过理赔全流程智能服务自动识别保险责任，自动理算保险金，自动分配金额，无须理赔人员参与处理，为客户提供极速的理赔体验。

（三）提供更便捷的理赔直付模式，提升服务温度

在实现理赔全流程智能化的基础上，中国人寿深度聚焦“医疗+保险+互联网”场景，打造理赔直付服务。通过大力推广社保、医院和第三方数据直联的工作，实现客户远程智能识别、医疗信息线上流转，并通过全流程智能化作业远程快速理算及支付。同时，积极开通“一站式”理赔直付服务，客户出院时结算赔款并直接抵扣医疗费，有效缓解客户医疗费压力。2021 年上半年，中国人寿直付服务客户超 340 万人次，赔付金额超 20 亿元，位居行业前列，引领行业理赔服务新模式。

针对部分扶贫地区，公司充分发挥保险扶贫主力军的作用。其中，宁夏扶贫保实现了自治区政府提出的“不见面、马上办、最多只跑一趟”的健康扶贫理赔服务模式，实现出院即结算保险金，直接抵扣医疗费，在技术方面打破了社保与商保的沟通屏障，让客户真正享受到科技带来的便利。“国寿直付”被《宁夏日报》《银川晚报》等多家媒体广泛报道，引起广泛的社会关注，彰显中国人寿有责任、有担当和有温度的行业形象。

四、项目主要建设内容

（一）构建责任结构化模型，实现智能理赔作业

医疗费用报销型保险具有特约多、责任杂的特点，属于理赔业务处理和系统建设中的重点和难点。中国人寿新一代理赔系统通过搭建元素、规则、责任和方案四层模型，对于简单特约实现通用化快速设定，对于复杂特约支持界面化个性定制。理算引擎基于基础医疗数据和责任模型，先将理赔信息初始化，继而进行责任理算，最后确认赔付结果，从而完成医疗费用类理赔案的自动化、智能化理算。

赔付设定首先将保险责任抽象为触发条件、计算方式和限额控制三个部分，并总结多年领域经验，将常用组合进行图形化实现。比如，触发条件分为出险人的相关身份、保险事故原因、费

用类型和社保医院要素等；计算方式分为保额使用、免赔控制和费用核准等；限额控制则组合了常见的频次限额、就医行为限额、费用类型限额和保单共享限额等。通过图形化设定界面，业务人员可通过简单的选择、录入即可完成复杂特约责任的逻辑化设置，当前图形化设定功能已支撑90%以上的保单进行设定。同时，为了支持个别复杂的文本特约，系统在触发条件、计算方式和限额控制三个部分，都辅助配置了规则引擎，支持业务人员使用字符录入的方式自定义计算元素、控制规则和赔付算法，并组合成赔付责任，从而进一步提升保单特约逻辑化设定能力。赔付责任进一步组合为赔付方案，再关联具体组合产品、保单，提供面向客户的一揽子医疗保险解决方案。

（二）创新运用智能技术，实现理赔服务体验、风控能力双提升

智能技术的创新应用主要包括两类，一是在理赔服务领域引入智能 OCR 辅助客户进行自助理赔申请，二是在理赔风控领域引入智能风控模型、反欺诈模型提升风控水平。

智能 OCR 的建设，通过在云端搭建智能纠偏、清晰度检查和票据类型识别等智能应用模块，在客户报案环节前置智能影像检查相关能力，辅助客户将理赔资料上传。其中，智能纠偏通过图像分割、角度分类、偏移角筛选和 Hough 直线检测等步骤，实现图像的旋转和校正；清晰度检测通过 MSER 检测、文本凸轮廓切割和二维图像梯度等方法实现清晰度打分评价机制；票据类型识别通过标注案例对神经网络模型进行训练和优化，实现了对证件类、银行卡和医疗票据类型的分类识别。

智能风控模型主要包括健康险理赔人工智能风控模型和重疾险智能反欺诈模型。健康险风控模型主要应用了自然语言处理、大数据分析和无监督机器学习等技术，针对过度诊疗、超适应症用药等近 20 种不合理场景，涵盖了“责任免除”“治疗主体异常”“治疗轨迹异常”“疾病用药异常”“住院异常”五大类风险，可智能识别目前新一代理赔平台医疗险赔案中的理赔风险，从诊断、治疗、用药和费用合理性等方面，为理赔作业人员提供风险控制支持。重疾反欺诈模型主要应用大数据分析和有监督机器学习等技术，使用 Spark ML 作为模型训练工具，选取随机森林算法作为模型算法，从保单、销售、机构和客户维度选取 75 个模型特征，对所有重疾理赔案件进行欺诈风险评估，并通过海量数据不断学习强化，指导理赔人员和调查人员进行风险排查。

（三）整合外部数据，打造便捷直付新生态

中国人寿积极整合外部资源，建立商保直赔平台，支持与具备条件的全国各地社保机构、医院、第三方公司广泛开展合作，为客户提供商保直赔、快赔服务。

商保直赔平台通过抽象就医场景进行建模设计，开放接入能力，支持全国各地自行组合直赔流程、自定义医疗基础数据的转码适配和灵活选择结算支付方式，使得全国能广泛快速地对接各类差异化场景，并实现标准统一的业务处理，满足监管要求。平台支持调用技术转换、各类医疗数据转码，提供客户身份识别、就医登记、医疗明细上载和试算/结算等通用 API 服务，支持分公司广泛深入地对接各类外部数据，共同构建理赔直付新生态。

（四）建立实时医疗基础数据库，为智能理赔提供高质量数据，支撑理赔全流程智能化

在理赔平台中，深度融合外部医疗数据，建立中国人寿首个医疗基础数据库，包含疾病目录、手术目录、三大目录、医疗机构信息、医疗项目分类和诊疗项目目录六大组件，对近百余字段予以结构化和标准化，数据总量达 2.6 亿条，覆盖全国 333 个地市。同时建立总、省、市三级数据维护管理机制，实现与全国各地医疗数据快速同步更新，支持理赔作业过程中的智能责任判断和智能理算，有效降低作业成本，提升时效。

五、项目效果

（一）实现了全行业超千万规模的医疗责任理赔案件的智能化作业

自 2019 年至 2021 年 6 月，公司已为超 2900 万人次的客户提供智能理赔服务，其占全部理赔案件近七成。2021 年上半年日均赔付超 5.1 万件，日均赔付金额超 1.4 亿元，无论是数量还是比率，均在行业中位于前列。目前，理赔全流程智能服务已获得年度保险公司服务评价前十大重要服务创新项目（人身保险类，银保监会评选）、2019 年产业金融国际优秀案例（亚洲金融合作协会评选）以及 2019—2020 年服务创新金牌案例（中国银行保险报评选）等多项殊荣。

（二）实现了超千万理赔案件的快速处理

一方面，通过“特约理赔责任设定+基础医疗数据库+客户医疗明细信息”，实现自动识别保险责任、自动理算保险金和自动分配金额，无须理赔人员参与处理。目前，智能化作业平均时长 4 分钟，最快仅需 2 分 15 秒，为客户提供极速理赔体验。另一方面，智能 OCR 质检功能已上线，在客户移动端报案提交申请资料时加强对必须申请资料及影像资料的审核控制，有效减少回退，提高报案质量，客户体验感有显著提升，业务处理人员工作效率也有大幅提高。同时，在实现极速处理的基础上，中国人寿利用大数据等技术，有效提升公司理赔风险管控能力。

（三）实现了行业最大规模的理赔直付业务覆盖

2021 年上半年，直付服务客户超 340 万人次，赔付金额超 20 亿元，位居行业前列，引领行业理赔服务新模式。其中，宁夏扶贫保实现了自治区政府提出的“不见面、马上办、最多只跑一趟”的健康扶贫理赔服务模式，实现出院即结算保险金，直接抵扣医疗费，在技术方面突破了社保与商保的沟通屏障，真正实现了科技带来的便利性。

六、总结

理赔服务是客户感知保险公司服务最重要的触点之一，其重要性不言而喻。中国人寿推出的理赔全流程智能服务模式，不仅是公司拥抱科技时代的顺势而为之举，更是针对市场上存在的“理赔难”“理赔慢”等现象的破局之策。理赔全流程智能服务，以简化流程、提升时效为目标，构建行业独有的四层智能模型，解决了集团客户下多责任组合的智能理赔难题，真正实现了理赔全流程智能化处理。理赔全流程智能化处理无论是数量还是比率，均在行业中位于前列。

未来，中国人寿将继续加大科技创新力度，持续优化理赔全流程智能服务，全力为客户提供快捷、温暖的理赔服务。

专家点评

中国人寿保险股份有限公司的“理赔全流程智能服务”，聚焦医疗、保险和互联网相互结合的方式，通过直联社保、医院和第三方数据，构建一站式理赔直付模式。该模式构建四层保险责任结构化模型，支持快速灵活的定制化保险责任，将复杂和个性化的特约保险责任结构化和数据化，同时运用 OCR 图像质检技术，提高理赔影像材料的质量，减轻理赔作业人员处理资料的压力，提升客户的理赔体验。公司搭建理赔系统，能够有效解决多样化保险责任标准难以统一和理赔材料不清晰、方向歪斜和类型不齐全等问题，同时打造理赔直付服务，进一步提高公司的理赔效率。

人保寿险 E 服务小程序

◎ 中国人民人寿保险股份有限公司

一、项目概述

为进一步提高数字化服务水平，拓展线上功能的服务范围，中国人民人寿保险股份有限公司（以下简称人保寿险）E 服务小程序自 2018 年上线以来，致力于为客户提供优质的自助保单服务及良好的线上客户体验。凭借微信端免安装、易分享等优势，人保寿险 E 服务小程序承载着为公司 C 端客户提供保单服务、增值服务等线上服务职能，同时，通过对线下客户的持续引流、对互联网用户的不断转化，人保寿险 E 服务旨在打造具备完善保险服务及多样化活动内容的数字化平台，实现“互联网+” 转型升级。

二、项目背景及意义

近年来，随着保险用户数量的稳步增加，保险用户对保单查询、理赔申请、保全服务等业务办理需求也日益提升，线下柜面在便利性、时效性等方面较难满足用户诉求，基于微信端的人保寿险 E 服务小程序为搭建线上保险自助服务提供了良好的平台。

随着公司数字化战略计划的推进，人保寿险 E 服务小程序经过多次功能迭代及架构升级，目前已覆盖获取保单信息、回执回访、自助保全和在线理赔等多个高频保险服务场景，解决保险用户的业务办理刚需，尤其在抗击新冠疫情期间，人保寿险 E 服务小程序持续提升线上服务能力，在提高自助服务效率、提升在线服务质量上发挥了至关重要的作用。此外，为充分发挥平台的互联网优势，人保寿险 E 服务小程序通过活动专区、健康服务专区，不断丰富线上运营内容，从主题活动、日常互动、服务咨讯等多个方面全面提升服务水平，为提升客户活跃度、拓展新客户提供了有效的平台支持。凭借安全、便捷、稳定和全面等特性，人保寿险 E 服务小程序已为千万级互联网用户群提供 7×24 小时的优质线上服务，成为公司 C 端客户信赖的服务平台。

三、项目重点解决的问题及主要创新点

人保寿险 E 服务小程序作为面向客户的互联网应用前端触面系统直接与互联网用户进行交互，前端的用户体验显得尤为重要。小程序依托微信生态圈，背靠海量微信用户，无须下载即可达到媲美 APP 的使用效果。人保寿险 E 服务小程序后端系统建设更是高瞻远瞩，决心打造互联网大中台服务，对各类互联网应用功能从业务和技术两方面进行抽象、重构和扩展。该系统基于业务中台化设计思想理念，秉持支撑公司所有互联网前端应用这一主导思想，采用时下流行的分布式微服务、云计算、容器化、海量日志分析、持续集成、发布和人工智能等技术，保证了系统技术的先进性，实现了软件复用程度最大化，降

低了研发成本，并提高了对业务需求的响应速度，提升了用户体验。

四、项目主要建设内容

（一）技术架构升级

在技术上，人保寿险 E 服务小程序采用了 Spring Cloud 微服务生态、K8S + Docker 容器、DevOps 平台和 ELK 海量日志分析处理等主流先进技术或工具，实现了分布式微服务化、错误隔离、弹性伸缩、持续集成发布和可视化运维分析，同时引入人脸识别、图形图像识别 OCR 和大数据等人工智能技术。人保寿险 E 服务小程序技术架构见图 1。

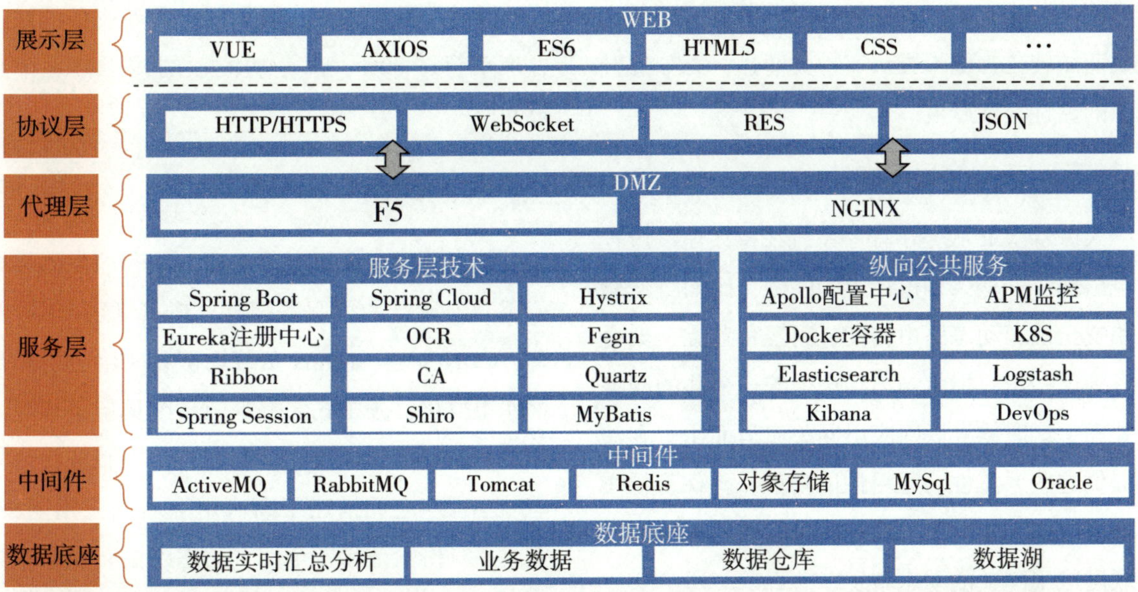

图 1　人保寿险 E 服务小程序技术架构

（二）提炼与丰富功能

在功能上，人保寿险 E 服务小程序以自助保单服务、健康增值服务为主，目前已涵盖用户实名认证、保单查询、回执回访、保单保全、自助理赔、星级服务和活动专区等百余项功能，充分发挥自助在线服务的便利性，为千万级互联网用户提供安全、高效的线上服务。重点服务项有以下几个。

1. 实名认证。通过采集个人用户的五要素信息并进行在线识别，为互联网用户提供身份认证支持，确认用户真实身份并作为后续提供保单类服务的基础。

2. 保单查询。用户可以自助查询保单详情，获悉保全记录、续期记录、分红记录和理赔记录等详情，对电子保单进行下载。

3. 回执回访。用户可在线进行保单回执签收与回访，提高回执签收效率与回访完成效率，极大节约了分支机构人力调配。

4. 保单保全。支持用户以投保人身份进行收付费类、非收付费类的保单变更，满足客户对基本信息、保险计划和利益领取等方面的需求。

5. 自助理赔。客户可作为被保人、受益人和监护人进行报案申请，自主选择需要理赔的责任并进行线上实时申请，缩短了理赔申请时效，提高了赔付效率。

6. 星级服务。根据客户等级提供差异化增值服务，包括健康测评、电话医生、重疾绿通和紧急救援等丰富的健康服务项目。

7. 活动专区。通过定期推出主题活动或发布模板化日常互动任务，激励用户获取保豆并在兑换商城转化为虚拟类、实物类商品，充分提升用户的黏性与活跃度。

（三）夯实底层架构

人保寿险E服务小程序系统在持续建设过程中也出现了一些架构设计上的问题，比如身份验证和安全性、动态路由转发、洞察和监控、聚合服务等这些没有提炼剥离到一个统一公共的服务来处理。这时候互联网应用网关应运而生，专注于提供这些系统性、通用性的功能。人保寿险E服务小程序前端对多个服务后台的调用都要通过互联网应用网关的动态转发。

除人保寿险E服务小程序前端触面系统会调用服务后台之外，人保集团各个子公司之间的系统也会形成复杂的相互调用关系，中间也需要一层网关进行通用性功能的开发，比如用户身份鉴权、路由转发等。内网应用网关主要担负起了这个职责，夯实了底层架构。

五、项目效果

经过3年的迭代升级，人保寿险E服务小程序已成为公司面向C端客户最重要的应用，公司持续完善功能和提升用户体验，快速响应市场需求，不断提升数字化服务能力。截至目前，人保寿险E服务小程序月度活跃用户数超过50万户，回执签收、保全、回访和理赔报案等业务的线上办理率超过80%，部分功能项的线上办理率超过90%。

六、总结

综上所述，人保寿险E服务小程序整体架构采用时下流行的微服务架构，Redis缓存集群部署、CDN加速、Nginx负载均衡、应用主机和数据库集群化、分布式部署等使系统具备了承载高并发、高可用和弹性伸缩的能力；在服务中台与前端小程序之间搭建了高可用互联网应用网关，完成了身份验证和安全性、动态路由转发、洞察和监控、聚合服务等通用性功能，保证了系统安全性、稳定性；提炼并简化了之前重复的业务模块，降低了研发成本，提升了业务需求响应速度；同时前端小程序依托微信生态圈，背靠海量微信用户，无须下载即可达到媲美APP的使用效果，极大地提升了用户体验。

专家点评

中国人民人寿保险股份有限公司的人保寿险E服务小程序，依托于微信端为客户提供保单服务以及其他增值服务，包括保单查询、回执回访、保单保全、自助理赔、健康增值服务以及活动任务等功能，增强客户的前端用户体验，提高客户的黏性和活跃度。该程序应用微服务架构，具备可承载高并发、高可用和弹性伸缩的能力，同时增加身份验证，增强数据和信息的安全性，并且简化重复业务板块，降低研发成本。公司通过搭建服务小程序，来为客户提供高质量的自主保单服务，提升了客户的用户体验，推动了公司“互联网+”的转型升级。

友邦人寿“友邦新声音”

◎友邦人寿保险有限公司

一、项目概述

伴随着友邦人寿保险有限公司(以下简称友邦人寿)全力打造“客户驱动型保险公司”，友邦服务加速数字化转型的步伐。“以科技赋能的‘友邦新声音’”服务案例正是AI应用在服务端的创新探索，也是友邦人寿深化科技与服务融合的重要举措。该案例依托多项人工智能技术打造智能外呼机器人“小邦”，采用组合式外呼策略提供差异化的客户服务，一站式解决客户业务提醒与办理诉求，打造客户体验友好的智能外呼业务闭环，并打通全渠道服务数据壁垒，整合线上、线下多触点数据，重塑数据价值，构建风险管理与预警模型，是AI技术与大数据在金融服务与风险管理的深度应用。

二、项目背景及意义

数智化时代，消费者的需求日趋多元化和个性化，对于保险服务的标准和预期也日益提升，行业内产品同质、服务模式单一和服务水平参差不齐等问题成为制约整个行业发展的重要因素。近年来，伴随数字化转型逐步成为保险业内的共识，人工智能技术也越来越广泛地被应用到各个业务场景和服务中，成为企业构建未来核心竞争力的重要抓手。

友邦人寿始终秉持“科技驱动领先优势”理念，通过科技创新充分赋能业务和服务，为客户创造价值，打造服务生态圈，使公司能够基于实际业务场景出发，更深入地了解用户需求，识别业务风险，从而提升客户体验，防范风险。公司在快速扩张和高质量发展的同时，早就开始布局数字化服务转型之旅。一方面通过大数据和人工智能技术对于客户服务进行场景化匹配；另一方面，在新技术应用大幅提升组织效能的同时，考虑避免可能产生的新风险，采用AI技术和大数据模型搭建全闭环风险监测和预警模型，打破数据壁垒，实现数据共融，起到全景洞察、防范风险的作用。

“以科技赋能的‘友邦新声音’”不仅是友邦人寿打造客户驱动型保险公司、构建服务生态不可或缺的一部分，也是友邦人寿追求极致服务、持续进行保险服务数字化创新的重要变革。

三、项目重点解决的问题及主要创新点

作为中国内地首家外资独资人身保险公司，在不断开拓前行的同时，如何通过科技赋能快速应对市场和客户需求的变化，优化运营管理，提升组织效能，一直是公司自我变革的重中之重。

（一）有效解决业务增长快导致的服务资源不足问题，提升整体服务效能

伴随着友邦人寿业务的快速增长和保险版图的持续扩张，内外部服务需求呈现出迅猛增长的

态势，这无疑对服务资源带来较大的考验。而外呼服务本身具有受业务节奏影响波动幅度较大的特性，也使公司在如何经济的匹配服务资源这一问题上面临较大的难度。通过 AI 赋能的“友邦新声音”——“小邦”颠覆了传统服务模式，推动热线服务由“纯人工”向“人工+智能辅助”模式转型，提升整体服务产能，组织效能得到指数级增长。

（二）一站式打通业务流程断点，建立全流程的服务闭环

“友邦新声音”服务案例通过全面分析现有端对端的服务流程，梳理公司可能面临的各类风险，结合智能外呼机器人的技术发展现状、特点，不断探索和扩展适合机器人外呼的应用场景。由于业务流程断点会带来客户体验下降、后续流程停滞和工作效率降低等问题，因此，在打造“友邦新声音”——“小邦”时就深入分析客户各服务环节的诉求和痛点，厘清服务前后关联场景，由点及面地设计交互流程，打造全流程的服务闭环，使“小邦”更具价值化、智能化和个性化，最大限度地灵活解决客户在通话过程中可能产生的各种个性化服务诉求，并根据业务分层及客户分层圈定外呼场景，为客户提供千人千面的服务，贴合每个客户个性化的使用习惯。

以续期挽留（Warm Save）这一业务场景为例，其除了包含常规电话所涉及的基本缴费提醒功能外，还会根据客户的需求在通话中联动周边其他系统协助完成扣款，一站式解决客户业务提醒和业务办理的服务需求。在遇到有缴费意愿但却一直未成功缴费的客户时，业务流程还会在 N 日后自动再次触发“小邦”的致电跟进功能，形成“简单提醒+全流程+二次提醒”智能组合式语音服务，集中资源创造更高的价值。

（三）基于客户角度提供更人性化的服务，提升客户体验和满意度

以往客户在与语音机器人对话时往往会出现“我说的听不懂”“我问的答不了”“一听就是机器人”这些问题，导致客户体验较差，从而对语音机器人产生排斥心理。而“友邦新声音”——“小帮”则运用了语音识别（ASR）、意图理解（NLP）、语音合成（TTS）、情绪识别和对话管理等多项人工智能技术，以客为本，站在客户的角度反复推敲话术，梳理出语料、专业用语和语音语义模型，不断扩充、修正，并精准地感知客户的情绪，打造高智商、高情商和有人味的语音机器人解决方案，从而与客户交流时能听得懂、答得上、能互动。

例如，为了避免客户对机器人产生排斥，一方面“小邦”多采用口语化、简明扼要的表达方式，并增加语气词处理，使客户如同在与真人客服交流，沟通更顺畅。另一方面，“小帮”通过多轮客户说法识别的修正、话术播报的优化、交互流程的调整以及多次多轮验证，挑选拟人动听的机器人声音，使整个交流更易被客户接受，完成率更高，客户体验更优。

（四）洞察冰山下的潜在风险，提升风险识别和洞察能力

在业务迅速发展的同时，各类风险也随之增多，甄别的难度也在不断加大。在严监管形势下，如何挖掘冰山下的问题、减少公司风险尤为重要。服务端作为倾听客户声音的重要方式之一，是推动公司为客户提供价值和实现客户满意的关键组成部分，也是洞察、防范和管控各类风险的第一道关卡。“友邦新声音”在设计之初，

就清晰地认识到风险管控的重要性，并考虑到AI技术的运用也会带来新的风险。案例依托情绪识别、抢话检测、警示性语言和静音识别等AI声学模型，用于识别服务风险；通过识别错误、流程标签错误和客户应答覆盖不足等识别机器人的问题；通过对业务流程抱怨、重复/集中咨询、对服务人员不满和意见反馈的分析等来监测业务的关键行为，大幅提升风险的甄别能力。

（五）打通数据壁垒，整合多触点数据，作为数据挖掘和数字化用户经营的基石

随着人们生产生活方式的改变，线上、线下服务一体化已成为趋势。“友邦新声音”服务案例就打通了线上线下的数据壁垒，将全过程服务数据完整留存，不仅包括交易数据，更将智能外呼、在线服务、热线服务和柜面服务多个触点的海量客户交互数据进行整合，转化为可视化文本分析，实现100%覆盖和沉淀。对这些多维度的数据，再通过数据挖掘的模型和算法，应用于各类数据预测、行为分析和风控建模，立体重塑了数据价值，提升经营质效。

（六）高度自动化、可延展的系统解决方案，为快速扩大业务范围奠定基础

不同的客户有各自不同的需求，而且伴随市场环境和政策的快速变化，业务模式的升级和迭代会日益频繁。系统规划的原则就需要具备充分的预见性，留有可扩展的余地。“友邦新声音”案例立足扩展业务场景不断升级的情况，在设计时就不止着眼于现有业务，而是采用灵活以及可配置、可复用的设计原则，为后续新场景上线及现有场景迭代升级奠定扎实的基础。目前，服务范围已可应用于续期挽留（Warm Save）及客户关爱（CCC）智能外呼业务，全面涵盖“600+”业务场景。从获取名单、分流任务、批量外呼、判断客户意图、获取回访结果和发起系统操作到二次跟进，实现端对端的高度系统自动化，高效完成外呼任务。

四、项目主要建设内容

（一）搭建智能外呼管理平台，打造智能外呼机器人“小邦”，提供千人千面的服务

智能外呼管理平台可实现智能批量外呼功能和差异化回访策略，在平台上通过灵活、丰富的配置拨打策略，根据不同客户的需求，提供与之相匹配的差异化服务。智能语音外呼机器人“小邦”在集合了语音识别、语义理解和语音合成播报等多种AI技术后，依托对业务中客户服务诉求的深入挖掘及分析，由“点”及“面”覆盖5大类共600余种交互场景，轻松解决客户多意图、个性化的服务需求。通过提供一站式端对端的解决方案，高效、自动地为客户提供智能、友好、便捷专业的服务体验，精准匹配适用于客户自身特定需求的业务流程，不仅保障了客户的权益，还为公司留存了客户资源。

（二）通过智能风控预警平台提高风险甄别及预警能力，驱动立体化风险管控

通过对客户海量服务数据挖掘，智能风控预警平台目前已梳理出4000多个风险因子，搭建了近百个服务端的风险识别模型。该平台还基于文本数据和语音构建多维度风险管理模型，实现对语音和文本百分百检测，挖掘语音文本和在线服务会话中的风险，实现对不同风险等级的案件及时预警和跟进，根据不同风险成因和性质，分类施策精准拆弹，第一时间展开干预，减少后续

风险。该平台大幅提升了风险甄别能力，对甄别出的风险问题，根据风险等级实现差异化智能预警，传达至对应的服务端，推动公司服务品质改进，促进服务流程优化。

（三）构建丰富的大数据模型，应用于多元化的业务场景

多触点的服务数据产生于服务和交互的各个环节，通过知识图谱、数据挖掘、模型预测和语义引擎等大数据技术对这些数据进行整合和分析，进行各类预测，为管理决策提供支持；对客户特征、客户风险、客户意愿、客户续期和客户行为等进行深入挖掘，形成全息画像以便提供个性化的服务，甚至为未来精准营销做准备；大数据模型还可实现潜在风险早发现、早处置和早化解，构建递进式、立体化的预防体系，有效降低各类经营风险，为业务开展提供有力保障。

五、项目效果

“友邦新声音”服务案例改变了公司对客户的服务模式，推动服务向更贴近客户转型，为用户提供便捷高效的服务体验。同时，也全方位强化了公司与客户的沟通互动，增进客户与公司的关联，大幅提升整体服务效能。除此之外，案例还将AI应用到风控环节，从0到1建立风险分级智能预警，实现对公司各服务触点的全方位风险管控，并反哺至服务前端，提升服务体验，优化服务流程。

目前，“友邦新声音”案例已应用于续期挽留(Warm Save)及客户关爱(CCC)回访业务。自2020年上线后，截至2021年11月底，累计拨打电话量近85万通，协助人工收回保费6.2亿元(其中，纯机器人收回保费2.6亿元)，为公司有效留存客户资源起到至关重要的作用。客户关爱外呼业务场景中的联系覆盖率由原纯人工服务的43%提升至100%。在服务客户的过程中，通过持续优化交互及识别，整体识别率持续稳定至92%，交互更顺畅，体验更友好。而案例中的智能风险预警平台已实现覆盖100%的服务数据，累计甄别出247个服务问题，推动40次服务人员培训及26次系统/流程优化，大幅提升公司在服务端的风险甄别和防范能力，为公司稳健经营保驾护航。

六、总结

以科技赋能的“友邦新声音”服务案例是公司将AI技术在服务端落地的又一里程碑，旨在运用数字化技术提供便捷、智能、高效的服务，提升消费者的服务体验，是公司深化数字化服务转型的“重头戏”，无论对客户、对公司还是对行业均有重要意义。

未来，公司将继续深化保险科技、大数据和人工智能在服务经营上的创新，推动以科技力量驱动组织效能，提升和优化客户体验，助力公司高质量发展，促进保险业数字化、智能化转型升级。

专家点评

友邦人寿保险有限公司的“友邦新声音”，基于智能外呼机器人“小邦”，通过组合式策略提供具有针对性的外呼客户服务，及时满足客户的业务办理诉求，形成智能外呼业务闭环，有效提高客户体验感。该服务案例使用人工智能技术构建外呼机器人，能够精准地为客户匹配满足其特定需求的流程，通过智能风控预警平台来有效甄别风险，增强公司风险控制能力，建立丰富的大数据模型来支持各项管理决策，降低各类经营风险。公司通过此项目能够有效地解决服务资源不足的问题，打通各业务流程环节，为客户提供更为人性化的服务，提高公司的经营效率。

大家人寿新一代客户线上服务数字化平台建设实践

◎ 大家人寿保险股份有限公司

一、项目概述

大家人寿保险股份有限责任公司(以下简称大家人寿)积极研发“新一代客户线上服务数字化平台”，支撑公司客户服务线上化、移动化以及降低柜面服务运营成本，提升客户服务体验。将社交媒体新技术、互联网新技术与保险服务场景深度融合，运用大数据、云计算、人工智能、移动互联和共享中台等先进的技术与理念，设计打造了集移动投保、移动保全、移动理赔和移动增值服务为一体的，全面支持客户保险业务活动的数字化平台，推动公司业务模式的创新转型，提升公司的客户经营水平。

二、项目建设背景及目标

随着互联网、大数据和人工智能等技术的不断进步，科技创新正逐步改变保险业的经营模式。随着客户期望值不断变化，保险业正逐步落实以客户为中心的经营模式，保险公司必须设身处地从客户的角度出发，为客户提供远胜从前的体验，革新服务理念，顺应时代潮流，将新技术与经营模式深度融合。

大家人寿新一代客户线上服务数字化平台的建设目标是通过建立在线服务平台，连接客户与公司，为客户提供 7×24 小时的自助服务，服务需覆盖客户自助投保、自助签收保单、自助线上回访、自助核保函件处理、自助保单保全、自助签署养老确认函、自助报案以及自助使用公司提供的增值服务，通过一体化的服务全覆盖，降低运营成本，提升客户体验。

三、项目重点解决的问题及主要创新点

目前绝大多数寿险公司给客户提供了移动应用平台，但普遍存在平台并非以客户需求及操作习惯为导向构建的，平台臃肿庞杂，建设周期长，界面缺乏一致体验，无法支撑公司与客户的有效互动，存在移动 APP 推广难、运营难和用户体验差等难题。

大家人寿新一代客户在线服务平台在线上化、社交化领域大胆探索，在业务场景及新技术使用方面进行了大胆创新和实践，形成了切合公司转型发展需要的客户服务界面及移动应用平台。

（一）业务场景创新

1. 客户自助服务全流程线上化。平台为客户提供自助投保、自助服务、自助理赔及问题件自助处理等功能，支持客户自助完成保单投保、签收与线上回访、保单保全、报案、核保函件及

线上养老函件自助签署处理，实现客户自助服务的全流程线上化支持。

特别是在投保环节，客户完成投保后，一键跳转保单回执，签收保单后，一键跳转线上回访，全程无断点，方便客户连续、高效和透明的完成整个投保环节。

2. 客户端轻便快捷，即用即走。充分利用"国民级"应用微信的广覆盖优势，客户端通过个人微信小程序构建，客户只需 3 秒即可下载并打开应用，避免客户下载容量大、启动慢的 APP，节省客户时间，方便客户使用。

3. 与社交平台紧密集成，官微小程序一体化。客户自助小程序与公司官微紧密集成，客户找到官微，即可通过官微菜单项打开小程序，在小程序中完成自助操作。

同时，平台打通客户注册认证体系，客户只需在官微或小程序上进行认证，后续无论使用官微还是小程序，无须再次认证，一键登录，信息互通。

4. 与企微紧密集成，线上线下深度融合。客户自助小程序与企微紧密集成，当客户需要帮助时，代理人可以通过企微一键推送小程序，推送时，代理人可以打开特定服务页面推送，客户打开小程序，直接展示所需服务的界面，一目了然。

客户完成出单、签收保单、完成回访、有核保函件，以及晚上报案，通过系统平台，销售服务人员会实时收到企业微信的消息推送，及时了解客户的关键事件，方便为客户主动提供服务。

（二）技术创新

1. 人工智能新技术应用。在客户自助服务流程中，无论是自助投保环节还是保单签收，在线回访，以及线上保全及线上报案，均集成了证件 OCR、人脸识别和电子签名等 AI 技术，确保服务过程真实、有效，让客户足不出户快速办理业务，公司可以 7×24 小时与客户连接，随时随地提供服务。

2. 前端采用 MVVM 框架，实现前后端分离。大家人寿新一代线上客户服务平台使用三大前端框架之一的 VUE 作为前端框架，前端页面通过框架提供的路由能力，完成与客户的全部交互，所需数据全部使用后台服务完成与后端的交互，前后端分离，方便并行开发，敏捷交付。同时，前端页面全部用 H5 方式构建，实现前端的跨平台，一次编写，多端运行，最大限度地保护前端资产。

3. 微服务架构设计。大家人寿新一代线上客户服务平台通过沉淀业务能力形成服务 API，通过 API 的公有化实现系统资产的服务化，盘活 IT 资产，加速业务创新。平台采用微服务治理框架 Spring Cloud，支持服务灵活扩展，支持敏捷部署和功能的快速迭代。应用整体架构见图 1。

4. 实现"私有云+公有云"部署。所有微服务已全部容器化，在华为云部署，与云下的支撑层真正意义上实现了混合云部署。混合云部署模式，充分利用公有云具备高并发、高吞吐和高弹性的特性，实现关键交易，同时数据在私有云存放，发挥私有云安全性高、自主可控的优势，确保数据安全。

5. 客户线上行为全面记录。客户线上的一切操作，系统均埋点记录，为了解客户行为特征，洞察客户需求，生产客户标签，更精准地服务客户提供了数据基础。

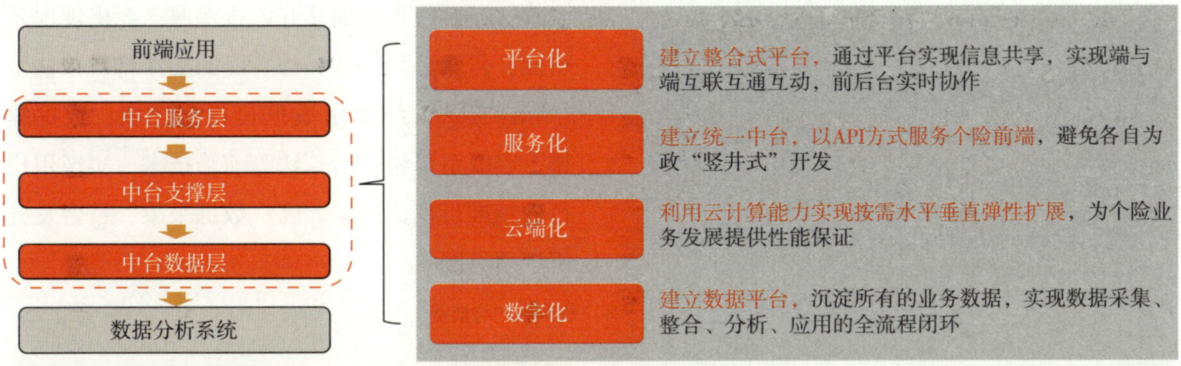

图 1　应用整体架构

四、项目主要建设内容

（一）提供官微及小程序一体化自助服务界面

通过为客户提供官微及客户自助小程序实现客户自助服务。客户通过关注大家人寿官微可以一键打开大家人寿客户自助小程序，也可以通过搜索大家人寿直接打开客户自助小程序，随时随地完成自助服务。

（二）提供客户一站式线上自助服务内容

平台在线上投保、线上预核保、线上核保问题件处理、线上回执、线上回访、线上保全、线上理赔、线上增值服务八个领域，为客户提供线上化服务。

线上投保支持所有渠道，所有产品投保均可通过线上完成。目前，线上预核保的个险渠道已提供使用，客户可以在线提交预核保申请，预核保通过后可以一键转入投保，线上核保问题件处理支持 31 个核保函件的线上自助处理，显著提升了公司核保线上化水平。投保函件全线上 E 化处理流程见图 2。

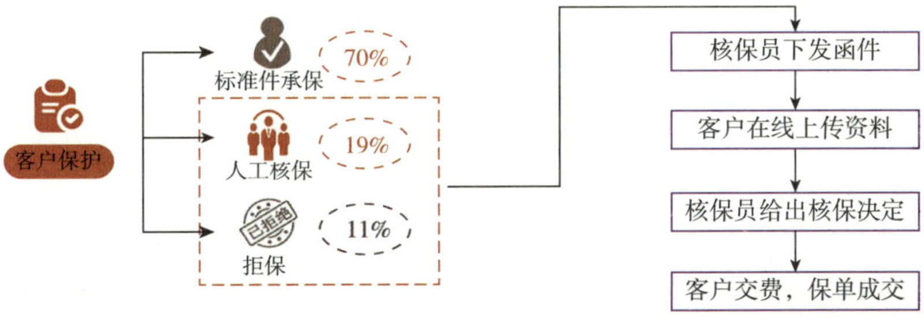

图 2　投保函件全线上 E 化处理流程

线上回执支持所有渠道产品线上保单签收；线上回访实现所有产品实时回访；线上保全，实现 16 项业务量最大化的保全功能，覆盖 99% 的保全处理量；线上理赔，支持所有产品线上报案及进度查询；线上增值服务实现大家养老权益函件的线上签署。

（三）客户行为实时记录统一存放

在客户端，系统实现统一信息埋点，客户在官微及小程序的登录和操作按时间顺序逐项记录，系统提供统一服务接口查询并展示客户的行为轨迹。同时，在投保等关键环节，平台按监管要求，在客户点击确认开始投保时，会出现提示页面，告知消费者在销售页面的操作将被依法记录和保存。系统运用数据可视化还原、数据编排、容器引擎和容错算法等前沿技术，实现用户行为精准可视化还原。客户数据采集、整合及分析应用见图3。

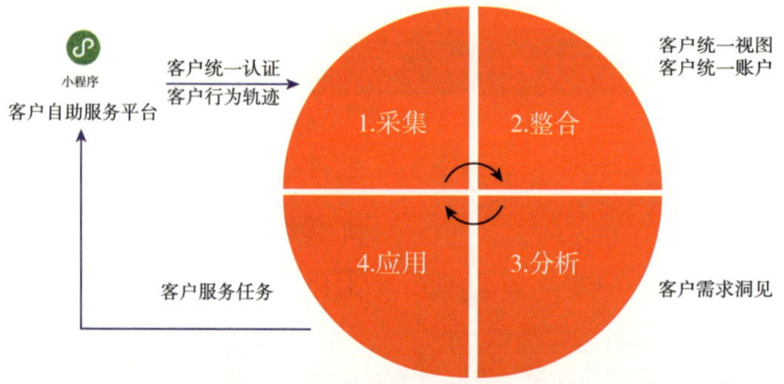

图3　客户数据采集、整合及分析应用

五、项目总结

大家人寿经过深入研究，选择线上线下相结合的运作模式实现业务转型。针对客户端，在线上建设强大的客户自助平台，将传统线下完成的服务，迁移至线上，方便客户7×24小时自助完成保单相关服务，节省运营成本。

大家人寿充分考虑客户的使用习惯，采用官微小程序及企微集成的方式，为客户提供便捷一致的服务界面，充分尊重客户的使用习惯，保证客户良好的使用体验，通过数字化运营，持续迭代升级客户服务，让服务更便捷、高效、透明，助力大家人寿业务更快发展、转型更稳落地。

专家点评

大家人寿保险股份有限公司的新一代客户线上服务数字化平台，集合移动投保、移动保全、移动理赔和移动增值服务等功能为一体，将线下投保服务搬迁至线上，减少柜面服务运营成本，同时让客户可以随时随地完成投保和理赔等保险流程，提高了客户的用户体验感。该平台从客户的角度出发，运用大数据、云计算、人工智能、移动互联和共享中台等技术实现为客户提供线上自助服务，能够有效地提高核保和理赔效率，让服务更便捷、高效和透明，推动公司业务模式的线上化和智能化，提高公司的经营水平。

百年人寿智能客服系统

◎百年人寿保险股份有限公司

一、项目概述

随着市场竞争的日益激烈，客户除产品本身外，越来越重视与之伴随的客户服务体系。因此，优质的客户服务成为保险业竞争中重要的优势，伴随着人工智能技术的迅猛发展，通过对超过80%用户常见问题的反复学习和训练，辅助极少的客服人员，就可以使百年人寿智能客服系统迅速识别客户的要求，并自动提供相应的候选解答，极大地提高了客服的处理效率。与此同时，面对频繁的电话咨询，客服专线也加入智能语音客服，代替人工处理，对日常频发的问题进行快速答复。智能语音系统的应用也不仅限于电话接听，可以更进一步的应用到电话回访等外呼的使用场景中。保险销售人员也可以使用智能推荐平台提供的规范、科学的产品介绍范本。

二、项目背景及意义

（一）人工智能技术的高度发展

从2017年开始，国家已经将人工智能列为顶级战略。从产业的角度来看，全方位布局AI产业并奋起直追，不仅能够促进生产力发展，更能对经济与社会的运行方式产生积极的作用。如今，我国正在以下八个领域中积极布局AI：知识计算引擎与知识服务技术、跨媒体服务分析推理技术、群体智能关键技术、混合增强智能新架构与新技术、自主无人系统智能技术、虚拟显示智能建模技术、智能计算芯片与系统、自然语言处理技术。随着国家政策的陆续颁布，我国人工智能发展的新纪元即将开启。

（二）数字化转型浪潮下的客户服务

近年来，企业纷纷开展数字化改革，产品销售渠道不断拓展，微信等强社交工具的应用，赋予了客户更多的渠道来联系企业解决问题。客户选择与企业联系，往往带着很强的目的性，解决问题才是其根本的诉求。这就对客服系统的数字化、智能化提出了更高的要求。

（三）成熟的智能机器人解决方案

多渠道接入，支持桌面网站、移动网站、APP、邮件、微信、微博和短信等多种渠道接入，无论用户来自哪个渠道都可以享受到机器人的接待服务。

多轮会话，机器人基于上下文理解与客户进行分步式的自然语言交互沟通，可以通过主动发问、关键信息的理解和提取，一步步聚焦客户的实际需求，推动或完成业务任务的执行操作。

常见问题引导，根据自身需要配置常见问题引导，在用户来访时直接给出相应的问题引导，通过点击即可获取答案。

相似问题关联，针对访客提出的问题，机器

人客服不仅会将问题答案回复给访客，同时会为访客推送该问题的关联问题，方便引导访客通过多轮交互得到答案。

多机器人交互，不同渠道的用户配置不同的机器人客服，每个机器人客服有自己独立的知识库，可以会话和自动应答。

机器人问答分析，可查看机器人客服对用户问题回答的构成，以及机器人客服回答的热点问题汇总，由此了解机器人客服服务的情况，更精准地定位用户更关心什么问题。

（四）智能化客服体系建设的意义

良好的客户服务沟通，可以增加客户的黏性，拉近企业与客户的距离，增加企业的可信赖感。智能化服务带来人力资源的效率提升，在提升服务质量的同时，降低人力成本。

三、项目重点解决的问题及主要创新点

（一）客户服务业务范围的不断扩展

随着移动互联网的普及，保险业务与客户的接触方式也越来越多，客户在与企业的沟通中，提出的服务问题也越来越多样化，同时大量第三方代理渠道的出现，使得许多客户和实际提供产品的企业失去了联系，这给客户服务带来了新的挑战。

（二）客服团队的规模制约

传统的客户服务体系高度依赖人力资源的发展和留存，培训过程复杂，高度依赖经验，服务效率和服务质量难以把控。这使得客服团队如果进行大规模发展必然带来管理成本的指数型上升。

（三）创新——智能窗口无处不在

公司的主要互联网窗口——微信公众号、企业微信和官网等互联网平台设置智能客服机器人，对客户的问题进行受理和解答。95542 电话中心增加智能语音 IVR 导航，辅助客服人员进行问题分类和服务分流。

目前根据服务类型，部署两套智能机器人服务系统，一套用于日常在线客户问题受理、答复，以及复杂问题转办和通知；另一套用于向销售团队推广新产品相关业务知识，解读产品优势和产品特色。

（四）创新——智能语音外拨主动联系客户

续期催缴采用自建呼叫平台，建立续期回访知识库和回访外呼话术体系，进行批量智能外呼，显著提高保单续期回访覆盖率。

四、项目主要建设内容

（一）智能在线客服聊天机器人

智能机器人的核心能力是通过文字、语音的交互，基于自然语义的理解、意图识别能力，自主解决客户的通用性问题。智能机器人有以下几种应答方式：

1. 直接回答。通过语义分析，判断“提问问题”“知识库已有问题”匹配度超过阈值时，机器人会选择直接给出匹配到的答案的应答策略。

2. 理解回答。“提问问题”“知识库已有问题”存在一定的匹配度，但未达到阈值时，会以“理解回答答案+提示问题”的形式给出答案，以帮助客户获得最理想的答案。

3. 引导回答。机器人通过语义分析，判断“提问问题”“知识库已有问题”有一定匹配度但不是很高时，会以推荐“引导问题”的形式，给出引导回答的答案，以通过这些引导问题理解用户的提问意图，帮助其获得最终答案。

4. 未知回答。机器人通过语义分析，判断“提问问题”“知识库已有问题”匹配度极低时，会输出未知回答。

5. 关联问题特殊回答。一个标准问题可通过知识库后台添加一些与该问题有拓展性关联的其他标准问题。这些关联的标准问题，可以作为被关联标准问题的拓展性回答，以使得机器人回答更加全面。

智能机器人的维护是需要专业的客服人员根据多年的客服经验，总结和梳理常见问题和应对方案，逐步完善机器人知识库，同时根据客户反馈的情况，定期进行知识库的修订，增加热门问题的详细回答，以保证机器人的稳定高效运行。

目前百年的客服机器人系统，主要对接百年人寿——保通微信公众号，百年人寿 APP、百年人寿官方网站，采用 AI 智能机器人及人工客服混合方式共同作业，通过语音、文本、图片和文件等多种富文本方式便于客户沟通。

（二）智能产品咨询平台

将智能客服机器人系统中使用的知识库和自动应答等技术应用于公司新产品的资料介绍和理念推广，公司推出产品知识问答机器人百宝通。在推荐产品的同时，将“保险相关法律法规”“客户保险需求分析”“投保问题咨询”“理赔服务介绍”“基本法解读”“荣誉体系分享”等知识体系纳入其中，为代理人提供合规高效的产品知识和分享方案。

（三）智能语音外呼系统

本地部署智能语音外呼系统，与现有的续期催缴业务系统和话务平台做对接，实现续期催缴业务的智能外呼，建立续期渠道专有的催缴知识库，判断客户续期缴费意向，预测续期继续率风险。

目前，续期催缴知识库有 67 个服务节点类型，其中对应多个关键词、67 个话术，对于复杂保全、保险责任、退保意向和投诉等实现人工转接。

五、项目案例效果

（一）智能客服机器人百小答

在官网、微信公众号等服务渠道中增加智能机器人客服百小答，提供公司介绍，产品介绍与推荐，自助服务入口推送，自助服务问题解答等一系列服务。

与此同时，智能机器人知识库可以线上辅助人工客服提供相关问题的参考答案，通过整合各渠道留痕，完善客户资料来完成客户信息采集。了解访客来源及历史行为，全面抓取并分析客户行为数据(浏览轨迹、历史订单、会话记录、身份信息等)，基于客户画像、语言情感、行业知识构建以及精准的语义分析，让智能客服迅速准确地理解客户意图，为后续的会话交互提供支撑。

（二）产品咨询系统百宝通

百宝通系统是结合智能机器人依托企业微信平台，以保险销售人员为主要客户群体提供的服务支持，主要关注产品资料，条款，相关法律法规等销售知识的培训，以及应用智能语音识别系统，提供即时的在线产品知识问答，便于销售人员自助解决产品培训中和客户服务中遇到的各种问题。

（三）续期催缴语音外呼机器人

初期续期智能语音外呼主要覆盖网销续期通知类外呼任务，网销首转件数成功率达 80% 以上，网销 13 个月保费继续率 95% 以上，外呼覆

盖率为 98.4%

近期银保续期实现全量智能外呼回访，智能回访 1/2 次(首次未接)，累计覆盖率为 90%，接听率为 50.38%，高于人工回访接听率。

六、总结

面对互联网带来的业务模式变革和产品形态改变，客户服务必须要进行深度的数字化改革。数字化不应只是对原有业务的简单提速，数字化客户服务应该是服务理念上的变化，从被动、被联系到主动去接触，充分发挥人工智能等前沿科技带来的创新服务，同时也要建立与之配套的考核与质检体系，逐步完善，创造新的客户服务方式，才是企业客户服务数字化的最终目标。

专家点评

百年人寿保险股份有限公司的智能客服系统，由智能在线客服聊天机器人、智能产品咨询平台以及智能语音外呼系统组成，可以自助解决客户的通用性问题，为代理人提高合规丰富的产品知识和分享方案，及时催促客户缴费，预测续期继续率风险。该系统可以有效解决客服服务质量参差不齐等问题，降低人工客服成本，良好的与客户沟通，增加客户黏性，提升服务质量。公司运用智能客服系统可以提高客服的处理率，充分发挥人工智能等先进技术带来的创新服务方式，满足客户对于客服系统数字化和智能化的高要求。

利安人寿数字化智能微信服务平台

◎ 利安人寿保险股份有限公司

一、项目概述

利安人寿保险股份有限公司(以下简称利安人寿)成立于2011年7月，是一家全国性人身保险公司。成立以来该公司一直秉承“客户至上”的经营理念，着力构建专业、透明、便捷的保险服务平台，致力于提供“以客户为中心”的温度服务。为更好地向客户提供高效便捷的精准服务，利安人寿推出了全新的“面向客户”的数字化智能微信服务平台。该服务平台重塑“客户体验”，全面优化整体架构，同时通过“功能场景化”的打造，为客户提供保单全周期的闭环服务。

二、项目背景及意义

移动服务的快速发展、客户群体的年轻化和新冠肺炎疫情影响的叠加带来客户需求变化，使客户对数字化、移动化服务产生了依赖性，越来越多的客户愿意用“碎片化”的时间、“自助化”的方式去获取服务。为提升公司核心竞争力，打造领先行业的数字化服务平台，促进公司数字化战略的快速落地，按照公司管理层工作指示，利安人寿拟订了数字化战略智能微信服务平台建设计划。该平台以客户体验的重塑为出发点，全面优化改善微信服务平台整体架构及界面展示，通过数字化微信服务平台打造“以客户为中心”的服务闭环，从产品销售、基础服务到增值服务，构建全链条服务流程。

三、项目重点解决的问题及主要创新点

(一) 重点解决的问题

原有的移动端服务平台存在以下诸多问题与“痛点”：

1. 原有服务平台架构不清晰，界面、流程不友好，用户体验不佳。

2. 自助服务项目较少，功能不够丰富，无法满足客户对线上化、自动化服务的需求。

3. 缺乏安全有效的身份识别技术，进而无法提供风险等级较高的服务项目。

(二) 主要创新点

1. 高可用架构模式。采用高可用架构模式，通过使用会话共享技术，当集群中任意一个或两个节点出现故障时，业务操作不受影响，同时实现平滑系统发布，真正做到7×24小时在线服务。

2. 以科技支撑，让服务更便捷、安全。所有涉及客户信息类的业务均需实名认证后操作，引入OCR证件识别、人脸识别和活体识别等技术，客户无须手动输入，通过拍照、扫描识别身份证获取信息，身份证号会进入公安系统验真，经过人脸识别系统判断是否为客户本人操作。对于重要的变更业务，采用更为严谨的生物识别技

术，确保客户业务操作过程安全可靠。

3. 电子签名、CA 认证，让回执签收更加方便可靠。引入电子签名、CA 认证技术，客户足不出户即可通过微信平台进行在线回执签收，极大地提高了保单回执签收效率。CA 认证采用数字签名、数字信封和时间戳服务等技术，包含抗抵赖、防伪造和防篡改三个特点。由于电子签章系统使用双重认证证书，签名私钥不出 key，不可复制，文档一旦被篡改，签章立即失效。

4. 数据缓存快速读取。利安人寿数字化智能微信服务平台引入了 Redis 分布式缓存技术，将系统常用数据，比如省市区编码、银行编码和客户 ID 等信息存入 Redis 中，读取这些复杂的联动数据时无须每次都进入数据库。这既可以提高数据读取速度，又可以节省数据库开销。

四、项目主要建设内容

（一）客户视角的界面设计

搭建 UI 界面及流程，界面划分清晰，给客户直观、易懂的视觉感受。以客户视角划分服务功能，给客户带来简单、便捷的服务体验。

（二）功能丰富的自助服务

客户关注利安人寿微信公众号，无须亲临公司柜面，足不出户，即可享受线上服务功能。功能项目多达 70 项，服务范围包括保单查询、电子回访、保全、理赔、续期、投诉和 VIP 等，覆盖保险合同的全生命周期。历时 10 个月，该微信服务平台完成了技术规范及方案论证、确定系统应用和技术架构、需求评估、系统设计、开发测试、业务验收以及灰度上线工作。

（三）有温度的保险服务

平台充分发扬工匠精神，通过智能客服、人脸识别、智能 OCR 和电子签名等技术，革新了传统保险服务与客户的交互方式，为客户提供更高效、更便捷、更丰富和更智慧的全新服务体验，提供有温度的保险综合服务。“让数据多跑路，让客户少跑腿”，利用智能科技进行风险控制。自助服务让客户体验到了服务更便捷、理赔更轻松的良好效果。

五、项目效果

（一）项目对公司产生的实际效果

1. 线上作业率明显提升。数字化智能微信服务平台项目的落地，实现了以智能手机为载体，连接保险生态，打通各服务环节，让客户随时随地即点即办，足不出户即可享受服务，极大地提升了客户的服务体验。平台一经推出，便赢得了客户的认可，2021 年 7 月微信在线服务作业率同比增长 239. 81%。

2. 降低柜面人力成本。通过数字化智能微信服务平台，客户可自助完成保单查询、电子回访、客户联系方式变更、受益人变更、退保、续期交费和理赔申请等多种服务项目，从而使公司柜面人力成本得到缩减，有效降低了公司运营成本。

（二）项目对行业的应用价值和示范效应

当前我国保险科技的发展已步入科技深度赋能保险业的新阶段，随着移动智能创新科技的深度应用，保险业的服务模式正在发生深刻变革。利安人寿数字化智能微信服务平台项目的落地，实现了面向客户的服务项目全面线上化、自助化和自动化，在贯彻落实数字化战略方面，对行业具有一定的引领和示范效应。随着保险业“去柜面化”的呼声越来越高，传统柜面将逐渐退出，取而代之的将是以场景、生态、优化布局、全渠道、数字化、智能和协同等为主流的智能网点。数字化智能微信服务平台正是智能网点的基础，它将作为智慧设备与公司业务结合的载体，往更宽的场景和应用领域拓展。

六、项目总结

利安人寿始终以客户的需求为落脚点，致力于打造一个界面美观、操作简便、信息安全和功能丰富的服务平台。下一步，公司将全力开发APP，充分利用数字化智能微信服务平台的建设经验，丰富线上服务渠道，不断地为客户创造和提供有价值的“温度服务”。

专家点评

利安人寿保险股份有限公司的数字化智能微信服务平台，依托于微信服务平台，将产品销售、基础服务以及增值服务等功能搬迁到线上，方便客户自助获取服务，为客户提供更为高效、便捷的精准服务，提高客户的用户体验。该平台改善了原有服务平台架构不清晰、界面不友好和流程烦琐等问题，提供更为丰富的自助项目，满足客户对线上化和自动化的需求，使用电子签名和CA认证等技术加强信息和数据安全。公司充分利用线上智能服务平台的建设经验，进一步丰富线上服务渠道，提高对客户的服务质量。

东吴人寿数字化保险开放平台

◎ 东吴人寿保险股份有限公司

一、项目概述

为了更好、更迅速地实现第三方渠道与保险业务对接，满足公司渠道业务快速发展的要求，东吴人寿保险股份有限公司(以下简称东吴人寿）深入分析渠道业务需求，自主设计研发了东吴人寿数字化保险开放平台。该平台制定了公司统一对外标准及对接流程，并提供了简单、开放的连接，实现了多级权限设置，满足多场景产品推广管理，提供强大的数据支撑，提供清单与分析功能，使销售业绩一目了然。整个平台已覆盖渠道对接的场景，成为“开放、智能、高效、全面”的一体化运营作业平台。

二、项目背景及意义

（一）项目背景

在当下超级网络的时代，场景营销逐步取代传统渠道销售，原来个险、银保、电销、网销这些传统渠道随着线上化的进程变得越加模糊，获客、活客、黏客越发倾向互联网终端。在公司坚持“内涵发展、价值成长”的战略主线、聚焦价值转型升级和强化内涵提升效率的背景下，业务渠道呈现出蓬勃发展的态势，保费收入持续增长。原渠道系统对接方式不仅耗时耗力，且稳定性较差，为了持续支撑公司业务的快速发展及渠道的持续开拓，结合同业渠道对接思路，东吴人寿启动了数字化开放平台项目。

（二）项目意义

新的渠道变革中，将互联网平台公域流量转换为保险公司私域流量是一个重要的变革方向。在新的合作生态中，合作伙伴相互引流，合作共赢，共建数字生态。保险开放平台为探索新销售模式提供基建工程：整体平台拥有丰富的商品库，可快速灵活定制，支持多种推广方式，提供全面的接入服务，满足保险销售及服务所有需求。

开放平台可为保险公司变革带来更大的改变，包括提供可视化的商品中心，加速产品推向市场的应变能力；采用 H5、API 和二维码通用对接方式，加速产品分销与保单服务的连接能力；对于拥有流量的平台，保险分销商只需注册认证、选择推广服务，即可获得推广资质；数字化保险开放平台的上线，标志着公司云计算、微服务、容器化的运用及科技赋能迈上新的台阶，为公司“内涵发展、价值成长”的战略主线提供可靠的技术支撑。

三、项目重点解决的问题及主要创新点

（一）重点解决的问题

1. 保险公司及渠道方业务痛点。为扩大销

售渠道和市场，公司对接的中介渠道越来越多，面临以下几个困难：

（1）面对公司的优势产品，作为销售端希望尽快接入售卖，而面对投保人，销售商希望力所能及地快速响应，提升产品的口碑。但是，渠道方系统通常自建能力较为薄弱。

（2）业务操作中，对中介渠道的信息管理较为分散，缺乏统一的信息发布窗口。传统的建群沟通方式，其工作量大，易遗漏或不同步。业务对账和结算工作量大，系统化程度不高，不能及时分析各中介渠道产品的销售情况。

（3）新商品对接业务繁重，每个渠道都要联调支持，效率较低。商品销售页新开发和维护响应慢，效率低，第三方技术服务能力开放低，缺少服务能力公布窗口。

（4）产品相关公告信息不能及时获取查询，资料管理分散。业务对账和结算工作量大，且处理时效不高；数据分析能力较差，缺乏及时的决策数据支持；新商品对接较为耗时，公司可能不能及时响应，希望有更多的自助服务。

2. 系统渠道对接痛点。

（1）渠道管理不统一。没有进行内部业务的整合和对外部的隔离，不利于对渠道的统一管理。

（2）接口规范不统一。文档标准不一致，采用对外协议不统一，安全认证不统一。

（3）文档管理不规范。由于缺乏在线文档说明、客户端 SDK，技术沟通线下多，对接调试周期长，造成效率低下。

（4）非功能需求设计不统一。服务提供方各自实现了部分的非功能需求，比如认证、日志等，在实现技术手段上没有规范化，造成重复浪费。

（二）主要创新点

1. 全面拥抱开放。将原有渠道的对接方式进行统一整合归纳，引入商户概念进行注册认证，根据不同的协议标准进行相关能力的开放，主要包含产品能力、承保能力、人员组织、数据能力、支付能力、消息能力和销售行为可回溯能力。

2. 多种对接方式统一管理。合作对接模式支持二维码引流、H5 页面链接、PC 页面链接、APP 引流和 API 接口。确认合作开始后，合作公司可以进入商户平台选择产品，自定义引流位名称（可以按照人名、渠道名或者活动名）生成产品专属的引流链接。

3. 传统技术架构向微服务转型。基于微服务化架构，开放平台按功能模块将系统划分成更小的颗粒及更轻量级的服务，将应用和服务分解成细小、松散耦合的组件，以有助于升级、扩展。独立的开发部署和故障隔离，同时借助服务发现机制及统一的管理中心和网关中心，使服务消费方与提供方在内部可以无忧通信。链路跟踪和监控机制保障多服务的高可靠性，最终实现在业务层面解耦，在管理层面聚合。通过消息队列的异步处理及缓存的解决方案，确保满足系统在互联网流量下并发的高可用、高时效性的要求。

四、项目主要建设内容

（一）技术应用

1. 微服务架构。传统的单体项目转向微服务架构，使大而笨重的整体抽象成多个小而轻便的服务，以便其各司其职，对外提供服务。这不仅大大地提高系统的 Tps，减少代码冗余，提高代码的复用率，而且便于后期的维护和扩展，可以更好地应对后期快速多变的互联网需求。整体平台拆分成多个微服务，其主要包含出单服务、数据服务、代理人服务、渠道管理服务、协议管理服务和佣金考核服务，每个服务之间互不影响，独立运行。

2. 消息队列及缓存。通过消息队列的异步处理及缓存的解决方案，可以提高系统的性能，优化用户的体验，确保满足系统在互联网流量下并发的高可用、高时效性的要求。

3. 持续集成。开放平台采用基于云计算的容器化应用技术，将应用和依赖进行轻量级打包，实现“一次构建，随处部署，弹性扩容”，满足秒级部署要求，提升交付速度。通过缩短开发周期，提高部署频率，更可靠发布与业务目标达成一致，实现项目的集中化、视图化管理，同时项目主管能够直观地跟踪项目的开发进度、发布计划以及上线后新增功能的调用情况和性能分析。

（二）主要功能介绍

数字化保险开放平台提供了让第三方开发者访问的开发者门户。该门户拥有全流程的开发者注册与资质审核流程。第三方在门户网站自主注册，完成企业基本信息的录入，上传营业执照、经营许可证等企业证书，进入商户资质审核流程。开放平台管理员会对注册的商户进行审核，审核通过后，商户即可登录商户平台进行服务申请与业务对接。数字化开放平台的主要功能见图 1。

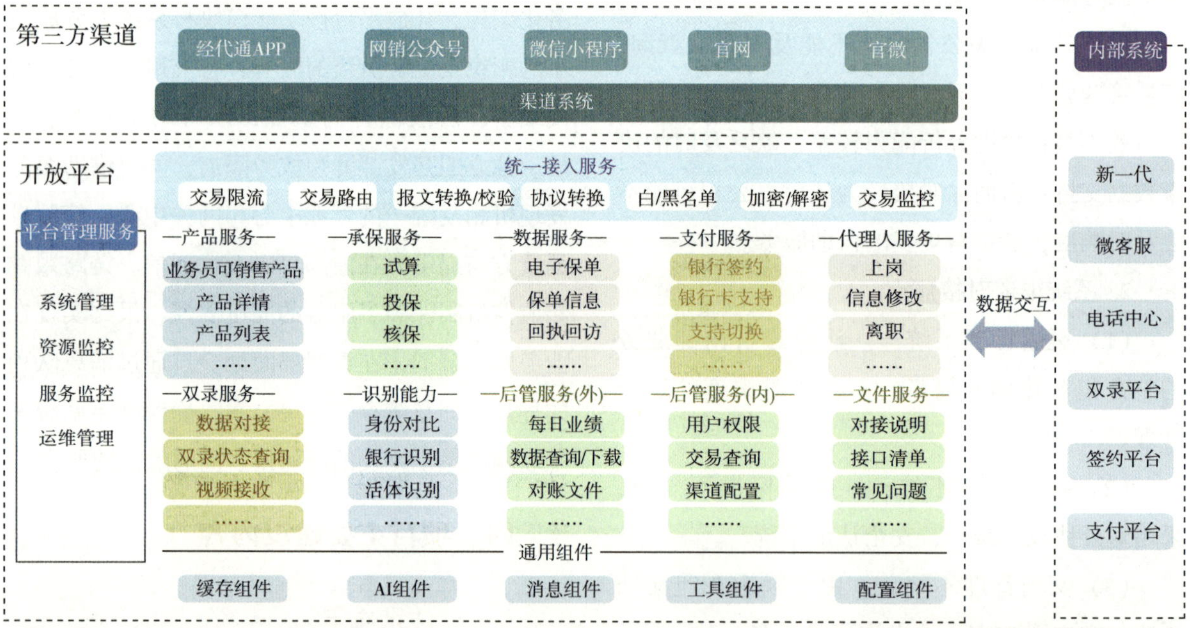

图 1 数字化开放平台的主要功能

1. 协议管理。协议管理分为协议维护和协议审核。协议维护支持以下操作：协议基本信息、结算规则信息、财务开票信息和产品费率配置等基础信息录入；协议附件的上传、查看、下载和删除。协议审核岗会对待审核的协议进行审核。协议审核支持以下操作：支持对已审核的协议进行查看；支持对已审核通过的协议复制，可快速复制一套协议并进行修改；支持对维护好的协议做审核、审核撤回等操作；支持设置协议到期提醒，通过邮件、短信的形式提醒商户和保险公司管理员。

2. 渠道 API 对接。第三方渠道完成商户注册并审批通过后，数字化保险开放平台会自动为其生成专属的 APPID、APPSECRET 等相关密钥信息，第三方开发者可以登录商户平台自行设置 IP 白名单和相应的 API 权限申请，数字化保险开放平台管理员会对商户的申请进行审核，审核通过后即可参照 API 文档进行沙箱环境的接口测试。沙箱环境模拟了平台部分主要功能和主要逻辑，开发者可以根据自身需求，先在沙箱环境中了解、组合和调试各种开放接口，进行开发调试工作，从而可以更快速、更顺利地完成线上调试和验收。

3. 结算对账。渠道端可以在商户平台进行线上申请结算。该平台支持“T+1”/月结/季结等多种结算周期，提供佣金综合条件查询、佣金调整申请和佣金调整审核等功能。保险公司运营人员可以选择需要结算保单信息，生成结算批次和续费结算表。总公司管理机构审核结算清单，确认无误后通过审核，后续进行财务付款。

五、项目效果

数字化保险开放平台项目实施上线以来，助力东吴人寿渠道业务快速发展。经过初步估算，第三方平台产品接入效率由原先的 20 天缩短为 5 天左右，通过组件化、标准化的产品配置流程，实现了低代码产品开发，减少了 60% 的开发工作量。

1. 加速保险商品定制。保险商品可视化定制，让保险公司商品快速推向互联网销售端。保险商品销售业务拆分为标准的业务组件和基础组件，支持全线产品、多种终端。商品服务的集中化管理，既减少了后期运维成本，也便于适应快速发展的互联网业务。

2. 加速分销及服务能力。线上对接提升了对接效率，便于保险核心业务能力输出，加速渠道开拓能力。生态分销模式改变了当前技术接入线下沟通的低效方式，通过平台提供标准统一的接口文档、测试功能、产品使用说明及公告，并且提供各种语言版本的 SDK 开发工具包。开拓渠道形式由被动变主动，将现有的核心业务能力，快速推向外部的场景中。

3. 加速成效数据共享。接入渠道统一管控，接入身份统一认证，接入过程日志监控，接入数据实时分析追踪，成效数据双方实时获取。通过 API 网关的非功能管理，对外部接入进行统一的管理，同时解耦内部业务和外部的关系。

4. 加速业务对账结算。商品手续费实时计算，平台自动生成对账单、开票申请，极大地减少了业务结算工作量，提升了结算时效。平台具有灵活的手续费结算规则配置，通过实时计算手续费，促进渠道端业绩督导。在约定的结算周期，系统自动生成对账单及开票申请单，方便业务及时发起结算，减少保险公司和渠道端的结算工作量。

六、总结

东吴人寿数字化保险开放平台是保险生态中的重要组成部分，秉承着业务能力开放、数据服务共享和经济效益共赢的理念，重新塑造了保险价值链。对于保险公司，在寻求扩大“产品+服务”能力的同时，可将这些能力通过保险开放平台向第三方流量端全面开放，提供快速连接入驻的能力，将公域流量引流转换成保险公司的私域流量，延深公司的服务触点，并最终通过沉淀流量数据，强化自己的数据能力，给业务部门赋能。

未来，东吴人寿保险开放平台将整合更多的数据分析能力、风险控制能力、保险定制能力和健康服务能力等，为公司和渠道打造新业务、新生态贡献更多的智慧和力量。

专家点评

东吴人寿保险股份有限公司的数字化保险开放平台，统一了公司对外标准及对接流程，满足多场景产品推广管理的要求，提供清单和分析功能，让业务员对自身销售业绩了如指掌。该平台架构以微服务技术为依托，将各个服务环节模块化，提高代码的复用率。另外，通过消息队列的异步处理及缓存的解决方案来提高系统性能，同时基于云计算的容器化应用技术，提升交付速度，满足秒级部署要求。公司运用该平台可以实现保险商品的快速定制，提高线上的沟通、服务及销售效率，实现数据共享，提高公司运营管理效率，进一步推动公司智能化和数字化转型。

中华人寿团险核心升级系统

◎ 中华联合人寿保险股份有限公司

一、项目概述

团险核心升级系统，是围绕公司“数字中华”战略规划重塑及重构的团险核心业务系统。项目建立以客户场景为中心、可插拔式应用、服务共享的目标，实现个、团险核心业务解耦和团险核心的升级，以及非核心职能疏解，剥离并构建独立平台级的客户、单证、反洗钱和统信等系统。践行“数字化保险”的发展趋势，建立稳定、高效的团险核心系统。

二、项目背景及意义

随着公司业务的快速发展，客户数量及保单保费规模呈爆发式增长，渠道和产品也日益多样化，现有的系统缺乏面向以客户为中心的服务，灵活的产品定义及业务规则配置化，已明显不能适应业务发展的需求。

本次团险核心升级系统秉着面向服务、面向客户的理念，贯穿始终，采用小核心的设计原则。系统整体设计层次清晰，架构合理，采用SOA架构，数据层、业务逻辑层、渠道接入层及用户交互层相对独立；模块化设计，高内聚、低耦合，以“小核心”“大外围”的设计理念，专注于承保、保全、理赔及收付费等寿险核心业务的处理，具有相对的独立性，以及开放的架构、高效的信息吞吐和数据处理能力；摒弃大而全的设计思想，通过更加职能化的外围系统来丰富、完善核心业务系统的功能。

三、项目重点解决的问题及主要创新点

（一）项目重点解决的问题

1. 缺少客户统一视图，缺乏面向以客户为中心的服务。核心业务系统的客户信息存储在不同的业务功能组件中，并由不同业务条线分别进行维护管理。这样的核心业务系统相对分散而独立，难以获得企业级的客户统一视图，难以支持企业“以客户为中心”的服务、营销以及销售的开展。

2. 非核心职能疏解，平台级系统规划。疏解非核心职能系统，建立平台级客户、单证及统信等系统，实现从纵向功能划分思路到横向分层思路的转变，体现高内聚、松耦合的设计原则。

3. 缺少灵活的产品定义工具和便捷的产品上线方法。在设计新产品时经常受制于系统的可支持程度，新产品开发涉及大量的代码调整，开发、测试周期长，一方面难以支持快捷方便地设计标准化的基础产品，另一方面也无法支持设计灵活的产品搭配及产品组合。

4. 维护成本高昂，自主可控无从谈起。个险、团险的核心业务系统耦合度高，团险业务多元化，应对业务变化的周期很长，集成测试复

杂，变更代价高，涉及外部资源过多，重复、并行开发及不充分测试易造成较多的缺陷。

5. 仅支持 IE 浏览器、兼容性较差

（二）项目建设实践

坚持稳定、高效和为客户服务的宗旨，实现“数字中华”服务转型：建设一个可伸缩、可扩展的系统规划路线；在核心金融业务领域践行国家信息技术发展战略和金融安全战略的基础上，将面向服务、面向客户的理念贯穿始终；尽量采用业界主流的技术标准，通过将公共功能整合为基础应用平台等手段，降低系统复杂度，避免系统重复建设；建设过程中参照行业规范标准，结合业务需求与未来展望，形成一套可以促进业务规范、提升数据价值和指导应用开发的中华核心应用资产。

四、项目主要建设内容

（一）团险核心升级系统建设内容及效果分析

1. 面向服务的设计理念。采用面向服务的架构设计方案，综合不同的服务以完成各种业务功能及流程。使核心业务系统内部的各个子系统之间，以及核心业务系统与外部系统之间，甚至寿险企业与外部合作伙伴之间，都可以更加灵活、方便且紧密地进行集成。

2. 建设数据质量标准化。在系统建设中，秉承“价值导向、治理并举”的设计理念，将业务活动提炼为元数据，将业务的对象结构、存储逻辑、行为逻辑、控制逻辑、展现逻辑描述并储存为元数据，根据元数据生成页面展示、服务接口定义、逻辑校验、数据对象和数据库表定义等多种代码，以元数据作为关键，为企业生产效率的提高作出贡献。

3. 灵活的产品定义模型。在产品建模方法论的指导下，支持全险种、新增险类无须完全重新开发，根据特殊业务场景需要调整即可。主流业务场景内置，可应对目前市场绝大部分业务场景，结合系统优秀的扩展能力，能够支持日均 45 万件团险新契约保单处理、高峰节点日均 60 万件团险新契约保单处理，支持日均 15 万件团险保全业务处理，支持年均 80 万件团险理赔案件处理。

4. 结合国产化海量数据库，具有强大的批量处理功能，可高效支撑各模块批量导入、批量操作，批量作业效率成倍数增长。

5. 系统的架构、性能和批处理升级，满足未来技术发展趋势的要求，提升业务竞争力。

6. 全新的系统页面风格，更好的交互体验。简洁、易懂、提示精准，引导业务作业，提升作业效率。

7. 云部署，支持公有云、私有云和混合云多种云模式的部署。

8. 信创国产化。目前，国家对安全和掌握自主技术产品高度重视，作为我国首家全面使用国产化基础软硬件的寿险公司，中华联合人寿保险股份有限公司(以下简称中华人寿）积极响应国家号召，通过团险核心系统信创升级，初步实现国产化基础软、硬件应用，形成了自由的开放生态，保证信息可控、安全，为寿险领域信息化建设、推动国产化技术产品应用起到了表率作用。

（二）团险核心升级系统技术原理

团险核心升级系统的技术架构，采用 IT 领域标准化规范与措施，包括开发编码规范、数据库设计规范、接口规范和异常处理规范等，支持横向和纵向扩展，支持事务完整性的保障机制，统一和规范开发过程中使用的工具，统一和规范开发功能框架。

作为金融业的系统，需要保证系统运行的稳定性、可靠性，避免单点故障的发生。团险核心升级系统能保证在业务经营期间的高可用性，做到 7×24 小时的系统在线，保证系统持续运行。

团险核心升级系统具有清晰、合理的结构布局，友好易用的用户界面，能提供完善的错误处理和恢复机制，兼容主流浏览器，有较强的扩展能力。系统应用架构设计灵活，兼容主流的技术与开发平台，遵循行业统一开发标准。系统应用架构设计具有清晰的层次结构，根据业务进行横向与纵向的划分，横向进行结构层次的划分，纵向根据业务流程划分，做到每个业务流程无耦合。系统依托应用的模块化设计可以灵活修改，不会对其他业务流程产生影响，从而规避风险。

五、总结

（一）统一规划、分步实施

经过近 1 年的技术论证与实践，通过团险核心升级系统，初步实现国产化基础软件、硬件的应用，为寿险领域信息化建设、推动国产化技术产品应用起到了表率作用，塑造了良好的企业形象，充分保障了国家与客户的信息安全。项目结合公司发展战略、业务复杂度、软件技术栈以及安全可控性，统一规划出各应用的改造思路与方案。根据基础架构的芯片、操作系统、服务器、数据库、中间件、网络设备、储存设备和安全设备等方案选型，启动信创产品的技术兼容可行性研究与技术论证，同时不断积累并完善寿险应用系统的升级知识经验库，并对改造系统持续监控与信息采集，以实际运行效果来验证方案目标。通过持续改进，一步一个脚印，不断优化，支持公司未来业务发展。

（二）应用为源、助力产业

信创产业的发展需要行业的支持，行业应用是信创产业发展的源动力，所以中华人寿以应用为抓手，向上健全产业发展的核心技术，向下为“数字中华”发展赋能。

（三）业务创新、技术驱动

数字化是当今社会最先进和最具有穿透力的生产力，目前我国数字化产业正在气势磅礴的发展。为保证中华人寿的高质量发展，需要依托我国数字产业化和产业数字化的基础，不断地进行业务创新和新技术的全面应用，形成开放的保险生态，通过科技手段，实现对业务领域赋能，最终实现中华人寿整体运行效率和经济活力的提升，同时为保障我国经济数字化转型平稳健康的发展作出贡献。

专家点评

中华联合人寿保险股份有限公司的“团险核心升级系统”，围绕客户场景为中心、可插拔式应用和服务共享等目标，整合具有团险特色的客户、单证、反洗钱及统信等功能，实现个险和团险核心业务解耦，升级核心团险职能。该系统以企业级为单位梳理统一的客户视图，支持公司“以客户为中心”的营销、销售及服务的开展，重新梳理布局非核心职能系统，降低新产品开发难度和维护成本。公司升级团险系统，有效地解决了系统不能适应团险业务快速发展的难点，实现技术驱动和业务创新，提高公司整体的经营效率和经济活力。

爱心人寿数字化线上平台实践

◎爱心人寿保险股份有限公司

一、项目概述

随着保险业数字化转型进程进一步加快，科技赋能在保险业中发挥了举足轻重的作用。只有不断加深保险科技的应用，保险业才能在变革创新中行稳致远。如果说消费者对保险业的态度经历了“误解、排斥—认知与信任”的转变，可记录为保险界的“觉醒年代”，那么科技与保险业的完美融合，无疑将迎来保险业的“光荣与梦想”。

爱心人寿保险股份有限公司(以下简称爱心人寿)自成立以来致力于构建“保险+医养”“保险+科技”的新型公司商业模式，以“专注服务于家庭”为核心定位，实现“让每一个家庭因为爱心而更加安全、健康和美好”。经品荟作为爱心人寿前端线上投保、线上服务系统的基本销售单元，是消费者与公司交互的第一触点，承担作为生产销售前哨的职能。爱心人寿于2019年上半年抓住保险数字化转型机遇，梳理行业现状与市场格局，统筹规划重点研究微服务化、高敏捷性、数字化运维监控和数字化服务，促进客户高频交互在系统落地，确定以云计算为基础的“敏捷后台+智能前端”数字化服务IT布局，启动经品荟系统系统。

二、项目背景及意义

在“数字中国”发展战略引领下，保险业建设数字化系统，积极提升数字化能力，促进数字化服务加速迭代。探索如何完善服务体系、保持用户黏性、减少沟通成本、注重多触点重塑互动和赢得客户信赖，对于前端线上投保、线上服务系统的发展具有里程碑式的意义。因此，爱心人寿经品荟系统“敏捷后台+智能前端”数字化服务IT实施进行迫在眉睫。

数字化转型升级不是口号，更不是追赶潮流，而是要解决企业发展中的实际问题，为客户提供更加全面的优质服务，使其获得更加舒适的感官体验。为了成功进行数字化转型升级，爱心人寿通过市场调研和研究分析，综合用户体验、资金成本和时间投入等因素的整体考虑，制定以下工作策略：

1. 全面推动微服务架构改造升级、促进平台容器化管理、提高系统可配置化能力。

2. 建立数字化服务运行体系，改进前端、后端应用系统分析、监控程序，提升系统稳定性、兼容性。

3. 启动营销服务优化功能：利用百度统计埋点，建立客户360度视图和客户画像；创新展示同屏建议书功能。

4. 构建“保险+医养””保险+科技”新型服务模式，即科技赋能、深耕医养。

三、项目重点解决的问题及主要创新点

经品荟项目整体目标是指以数字化为依托，

从客户角度出发，审视系统，拓展软件服务平台，增强软件服务机制。主要有以下几个创新点：

1. 建设基于微服务架构体系的保险敏捷平台。增加系统可配置性；对接中台系统与投保交易相关的、高频的、高效的和高质量的服务功能（如试算、核保、承保等），增加前端系统灵活性、应用性，减少代码冗余，提升客户体验与运营效率。

2. 搭建数字化服务运维体系，完善前后端全栈错误监控服务。数字化手段监控应用于系统的前后端，通过人工智能技术监视系统端对端基础结构，避免服务性能降低或中断。其运行目的就在于提升系统稳定性，更好地服务消费者。

3. 优化经代公司营销服务，构建新型服务模式。细化市场和需求场景，深耕数字化服务，建立客户360度视图和客户画像，创新建议书同屏展示功能，从而有效、便捷地接触客户，全方位实现不同客户的个性化需求。

四、项目主要建设内容

（一）产品敏捷平台搭建

1. 微服务架构。传统的Java Web都是采用单体架构的方式进行开发、部署和运维的。所谓单体架构，就是将Application的所有业务模块全部打包在一个文件中进行部署。但是，随着互联网的发展、用户数量的激增和业务的全面扩展，传统的单体应用方式的缺点就逐渐暴露出来，给开发、部署和运维都带来极大的难度，导致工作量日益增加，难度系数越来越高。

此外，经品荟采用目前最为流行的SpringCloud技术，使用了包括Eureka、Ribbon、Feign、Hystrix、Config、Zuul、GateWay等组件，不仅使服务拆分粒度更细，也有利于资源高效利用，提高开发效率。微服务通过采用去中心化思想，使前后端分离，达成服务之间Restful等轻量级通信。各个微服务之间是独立自治的，只需要专注于做好自己的业务，开发和维护不会影响到其他的微服务，相对于单体架构中"牵一发而动全身"，这种架构的优势显而易见，见图1。

2. 平台容器化。受益于虚拟化技术的发展，公司使用整体资源的效率有了质的提升，与此同时，为了完成服务而做的重复性工作减少了，工作时间价值提高了。通过虚拟化的方式，公司可以在几分钟之内，虚拟出一个小的、独立的和随需随用的CPU内核。随着Docker的出现，这一技术的影响得到了进一步扩大，Docker也正是通过这一技术的投入使用，为基于容器的应用创建了一种可互操作的格式。

容器化平台包含了Jekins、Rancher和Harbor等应用，通过Jekins流水线配置，将Git代码进行打包，并将Docker镜像传至Harbor，Barbor负责管理各个项目镜像文件，最后通过Rancher进行统一集成部署。

3. 数字化中台。保险中台是保险业实现数字化升级的核心部分，中台系统能够在不替换传统核心系统的情况下，赋能前台应用，满足复杂的前台业务场景需求。

爱心保险云中台项目，上对渠道互联网，下对接核心，起到承上启下的关键作用，把与承保环节相关的服务、功能从传统核心业务系统中迁移到中台，对公共服务组件进行功能整合，对外提供统一的服务。

经品荟系统投保高频接口由核心系统迁移至中台系统，实现产品初始化配置化功能，接口部分只需要进行数据配置、联调工作，以及修改代码，极大地提高了工作效率，节省成本。通过对接数字化中台，经品荟系统不仅实现单主险的开发配置，更创新地完成双主险的开发配置，对业务提升有至关重要的作用。

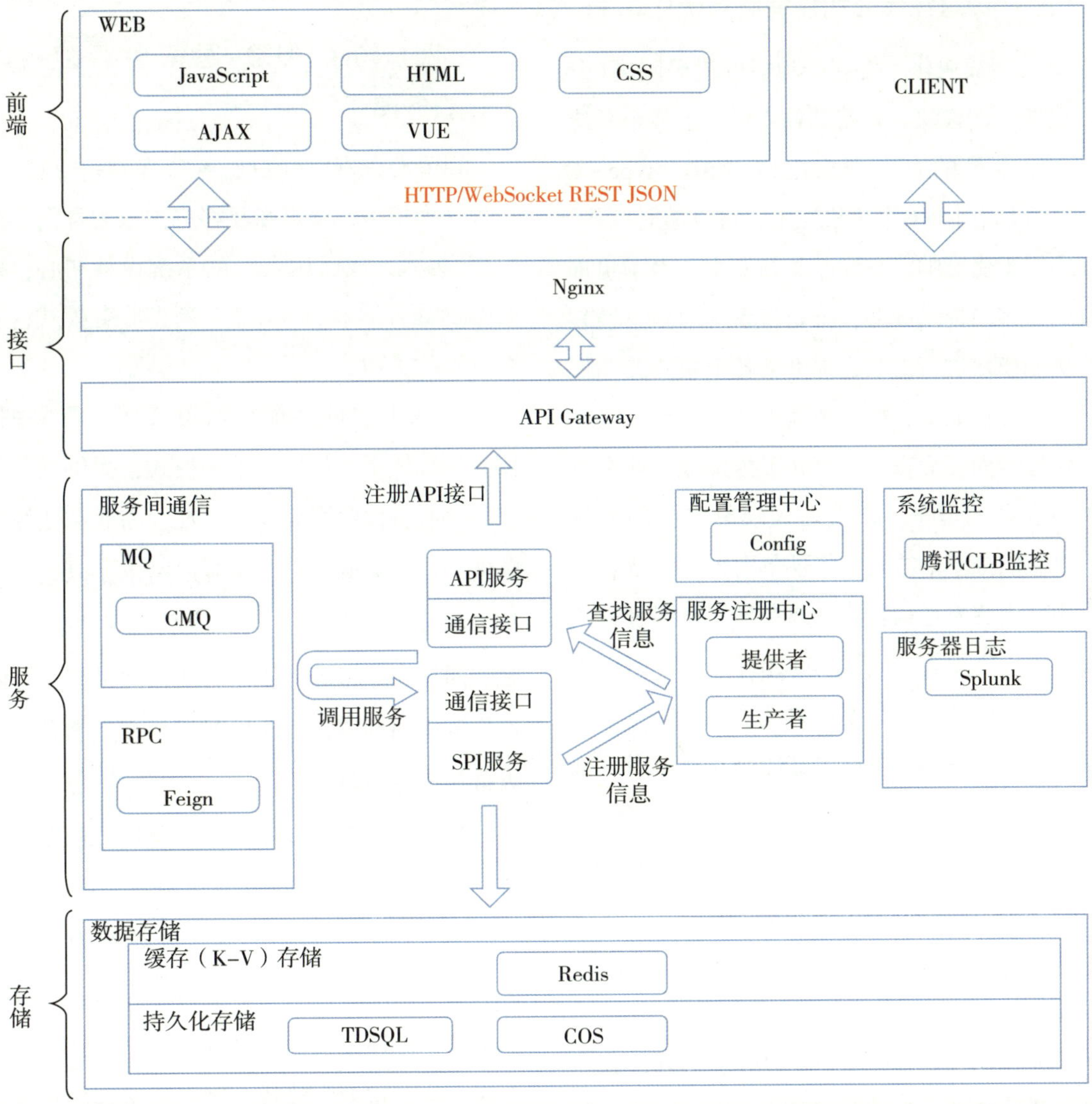

图 1　微服务架构

（二）数字化服务运维体系

1. 自动化测试。操作系统自动化测试框架主要包括测试工具库、接口库、测试脚本库、测试数据结构和测试驱动等。

自动化测试框架分为用户接口层、业务处理层和数据处理层。

使用“Pandas+Excel” 实现以数据驱动视图，通过配置 Excel 表格的方式实现选择执行自动化测试的模块，增加程序的执行效率。

使用“Matplotlib + Pandas”生成测试报告，可更加直观明了地对测试结果进行分析。

（三）针对经代公司营销服务优化功能

1. 功能模块化。将同一功能的代码隔离（分装）成独立的模块，并将其独立运行于多个系统中，比如常见的有多个充电口（USB、type - C等），可以同时为多个手机充电，可以随时插拔，相互之间不受影响。在经品荟开发中，为了更加高效地为客户提供服务，公司将系统中独立性较强的功能模块进行封装，提供给各个中介公司使用，比如远程面签、投保流程等。

就远程面签而言，它打破了传统保险业在纸质单中签名的壁垒。在代理人录单完成的情况下，以微信分享的方式，将录单内容等需要客户本人确认内容发送给客户。或者是在投保过程中发生的各种需要客户确认的问题件等都可以远程签名的方式进行。将此模块封装之后，即可做到功能共享。无论是在公司内部还是对接渠道，都可实现多端共享。

2. 同屏建议书。同屏服务可以将一端的 H5 页面共享至另一台设备的 H5 页面中，同时双方可以获取控制权后进行滚动页面、涂鸦和清除涂鸦等操作。

同屏功能分为服务端和客户端两部分，客户端包含两种角色，Source（源端）表示共享屏幕的一方使用 Rrweb 录制页面操作，Mirror（播放端）表示查看共享屏幕的一方使用 Rrweb-Player 回放源端操作，双方通过 SockJS 连接至服务端，并通过该连接和对方及服务端进行交互。

服务端基于 SpringBoot 框架，集成了 Stomp 和 SockJS 等功能，可以非常方便地集成至现有的 SpringCloud 微服务体系中，或作为单独服务部署运行；使用 Redis 存储每个同屏房间的相关客户端信息，使用 MySQL 持久化 Mirror 端的轨迹记录。

（四）构建“保险+医养”“保险+科技”新型服务模式

以爱心人寿“保险+医养”“保险+科技”的商业模式为指引，以市场及客户需求为导向，遵从“成己为人，成己达人”的系统设计初心，构建“保险+医养”“保险+科技”新型服务模式，主要有以下几个功能。

1. 线上函件功能，颠覆传统，精雕细琢。摒弃传统线下函件处理单一模式，提供优质的线上函件服务体验，完成向直观、高效和便捷的完美转变。以赤诚之心调研客户需求，以数字化科技力量践行服务，线上函件具有函件预览、下载、回复和分享等一体化功能，满足客户对函件操作流程的预期，增加代理人与客户的黏性，大大推动投保时效。

2. 依靠 CMS 服务中心管理，建设服务中心、“爱+”服务包保险新媒体资讯平台。

（1）服务中心以“五朵云”模块为核心，用优质的专题图文介绍、丰富的保险知识，展示品牌价值，传递爱与责任的企业理念。通过“互动专区——留言吧”模块，紧密连接客户并传递专业保险知识，为客户和经品荟系统搭建“天涯若比邻”的桥梁。

（2）在“爱+”服务包功能中，业务老师可以直接编辑图文，将爱心人寿的产品资讯、产品规则、费率、条款和理赔流程，通过互联网纽带更便捷、系统地汇总给消费者，让信息服务随手可及、随时可用和随处可见。本功能自上线后，受到代理人和客户的高度好评，保险的服务价值得到最大凸显。

(3) 紧跟新媒体时代脉搏，依靠互联网媒介，以爱心人寿保险人的专业，通过新产品直播的新型方法，将保险知识播撒至千家万户，以构建一个和谐安全社会为己任。让消费者体会到，保险不仅是一种行之有效的金融工具，更是有温度、有爱和有责任的人生使命。

五、项目效果

（一）微服务架构

开发效率和开发质量比传统开发模式提高了一倍以上，并发能力和吞吐量比传统框架提升了数倍，部署和运维也比传统方式有了提升，通过对 SpringCloud2. X 的升级，整体性能比 SpringCloud1. X 提升了近一倍。

（二）数字化中台

对接中台前，经品荟产品开发对接核心接口，并发能力较低，出错率较高，开发周期较长。通过功能改造，将对接核心接口迁移至中台，实现了产品配置化，对接前后台需要开发建议书和产品的接口部分，对接中台后无须再开发建议书功能，接口部分只需要进行数据配置和联调工作，不再需要修改代码，极大了地提高了工作效率，节约了成本。优化前，一款附件险开发配置到五款主险需要 25 人/天工作量，10 天交付周期，优化后，仅需 5 人/天工作量，3 天交付周期，实现了产品的高效使用。

（三）平台容器化

通过集成容器化平台，基本解放了需要大量人工时间参与的传统方式。之前生产部署需要花费半个小时左右，集成容器化平台后部署时间不到一分钟。对于客户而言，在发布期间服务依然可以正常使用，不影响用户操作，与传统停止服务部署的方式相比，极大地提高了用户体验。

（四）功能模块化

功能模块的封装，使爱心人寿与客户的对接更加便捷，一套服务，多系统共享。提高开发和调试效率，增加复用性和可维护性，增加内聚度，降低耦合度，使架构更加清晰，避免多人协作冲突。对使用该功能的一方而言，简单明了，结构清晰，只需要了解如何使用，无须明白内部逻辑。从而实现了以最少的模块、零部件，高效便捷地满足不同客户的个性化需求。

（五）同屏建议书

实现让客户实时同步看到代理人手机里的计划书，即使两人身处不同的地方，代理人也可以远程向客户展示计划书，并且可以在屏幕上标记，远程为客户讲解重点。更为先进的是，同屏结果进行可回溯，可记录展业过程中的情况，可将其优点概括为以下四个方面。

1. 实时共享屏幕、精确可视化还原。
2. 基于可回溯技术原理，可还原视频。
3. 标记重点，同屏展示。
4. 助力代理人展业，优化与客户的互动体验。

（六）自动化测试

经品荟产品流程的回归测试由人工测试向自动化测试的转变，不仅节省人力、节省时间以及增加软件可信度，而且让系统在版本迭代中更具有稳定性，主要体现在以下几个方面。

1. 降低测试时间，提高测试效率，投保流程常规产品上线回归测试环节（不含功能测试环节）由2~3天下降至1~2个小时。

2. 提升测试质量，可以使回归测试覆盖率提升至100%，对已上线功能及投保规则的测试更加全面。

3. 经品荟项目自动化测试可以有效地降低回归测试成本50%以上，减少人工重复性的工作。

专家点评

爱心人寿保险股份有限公司的数字化线上平台，依托微服务架构体系，减少冗余代码，提高客户体验和运营效率，同时结合数字化服务运维体系，进一步提升系统稳定性，并且优化经纪代理公司的营销服务，打造新型服务模式。该平台的开发效率和开发质量比传统开发模式提高了一倍以上，实现产品的高效使用，同时生产部署不影响客户的使用和操作，极大地提高了用户体验，另外将功能模块化后能够满足各类客户的定制化需求，提高客户的服务质量水平。公司应用该平台后，能够降低客户的沟通成本，保持客户的黏性，提高公司的运营效率，推动公司的数字化转型。

太保健康“U享福”
——员工弹性福利投保平台

◎ 太平洋健康保险股份有限公司

一、项目概述

如何让众多员工个性化地选择适合自己的保障计划，以及如何让企业人力资源部门可以方便地掌握员工的投保情况。基于互联网应用的普及，保险公司可以借助技术手段帮助企业客户实现其差异化的福利计划，与此同时增强与企业客户的联系，使企业客户不仅能更多地了解保障计划的组成，而且有更多的机会接触到保险公司的其他产品。因此，U享福——员工弹性福利投保平台自助服务的推出，使企业客户和保险公司形成了“双赢”的格局。

二、项目背景及意义

在对每位员工设定福利额度的前提下，企业采购一系列的保险福利产品，由员工自主选择所需的保险福利，也可扩展自付费用以提高福利水平，并支持家庭成员共享福利，即企业员工可享受保险自助服务。

“隐性福利显性化，公司福利看得见，我的保险我做主”。员工弹性福利自助投保平台，可集合健康险主流业务系统，为企业客户提供一站式的智选保障服务。

三、项目重点解决的问题及主要创新点

员工弹性福利自助投保平台，集合健康险主流业务系统，为企业客户提供一站式的智选保障服务。在对每位员工设定保险福利额度的前提下，企业采购一系列的保险福利产品，由员工自主选择所需的福利，也可扩展自付费用以提高福利水平，并支持家庭成员共享福利。

（一）业务覆盖面广

为财险、寿险、健康险公司提供弹性福利服务，产品范围涵盖员工福利、高端产品、百万医疗、财险和健康服务等，产品体系全面。

（二）方案配置灵活

针对不同企业、不同职级的员工及其家属配置多层次的综合保障可选方案。

（三）员工自主选择性高

员工福利计划由员工做主，员工可根据自身的保险需求，选择自己的专属保险产品和健康服务，支持多渠道投保，员工可便捷触达。

（四）付费方式多样

可由企业代扣代缴，也可由个人在线支付。支付方式包括微信公众号支付、微信小程序支付和银行卡扣款等。

四、项目主要建设内容

U享福建设初期只有PC版，随着互联网保险行业的发展，用户对移动端需求迫切，U享福平台建设了移动端手机投保功能，以满足客户的移动应用需求。

系统成功上线，具有开发更高效、操作更便捷和界面更美观等特点，是传统网页版的全新换代版和全面升级版。“购物车”概念的加入，全面改善了人际交互体验，提升了客户投保感受。

如今，U享福员工福利平台集PC、手机端为一体，数据互通，支付方式多样，投保类型、产品多样组合，满足了不同客户的不同投保需求，真正达到了“隐性福利显性化，公司福利看得见，我的保险我做主”。

五、项目效果

项目上线以来，U享福平台已经服务了百胜集团、浦发银行、国泰君安和中国移动等大型企业，客户数量及业务规模都在逐步提升。U享福平台实现了企业差异化的弹福平台投保流程，支持企业配置专属界面，定制专属的业务方案和业务规则，解决了团体客户的个性化需求，也提升了企业员工的归属感与优越感。

截至2021年11月底，已有200余家企业选择U享福平台推广员工福利计划，服务被保险人约20万人，实现保费收入约1亿元，其中员工主动提升保障计划自付保费占整体保费收入的35.14%，同时带动线下业务开展。

六、总结

对于企业保险业务，原来由HR线下给员工统一投保，方案固定，无法满足员工个性化的保险需求，大多数员工对企业的保险福利了解不深。在数字化转型需求的驱动下，U享福员工福利投保平台以团险产品集市的方式，同时满足投保单位共性化的保障诉求和被保险人家庭的个性化保障诉求，同步支持企业付费和个人自主缴费，让员工福利管理工作更加简单、高效、贴心。

与个险相比，客户可享受团体优惠报价以及单位福利，可选的保障范围更广泛和全面。

与传统团险相比，不同于整齐划一的团体福利，弹福可满足客户的个性化保障诉求，提升客户满意度。

U享福平台通过模块化的方案定义和智能化的规则引擎，依据客户诉求，前台智能化锁定客户可选的保障范围，并推送定制化核保问卷，支持根据核保结论智能匹配可选方案，实现在线核保功能。

与市场上主流的以单纯收集客户投保信息为主的弹福系统相比，U享福平台的优势在于实现客户信息和投保信息与核心系统的全匹配无缝对接，以及团险客户信息的全面线上客户自主管理，从而支持客户自主进行线上保全申请，实现缴费的全线上化操作。员工弹性福利自助投保平台的推出，对企业客户和保险公司形成了崭新的双赢格局。

专家点评

太平洋健康保险股份有限公司的“U享福”平台，通过电脑端和移动端来为大型企业的员工提供定制化保障福利计划服务，帮助大型企业的人力资源部门掌握全企业员工的保险投保情况，增强保险公司与大型企业客户的联系。该平台提供的产品可选择范围广，配置方案灵活度高，支持多渠道投保，可满足大型企业员工的个性化保障需求。公司运用该平台拓宽了展业渠道，不仅提高了公司的营销效率，还提升了客户的服务体验，让企业客户和公司实现双赢。

太保健康、上海保交所区块链智能理赔

◎ 太平洋健康保险股份有限公司、上海保险交易所股份有限公司

一、项目概述

在中共中央政治局第十八次集体学习中，区块链技术升级为国家战略，逐步成为金融科技领域技术创新和服务升级的重要技术。在政策指引下，太平洋健康保险股份有限公司(以下简称太保健康)、上海保险交易所股份有限公司(以下简称上海保交所)共同合作推出的区块链智能理赔，是继传统纸质理赔、移动自助理赔和医险直连快赔之后推出的全新数字化理赔 4.0 服务模式。

本项目借助区块链去中心化、高度安全可信的技术特性，打破跨领域数据共享壁垒，建立“医—险”数据互信链，以客户最关心的“理赔难”为切入点，通过信息云端交互，实现从客户自主索赔到主动理赔的跨越。全程数字化，无须客户整理提交理赔材料，极大地提升了保险用户服务体验。

二、项目背景及意义

1. 在大健康生态下，一方面，健康保险中，健康医疗的支付方，需要与上下产业串联融合，建立场景服务及数据合作；另一方面，领域壁垒、缺乏信任和信息孤岛成为制约产业深度合作、限制数据共享难以跨越的屏障。区块链技术正好为上述难题提供了良好的技术解决方案。

2. 健康保险是国家多层次医疗保障体系的重要组成部分。本项目实现了健康保险领域区块链理赔的首次落地，是保险业以新技术服务客户，让健康保险更有温度，勇于作为、积极创新的实际践行。

3. 本项目创新探索一种基于区块链互信框架下的“医—险”数据共享新模式，为推进医疗健康大数据开放共享、促进健康产业跨领域的深度合作及服务融合提供参考，助力实现“健康中国”的战略目标。

三、项目重点解决的问题及主要创新点

（一）应用前沿科技赋能人民群众关心的理赔服务

1. 保险公司缺乏被保险人相关的医疗信息，理赔时需要投保人提供发票、病历和诊断等各类证明材料，材料繁多，服务周期长。

2.“医—险”间尚未建立起信息互信，拥有被保险人医疗数据的医疗体系出于对保护患者隐私数据的目的，对数据的开放共享存在顾虑。

3. 借助区块链智能合约的加密技术，充分

消除参与主体的信任顾虑，保险公司、医疗机构和客户三方信息在链上实时共享，在确保客户信息隐私安全的同时，实现只要客户就诊，保险公司就可自动获知，便于主动服务客户，为客户提供全新交互式理赔体验。

（二）实现区块链智能理赔由“概念”走向“落地”

1. 有效地将服务体验和风险控制相融合。区块链技术被纳入国家新基建，未来很有可能成为推动各个行业包括保险业变革的重要技术力量。本项目创新尝试运用区块链高度安全性和可靠性的技术特质，构建“医-险”信任网络的验证机制，以客户最关心的理赔服务为切入点，通过医疗信息的安全有效共享，解决信息不对称造成的客户服务体验不高的问题。

2. “主动理赔”引领商保服务迈入 4.0 时代。区块链智能理赔打造出全新的主动式理赔服务，不仅打通保险理赔的“最后一公里”，还可实现检查检验报告、处方明细等信息的掌上同步查询，为客户提供贴心的医疗服务。同时，区块链智能理赔从源头端杜绝常见的保险欺诈风险和骗保行为，降低保险公司的经营风险，保障广大保户的合法利益。

3. 模式创新推动大健康产业生态链式发展。区块链智能理赔成功探索出一套围绕健康医疗数据的全新数字化服务模式，后续可复制拓展至更多的保险服务场景以及其他跨产业合作领域。该模式通过创新技术和链式经济，将有效解决数据安全和互信的“瓶颈”，实现个人健康医疗数据的安全高效共享应用，极大地释放产业动能，提高大健康产业协同，形成生态联动，推动产业生态链式发展。

四、项目主要建设内容

区块链智能理赔充分运用区块链本身不可篡改、可信流转的特性，将医疗机构、保险公司系统以“共识节点”形式接入区块链中，为多方营造一个高度安全、深度信任和即时交易的数据互通环境。在客户授权的前提下，保险公司将客户信息安全存储于链上，医疗机构将医疗记录采取加密方式加以保护。

客户一旦就诊，“医—险”信息云交互，实时完成身份信息、就诊记录和交易信息的网络加密互信验证，就医信息点对点传输，保险公司系统立即获悉，触发面向客户的主动服务，无须客户整理提交申请材料，诊疗过程即是理赔申请过程。保险公司依托太保健康历经数年精益优化的医疗数据交互平台，面对多来源不同标准的医疗数据，通过智能医疗文本转码模型实现医疗信息实时转码，进行智能化审核，极速赔付。

五、项目效果

“区块链智能理赔”于 2020 年 11 月正式上线。首期以宁波为试点，覆盖宁波地区所有二级及以上公立医院，为客户提供广泛可用、主动服务、极简省心的理赔体验，免材料免拍照，理赔时效由原先数日缩减至秒级、分钟级。该项目于 2021 年 4 月落地上海中医药大学附属曙光医院，后续将逐步在全国复制推广。

该项服务不仅为客户提供便捷理赔服务，更可通过移动端一键查询就诊相关的检查检验报告、处方清单、费用详情等，为客户就医期间提供便利查询服务。

由于信息调阅行为在链上可追溯，可有效规范和监督参与主体行为，从而确保客户信息的隐私安全及信息使用的合法合规性。

六、总结

该案例运用区块链技术特性，在获得客户授权前提下，客户就诊时保险公司即时获悉，主动服务，基于“医—险”间数据云交互实现免材料、免拍照的全流程数字化理赔。有效解决了理赔效率低、周期长和客户体验差等问题，真正打通健康险理赔的“最后一公里”，让服务更有“温度”。

区块链智能理赔是探索区块链创新应用的第一步，未来健康险可运用区块链技术充分消除生态内各参与主体的信任顾虑，推动跨领域数据共享，丰富生态系统的多样性，建立更多新型合作模式，为创造面向未来的数字化健康服务形态提供基础和想象空间。

专家点评

太平洋健康保险股份有限公司、上海保险交易所股份有限公司联合申报的区块链智能理赔平台，依靠区块链去中心化、高度安全可信的特点，打破跨领域数据共享壁垒，建立医院和保险的数据连接，通过信息云端交互，使客户自主索赔转变为保险公司主动理赔，客户无须提交理赔材料，全流程实现线上化和数字化，提高客户的服务体验。该平台依托公司的医疗数据交互平台，通过智能医疗文本转码模型对多来源不同标准的医疗数据进行实时转码，支持智能化审核和快速赔付，有利于提高公司的理赔效率，有效解决客户“理赔难”的痛点。

太平集团统一数据平台

◎ 太平金融科技服务（上海）有限公司

一、项目概述

太平集团统一数据平台的构建完成，实现了中国太平保险集团有限责任公司（以下简称太平集团）集团层面数据平台的体系化建设。该项目旨在：建设集团统一数据平台及集团数据管控平台，整合集团内外数据，打通数据壁垒，综合运用各种大数据能力，强化企业数据分析能力，全面提升并支持各业务领域的智慧能力；持续推进集团数据治理工作，提升集团的整体数据质量、数据管理能力和数据应用能力。

二、项目背景及意义

2019 年初，太平集团确定并发布新时代发展战略规划，建设具有全球竞争力的国际化现代金融保险集团，提出“国际化、信息化、市场化”的三大要求。

集团信息系统经过多年的建设，支撑起集团各业务领域和专业公司多年来的发展。随着近年来互联网、大数据和人工智能等新技术的快速发展，数据能力成为推动企业创新和转型发展的重要驱动力，而集团很多重要业务系统为十多年前的建设，架构老化、数据相互割裂和标准化程度不高等问题凸显，严重制约了集团数据应用能力的提升，难以适应集团新时代战略的发展需要。

作为集团信息化建设的重要基础保障，集团统一数据平台将成为集团信息化三大技术支撑平台之一，承载着提升集团数据能力的重负，为集团各业务领域的创新发展和智能化赋能提供强有力的支撑，为集团各层级用户提供数据支持，发挥数据的巨大价值。

三、项目重点解决的问题及主要创新点

集团统一数据平台项目于 2019 年 7 月开始准备，于同年 12 月启动实施。该项目旨在实现集团层面数据平台的体系化建设，实施上线后在推动机构提升服务能力和服务集团战略等方面贡献突出。

（一）重点解决的问题及核心价值

1. 采用业界主流的大数据技术路线，搭建企业级数据平台，管理多形态数据，提供多样化的计算能力。

2. 设计企业级数据模型，分层设计，实现数据标准化，支撑集团及子公司的数据使用需求。

3. 建设集团智慧经营分析应用，提供全视角多层次的企业经营面貌，关联风险识别，实时识别重复理赔和风险预警，实现减损和风险提示，推动数据智能化升级和提升数据服务能力。

4. 建设数据管控平台，实现数据标准、质量和元数据管理功能，实现治理成果的落地和管理。

（二）创新带来的降本增效

项目创新带来的增收节支、提升风控水平和

提高服务效率等多方面贡献。

1. 集团统一数据平台是高自主管控项目，系统架构、设计、核心代码开发及运维等工作都是由太平独立或主导完成的。

2. 与华为成立联合创新实验室，探索大数据平台、图计算及数据挖掘等在统一数据平台的创新应用。

3. 基于大数据、图计算技术建设关联风险识别系统，整合全集团业务数据并补充有效的外部数据，构建全面的保险关联关系网络，为用户提供关联风险探索和分析的环境，帮助用户提炼风险识别规则。

4. 运用机器学习算法和图数据挖掘算法建立风险预测模型，准确定位投保、核保、报案、查勘和理赔等业务环节中所遇到的欺诈行为，从而主动地、实时地提示风险等级，提高集团的风险管理水平。

5. 支持集团跨公司、跨领域的数据分析，提升数据分析对业务的支持效能，支撑集团和专业公司的各类数据应用和分析。

（三）提高金融服务能力、水平及满意度

项目对于提高社会金融服务能力和水平、提升人民金融服务可获得性及满意度等的贡献及作用有以下几个方面。

1. 全集团数据集中和共享后，可打通数据壁垒，完善建设客户视图，为客户分析等智能应用提供数据支撑，从而提升客户体验和满意度。

2. 利用大数据等数字化技术构建数据中台和数据管控平台等基础平台，为智慧经营分析、智慧数据、智慧财务、智慧投资、智慧风控、智慧运维、智慧办公和智慧 HR 等应用领域奠定坚实的基础。

3. 规划建立数据访问策略、检查、控制和监控机制，杜绝数据非授权访问，确保实现所有利益相关者(包括监管者）对数据安全性的要求。

四、项目主要建设内容

项目团队对集团总部及各专业公司的数据治理和数据能力现状、痛点及需求等进行了全面的访谈和调研，结合行业应用及数据技术的发展趋势，确定了太平集团的数据治理及数据平台建设目标。

（一）量化评估数据管理现状

深入集团和各专业公司，通过访谈、资料查阅和系统调研等方式了解太平集团数据工作的现状，收集需求，发现管理痛点。先后走访调研了集团本部和太平人寿、太平财险、太平养老、太平金服、太平资产、太平香港、太寿香港、太平新加坡、太平再保险和太平金科 10 家专业公司，共计 62 个部门、114 位高管和业务骨干；调研了集团和各专业公司相关的数据类系统和主要业务系统 50 余个；查阅现有各类管理办法 30 余份。依据数据技术及应用的发展趋势、我国领先企业的最佳实践，以及外部咨询公司的经验，对数据治理各领域的现状进行详细分析和量化评估。

（二）设计并建立数据治理体系

结合太平集团数据治理现状、集团战略和各业务领域对数据治理的要求，参考监管指引要求和外部领先实践，设计集团数据治理体系。

目标愿景方面，确定以“价值引领、专业服务、协同共享、数据规范和管理可控”作为太平集团数据治理愿景，确定太平未来五年的数据治理建设目标。

组织架构方面，数据治理组织架构覆盖全集

团，明确从决策层、管理层到执行层的数据治理归口管理部门及数据管理职能。

管理内容方面，确定数据管理和数据应用14个管理领域的工作内容，明确了各管理领域的管理目标、管理任务和职责分工。

制度规范方面，编制了一系列的数据治理政策、办法和细则，并将数据管理流程与系统开发流程相结合，确保数据治理要求的可落实性。

监督考评方面，建立数据治理监督考评机制，明确考核评价要点和方案。

平台支撑方面，分析数据治理各领域的系统工具需求，规划设计集团数据管控平台，提升数据管理的信息化和规范化水平。

（三）建设集团级统一数据平台

通过了解集团和各子公司对数据领域的需求，评估和分析当前数据平台现状能力和需求，制定集团级统一数据平台的建设目标和能力定位，规划整体蓝图、建设策略和演进路径。

架构设计方面，提出集团统一数据平台作为集团级数据资产管理、集团级数据共享、集团本部数据服务提供和集团级数据赋能的规划要求。结合当前金融科技发展趋势，参考同业实践，设计统一数据平台技术方案。

模型设计方面，数据模型范围涵盖业务、财务、投资、风险、产品及其他业务条线，建设数据仓库、数据集市、图及机器学习算法模型，支撑业务应用。

数据应用方面，基于业界技术发展趋势和对业务需求的分析，制定集团智能大数据应用规划。规划覆盖决策支持、智能营销与服务、团队管理、产品创新、运营优化、风险稽核、投资管理、财务管理和人力资源管理九类近60个数据应用服务，有效支持和促进全集团的业务经营和管理，实施按照规划分阶段进行。

（四）构建数据标准体系，编制数据标准

结合金融业领先企业的标准化经验，构建太平数据标准体系，包括基础数据标准和指标数据标准，统一企业内的数据语言，并依托数据标准体系建立数据认责制。

基础数据标准方面，在外部标准、保单登记平台和现有系统数据字典的基础上，结合准入原则进行筛选，并规范命名、补充定义，合计制定1301项数据标准。其中，集团部分覆盖集团主数据、参考数据以及财务核算、费控、资金等系统的主要交易数据，专业公司部分覆盖寿险、财险、养老险、太寿香港、资产五家公司的主数据以及主要业务交易数据。

指标数据标准方面，基于集团现有数据报送要求，进行规范化处理，完善标准化口径定义，合计制定3275项数据标准。覆盖业务、投资、财务、风险和产品五个条线的集团关注指标，涉及20余家专业公司。

在数据标准编制的基础上，依据数据标准要求，对客户主数据管理系统、产品主数据管理系统及各专业公司核心系统等源系统进行差异分析并提出改进建议，倒逼源系统提升数据能力，推动提升集团整体信息化建设水平。

五、项目效果

（一）项目实施成果

1. 集团统一数据平台接入寿险、财险、养老险、投资和财务等近50个源系统，入湖数据超过10000张表，完成6000多个数据模型的建设，打破公司间、系统间的数据壁垒，形成集团

基础数据的全视图，促进各公司的业务连通，实现集团级数据资产集中管理和数据共享。

2. 搭建完成集团智慧经营分析平台，实现集团及各专业公司的业务、财务、投资、风险、产品、战略和运营等多条线的可视化图表，为集团及各专业公司提供一站式数据分析和决策服务。

3. 基于大数据、图计算技术和机器学习算法构建保险关联风险识别系统，构建实体图模型，打通各专业公司数据，提炼风险识别规则，帮助团队识别重复理赔风险，建立算法模型进行风险预测，其中，在半年内为养老团险医疗费用补偿性险种的重复理赔减损超过150万元，在提高集团风控水平、降低运营支出方面已经获得明显成效。

4. 完成数据管控平台数据标准和元数据模块上线，采集近30个系统的元数据，收录标准1000余个。数据管控平台已入选由中国信息通信研究院、中国通信标准化协会大数据技术标准推进委员会（CCSA TC601）共同组织开展的2020大数据“星河（Galaxy）”标杆案例，成为数据资产管理方面的行业优秀典范之一。

（二）项目可复制性方面的贡献

1. 集团统一数据平台已接入近50个源系统并进行统一模型建设，初步形成一套完整的数据接入标准和处理规范，可以为集团范围数据类系统建设提供技术标准参考和大数据技术支持。

2. 综合经营分析平台以数据平台集中的数据资源为基础，充分利用大数据技术，提供一站式数据分析服务，支持智慧经营分析，也为智慧数据、智慧财务、智慧投资、智慧风控、智慧运维、智慧办公和智慧HR等应用领域奠定坚实的基础。

3. 基于大数据平台搭建的关联风险识别系统，已实现团险重复理赔的风险预警，后续可以按需在寿险、财险、养老险等各家公司间实现重复理赔、不实告知的双核风险校验。

六、总结

进入新时代，中国太平坚持“国家所需、太平所向”的发展导向，努力建设具有全球竞争力的国际化现代金融保险集团，积极投身健康中国、美丽中国、创新中国等战略，积极参与粤港澳大湾区建设和“一带一路”倡议实施，促进香港保持长期繁荣稳定，与国家、客户、伙伴、股东、员工以及社会各界一道，实现“共享太平”的美好愿景。

为了达成以用户为中心、以业务为导向的目标，为了建设安全、稳健、敏捷、智能及全覆盖的集团信息化服务平台和体系，太平集团开展了全集团的数据治理工作，并规划实施了大数据平台，实现数据的互联互通，完善数据集中采集、传输、存储和计算并持续优化数据质量，实现了对集团数据资产的全生命周期管理及数据赋能，推动了决策能力、创新能力、管控能力和风控能力的全面提升，使信息化成为太平集团的核心竞争力和基本生产力。

专家点评

太平金融科技服务（上海）有限公司的“统一数据”平台，通过利用大数据和图计算技术建设关联风险识别系统，整合集团内外部数据，管理多形态数据，同时运用机器学习算法和图数据挖掘算法建立风险预测模型，实时提醒风险等级，增强集团的风险管理能力。该平台实现了集团级的数据资产集中管理和数据共享，帮助公司识别重复理赔风险，为集团及各子公司提供数据分析和决策服务。公司搭建了数据管理平台，实现了数据的互联互通，提高了数据的质量和安全性，推动决策能力、创新能力、管控能力、风控能力的进一步提升，提高了集团的竞争力和生产力。

太平金服“太平通”一站式综合金融客户服务平台

◎ 太平金融服务有限公司

一、项目概述

“太平通”APP作为中国太平保险集团官方个人客户综合服务平台，以行业领先的家庭财富保障和健康生活管家为发展目标，致力于为内地及港澳客户提供一站式、全场景的综合金融客户服务，涵盖太平旗下内地及港澳寿险、财险、养老险保单的全生命周期基础服务及丰富的增值服务，建立太平健康、太平车主、资讯内容和会员商城等生态服务板块，实现客户足不出户即可随时获得简单、快捷的一站式服务体验。

二、项目背景及意义

自2017年以来，习近平总书记多次就“数字中国”作出重要论述和战略部署。在“数字中国”发展战略的引领下，各行各业开始逐步推进数字化转型，运用区块链、大数据、云计算和人工智能等技术增加业务拓展、运营管理效能，提高核心能力创新水平。保险业也在积极培育数字化能力，重塑竞争优势，努力实现高质量发展。2020年新冠肺炎疫情突发，在给保险业带来挑战的同时，也加深了行业对数字化转型的认识。疫情逼迫保险业摒弃过往粗放式的发展模式，聚焦自身能力构建，加强精细化管理，强化科技和数据的开发应用。

“太平通”APP聚焦保险价值链，重塑保险服务的多个环节，使保险变得更贴心、更便利和更普惠，应用智能语音客服、人脸识别和基于RPA的流程自动化等多种技术，从各个环节助力降低成本、缓释风险、提升效率和提高客户体验。用科技的力量构建保险新业态，以保险科技为基础重新定义未来保险，促进保险生态圈的升级和革命，助力保险业务流程的数字化迭代。

（一）助力品牌推广

通过塑造数字化品牌服务体验提升用户的忠诚度，将传统代理人服务转向沉浸式数字体验，以新的服务方式将消费者与品牌联结起来。

（二）提高客户服务体验

通过卓越的端到端客户体验和持续的对话和联系，保持用户黏性，注重多接触点重塑赢得客户和与之互动的数字化能力。

（三）拓展保险生态圈

通过多种数字渠道（APP、微信、小程序）提升在线流量，并尽可能地提高客户转化率，注重转化效率的数字化。

（四）创新服务

通过科学技术（如人脸识别、智能语音客服、人工智能等）提供千人千面差异化服务，利用数字能力不断开发和推出创新服务。

（五）优化运营成本

致力于实现高效率运营、自动化客群细分和目标用户定位，专注于推动运营成本效益的数字化提升。

三、项目重点解决的问题及主要创新点

（一）服务一致性

“太平通” APP 以“一个客户一个太平” 为准则，依托太平集团统一用户中心、客户中心等系统，对接各专业公司的核心系统、查询库系统、网厅系统和收付费平台，融合专业公司保险服务，打造集一键查询、业务办理、续期缴费、理赔报案和保单贷款等保单全生命周期基础服务为一体的集团主业“一站式保险平台”，解决太平客户无法在一个 APP 上获取集团所有专业公司服务的痛点。

（二）服务个性化

“太平通” APP 聚焦客户体验，持续打通客户关键流程的痛点和堵点。通过打造千人千面的 APP 智慧运营，实现服务智慧提供、产品智能推送、消息个性引导及活动精细化运营，全面提升客户体验。

（三）服务智能化

“太平通” APP 在资讯内容服务上引入字节跳动的智能推荐算法，通过对客户浏览行为的分析，将客户感兴趣的资讯内容呈现给客户；智能客服系统，将保险业的知识图谱与机器问答相结合，基于自然语言理解技术识别用户意图，实现智能场景分发，支持多轮会话和上下文理解式自然对话；通过知识图谱技术，提供动态知识库问答，可以实现保险业的专业性问答咨询。

（四）服务安全化

为了保障“太平通” 系统的账号和业务安全，确保“太平通” 业务健康发展，“太平通” 建立一套以业务数据资产为原料、以智能安全技术为基础、以人工智能算法为核心的反欺诈安全体系，从风险感知、风险决策、风险处置到风险运营形成管控闭环，有效管控“太平通” 面临的垃圾注册、“羊毛党” 的欺诈风险。

四、项目主要建设内容

（一）保单服务

“太平通” 保单服务以客户为中心，旨在提供给客户便捷、体验好、有温度和跨越时空的线上化保险服务。“太平通” 保险服务应用移动互联网、OCR 识别（身份证、银行卡、驾驶证、行驶证等）、LBS 定位、CA 签名、人脸识别、智能核身、银联卡校验、反洗钱和银行鉴权等数字化技术手段，全面对接太平集团旗下寿险、财险、养老险、港澳寿、港澳财、港澳养等专业公司保险服务，提供客户保险查询、业务办理、续期缴费、理赔报案、保单贷款、回执回访和柜面预约等保单全生命周期保险服务，打造可供客户一站式访问的保险服务线上化平台。

（二）太平健康

“太平通” 健康板块，在深入了解各专业公司需求的基础上，结合专业公司及用户健康的权益需求，整合医疗健康资源，给用户提供全流程的健康管理服务和全生命周期健康解决方案。

公司充分发挥“太平通” 平台和运营价值，

结合圆和医疗、医加壹、大专家和上药云健康等内外部合作资源搭建健康生态，打造太平家医品牌，服务于集团客户的线上健康问诊和咨询服务需求。对接上线专业公司已有健康服务资源，同时探索与合作伙伴在健康领域的深度合作，结合用户健康和问诊需求，推出在线问诊、全科医生视频问诊、全国三甲医院名医指导、预约挂号、健康资讯和健康直播等健康增值服务功能。围绕用户健康动态管理，推出健康画像，依据生活方式评估、体检报告解读和疾病风险筛查等生成客户健康报告：科学评估日常生活方式，发现健康风险，制定个性化的知识、营养和运动等全方位干预方案，做好疾病预防；解读体检报告，识别个性特征，关注异常指标，逐步建立客户个人的专属指标库，更好地指导客户个性化健康管理。打造太平家医平台，在核心的问诊、处方和用户运营等方面建立完整的用户闭环。接下来公司将积极探索健康商城建设，与太平家医平台协同，实现更快的线上业务，为集团客户提供更优的服务体验。

（三）太平车主

“太平通”车主板块围绕车主高频增值服务需求，整合车主服务、车险服务、车主救援、车主权益和体验中心等全方位服务内容。采用“前端客户自助视频查勘+中台专业指引”的运营模式，向全国财险主体提供“创新、时效、品质、风控及成本综合最优”的车险视频查勘全流程服务解决方案。创新“线上工具+线下调查+科技应用”联动的线上查勘理赔模式，推进查定分离，有效实现风险前置管控。改进传统车险理赔烦琐复杂的报案流程，实现理赔数字化、智能化，提高理赔效率，节约人工成本。。

（四）智能客服

“太平通”智能客服将保险业的知识图谱与机器问答相结合：基于自然语言理解技术识别用户意图，实现智能场景分发，支持多轮会话和上下文理解式自然对话；通过知识图谱技术，提供动态知识库问答，可以实现保险业的专业性问答咨询。后台能完成对用户提问的实时监控，支持敏感词、新词、模式识别和同义词转换等词库管理；能够从渠道、业务分类、用户数和知识点平均相似度等各类维度提供智能报表分析；采用机器学习技术实现知识批量查重、产品手册抽取等功能点，基于规则化配置传送门、直通车等快捷方式实现点到点的触达。

（五）数字化运营

“太平通”数据团队在现有用户行为及业务数据的基础上，挖掘保险服务、健康生态、平台电商和内容资讯等场景的经营转化需求，推动打造“太平通”数据洞察产品，包括业务波动预警、用户标签、用户洞察分析和用户分析挖掘；结合增长黑客方法论，赋能线上经营转化和用户生命周期管理，助力团队提升效率，挖掘用户价值。

（六）智能风控

“太平通”建立健全一套以业务数据资产为原料、以智能安全技术为基础、以人工智能算法为核心的反欺诈安全体系，从风险感知、风险决策、风险处置到风险运营形成管控闭环，有效管控“太平通”面临的垃圾注册、“羊毛党”的欺诈风险。该安全体系以同盾科技我国领先的业务安全平台“天策”为基础，全面覆盖场景风险，包含账号安全、交易安全、支付安全、营销活动反作弊和渠道推广反作弊等解决方案。这一平台将专家经验与人工智能相结合，实现数据、指标、规则、模型、决策流及运营审核等模块的统一管理和灵活配置，构建了业内领先风控决策中台。同时，这一平台以风险计算中台和运营中台为核心，实现跨行业联防联控的大数据反欺诈多业务、全渠道的一站式接入，形成集风险诊断、策略制定、风险处置以及风控运营于一体的一整套"端到端"交易反欺诈系统，结合丰富的专家经验策略和机器学习模型，构建"太平通"风控全流程体系。

五、项目效果

（一）提高保险服务质量

"太平通"APP保险服务自2018年下半年上线以来，提供了共计100余项保险服务，服务了千万级用户。其中，保险理赔报案自2018年12月上线至今报案总计40多万笔；实时贷还款自2019年3月至今还款30多万笔，涉及金额70多亿元，平均每笔金额约2万元；续期缴费自2019年7月至今缴费30多万笔，涉及金额16多亿元，平均每笔缴费约5500元；电子回执自2020年4月至今签收9万多次，电子回访1万多次。

（二）改善用户服务体验

"太平通"通过用户界面优化、系统性能优化和操作连贯性优化进行量化分析，分析用户操作习惯和爱好，从而不断提升用户服务体验。

（三）提高运营效率

"太平通"通过线上线下的全场景的数字化运营平台，基于全触点数据构建全域标签体系，助力APP、微信和小程序全渠道上精准触达用户，自动化营销互动，实时反馈效果，真正实现运营数字化。目前，"太平通"拥有注册用户数"1700万+"，关键栏位的PV、UV分别达"15万+""10万+"。

（四）降低运营成本和风险

"太平通"通过智能风控系统，建立拒绝规则60多项，日拒绝笔数达5万多笔，有效防止垃圾注册，降低"羊毛党"对运营活动费用的薅取。

六、总结

"太平通"建设目标为聚合太平全集团客户服务资源，践行"一个客户、一个太平"理念，打造服务生态圈，为太平集团客户提供一站式、全场景的便捷移动服务体验。"太平通"项目已完成"保险基础服务""健康/车主生态""活动运营"三大类的基本建设，下一步将在现有功能和服务的基础上，着重围绕"高质量新客引流与转化"和"存量保单用户活跃与提供优质服务"两大建设目标，集中在六个方面推进：完善保险服务、用户成长体系、筹划重大营销活动、扩展和深挖服务场景、数据驱动和科技赋能、代理人赋能。

"太平通"将在以下几个方面进行升级和优化。

（一）"以客户为中心"的极致体验

以客户体验为主，更加贴近用户需求。保险服务、生态建设、风控等业务流程及规则管控均围绕客户服务流程进行优化设计。

（二）基于业务场景进行数字化应用建设

基于业务场景进行数字化应用建设，实现场

景连接，服务场景需求，提升获客能力并优化产品设计和运营方案。

（三）加强数字科技的运用

推进人工智能、大数据、区块链和物联网等在保险服务 APP 领域的创新应用，满足互联网海量交易、众多合作伙伴对接的要求，以及基础设施和交易系统的云化需求。

（四）实现深层次的生态合作

以科技能力输出作为核心竞争力，支持嵌入合作伙伴场景，实现更深入的生态合作。

专家点评

太平金融服务有限公司的“太平通”一站式综合金融客户服务平台，打通了集团内各专业公司的内部系统，实现服务的一致性。该平台引入智能推荐算法，打造千人千面的精准智慧运营，同时建立以人工智能算法为核心的反欺诈安全系统，保障业务数据的安全性。公司运用“太保通”平台，给予客户更便捷的线上保险服务，为客户提供完善的健康管理服务和全面的健康解决方案，构建全流程的风控体系，提高公司对客户的服务质量。“太平通”不仅通过数字化运营提高公司经营效率，还通过智能风控系统降低运营成本和风险，满足线上大量交易、众多客户的对接要求，增加以科技为输出的核心竞争力，为行业进一步健康发展提供借鉴。

小雨伞保险经纪智能保障服务链

◎ 小雨伞保险经纪有限公司

一、项目概述

小雨伞保险经纪有限公司(以下简称小雨伞保险经纪或小雨伞)以“严选+定制”的方式为用户提供优质的保险产品和理赔、售后等服务，同时自研风控系统反哺行业，形成完整的保险服务链条，目前已与中国平安、中国人寿和中国人保等多家保险公司达成战略合作。

(一) 服务用户是基础

“80 后”“90 后”是目前的消费主力军。他们是互联网原住民，大部分学历较高，知识面较宽，有自主搜索和判断能力，对大多数事物持开放的态度。这类人群在面对保险时，对保险的理解会更多，自主选购的意愿会更强，同时互联网技术的发展为其提供线上购买的环境。目前，保险线上化服务仍有优化的空间。

小雨伞保险经纪极度重视客户体验，从客户的角度出发，设计客户在各个接触点的个性化交互体验，确保客户在任何时间、任何地点以任何方式购买保险时都能获得统一连贯、无差别的体验。另外，小雨伞运用平台数据，联合保险公司定制出许多个性化的产品，比如大黄蜂、超级玛丽等系列产品，成为市场爆款。

(二) 提升保险运维智能化、高效化

小雨伞保险经纪从各环节梳理客户购买流程中的“关键时刻”和痛点，针对一些场景做了智能化体验，分别研发了人工智能保顾静静、智能核保师小智、AICS 闪赔系统和一键报案系统等一系列技术应用，覆盖保险产品售前咨询到售后理赔全链条，使互联网保险经纪平台的管理从“依靠人工”转变为“依靠智能”，提高了整体运维效率。

(三) 智能的人性化服务，打造品牌软实力

线上消费促进了客服的线上化，机器人和人工智能等技术开始应用于客户服务。对于互联网保险行业而言，理赔往往是最影响消费者感受的一个环节，同时可能是最影响保险企业口碑的一个环节。从消费者的角度来讲，客户等待的时间越短，索赔过程越不烦琐，赔款到账越迅速，客户的消费体验就越好。小雨伞开发智能系统，依靠后台智能化程度的提升，同时介入人工服务，在理赔方面推出了小额闪赔、大案专案协助、一键报案、绿通和法律援助等服务，其智能化、人性化服务得到用户的一致好评。

二、项目背景及意义

随着移动互联网技术的日益普及，中国消费者的购买习惯和需求已经发生了翻天覆地的变化。在数字化的浪潮下，我国保险业也将迎来下一轮快速增长势头。然而，一些内外部力量也给

保险业带来新的挑战，比如市场供需不平衡、个性化的客户需求、创新商业模式的冲击，以及越来越复杂的保险欺诈等。面对数字时代的机遇和挑战，行业链条上用户、平台、保险公司之间的闭环解决方案，将为三方在保险购买、销售和理赔等流程上提供便捷、简单的服务。

（一）产品研发：保险科技提供产品设计新思路，满足个性化需求

保险业供需关系存在不平衡的现象，大量产品需求没有得到开发，用户的个性化产品需求待满足。小雨伞保险经纪自创立以来积累了大量用户数据。根据大数据调研，小雨伞精准了解用户的需求，与保险公司合作为用户提供满足需要的产品，打造了超级玛丽、大黄蜂、擎天柱等系列爆款产品。

（二）产品交易：技术渗透各业务环节，率先完成线上交易服务闭环，提升效率

人身险与用户的接触频率远高于其他传统保险产品，而作业成本居高不下、数字化程度不高一直是行业亟待突破的“瓶颈”。未来人身险将进一步聚焦大数据和新技术赋能，丰富定价手段，强化风控能力，简化运营流程，优化客户体验，提升营运效率和投产比，形成长期可持续的发展动能。小雨伞保险经纪在数据分析、算法方面有大量的经验积累，结合图片识别等技术，在售前咨询、客户管理、理赔和风控等方面有效提高了运营效率和风险管理能力。在保险购买的整个过程(即售前咨询—产品定制—购买—核保—理赔)，小雨伞保险经纪运用科技手段不断创新，通过一对多、多对多的交互形式和服务，完成服务线上化，提升各环节体验并形成闭环，降本增效。同时，自主研发的啄木鸟 PICUS 智能风控系统，充分发挥大数据技术，为合作伙伴在智能风控、用户画像和产品研发等领域进行技术加持，通过与合作保险机构的优势互补，进一步加强用户服务和体验，共同推动大数据时代下智能风控的实现。

（三）科技与人工服务双轨加速，为用户提供更适合的服务

以用户需求为主导的互联网产业不断融入保险科技行业中，保险产品走“精品”化路线的策略成为行业共识，这就需要站在用户的角度，去优化保险服务的全流程，从用户感受最好的角度来提供服务。小雨伞保险经纪以技术为核心手段，从前端到后端对保险经验实施全流程升级改造。一方面，开发人工智能服务系统静静、智能核保系统小智、AICS 理算系统“闪赔”服务和一键报案系统；另一方面，引入人工服务，做到大案专人协助、1V1 保险顾问团、法律援助和 7×24 小时不间断等人工服务。小雨伞借助科技创新和用心的人工服务，建立起高速、稳健的运行体系，提升了用户的服务体验，拉近了与用户的距离。

三、项目主要解决的问题及主要创新点

小雨伞保险经纪通过吸纳技术人才、成立大数据实验室等方式提升技术核心竞争力。小雨伞运用科技手段不断创新，率先完成保险交易及服务的整个交易过程(即咨询—购买—核保—理赔)的闭环，推出满足用户个性化需求的保险产品。目前，小雨伞研发人员占比约为 30%，其在数据分析、算法方面有大量的经验积累。资源投入、人才积累和模式建设将整体提振保险业的创新实力。同时，小雨伞与南开大学携手成立互联

网健康险保障指数实验室，利用大数据和保险科技为保险公司提供定制化体验服务及其他延伸服务，推动风险管理、保险研究及人才培养，推动智能化、科技化和产学研一体化发展。小雨伞以大数据为企业赋能，服务广大的保险消费者，让保险产品更贴近社会和民生发展需求，让保险公司通过大数据更加充分地了解客户，降低运营成本，提高保险服务效率，提升企业的核心价值。

（一）商业模式创新，技术与业务有效结合，持续优化用户体验

小雨伞保险经纪基于新技术应用的商业模式创新，不仅能够结构性地化解经营管理成本，而且能够为业务发展和服务能力提升创造新机会。

小雨伞保险经纪线上交易服务闭环的形成集成了多种技术。这些技术相互结合、相互促进，发挥了更大的效果。比如，人工智能保顾需要数据的支撑，给出建议后若遇到非标体用户，需要根据用户的健康状况给出更多维度的产品建议，进而衍生出智能核保顾问小智，小智可以根据用户的健康状况推荐专属产品。而小智在积累一定数据后，会反向修正静静给出的初步方案。这在保险销售前端节约了大量的人力，且极大地提升了运营效率。而啄木鸟系统可以提升对核保核赔的风险控制，当积累大量的使用数据后，保险公司可以根据数据定制出更优质的保险产品。

（二）自主研发风控系统，全链条形成协同合力

PICUS 风控系统依托小雨伞多年来在人身险领域积累的行业实践，在风控策略和模型层面的规则理解方面有一定的优势，并且在数据源方面，PICUS 在广度和深度层面都能够深刻地理解客户，作出更精准实用的模型。

当前大力推行健康险，在类似百万医疗等普惠产品也可以进行调费的情况下，对于保险公司的持续经营来讲是很大的挑战。PICUS 风控系统研发的初衷即在于，以科技手段为保险公司筛选优质用户，对用户理赔风险进行控制。

小雨伞 PICUS 风控系统，向上为保险公司建立数据仓库，为其经验提供支撑；向下根据用户的基础数据，给出该用户的相关投保建议，若存在风险则进行拦截，同时两方面数据相互补充完善。PICUS 把保险链条上的参与者协同在一起，使整体业务发展呈螺旋式上升，助力行业发展。

（三）“客户至上，服务第一”，创新客服管理，提供用户期待和需要的服务

近年来，小雨伞保险经纪的核心业务取得了飞速的发展。用户的快速增长催生了更多的服务需求。面对这种情况，小雨伞增加了客户服务团队的投资，继续提高客户服务团队的服务水平和能力，从而在各个环节中有效地响应了各种需求和紧急情况。

除确保日常客户服务工作的效率和稳定性外，小雨伞还上新了其他的一些服务，进一步完善了以下线上销售服务一体化流程：一是嗖嗖理赔服务，用户只需上传理赔资料即可申请理赔；二是 AICS 闪赔垫付服务，用户只需上传理赔发票即可申请理赔，理赔金最快 1 个半小时到账；三是一键报案服务，长期险理赔可以直接在小雨伞保险平台报案，解决长期保险理赔时用户自己联系保险公司理赔的烦恼，真正做到用户在哪里购买就在哪里申请理赔。

小雨伞通过完善一系列个性化的服务机制，

进一步提高了客户服务质量，提高了解决用户问题的效率，得到用户的广泛认可。

四、项目建设主要内容

（一）售前咨询：“人工智能投顾静静+核保师小智”

小雨伞研发团队背景专业，在销售前端分别研发了人工智能保险顾问静静、人工智能核保小智，让保险购买更简单、透明，最大限度地优化用户购买体验。

人工智能保险顾问静静可以结合用户输入的家庭信息和保障需求，3 秒内便可为用户定制专属的家庭保险配置方案，方案细化到保险产品、产品保额、保险年限、缴费期限及年缴保费，有效降低客服运营成本的压力。

同时，小雨伞与多家保险公司的核保问卷进行对接，在自有问卷内键入小智即可进行智能核保。核保小智可通过分析疾病类型、病种和治疗方式等医疗信息，结合寿险、重疾、意外和医疗保障责任，对多种疾病进行分析。用户进入小智页面后，结合自己的既往病史或家族病史回答几个关于疾病的问题，小智便可以简单快速地为用户推荐适合的产品。根据病史的严重程度和后期恢复情况，小智会推荐符合“标体投保”“除外责任投保”“加费投保”“人工核保” 的产品。以曾经患过乙肝小三阳的用户为例，若用户近半年内肝彩超、乙肝 DNA、乙肝蛋白均无异常，小智会分别从“标体”“加费”“人核”“除外” 四个方向推荐 39 款产品。精准匹配大大节省了用户的选择时间。值得注意的是，针对不同医生的诊断习惯不同给出多个疾病名称的情况，小智具有模糊搜索疾病定位功能，可以快速帮用户定位异常并匹配对应的疾病核保，方便、精准、更省心。

（二）定制化产品，满足用户个性化需求

随着公司不断发展，小雨伞平台积累了大量用户数据，根据大数据调研，小雨伞可以精准地了解用户的需求，为用户提供满足需要的产品，推出了超级玛丽、大黄蜂、擎天柱、增多多等系列爆款产品。

比如超级玛丽重疾险系列，它是小雨伞推出的明星重疾险系列，两年内多次迭代升级，满足了用户日益增长的保障需求。从与南开大学合作的《互联网健康险保障指数报告》中得知，心脑血管疾病和恶性肿瘤为高发的重大疾病，因此在 2020 年小雨伞迭代更新了超级玛丽重疾险，在保障责任中加入了心脑血管和二次赔付责任，并且缩短了赔付的间隔期。不仅如此，小雨伞还切实重视用户的利益，其超级玛丽重疾险系列产品的赔付比例在业内均列入第一梯队，给用户提供了实打实的保障。超级玛丽重疾险系列产品凭借自身优厚的保障，获得了保险业杰出产品创新奖——“金创奖”，并被列入今日保·中国保险白象榜年度十大畅销保障型保险产品系列中。再如，养多多养老年金系列产品，具有长期、灵活、抵御人性、专款专用和存取灵活等特点，注重互联网化和年轻化，符合年轻人的投保习惯。

（三）理赔及售后服务：“智能核保+理赔体系”

在后端，小雨伞保险经纪推出了智能核保系统和“闪赔” AICS 理算系统。

小雨伞智能核保的核心是一套针对非健康体的决策，可以通过分析疾病类型、病种和治疗方式等医疗信息，结合寿险、重疾险、意外险和医疗险的保障责任，对多种疾病进行分析。小雨伞利用自有算法优势，再结合保险公司的数据，可

以做到更精准的核保。小雨伞作为一个大型开放的互联网保险经纪平台，上接保险公司引入丰富的保险产品，下连用户了解实际核保问题，因而积累了各产品类型丰富的核保经验，使其智能核保更加灵活和方便。在核保环节，行业更多的是采用人工审核，这会受个人主观因素的影响，而小雨伞的智核系统(包括健康告知和核保规则)，集合了大量审核数据和核保规则，进行客观审核，系统审核后再由人工审核，提升了准确性，更有利于用户。

在理赔体系方面，小雨伞有着自研的“AICS理算系统+专业的理赔团队”，为用户提供闭环式服务。AICS理算系统，采用自主研发的算法，自动计算理赔金额，同时生成理赔申请书，人工只需核对保险责任、复核即可。AICS理算系统最大限度地提高了理赔时效，可以在很短时间内顺利完成大量精确度要求较高的小额理赔，解决了保险业的痛点。同时，针对长时间没有完成理赔、资料不全等案件，AICS系统还有预警提示，有效提高了理赔时效。“闪赔”服务，可以做到平均2个工作日即可让理赔金到账。客服团队以提供更人性化的服务为宗旨，协助用户解决在理赔过程中遇到的问题，比如资料解读、与保险公司沟通协调等，同时还有1V1顾问团队为用户提供服务，让用户在线上也能体验到独家经纪人的服务。

此外，小雨伞进一步从用户角度出发，还配备了理赔管家、绿通服务、一键报案和法律援助等人性化服务，最大限度地优化顾客的体验。

五、项目效果

科技的应用带来了效率的提升和使用的便利，在为公司节省运营和人力成本的同时，帮助用户节省咨询成本并缩短决策链，助力交易的成功。小雨伞后台数据表明，静静和小智平均每月服务“3000+”用户，客服团队平均响应时效小于30s，线上智能系统每年新增关联保费超过千万元。

六、总结

未来将持续竞逐保险服务闭环生态，持续投入为用户提供更好的服务。

随着科技的发展和时代的变化，用户的需求是变化的，当下最优的解决方案也是变化的。因此，小雨伞保险经纪将继续以科技驱动大健康生态，通过大数据、智能风控、自动理算和智能客服等先进科技，实现预核保、理赔和客服等环节的智能化和自动化，为用户提供一站式闭环式解决方案，增强与客户互动，提高客户对公司品牌的认同感。

小雨伞将在不断探索中完成自我发展和突破，持续走在互联网保险业的最前沿。

专家点评

小雨伞保险经纪有限公司研发了人工智能保险顾问，极大地优化了客户的投保体验，让投保流程更为便捷和透明。另外，小雨伞积累了海量用户数据，推出了更能满足客户保障需求的热门产品。公司的智能核保系统结合各类险种的保障责任，对多种疾病进行分析，结合保险公司的数据进行更为精准的核保。同时，“闪赔”AICS理算系统提高了理赔效率，能够短时间内完成大量精确度要求较高的小额理赔案件，提高了客户的用户体验感。公司应用大数据、智能风控、自动理算和智能客服等先进科技，加快核保、理赔和客服等环节的智能化和自动化，提高了客户对公司品牌的认可度。

明亚保险经纪 ILS 智慧学社

◎明亚保险经纪股份有限公司

一、项目概述

智慧学社（Intelligent Learning Society，ILS），是由明亚保险经纪股份有限公司（以下简称明亚）自主研发，不依赖第三方系统，在明亚APP内运行的真正匹配用户需求的保险专业化教育培训平台。智慧学社正式上线时间为2021年5月，截至目前，学习人次已近30万人次。

智慧学社依托明亚旗下明亚经纪的技术平台，集线上课程、线下课程、专业资质认证和专业课程等功能为一体，是培养保险人自主学习和知识共享的成长性教育培训平台。

二、项目背景

（一）市场——保险业数字化转型加速

随着智能时代下信息化的发展，保险业迎来科技赋能的新发展阶段。“互联网+保险”的各个环节对保险从业者的能力都提出了更高的要求。如何有效利用智能化互联网进行人才的培养，正是当下保险业发展所需要的。

（二）企业——为数字化营销转型保驾护航

企业需要构建大数据分析能力、数字化管理能力的内部培训体系，才能紧随市场的发展进程。自身的转型需要专业的保险从业者保驾护航，才能在激烈的市场竞争中赢得一席之地，实现自身的优化升级。

（三）客户——消费群体趋于年轻化，诉求多样性

“80后”“90后”成为主力消费群体，相较于上一代拥有更强的风险保障意识，了解信息的渠道更多，对保险从业人员的要求更高。

（四）保险从业者——终身学习的观念贯穿职业生涯

保险从业者渴求获取各渠道的资源进行自身技能的提升，从而成长，并在工作中取得更大成就，此时就需要一个平台能系统地为之规划并满足他们的学习诉求。

（五）特殊时期——疫情催生保险业新机遇

突如其来的新冠肺炎疫情，加速了保险展业线上化的进程。“线上学习”比任何时候都显得更重要、更紧急。

（六）明亚——企业良性长远的发展，培训系统应运而生

传统人才培养和输入路径现在很难适应“互联网+”下的信息化保险业的发展，提高保险从业人员的综合能力，加强保险从业人员的市场竞争力，不仅是公司战略规划的重中之重，更是受众群体线上学习的需要。

明亚作为一家全国性保险服务经纪公司，推出了ILS智慧学社。该平台有以下优势：

1. 明亚有数千款在售的保险产品，保险产品的丰富性和复杂性，验证了该平台的培训能力。

2. 销售伙伴遍布中国各地，培训满足学习欲望，学习反馈培训要求，平台有多种实战演练机会，带动了内部学习的氛围。

3. 明亚现有培训讲师600余人，有着丰富的培训资源和实践经验。

4. 明亚通过APP、官网、官微、在线客服和智能机器人等系统的搭建及整合，能够为培训提供全面的需求服务。

5. 明亚的使命是，通过客观中立的专业化服务，帮助客户"清清楚楚了解风险，明明白白购买保险，踏踏实实享受生活"，建设一家有温度的保险服务企业是公司的社会责任。

三、项目重点解决的问题及主要创新点

依托公司独立研发的需求分析系统、a-RBI产品比较分析模型、完整的CRM客服体系、快捷高效的电子商务平台、功能丰富的ERP系统和手机APP，以及不断提升的AI对话终端，为公司搭建员工智慧学社，主要面向明亚内部的全体保险从业者以及营销支持人员，制作了涵盖COP、岗前新人培训班、衔接培训、专业资格和各职级营销知识及技能培训等课程。该平台贯穿了受众群体的整个明亚职业生涯，从新人入职到正式成为经纪人后的自我提升，每一个阶段有相对应的学习课程培训，为学员提供专业化、成长化和人性化的学习体验。

（一）一个模式——OMO模式

OMO模式包含线上的学习课程以及线下的面授课程。

线上多样化的课程满足不同的学员需求，包括线上的视频课程、音频课程，以及PDF课件、线下面授课程等。借助公司的多种系统，学员的学习与实操相融合，提升了学习效率，对学习内容有充分的认知，缩短了从不会到会的时间。

根据学员的学习形态和培训目标，制定学习规则、学分规则等。线下的专业教师团队是课程的基础依仗，线上便利的课程学习和沟通是提升学习效率的有效手段。该平台关注学员的体验感受。

线上培训还通过考试、小结练习的方式，让更多人获得锻炼，深化培训效果；线下的面授课程培训，学员通过与老师面对面的沟通或小组交流的方式进行，大家相互分享，用输出倒逼输入。

（二）两种成长体系——内外勤成长体系

该平台包含了外勤成长体系和内勤成长体系，涵盖了企业需要学习的所有群体。

传统的培训模式只为解决销售队伍的学习，这种方式并不适用于销售后台的支持人员。明亚打破了这种固有传统，两种成长体系并行开展，提升整体的专业能力，填补了内部人员在保险技能上的欠缺。更为重要的是，对企业内部人员进行培训，可提高其工作效率，减少沟通成本，为销售团队提供强有力的服务支持，以便其顺利地开展业务与服务客户。

（三）三个层面——管理层面、资源层面和学习层面

明亚的分公司遍布于全国的各个地区，每个地区的团队因地制宜，在把握大方向的情况下，

增加了自己地区特色的培训管理。

每家分公司在培训中有不同的学习资料和培训方式，与业务深度融合，规避了传统培训一刀切的方式。业务中遇到的案例，配以图片、文字和视频等，制作成学习课件共享给全国伙伴，这些经验也将继续迭代优化，慢慢的每个区域都能沉淀出丰富的业务知识，并形成系统化的内容。资源共享，实现一加一大于二的效果。

明亚培训体系打造的学习闭环是练习、考试、获证、实战演练和复盘总结，这个学习闭环解决了学员从学习知识到知识为自己所用的问题，让学习变得有管理、有指导和有服务，以及更多样、更个性、更智能和更便捷。

（四）四大环节——COP 培训、岗前培训、衔接培训和自主学习

外勤成长培训方面，公司在岗前和入职后各环节设置了多种形式和内容的课程，课程体系包括新人篇、销售序列篇、管理序列篇和继续教育篇。

其中，新人篇包括岗前新人培训、衔接培训、执业证考试辅导和分红万能险考试辅导等培训；销售序列篇包括经纪人职级及合伙人职级（待开发）培训；管理序列篇包括销售经理及销售总监职级的培训等。

与此同时，公司也结合监管、行业、公司以及经纪人自身的发展需要，不断完善涉及政策法规、行业动态、企业文化和职业道德等多维度的继续教育培训，为经纪人提供可持续性发展的培训支持。

课程开发朝多元化方向发展，学分制趋势迎合明亚人自主学习的优势。智慧学社新人的自主学习模式见图 1。

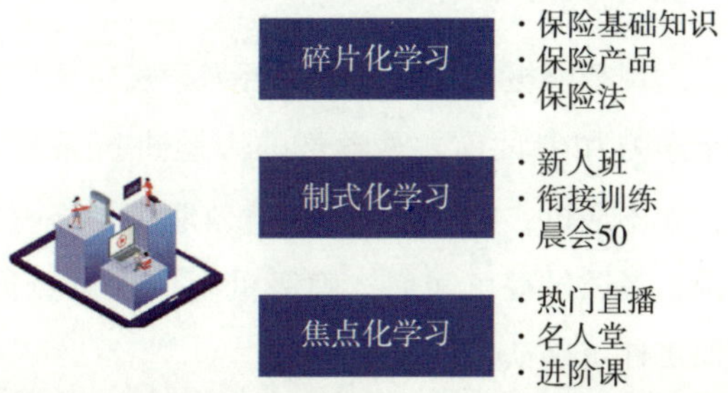

图 1　智慧学社新人的自主学习模式

四、项目主要建设内容

（一）学员的学习流程贯穿明亚内部的各个系统

匹配用户需求，无缝对接 EHR、ERP 等系统，实现数据互传，信息同步，使新入职学员每一步的学习都变得有序化；设置系统自动判断，通过后会开启下一步骤的学习，并在明亚经纪 APP 中通知学员，减少传统的人力传输，信息更准确、安全，运行更稳定。

（二）打造学员的个人用户画像，学习更具个性化

学员的资料信息经后台处理后，会更加全面，画像更精准，后期的培训设计也更有针对性。根据课程须掌握的程度，将课程分为必修课和选修课，学员可在夯实基础的前提下自主满足个性化需求。

（三）辅训结合，通关设关卡，实战要求严

系统将训、辅结合在一起。线上，试卷考题从题库中随机生成，相同的考卷也可能题目的顺序不同，多种设置方式让难度提升。线下，设置通关板块，让知识即时转化落地。

（四）保证考试合规性，考前人脸需审核，考试过程可回溯

运用智能核检系统查看是否为学员本人。在线上学习和考试前，对学员的人脸进行采集识别，如不通过，则进行阻挡，有效避免了替考的现象；考试过程可回溯，确保重要信息可查询、问题责任可确认。

（五）学员的学习成果数据化全面分析

传统的线下培训，评估每一次培训效果的方式只有随堂测试以及收集反馈意见，这种方式对培训起到质的提升很难。线上培训系统的后台设计，对所有学员情况都以数据可视化方式呈现，从各个维度反馈学员的情况。举个很简单的例子，以前培训都是讲师点名来监管出勤率，人多的时候点名要花半小时，一节培训课大半的时间都用来点名了。现在用的是扫码报名及扫码签到，管理人员可以合理地安排学习的场地规模，所有学员的出勤率完全可以在后台展示，包括具体的签到时间、签到情况等都一目了然。

五、项目效果

对保险从业者而言，在培训系统学习课程的同时，满足了系统性及碎片化学习的需求。多媒体的表现形式，比如文字、图片、视频和音频更增加了学习的趣味性。线上线下的联动以及多平台的支持和工具的运用，打造出了时时能学、处处可学、人人皆学的良性学习工作氛围。

对明亚而言，实现了在不同区域同一时间内的培训管理。此外，建设培训数据中心、构建学员画像和数据化全面分析，有助于提升培训效果。

对保险业而言，体系化的人才培养机制能够源源不断地为保险业提供新时代所需的互联网综合型人才，为智能时代后“互联网+”保险业输送新的血液，促进行业的健康快速发展。

六、总结

在享受互联网给保险业带来便利的同时，公司不仅需要加快人才培育速度，也需要提高人才的内在要求，培训管理便成为企业不可或缺的一个环节。智慧学社借助自身受众多且分区有针对性差别的优势，让学员能够快速地将所学到的专业理论知识应用于实践中，并能及时发现漏洞，弥补不足。

明亚以专业的服务能力和以客户为导向的服务精神，依托专业的服务团队和丰富的产品体系，打造和精细化运营培训平台，让经纪人成为令人尊敬的职业，提升明亚品牌的价值。

明亚愿以更加完善的师资团队，依据保险业的特点对互联网进行研究，持续完善和突破，增加相关的课程和优化系统培训，并在不断的教学实践中，为保险业输送更多的专业性人才以及创新理念。

专家点评

明亚保险经纪股份有限公司的 ILS 智慧学社平台，基于明亚经纪的技术平台，主要面向明亚内部全体保险从业者和营销支持人员，提供线上课程、线下课程、专业资质认证和专业课程等，帮助员工实现自我提升，保持使用人员的良好用户体验。该平台不依赖第三方平台，保障信息的准确度和安全性，为学员提供个性化课程，满足员工个性化的学习需求，设置训辅相结合的学习机制，调动学员的学习积极性，将学员的学习成果可视化，督促其按时按量完成学习进度。公司运用该平台提高了内部人员的培训效果，打造了专业的和高服务质量的经纪人队伍，提升了公司的品牌价值。

轻松集团健康保障系统 AICare

◎ 轻松集团 · 轻松保严选

一、项目概述

轻松集团作为 3000 万户家庭信赖的健康保障科技平台，打造了以技术为底座的健康保障资源智能匹配中心。轻松集团主要服务两大类人群：第一类是患病人群，从大病众筹到单病种治疗，轻松集团为他们提供配套服务；第二类是健康人群，轻松集团为他们提供商业保险、健康管理等服务。

轻松集团旗下有轻松筹、轻松保严选、轻松健康和轻松公益四大业务，通过人工智能、大数据和区块链等底层核心技术赋能，连接起包括医保、商保、医疗机构、医生、药房和药厂等机构，驱动优化健康资源的配置，最终在用户和机构之间实现资源的完美匹配，为用户匹配最适宜的产品。

（一）模式创新

自 2014 年为用户发起首个“大病救助”——轻松筹项目开始，轻松集团就奠定了平台的健康属性。此后，轻松集团进一步明确，以国民健康为出发点，陆续完善轻松筹、轻松保严选、轻松公益和轻松健康协同发力的一体化健康保障生态，从事后的救助出发，扩展到事前的健康保障和预防，再延伸到患病后的健康管理，为客户提供全生命周期的健康管理服务。在强大的 AI、大数据科技能力和互联网运营能力双轮驱动下，轻松集团已构建起以患者为核心的包含“轻松健康—轻松保严选—轻松筹—轻松公益”的健康保障体系，并进一步细分用户需求，搭建起面向健康人群、慢病人群和重症人群的阶梯保障格局，深入布局“互联网+医疗健康”市场。

（二）技术创新

轻松集团基于用户需求以及合作的上百家不同类型的机构，实现用户需求与健康保障之间的资源匹配，打造了一整套智能数据中台——AICare，其包含营销平台、风控平台、用户体验平台和理赔平台四大板块。营销平台注重提升获客率和转存效率，以及个性化推荐；风控平台重点在于筹款欺诈甄别、保险风险用户识别；用户体验平台由智能客服机器人负责线索分配管理，以及智能电销、质检等，因此可降本增效；理赔主要集中在智能核保、直赔平台，提高了理赔效率，优化了用户体验，在积累更多数据基础上实现小额保费智能预先支付。

二、项目背景及意义

轻松集团始终围绕用户的健康保障需求，以科技为手段连接各方资源，站在用户的角度深挖微场景，将大数据变成无数精准的小数据，实现了从简单的“双方匹配”到“多方匹配”的全新升级，为用户提供了一个“既解决资源问题，也解决资金问题”的综合性解决方案，真正实现了健康资源匹配的升维。

三、项目重点解决的问题及主要创新点

（一）技术集成度及技术规模

轻松集团健康保障系统——AICare 的底层是技术基础，包括计算平台、数据分析平台和标签抽样平台，中间层是智能资源系统，最上层是业务线。可以抽取下面的模块，根据实际应用场景灵活组合，实现业务的最优效果。

1. 社交图谱。每位用户会有多个好友，社交图谱可广泛应用于人群定向和相似商品推荐。基于社交图谱，能够精准定位目标用户，从而定向推送；内部广告位转化方面，增加了社交属性，使得用户点击转化率提升了两倍；构建用户标签工厂，构建立体的用户模型；销售数据可以反哺数据中台，平台积累了 1500 多个用户标签，广泛应用于各个场景和产品线；AI 触达系统，实时分析用户的行为特征，运用学习算法洞察用户数据，通过 AI 预测来圈定目标人群，多渠道、多时段精准投放。

2. 个性化推荐。推出一套千人千面推荐系统，广泛应用于用户交互过程中。

3. AI 电销。AICare 收集集团各个渠道的线索数据，包括短险、会员健康，形成销售中心，通过智能线索分发引擎，精准推荐到系统，能够精准识别目标用户，大幅提升整体运营效率和转化率。

4. 智能客服机器人。客服每天接到大量电话、网络咨询和微信社区运营等客服需求，人力成本相当高。通过语音识别、NLP 处理、多轮对话和 TTS 等技术，AICare 推出了智能客服机器人，大幅降低了人工成本，提升了前端用户体验。

5. 智能质检。AICare 系统可以实时发现违规操作，提前规避风险。同时，它能够提炼高绩效客服话术，自动积累专家库，实现标准化的 SOP。

（二）解决的问题及效果

轻松集团发现，保险业传统上会推荐多款产品让用户选择，而保险产品同质化非常严重，保障范围和额度也难以适配，面对不同用户的不同消费能力和多样化的需求，很难精准化营销，保障条款不能完全匹配用户需求，保单脱落率严重。轻松集团通过智能平台推出的产品可以更灵活地匹配保障范围和保障额度，衍生出适配各种用户需求和产品的矩阵式产品清单，并结合历史投保数据与用户标签精准匹配供需，最大限度地挖掘流量价值，提升转化率。还可以动态调整保险责任，满足用户不同情景、不同人生阶段下的不同保障需求。

在惠民保产品领域，2021 年，轻松集团与南通市合作，推出了一款产品——南通惠民保，集中解决以下三个问题：第一是购买的问题。在购买环节嵌入医保体系，允许通过医保个人账户直接购买和续费，同时可以为直系亲属购买，无须个人支付，大大降低了用户的购买成本。第二是降低了免赔额。惠民保免赔额低至 8000 元，相较于原来的 2 万元、4 万元，免赔额大大降低，因此可以覆盖更广泛的用户，实现更大的普惠。第三是报销方式。现在很多惠民保要求客户先垫付再报销，而轻松集团打通了医疗体系，可以实时积累病程的数据，住院费用可以直赔。该款产

品已取得很好的效果。

在单病种产品方面进行了创新。轻松集团先天会接触到大量非健康人群，这些人群天然被排除在保险之外，买不了保险。轻松集团深入分析用户需求，以单病种切入，首先推出了肝愿保。该险种专门为肝病患者设计。乙肝病毒携带者、慢性肝炎患者都可以投保，不用担心拒保拒赔。除此之外，轻松集团还联合互联网医院开设单病种特色科室，提供远程问诊、在线挂号和健康咨询等服务，依托朵尔互联网医院、大药房电子库开电子处方，一键跳转购药，快速满足线上的药物需求。

通过不同层次的健康策略，轻松集团打造了多层次的健康保障全生态体系。

四、项目主要建设内容及效果

（一）模式创新为用户提供多样化产品及服务

轻松集团利用技术更好地知晓和满足用户的需求，根据用户需求定制产品，在技术升温的同时，也让产品更有温度。

在面向第一梯队的健康人群时，轻松集团致力于通过医学和科技赋能日常健康生活。

在面向第二梯队的慢病人群时，轻松集团以健康险为入口，为用户提供付费医药健康和慢病管理等单病种服务。在慢病管理方面，轻松集团6周年时全新启动慢病管理联盟2.0以及中联朵尔互联网肝病中心，通过发力垂直单病种领域，为建立包容性更广的大健康生态圈提供想象空间，为慢病人群提供健康管理方案。

在面向第三梯队的重症人群时，轻松集团则可提供精准医药服务和创新支付方案。

（二）技术建设实现资源匹配升维

轻松筹在区块链技术方面的探索一直以来都处在同行业前列。早在2016年，轻松筹搭建了区块链实验室，自主研发了“阳光链”项目。2018年10月29日，轻松筹联合华泰保险及中再产险，依托轻松筹自主研发的“区块链”技术，打造了首款全产业链区块链保险。区块链技术的赋能，不仅打通了保险机构与企业之间数据共享的“最后一公里”，提供了优质的信息资源，而且提升了企业运营效率，从而更好地服务了消费者。

目前的再保险流程复杂且时间较长，往来文件和资料要经过多层盖章和审核，十分耗时。区块链通过简化现阶段保险公司和再保险公司的信息交流过程，简化再保险流程，利用公开透明的分布式账本，简化财务系统等多方面的检验真伪的过程，节省了大量的人力成本、时间成本和材料成本。

借助区块链，保险机构和再保险机构的系统内可同时保存有关保费和赔付的详细数据，从而减少了对数据真实性的审核流程，而且这种数据的保存是永久的。每一款保险产品本身就存在包括停售等风险，但传统领域中，保险公司、再保公司等机构的沟通交流时间往往以“季度”来算，这样不利于数据的及时共享，也不利于再保公司进行必要的调整。各大保险公司之间出于信息安全性考虑，很难让用户信息共享(如风险保额)，保险公司之间的份额确认及账单结算等多机构之间的信息传递也比较迟缓。此外，还存在业务流程冗长、效率低下和多机构间信息传递不畅等问题。

“互联网保险+区块链“的组合打破了信息不

对称的难题。区块链技术可以通过不同的权限把保险中介公司、保险公司和再保险公司连接在一起，数据在区块链上设置不同的权限，规范查看范围。这样一来，既实现了数据的共享，也能更及时地反映问题。它可以把赔付信息、购买信息等进行实时传输。当数据实现在不可变更账本上的共享之后，再保险公司无须等待之前承保的保险公司提供的数据，就能获取一手数据，大大提升了运营效率。

通过科技赋能，引领行业探索新的技术边界。区块链与互联网保险相结合，不仅改变了行业传统的数据交流和共享方式，也借助区块链公开了不可篡改的特性，避免了数据被篡改。但对于区块链在保险领域的大规模应用，还需要很长时间的探索和开发。

轻松集团基于用户需求以及合作的上百家不同类型的机构，实现用户需求与健康保障之间的资源匹配，打造了一整套智能数据中台——AI Care，其包含行程营销平台、风控平台、用户体验平台和理赔平台四大板块。营销平台注重提升获客率和转存率，以及个性化推荐；风控平台重点在于筹款欺诈甄别、保险风险用户识别；用户体验平台由智能客服机器人负责线索分配管理、智能电销质检等，因此可降本增效；理赔主要集中在智能核保、直赔平台，提高了理赔效率，优化了用户体验，在积累更多数据的基础上实现小额保费智能预先支付。平台的底层是技术基础，包括计算平台、数据分析平台和标签抽样平台，中间层是智能资源系统，最上层是业务线。

六、总结

在强大的 AI、大数据科技能力和互联网运营能力双轮驱动下，轻松集团已构建起以患者为核心的包含“轻松健康—轻松保严选—轻松筹—轻松公益”的健康保障体系，并进一步细分用户需求，搭建起面向健康人群、慢病人群和重症人群的阶梯保障格局，深入布局“互联网+医疗健康”市场。

轻松集团已经成为用户的健康中枢，为用户匹配最精准的健康资源，找到最适合的健康管理方案，成为用户最信赖的健康保障伙伴。

对合作伙伴来说，轻松集团提供“保、检、医、药、康”多维度健康保障新模式，助推合作伙伴的服务提升和业务发展，更可以协助保险、健康公司分析优化医疗产出，助力控费。

轻松集团是业内第一个将区块链创新技术运用到健康保障行业的企业。2016 年底，轻松集团就成立了区块链实验室，并自主研发了“阳光链”项目，用技术创新的方式，打破了旧产业的技术边界，让公益保障事业实现了透明化和安全化。利用技术，轻松集团可以更好地知晓和满足用户需求，根据用户需求定制产品，在技术升温的同时，也让产品更有温度。从最早应用移动互联网技术连接起捐赠者和救助者，到应用区块链和大数据为用户提供更好的服务，在轻松集团发展中，技术充当了重要角色，为这份事业增加了温度，赋予了力量，让轻松集团能够持续输出价值。

专家点评

轻松集团以轻松筹、轻松保严选、轻松健康和轻松公益为四大业务，以风险发生后的救助为起点，向前延伸到事前的健康保障和预防，再向后扩展到患病后的健康管理，打造了一体化的健康保障生态圈。集团以人工智能、大数据科技能力和互联网运营能力为双驱动，进一步细化客户需求，将需求与健康保之间的资源相匹配，打造智能数据中台来提升获客率和转存率，提高风险识别率，降低运营成本，实现快速理赔。集团利用各项先进技术，为客户解决资源和资金短缺的问题，成为用户最信赖的健康保障伙伴。

北京优全智汇信息保准牛智能销售助手“销售 e”

◎北京优全智汇信息技术有限公司

一、项目概述

保准牛智能销售助手“销售 e”利用大数据分析为市场从业人员提供市场洞察、产品对比、方案报价、客户分析和业绩统计等功能，帮助保险销售或代理人完成保险产品销售、服务的相关工作。保准牛支持直销和分销推广需要的平台建设赋能，包含数据中台、客户画像、BI 建设、CRM、营销管理平台和移动展业工具等系统规划和建设，提供营销和运营综合解决方案。保准牛智能销售助手“销售 e”能够做到洞悉市场全局、快速定位优质业务、全流程销售支持和全生命周期客户管理，帮助渠道客户实现在线管理业务、在线定制、快速推广产品和实时查看业务进展等内容。同时，能够实现投保、增减员和理赔等环节的全线上化操作，提高效率，提升用户体验。

二、项目背景及意义

优秀的保险代理人不仅能够普及保险知识、推动保险业快速增长，更能在促进社会就业等方面作出巨大贡献。然而，传统保险业的佣金制度和营销方式所呈现出的弊端，不仅造成了行业营销体制乱象，更成为限制代理人发展的关键所在。

（一）项目背景

《数字中国发展报告(2020 年)》指出，数字经济发展活力不断增强，我国数字经济总量跃居世界第二，数字经济核心产业增加值占 GDP 的比重达到 7.8%，驱动着千行百业的数字化转型不断加速。在这样的新“风口”之上，新基建所带来的生产力在不断强化，而数字经济就带来了新的生产关系变革。在新的生产体系下，越早完成数字化转型，就能越早享受新经济时代的红利。当众多消费者已经适应“在线”生活，如果企业不完成“在线”的数字化改造，不能洞悉消费者的需求，就会被时代所抛弃。

自 2010 年开始，我国原保险保费收入呈逐年上升的趋势，中国已经成为全球第二大保险市场。而在经过十年的高速发展后，“数字燎原、转型提速”成为当下保险业的生动写照。

从政策角度来看，近几年，银保监会发布了多项监管政策及指导意见，涉及财险、健康险和互联网保险等领域，并在政策中多次强调利用现代科学技术改造和优化传统保险业务流程。2020 年 8 月发布的《推动财产保险业高质量发展三年行动方案(2020—2022 年)》中明确指出，支持财险公司制定数字化转型战略，利用大数据、云计算、区块链和人工智能等科技手段，对传统保险操作流程进行更新再造，提高数字化、线上化和智能化的建设水平。

从市场角度来看，保险业仍处于全域数字化发展初期。2014—2019 年，保险业务线上化渗透率维持在 6%～9%，且增速较慢，传统的线下化渠道模式仍为主流。这意味着数字化仍有较大的发展空间。

（二）项目意义

保准牛智能销售助手“销售 e”从销售的角度出发，通过大数据、人工智能和区块链等先进的技术，让销售的各个流程和环节都变得更加简单和便捷，成为销售的重要工具。

1. 在线创建客户档案，精细化销售管理。将原来需要线下统计、表格收集的方式，通过线上收集和系统整理，大大缩短和节约了销售的时间。同时，按行业、产品和客户类型等多维度为销售制定可衡量的销售任务清单，任务清单能够指引销售更好地完成工作任务，实现销售管理。

2. 核保工种自主查询，节约查询时间。通过保准牛智能销售助手“销售 e”系统，可以实现核保一键查询工种符合几类标准，匹配相应的保险产品。

3. 一键生成计划书报价。以前销售需要去跨部门查询不同工种的报价和适配范围，时间周期长，回复客户慢，这种情况经常会造成丢单，客户容易被抢走。现在，通过“销售 e”系统，销售可以一键生成计划书报价，实时生成计划书和报价详情，精准且高效。

4. 团队业绩动态监控，实时掌握销售成果。摆脱表格及原始的按月、按季度核算绩效和业绩的方法，通过系统的团队业绩后台分析，能够掌握每个销售的出单、跟进和回款情况，指导销售人员进行销售方法的调整，督促销售更好地达成任务。

5. 灵活配置保障方案。保准牛累积了 40000 多个制造业、服务业的工种，目前也是全国最全的工种标准库。合理的定价、定制化的产品方案以及投保理赔服务的便捷体验，让用工企业对保准牛的专业能力产生了深厚的信任。

6. 在线出单，自助投保。基于投核保，保准牛 AI 技术打造了投核保自动化智能化系统。系统针对保险投保和服务自动化方面，使用电子签、OCR 和智能核保引擎等技术手段，实现投保、保全和理赔的“无纸化”的全流程在线操作，大幅提升保险全流程在线化、智能化效率，而“销售 e”系统中也直接应用了保准牛投核保自动化、智能化系统。

三、项目重点解决的问题及主要创新点

智能销售助手“销售 e”利用大数据分析为市场从业人员提供市场洞察、产品对比、方案报价、客户分析和业绩统计等功能，帮助保险销售或代理人完成保险产品销售、服务的相关工作。市场洞察模块为销售人员提供整体的市场调研数据，以及重点区域的市场分析报告，帮助销售人员准确切入市场痛点，或者发现新的增长点。产品对比和方案报价模块利用大数据分析和移动互联网技术，为销售人员提供随时随地的产品供应，给不同的客户匹配个性化的保险产品方案。客户分析和业绩统计模块，更多的是帮助销售人员及

时维护客情，完成绩效目标，实现市场价值。

（一）主要技术创新点

保准牛选取的关键技术有以下几个：

1. 应用框架。Spring、Spring boot、Mybatis 和 Spring Cloud。

数据库和缓存数据库。Mysql、Clickhouse、Hive、Hbase、Redis。

组件和中间件。Kafka、ELK（Elasticsearch、Logstash、Kibana）。

工具。Azkaban、Canal 和 Sentry。

服务。OCR、人脸识别、语音识别、音视频通话、红章识别和公安认证。

通过以上技术，进一步优化迭代分析模型和算法、对各层平台进行细致优化：

数据采集层。Canal 实时同步工具用以解析业务数据库 Mysql 的 Binlog，将数据实时同步收集，做到在同一时间从众多常用的数据来源捕捉事件，能够以连续的流式传输方式，轻松地将日志、指标、Web 应用、数据存储以及各种 AWS 服务采集数据。

数据存储层。通过数据采集将海量数据采集至存储介质中，存储以 HDFS（Hadoop Distributed File System）为主。搭建规模化分布式服务，并且满足高可用的工业化要求。

数据清洗层。利用 Spark 分布式内存计算，对大规模数据进行清洗和汇聚，同时使用 Azkaban 作为工作流平台、数据调度平台，对数据进行任务调度。

数据分析计算层。通过 Impala、Clickhouse、Hive 做大数据计算和批量处理，解决了传统的关系型数据库（Mysql）在大数据分析上的"瓶颈"。用 Hive 将执行计划分成 Map->Shuffle->Reduce->Map->Shuffle->Reduce…的模型。

数据建模层。利用 Tensorflow、XGboost 和 LR 等 AI 框架和算法，挖掘数据深层价值，将沉淀的海量数据提炼成各类模型，解决保险服务过程中"人治"的标准化、智能化的转变难题。

数据可视化及应用层。应用 Echarts 展示各种图形报表，为业务做看板分析业务走向、市场动向等功能。使用 Hbase、Hive、Clickhouse、Canal、Redis、Azkaban、Kafka、ELK（Elasticsearch、Logstash、Kibana）等技术搭建大数据处理、风控、报表、调度和计算平台等底层基础设施。

（二）重点解决的问题

明确关键技术的适用范围，强化技术与业务对接的精准性，最大限度地发挥关键技术的作用。

通过将数据库、文件系统和日志文件等载体中的业务数据进行计算分析处理，具体分析包括编程模型、查询分析、流分析以及复杂的机器学习。以此挖掘大数据中的隐藏信息，为保险业务发展和风控提供依据，提高保险领域业务处理效率。

将深度神经网络训练图形、视觉、语音等识别模型技术运用于保险应用服务中，能够提升业务的安全性、降低成本。相关服务的关键技术包括企业识别、发票识别、人脸识别—查勘定损、智能机器人、音视频通话—视频查勘、红章识别—企业营业执照验真、视频查勘与公安系统打通做身份认证。

全闭环、无纸化的保险交易生态系统能够加快业务的自迭代、自演化历程，全面提升服务效能，整个系统的关键技术包括基于大数据的保险产品定制库、基于移动互联网的销售支持系统、全流程“线上化+无纸化”的保险投保平台、智能化的报案理赔系统以及基于数据智能的保险服务中台。

结合大数据分析、机器学习建模和保险产品精算等多学科交叉，建立完整的保前、保中、保后全闭环大数据智能风控体系。涉及的关键技术包括多个专业领域的保险知识图谱、蓝领行业客户风险识别模型、全行业标准工种大全和基于AI的KRI风险监控平台等。

底层数字技术设施搭建完成后，保准牛构建了“统一数据—统一模型—统一服务”的三层数据中台体系。统一数据模块主要是采集和融合保准牛内外部数据，制定统一的数据规范和标准，构建元数据管理体系。统一模型模块主要是构建统一的数据仓库模型，通过数据模型合理分层和面向维度的建模方式实现数据脉络的层次化和清晰化，支持多维分析和自助取数。统一服务模块主要是构建数据智能的核心能力，并通过微服务进行封装，为上游的具体数据应用提供模块化和组件化的能力，比如客户画像服务、知识图谱服务、产品库服务、风控服务、BI服务和智能客服服务等能力。

四、项目主要建设内容

（一）“销售e”系统架构（见图1）

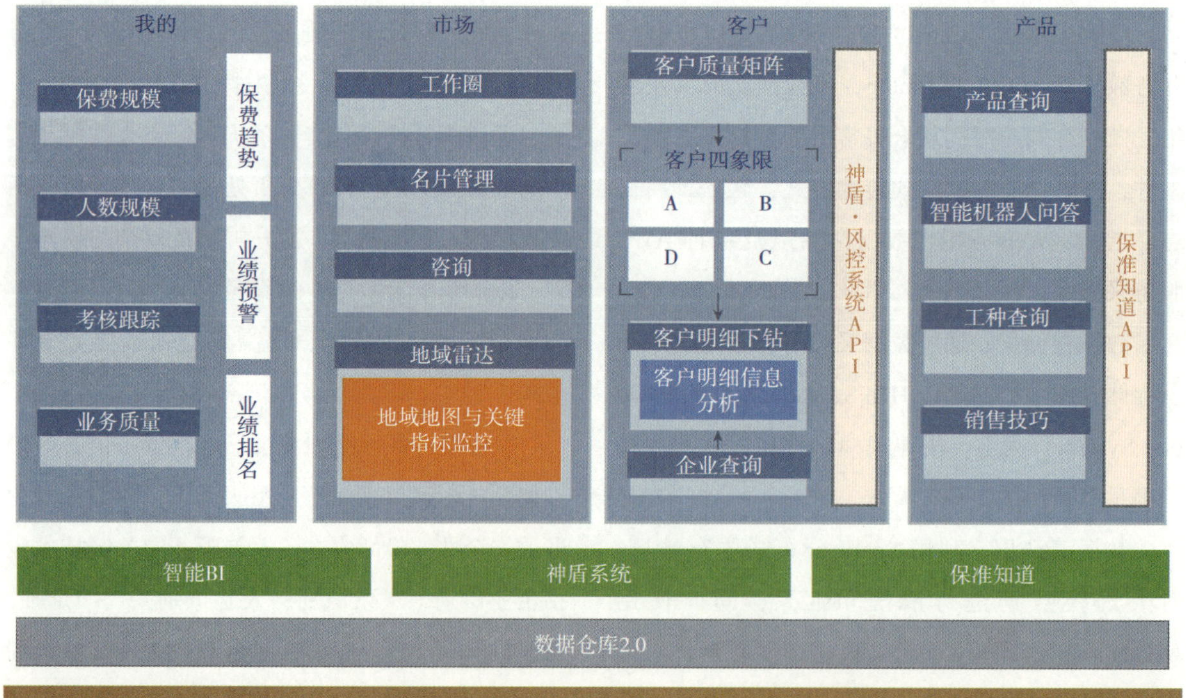

图1 “销售e”系统架构

（二）销售 e 平台建设内容

“销售 e”平台分为业绩、市场、风控和知识库四大模块。

1. 业绩模块。负责销售业绩的统计与分析、业务结构的洞察、业务质量的评估，以及团队相关的排行榜、变化预警等功。

2. 市场模块。负责市场信息的交流与互通，市场咨询的同步，以及业务区域雷达。

3. 风控模块。主要实现客户质量的分盘，实现客户分层管理。

4. 知识库。为销售人员提供体系化的知识输出与培训，实现销售素质的提升。

“销售 e”前端兼容企业微信等常用的即时通信工具，实现跨“移动+PC”的多渠道办公。利用移动互联网的便捷性，销售人员能够更加及时地了解市场动态，解读最新产品信息，更好地抓住稍纵即逝的商机。

五、项目效果

“销售 e”后端采用实时数据引擎（Click-house），能够实时分析业务数据，多维度了解自身的业务结构和客户动向，随时随地给客户提供个性化报价以及保险相关知识的专业咨询，为保险销售展业提供了极大的便利，也帮助销售团队更加高效的开展管理动作，实时把握各种销售动作，对市场作出高效反馈。

基于保准牛科技赋能工具集，保准牛为每位客户生成企业画像，提供多维度的业务及风险分析，打造保前、保中、保后风控闭环，构建了“市场+产品+服务+风险管理”的整体系统生态。目前，所有工具和方法论已经成功申请软件著作权，专利也在申请中，工具套件已赋能 10000 多家合作伙伴。

保准牛支持直销和分销推广需要的平台建设赋能，包含数据中台、客户画像、BI 建设、CRM、营销管理平台和移动展业工具等系统规划和建设，提供营销和运营综合解决方案。比如，在医药健康领域，保准牛与某大型互联网药店合作的“药+保”平台，目前实现了“营销+运营系统+综合解决方案”赋能。

六、总结

通过智能分销引擎、合规牌照连接 B 端和 C 端终端用户，为渠道提供实时、灵活、可定制化的保险解决方案，助力渠道更高效、数字化地提供保险产品与服务。保准牛将“互联网+”的理念延伸到传统保险业，用互联网思维站在客户的角度上思考问题，通过互联网运作方式创新产品、贴身服务、升级体验，满足各类场景的需求，通过定制保险解决企业和个人风险。

“销售 e”是保准牛科技赋能工具集重要的组成部分。保准牛是以保险科技和数据驱动的定制保险科技企业，依托保险科技、大数据和人工智能等多维驱动，运用先进的 AI 和大数据驱动技术，通过数据化算法和产品模型形成动态迭代的反馈闭环，为万物、万景、万人和万场提供定制化的保险产品及服务。

专家点评

北京优全智汇信息技术有限公司的保准牛智能销售助手“销售e”，依托于大数据分析、人工智能和区块链等先进技术，实现精细化的销售管理，实时生成计划书和报价详情，监测团队业绩动态，及时掌握销售成果，为客户提供定制化的保障方案，支持投保、保全、理赔的线上全流程操作，提高公司对客户的服务效率。公司运用该平台生成每位客户的企业画像，通过互联网运营和创新产品，满足客户对各类场景的需求，提供各种维度的业务和风险分析，实现保前、保中和保后的风控闭环，打造市场、产品、服务和风险管理相结合的生态圈，帮助销售队伍进行管理，提高公司展业效率。

第 三 章

数字化助力营销展业

阳光集团座席销售管理机器人

◎ 阳光保险集团股份有限公司

一、项目概述

阳光保险有上万名座席，通过电话方式向客户推介产品和提供服务。座席的技能水平直接决定了客户对产品有无兴趣，对服务是否满意。提升座席销售技能和服务水平是一项非常重要的工作，团队长、教练等每天需要花费大量的时间收听通话录音，分析服务话术，总结客户特征，帮助座席提升销售和服务能力。座席销售管理机器人是一款综合语音识别、语义理解等多项人工智能技术，对座席进行智能分析和科学管理的应用系统。项目颠覆了传统的听音管理模式，通过识别、分析座席和客户的通话内容，勾画客户特征、评估座席能力和诊断销售过程，实现精细化、自动化和智能化的销售管理。项目实施以来，显著提高了管理座席的效率，明显提升了辅导座席的效果。机器人当前每天处理约 30 万通共计 1 万多小时的录音，标记 50 万个以上的标签，参与项目团队在财险的非车险推介率、寿险人均产能等指标相较其他团队有几个百分点的提升。

座席销售管理机器人首创基于通话内容智能分析的销售管理模式，行业内没有类似的项目，当前已获得 6 项发明专利和 2 项软件著作权。为了更好地从录音文本中识别座席产介、报价和促成等话术以及客户的婚姻、职业和意向产品等内容，项目自主设计并实现了 Xre 语言，解决了词法语法分析、编译优化中的各种问题，完成了专有的内容识别解释器。Xre 语言可以同时利用模板匹配与模型预测两种方法的优势对通话录音进行分析，支持使用时间、角色、语速和音量等条件作为分析依据，极大地提高了识别内容的速度和准确性。此外，项目还设计训练了多个 NLP 模型，在语句分割、信息抽取等前沿方向取得很大进展，初步解决了从对话中判定角色、识别语义和抽取信息等难题。

二、项目背景及意义

数字化转型是保险业服务数字经济高质量发展的内生需求。自 2017 年以来，习近平总书记多次就“数字中国”作出重要论述和战略部署。在“数字中国”发展战略的引领下，各行各业开始逐步推进数字化转型，运用大数据、云计算、区块链、人工智能和 5G 等信息技术提升业务拓展、运营管理效能，提高核心能力创新水平。阳光保险在 2021 年战略落地工作会议上提出“强化科技数据能力，加快数字化经营转型”，规划包含数字化客户洞察、数字化营销、数字化运营、数字化产品创新和数字化风控五个方面数字化转型的宏伟战略蓝图。

“阳光机器人”工程是在集团数字化战略的指引下，囊括管理、客服和销售三大类型业务条线，覆盖多个公司板块，以辅助、协理、并行和替代为实施路线的数字化、智能化的机器人工程。座席销售管理机器人是“阳光机器人”工程中的一个重要项目，以“听录音”为切入点，借助人工智能技术将录音转换为文本并进行内容分析，同时为管理层和座席提供客户动态画像、销售过程诊断等服务，兼具销售和管理两大特征的智能机器人。

座席销售管理机器人项目由集团科技中心大数据和人工智能部牵头，财险新渠道事业部、寿险融客事业部和集团客服中心共同参与建设，解决了业务用户以往听取录音烦琐、不能查找通话内容、只能线下点评座席、手工萃取销售案例、无法有效利用通话中蕴含的信息等痛点，实现了录音分析、座席辅导、案例萃取和销售管理的线上化、数字化和智能化。

三、项目重点解决的问题及主要创新点

（一）听看结合方式提升工作效率

业务部门先前的通话录音分散在多个话务系统，而且播放功能非常简陋，导致用户查找、收听录音极其麻烦，工作效率低下。研究显示，在人类所有获取信息途径中，视觉占比为83%，而听觉仅为11%。座席销售管理机器人将所有通话录音归集在一处，通过语音识别技术（ASR）将录音转写为文本，按照发话角色组织起来展示给用户；通过自然语言处理技术（NLP）识别通话中的关键信息，以标签形式标记出来。用户在机器人的录音详情页面，可以通过文字快速了解全部通话内容，也可根据标签提示快速定位，重点了解感兴趣的部分。该页面支持用户通过点击音轨或文字进行快速跳转，方便寻找特定的录音内容；允许用户设置播放速度，实现快速或慢速播放录音；允许用户输入关键字，查找通话内容。用户在机器人的帮助下，听音效率提升了10倍。

（二）强大的搜索功能助力通话内容分析

座席销售管理机器人不但归集了所有的通话录音，还通过随录字段记录了该通话对应的客户、座席和拨打时间等数据。此外，机器人在ASR和NLP处理结果的基础上，实现了对通话文本的内容索引和语义标记。机器人智能检索，可以进行传统的结构化字段检索，查找特定客户、座席或时段的通话录音，进一步根据通话内容进行内容检索，查找提到某些“产品”或“服务”的通话录音。机器人允许用户分角色查找通话内容，并且可以限定搜索内容出现的时间位置，比如搜索某销售座席通话中在开始半分钟内未进行产品介绍的录音。机器人还能够识别特定语义并进行搜索，比如搜索通话时长超过十分钟但没有出现“促成”的录音。机器人支持组合使用上述检索条件，极大地方便了用户查找、分析特定录音，显著提升了辅导座席效果。

座席销售管理机器人还具备汇总功能，可以按照预设条件输出内容分析结果，比如机器人每天为客服中心按照舆情、投诉等六个预警分类，自动生成可能存在风险的录音报表，报表中详细记录了录音中风险出现的位置，方便采取应对措施，进行风险管理。

（三）线上化点评萃取实现效果和积累并重

座席销售管理机器人改变了线下传统的辅导座席方式，用户在听、看录音的同时就可完成通话内容点评，既可以点评整个录音，也可以分段点评。线上化的点评方式，使得座席辅导工作标准化及辅导效果可量化、可追踪。用户首先必须按照设定的维度进行自评或点评，其次可以根据

自身判断输入评语，点评结果将实时推送给相关人员并进行提醒。机器人后台详细记录了各个用户的操作信息，管理者可以一目了然地知晓下属团队有无进行点评、是否查看点评。后台记录的点评数据会不断沉淀，用于挖掘和分析，不断提升辅导座席的效果。

销售管理机器人还提供了案例萃取功能，用户可以收藏、推荐自己认为有意义的通话录音。这些录音既可以是优秀的，也可以是有待改进的，机器人会按照流程、专题等维度将这些案例组织起来，用于后续的学习和分享。

（四）文本挖掘释放大数据力量

座席销售管理机器人积累了大量录音文本，这些文本蕴藏了大量信息，犹如一座丰富的数据宝矿。项目组与业务同事密切配合，采用多种技术手段，从通话内容中发现了很多销售技巧，得到了大量客户诉求。随着数据的积累和丰富，项目组对挖掘出的规律进行了验证和测验，去粗取精、去伪存真。一方面将发掘的高价值规律推广到现场，提升座席推介产品、服务客户的能力；另一方面，将这些规律应用到系统中，提升机器人的分析、诊断能力。文本挖掘工作已发现多个拨打模式，业务方判断极具价值，该工作会不断持续下去。

四、项目主要建设内容

（一）机器人总体技术方案

座席销售管理机器人是在阳光保险已有 IT 能力基础上自主研发的，接入了集团语音平台、NLP 算法平台和 SHR 系统，打通了业务部分的作业系统、话务系统，当前已覆盖阳光产险、阳光人寿和阳光集团绝大部分的座席。

机器人架构采用中心加远端协同方式，分为中心服务和远端服务两部分。中心服务运行在北京，提供任务接收、账号体系、权限管理、资源控制和安全策略等功能；远端服务部署在全国各地的电话中心，实现录音下载、语音转写和音频播放等功能（见图 1）。各个业务系统在座席结

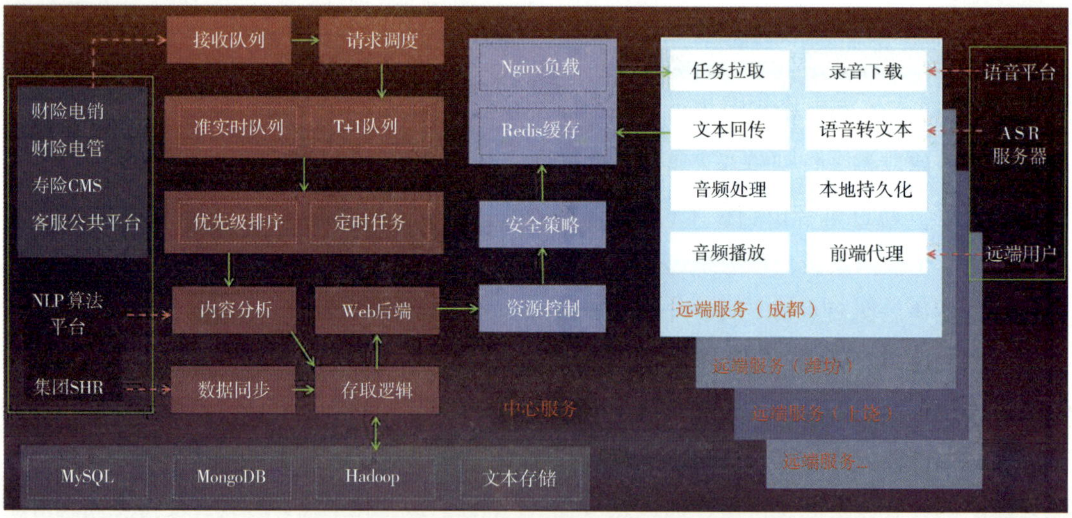

图 1　机器人分布式架构

束通话后向机器人推送拨打数据，机器人首先将数据缓存到任务队列，然后按照配置优先级进行排序和调度，最后完成语音转文本、内容分析等处理并进行持久化存储。语音转文本非常耗时，而且需要消耗大量的计算资源。为降低硬件成本，机器人在拨打时间仅处理指定座席录音，其他时间处理剩余座席录音，在不增加硬件成本的基础上实现了准实时分析部分座席通话，同时充分利用了语音服务器。远端服务在中心服务控制下完成录音下载、语音转文本和音频播放等功能，节省了网络带宽并降低了系统延时。

（二）机器人内容分析识别方案

座席销售管理机器人功能模块如图 2 所示，从用途上可分为应用逻辑和内容分析两大部分。应用逻辑支撑用户的普通需求，保证业务流程正确运转；内容分析如同系统大脑，完成通话录音分析诊断工作，主要由内容引擎模块实现。

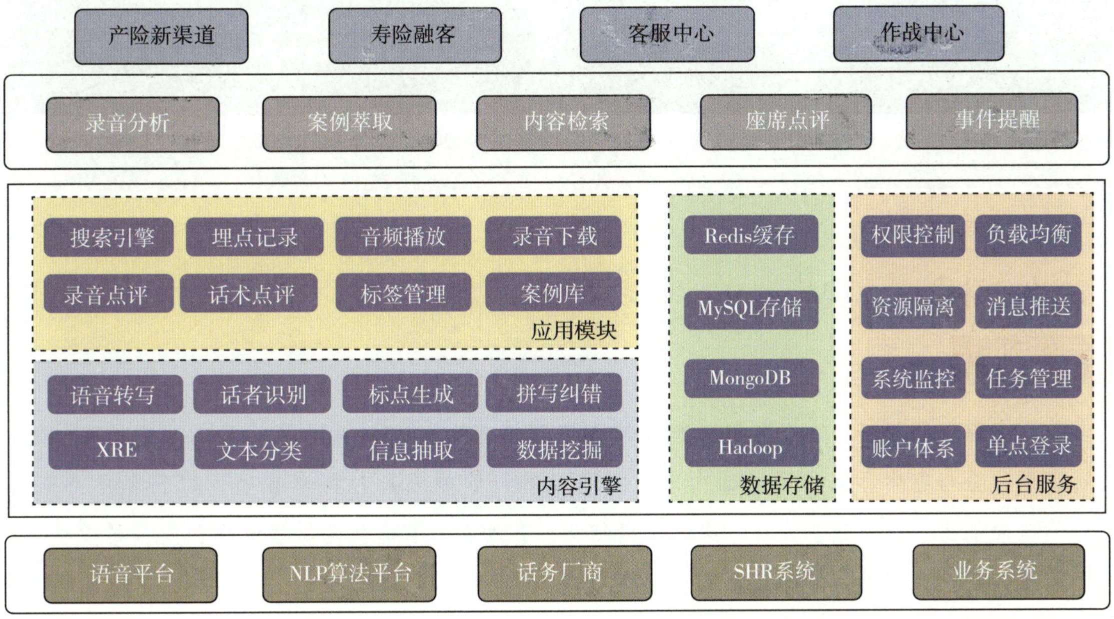

图 2　机器人功能模块示意图

内容引擎以 Xre 语言为核心，融合了规则和模型两大分析方法，并集成了内容仓库和分析逻辑，进而形成了诊断和决策，如图 3 所示。Xre 语言兼容正则表达式，可对文本进行检索匹配；Xre 语言提供了角色、边界和距离等算子，可针对语音识别结果进行增强搜索；Xre 语言支持插件扩展，可以嵌入模型或规则脚本，实现语义匹配。内容引擎由规则引擎、智能引擎和决策中枢三个关键模块组成，规则引擎通过业务逻辑识别和抽取特定内容，具有迅速、准确的特点；智能引擎以 NLP 模型为基础，通过文本分类、信息抽取等技术判定通话中的语义，具有泛化好、适应性强的特点；决策中枢的底层是大数据存储，中层是数据加工脚本，上层是机器学习算法，完成识别内容从录音维度到客户、座席、团队维度的升华。

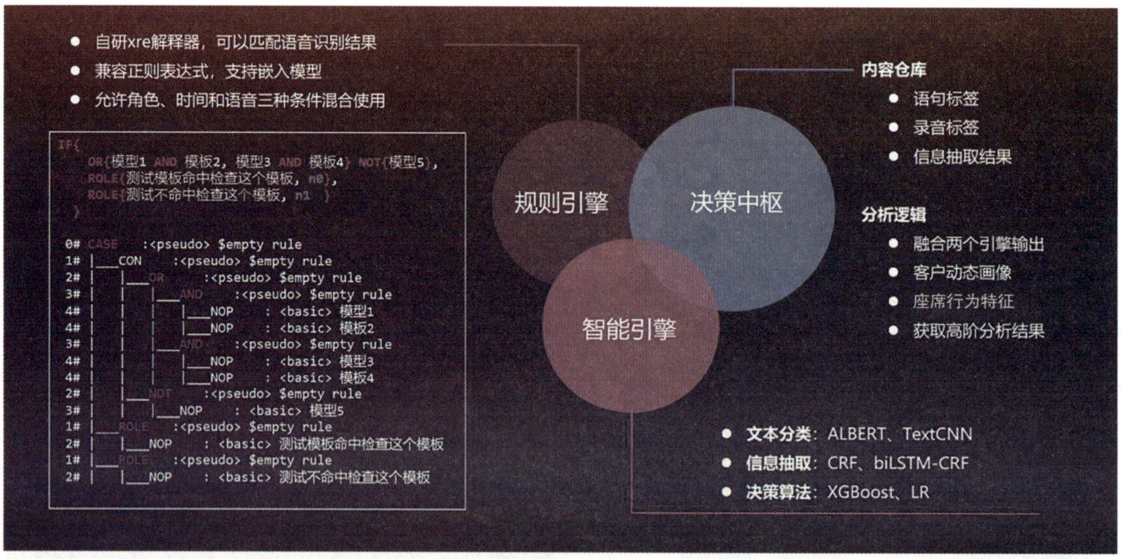

图 3 机器人内容分析构成模块

专家点评

阳光保险集团股份有限公司的座席销售管理机器人，充分运用多项人工智能技术，通过识别、分析座席和客户的通话内容，对座席进行智能分析和科学管理，勾画客户特征、评估座席能力、诊断销售过程，实现了精细化、自动化、智能化的销售管理，是公司数智化的重要体现。公司首创基于通话内容智能分析的销售管理模式，极大地提高了识别内容的速度和准确性，具有一定的创新意义。公司通过文字快速了解全部通话内容，也可根据标签提示快速定位，重点了解客户感兴趣的部分，提升了公司的运作效率，具有一定的借鉴意义。

人保财险数字化营销实践

◎ 中国人民财产保险股份有限公司

一、项目概述

中国人民财产保险股份有限公司(以下简称人保财险)以大数据、人工智能等新技术应用为基础，强化微信、小程序、APP和网站等线上用户触面的数据生产能力，建立业务驱动的数据资源整合机制，完善客户画像与精准营销建设，为线上营销服务场景赋能。一方面，为销售人员打造综合销售平台与营销工具，加快推进营销数字化、智能化转型，为一线销售展业赋能；另一方面，强化新技术应用，以矩阵式线上化保险综合服务平台为支撑，通过数字化和线上化等手段进行客户权益关怀、客户诉求挖掘以及客户体验优化，为客户提供高效、便捷、有温度的保险生态服务。

二、项目背景及意义

在数字化浪潮中，移动互联网、大数据、人工智能等技术逐步渗透并改造保险业务价值链，并广泛应用于保险销售等领域。越来越多的保险用户逐步转移到线上，不断催生出多元化的保险新业态。传统企业营销模式下，在拉新、引流、用户维系等环节难以根据市场情况及时作出快速调整，特别是无法基于用户与企业之间的交互行为深度还原用户使用场景并指导业务增长，保险企业亟待建立新的数字化营销模式，支撑数字化时代的市场竞争和业务增长。

三、项目重点解决的问题及主要创新点

（一）重点解决的问题

人保财险以优化客户体验、提升客户价值和驱动业务发展为目标，大力提升销售过程管理与客户资源管理能力，融合打通客户线上、线下数据，将私域渠道中分散的客户数据集中化、系统化，打造集感知、决策、行动和反馈为一体的私域流量大数据供应链。同时，通过引入OCR、智能大数据分析、高效数据同步等新技术，建设完善营销工具与管理平台，加快客户触面数字化、线上化改造，构建基于客户行为洞察的企业数字化营销闭环。

（二）主要创新点

本项目在客户画像与精准营销建设、线上营销场景赋能，以及线上客户综合服务三个方面进行了创新。

1. 客户画像与精准营销建设方面，一是通过对接内部多个数据源，从各类客户触点中获取流量数据，不断挖掘流量价值，完善客户标签体系，以标签化、可视化的方式描绘客户的数字化人物原型，构建不同客户分群的客户画像；二是依托客户画像，利用大数据和机器学习技术，对客户消费行为和偏好、群体消费模式、产品类别

等多个维度进行分析和建模，预测客户保险需求，构建产品推荐引擎，实施智能产品推荐，实现客户精准营销。

2. 线上营销场景赋能方面，对于E端销售人员，一是加强销售管理平台建设，搭建服务经理指挥平台，理顺机构、团队和人员的管理指挥链条，打通人员管理的“最后一公里”，实现销售计划下达、任务跟进、过程督导和业绩考核的闭环管理；二是完善人保E通、营销平台、人保V盟和统一佣金结算等销售工具建设，整合微信/企业微信社交能力、客户行为实时采集能力与大数据实时计算能力，打通C端应用和E端工具的交易数据，向营销人员提供客户线上行为轨迹、保险需求和服务偏好等信息，辅助营销人员及时、准确和有针对性地开展客户互动和服务。

3. 线上客户综合服务方面，对于C端客户服务，在中国人保APP、总分公司微信公众号系统的基础上，创新性地引入电子签名、人脸识别、OCR、智能语音、AI和云计算等新技术，打通线上线下全渠道融合通道，打造以客户为中心的数字化全触点，加快构建智能流程优化支持及应用模式，为客户提供技术架构先进、用户体验优质的高品质线上服务平台。

四、项目主要建设内容

（一）强化数据挖掘能力，完善客户画像建设，支撑数字化销售服务新模式

1. 构建数字化基础。数字化营销的基础是大量繁杂且高度业务关联的数据，一是基于线上用户营销场景进行指标体系顶层设计，根据不同业务需求和时效要求制定数据采集和打通方案；二是通过在C端销售工具设置数据埋点，采集客户在微信公众号、官网、小程序和中国人保APP等前端的行为数据，根据不同的离线、近线数据处理需求，采用数据文件或分布式消息队列等多种灵活接入方式存入Hadoop大数据平台，为构建数字化营销奠定数据基础。

2. 深化流量数据分析与应用。利用机器学习算法建立客户需求预测模型、行为分析模型，形成完整的客户行为轨迹图谱，进一步完善客户画像建设，打造全渠道、全触面的私域流量大数据供应链。通过分析、挖掘流量池中的客户行为数据，将其裂变为客户购买意向信息，再将客户购买意向信息发送到企业微信、续保团队和营销员等界面进行辅助营销，同时通过对接微信生态、APP、短信、邮件等纯线上通道，自动向客户发送消息提醒、权益激励等，实现全渠道客户触达和实时互动，引导客户向高频互动、销售转化和忠诚提升的目标迁移，为渠道运营提供数据驱动的智慧服务，推动向交互式私域流量营销模式升级。

3. 严守信息安全底线。在数据全生命周期治理过程中，强化客户信息数据保护机制，设置专用存储区域存放客户信息数据，对于访问客户数据的账号采取多级、细粒度权限控制，明确数据归属权限和使用边界，引入信任管理、访问控制、数据加密和混淆算法等多重技术手段保护客户隐私，在提供便捷数据服务的同时防止数据泄露。

（二）强化销售支持平台建设，支撑业务需求场景，提升线上营销能力

1. 针对各类业务场景，完善销售工具建设。面向直营销移动出单，加大一线展业支持力度，将人保E通APP打造成为中国人保集团移动端用户、保费规模最大的出单工具。面向分公司的

续保团队，建设营销平台，支持全国续保团队开展日常销售，有力保障各类业务高峰。服务于外部代理人移动出单场景，建设“人保V盟”，上线中小修理厂专属版、专兼业代理人专属版两个团队的专属定制版本。建设统一佣金结算平台，构建财险、健康险和寿险一体化佣金结算机制，加速佣金兑现时效。

2. 引入智能化应用，提升销售工作效率。引入OCR技术，智能识别客户证件信息，减少手工录入操作，实现快速录单。将销售工具与企业微信无缝对接，实现了企微营销的管理和支持，便捷销售人员日常销售活动和客户维系。使用智能语音机器人，对潜在客户存量名单进行预拨打，对客户电话的真实性进行初步筛选，解决了电销行业人力不足的困境，大幅提升了人工座席的工作效率与续保率。通过智能质检，分析销售人员销售行为，支持开展有针对性的培训和引导。

3. 加大座席行为智能管控，提升销售管理能力。一是根据管理配置，推进营销座席强制拨打控制与强制预约控制。根据客户的基本信息、历年投保历史和理赔出险情况，通过数据模型智能预测客户的续保概率。各分公司可根据业务需求，参考续保概率模型，预先设置管控规则，引导座席在合理周期内完成电话拨打或其他客户接触行为，强化业务管控水平。二是实时分析用户行为，形成用户风险行为预警，系统实时根据定义好的预警规则，对触及系统风险操作的用户进行临时管控。

4. 支持营销流程动态配置，提供销售业绩统计分析。利用智能流程引擎，各级销售管理部门可根据市场实际需要，方便快捷地实现动态配置的流程活动，设计出适合不同地区、不同渠道和不同特性的营销流程，达到“上层设计指导，提供规范；下层灵活运用，有效实施”的多层级营销管理局面。通过高效数据同步机制，实时提供团队业绩、团队话务、个人业绩和个人话务等数据的统计分析结果，为各级团队长和分公司管理人员提供现场管理的有力抓手。

（三）聚焦客户服务场景，深化新技术应用，助力线上客户转化率及服务质量提升

1. 加强客户线上矩阵平台建设，提升客户体验度量。建设客户线上化服务平台，在理赔、客服和销售等与客户接触的关键环节进行线上化流程改造，为客户提供用户体验优质的高品质移动互联应用。客户只需通过一部智能手机，即刻快速接入官网、APP、微信公众号和小程序等矩阵式线上管家服务平台，足不出户体验金融知识学习、产品咨询和投保缴费等销售服务，出险报案、理赔代办等理赔服务，以及车友会、健康管理、车务管理和风险管理等全生态服务。秉持科技赋能运营模式的理念，深度打磨客户“一键续保”服务流程，满足客户自主完成信息核对与缴费出单，提升客户在线自助续保操作体验，推进销售模式变革。

2. 提供场景化服务解决方案，打造生态化价值经营模式。完善客户线上化服务平台，强化客户权益关怀、客户诉求的再挖掘、客户感知的优化再造和经营链路的重新设计，围绕以客户为中心，通过客户接触点的线上化牵引，实现销售与服务的直通直达，为客户提供全渠道一致性体验。

布局以线上生态化价值经营为核心的综合服务平台触面，将toA、toB、toC端线上化协同作业取代单一C端运营，实现从增值服务到产品、销售、理赔和服务全生命周期赋能。线上平台向全险种客户线上化演进，整合产业上下游资源及

服务供给，构建客户线上生态圈，实现保险服务从价值转移到价值创造。

3. 深化新技术应用，智能科技赋能保险服务。基于自主知识产权的技术体系标准，构建了灵活、可配置化的线上化服务开放平台，提供身份鉴权及差异化服务配置能力，充分支持各地区的个性化运营。全面支持 IPv6 和 5G 网络通信，有力保障保险线上服务平台的稳定、高效运行。不断深化各端直播、短视频、团购和智能客服等基于数字技术的创新应用，聚焦革新传统保险服务与客户的交互方式，为保险用户提供更智慧、更高效、更丰富、无接触及全自助的全新客户服务体验，提供有温度的保险综合服务。

五、项目效果

人保财险逐步推进线上数据加工计算和融合打通，日处理超千万增量数据，日均向营销端提供服务超 300 万次，数据范围覆盖总分公司微信公众号、小程序、中国人保 APP 和中国人保官网等主要线上用户触面，强化了数据汇聚能力，丰富了数据维度。

作为人保财险核心销售支撑平台，营销管理平台 2020 年报价超 9 亿次，系统流转销售任务近 3 亿笔，有力保障了各类业务高峰。“人保 e 通”作为人保集团首个支持财险、健康险、寿险业务销售管理的综拓类移动销售平台，有力支撑了一线销售人员随时随地展业出单。“人保 V 盟”深入五大场景聚拢分散性业务，聚焦便捷展业、实时激励、客户维系和服务支持等功能，支撑外部代理人移动出单场景，服务覆盖率不断提升。统一佣金结算平台成功实现交叉销售佣金“T+0”结算模式，加速佣金兑现时效，支持综合销售拓展。

同时，人保财险围绕客户全生命周期，构建形成了包含官网、APP、微信公众号和小程序等应用的矩阵式服务平台，实现保单、消费、服务、售后及投续保等服务流程前端化、可视化、可追踪化和闭环化，线上服务覆盖率超过 85%，中国人保 APP 月活用户同比增长 41%。不断深化社交媒体在线客服“智能+”解决方案的建设，引入 AI 产品，通过机器学习技术提升智能客服服务能力，全面上线 7×24 小时智能客服业务，应答准确率超过 90%。

六、总结

人保财险整合业务系统、微信生态和官网等多种数据源，构建以客户为中心的私域流量大数据供应链，实现多系统用户之间数据融合，为进一步完善客户画像与建设精准化营销提供了数据和平台支持。销售支持方面，人保财险深耕销售领域，经过多年发展演化，结合强大的后端运算和智能化服务能力，融合大数据、智能分析，在销售领域提供强大的体系化营销平台支撑，为各级销售管理人员和销售人员提供多样化的服务、智能化的销售工具、优良的用户体验。客户线上化服务平台打造了体系化协同的客户线上触面，结合线上运营一体化服务体系，完成大规模的客户线上化迁徙，为有效与客户开展线上互动、促成客户活跃和留存提供基础；坚持“量”“质”并重，强化“引流”“运营”为抓手，通过一体化建设、运营和资源互通，有效整合保险服务资源，开展保险生态化价值经营。

面向未来，人保财险将持续提升数据处理效率，完善数据分发模式，强化大数据模型对线上客户营销工作的支撑作用，进一步强化 E 端销售工具与 C 端应用开发创新，助力业务高质量发展。

专家点评

中国人民财产保险股份有限公司进行的财险数字化营销实践，充分运用大数据、人工智能等新技术，强化线上用户触面的数据生产能力，建立业务驱动的数据资源整合机制，完善客户画像与精准营销建设，提升了公司的线上营销能力。公司打造的综合销售平台与营销工具，加快推进公司营销数字化、智能化转型，为一线销售展业赋能，对行业具有一定的借鉴意义。该项目强化新技术应用，以保险综合服务平台为支撑，通过数字化和线上化等手段进行客户权益关怀、客户诉求挖掘以及客户体验优化，为客户提供高效、便捷和有温度的保险生态服务，提升客户黏性，为公司后续发展奠定基础。

大家财险客户辅助销售项目

◎ 大家财产保险有限责任公司

一、项目概述

为更便捷地计算保费价格，为客户提供报价参考，需通过微信接收客户提供的个人信息。为强化销售过程管理，防范客户信息泄露风险，保证销售过程合规合法，需要借助智能辅助销售系统，在企业微信沟通过程中内嵌智能机器人，通过自动识别功能，识别客户提供的信息，直接将客户信息自动填写至大家财险系统，实现辅助算价、出单和缴费等一系列销售过程，降低人工操作量，提高销售效率。

（一）微信客服功能

通过智能外呼平台进行自动外呼，寻找到目标客户后，在获取客户同意后，添加客户微信，并将客户微信号做有效管理，实现全程自助化车险出单场景，并在沟通过程中给予客户相应的反馈。

（二）自动化报价出单功能

通过机器人自动化核算报价功能，经客户确认车险方案和报价后，生成缴费二维码进行缴费，缴费完毕后获取保单并发送给用户，即客户报价、缴费以及出单的全过程用机器人实现自动化承保。

二、项目背景及意义

在目前的实际销售场景中，通过外呼与客户进行交流，在触达客户后提供报价信息给客户，进行进一步的意向沟通。在沟通过程中会涉及需要手动进入出单系统进行报价和出单。

为此，基于现有的销售场景中，引入机器人辅助，先通过智能外呼平台对客户进行初步筛选，销售人员手动添加客户微信后，在微信沟通过程中内嵌智能机器人，目标是在微信或微信群内实现全程自助化车险出单场景，并规划与设计车险套餐指令以及基础话术的相关沟通内容，从而提高出单效率，降低手动输入错误率以及效率低下的窘境，助力电销渠道转型，增效降本，使得销售人员能更聚焦和引导激发客户需求，提高件均单价，提升用户体验。

此次项目主要为机器人辅助自动化出单，客户提供行驶证、身份证等证件信息，通过 OCR 自动识别归档客户的相关信息，再通过公司的出单系统进行自动化算价，反馈对应的报价信息给客户，经客户确认车险方案和报价后，自动提交核保，生成缴费二维码进行缴费，缴费完毕后获取保单并发送给客户。

三、项目重点解决的问题及主要创新点

（一）重点解决的问题

在本次项目中的自动化出单，主要的问题是涉及机器人替代人工进行车险报价出单的流程顺

畅问题。为此，需要对车险承保流程进行梳理，使用 OCR 识别技术识别图像信息，转换为出单所需的文本信息，进行整体出单流程的开发。

因实际场景中车险核保规则的特殊差异化，还需基于大量的样本数据对核保规则的反馈进行处理，能够为客户提供最终的车险报价出单。同时，在自动化报价出单的过程中，使用 OCR 技术对客户发送的证件图像信息进行文本识别，并结合指令流程，进行处理。

机器人的自动化出单主要基于前期了解人工出单流程，通过对基础参数的指令设置，并基于现有出单系统的基础上，开发对应的机器人，用指定的账号登录出单系统，进行投保信息的录入，实现自动承保。

（二）主要创新点

目前的销售场景在收到大量询单业务时，报价时间比较长，人工处理效率比较低。同时，在业务规划中，将逐步转为线上营销交流的方式，在外呼的基础上，增加线上交流的方式，增强与客户之间的黏性。

通过在沟通过程中嵌入机器人，辅助销售人员给客户提供对应的报价和替代销售人员人工出单的操作，助力渠道转型，降本增效。

四、项目主要建设内容

（一）业务功能架构（见图 1）

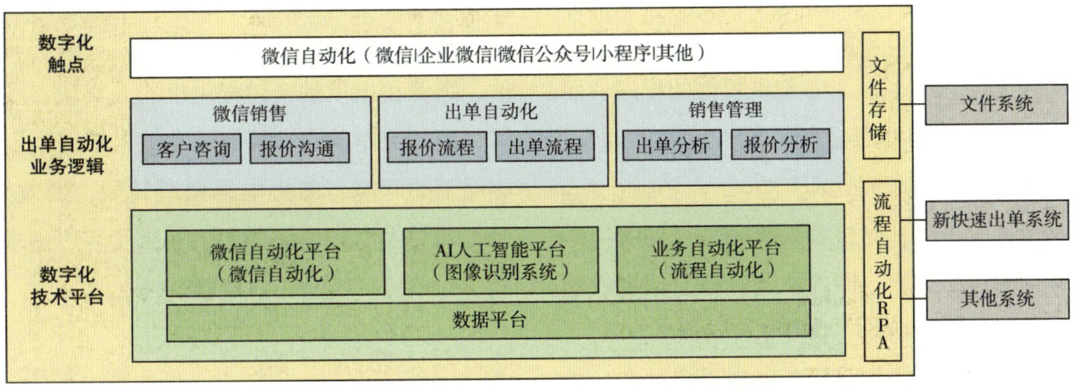

图 1 业务功能架构

（二）报价出单流程

机器人作为一名智能员工，根据分析客户信息自动化收集用户信息；自动登录到录单系统后进行资料输入、保费计算和提交核保；在支付环节，监测用户付款行为，自动推送电子保单；同时，在录单异常的情况下提醒人工座席进行及时跟进和修改。

（三）技术原理分析

本项目主要有 AI 图像识别技术和流程自动化 RPA。

当前图像识别已经被广泛应用到各个领域中，比如交通领域中的车牌号识别、交通标志识别；军事领域中的飞行物识别、地形勘察；安全领域中的指纹识别、人脸识别，等等。图像识别原理主要是需处理具有一定复杂性的信息，处理技术并不是随意出现在计算机领域中的，主要是根据一些医学研究人员的实践，结合计算机程序对相关内容模拟并予以实现的。该技术的计算机实现与人类对图像识别的基本原理类似，在人类感觉及视觉等方面只是计算机不会受到任何因素的影响。人类不只是结合储存在脑海中的图像记忆进行识别，而是利用图像特征对其分类，再利用各类别特征识别出图片。计算机也采用同样的图像识别原理，采用对图像重要特征的分类和提取，并有效排除无用的多余特征，进而使图像识别得以实现。有时，计算机对上述特征的提取比较明显，有时就比较普通，这将对计算机图像识别的效率产生较大影响。

图像识别主要用于识别客户发送的证件图像信息，可识别图片中的字母、数字和符号，转为相关的文本信息进行存储。

RPA 用于来替代员工实施重复性的程序，而非实体存在的流程处理机器，至少包含了开发、运行、控制三个组成部分。

基于开发工具，对机器人执行一系列的指令和决策逻辑进行编辑，即在业务流程上培训机器人，发挥其特有的功能，提高工作效率。

控制中心主要用于对软件机器人的部署与管理，包括开始/停止机器人的运行，为机器人制作日程表，维护和发布代码，重新部署机器人的不同任务，管理许可证和凭证等信息。当需要在多台 PC 上运行软件机器人的时候，也可以用控制器对这些机器人进行集中控制，比如统一分发流程、统一设定启动条件等。

用户可以通过控制中心给机器人分配任务并监控它们的活动，将流程操作实现为独立的自动化任务，交由软件机器人执行。机器人位于虚拟化或物理环境中，不需要与系统开放任何接口，仅需通过用户界面与各种各样的应用系统(包括 ERP、SAP、CRM、OA 等）交互，完全模拟人类操作，自动执行日常的劳动密集且重复的任务。

五、项目效果

本次项目建设，实现了辅助机器人协助出单的功能。主要的操作方式是通过向机器人发出相应的指令，机器人自动登录出单系统进行客户信息的录入和报价，最后将完成核保报价的信息反馈输出。基于目前测试过程中，每单自动化报价出单的整体花费时间为 2 分钟左右，相较于人工手动输入报价出单的时间缩短了 40 秒左右。

基于这个模式，可以逐步推广，实现客户报价、缴费和出单的全过程用机器人实现自动化承保，提高出单效率，降低手动输入错误率以及效率低下的窘境，助力电销渠道转型，增效降本。使得销售人员能更聚焦和引导激发客户需求，提高件均单价，提升用户体验。

六、总结

基于目前的整体环境，线上化运营的比重逐步增大，对于电销行业如何增强与客户之间的黏性，发展意向高的客户，更多需要线上化沟通与客户进行无时差的交流，及时反馈解答客户的信息和疑问。这种形式下，销售人员除投入时间与客户进行电话交流外，还需要通过线上化的沟通。因此，机器人的辅助功能需要更精准地接收和执行指令。在此过程中，需要根据现行的流程，不断完善操作业务流程。

专家点评

大家财产保险有限责任公司建设的电销客户辅助销售项目，通过自动识别功能，识别客户提供的信息，实现辅助算价、出单和缴费等一系列销售过程，降低人工操作量，提高销售效率，是公司智能化发展的重要体现。该项目实现自动化承保，提高出单效率，降低手动输入错误率以及效率低下的窘境，助力渠道转型，增效降本，对行业具有一定的借鉴意义。公司聚焦和引导激发客户需求，提高件均单价，提升用户体验，增强客户黏性，为公司日后的发展奠定坚实基础。

阳光产险数字化营销中台

◎ 阳光财产保险股份有限公司

一、项目概述

数字化营销中台旨在基于中台逐步建立完善的数字化营销核心能力，通过数据赋能全能保（销售端 APP）、车生活（客户服务 APP）和官微等渠道的业务增长，充分释放数据价值。

营销中台由营销客群中心、营销策略中心、营销渠道中心、营销服务中心和营销分析中心构成，支持线上营销全流程。通过打造营销内容中心，丰富营销场景支持多场景、多渠道及多形式的营销活动，实现获客留存和转化。

二、项目背景及意义

在数据时代的背景下，传统营销模式面临数字化营销的诸多挑战，从全新的视角思考市场营销模式的创新，是打破营销僵局所在。

数字化营销模式及特点包括个性化定制，将目光投向线上消费者、培养员工数字化解决方案的专业能力和紧跟时局潮流等创新营销模式。数据时代的快速形成，让消费者、广告创意和营销手段都发生了极大变化，新兴数字化营销体系更是成为市场营销标准模式。

阳光人以客户为中心，以客户需求、社会需求定位发展方向，以科技创新驱动管理变革，将数据资源应用于公司管理服务与市场挖掘的各个方面，通过数据应用实现企业价值与客户价值。

三、项目重点解决的问题及主要创新点

（一）解决的问题

总部、机构营销、运营如何实现差异化、自动化、智能化和可配置化，应该有哪些触点，如何便捷地实现总分直达客户营销的目的。

客户权益与平台建设部，依托阳光产险大数据平台 60T 的海量数据，通过实时架构和营销中台，打通短信、APP 和微信等客户触达渠道，支持机构自主配置及运营，实现差异化、数字化营销。

（二）主要创新点

通过圈客群、定策略、定触达、自动营销和数据追踪五步实现闭环，形成精准、实时的数字化营销全链条。

1. 圈客群。通过对客户属性（自然属性、保单属性、标的属性等）、客户标签（客户等级、持有产品类型等）、客户事件（实时业务事件、行为事件、卡券事件等）进行有机组合，筛选出具备共性特征的营销目标群体。

2. 定策略。针对目标群体特征和需求，制定营销策略，包括产品、服务和时机等营销策略。

3. 定触达。根据营销策略和要达成的目标，制定触达策略，包括触达平台、触达方

式和触达节奏等。

4. 自动营销。将客群、策略和触达有机结合，通过营销中台自动流进行自动化营销。

5. 数据追踪。通过营销过程执行监控，对用户接触情况、转化情况等多视角、全方位和多维度地进行数据跟踪和效果评估，从中总结和沉淀营销策略，进行后续再营销的循环。

四、项目主要建设内容

数字化营销中台是阳光产险数字化营销体系的核心大脑，营销中台包括基于 Kubernetes 技术托管的微服务集群、基于 CDH 技术的大数据处理平台，以及开源数据库和中间件。

（一）架构设计

营销中台与周边系统的交互，满足数据交换规范。实时服务接口采用 SOAP 或 REST 协议和其他系统集成，批量数据通过数据库表进行集成。数字化营销中台架构见图 1。

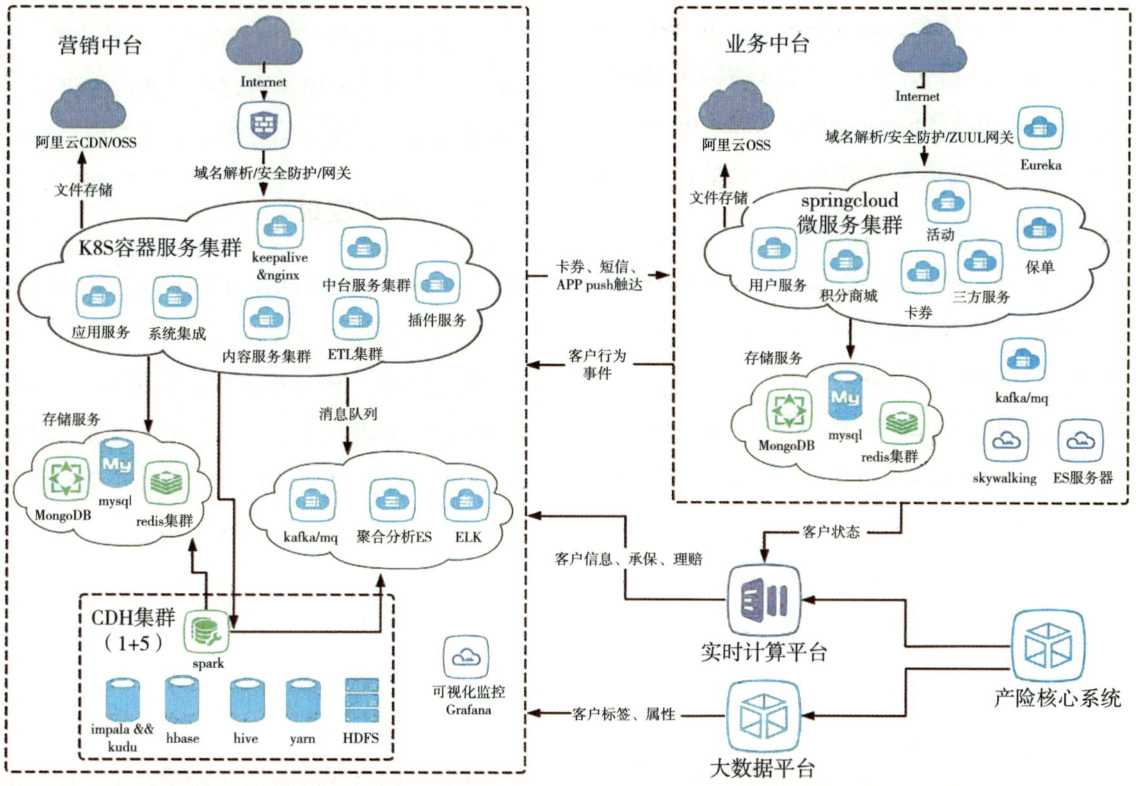

图 1　数字化营销中台架构

（二）模块化设计

采用基于微服务技术的模块化设计方案，各独立模块根据业务聚合需要和吞吐量要求的不同，拆分为不同的微服务集群，比如微信服务集群、内容服务集群、客户服务集群、批处理服务集群和客户画像集群等，通过 KUBERNETES 统一进行服务编排和管理。

基于微服务技术、模块化设计，拆分成41个微服务模块，根据业务需求及吞吐量，通过KUBERNETES进行动态编排和管理。

系统按照读写分离原则进行设计，业务数据首先存储在OLTP数据库Mysql，通过数据同步服务，将OLTP中的数据同步到CDH大数据集群，对CPU，内存消耗较高的任务。例如，多维度客户分析、行为分析和批量标签计算等任务直接运行在CDH集群上，不会对正常的业务数据库级业务微服务造成压力。

（三）高可用

数据库高可用。营销中台涉及的Mysql、MongDB、Redis、Elasticsearch、Kudu/Impala及HDFS均采用了高可用集群方案，大数据部分使用CDH集群搭建。

中间件高可用。营销中台涉及的Kafka、RabbitMQ及Zookeeper均采用集群方案，通过Keepalive、nginx进行主备负载。

微服务高可用。微服务采用无状态服务原则进行设计，可以随时进行横向扩容，通过Kubernetes和docker进行管理。

（四）营销中台监控体系

系统监控对在线用户数、并发用户数等数据有即时查询、监控的功能。

系统监控通过“Prometheus+Grafana”方式实现；大数据平台监控通过Cloudera Manager方式实现；系统准确记录数据处理异常发生时的日志，通过应用日志监控（ELK）方式实现。

（五）运营看板

客户画像展现了客户的行为数据、属性标签、渠道及行为编好等自定义标签。

时间轴模块记录了客户的所有事件，包括客户生命周期事件、微信事件、页面表单事件、消息事件、服务事件及客户自定义事件，由此建立了客户价值体系。

基于营销事件进行静态群组、动态群组、智能群组区分及分析统计，通过选择分析人群、分析指标和分析维度进行客群分析。

客户洞察模板，支持查看客户群概要信息，包括客户群规模(客户数、标的数及保单书)、客户群标签维度分布(性别、年龄、渠道及自定义偏好等）等指标和报表的建设。

分析中心包括三种类型的分析：客户周报、月报，统计活动效果，对客户一些行为订单深层次的数据分析，均可在分析中心进行相关查询。

五、项目效果

自2020年7月系统上线以来，总部先行，由总部运营团队根据各渠道、各机构的业务需求，代为运营，通过圈客群、定策略、定触达、自动营销及数据追踪五步实现闭环，形成精准、实时的数字化营销全链条，全力打造基于运营策略的自动化全流程客户触达。

自项目上线试运行以来，已支持“续保秋收战役”“7·28爱健康”爆点活动及车险综合改革配套服务等多个重要场景。“7·28—8·5爱健康”爆点活动，线上营销承担了全量在保客户触达的任务，助力爱健康活动保费转化。截至活动结束，总计圈群1237万人，成功发送1204万人，成功触达1105万人，触达成功客户在公司全渠道投保爱健康产品51316人，保费收入为3013万元。

创造了行业首次千万级客户进行线上触达、营销的先例。

经过一个多月的总部运营，逐步将运营权下放到各机构，截至 2020 年 9 月，36 家分支机构均开通了属地账号，可自主运营。

截至 2021 年 6 月 30 日，累计触达客户数为 3100 万人，服务机构 36 家，累计配置自动流超过 2000 个，在线运营的自动流超过“350+”个。增值服务发放超过 200 万次。累计触达 1700 万客户。

六、总结

在数字化时代，是保险业在传统营销向数字化转型的大胆尝试，实现从底层数据加工到跨渠道、跨业务系统的数字化运营。

通过客户标签、属性同步、实时计算及客户行为事件通知等任务，基于业务场景实现了数据→流式计算→运营策略配置→营销自动流→客户触达全流程的自动化。

本项目锻炼了阳光产险的线上运营能力，为下一步数字化转型奠定了基础。

专家点评

阳光财产保险股份有限公司搭建的数字化营销中台，通过技术创新，搭配公司海量客户数据资源与客户标签画像，精确地圈定具有特定产品购买潜力的客户，提升了公司精准营销能力，有利于营销资源的精准投放，避免了销售资源的浪费，具有一定的借鉴意义。该平台针对不同的客户分群投放不同的销售资源，提升客户推荐购买率和客户忠诚度，持续改善营销效率，提高成本效益，促进业务增长。公司以科技创新驱动管理变革，将数据资源应用于公司管理服务与市场挖掘的各个方面，为公司日后持续稳定发展奠定了基础，具有一定的代表性。

华泰财险基于大数据的数字营销平台

◎ 华泰财产保险有限公司

一、项目概述

华泰数字营销平台是线上线下全场景、公域私域全覆盖，基于大数据、人工智能和商业AI等数字技术构建的全新数字化、智能化的营销自动化平台，助力华泰财产保险有限公司（以下简称华泰财险）在全渠道上精准锁定客户，有效实时触达，自动营销互动，实时数据监测，及时复盘分析，完成整个营销过程的闭环管理。

二、项目背景及意义

（一）项目背景

随着移动互联网、大数据和人工智能等数字技术的发展，线上以及线上线下融合的营销模式成为必然趋势，同时因为受到新冠肺炎疫情常态化的冲击，也使得线下营销场景步履维艰。在这样的环境背景下，整个保险业正在不断加大投入进行策略及架构调整，华泰财险也正在进行“以产品为中心”到“以客户为中心”的核心转变。在这种契机下，营销思想、模式和策略的转变，依托数据提升线上化运营能力，并向数字化、智能化运营稳步迈进，是数字经济时代企业的必然发展趋势。

（二）项目意义

为了改变营销过程黑箱化的操作现状，通过事前的活动设计、过程设计及精准客群筛选，事中的过程控制、关键指标提醒，以及事后的复盘分析和活动策略调优，优化华泰财险全部线上及线下渠道的营销管理，实现营销过程的闭环管理以及数据的有效监测，达成精细化营销的目标，提高营销的精准度，真正实现营销数字化。

1. 多场景。提升营销场景多样化能力，通过系统平台，构建不同场景所应具备的线上活动能力、客户能力、运营能力和分析能力，沉淀成场景库，满足后续场景不断更新与迭代的需求。

2. 深洞察。建立数字化、可视化分析能力，深度洞察客户的行为特征和营销效果等情况，全面支撑各部门的营销数据分析需求，从而促进营销策略调优，驱动业务决策。

3. 强支撑。建立数字营销平台，进行营销过程管理，以技术为支点，支撑整个营销过程，对于营销流程，做到线上化、自动化，并向智能化不断发展。

4. 重指导。建立营销策略框架，制定有指导意义的营销活动模板，对于执行层面，只需要按照既有模板和框架去执行即可。

三、项目重点解决的问题及主要创新点

（一）建设蓝图

基于大数据的数字营销平台项目是华泰财险

提升客户经营能力的核心运营平台，为公司数字化发展战略转型提供强有力的支持和保障。将人工智能、大数据与运营相结合，通过各功能版图构建“商机挖掘、智能决策、商机转化、循环优化”的营销运营机制，为私域流量实现全生命周期的智能运营，为华泰财险实现降本增效，提高运营 ROI。

目前，华泰财险数字营销平台接入了客户画像、线上行为、保单和渠道等核心数据，对接了短信、服务号、电销、智能外呼和 E 店保等客户运营的系统，支持基于预定义规则的目标人群的营销活动以及基于用户行为事件实时触发的自动化运营场景，以组件化拖拽的模式支持敏捷快速的客户运营全流程的定义、发布、测试及上线。该平台的建立，节省了大量的人力，大幅提升了营销以及运营活动的创建效率，实现了客户运营的自动化和个性化；同时，通过 AI 模型实现了智能化的精准营销。数字营销平台功能架构见图 1。

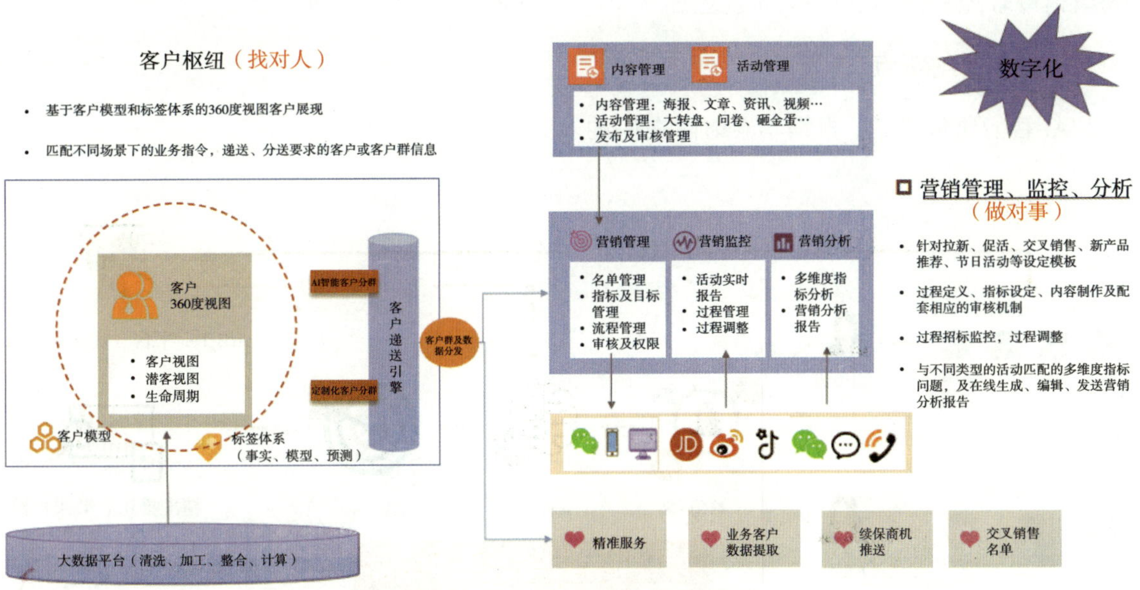

图 1 数字营销平台功能架构

（二）重点解决的问题

1. 活动线上化。目前华泰财险很多工作在线下进行处理，比如获客、营销活动、产品分享等。在营销过程中缺乏营销工具的支持，没有将数据线上化，导致无法做到营销的闭环管理，使整个营销过程都呈黑盒子状态，无法管理与分析，同时也无法做到及时跟踪和转化客户。将营销动作（获客、活客、留客）引到线上做线上化、流程化、标准化及智能化的管理，并对营销过程进行复盘分析，是重点解决的问题之一。

2. 客户精准化。当下处于互联网下半场，红利消失，增速放缓，广撒网的方式往往会将无效、低效的营销方式付诸实施，导致营销成本过高。无差别的运营模式已然不适用，华泰财险想要在激烈的竞争中获得营业收入，需要精细化经营、精准服务好每位客户；在精细化的营销场景中，如何通过属性、行为、标签以及更高阶的

AI 智能决策筛选出符合营销目标的客户，配备与之相匹配的运营策略，加以触达，是整个营销流程的关键，这是重点解决的问题之二。

3. 管理自动化。营销过程需要对接、整合客户、产品、营销触点和配套权益等营销资源，整个过程需要做到透明、可跟踪和可监控。这就需要对营销过程进行管理，整个流程需要自动化执行，通过过程自动化、数字化帮助业务部门更快速地生成客户洞察，实时跟踪客户数据信息，调整营销策略，这是重点解决的问题之三。

（三）主要创新点

1. AI 智能决策模型。根据华泰财险在保的数百万车险用户保单历史数据和线上行为数据进行 AI 建模，找出在车险、健康险和意外险等各险种存在交叉购买的可能性。针对 AI 建模输出的打分结果，找出最优价值的目标人群范围；针对重点人群进行有效的运营触达，设置模型组、对照组、自然转化组进行 A/B 测试，根据规划执行运营活动，最终分析转化率和活动效果。通过以上得出的数据不断循环优化模型，最终将交叉销售模型投产使用，显著提高了转化率。AI 智能决策模型架构见图 2。

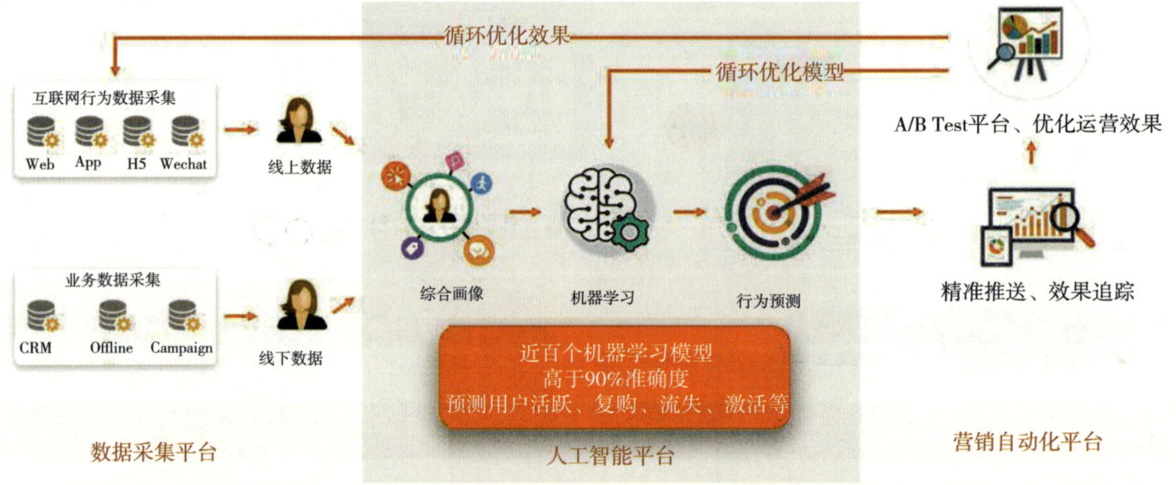

图 2　AI 智能决策模型架构

2. 大数据下的客户画像。华泰财险数字营销平台对接了华泰各个业务系统的数据库，从数据库中进行数据同步。同时，通过前端 SDK 埋点，采集全网的客户线上数据，以及通过系统动态匹配去重，整合各线上及线下渠道的客户基本信息，形成客户全网唯一的 ID；整合和清洗客户保单、互动和营销等数据，与其唯一的 ID 绑定，形成丰富清晰的客户画像，实现客户标签管理、属性管理和客户分群管理等功能，赋能业务实现客户的精细化运营和精准营销。大数据下的客户画像见图 3。

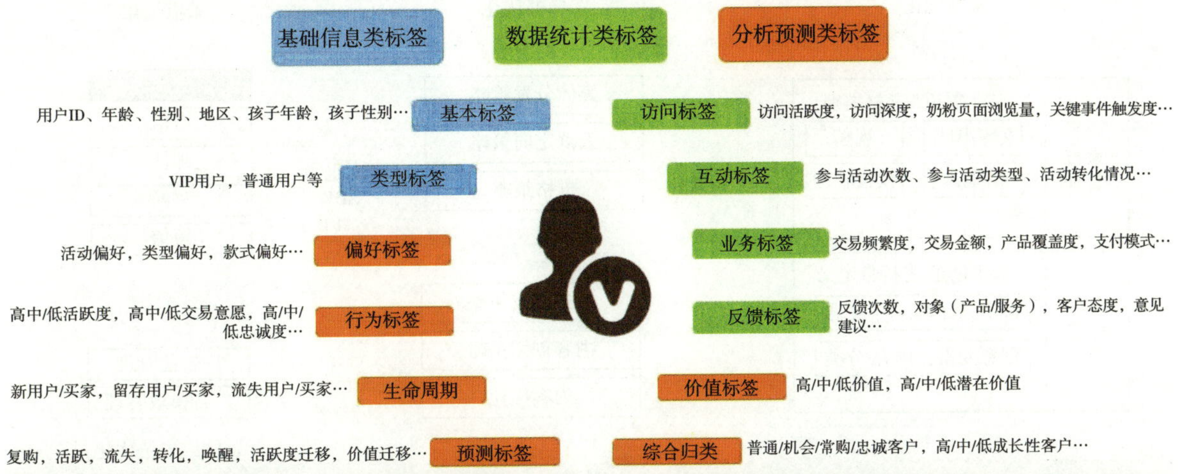

图 3　大数据下的客户画像

3. 触发式营销，精准化触达，个性化服务。根据客户标签、属性和产品的匹配关系，可策略性地进行权益投放、差异化的客户营销和触达。平台通过页面拖拽的方式，即可针对不同特性的客户（如脱保客户、在保客户、VIP 客户）完成不同流程的配置，实现个性化的营销流程。在营销活动执行过程中，数字营销平台自动监控营销的全过程，根据客户不同的反馈动作，即时的调整流程和配套的权益。

4. A/B 测试反复优化。支持配备不同类型的 A/B 测试流程，对同样属性的用户筛选一部分进行测试，随机分成两组推送不同的营销内容/话术，测试哪一种方式效果更好，然后对剩下的用户推送效果更好的内容。通过 A/B 测试能力可以不断测试不同的运营方案和流程，实现持续优化。

5. 营销活动一站式、全闭环管理。从营销内容的选定、营销活动的创建和精准客群的筛选，到运营流程的配置、监控，再到营销过程执行结束后的数据分析复盘，该平台实现了一站式、整个营销流程闭环式管理。对于营销分析，该平台实现了实时、灵活及多维度的客户洞察与分析，包括业务数据分析、客户画像分析和执行效果分析等，通过复盘分析，找到可以优化的方向进行持续优化，完成整个闭环流程。

四、项目主要建设内容

项目围绕数字化营销活动流程来建设，分为多个版图，每块版图建设完成对应的能力，整体上实现统一汇集的一体化智能营销全流程。

1. 内容管理中心。内容管理中心实现内容营销素材（文章、海报、视频、文件）的管理以及内容发布消息推送、数据埋点等功能，助力华泰财险营销人员进行营销动作，通过内容营销，增强用户黏性，提升用户活跃度。内容管理中心架构见图 4。

2. 活动管理中心。活动管理中心作为方便、快捷、智能的一站式数字化营销活动线上互动集成工具，助力华泰财险的营销渠道获客、提升用户活跃度、留存和转化率。其主要能力包括以下几个方面。

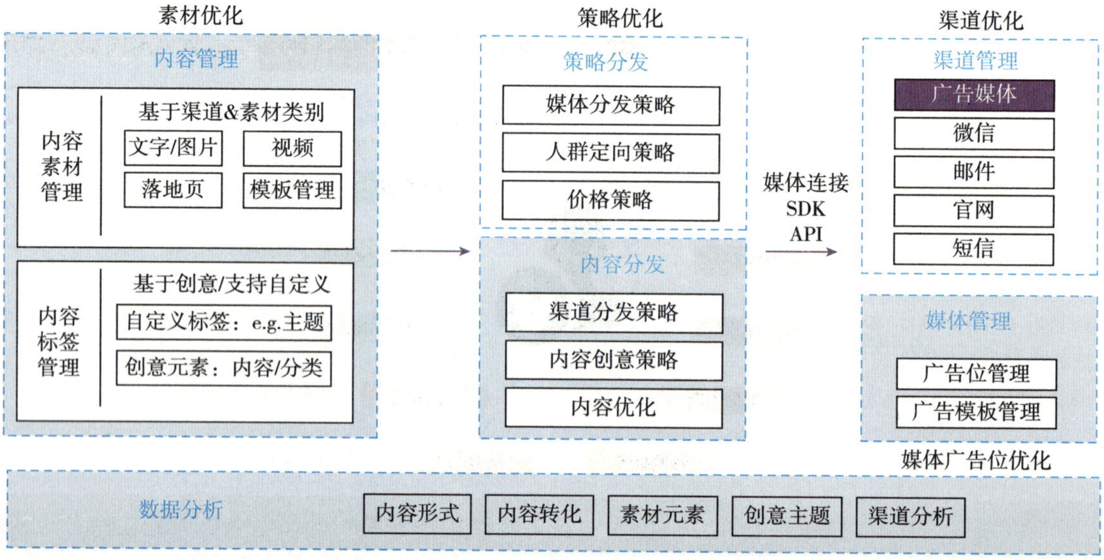

图 4　内容管理中心架构

（1）根据不同的营销目的，配以丰富的活动模板，可简单配置，快速上线，持续增加营销人员的人气及用户黏性。

（2）模块化、组件化，所见即所得，一键即可生成多种展现形式，方便传播。

（3）通过活动前事件过滤、活动中事中拦截和活动后事后探查，防止“羊毛党” 套利、关键信息被“爬取” 等营销欺诈行为。

（4）活动落地后，有效节省开发时间为80%，提升运营工作效率为 60%。

3. 客户枢纽中心。客户枢纽中心作为连接客户数据到业务应用端（营销、服务） 的一个关键纽带，承担着为后续的营销及服务场景提供精准客群的职责，而其后端为财险 CRM 系统以及 GP 库。在客户枢纽中心建设统一的客群管理功能的同时，针对不同的业务场景需要匹配不同的客户筛选形式，主要包括以下几个方面。

（1）标签筛选。系统对现有的标签设定单个或多个标签值的组合筛选客群。

（2）模型推荐。基于大数据平台的算力，通过模型计算来筛选客群。

（3）上传分群。通过外部名单导入信息。

（4）事件驱动。通过某一特定事件，一般是依据保单的状态和客户的行为筛选特定的客户。

（5）复合推荐。以上几种模式的加法或减法的交叉运用来筛选客群。

4. 过程管理中心。营销过程管理中心是承载营销的事前设计、事中监控的营销管理平台。过程管理的核心功能在于能对接、整合客户、产品、营销触点、配套权益等营销资源，场景化地配置活动运营流程并自动化地执行，对营销运营流程中的执行和客户反馈自动化地进行监控，在活动结束后自动地生成报告。其要点在于自动化的实施营销过程的执行，设置审批和监控来保证营销过程的正常执行，并能有数据支撑来进行营销过程的复盘和优化。

营销过程管理中心的核心功能包括以下几个

方面：

（1）过程计划创建。创建和申请营销计划，填写营销计划的基本要素。

（2）过程计划审批。对已经创建好的计划进行审批。

（3）过程配置。配置具体的营销过程，可以从已有的策略中心中选择已有的模板，或者从头进行创建。

（4）过程测试。对已经创建好的过程进行白名单测试，确保整个过程可以完整正确地执行成功，测试成功之后正式地进行过程的执行。

（5）过程监控。对正在执行中的过程的执行情况进行监控，如果执行过程和设计的有差异，可以暂停并调整流程。

5. 营销分析中心。活动执行结束后，需要对活动进行整体的复盘分析，包括实时分析和离线分析、过程分析和结果分析。需要从不同维度不同视角审视活动的整个过程，通过分析结果，帮助运营人员追踪用户行为、调整运营策略，并指导销售人员调整营销策略，提升线索转化率，同时帮助管理人员掌握营销活动的核心指标，支撑业务决策。

6. 技术方案。

（1）应用架构。华泰数字营销平台，既可以实现针对特定人群配置定制化流程，又可以对多维度筛选出来的客户进行流程化运营，也可通过触发方式，对满足特定条件的人群进行流程化运营，适用于全部运营场景。

（2）技术架构。本项目服务端整体采用基于 springcloud 的微服务架构，将应用和服务分解成更小的、松散耦合的组件，它们可以更加容易升级和扩展。产品技术栈架构见图 5。

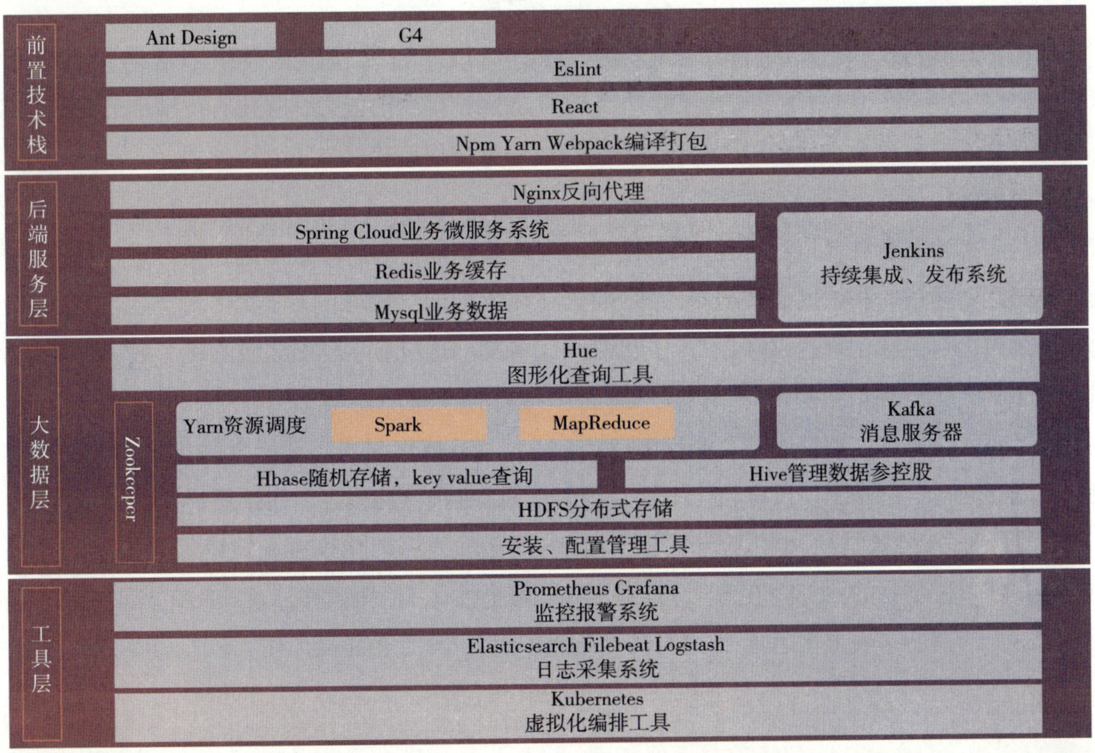

图 5　产品技术栈架构

五、项目效果

该项目自正式上线后至今，完成了多个 AI 预测模型，实现了几十个营销场景的搭建，覆盖华泰多个渠道的客户旅程自动化运营，以下列举部分案例。

案例一：车险→健康（意外）险客户的交叉销售场景智能化运营

针对华泰在保的车险客户，通过车险→健康险交叉销售 AI 模型筛选出的健康险高潜客户，在华泰财险“开门红”期间，通过有效推送和触达，最终健康险的总体购买率较往年提升了 3 倍多；通过车险→意外险交叉销售模型筛选出的意外险高潜客户，最终总体购买率提升了 2.5 倍，在“开门红”期间，增加了数百万元的保费业绩，代理人投入减少但收益增多，明显提高了营销热情。

案例二：互联网投放产品全营销流程自动化运营

华泰互联网投放期缴产品的脱落率一直居高不下，同时投保转化率也维持不前，所以通过数字营销平台，搭建了断缴客户召回运营场景、投保断点召回运营场景。在该场景实施后，通过不同的触达渠道，召回触达率达 80%左右，断缴召回率高达 20%，为业务渠道挽回的保费收入高达数百万元。同时，通过在营销的整个流程中设置的投保断点召回运营策略，使投保转化率提升了 30%左右，为业务渠道增加了数百万元的保费收入，充分体现了该平台的业务价值。

案例三：营销活动线上化运营

近期华泰财险在元旦、清明、五一、六一、端午等节假日举办的各类营销活动中，均通过数字营销平台全流程线上化开展运营。从内容、活动投放，到数据采集、数据分析，根据客户不同的反馈，实时的自动执行不同的运营策略。通过线上营销活动，参与的人数高达数百万人，品牌影响力较之前有了较大提升。在整个营销过程中，全程数字化监控，从活动曝光数、参与人数和转发分享人数等均做到了实时监控，并根据数据反馈实时调整营销策略，使得活动均圆满举办，助力华泰业务渠道的每次活动可获客数万人，转化数千人的优良业绩。

六、总结

2020 年为华泰财险数字营销元年，后续公司会依托华泰数字营销平台展开更深入的探索之路。

1. 平台建设。完善数字营销平台，夯实、加强该平台的能力，强化客户精准运营能力以及销售过程监控能力和分析能力。

2. 场景落地。在 2020 年的基础上，华泰财险全渠道持续将场景搬运到平台进行管理，自动化执行运营策略，不断优化调整运营方案，让业务部门透过数字感知到线上化、数字化场景的便捷和益处。

3. 模型深入。基于大数据、AI 技术，不断搭建各种预测模型，包括用户价值预测模型、用户生命周期转化模型、营销优化模型和产品/内容个性化推荐模型等，通过 AI 模型提升活跃转化率，实现 ROI 最大化。

专家点评

华泰财产保险有限公司搭建的数字营销平台，充分运用数字科学技术，构建的全新数字化、智能化的营销自动化平台，有助于公司在全渠道上精准锁定客户，有效实时触达，自动营销互动，实时数据监测，实现了智能化的精准营销，提升了公司的营销能力，具有一定的代表性。公司优化各渠道的营销管理，实现营销过程的闭环管理以及数据的有效监测，达成精细化营销的目标，提高营销的精准度，真正实现营销数字化，节省大量的人力，大幅提升了营销以及运营活动的创建效率，实现了客户运营的自动化和个性化，具有一定的借鉴意义。

泰康在线智能营销平台

◎泰康在线财产保险有限公司

一、项目概述

泰康在线在自身业务快速发展和互联网特点的驱动下，打造“数据+场景+智能”跨界融合的一站式数字化智能营销平台，赋能保险业务。智能营销平台应用“互联网+大数据”技术，实现内外部多源数据采集、用户画像统一、用户洞察分析、智能触达和营销效果监控回溯等功能。平台支持多场景、多渠道和多形式营销，帮助营销人员洞察用户诉求、精准定位用户、实时或周期性营销触达、快速获取用户反馈，从而提升营销效率、优化营销效果，通过深化数据分析、挖掘能力，洞察客户、透视企业，是将大数据技术转化为实际生产力的重要应用之一。

二、项目背景及意义

在互联网保险业蓬勃发展的当今，出现了高速度获客和海量保单支付的保单交易特征，传统保险业营销方式适用客户单一维度分析、低频高价的保单交易特征，不足以支撑互联网保险公司的快速营销发展，由此“高频+高效”的营销需求迫在眉睫。泰康在线作为互联网保险头部公司，应用数字化智能营销平台，深入赋能营销业务各场景，助力业务实现全面的数字化营销转型，有效实现了用户精确分类、用户快速触达和用户高效服务的客户经营目标，有助于达成保费提升、效率提升和用户体验提升的业务运营目标。

1. 赋能在线业务，助力运营。用户画像数据帮助业务更充分地了解用户，支持针对用户数据制定差异化的运营策略；智能营销系统帮助营销人员洞察用户诉求、精准定位用户、实时或周期性营销触达和快速获取用户反馈，从而提升营销效率、优化营销效果。

2. 赋能用户，提升体验。数字创新项目与集团内部人寿、养老子公司，外部腾讯生态、阿里生态、电商、金融服务和生活服务等合作方充分合作，整合内外部数据形成统一的TKID，打通用户全链路、全生态的数据，形成用户360度画像，同时挖掘用户价值、倾向和风险等模型，为有诉求的用户通过偏好的渠道推荐合适的产品，同时避免对敏感用户的打扰，提升用户体验。

3. 赋能生态合作伙伴，影响行业。智能营销项目，部分能力已经赋能合作渠道，帮助渠道提升效率、减少用户客诉，同时积极参与各种行业活动，获得多项奖励，在业内引起广泛关注。

三、项目重点解决的问题及主要创新点

（一）重点解决的问题

泰康在线互联网保险业务在高速发展中，营

销环节需要解决以下问题。

1. 用户数据孤岛。存量客户数据量大，且数据分散在各系统中，广告平台、“三端一微”行为数据和保单转化等数据孤岛，暂未打通。

2. 触达方式单一。无法对用户做群体，个性化精准营销和交叉营销和服务，且持续优化。不支持实时触发或按特定条件触发，营销场景受限。触达方式单一，触达策略粗放，缺乏有效手段及运营经验去吸引用户，导致触达率低。用户筛选不精细，用户标签维度不全，分群不够精细。

3. 数据营销闭环未形成。广告监测数据、行为数据和保单转化数据暂未打通，未形成营销闭环，难以精细化评估运营的真实效果。没有一个集触达任务创建、执行、管理、反馈和迭代为一体的自动化运营平台。

4. 精细化运营效率较低。人工提取数据，数据分析弱，人力投入成本高、开发周期长，且存在数据安全性隐患；不能通过用户行为、属性、标签等数据筛选受众，实现目标人群的精准触达，提升关键指标和运营效率。

（二）主要创新点

泰康在线数字营销平台是以保险用户为中心的全流程、全场景及全渠道营销解决方案。

1. 全链路数据采集与整合。整合数据源获取内外部数据，同时收集分析在线互联网用户行为日志，打通用户互联网端与业务端的数据，实现从数据来源监测配置到全链路效果追踪一站式分析，完成了用户数据的整合统一。

2. 用户信息全面洞察。利用大数据平台技术刻画用户画像，通过用户画像对用户进行细分及分析，充分把握用户需求，为公司产品定位与营销服务提供数据支持，进一步为用户提供个性化的优质服务。

3. 营销流程闭环。建设营销系统，帮助泰康在线实现依托于大数据精准定位，支撑端到端多维度营销服务体系，实现支持多场景、多渠道和多形式营销，帮助营销人员洞察用户诉求、精准定位用户、实时或周期性营销触达、快速获取用户反馈，从而提升营销效率、优化营销效果。

4. 技术创新赋能营销业务。通过技术创新与保险业务场景的深度融合，运用机器学习、深度学习和数据分析等技术，洞察客户、透视企业，支持保险业务的数字化转型，帮助实现营销运营目标，提升营销效果。

四、项目主要建设内容

泰康在线数字创新项目应用“互联网+大数据”技术，实现内外部多源数据采集、用户画像统一、用户洞察分析、智能触达和营销效果监控回溯等功能，同时针对业务场景分析挖掘，提升业务效率与效果，是“数据+场景+智能”跨界融合的一站式智能营销解决方案。

（一）数据整合：全渠道、全链路数据整合与分析

1. 整合数据源获取内外部数据，同时通过在 Web 端、APP 端、H5 端、微信端的页面埋点，全面收集用户互联网数据，为用户画像提供全面的分析数据。

2. 深入了解业务场景，制定相关埋点方案，共完成赠险、短险、寿险、车险投保流程、电子保单、承保各经营节点、直营制式化活动和智能客服等“20+”个业务场景埋点方案的梳理，管理埋点事件“500+”个。

3. 通过完善不同业务场景的数据采集，并且逐步打通用户在各个环节产生的数据，形成完整的用户行为轨迹及标签体系，为上层系统及数据应用提供有力支持。

（二）用户画像：统一、全面的用户画像

1. 统一用户识别。建立泰康在线统一TKID，打通客户与会员、粉丝、设备指纹和邮箱等用户形态数据，实现用户多来源数据打通，支持数据价值链路分析追踪与优化。

2. 完成用户标签体系构建。包括用户基础信息、保险消费、理赔信息、资产信息等12类共436个标签，对用户进行全方位刻画。

3. 建设用户标签规范。从0到1建立泰康在线统一用户标签体系管理规范，规范用户标签定义、标签命名、标签开发、标签维护和标签安全等流程，并且对标签生命周期进行跟踪管理，提高用户标签质量和服务效率，同时加强客户信息的安全管理。

（三）系统平台：实现营销流程闭环

通过搭建智能营销系统，帮助泰康在线实现依托于大数据精准定位，支撑端到端的多维度营销服务体系，构建大数据平台应用生态。实现用户洞察分析、智能触达和营销效果监控回溯等功能。支持多场景、多渠道和多形式营销，帮助营销人员洞察用户诉求、精准定位用户、实时或周期性营销触达和快速获取用户反馈，提升营销效率、优化营销效果。

1. 用户洞察。通过规则模型、机器学习模型识别用户标签，形成用户客群，同时支持营销人员自定义筛选客群，避免冗长数据需求流程，帮助营销人员更快地抓住商机。可视化看板展示客群关键指标，帮助营销人员感知客群的整体情况，从而有针对性地选择触达方式，设计触达内容。

2. 用户触达。打通短信、邮件、微信、APP、智能外呼和电销等多种触达方式，实现多渠道自动下发营销消息，支持按照多种渠道设置触达方式，按照单次、循环设置触达形式，支持按照用户偏好渠道触达用户。

3. 活动管理。提供丰富多样的营销活动模板，帮助运营人员完成日常拉新获客、热点营销活动的快速落地。提供先进的活动反作弊机制，为营销活动全周期保驾护航，有效拦截“羊毛党”，节省营销成本。

4. 活动奖品库。提供丰富的奖品库及奖品管理后台，一键完成奖品配置，可视化管理奖品库存及营销预算。

5. 活动效果分析。活动执行后，活动的执行数据以及触达用户的结果数据将记录保留，支持依照关键指标进行多维度分析，方便营销人员实时监控营销的执行情况和营销结果的达成情况，从而有针对性地调整优化活动。

6. 营销规则管控。实现用户防打扰，通过敏感词提醒、疲劳度管理和黑名单库，全面管控触达规则。支持二次补发，针对首次触达未成功的用户，自定义配置和匹配不同的触达方式及触达规则，提升二次触达效果。

7. 流量分析。支持网站、APP、小程序和H5等多种平台；媒体渠道已经实现今日头条主流投放平台对接。支持现有互联网全部场景，包括广告投放、平台活动、轮播广告、短信营销、CPS合作和流量置换等。打通广告、行为和业务数据，从曝光，到点击，再到注册、转化的全链路业务数据；支持用户访问轨迹双向追踪，以及支持渠道维度、用户维度和衍生保费维度的

统计。

五、项目效果

数字营销平台已经在直营事业部、大健康事业部、互联网事业部、车险事业部和运营中心部门广泛应用，支持以下业务应用场景，预计将扩展到公司全部互联网保险业务场景。

（一）精准营销

1. 广告人群定向。在信息流广告投放中，提供用户用于媒体种子人群拓展和过滤黑名单服务，从而优化广告投放策略和效果。

2. 智能主动营销。支持智能营销平台用户洞察及客群筛选，并支持智能触达，沉淀了12类共“500+”个标签，覆盖亿级用户，上线后累计执行“3000+”个触达任务，累计触达亿级人次；单日最多执行“100+”个触达任务，触达千万级人次。

3. 主题活动赋能。支持822集团司庆、支付宝私立门诊推广、920爱牙日拜博、五周年公司司庆等活动，实现活动模板部分自动化，以及人群筛选、智能触达和效果分析一站式管理。

4. 线索赋能。累计产生线索量过千万条，根据用户行为标签生成线索推送给网电座席进行电销；基于用户画像建立防脱退风险评分，已推送至电销系统，处于效果监控中。

（二）精细化运营

1. 直营平台千人千面。打通APP设备指纹信息，在用户未登录的状态下，实现用户识别，并根据不同的用户属性，展现不同的产品和页面。该功能自上线后，关键经营指标得到优化，次日留存率、第3日留存率有显著提升，优于历史各版本。

2. 互联网保险可回溯。覆盖所有互联网保险场景和平台，包括网站、APP、小程序和H5等多种平台，支持线上保险产品销售行为可回溯。

3. 埋点数据标准化。完成“20+”个互联网保险业务场景埋点方案的梳理，沉淀标准事件库。

4. 用户画像可视化。智能营销平台基于用户人群包筛选画像可视化，指导运营决策。

5. 特殊渠道用户保护。实现特殊渠道用户屏蔽，避免法律合规风险。

6. 外部渠道运营优化。实现外部渠道的数据对接，监控外部渠道用户全生命周期、全链路业务指标，可以基于转化率、触达率、注册率和ROI等关键指标调整运营策略。

（三）专利申请

1. 已申请以下专利：基于ACTIVITI、HIVE的自动分组营销择优触达技术；基于HIVE、ES的个性化精准营销技术，客户评估方法、装置、设备以及存储介质；泰康创新申报书——一种基于广告渠道质量评分预测方法，另一种基于动态规则和机器学习算法的理赔评价方法；基于区块链的去中心化消息分发触达系统；基于机器学习的保险产品复购模型。

2. 正在申请以下专利：基于机器学习算法的失效客户复购预测装置；一种保险场景下基于用户行为的营销反欺诈工具。

六、总结

数字营销平台仍在持续不断地迭代和优化，后续将基于业务扩展更多功能(如营销优化、多波次营销、营销奖励库、审批流程等)，覆盖更多业务应用场景，同时为更好地支持保险业务，也将探索以下更具前瞻性的方向。

1. 战略决策。提供用户画像全景视图，提供用户洞察及分析报告，指导公司整体战略决策发展。

2. 智能推荐。通过用户历史浏览及购买情况预测用户未来的购买意向，根据客户的购买意向定制化经营客户，提供个性化推荐产品和活动，持续提升用户转化。

3. 智能客服。通过用户标签做全面用户洞察，沉淀出不同类型客户的实施和服务流程，通过不断迭代优化，让业务流程更顺畅，提升智能客服用户的体验和满意度。

专家点评

泰康在线财产保险有限公司搭建的在线智能营销平台，充分运用大数据科学技术，帮助营销人员精准营销，针对不同的客户分群挖掘客户的资源价值，制定差异化的分配策略，从而提升营销效率，优化营销效果。公司通过搭建智能营销系统，帮助公司在线实现依托于大数据精准定位，支撑端到端的多维度营销服务体系，构建大数据平台应用生态，提高了成本效益，促进了业务增长，为保险公司的快速发展提供了有力的后续保障，具有一定的代表性。

太平人寿 iFamily 保险家庭账户

◎ 太平人寿保险有限公司

一、项目概述

家庭是社会组织的基本单位，也是保险消费的重要主体。从保险的社会属性、保单的主要角色、保险的经济补偿和保单的保障与服务的角度来看，保险和家庭存在天然的紧密关系。对于中端客户家庭来说，对保险"家庭账户"的需求尤为旺盛。根据大家保险《2020 年中国家庭保险需求调查》，超过六成的用户期望用家庭账户来管理全家的保单。调查用户以"70 后""80 后"已婚已育，家庭月收入 1 万 ~ 2 万元的客户为主，属于中端客户家庭。

深耕客户差异化经营，针对中端客户群体，探索建立家庭保险账户，突破原有以个人为单元且家庭成员之间保障相互隔离的状况，引导从"一个客户"到"一个家庭"的客户深层经营，进一步推动公司在产品研发、运营规则制定、营销推动和客户服务等方面向满足家庭客户需求转型，通过家庭保单做实中端客户，以此巩固和增强中端市场客户经营的深度和广度，从海量的中端市场进一步挖掘保费与价值增量。

二、项目背景及意义

（一）项目背景

iFamily 为客户及其家庭成员提供一站式保障服务。以太平人寿保险有限公司(以下简称太平人寿）独有的保单解读服务、"家庭诊断报告"为核心服务，通过理想保额测评打造行业的购买标准，串联太平人寿的主力长险推荐，最终引导客户长险出单。同时，支持客户与业务员便捷地录入外部保单信息，支持对外部保单的解读，吸引非太平人寿的客户加入。

（二）项目价值

1. 从公司角度出发。中端客户基数庞大且最具开发潜力，是太平人寿的客群基础。iFamily 家庭账户设立，将持续优化服务，稳固现有的客群基础。

2. 从客户角度出发。目前，个人保险、个人账户在不同程度上存在家庭综合保障缺乏、保单管理复杂、家庭权益相互割裂、缺乏动态调整观念的痛点。因此，对于客户尤其是中端客户对"家庭账户"的需求非常旺盛。

3. 从业务员角度出发。目前，新客获取难和老客加保难是业务队伍普遍遇到的难题。因此，推出一款平台化工具，将有效地刺激客户需求，给我们代理人创造更多与客户接触的机会，引导客户将保障需求从个人扩展至家庭，帮助代理人获取新客户和激发老客户的加保意愿。

三、项目重点解决的问题及主要创新点

深耕客户差异化经营，瞄准中端家庭进行深

度开发，打造 iFamily 太平家庭保险账户品牌，建立“以家庭保障为中心”的客户家庭保障规划解决方案，构建创新保险服务模式。

（一）服务模式创新

深度研究家庭生命周期特征和家庭风险特征，创设保险保障规划模型，并基于对不同层级典型客群特征的分析，形成家庭保障需求图谱与保障额度建议，从客户需求出发，有针对性地为客户制定保障方案，提供顾问式、全方位的保障服务。同时，结合家庭生命周期演进的情况，对客户保险保障需求进行动态跟踪，定期检视家庭风险敞口，协助客户动态调整家庭保障规划方案。

（二）流程创新

革新保险服务营销流程，推动从“产品到客户”向“客户到产品”的转变，实现“保险回归本源”的营销落地。通过保险规划模型实现核心需求分析—理想保额测算—智能化保险产品匹配—定制化保障方案生成的流程，客户确认方案后可在线交易下单，并享受动态检视服务。

（三）技术创新

打造数字化服务闭环，全面提升客户体验和服务效能。通过打通客户管理系统、产品管理系统、交易系统、营销端移动工具以及 iFamily 小程序，实现客户需求识别、方案设计、营销触达、交易执行和服务跟踪的数字化体验闭环。

项目将从家庭全生命周期动态发展的要求出发，全面检视客户的家庭风险，梳理家庭保障需求，实现客户从个人至整个家庭的保障跃升。通过家庭保单做实中端客户，以此巩固和增强中端市场客户经营的深度和广度，从海量的中端市场进一步挖掘保费与价值增量。

四、项目主要建设内容

深耕客户差异化经营，针对中端客户群体，以家庭保单的理念为切入点，开发平台化、全流程化以及产品、运营、服务家庭化的创新“三化”保险家庭账户模式。

（一）保险家庭账户平台化管理

（1）在 iFamily 微信小程序建立保险家庭账户客户端入口，客户可在线查询家庭成员保单信息、享受家庭保单统一管理，并可依托平台智能工具自行分析家庭保障缺口。

（2）以太平保宝 APP 平台为依托，建立面向业务员的客户家庭账户保险信息平台。依托此平台，通过大数据为业务员的已有客户进行打标、分类及推荐，完成业务员日常对客户管理的烦琐操作，让业务员从客户信息的维护者变为真正的客户管理者，更从容地发现客户需求；通过系统自动化拆解产品条款；按客户的自身情况、家庭情况及社会水平情况计算个人保障现状，生产客户及家庭的保障报告，分析客户及其家庭成员的缺口情况、并最终引导客户投保。

（3）两个平台数据交互，同步更新，形成闭环，打造科技赋能工具。

（二）保险家庭账户全流程化经营

依托客户端及业务员端两个平台，实现集家庭账户保单管理、家庭已有保障分析、家庭保障缺口分析、家庭投保产品推荐、家庭线上出单等多项功能为一体的全流程化闭环式经营模式。iFamily 核心功能展示见图 1。

图 1 iFamily 核心功能展示

家庭保障分析报告。(1) 好的保单整理工具是行销利器，基于保单整理工具，设定话术和标准化流程，有助于将高级代理人好的经验模式化，让初级代理人快速掌握运用。家庭保障分析报告内容介绍见图 2。

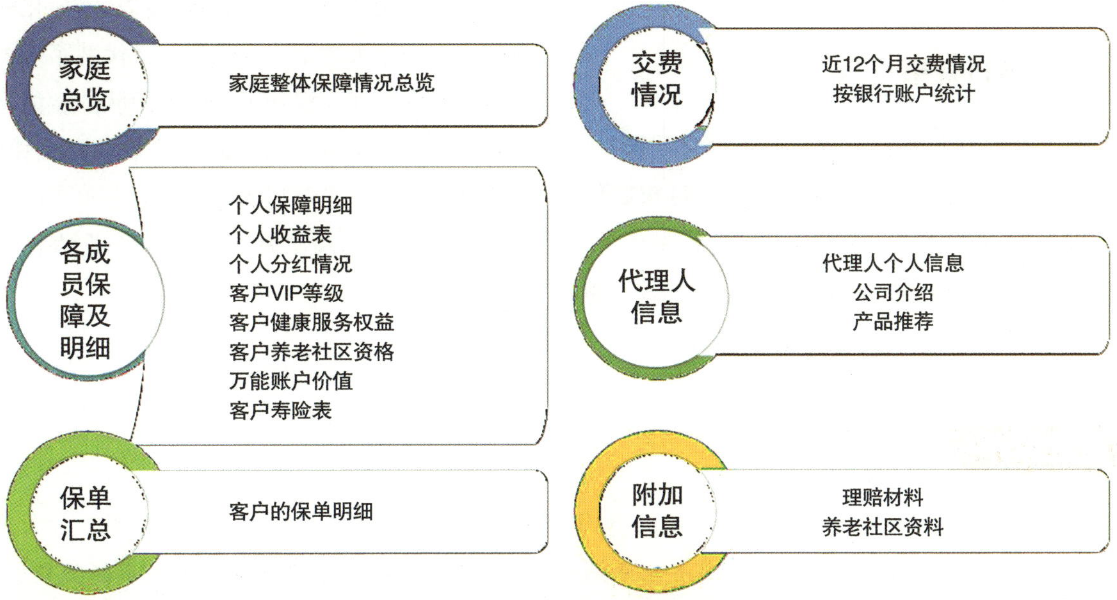

图 2 家庭保障分析报告内容介绍

家庭理想保障测评模型。与著名咨询公司联合开发，致力于打造兼具权威、专业和实用的家庭化智能测评模型，建立行业新标准和新标杆，引领行业保险购买标准，全方位赋能队伍，服务客户。

（2）整份家庭保障报告参考客户所在的地区以及年龄、收入的差异，以家庭为单位，将客户分为10类家庭客群，结合生命全周期提供保障建议，是量身定做的家庭个性化财富保障服务。家庭保障报告借助缺口分析问卷，结合客户以往在太平人寿及其他寿险机构购买保险的情况，依据家庭配置与寿险保障相关理论，将家庭风险敞口完整展示，并据此设计家庭专属智能推荐方案，给出权威、科学、智能和差异化的理想保额建议，对于家庭财富保障的科学规划具有指导性。

（三）保险家庭账户产品设计家庭化

配合科技赋能工具，后台配置相应创新的家庭化产品、优化的家庭投保规则以及家庭化的服务，进一步激发客户的投保意愿、落实引导客户补齐家庭保障缺口，促成家庭保障业务增量。

五、项目效果

相较于代理人给客户制作的保单整理报告，iFamily生成的报告快速且便捷，原来对家庭保单整理需要耗时7天，而iFamily仅需3秒钟；生成的报告更具有视觉感且更正式，使得客户更易接受代理人的见面邀约。代理人在见面前会仔细研究客户的家庭保障报告，了解数据代表的含义，给客户讲解时更加自信。同时，家庭报告也解决了客户“看不见东西”的问题，官方纸质报告提升了客户获得感，使客户更愿意交流。

自2021年起，iFamily共计为客户送去57万余份家庭保障报告，保单转化率为13.9%；iFamily小程序当前累计用户超过36万人。

六、总结

随着互联网的发展，保险业也发生着巨大的改变。客户呈年轻化、线上化发展趋势，线上化业务占比大幅增加；传统代理人线下作业模式亟待改变。因此，线下的保险代理人团队需要对业务互联网化的发展作出应对。

iFamily的推出，从专业化的角度来看，提升了代理人团队整体的专业水平；从智能化的角度来看，通过大数据、智能算法，代替了传统人工对保单的整理，提升了代理人团队的智能化水平；从科学的角度来看，通过专业的算法模型，为客户加保提供了有利的标准。

本项目从实践出发，引领保险业的数字化转型。

专家点评

太平人寿保险有限公司设立的iFamily保险家庭账户，通过技术创新、理念创新，优化家庭投保规则和服务，帮助客户补齐家庭保障缺口，提高了公司家庭保障业务的市场份额。该项目以公司平台为依托，减轻了业务员日常烦琐的管理工作负担，最大限度地激发了更多客户的需求，提升了公司的营销能力，具有一定的代表性。公司从客户需求出发，通过服务模式创新，有针对性地为客户提供保障服务，既提升了公司客户的黏性，又可以防止资源的浪费，具有一定的借鉴意义。

泰康人寿泰康云超体 VR 项目

◎ 泰康人寿保险有限责任公司

一、项目概述

泰康云超体 VR 项目，是在传统 VR 的基础上，融合社区硬件品质和居民风貌，打造的有温度的线上云超体营销平台。本项目是泰康人寿保险有限责任公司（以下简称泰康人寿）打造的线上保险与医养相结合的最佳实践，利用三维空间重建技术，通过 VR 的形式对养老地产项目进行数字化重建，实现线上自由行、跟团游、AC 互动、线上语音讲解和一带多看等功能，助力一线代理人展业，赋能保险产品销售及客户服务。泰康云超体 VR 项目结构见图 1。

图 1　泰康云超体 VR 项目结构

二、项目背景及意义

泰康原有的超级体验式营销（以下简称超体）以线下参观和体验泰康医养实体，从而促进保险产品和实体社区销售为主要展业模式，保险代理人需要邀请来自五湖四海的客户，到泰康医养康宁实体场景进行参观体验；受可接待参观量、公共卫生事件及时间/空间成本等因素的影响，不能完全满足人寿业务增长的需求，探索创新销售场景，赋能业务，迫在眉睫。本项目最核心的目标是降低新冠肺炎疫情对泰康超体营销的影响，将参观体验由线下转为线上，在线上为线下引流的同时，拉动线下业务增长，进而实现作业端客户线索可追踪，管理端代理人数据可应用，双轮驱动赋能业务。经过详细的需求调研、产品设计、开发实施和业务推广，打磨出了泰康云超体这款产品。

（一）易获客

通过泰康云超体，吸引客户线上参观养老社区，降低参观门槛，增加销售机会。同时，通过数据智能手段，追踪代理人线上营销行为，并对营销行为数据进行统计和分析，助力销售管理、总公司数据分析和内勤督导代理人展业，让传统无节奏的线下超体获客行为，变得轻松容易。

（二）富养客

泰康云超体让养客变得更有质量，客户线上参与时，从第一人称的视角来看，以客户的七大需求为主线，场景化带入，打造多样化的参观方式，激发客户的内生动力。形式高频的互动社群及客户，让日常养客变得更活跃，更有价值，增强客户对泰康的认同感，提升泰康幸福有约、医养康宁实体的品牌影响力。

（三）高转化

高质量的养客，潜移默化中建立起代理人的专业化、高可信度的形象，促进客户产生信赖感，积极的保险理念以及对泰康品牌的认同感，再通过行为数据的分析，来捕捉客户转化契机，实现客户的高转化。

三、项目重点解决的问题及主要创新点

（一）赋能代理人

云超体 VR 的多维展示能力使线上参观者足不出户就能全面了解长寿社区，助力幸福有约开单。从第一人称的视角来看，云超体 VR 按人生七大需求主线，场景化带入，打造多样化的参观方式，激发客户内生动力；线上线下相结合，节约泰康医养康宁实体参观的成本，扩充参观量，成为补充线下超体营销的有力展业工具。

（二）助力管理者

打造销售管理平台，追踪代理人线上营销行为，对营销行为数据进行统计和分析，助力销售管理、总公司数据分析和内勤督导代理人展业。

（三）助力客户

打破超级体验式营销的地域、空间及时间限制，节约出行成本、时间成本，给客户提供尽可能的便捷，使客户足不出户，就能领略到泰康养老社区、康复医院等实体场景的魅力。通过线上高保真的 VR 场景参观，配备标准化讲解及代理人线上语音同屏讲解，全方位地了解泰康，信赖泰康。

四、项目主要建设内容

（一）建设内容

泰康云超体 VR 产品的总体业务流程主要依托于泰行销 APP、泰康云超体小程序。保险代理人在泰行销 APP 分享 VR 给微信用户，用户通过泰康云超体小程序游览 VR 场景(自由浏览，跟团游)，或者参与 VR 线上带看(一带多看）等方式，并支持活动现场数字大屏游览带看；是泰康

医养康宁线上化产品，链接虚拟保险和实体医养，通过代理人触达客户，助力泰康大健康战略，达到线上拓客、日常养客、品牌宣传和最终实现转化，助力保险产品及养老社区等的销售。

1. 自由行——跳跃式浏览。自由行——跳跃式浏览，以运动、社交、美食、健康、文化和心灵归属等客户需求为牵引，以场景化带入，代理人和用户均可以自主游览社区各个场景，配备标准化语音讲解、文字及多媒体标签，将实体场景诠释得淋漓尽致，满足客户日常养老社区参观的需求，助力拓客、养客、品宣和客户转化。

2. 跟团游——固定动线。跟团游——固定动线，匹配四类老年 style，打造文艺范儿、高知学霸、活力四射和健康护理四类场景化动线，根据预设路线，将各大实体场景有机地串联起来，自动播放 VR 并提供场景跟随式语音讲解，客户可根据自身兴趣浏览养老社区等场景，激发客户购买保险产品、入住社区的内生动力。

3. VR 带看。VR 带看，一带多看的形式，实现 20 人以内的小型线上团体参观。在沉浸式场景内同时连接用户和销售顾问，同屏连麦，双方实时同屏互动、即时通信，代理人可跨社区进行带看讲解，提供沉浸式的、私密的线上服务，提升用户体验、促进客户转化及保险产品销售。

4. 语音讲解。语音讲解包括预置的标准化语音导览、代理人线上实时讲解。

（1）语音导览，是指用户自主游览时，当前游览的 VR 场景提供“语音+播放”形式的导览功能，以内嵌站点形式串联播放社区介绍视频，辅助客户快速了解社区，客户可根据自己的需求切换站点视频。所有站点多媒体资源支持实时生效的后台设计、编辑和更换。

（2）实时讲解，是指代理人作为主持人，进行线上带看时的个性化解说。本项目提供 20 人以内的同屏带看和语音互动。后台语音识别模块，对各语音通道的数据进行识别，实时质检代理人讲解话术是否合规，并可根据客户的语音反馈，通过数据智能手段，分析客户情绪及兴趣点，给予主持人相应的提示，协助主持人把握带看效果。

（二）技术运用及原理分析

1. 前端载体。代理人端（A 端）泰行销 APP 与客户端（C 端）小程序相结合实现 AC 互通：代理人 A 端以泰行销 APP 为载体；客户 C 端小程序作为微信生态的主流技术方式，有天然的生态融合性，可以无缝链接 A 端 APP，内嵌 H5 资源，满足 A 端的转发和 C 端展示多方资源；客户体验顺畅，方便触达。

2. VR 相关技术。

（1）客户自主游览（自由行、跟团游），通过智能扫描设备收集空间数据、由 VR 场景构建算法等进行三维重建，通过 AI 技术完成自动建模、智能空洞填补、全自动数据提取、HDR 优化、全景自动拼接和敏感信息识别等任务，充分将线上线下相结合，有效还原实体场景的细节，用户可以跨越时间和空间的限制，在 VR 画面中自由游走。

（2）VR 线上带看，是一种全新的交互场景体验，打破了传统带看的时空限制。借助实时音视频 TRTC 服务完成 VR 带看能力，分为以下两大部分：第一部分，实体场景的 VR 数据通过离用户最近的 CDN 节点分发到用户终端设备，游湖可以流畅游览；第二部分，代理人和客户连麦，实时讲解、解答问题，将实时音视频能力（TRTC）快速集成到 VR 带看场景中，端到端延时300毫秒以内，即使弱网环境也能保证通话的稳定性，最大限度地还原线下“边看边讲”的真实感体验。VR相关技术架构见图2。

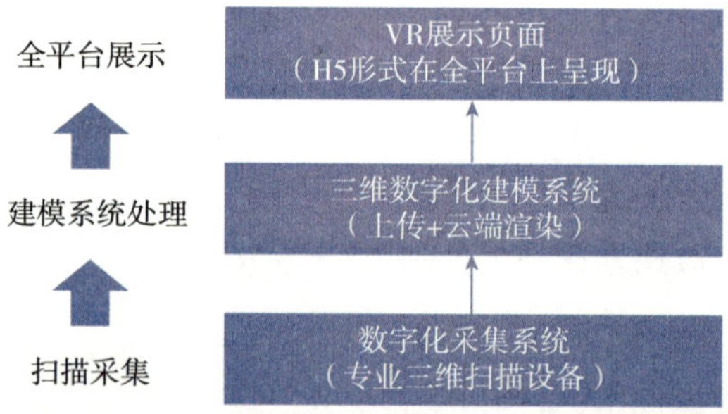

图2 VR相关技术架构

3. 后端服务。考虑到项目的日活跃人数可达到10万人次，并且处于推广扩散期间，为了保障前端服务展现的稳定性及项目今后的拓展性，后端程序使用微服务体系进行开发，技术选型见表1。

表1 VR相关技术后端程序的微服务体系技术选型

开发语言	Java
网关	Spring Cloud Gateway
鉴权	OAuth2. 0
注册中心 & 配置中心	Nacos
服务间调用	Spring Cloud
限流熔断	Hystix
链路追踪	Zipkin
日志管理	elk
数据库	redis，MySql

项目采用Nacos及Spring Cloud的组合，实现服务间的高效调用。配合Hystix进行服务的限流和熔断处理，保障了服务的稳定性。因为不涉及复杂的业务逻辑，选用开源的MySql作为项目的关系型数据库，同时引入ShardingSphere框架进行数据库的分库分表及分布式事务的管理；引入redis集群作为热点展示数据的缓存。

五、项目效果

本项目在前期调研期间，了解到泰康虚拟保险与实体医养相结合的线下超级体验式营销方式，虽然收益颇丰，但是受参观成本、距离门槛和新冠肺炎疫情等因素的制约，无法满足广大代理人提出的展业需求；调研中也了解到，很多保险代理人对线上化经营不太敏感，或是有兴趣但缺少顺手的工具，有的伙伴还试图借用第三方的APP尝试，但因其非泰康场景的定制化内容且担心客户外流等问题而最终放弃使用。

经过详细的需求调研、产品设计、开发实施和业务推广，打磨出了泰康云超体这款崭新的线上化营销产品。泰康云超体的出现，给泰康人寿代理人提供了全新的展业工具，让线上化经营的理念真正得以落地，提供了如何玩转私域经营的成套内容工具。代理人伙伴可以足不出户，轻松地获客、养客和经营，更高效地转化客户，以线上云超体的方式，大大地补充了原本以线下为主的经营模式，扩大了整体医养场景参观量，实现线上线下相结合的多元化经营模式，让经营过程可视化、有节奏化。

六、总结

泰康云超体 VR 项目，以泰康超级体验式营销理念为大背景，将虚拟保险与实体医养相结合，以获客圈养转化的思路打法，赋能代理人在微信生态中线上化经营客户，线上与线下协同作战，目前的版本包含功能模块，实际应用数据效果显著。

那接下来泰康人寿的挑战是如何将泰康全客户体系打通，充分利用公司级客户资源，完善在云超体内的老客户画像，同时对新客户再设计多样的功能板块，实现多场景留资个人信息，逐步完善新客户画像，同时在云超体输出老客户千人千面、新客户标签组别化的内容界面，在此基础上能够以内容吸引客户，增强用户使用黏性，实现内容自吸粉和自裂变的模式，减轻前期代理人主动推送的强依赖打法，让代理人更轻松、更舒服的经营。

让代理人轻松经营，高效客户转化，是云超体的目标。一个好的经营工具，更依赖于好的内容支撑，以及持续不断的血液输入，团队当下及未来会加强对公司内外资源的整合力度，也欢迎保险同仁提出宝贵的意见和建议，共同探索出一条属于保险业赋能代理人宽广经营之路。

专家点评

泰康人寿保险有限责任公司实施的云超体 VR 项目，通过技术创新，以 VR 的形式对养老地产项目进行数字化重建，实现线上多功能运营的可视化，助力代理人展业，赋能保险产品销售及客户服务，具有一定的创新性。该项目以客户需求为主线，场景化带入，打造多样化的参观方式，激发客户的内生动力。高频的社群互动，增强客户对公司的认同感，提升公司的影响力，这种模式具有一定的代表性。公司通过行为数据的分析，捕捉客户转化契机，实现客户的高转化率，为行业营销方式进步提供新的实践经验。

泰康人寿数字化营销体系

◎泰康人寿保险有限责任公司

一、项目概述

在数字化转型背景下，为了实现以客户为中心、助力营销的目的，数字化营销体系应运而生。

数字化营销体系将日志采集、需求洞察、活动营销和最佳实践提炼等功能整合成数字化营销闭环，打造"智能营销四重奏"，首先通过日志采集用户的行为偏好，设计规则洞察客户的个性需求、购买意愿和产品偏好等信息，然后通过客户画像的标签筛选功能筛选智能运营的客群，把不同的活动内容，通过小程序、公众号等千人千面地分发给不同的客群，再跟踪转化效果，识别最佳实践，多场景推广，从而形成一个完整流畅的智能营销闭环。

二、项目背景及意义

数字化营销体系旨在建设面向全渠道，支持线上线下客户实时感知、洞察、营销和推广的活动运营平台。在应对寿险公司战略要求及高质量转型的背景下，实现了销售队伍向自主经营转型技能提升的诉求，聚焦新老客户尤其中高端客户经营，成为泰康内勤、代理人的主要工作平台。

三、项目重点解决的问题及主要创新点

数字化营销体系满足了业务对于不同客户营销场景的需求，精准定位目标客群，提供当下热门营销模板，进行快速有效的营销活动配置与触达，对客户的触达提供了多维度、多层级的触达方式，提升运营效率，增加用户转化和黏性。

项目主要创新点包括以下内容。

（一）活动营销平台

1. 活动搭建模板化。

（1）3 分钟完成营销活动创建，多样化模板，一键应用，省时省心。

（2）数百个营销场景全覆盖。从"30000+"模板库精选，可满足拉新、促活、招募、品宣、销售和续保等各类场景。

（3）多种营销互动，带来流量与销量电子名片、邀请有礼、红包、打卡、抽奖、养成、秒杀、裂变、测试、拼团和集卡等各类活动玩法。

（4）深度的数据统计分析。营销活动全流程数据记录，精准把握每一位客户的需求。

2. 增值权益集成化。

（1）支持虚拟权益、实物权益，覆盖多种维度权益。

（2）对接泰康内部权益平台，可以实现泰康权益的对接。

3. 活动关联用户智能化。

（1）可以定时、实时向客户进行消息触达。

（2）自动化消息触达到特定用户群体，完成

代理人激励、客户促活等工作。

4. 完成私域流量经营行业化。

（1）从私域流量传统的 TO C 模式演变成 TO AC 模式。传统的私域流量经营方式是直接面向客户，在泰康的数字化营销活动体系中，可以分成直接面向客户的方式（TO C）和通过代理人把获客活动链接转发到客户手中（TO AC），完成客户的触达。

（2）总公司、代理人两级活动管理。公司的业务人员完成所有代理人的活动触达和任务监控，代理人完成所有涉及客户的触达及转化，多层职级相互配合，完成数字化营销活动体系的建设。

（二）客户洞察平台

客户洞察平台基于埋点，实时采集客户线上的全触点行为，加工客户行为指标，洞察客户的需求偏好。然后，设计客户画像体系，通过标签取值筛选客群，规划智能运营方案，实现对客户的实时干预，从而提升经营效率。该平台支持实时和准实时两种机制：一是实时机制，通过 spark 消费 kafka，加工实时高价值标签；二是准实时机制，通过 JDBC 和 spark，把数据实时同步到 hive，然后每 10 分钟跑批更新标签。

四、项目主要建设内容

客户实时感知与洞察平台，从价值、潜在价值、意愿、活跃、黏性、产品兴趣和风险等 8 个维度，实时感知客户营销线索，按意愿、价值筛选客群。

聚焦泰行销 APP、泰康 E 保商城小程序，提供营销活动的一键发布功能，对代理人链接触达活动的客户，提供销售线索提醒；C 端泰康保险优选公众号，提供直接发向客户的活动支持和管理；开放平台，提供对泰康总公司、分公司的公众号、小程序和企业微信等支持，可以通过配置的方式完成相关系统的对接工作。

用户分析模型，包含实时分析、事件分析、漏斗分析和热力分析等功能，这些行为分析可以从网页浏览、承保留存和客群行为等场景进行数据分析且提供预置通用看板，比如整体趋势、页面分析、地域分析和用户活跃度等功能。针对运营活动，提供活动专属数据看板，指导运营分析、优化活动运营效果。

五、项目效果

系统自上线以来，洞察平台已形成实时及“T+1”标签开发机制，接入多个业务线埋点。活动平台已经推广到总公司和 36 家分公司使用，已经注册管理人员 70 余人，系统覆盖代理人为 60 余万人，发布活动 200 余次。目前，泰康人寿主要的销售工具——泰行销 APP 已接入数字化营销活动平台，个险渠道主要销售工具——泰康 E 保商城、泰康保险优选公众号已接入。

六、总结

通过构建数字化智能营销体系，沉淀出了一套通用的营销闭环——“智能营销四重奏”，并通过智能营销平台实现“数据+智能+场景”的营销新生态，旨在将丰富的运营场景浓缩在简洁的运营工具中，通过对活动的全面分析、客户的消息触达和行为数据的采集完成了私域运营整个周期的管理，探索极致的用户服务体验，提升用户的转化和黏性。

专家点评

泰康人寿保险有限责任公司搭建的数字化营销体系，通过大数据科学，采集用户的行为偏好，洞察客户的个性化需求，智能筛选不同的客群，实现精准营销，提升了公司的营销能力，具有一定的代表性。公司通过新媒体社交方式，对不同的客群发送不同的内容，跟踪识别，精准定位目标客群，进行快速有效的营销活动配置，提升公司运营效率，增加用户的转化和黏性。公司设计客户画像体系，通过标签取值筛选客群，规划智能运营方案，实现对客户的实时干预，从而提升经营效率，对行业具有一定的借鉴意义。

建信人寿“数字化经营协同营销”探索项目

——保险大数据实验室

◎ 建信人寿保险股份有限公司

当前，全球正快速进入数字化时代，我国“十四五”规划中明确提出要“加快数字化发展”的战略部署，各行各业都在加快数字化步伐。

建信人寿在集团和数字化转型战略的引领下，历经两年摸索，逐步探索出集团数据资产赋能寿险业务的经营模式，走出一条数字化协同营销之路，通过不断思考、探索和实践，开启数字赋能助力价值转型新征程。

一、项目概述

为践行建设银行集团一体化的战略，促进子公司全面加入数字化经营，深化母子协同，建信人寿和建设银行联手打造创新型项目——“保险大数据实验室”（以下简称“实验室”），旨在以大数据驱动保险营销效率和客户体验的提升，探索数字化经营协同营销的可行性，逐步完善集团客户保险画像信息，丰富集团一体化的业务合作方式和业务应用场景。

二、项目背景及意义

多年来，传统金融业一直存在服务效率低、成本高等突出问题，随着我国数字经济发展进入快车道，增长模式从要素投入转向创新驱动，传统金融服务模式已经难以匹配新的经济发展形势。

建信人寿作为建设银行寿险子公司，一直在思考如何切实发挥保险对集团“功能上有效补充、战略上有力策应”的作用，借助集团资源，深入地融入集团数字化转型，探索数字化母子协同营销新模式，以数字化打法开拓公司价值转型。

三、项目重点解决的问题及主要创新点

（一）重点解决的问题

2019年，为支持分支机构业务转型和发展，公司组织专家团队到广东、安徽分公司调研。经过深入了解分析，发现分公司业务痛点存在以下“三难”。

1. 活动选题难。分支机构营销主题范围大，没有针对场景对客户进行特别的邀约；信息不同步，与行方沟通存在信息衰减，行方客户经理难以准确掌握目标客户的范围。

2. 客户邀约难。建设银行专门针对保险领域的数据较少，且缺少客户行为标签；同时，行方基于通用类标签的叠加组合筛选出目标客户，筛选方法单一，无法对较复杂的场景进行预测类

客户挖掘与识别。

3. 营销跟踪难。分支机构无法获取客户KYC信息，致使营销项目的事中及事后信息无法同步；效果跟踪缺乏数据抓手，没有系统支持公司和建设银行的数据同步，导致两边信息不对称。

为解决一线痛点问题，结合公司数字化经营战略，建信人寿和总行深度合作，成立"数字化经营协同营销"专项研究组(以下简称研究组)，旨在发挥建设银行数据资产在保险业数据挖掘和协同营销等方面的作用，建立母子公司数据共享的长效机制。自此，建信人寿数字化经营步入快车道。

（二）创新思路

经过深入研究和分析，研究组改变传统思维，以大数据技术为抓手，梳理出"数字化经营协同营销"的整体思路，主要为"四新"。

1. 新思维。精准剖析各类客户群体的痛点，针对差异化客户群体的多样化金融需求，配置金融产品和服务。通过"建行数据+保险模型+场景化营销+线上线下营销协同+营销跟踪+营销成果分析=数字化协同营销"，支持业务转型发展。

2. 新模式。通过"实验室"挖掘银保精准营销客户模型，促进传统银保业务线上迁移，探索出"线上+线下"的全新发展模式，满足客户对保险业务的需求。

3. 新服务。采用"建行数据，保险模型"的方法，将潜在客户数据通过建设银行新一代营销渠道下发至建设银行各网点，网点的客户经理和人寿产品经理组成黄金搭档，主动服务，提高营销效率。

4. 新体验。全面整合服务渠道，为客户提供智能化、优质高效、方便快捷的服务，改善客户体验，提升服务效率，助推品牌价值，实现人本管理和科技创新的完美结合。

（三）可行性研究

客户信息在数字化协同营销模式中是最重要的一环，保障母子公司协同过程中数据资产的安全，对建信人寿的客户授权、信息安全提出了更高的要求。公司提前布局，为数字化协同营销的探索工作打下坚实基础。

1. 客户信息具备共享基础。从2015年开始，建信人寿银保渠道使用的投保单中，载明与建设银行共享客户信息相关条款，解决了向母行传输客户信息的客户方授权问题。

2. 信息安全具备基础保障。建信人寿制定《数字化营销母子信息共享管理办法》等制度规范，通过指导参与成员签署保密协议以及加强系统安全建设等方式，切实保障数据资产安全。

3. 协同营销具备一定的经验。2018—2019年，公司和总行合作，开展小范围线下精准营销活动，积累了合作经验。

四、项目主要建设内容

（一）"数字化经营协同营销"解决方案

根据总体方案，研究组深入研究，确定了技术实现方案架构，见图1。

1. 融合数据。通过"实验室"专属数据通道，将人寿银保渠道已取得客户授权的保险数据传输至总行进行数据融合。

2. 挖掘模型。面向行内个人客户，挖掘潜在保险客户。

3. 下发商机。

（1）明细数据以商机的形式，通过总行相关系统下发至网点客户经理。

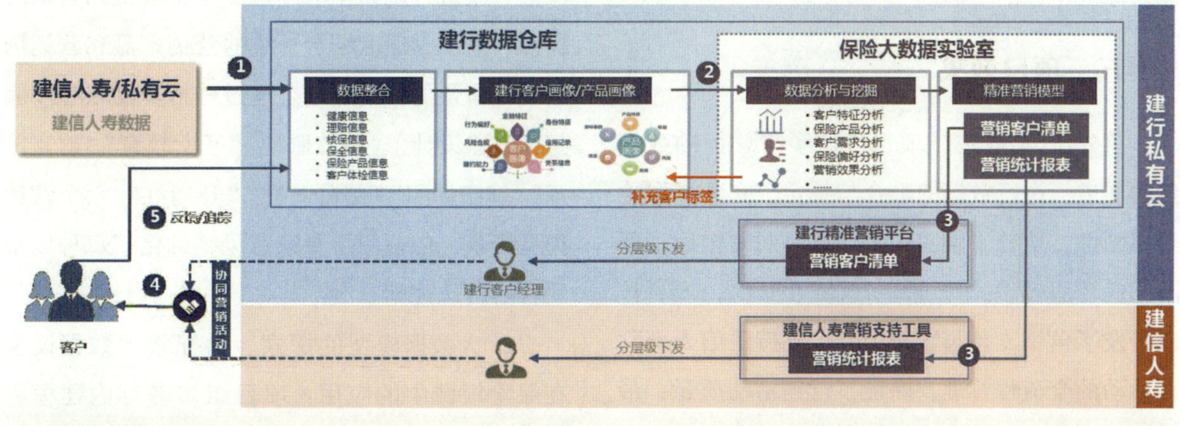

图 1　技术实现方案架构

（2）以统计信息的方式（含网点名称、产品名称、商机数量等）通过“实验室”标准路径同步给人寿。

4. 协同营销。双方人员通过各自渠道获得同步信息后，由建设银行网点客户经理接触目标客户，结合黄金搭档打法，由建设银行客户经理为客户提供顾问式营销服务，建信人寿保险专家提供销售和服务支持。

5. 商机活动跟踪、反馈。活动执行过程数据和结果数据，通过“实验室”专属通道返回建信人寿。后续，建信人寿数据平台加工报表，进行全流程追踪和分析。

（二）搭建“数字化经营协同营销”技术平台

2019 年 11 月，公司和总行联合建设“保险大数据实验室”，探索数字化协同营销业务模式的可行性，并在分公司试点落地，取得了一定的成果。

1. 创建“实验室”数据双向传输的标准路径，成功将建信人寿已授权客户数据传输至总行。

2. 支持广东、安徽试点分公司银保精准营销活动，通过构建 8 个保险营销模型，共推送 6 批营销客户清单，约 9 万多名客户，基本覆盖 1197 个建设银行网点。

（三）优化“数字化经营协同营销”业务流程

2020 年，在推进总行集团一体化事项工作中，公司和总行确定了“数字化经营协同营销”业务流程。

1. 确定“实验室”成果应用的系统标准路径，具体为“数据融合—模型挖掘—模型下发—模型应用—模型跟踪—模型迭代”。

2. 确定协同营销业务流程，形成《母子公司协同保险对私“大数据实验室”常态化研发流程》制度。

（四）全国推广试运行

2021 年 4 月，协同总行举办数字化营销“速赢”活动，通过“龙耀一世 C 资产传承”模型的投产运行，初步建立和验证了母子公司联合建模和投产运行机制，达到演练母子公司协同数据赋能线上线下流程，建立公司融入母行数字化经营体系标准路径的目的。

五、项目效果

首先,“实验室”项目打通了与总行的数据传输通道,进行数据的融合与整合,完善了保险客户画像,填补了集团保险标签;同时构建了保险营销专用模型,并进行了沉淀;其次,项目按需开发了营销支持与管理工具,支持建信人寿营销活动的全流程管理,保证了营销活动质量;最后,通过“实验室”提出了母子公司数据共享应用需求,在一定程度上推动母子公司客户授权工作的开展。

(一)打通与总行的数据传输通道,完善了建设银行保险领域标签体系

通过该项目打通了建信人寿与总行的数据传输通道,将建信人寿已授权客户数据(主要为客户核保、保全、理赔和健康等保险类信息)传输至建设银行数据仓库。同时,通过对不同业务场景中涉及的客户标签进行整合和扩增,积累了391个银保保险客户标签,涵盖基本信息、资产负债、信用风险、金融特征、行为偏好及投保行为六大类。

通过客户标签的梳理与业务沉淀,一方面可以使建信人寿逐步形成自己的指标管理体系,辅助各条线相关人员了解公司的客户画像,制定更加符合客户需求的产品,从而更加精准地开展各种营销活动;另一方面,可将客户的保险特色标签回填到母行,填补行内在保险领域缺失的客户画像。

(二)沉淀了保险营销模型,扩大了建设银行领域保险模型建设

1. 专家判断法的经验积累。项目成员通过深入一线进行调研学习,进一步了解实际营销的痛点和需求,深度结合一线的营销产品和营销场景制订有效的营销计划。通过分析产品和客户偏好,按需设计了“避债避税”“子女教育”“财富传承”“健康保障”“储蓄对冲”“开门红”六个营销模型场景,依据保险专家意见,细化了每种场景的客群筛选规则。

2. 大数据模型的探索。为探索大数据模型在保险领域中的应用,项目组参考行内建模经验,针对建信人寿存量客户,为减少由于客户流失带来的收入损失,提高对高价值客户挽留的成功率,延长用户生命周期,构建了“客户流失预警模型”;针对建设银行8亿存量客户,搭建了“新客开拓模型”,以期对客户及其购买行为的各种属性,分析历史客户投保的共同特征,从行内存量客户中寻找购保倾向较高的客户,进而设计有针对性的营销话术,从而达到客户识别与潜在客户开发的目的。

(三)支持了公司银保精准营销的举办,促进了人寿业务发展

“实验室”选取了广东、安徽、广西三家试点分公司,结合保险产品、客户偏好和地域特征,构建了8个保险营销模型,支持了6次旺季精准营销和3次“开门红”数字化营销活动,约覆盖1197个建设银行网点,下发客户清单9万余人。此外,“实验室”积累了7大类共391个保险客户标签,填补了集团保险领域的客户画像,并以此为抓手进行了营销活动的全流程管理,保证了营销活动质量。

在2021年4月公司和总行联合举办的“速赢”活动中,选取“龙耀一世C资产传承”模型,共挖掘了4.89万条建设银行潜在保险客户

清单，综合金融直销模型共挖掘出适合养老保险场景的共有客户 2.4 万人。截至 6 月 15 日，全行共执行商机 47976 条，商机执行率为 27%。

（四）开发了营销支持与管理工具，保证了营销活动的全流程管理

根据传统银保活动信息不同步的痛点，项目组设计营销支持工具小程序，以营销支持工具小程序为抓手进行了银保营销活动的全流程管理，支持按机构分级分权显示营销数据，做好了数据风险把控，解决了公司和行方在联合举办营销活动中的信息不对称、活动难管理等痛点，保证了活动质量。

（五）协同总行业务部门，推动母子公司客户授权工作的开展

建信人寿作为子公司较早地提出了母子公司数据共享应用，在加强母子客户信息共享方面进行了积极探索，在数据共享政策方面也取得了一些阶段性的理解。尽管囿于监管、合规等政策的限制，在数据粒度、共享方式和共享原则等方面虽未形成明确方案和政策，但却可以说迈出了客户共享的重要第一步，在一定程度上推动了母子公司客户信息授权工作的开展。

六、总结

经过近两年的探索，针对“数字化经营协同营销”业务模式，总结该模式的先进性及不足主要有以下几个方面。

（一）“数字化经营协同营销”业务模式的先进性

1. 具有较强的创新性。通过“实验室”实现了营销数据闭环和营销业务流程闭环的双闭环管理体系。同时，本着严守客户隐私底线，坚持最小必需原则的理念，推动总行相关部门制定客户信息共享和营销模式的管理机制，是对数字化经营的积极实践。

2. 具有良好的经济效益。通过保险客户营销模型，有效识别集团客户保险刚性需求，减少熟客反复营销，提升客户体验。同时，通过数据驱动集团金融产品优化及创新，将个人客户的需求在集团内部解决，实现客户价值挖掘最大化，促进集团客户增值。

3. 具有较强的复制性。从业务模式来看，该模式可跨越产品、业务领域和渠道的限制，具有较好的可复制性。从技术实现来看，依托行内先进的大数据平台和技术，根据不同业务场景，构建的数据模型，可以成为集团数据资产，在集团内实现模型的共享。从应用范围来看，通过复用总行新一代组件建设人寿数字化营销体系，支持子公司按机构分级、分权显示“营销数据—同步事前商机—跟踪事中数据—做好事后分析—迭代更新保险”模型，形成完整地营销闭环体系。该模式封装后，可复用支持集团其他子公司的营销活动管理。

4. 具有较高的推广价值。该模式最大限度地实现集团客户数据共享，完善集团客户全息画像，促进产品创新，促进集团客户增值，提高客户满意度，实现集团利益最大化。同时，还可以为保险反欺诈、客户不良贷款预警和失联人修复等多个业务场景提供新的规则因子，加强集团客户的全面风险管控。

（二）“数字化经营协同营销”业务模式的不足

1. 保险模型精准度有待加强，目前模型挖

掘多以产品为中心，用聚类的方法进行客户挖掘，“场景+算法”应用较少，无法快速决策相应的营销产品或目标客群类型。

2. 囿于监管限制，母子公司分享个人客户信息，需要取得客户书面授权同意，从总体看需要一个较长的过程，当前公司参与数字化经营的保险专业优势有待进一步发挥。

3. 当前主要以母子公司联合立项的方式，推进“数字化母子公司协同营销”模式落地。由于项目具有周期性，在立项之初就要求业务部门提交一年完整的活动计划，且需求变更受到严格管控，这些特性不符合营销活动的临时性和多变性。

专家点评

建信人寿保险股份有限公司打造的保险大数据实验室，借助公司资源，融入集团数字化转型，探索数字化母子协同营销新模式，以数字化打法开拓公司价值转型，具有一定的借鉴意义。公司通过保险客户营销模型，有效识别集团客户的保险刚性需求，减少熟客反复营销，提升客户体验，具有一定的代表性。该项目通过数据驱动集团金融产品优化及创新，将个人客户的需求在集团内部解决，实现客户价值挖掘最大化，促进集团客户增值，具有较高的推广价值。该项目实现集团客户数据共享，为保险反欺诈、客户不良贷款预警等提供技术支持，加强集团客户的全面风险管控，具有一定的创新意义。

交银人寿企业客户营销平台搭建

◎交银人寿保险有限公司

一、项目概述

2021 年 3 月 13 日发布了《中华人民共和国国民经济和社会发展第十四个五年规划和 2035 年远景目标纲要》，报告中将数字化建设任务作为一个专篇进行介绍。相较于以前，将“数字化建设”提到了一个前所未有的战略高度。在国家提出加快数字化发展的大背景下，交银人寿 2021 年也确定了将数字化赋能作为企业转型的战略目标。为了达成此战略目标，助力公司的数字化转型发展，提出了基于企业微信平台搭建企业客户营销平台，帮助客户经理实现数字化转型，从传统的客户经理模式转型为懂得数字化经营的客户经理模式，提升客户经理的数字化营销能力。

二、项目背景及意义

（一）服务公司的数字化赋能战略

在国家提出加快数字化发展的大背景下，公司提出了数字化赋能的转型战略目标。在此背景下，进一步明确提出了需要解决如何赋能一线客户经理，提升一线客户经理数字化营销能力的业务关键痛点问题。在此前提下，通过前期调研等，确定了探索性地借助企业微信平台的优势，引导和助力客户经理经营好自己的私域流量，同时结合公司新个险的业务特点，创新性的提出在企业微信平台上数字化运营企业群，实现个人保费的转化。

（二）公司客户资源的管理与再分配

在项目完成之前，客户经理使用自己的私人微信进行私域流量的经营，存在一个最大的风险，即客户经理离职时，该私域流量存在被客户经理带走的风险，客户资源从公司流失。借助企业微信平台的优势，客户经理离职时，可以将客户经理经营的企业微信的客户资源进行二次分配，分配给其他合适的客户经理进行继续经营。

（三）协助客户经理经营好企业客户

在项目完成之前，客户经理对于企业群的运营，完全依赖于自身的运营能力，良莠不齐，还可能存在合规风险，并且客户经理的个人微信，得不到公司的信誉背书，也显得不够专业。同时，公司无法监控以及获取客户经理的经营数据，无法从数据赋能的角度以及科技的角度，提升客户经理群运营的能力。平台搭建后，可以获取到客户经理经营数据，通过对数据的分析，特别是转化较好的经营数据分析建模，从数字角度提炼出成功经验，结合业务的专家意见，进行全公司的推广，尽可能多的孵化出更多的成功企业群，提高保费转化率。

（四）更能满足合规的要求

因为企业微信可获取客户经理的对话信息以

及经营数据，通过关键字的限制，能更好地满足合规要求，避免由于误导等产生不必要的合规风险。

三、项目重点解决的问题及主要创新点

一般企业微信运营，都是针对单个客户，以企业为单位的运营，是本次运营平台的创新点，也是关键所在。在平台建设之初，就很关注如何获取企业的相关信息，最开始在活动链接上记录了企业的信息，但是在后续的运营过程中发现活动链接采集到的客户量大于企业群的客户量，暴露了存在链接被外泄，产生“薅羊毛”的现象。为了解决这个问题，又引入了客户所在真实群的信息，通过获取的客户 openid 查询该客户所在的真实群信息，这样有效地避免了把非企业的客户认定为企业客户。

四、项目主要建设内容

针对客户经理的企业群运营，平台提供活动支持、数据支持和专业技能支持等功能，提高客户经理的企业群数字化运营的能力和效率。

（一）基于企业微信平台的企业群运营平台的搭建

为了满足企业运营的目标，客户经理会为每一家企业设立一个专门的群，该群中除交银人寿的运营人员外，均为该企业的人员。后台会将客户经理、客户及企业之间的关系进行记录，同时根据企业的特点，可引申出其他的一些客户标签，进一步丰富了客户标签体系。

（二）根据不同的企业群，有的放矢地投放不同的营销活动

新建的企业群，从微信迁移过来的企业群以及已经成熟的企业群，三者有其不同的特点，也决定了需要不同的运营策略，根据不同的运营策略将投放不同的运营活动。例如，新建的企业群投放一些每日定期打卡加抽奖类获客活动，增加客户黏性；同时礼品的赠送，可以有效拉近客户经理和客户之间的关系。

（三）及时的信息反馈，为客户经理的企业群运营提供了信息雷达

客户点开任何客户经理转发的内容，无论是资讯还是定点投放的活动，客户经理都能及时地收到消息，包括什么时候点开的，阅读时长等信息，以及资讯或活动的类型等，为客户经理后续的精准营销提供了雷达信息。同时，后台对推送的资讯、活动等信息设定好关键字，也可通过对客户点开内容的分析，进一步增加客户标签，提高客户画像的精准度。

（四）将群运营的数据，融入客户标签体系中

保险特别是寿险，作为一个低频率的交易，除续期和理赔外，一般客户很难与保险公司有交互，导致客户标签数量较少，很难形成 360 度客户标签体系，做到较为精准的客户画像。那么，定期的活动投放和活动数据的收集，有效地解决了该难点，增加了企业与客户之间的交互。企业与客户的每次交互，都能收集客户的行为数据，并且对收集的数据进行清洗、建模和分析，完成标签化。通过打通各个触点下的统一客户认证，实现一个客户无论在哪个触点，无论以哪种方式与公司进行交互，都可以及时地被识别出来，并且能把信息保存下来，为后续的客户统一视图以及客户行为分析奠定基础。

（五）企业群活动运营数据的沉淀与积累，为后续的精准化营销奠定数据基础

客户的基本信息，活动数据、客户经理群经营数据，以及群运营的转化数据等信息，都将被有效地采集下来，作为企业群活动运营数据的沉淀和积累，为后续的精准营销奠定数据基础。在目前数据量还不够大的情况下，还无法通过大数据分析技术，提炼出较为有效的企业群运营的改进策略，但是相信通过不断的数据积累，不断的经验积累，此部分数据肯定会在后续的企业经营中发挥重要的作用，真正做到数据赋能。

五、项目效果

目前，平台已上线 3 个月，在平台上运营的企业群约 1000 个，针对不同的获客、活客和黏客目的，投放了 3 个活动，已经有 1 万多名客户参加，实现了 200 余万元保费的转化。

六、总结

平台搭建之初，为了支持快速上线，仅上线了一些基础核心功能，仅做到了可用性，还需要不断的打磨，从可用到易用再到好用，还有很长的路需要走。

（一）内容生成以及运营能力的提高

平台的运营离不开高质量内容的支撑，利用平台快速地生产出高质量的内容，并用来支持运营人员做好客户经营是下一步的重点建设内容。

（二）投放活动的创新能力需要进一步提高

目前投放的活动，均为比较基础性的活动，对客户吸引力较弱，后续如果仍无创新，可能会面临客户的流失，如何有效地运营，减少或杜绝客户的流失，将是平台后续运营的重点和难点。

（三）数据积累之后的数据分析能力的提高

平台上线时间较短，目前还仅停留在数据收集和积累的过程中，如何从数据到指标，从指标分析中提炼出有用的信息，从而实现数据赋能的目的，还有很长的路要走，需要不断提高数据建模分析的能力。

专家点评

交银人寿保险有限公司搭建的企业客户营销平台，针对客户经理的企业群运营，平台提供活动支持、数据支持和专业技能支持，提高客户经理的企业群数字化运营的能力和效率，具有一定的代表性。平台根据不同的企业群，有的放矢地投放不同的营销活动，增加客户黏性，拉近客户经理和客户之间的关系，为公司持续健康发展提供有力保障。公司将群运营的数据，融入客户标签体系中，刻画精准的客户画像，提升公司精准营销能力，降本提效，具有一定的成本效益，值得借鉴。

天安人寿数字化营销体系

——“精准营销+安管家+私域客户管理”

◎ 天安人寿保险股份有限公司

一、项目概述

天安人寿运用大数据分析、机器学习等新技术，整合安管家、精准营销和权益活动等功能模块，通过移动端打造以客户为中心的数字化营销体系。结合外部数据的精准营销合作，对存量客户，包括赠险用户、短险用户等，按照购买长险的意向和类型打标签，实现客户分群，辅助代理人对不同群体的客户进行精准的营销，提升获客转化；利用安管家，通过对家庭财务及保障情况的分析，对中高端长险客户以家庭为单位进行分层经营，为客户及其家人匹配最适合的保险产品配置方案，帮助代理人提供最专业的保险服务，提升长险客户的生命力；借助 e 点通 APP 平台客户服务轨迹的留存及分析，针对不同客户精准匹配最适宜的权益活动，提升客户活跃度，提高客户转介绍，构建获客、活客、留客全生命周期数字化经营闭环，实现动态分群获客和私域客户分层管理。

二、项目背景及意义

伴随着我国经济从高速增长向高质量发展的转变，寿险行业迈向高质量发展，客户的消费习惯已经发生极大的变化，并随着普惠健康险的推广、国民保险意识的普及和保险购买能力的提升，很多客户拥有多份保单，呈现出客户多层次的保险需求，传统保险营销员在面对复杂的客户群体时，一般凭借个人经验对客户进行无差异服务，缺乏有效的咨询与分析工具进行客户分层管理，对于准客户无法准确获知客户的潜在需求，对于长险客户无法精准分析客户及其相关人的保障现状及潜在风险，难以有效地激发客户风险防范意识与投保需求，造成准客户或长险客户流失。

准客户转化方面，结合外部数据的精准营销合作，对于公司存量客户，包括赠险客户、短险客户等，采用联邦学习方式建立长险意向评分模型，从而识别出客户最近是否有购买长险的意向，并根据意向内容及意愿强烈程度对客户分群，辅助代理人针对不同群体的客户进行精准的营销动作，达到激活存量客户，提升代理人成单率的效果。安管家针对中高端长险客户，依托快捷的录入方式，实现跨保险公司、跨产品类别、跨保险合同，从客户的角度对一个家庭的所有保单进行无边界电子化托管，突破单张保单责任呈现的界限，形成客户维度的标准化的责任聚合，做到快速、全面、准确地解析保单的保障责任。同时，便捷的家庭财务及保单信息维护，帮助代理人分层管理客户，并实现对不同层次、不同家庭角色的客户精准分析保障缺口，规划全家最适宜的保障方案。另外，在续费提醒、理赔协助等方面帮助代理人向客户提供保单全生命周期服务，建立与客户长久有效的链接，实现高效、便捷的客户经营，对提升日常销售的转化率和产能具有重大作用。

三、项目重点解决的问题及主要创新点

（一）重塑客户转化逻辑，实现分群精准获客

公司通过赠险等营销活动，可以获取大量准客户。代理人面对准客户有限的信息，并不能准确识别客户的需求及购险意愿，无差异服务使得沟通成本极大，且转化效率低下。精准营销通过大数据分析、隐私计算以及联邦学习，结合运营商数据，计算公司准客户购买长险的意向，形成客户分群，助力代理人由人海战术转为精准服务，将有限的精力放在最有价值的客户身上，在合适的时机推送给他们需要的保险产品和服务，提升获客转化。

（二）客户分层运营，有效激活长险客户，促进家庭保障合理配置

随着普惠健康险的推广、国民保险意识的普及和保险购买能力的提升，保险客户的保单拥有量已大幅提升，很多客户拥有从不同渠道与公司配置的多份保单，其中有相当一部分是在自己需求并不明确的情况下，由于人情等因素购买的，并未覆盖自身的实际需求。代理人在面对已购保险的司内、司外客户群体，提供以需求为导向的咨询服务模式时，在保单整理、需求规划和保障缺口计算等场景下，需要面对既有的可能涉及多家保险公司的保险产品，以及多层次的保险需求，不仅工作低效，而且难度极大、专业门槛高，难以有效激活客户。安管家以家庭为单位，根据家庭资产及保障情况对客户进行分层管理，并采用个人动态资产负债模型，借助 AI 模型算法，对家庭未来财务及不同家庭角色的保障情况进行预测，从疾病、意外、医疗和寿险四个维度将保障缺口量化，为不同层次的客户提供最适合的家庭风险防范方案，并利用经典保险理念激活需求，快速解除代理人的困境，提升个险营销竞争力。安管家报告整体生成速度及维度分析属行业领先。

（三）私域客户管理

平台客户管理不仅记录了客户的资料，还按时间轴记录了客户的旅程，比如建议书服务、安管家服务、投保产品、短险销售、赠险活动、线上活动和健康服务等信息。根据历史互动行为智能计算出客户的“互动指数”，更加了解每位客户，高效提升队伍管理客户效率。在客户运营方面，代理人跟进客户后，可以制订下次跟进计划，任务关键节点会自动提醒，再也不用在小本子上记录琐碎的“待办事项”了，可以通过各个维度对客户进行自定义分群，轻松管理客户；还可以针对分群后的客户去个性化运营，对意向度较高的客户提供优质资源及精准服务。

四、项目主要建设内容

（一）准客户分群精准转化

精准营销通过大数据分析、隐私计算、联邦学习，结合运营商数据，计算公司准客户购买长险的意向，形成客户分群。该功能模块对数据模型的成熟度要求较高，需要有高质量的数据来源与之匹配。客户数据来源众多，既有不同出单系统同步过来的数据，在这些数据中也有老客户、

准客户及团险客户等不同类型的客户。不同来源的不同类型的客户，都会存在信息维度不统一、字段含义不一致的问题。项目组引入云计算技术中的“数+技术”，解决了数据模型的问题。通过数据建模专家编写高效的建模逻辑，将不同来源、维度不一的数据导入“数+系统”进行加工，再导出符合精准营销功能所需要的数据模型，使之最终产生营销员所需要的客户画像。

（二）中高端长险客户分层管理

安管家打破传统独立客户管理、保单分散管理模式，实现以家庭为单位进行中高端长险客户管理，帮助代理人将客户的边界从被投保人扩展至家人，并从客户的角度进行家庭保单整理。家庭保单分析报告智能解析行业保单，自动汇总保障责任，并结合家庭现有资产，借助 AI 模型算法，对家庭未来财务及不同家庭角色保障情况进行预测，为不同层次的客户提供最适合的家庭风险防范方案。保障报告一键分享，方便家人随时了解保障状况和家庭保障风险。安管家保单数据采集，支持直接导入公司内存量保单、拍照上传保单及手工录入保单三种处理方式，利用 OCR 智能识别技术，快速质检上传的保单图片，提升保单数据采集效率，并提供 100 家保险公司的保单模板，保障图片采集的准确率。

（三）实现保单全生命周期服务，提升客户价值

基于托管的保单数据，安管家可以完成多个面向代理人端的功能呈现，比如保单信息查询、客户生日提醒；提供以家庭为单位、以保单为中心的全生命周期管理，比如续期缴费提醒、保全提醒、理赔提醒等功能，实时提示代理人做好客户服务的同时，增加与客户的互动，及时获取客户需求。

（四）系统架构设计先进，容器化部署，扩展性强

系统使用时下主流的 SpringCloud 分布式微服务架构，使用动态的服务注册与发现技术，可在不停机的情况下快速添加或删除服务，从而在架构演进的过程中更加平滑、顺利，提高系统的可扩展性。与用户进行双向 RSA 签名认证，并签发 access_token，确保所有访问接口携带 token 访问，API 网关进行安全性检查，拒绝不安全的访问，保障系统接入安全。在开发过程中，解决了报告生成加速、保单核心数据对接等技术问题，极致性能优化，提高用户访问的响应速度和成功率，提升用户使用体验。系统架构见图 1。

系统采用基于云计算的容器化应用技术，将应用和依赖进行极轻量级打包，实现“一次构建、随处部署”的易移植性，节约成本；采用了一键式发布、热部署等流水线发布技术，满足秒级部署要求，提升交付速度，实现用户无感知升级，业务零中断；结合云计算技术，通过硬件资源池化方式，达到高复用度、高弹性及高可用，在业务高峰时可调度资源横向扩展，保证高并发业务支撑，实现业务部署、资源调度及故障处理全自动化。

五、项目效果

天安人寿数字化营销体系，依托精准营销、安管家、私域客户管理，实现了高效、便捷的客户经营。精准营销助力代理人准确地与有意向的客户进行针对性的交流，达到激活存量客户，提升代理人成单率的效果，解决了困惑代理人队伍已久的获客转化问题，促进了代理人迈向高质量

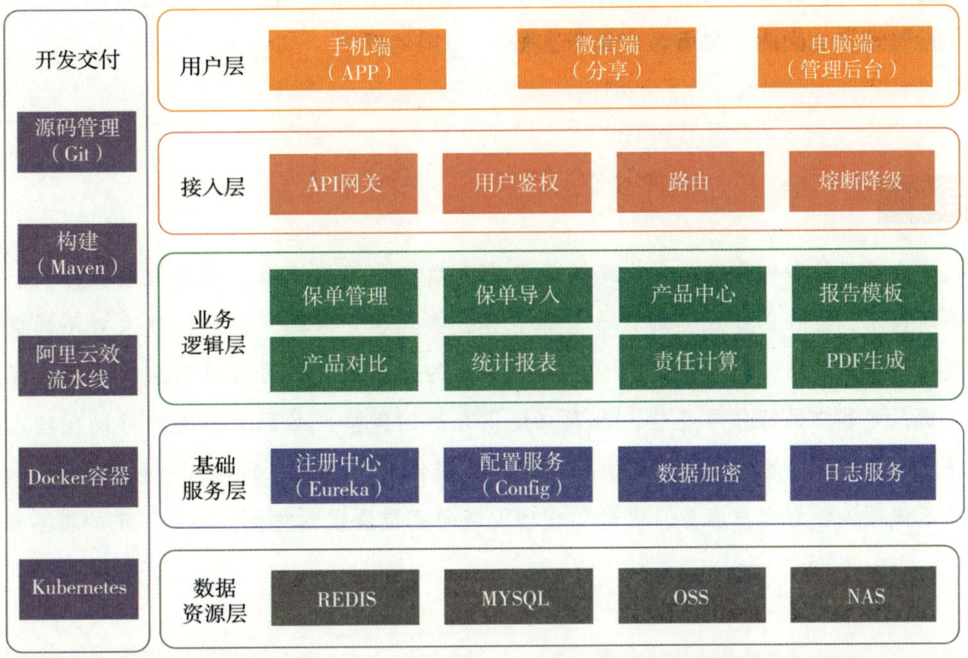

图 1 系统架构

服务发展。私域客户管理，将代理人线下客户服务任务线上化，任务关键点自动提醒，实现轻松管理客户；代理人还可以针对分群后的客户去个性化运营，针对意向度较高的客户提供优质资源及精准服务，拥有客户的服务权，垄断客户未来的开发权。安管家上线 3 个月托管保单数量超过了 30 万个，为公司带来外司客户 1 万余人，蕴藏着巨大的经济效益，现已呈现出直接加保、表现加保意向的客户快速增长的趋势。安管家向客户提供定制化家庭保单分析电子报告，一键分享家人，解决了客户长期存在的保单记不住、保单看不懂、保全未更新，以及利益无人领、事故无人报的痛点，使得客户受益良多。

六、总结

各行各业随着“十四五”规划的全面到来，重新定义保险科技的内涵，重新分析保险业的新特征已经迫在眉睫。

后疫情时代，保险业出现了非常明显的行业变革特征，现有的保险经营模式已经无法满足高质量发展的需求，同时保险的客户体验决定了保险在社会中的定位，新冠肺炎疫情加速了社会方方面面的数字化能力和体验，在保险业数字化进程加快的过程中，需要更多科技力量去支撑高质量发展的内涵。

本文从多角度分析了保险科技与营销业务场景的结合、保险科技对营销的赋能，以及详细阐述了全渠道、全协同、全场景和全智能打造的极致服务体验，引入互联网客户运营技术助力保险公司全面线上化，建立“引进来+走出去”的开放生态体系。

当下公司正在经历着从关注“保单”向关注“人”和“家庭”的转变，从关注销售、增员向关注客户需求、社会环境变化和保险社会价值的转变；在大互联时代，由被动的风险承担者转变为主动的风险管理者。因此，聚焦客户需求和价值创造，是公司必然的发展方向。

专家点评

天安人寿保险股份有限公司构建的天安人寿数字化营销体系，运用大数据分析、机器学习等新技术，结合外部数据的精准营销合作，实现客户分群，辅助代理人对不同群体的客户进行精准的营销，提升获客转化，具有一定的代表性。公司通过对家庭财务及保障情况的分析，对客户进行分层经营，为客户提供合适的保险产品配置方案，帮助代理人提供专业保险服务，提升客户黏性，为公司长期经营提供有力保障。公司基于托管的保单数据，实时提示代理人做好客户服务，促进了代理人迈向高质量服务发展，具有一定的借鉴意义。

招商信诺人寿数字化赋能个性化营销服务

◎招商信诺人寿保险有限公司

一、项目概述

为持续挖掘数据价值，招商信诺启动“浑天”“天鹰”项目。通过“浑天”平台对客户、销售人员进行识别、打标签及分类，利用“天鹰”的大数据智能分析引擎分析海量录音以及“浑天”标签，提出多模态推荐系统，利用训练好的各模态参数，来实现对各个类型数据最优客户标签组合的解读。通过客户属性、客户行为、客户沟通数据及销售人员的特征训练多模态用户价值评分、产品推荐和销售推荐。同时，根据外呼结果数据和数据仓库新增数据自动进行模型的训练、测试、集成、蒸馏，更新上线，推理整个流程，不断匹配客户的最新业务和数据变化。

二、项目背景及意义

随着电销业务逐渐缩减，获客成本越来越高，通过传统的外呼方式无差别接触客户，已无法支撑电销的快速发展，遂针对海量的存量客户（包含潜客）如何挖掘出客户的真实保险需求已经成为重中之重。通过该项目有效地进行客户分类，基于模型实时输出客户的成交意向、服务价值和保险需求等，最终以达成效率提升、保费增加和客户满意度提升等目标。

三、项目重点解决的问题及主要创新点

（一）客户营销决策支持

由于客户对保险日益重视，过去保险公司的营销经验逐渐无法适应客户的需求，无差别营销不仅无法带动业务产出正向增长，也会降低客户对品牌的信任。招商信诺人寿保险有限公司（以下简称招商信诺人寿）基于客户共搭建超过 300 个不同维度的客户标签，实现对客户的潜在需求更全面、更深入的分析与画像，针对结构化数据匮乏的潜在客户，通过大数据智能分析引擎的 ASR、NLP 模型从录音中提取客户切片信息，基于“结构化数据+非结构化数据”建立异构模型。输出高意向客户，将客户分配给推荐的销售人员，并给出保险建议。

（二）客户统一视图辅助营销

针对存量客户，基于客户在过往通话过程中所提到的保险意向、家庭成员、婚姻状况和身体状况，通过 ASR、NLP 进行标注以及建模形成业务标签，结合客户在保险公司的保单信息、两核信息，搭建客户的统一视图，辅助销售人员在二次联系客户时基于客户的实际情况进行产品推荐。

（三）创新科技的落地应用

传统的利用非结构化数据建模时，往往基于项目成员的经验海量标注，整个过程投入的时间、资源往往让企业望而却步。招商信诺人寿的大数据智能分析引擎通过"结构化数据+非结构化数据"异构建模，基于沟通对话数据与成单结果的意向预测模型，通过算法模型，可筛选存量线索中的高意向线索，或者筛选对某产品更感兴趣的线索名单，降低在低意向线索上的精力浪费，提升销售人员的效率和客户满意度。

四、项目主要建设内容

（一）客户维度的精细化营销

对客户的保险意图识别是提高销售转化率以及客户满意度的重要措施之一。在客户的外呼信息、客户基本信息和保险信息等构建客户营销模型，输出千人千面的产品推荐方案以及客户价值分类，基于客户价值输出有针对性的客户接触方案，为客户精细化营销策略提供支持。输出的结果将继续作为模型的输入，持续自动地优化模型。大数据智能分析引擎技术流程说明见图1。

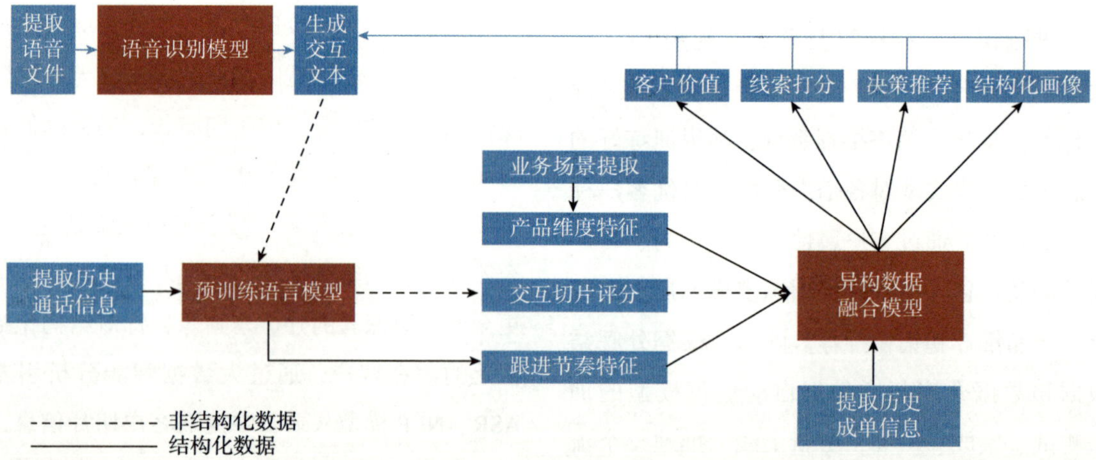

图1　大数据智能分析引擎技术流程说明

1. 预测客户价值。将重要资源集中在重要的发展客户和重要的挽留客户中，以达到精准营销与服务。

2. 保险产品推荐。基于客户标签预测该客户最合适的保险产品，将该客户分配到合适的销售人员，进行产品推荐。

3. 客户成交意向预测排序。基于高意向客户的特征进行客户建模，输出客户在下一次联系时的成交意向，并进行排序，基于排序结果进行客户下发并营销。

4. 结构化画像。针对机器学习解析成功单客户的特征，输出高意向客户满足哪些成交特征，并作为标签输出给销售人员，辅助销售成单。

（二）录音处理平台搭建

搭建语音处理平台，每日录音自动流入，通过 ASR 转写成文本。结合结构化字段，自动进入模型，基于无监督的学习算法，自动进行参数的选择和模型的优化，全程无须人工干预。

（三）名单自动下发全流程

依托于“浑天”平台的活动管理，线上完成人群包的筛选，通过“天鹰”平台对人群包的下发KPI进行确认，配置打分、产品推荐等不同应用场景的模型与业务指标、产品范围、客户范围等信息。最终输出人群包以及对应的分数。将人群包传送回“浑天”平台进行自动下发。根据业务需求可以按照年、月、周、日自动下发。

1. 客户下发人员确定预测目标。成单率、接通率。

2. 算法工程师使用历史沟通数据、行为数据、成单数据和结构化特征信息等离线训练两个模型，分别用于预测客户的成单率、接通率。

3. 销售管理人员将模型ID与业务指标的对应关系等必要信息配置到打分及推荐系统中，生成应用策略。

五、项目效果

1. 名单意向预测。基于过往沟通数据和成单结果数据训练模型，筛选出高意向名单进行外呼，Top20成单率是随机结果的120%～130%。

2. 产品推荐。通过历史数据，模型学习客户标签与已购买产品的关系，从而了解客户更有可能购买的产品，成单率提升1倍。

六、总结

招商信诺人寿是一家以电销为主的保险公司，留存海量的客户录音以及客户接触数据，这些都是数据分析最重要的财富。基于数据结果建模是大数据应用的一次初步尝试，基于对话数据与成单结果的意向预测模型，通过算法模型，筛选存量线索中的高意向线索，或者筛选出某种产品更感兴趣的线索名单，降低在低意向线索上的精力浪费，提升销售人员效率和客户满意度。

专家点评

招商信诺人寿保险有限公司的个性化营销服务项目，通过对客户保险意图识别，对不同客户推荐差异化方案，有针对性地与客户进行接触，为客户精细化营销提供支持，提升了公司销售能力，具有一定的代表性。公司通过技术创新，输出高意向客户，将客户分配给推荐的销售人员，搭建客户的统一视图，辅助销售人员进行产品推荐，提升公司经营效率，降低成本，具有一定的低成本效益。公司搭建录音处理平台，基于无监督的学习算法，达到全程无须人工干预的效果，有一定的创新意义。

上海人寿智能营销服务平台

——海保宝 APP

◎ 上海人寿保险股份有限公司

一、项目概述

随着移动互联网技术的飞速发展，各家保险公司纷纷借助移动互联网创新服务模式，推出保险移动化信息解决方案。海保宝智能营销服务APP是上海人寿保险股份有限公司(以下简称上海人寿)为赋能线上化营销服务推出的一款移动展业APP，在实现线上产品中心、在线制作计划书、在线投保、函件线上化、线上保全和续期等传统基础功能的同时，也实现智能化服务，比如智能保顾、智能培训等服务，并与大数据平台、客户分层系统打通，加强客户分析及线上行为采集。上海人寿海保宝APP的功能覆盖营销服务全流程，提高代理人的获客与展业能力，实现了各渠道的线上保单营销服务管理。

二、项目背景及意义

上海人寿自创立以来始终将创新实践、科技赋能作为指导方针进行数字化转型。近三年来，建设壮大了移动互联网开发团队、大数据开发团队、人工智能开发团队、财务系统群项目建设团队等，有效地支持了多个重要系统的建设，致力于满足公司整体高质量发展的目标。在科技赋能的浪潮下，“数字化+线上化+智能化”服务已成为金融业的发展趋势，各家保险公司也在大力布局线上化转型。近年来，上海人寿在数字化转型方面不断努力探索，积极布局移动互联网项目发展，海保宝APP支持多渠道线上投保及保单全流程服务均取得了成效，实现了移动展业的线上化、电子化、智能化和高效化管理。

三、项目重点解决的问题及主要创新点

（一）在线计划书/投保

在海保宝APP线上化产品中心，各种产品灵活可选，网上投保简便快捷，代理人可以实时制作计划书分享客户，客户可查阅产品的保险条款、保险责任等信息，保额保费透明，按步骤操作、在线支付就可以完成投保。同时，代理人也无须带着各种纸质文件资料出门展业，随时随地有海保宝APP协助，让客户确认即可出单，无纸化操作方便快捷。

（二）函件回销、在线回执

增加海保宝APP函件回销和保单回执功能，免去纸质资料的打印和传递，线上收集所需客户提供的资料及影像，并需客户进行签名确认，提升保单投保效率。

（三）保单服务

代理人可通过海保宝APP协助客户办理保

单退保、客户基本信息变更、受益人变更、红利领取、生存金领取和万能险部分领取等保全业务，以及续期交费、在线报案等服务，只需按照提示操作，输入并确认信息即可享受足不出户办理保单业务，让客户体验一站式保险服务。

（四）空中签名

在线上业务操作环节，运用电子签名技术。通过专业密码技术对电子文档形成印章，并具有合法 CA 机构签发证书，防篡改，保障电子文档的法律效力。空中签名打破了地理位置的限制，使客户可以在远程线上操作完成投保环节。

（五）数据分析

实时采集全量展业数据，提供全面的数据指标分析，方便查看产品及业务的整体情况，并且提供渠道分析，留存分析和监控预警等分析工具使得运营流量价值最大化，从而构建一站式智能流量分析平台，可全方位地对交易进行监控，可查看计划书、核保、支付及承保等不同维度的数据。

四、项目主要建设内容

（一）高性能高可用技术架构

海保宝 APP 采用了分布式架构，微服框架和集群式部署，与传统保险系统架构相比，这种部署方式提高了系统的高可用性。该项目还采用了分布式框架，微服框架最大限度地使各个系统之间解耦合，系统数据传输采用高性能 RPC 框架速度更快，用户体验更好。

（二）OCR 识别技术让业务更便捷

海保宝 APP 引入了 OCR 证件识别技术，无须用户手动输入，拍照扫描识别证件，获取信息并调用公安系统服务进行查询验真，后台算法比对证件影像信息。身份识别技术防止身份信息被篡改，且快速有效地识别用户信息，保障用户数据的真实性和安全性。

（三）电子签名，让回执签收更安全快捷

海保宝 APP 引入电子签章技术服务，线上回执高效便捷。电子签章具有抗抵赖、防伪造和防篡改三个特点。电子签章系统使用双重认证证书，签名私钥不出 Key，且不可复制，文档一旦被篡改，签章立即失效，从而使客户可以放心、安全和省时地在线上进行签收。

（四）生物识别技术让业务更安全

海保宝 APP 引入生物识别技术，首先，提取活体和非活体人脸区域的 256 个特征点的三维信息，并对这些点之间的几何结构关系进行了初步的分析处理；其次，提取整个人脸区域的三维信息，并对相应的特征点做进一步处理，再采用协调训练 Co-training 的方法训练正负样本数据，之后利用得到的分类器进行初分类；最后，利用以上两个步骤所提取的特征点进行曲面的拟合来描述三维模型特征，然后根据曲面的曲率从深度图像中提取凸显区域，再对每个区域提取 EGI 特征，利用其球形相关度进行再分类识别。

（五）大数据传输及快速读取

海保宝 APP 引入了分布式缓存机制，把一些常用、固定不动的数据存入 Redis 缓存中，既可以提高数据吞吐速度，又可以节省数据库开销。同时，还引入了消息中间件 ONS，这种消息中间件类似于 MQ，基于云平台和分布式集群，拥有巨大的消息吞吐量并且高速传输，即便出现问题，也只会产生消息队列阻塞，对系

统运行无任何影响，时刻保障数据传输的快速稳定。

五、项目效果

（一）提高代理人的出单效率

代理人可以在海保宝APP上协助客户进行在线投保，提高了代理人展业的便捷性。海保宝APP充分结合社交平台，客户可以进行空中回执和空中签名，通过移动化、社交化方式促进品牌传播、产品销售。海保宝APP借助社交平台，全方位、多渠道触达客户，打破地理位置限制，显著提高代理人的出单效率。

（二）降低运营成本，服务高效便捷

使用海保宝APP，代理人可以自助完成计划书查询、保单查询、客户管理、活动管理和日程管理等工作，降低了沟通、管理和运营成本。在线函件、回执回销和线上保全等服务，摒弃了传统的纸质文件，在降低运营成本的同时也提高了业务处理的效率，从而更便捷地为客服提供保险服务，实现了保险业务处理的移动化、智能化、电子化和自助化。

六、总结

近年来，上海人寿顺应时代发展，积极努力探索新技术的应用，致力于建设全方位的数字化保险生态服务。通过海保宝APP的建设，初见成效，公司将继续坚定数字化转型的脚步，笃定前行。

在金融科技、保险科技蓬勃发展的大背景下，上海人寿需要继续通过运用新技术、构建新平台及建设新流程，打造新模式，从容应对市场变化，快速灵活地支持业务发展，提高整体数字化建设。

专家点评

上海人寿保险股份有限公司搭建的智能营销服务平台，通过技术创新，实现客户进行在线投保，提高了代理人展业的便捷性，同时在线函件、回执回销和线上保全等服务，在降低运营成本的同时也提高了业务处理的效率，具有一定的代表性。该公司充分利用网络社交，全方位、多渠道触达客户，打破地理位置限制，通过移动化、社交化方式促进品牌传播、产品销售，降低了沟通、管理及运营成本，为公司持续健康发展打下坚实的基础，具有一定的借鉴意义。

泛华金控集团基于企业微信的保险数字化营销建设

◎泛华金融控股集团

一、项目概述

随着数字化、信息化的持续发展，“以产品为中心”单纯靠代理人线下推广，依赖人情出单的营销模式已经不能满足保险销售过程中代理人与客户的双向需求。在互联网、大数据和机器学习等技术的驱动下，代理人对于开展线上展业，以及客户对个性化的保险服务需求，都推动着保险机构朝着数字化经营持续转型。因此，作为保险中介机构，如何借助先进的科技技术促进客户经营管理，赋能代理人，为每一位客户提供有温度的保险服务，依然是影响保险业蓬勃发展的关键。

（一）选择企业微信作为数字化阵地

在当前的线上化展业中，代理人通过个人微信与客户进行交流，提供保险销售服务。这种方式既不能实现企业客户资源的沉淀，也无法通过持续的客户数据积累辅助代理人完成更为精准的个性化营销。相比而言，企业微信可将企业、员工与微信客户三方连接，即代理人可通过企业微信账号，添加客户的微信账号。这样的沟通方式，不仅可以增加客户的信任与安全感，也帮助保险机构通过数据沉淀打造更坚实的数字化底座。

（二）泛华特色数字化营销建设

但仅依靠企业微信的基础功能又不能支持保险机构完成完整的营销服务闭环。因此，在泛华的数字化转型战略中，很重要的一部分就是基于企业微信提供的基础社交生态，借助企业微信开放的侧边栏和工作台，打造具有泛华特色的保险营销矩阵，帮助代理人实现更精准、更高效的营销服务，具体包含以下几方面建设：一是客户360画像工具，集成客户的基础信息、行为数据和资产数据等多维度客户信息。针对客户特征与偏好进行挖掘与分析，帮助代理人深入了解客户；二是数字化营销，包括营销内容管理、营销工具打造、营销活动支持以及营销推荐策略实践，实现数字化营销闭环支持；三是数字化运营支持，营销智能决策，多渠道精准触达，让每位代理人都成为运营高手。

二、项目背景及意义

（一）数字化营销建设的背景

当前，新冠肺炎疫情对国民经济和社会发展带来的影响还在延续，代理人与客户面对面交流存在不便，线下保险销售遇到了较大的阻碍。这促使保险机构纷纷加速推进销售和服务的线上化建设，如何在社交生态下完成获客、洞察、转化、服务、留存和复购都是在保险数字化营销中需要解决的问题。

同时，在数字经济成为经济发展新引擎的背景下，金融保险业也在经历信息化到数字化的变革。基于企业微信、公众号和小程序的用户沉淀与长期运营，成为传统保险机构切入互联网保险阵地的主要抓手。如何利用社交生态，完成流量获取、数据沉淀以及线上转化带来商业链路可能性的倍数增长，使得保险业的数字化营销迭代升级成为数字化、信息化发展趋势下的必然选择。

（二）数字化营销建设的意义

随着客户行为加速线上化，客户的消费需求、消费习惯已发生变化。同时客户对于保险业有了更多的认识，对于专业化和个性化的保险服务也产生了更强烈的需求。无论是客户洞察、精准营销还是对于线上保险服务会话的持续监控，目的都是为客户提供更有温度的个性化服务，数字化转型也就成为落实保险业“以客户为中心”最难得的契机。

保险代理人是保险机构连接客户的纽带，数字化转型中服务好客户的关键是通过赋能保险代理人完成获客、养客、促成和复购各个环节的智能转化，帮助代理人利用社交生态，发展线上展业的稳定渠道，同时提高服务质量和展业效率。

数字化是保险业高质量发展的内在要求，通过数字工具列装、运营数字化和营销数字化三个阶段帮助泛华逐步完成数字化战略升级，数字营销将成为其中最重要的一个环节。这不仅会成为泛华发展的又一核心竞争力，也会促进保险业整体数字化营销服务升级。

三、项目重点解决的问题及主要创新点

为代理人提供基于企业微信深度融合的“客户数字运营与销售”工具，与微信一致的沟通体验，工具赋能支撑服务客户旅程、注重流量转化，体现数据价值，创新数字营销，实现管理在线、销售在线、服务在线、客户在线，帮助代理人提升营销能力，促进业绩提升。

（一）解决客户增长问题

项目为代理人提供丰富的引流获客工具，“内容+科技”完成快速的客户沉淀。

（二）解决客户运营问题

“个人运营+平台运营”帮助代理人完成客户洞察和客户分层，平台可根据客户画像分析进行运营策略推送，帮助营销员完成客户运营。

（三）快速的客户转化路径

从风险缺口收集到制作在线方案，再到分享出单和保单订单管理，该项目的运营让代理人在线上快速完成客户的转化。

四、项目主要建设内容

（一）数字化获客

基于场景式的获客工具，帮助代理人展业获客，“朋友圈+外部流量+社群经营+互动表单+多场景玩法”，所有动作均可在企业微信形成闭环，各种获客组件可配置化，时刻引导客户留资，帮助代理人建立与客户的沟通渠道。

（二）数字化客户洞察

丰富的客户数据沉淀是客户洞察和精准营销的基础。在线上营销过程中，客户详情就是销售

行销的重要参考，完善的客户详情页面可以通过客户标签、客户行为轨迹等信息立体地描绘出客户的形象，同时对客户整个生命周期的互动轨迹进行完整记录。

基于企业微信侧边栏的客户 SCRM 模块，即将企业微信中的客户信息与客户大数据打通，使客户信息与画像信息一目了然。销售人员在与客户聊天的过程中，就可实时了解客户浏览的内容、阅读完成度、互动等信息，从客户的关注点、兴趣点和点击行为中快速洞察客户的意向。

（三）数字运营支持

日常客户经营流程化、标准化和个性化，从破冰建立信任到挖掘痛点激发需求、设计方案、异议处理，再到成交与转介绍等各个阶段为代理人提供数字化工具，打造数字化运营工具，实现线上获客、展业、交易和服务的营销闭环。

五、项目效果

（一）提升服务体验

从传统的电话、短信触达客户转变为线上的微信生态触达，用户不再是被动地接收信息，与客户建立场景式互动与关怀，提升客户体验，保证信息的高效触达。

（二）提升管理效率

为不同角色提供全方位的数据罗盘，包括营销数据、客户画像、产品、团队营销数据、员工个人数据、员工个人行为数据以及销售数据等 BI 分析功能，提升管理效率和决策效率。

（三）代理人数字化赋能

通过智能标签引擎对客户分层，并为销售人员制订合理的任务计划，指导其进行下一步销售跟进行动；通过量化指标，跟进查看，保证销售任务的执行落地；通过任务 SOP，缩短销售过程，降低销售难度，提升转化率。

六、总结

用数字化推动有温度的保险，关注客户价值，在社交与数字化的大背景下，数字化再造顾问行销，保险不是日常消费品，从产品到客户，沉下心来，走向客户的内心，如何更好地以大数据与智能算法帮助 A 运营 C，泛华还需要持续的完善与改进。

专家点评

泛华金融控股集团的保险数字化营销建设，通过搭建基础社交生态，与客户建立场景式互动，提升客户体验，增强客户黏性，帮助代理人实现精准高效的营销服务，增强公司的营销能力，该模式具有一定的借鉴意义。公司通过数字化建设，精准洞察客户意向，并通过智能标签引擎给销售人员制订合理的任务计划，保证销售任务的执行落地，降低销售难度，提升转化率，具有一定的代表性。公司充分合理地运用各类数据，通过数据分析，提升管理效率和决策效率，为公司的持续健康发展提供有力保障。

太平保险经纪“吉象保”一站式保险数字化营销平台

◎ 太平保险经纪有限公司

一、项目概述

“吉象保”是由太平保险经纪有限公司从2020年8月开始主导的重点数字化营销展业平台的科技项目，结合公司“互联网+保险”的战略以及市场上保险展业线上化的趋势，努力打造产品多元化、交易线上化、运营数据化和服务智能化的综合金融创富服务平台。

二、项目背景及意义

（一）国家战略

2020年7月15日，国家发改委等13个部门联合发布的《关于支持新业态新模式健康发展激活消费市场带动扩大就业的意见》中，明确鼓励发展新个体经济，开辟消费和就业新空间，支持微商电商、网络直播等多样化的自主就业、分时就业。大力发展微经济，鼓励“副业创新”。探索适应跨平台、多雇主间灵活就业的权益保障、社会保障等政策。

同时，为引导保险公司规范有序发展独立个人保险代理人队伍，提高保险销售专业化、职业化水平，服务保险业高质量转型，银保监会中介部2020年8月19日印发《关于保险公司发展独立个人保险代理人有关事项的通知（征求意见稿）》并向社会公开征求意见，这或将改变原有保险营销“集团化”模式，进一步激发保险销售人员创新创业的热情。

（二）集团战略

为深入加强公司战略定位，深化改革创新，坚持“互联网+保险”的变革创新，全力提升保险经纪业务2B/2A/2C多模式、多渠道、多产品的数字化科技能力，实现数据驱动业务发展；统一各业务互联网线上统一入口，做线上化、平台化探索和沉淀。

（三）公司现状

现有的产品平台，业务前端平台各自研发，无统一规则；同时，各业务中后台系统缺乏或无积累。根据公司发展定位，“吉象保”平台拟规划将A类用户调整至统一的入口和平台，为各种业务提供场景化支持，以小程序、公众号和APP的方式提供前台展业，并构建以业务、人员、财务为主，全流程统一的“吉象保”后台核心系统，从而实现经纪人数字化展业营销，简化展业流程，优化营销体验。

三、项目主要建设内容

“吉象保”产品的核心特色可概括为以下四个

方面。

（一）优质产品挖掘机

“吉象保”项目主要打造以客户为中心，为不同的专业经纪人与客户群体提供丰富的保险产品。除了提供各类险种的优质保险产品，“吉象保”更乐于挖掘市场优质互联网保险产品，在健康、教育等各领域探寻新型保险合作模式，保障与服务相结合，搭建产品配套体系，既为用户提供更有购买场景的互联网保险产品，也为经纪人丰富销售范围，提升销售效率。

（二）展业成长百宝箱

吉象保为经纪人提供丰富的展业营销工具，帮助经纪人线上分享展业素材，线上管理团队。同时，为经纪人提供成长任务体系和培训内容，赋能经纪人提升展业技能，推动经纪人职业成长。其中，功能包括获客素材、计划书、培训体系和客户管理等，全方位赋能经纪人持续发展。

（三）线上交易全闭环

“吉象保”项目与各家保险公司进行合作，实现API和CPS的产品多维度对接，从而完成产品对接、在线销售、保单查询、计提佣金、财务结算、客户服务和风控合规等全流程线上业务闭环。

为实现线上交易全闭环，搭建并完善以业务、人员管理、财务三大板块的核心系统是项目重要的根基，打通各板块间的断点，实现各板块数据互相验证，从而释放公司内部管理统计工作的压力，实现各板块数据线上留存，更有效率地赋能经纪人线上营销。

（四）运营数据驱动器

“吉象保”项目以线上运营数据和用户账户为基础，提供精准内容、服务精准用户和提供优质服务；科技加持为经纪人提供智能助理，根据客户行为自动生成线索/画像，自动生成金融服务方案，促成客户转化与销售，引领公司进入智能保险新时代。

四、项目效果

自2020年8月4日项目正式立项启动，经过近4个月的努力开发，于2020年12月6日正式对外上线第一版“吉象保”APP，不久随之上线了“吉象保”公众号和小程序，形成了经纪人赋能平台的初步搭建。2021年，公司战略决定把已建成的“吉象保”平台赋能线上和线下的经纪人，使业务流程逐渐线上化，同时提升公司的管理效率。

2020年12月6日至2021年7月，“吉象保”平台已累积用户36000多人，现已申请入职的经纪人达800多人，实现稳定增长。

另外，“吉象保”通过市场各方探寻新型合作模式，推出了多款专属定制保险产品。例如，与合众财险共同开发了聚焦于教育培训领域的风险点，通过“课程保”产品为教育培训的家长或客户提供保障，让客户不再担心教育机构因市场变动而导致的课程损失，大大解决了市场教育培训客户的烦恼。“吉象保”还与瑞华健康进行通力合作，共同推出了专属定制长期护理保险“吉象保1号”，有效捕捉市场长期护理保险的相关需求，同时配合相关宣传，给予经纪人较大动力进行营销，从而实现“吉象保”个险产品的跨越式发展。

五、总结

“吉象保”项目作为中国太平集团重点打造的四大APP之一，通过近一年时间努力打造产品多元化、交易线上化、运营数据化和服务智能化的综合金融创富服务平台。当前建设聚焦于丰富产品货架和线上管理服务，最终以保险科技赋能经纪人展业，以多元资源赋能经纪人创收。

“吉象保”项目从2020年8月正式立项，历经了近一年的开发与探索，吸取了一些经验，也收获了一些价值。项目对业务营销进行了创新，上线之后，持续优化用户体验以及完善底层平台架构，不仅持续累计平台用户量和经纪人展业规模，同时也为公司保费收入持续增长提供坚实的保障。除业务量化指标的增长外，“吉象保”项目成为公司“互联网+保险”转型的重要里程碑。项目逐步实现了公司业务全流程线上化的目标，同时，结合线上和线下的经纪人，通过统一平台赋能经纪人进行展业，并持续优化营销体验和展业成长体系。

在项目建设过程中，虽然遭遇了接二连三的困难与挫折，但为项目持续推进提供了宝贵经验。在近一年的时间里，项目与多方进行创新互联网保险产品的探索与努力，虽有多款成功落地的合作开发产品，但也因种种原因，很多产品合作暂时推进困难，但暂时的困难并未阻挡项目探寻新型强需求的互联网保险产品的决心，“吉象保”项目仍将继续耕耘更广泛有效的合作。项目在平台建设过程中，初期建设并未有力满足经纪人的展业需要，但通过深入客户需求，持续不断地调研接触，平台营销体验持续优化，大大简化了经纪人展业过程中的困惑与烦恼，“吉象保”仍将继续与经纪人和客户保持一线沟通，持续完善平台赋能战略。

专家点评

太平保险经纪有限公司搭建的“吉象保”一站式保险数字化营销平台，利用科技，为经纪人提供智能助理，根据客户行为自动生成画像，以及自动生成金融服务方案，促成客户转化与销售，是公司数字化、智能化发展的重要体现。公司把保障与服务进行结合，搭建产品配套体系，既为用户提供更有购买场景的互联网保险产品，也为经纪人丰富销售范围，提升销售效率。公司搭建并完善以业务、人员管理、财务三大板块的核心系统，打通各板块间的断点，并实现各板块数据互相验证，从而释放公司内部管理统计工作的压力，实现各板块数据线上留存，更有效率地赋能经纪人线上营销，具有一定的代表性。

水滴保险经纪“广泛触达+高效筛选”

——水滴公司智能数字化营销案例

◎ 水滴保险经纪有限公司

一、项目背景及意义

目前，我国商业健康险的覆盖率仍有很大的提升空间，因此如何触达更多的潜在客户，将最合适的保险产品推介给客户，用数字化技术来提高销售效率，是解决保险销售成本过高的关键所在。对营销环节的数字化创新，在保险经营的参与环节中，销售端创新的市场空间最大，也是最有可能持续盈利的方向。在保险线上化营销方向上的科技投入，直接影响到保单的成交率，以及公司的成本和效率。

随着具有线上消费习惯的年轻一代逐渐成为保险消费的主力，以往互联网流量红利增长进入“瓶颈”，这对保险业数字化营销提出了更高的要求，基于AI驱动营销增长已经成为共识。水滴保险经纪有限公司（以下简称水滴保）自主搭建智能营销体系，通过AI赋能用户获取、用户激活、用户复购及用户裂变等全生命周期流程，驱动水滴智能数字化营销增长。

二、项目主要建设内容

（一）用户获取阶段

1. 投放渠道。运用互联网渠道投放是近年保险业务拓展增量用户的重要手段之一，在投放阶段，如何筛选合适的渠道，如何有效地筛选出续费意愿强、用户价值高的用户，也成为互联网保险业的一大难题。

水滴保所在的水滴公司通过内部的业务场景以及外部的抖音、快手和小程序落地页等第三方流量渠道分流触达多样类别的用户，获取增量用户。同时，在营销过程中以数据驱动和算法驱动实时优化营销路径。

水滴公司通过人工智能算法进行大数据建模，对接主流互联网渠道RTA（REAL TIME API）广告投放。实现实时挖掘数据，对用户兴趣迁移作出迅捷反应，对每一个请求进行用户点击、转化和续费等概率预估，从而有效地提高用户购险意愿精准辨识，最终实现获客效率、保单成交率和续费率的提高。

2. 投放内容。“水滴保”通过内外部渠道分流触达不同类别的用户后，基于用户画像，为其个性化推荐保险产品库中与之匹配的保险产品。一方面需要对用户需求进行分层，另一方面需要拥有适合各类不同人群的多样化保险产品。

“水滴保”联合保险公司，针对不同的用户，反向定制出符合用户需求的保险产品。此前，“水滴保”联合保险公司进行保险产品反向定制，推出多款适合非标人群投保的产品。比如，我国首款60~80岁老年群体也能投保的“老年医疗险”、高血压/糖尿病等亚健康人群也能投保的“水滴守护爱重大疾病保险”等产品。

水滴公司线上营销过程中，同步实现了对客户进行保险教育，唤醒保险意识，一定程度上解决了用户保险教育的问题。通过各类渠道将合适的产品推荐给合适的用户，体现了“用户第一”的公司价值观，提高了保险营销数字化、智能化和精细化的程度，极大地推动了保险渠道场景化、保险产品定制化、保险定价自动化和营销服务专业化等的进程。

（二）用户激活阶段

1. 内容管理。用户激活阶段主要依靠产品介绍页面实现。落地页作为互联网数字化营销的载体工具，用于引导潜在用户展示、投保的页面；在“水滴保”业务流程中，落地页已成为对外投放与内部转化的关键链路之一，承载流量以及保险转化的重要节点，通过大数据与AI能力，进行落地页个性化内容展示，提升用户投保的转化率，降低成本。

（1）落地页素材个性化。素材个性化主要通过以下三种方式实现：

一是通过实时监控的曝光、点击、投保、转化等数据，利用大数据实时计算以及AI，动态捕捉用户关注度较高的内容。

二是针对不同的用户，AI通过识别多种素材模板，自动拼接并生成多种主题，以及不同保险公司的内容元素的页面素材。

三是通过大数据及AI算法，实时进行深度学习，对落地页素材转化效果进行预测和优化，为用户推荐个性化的内容素材。

水滴通过落地页素材个性化，减少约50%的人力成本。落地页素材个性化呈现结构见图1。

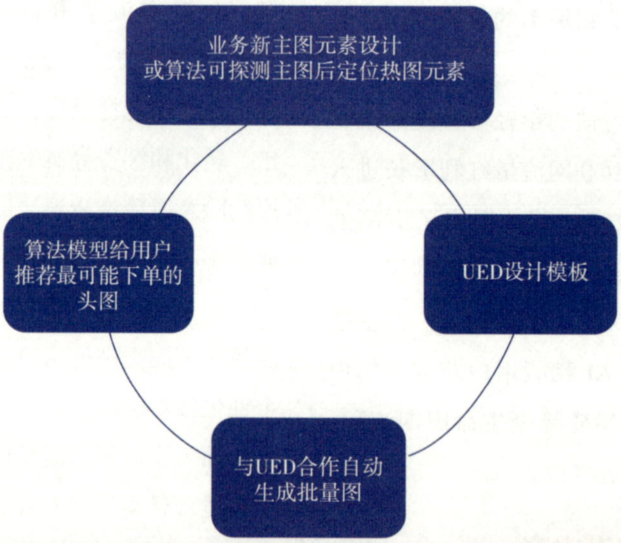

图1 落地页素材个性化展示结构

（2）附加险个性化。附加险是指不能单独投保，只能附加于主险投保的保险险种，但它能够满足用户更细致、更独特、更广泛和更灵活的保障配置需要。附加险以专业、创意和服务为根本出发点，为用户提供更多场景的覆盖以及对应的保障体系。水滴通过 AI 进行附加险个性化推荐，满足了用户对保险定制化的需求。

水滴通过落地页附加险个性化设置，提升附加险购买比例近 1 倍，同时也进一步促进了成单概率。

2. A/B 测试。A/B 测试是指对不同策略进行对比实验，根据结果选择最优方案。即在产品正式发布之前，为同一个目标制定两个(或两个以上的）方案，将用户流量对应分为几组，在保证每组用户特征相同的前提下，让用户分别看到不同的方案设计，根据几组用户的真实数据反馈，科学地帮助产品进行决策。

水滴公司将 A/B 测试大规模地应用在交互设计、用户增长和广告优化等线上化营销场景方面，通过可测试、可量化的方式筛选出保险用户偏好，帮助公司大范围降低决策风险，提高决策质量。

3. 用户复购阶段。

（1）用户风险多维度评估。依托水滴的保险产品、理赔和用户等多个数据库，水滴可以为用户提供 1V1 的保险产品对比、风险测评和个性化家庭保障方案定制服务。通过用户细分，多次触达促进其购买需求，动态分析用户的保障缺口，有针对性地为其定制化推荐保险产品，以家庭为单位，实现用户全生命周期的精细化运营，提升用户复购率。

（2）线上服务团队赋能。对于互联网保险经纪平台而言，线上服务团队是与用户接触距离最近的群体，线上服务的好坏，直接影响用户的购买意愿。水滴公司在赋能线上服务团队方面，推出水滴达尔文知识库，涵盖产品、核保、理赔和质检等多个模块，超过“3000+”个知识点，最大化地减少线上服务人员的知识盲区，让服务更专业。自建的 E-learning 学习平台，覆盖保险服务相关的“600+”个课程，不断提高团队的专业素养。

同时，“水滴保”人机耦合系统能够实现语音实时转译、识别关键词和辅助智能推荐等功能，让线上服务团队快速精准地了解用户需求，减少信息误差，提高沟通效率；在用户授权下的同屏互动，可以实现在线双向操作讲解功能，真正做到服务零距离。

目前，“水滴保”上所有在售的保险产品都支持可回溯功能，投保过程中用户的交易行为将被如实记录方便查验，以保障用户的资金和信息安全；线上服务人员在服务过程中，人机耦合系统也将随时识别风险词汇并提示，最大限度地避免销售误导。

4. 用户裂变阶段。

（1）后台支持。在线上精准营销方面，通过产品层面、营销层面的创新，极大地提高了保险裂变式获客的效率，因而也成为互联网保险平台重要的获客手段之一。

（2）“水滴保”打造的核心业务系统(保险产品接入平台)，打通了与保险公司的系统渠道，能够高效、快速地使保险产品更新上线，以适应不同的营销活动。目前，标准产品接入可以在 1 天内完成，非标准产品约为 2～3 天，整体续保产品接入速度大幅提升。

举例来看，在 2021 年 7 月汛期，“水滴保”联合保险公司推出“水滴防洪无忧保”赠险驰援受灾地区群众，该产品从立项到最终上线只用了 9 个小时。

三、总结

未来，保险营销数字化、智能化、精细化程

度将进一步加强，保险渠道场景化、保险产品定制化、保险定价自动化和营销服务专业化等趋势也将更加明显。

保险不是一锤子买卖，在获客后，用户的留存更为重要，营销环节不应该孤立运营，需要放在整个保险流程中通盘思考。对于用户的家庭保险规划、产品的匹配程度、理赔流程的简易程度和保险附加服务等方面，保险从业者需要前置于营销环节中考虑。

专家点评

水滴保险经纪有限公司数字化营销主要关注“广泛触达”“高效筛选”，通过内部的业务场景以及外部第三方流量渠道分流触达多样类别的用户，获取增量用户，提升公司产品的销售能力，具有一定的代表性。公司在营销过程中以数据驱动和算法驱动实时优化营销路径，通过大数据与 AI 能力，进行落地页个性化内容展示，提升用户投保的转化率，降低成本，具有一定的经济效益。该项目通过内外部渠道分流触达不同类别的用户后，基于用户画像，为其个性化推荐保险产品库中与之匹配的保险产品，提高公司精准营销能力，具有一定的借鉴意义。

太平集团“易行销”以科技助力业务发展

◎太平金融科技服务（上海）有限公司

一、项目概述

太平集团“易行销”自上线后，实现50余万名代理人的下载使用，月PV达到亿次，已经成为太平代理人行销、获客经营支持的重要工具。开局之战期间“易行销”APP实现高可用，零故障运行，圆满地完成开局之战的全力保障支持工作。同时，支持太平财险“立保通”和“共享保”两个行销渠道代理人的顺利接入，在太平财险车险改革期间，保障车险业务功能正常运行无故障。多种创新点的加入，使集团“易行销”APP成为一个超级的通用平台化APP，方便代理人行销，提升行销体验和效率，实现一站式行销管理。为太平集团科技赋能贡献一份力量，作为代理人行销支持的有力工具，树立了一个标杆性的行销产品。通过众多人工智能技术，为保险业行销产品提供了新思路，新导向。

二、项目背景及意义

随着移动互联网的发展，越来越多的项目推出移动端APP，移动APP也成为人们生活中离不开的工作工具。太平保险在移动互联网的早期就推出移动端行销APP，方便代理人随时随地开展行销工作。但随着集团内部应用越来越多，代理人可能同时安装了多个APP，各个APP之间数据不互通，UI风格、用户体验各有差异，给代理人的使用造成了不便。同一个系统集成多个APP的情况下要单独适配，影响需求上线时间。移动互联网行业内也逐渐形成由多个APP转变为一个综合性APP的趋势，APP自身趋向于超级化、平台化，比如支付宝、微信早已发展成为一个集众多功能于一身的综合性APP。为此，在太平集团“赋能计划”的号召下，集团“易行销”应运而生，通过集团“易行销”整合一线营销队伍，统一登录入口，优化统一UI风格和提升用户体验，促进用户端化繁为简，整合不同业务条线间营销支持的优秀功能，致力于打造一个通用平台化超级APP。

三、项目重点解决的问题及主要创新点

传统金融保险APP给人的印象大多数是：功能烦琐易用性低、系统反应慢、界面UI设计刻板，在实际使用上接受度不高。为此，太平集团“易行销”针对以上问题进行了详细的改进设计，使之从业内各大行销展业工具中脱颖而出，与同业相比，主要有以下核心优势。

1. 传统模式的保险代理人行销同一家保险公司的不同保险业务时，需要安装不同的APP，

数据不互通，操作体验不一致，业务功能不统一，剥离感严重。集团“易行销”则将寿险、财险同时整合，一站式完成集团内所有行销业务，方便、高效、快捷。

2. 太平集团“易行销”内置了众多人工智能组件，比如AI机器人，方便代理人学习产品知识，查询产品库，通过问题或者语音提问，实现人机对练，做代理人手机里的行销小秘书；OCR证件识别，帮助代理人一键扫描即可快速完成证件等烦琐信息的录入，方便快捷；语音智能，动动嘴就能完成日程添加，制订拜访计划，行销如此简单。

3. 太平集团“易行销”采用平台化思路，采用原生“APP+”轻量化前端应用的架构方式，APP层级提供丰富的原生API，最大限度地提供原生APP的优秀体验，为业务需求快速上线提供了有力的支撑，运用时下流行的技术，全方位的赋能保险业，为代理人提供一站式平台。

四、项目主要建设内容

“易行销”系统采用混合前端架构、微应用、热修复技术及灰度发布等优秀技术完成项目的快速迭代，通过大数据、AI技术，科技赋能保险行销，助力价值提升，更好地服务于代理人。该系统主要具有以下几大特色。

（一）应用架构业务层与底层分离

“易行销”目前集成个险、银险、财险三个系统，不同业务系统之间的功能需求所依赖的基础功能较为类似。因此，“易行销”整个架构设计最大限度地实现合理化。业务层面，各个业务系统团队能够独立开发管理、发布上线，不会对不相关的业务造成影响。基础层面，将通用能力下沉，为更多的上层业务提供服务，避免重复开发；大幅度提升开发效率，节省开发时间，更快速地助力业务需求上线。

整个客户端架构分成四层：业务层、服务层、组件层、框架层，见图1。

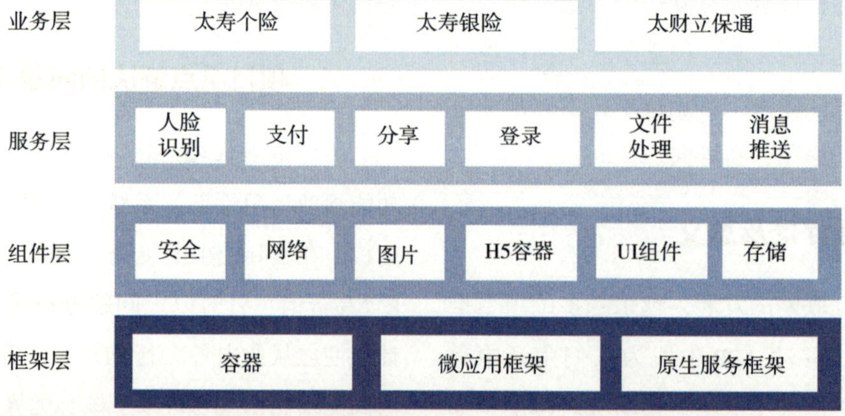

图1 “易行销”客户端架构

1. 业务层。只需要专注于业务逻辑与界面的实现，比如需要调用支付这样的通用能力时，直接使用下层提供的服务能力，不需要自行开发，如此能够保证核心能力有收口，方便监控。

2. 服务层。常用模块，比如登录、支付和营销等，不仅自己是业务模块，也向其他业务模块提供服务，将此类模块归类到服务层。

3. 组件层。这一层提供的是客户端通用能力，比如安全、网络、多媒体和存储等，提供稳定的接口给上层使用者，同时不断优化自身内部的性能和稳定性，作为客户端的基石，至关重要。

4. 框架层。框架层是最为关键的部分，包括容器、微应用和服务框架，客户端的微应用化、启动管理都依赖框架层的运作。

通过将架构的业务层与底层分离，以适应接下来几年不同业务系统的快速无缝接入，业务系统不用考虑底层技术，这是未来移动互联网化发展的方向，布局平台化战略。

同时，也可大幅度减少不同业务系统接入的时间成本、人力成本和业务推广成本，实现高效、低成本接入业务系统，促进业务系统快速上线。

（二）“多模块离线包机制+发布平台”，满足业务即时更新

为了做到良好的用户体验，在容器中引入了离线包机制。通过离线包机制，将原有从线上加载的 HTML5 应用，提前下发到本地，通过读取 IO，或者是内存，进行页面的渲染，达到接近原生的用户体验。通过发布平台，可以将不同的 HTML5 离线包，以单独应用的形式，进行不同维度的下发，使原来 all in 的 Native 发布模式，改为各业务线自行定制发布计划、发布标准。通过自行发布的并行发布形式，来满足业务的快速迭代。不同模块之间加载各自对应的 HTML5 资源，在 H5 资源更新时优先加载远端资源，避免了业务内容不同步。在已经是最新的 H5 本地资源的情况下，加载本地资源文件，在达到接近于原生的体验和性能的同时，又不会因为每次有新需求上线就需要发布原生 APP，助力业务需求快速及时上线。通过离线包机制和发布平台化，实现业务系统及时更新，避免原生 APP 每次都需要用户重新安装，快速实现新需求上线，原生不发布版本，避免每次版本更新带来用户的流失或者用户更新新版本的不及时，大大提高了推广率、安装量和使用频率。目前，集团“易行销”实际装机量 40 万次，月 PV 1.1 亿次，日 PV 330 万次，日均使用时长 20 分钟。

（三）线上高可用保障体系

在“易行销”中，线上风险是每个研发人员在业务前必须厘清的事情，评估风险、预防风险、监控风险和风险应急处理方案在上线时都要准备好。线上的高可用保障体系由灰度发布、实时监控、诊断定位和容灾恢复四大部分组成。

1. 灰度发布。是预防风险的有效手段之一，对于客户端来说，线下测试的再怎么完备，也无法保证在用户环境下一切正常，直接发布至全量用户是非常危险的操作，属于严重违规。“易行销”的发布平台提供多种灰度策略，包括白名单灰度、时间窗灰度、百分比灰度和基于机型地域系统等维度的灰度。新版发布前，优先选取活跃用户和问题高发的机型进行灰度测试，灰度测试期间发现并修复问题，不断扩大灰度范围，直到闪退率、卡死率等指标符合发布标准后再进行全量的发布。

2. 实时监控。首先，制定各种线上监控指标，包括闪退、卡死、流畅度、流量、内存、存储以及业务不可用埋点等。其次，实时上报策略上闪退、卡死和业务不可用埋点等高优先指标，第一时间发现异常；数据上报使用独立的进程，确保不影响主业务逻辑；当处于业务高峰时期，比如开局之战等大型活动时，我们能够动态调整上报策略以缓解日志服务端的压力。除自动上传和周期性上传策略外，通过下发诊断指令至客户端去获取平时用不到但驻留在客户端的日志，比如 logcat 日志。

3. 诊断定位。根据客户端上报的各种埋点日志，完整描绘出用户的操作路径，根据这些信息，得以尝试重现用户的问题，数据的真实性相对用户提供的信息更加可靠，能减少错误信息产生的干扰。另外，通过诊断指令上传的 logcat 日志，能够获取更加完整的信息，以及更清晰的定位问题，因此通常都要求研发人员在写代码的过程中能够多输出些有用的信息。

4. 容灾恢复。通过线上高可用保障体系，“易行销”顺利支撑太平人寿开局战高并发的业务量，在并发较高的爆单环节依旧平稳运行，无线上反馈故障。

（四）人工智能

集团“易行销”建设包括 OCR 证件识别、人脸识别、语音语义翻译等众多人工智能，大幅度减少代理人录单过程中的输入项，提高代理人录单效率。

人工智能组件的引入，在代理人实际行销中，大大提高了录单效率，减少客户等待时长，也避免了因需要输入烦琐数据导致客户烦躁抵触的情绪，实现了平均每单录入时长大幅度减少，总时间内录单数量增加。

（五）热修复，助力快速静默修复上线缺陷

在业务需求快速迭代的过程中，功能上线后难免会遇到一些问题缺陷，当问题缺陷得不到修复时，就会面临发现严重 bug 需要紧急修复，需要付出巨大的成本进行换包和重新发布，对用户的使用和问题修复的时效性都有所影响。采用移动热修复服务，可以随时发布补丁实时解决线上问题，用户全程无感知。热修复最终达到的效果：一是即时修复，集成简单，本地加密，安全稳定；二是修复范围广，差量补丁包，体积小，无侵入，几乎无性能损耗；三是一站式体验，同时支持双端的平台，持续提供高可用服务保障。

（六）统一鉴权机制 Hybrid SDK 解决多系统多平台 H5 交互问题

由于历史原因，原有系统项目 Android 和 iOS 在与 H5 的交互协议上有很多不一样，为了打造通用化、平台化的超级 APP，同时也为了能够不同业务系统调用原生功能的统一化，快速集成，公司提供了一个通用化的原生 API 方法，方便不同系统调用原生功能，API 采用在线 JSSDK，只需引入一个在线 JS 地址，按照开发文档即可快速集成。同时，为了减少不同系统之间对原生功能的无节制调用，会使性能受影响，导致用户体验降低，加入授权机制，每个集成的系统单独分配一个对立的 APP ID，用于鉴权是否具有某一个原生 API 的调用权限，权限的配置在后台可进行动态化配置，配置后即时下发到 APP 端，APP 根据每个系统的权限按需加载原生功能模块，做到了权限控制与性能的两全其美。

五、项目效果

集团“易行销”创造性地开发了众多新技术和新能力，最终实现众多系统的快速集成，降低开发成本，实现业务需求快速上线，线上崩溃率控制在万分之几以内。得益于项目先进性的框架，Android 安装包大大减少了 40%，iOS 安装包大大减少了 20%，新系统、新活动的上线速度和上线后的问题大大减少。多种创新点的加入，使集团“易行销”APP 成为一个超级的通用平台化 APP，方便代理人行销，提升了行销体验和效率，为集团科技赋能贡献一份力量。“易行销”在首次上线两周内即实现了个险代理人的 100% 升级切换。

六、总结

太平集团“易行销”在上线后，实现个险 40 万次、银险 1.5 万次、财险 1.8 万次代理人的下载使用，月 PV 达到 1.1 亿次，日 PV 近 350 万次，成为太平人寿和太平财险代理人行销、获客经营支持的重要工具。上线后适逢太平人寿开局之战活动，活动期间“易行销”APP 实现高可用、零故障运行，圆满完成开局之战的全力保障支持工作。同时，为太平财险“立保通”“共享保”两个行销渠道代理人的顺利接入提供过渡支持，在太平财险车险改革期间，保障车险业务功能正常运行无故障。在技术方面，集团“易行销”APP 创造性地开发了众多新技术和新能力，最终可以实现众多系统的快速集成，降低了开发成本，实现业务需求快速上线。得益于项目先进性的框架，新系统或者新活动的上线速度和上线后的问题大大减少。多种创新点的加入，使集团“易行销”APP 成为一个超级的通用平台化 APP，方便代理人行销，提升行销体验和效率，实现一站式行销支持功能，为太平集团科技赋能贡献一份力量，做代理人行销支持的有力工具，树立了一个标杆性的行销产品。

专家点评

太平金融科技服务（上海）有限公司上线的集团“易行销”项目，将寿险、财险同时整合，一站式完成集团内所有行销业务，提升行销效率及使用体验，为行业行销提供了可供参考的实践经验。该项目统一登录入口，优化统一 UI 风格和用户体验，促进 APP 端化繁为简，整合不同业务条线间营销支持的优秀功能，打造一个通用平台化超级 APP，为业务需求快速上线提供了有力的支撑，为公司科技赋能贡献一份力量，对行业具有一定的借鉴意义。

第 四 章

数字化赋能保险运营

大家保险集团全时渠道统一接入平台

◎ 大家保险集团有限责任公司

一、项目概述

近年来，随着科技与保险的深度融合，以及宏观环境的变化，渠道业务结构呈多元化的发展，银保渠道线上化转型，经代渠道发展迅猛，互联网渠道稳步向前，新兴渠道不断涌现，其中互联网渠道有成主流之势。与此同时，随着外部市场环境的变化，渠道间竞争加剧，为提升市场竞争力，各渠道不断升级客户体验，提升快速交付能力，及时响应市场变化，倒逼保险公司具备与之匹配的服务能力。如何应对这种复杂的发展形势，成为保险公司面临的一大挑战。

大家保险集团有限责任公司(以下简称大家保险集团)作为一家集团公司，在成立之初，就开始了数字化中台的规划建设，并启动了 IT 三年规划建设实施路径，其中聚合公共服务能力是关键举措之一。面对渠道业务复杂的发展形势，各子公司存在大量的建设需求，为避免共性需求重复建设，合理集约资源管理，赋能渠道客户体验水平提升，大家保险集团自主设计并研发，从 0 到 1 打造全时渠道统一接入平台(以下简称平台)，平台系统架构(见图 1)。2020 年 7 月，正式完成银保、经代和互联网三大渠道的统一接入上线。

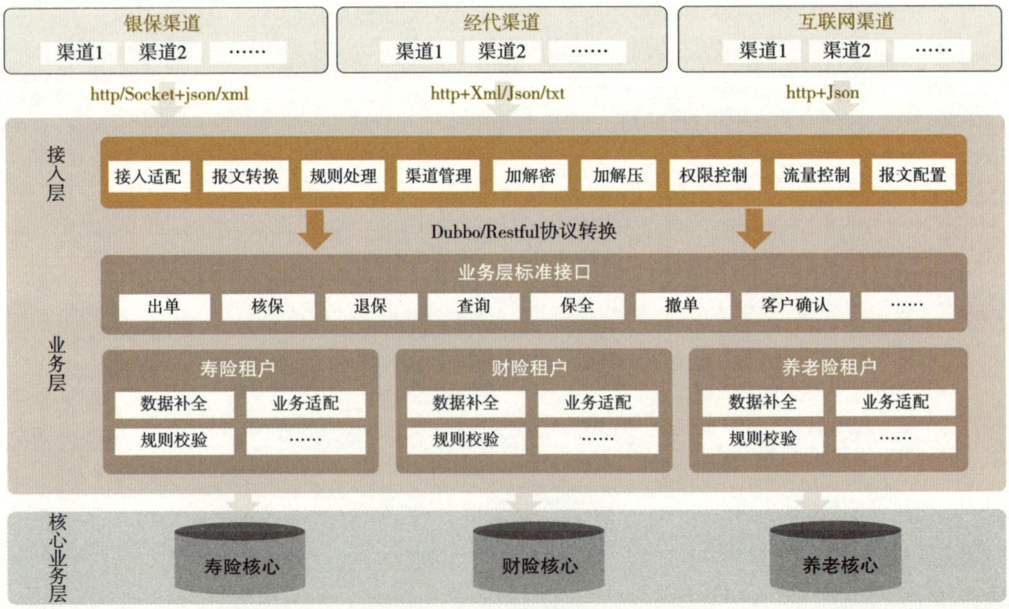

图 1　平台架构

平台创新性地将各渠道接入过程中的功能，按照“共性与个性”原则进行拆分解耦(如图2所示)，将“共性”部分剥离出来，作为独立的一部分，由大家保险集团统一建设，并进行“共享”，为各渠道的接入提供统一的入口、统一的标准和统一的技术栈；“个性”部分以租户隔离的方式由各子公司独立建设。打破传统各子公司各自建设渠道接入服务平台的模式。平台上线后，有效避免了各子公司资源重复投入建设，大幅降低开发维护成本，显著提升渠道接入效率。

二、项目背景及意义

在宏观环境变化、市场环境变化、用户需求变化以及科技与保险的深度融合等多重因素的影响下，渠道业务发生了显著的变化：一是渠道业务结构多元化，银保渠道线上化转型，经代渠道迅猛发展，互联网渠道稳步向前，新兴渠道不断涌现，其中互联网渠道有成主流之势；二是渠道间竞争加剧，为提升竞争力，各渠道不断升级客户体验，及时响应市场和用户需求的变化。如何应对渠道业务的变化，促进渠道业务发展，成为保险公司面临的难题。

大家保险集团作为一家集团公司，拥有财险、寿险、养老险等子公司，渠道业务是各子公司业务流量的重要来源之一，面对渠道业务的发展变化，各子公司存在大量的建设需求，如何降低开发维护成本，提升渠道接入效率，快速响应渠道业务变化，也是各子公司面临的难题。

基于上述情况，大家保险集团自有人员，按照IT三年规划实施路径，聚合公共服务能力目标，充分吸纳行业成熟的技术，从0到1设计研发了全新的渠道接入服务平台：全时渠道统一接入平台。

平台作为承接渠道和各子公司系统间信息交互的桥梁，起着协同渠道业务全流程一体化建设作用，规范渠道接入服务流程，建立渠道接入服务标准，提升渠道接入服务效率，改善渠道接入服务质量，从而促进渠道业务更好、更快的发展。

三、项目重点解决的问题及主要创新点

（一）案例重点解决的问题

1. 渠道业务作为各子公司业务流量的重要来源，各子公司存在大量的渠道业务建设需求，由于缺乏统一规划，存在共性服务重复建设的问题。平台借助分层设计理念，将共性服务剥离出来，由大家保险集团统一开发维护共享，向各子公司提供标准接口，各子公司按照租户化管理原则，负责各自渠道业务的个性化服务开发维护，避免共性服务重复建设。

2. 渠道业务的线上化发展，带来节假日营销、大促等线上大流量业务场景需求增多。平台基于行业成熟的高性能解决方案设计，为线上大规模业务访问提供高性能保障。

3. 平台进行分层设计，层与层之间通过标准接口进行信息交互，实现系统间解耦，有效规避系统间耦合、网状依赖和无法独立升级发版等。

4. 为快速响应市场变化，渠道业务紧急上线需求增多，通过定制化的开发方式，虽然能支持紧急上线，但是需要在短时间内投入大量的人力，协调多方资源，而且由于测试、验证不充分，造成上线后潜在风险增加。平台在管理端高度集成常用可配置功能，可通过配置方式，支持渠道业务快速接入上线。

5. 由于历史原因，各子公司存在大量的存量渠道产品，受制于外部因素及成本制约，存量渠道产品无法一次性完成平台切换。平台对此进行智能路由设计，实现对存量渠道产品的兼容。

（二）项目主要创新点

平台作为各子公司渠道业务接入统一入口，是大家保险集团自有人员结合渠道业务接入现状和变化趋势，进行定制化设计，主要创新点体现在设计理念和技术实现两个方面。

1. 设计理念的创新。平台作为渠道业务全流程服务中的一部分，整体系统架构采用横向分层设计的方式，层与层之间进行物理隔离。横向分为平台接入层和平台业务层两部分，其中，平台接入层集成不同渠道接入过程中的“共性”功能，由大家保险集团统一建设，并进行“共享”，并输出标准化接口；平台业务层集成渠道接入过程中的“个性化”业务逻辑功能，由各子公司独立开发维护，并进行租户化隔离。平台接入层和业务层之间通过标准接口进行交互，互不依赖。

2. 技术实现的创新。

（1）对外兼容多协议输入，对内统一技术标准。由于不同渠道系统采用的协议及报文格式不同，比如以 Rocket 协议、json 或 xml 报文格式为代表的银保渠道；以 Http 协议、json、xml 或 txt 为代表的经代渠道和互联网渠道。平台采用可扩展、适配设计的方式，兼容不同渠道系统的不同协议及报文格式。同时，将 Rocket 协议转换成 Dubbo 标准接口、Http 协议转换成 Restful 标准接口，进行输出。

（2）模块化微服务设计。为快速响应市场变化，增强市场竞争力，渠道业务的差异化、个性化需求增多。平台为此进行模块化设计，将每一个相反的功能实现，都封装成一个独立的功能模块，比如报文加压和解压功能模块、报文解密和加密功能模块等，每个功能模块既可以独立升级或替换，又可以灵活组装，并预留功能扩展接口，可快速支持渠道业务差异化、个性化需求上线。

（3）高度配置化。各渠道业务接入过程中存在大量可通过配置完成接入上线的功能，平台高度集成常用可配置功能，在平台管理端进行统一维护，可由运维人员或业务人员直接通过配置操作完成上线，有效降低开发成本投入，以及不同业务部门间的信息沟通损耗。

（4）高性能保障。渠道业务的线上化发展，伴随着渠道业务的节假日营销、互联网大促等大交易量业务场景的需求增多。平台基于行业成熟的技术模型 Reactor 搭建，并通过行业主流的开源技术框架 Netty 实现，进行全链路异步设计，从接收渠道系统请求、处理请求到发送请求，每一个环节均进行异步处理，充分挖掘系统的并发能力，确保在渠道业务大规模互联网访问时无性能“瓶颈”。

（5）系统稳定可靠。平台应用云原生理念，结合容器云、DevOps 和微服务治理等相关技术进行运维管理，保障系统稳定可靠，包括以容器云平台为基础的集群部署环境，支持弹性伸缩扩展，确保平台高可用；通过 DevOps 平台进行持续集成交付，支持快速迭代升级发版，保证代码质量，规避生产风险；通过分布式服务治理平台进行服务治理，实时监控服务质量，保障服务可靠。

四、项目主要建设内容

平台分为后端功能实现和平台管理端两部分，进行分布式集群部署，保证系统高可用，技术架构见图 2。

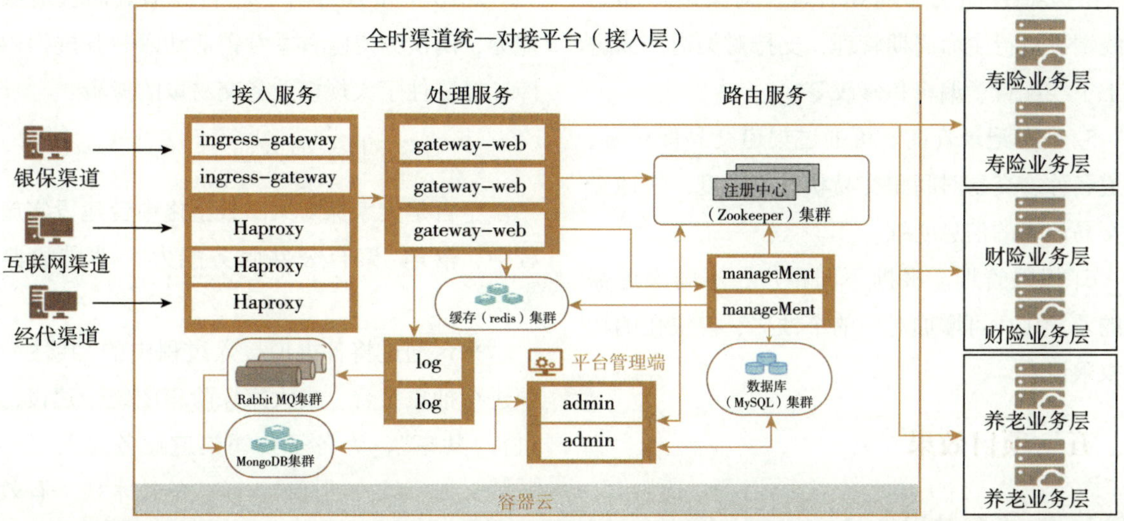

图 2 技术架构

（一）后端功能内容

平台后端功能主要包括协议转换、报文加解压、报文加解密、报文格式转换、路由转发等。

1. 协议转换。比如不同渠道的协议类型不同，平台会将不同渠道的多种协议输入，转换成统一的标准化接口协议，又比如将 Rocket 协议转换成 Dubbo、Http 转换成 Restful 等，并支持对新增协议扩展。

2. 报文加解压。为提升报文传输速度，渠道会将报文打包成压缩文件，然后进行传输，平台会进行解压处理，在返回报文时，以压缩文件的形式返回。

3. 报文加解密。为防止报文在传输过程中数据泄露，渠道会对报文进行加密处理，然后进行传输，平台会进行解密处理，在返回报文时，以加密形式返回。

4. 报文格式转换。支持对常用报文格式的快速解析转换，包括 xml、json、txt、分隔符、定长、固定格式、金额、身高和日期等；提供全面的数据格式转换库，及数据映射配置功能和代码转换功能。

5. 路由转发。根据渠道接入的产品是存量渠道产品还是新产品进行路由转发，如果是存量渠道产品，路由至原有存量渠道业务系统进行处理，相反继续通过平台进行处理。

（二）平台管理端

平台管理端面向运维人员或业务人员使用，主要提供租户管理、渠道管理、业务流量数据看板、渠道产品生命周期管理、业务记录查询和权限管理等功能。

1. 租户化管理。对各子公司进行租户化管理，租户间隔离，可按接入渠道归属租户并完成相关的功能配置。

2. 渠道管理。根据渠道的属性不同，可对不同渠道的常规属性进行配置，比如渠道类型、渠道码、渠道名称、路由策略和增删改查等，同时可对渠道密钥生成、更新等功能进行配置。

3. 业务流量数据看板。为各子公司的渠道业务流量调用情况，提供数据看版，直观反映不同渠道的展业情况。

4. 渠道产品生命周期管理。对渠道产品上下线情况进行生命周期管理，支持对渠道产品进行上下线配置、编辑和修改等。

5. 业务记录查询。可通过渠道交易保单号、渠道名称、交易时间和交易状态等维度，快速查询交易记录的信息明细。

6. 权限管理。根据不同租户、不同渠道需求的差异化，可增加对应的个性化、模块化的功能权限设定。

五、项目效果

（一）业务效果

自平台上线以来，大家保险集团持续推进各子公司的渠道业务接入。截至 2021 年 6 月，平台已完成银保渠道、经代渠道和互联网渠道三大渠道的 60 余家子渠道接入上线，涉及产品 80 余款，覆盖寿险、财险和养老险各子公司的渠道业务线，日调用量达 50 万余次。

平台高度集成常用配置功能，显著提升渠道接入效率。其中，互联网标准渠道的接入，按照传统的定制化方式接入上线周期为 5 天，通过平台配置的方式最快几分钟内完成上线。

2020 年和 2021 年，平台凭借其高性能服务能力，两次为寿险首季营销活动顺利开展提供保障，经受住了大规模业务交易量的考验。

（二）行业示范效应

平台是大家保险集团数字化中台建设实施过程中，落地“聚合公共服务能力”举措的典型案例。

平台通过将各渠道接入过程中的“共性”功能进行抽象聚合，由大家保险集团统一建设，并进行“共享”，为各子公司渠道业务接入提供统一的入口、统一的标准、统一的技术栈，有效满足各子公司渠道业务多样化、差异化和品质化的建设需求，以及互联网大规模业务访问需求，避免各子公司资源重复投入，降低开发维护成本，提升渠道接入效率。平台由大家保险集团自有人员统筹规划设计，有助于促进资源的合理充分利用，促进各子公司渠道业务建设向规范化方向发展，增强整体的竞争力和发展动力，实现渠道业务的有序健康发展。

平台在多渠道接入服务管理上的成功经验和实践，对保险业来说，有很好的参考价值和借鉴意义。

专家点评

大家保险集团有限责任公司推出的全时渠道统一接入平台，为了避免各子公司间重复建设共性功能，创新性地将各渠道接入过程中的功能，按照“共性和个性”进行拆分，共性部分统一建设，进行“共享”，个性部分由子公司独立建设，避免重复建设功能，大幅降低维护成本。目前，各大型保险公司面临多渠道业务的复杂发展模式，各渠道规模不同、功能不同，对接起来十分复杂。该项目为这一难题提供了一个很好的突破口，通过找到其中的共性，统一解决重复建设功能的问题，可以满足不同渠道多样化、差异化、品质化的建设需求。

大家保险集团云原生助力数字化转型工程与实践

——大家保险集团容器云平台

◎ 大家保险集团有限责任公司

一、项目概述

随着金融业的蓬勃发展和业务规模的不断扩张，用于支撑业务运行的系统和基础设施也日趋庞杂，企业需要采购越来越多的物理服务器，投入越来越多的人员保证系统的正常运行。同时，系统的故障率也快速攀升，运行效率呈下降趋势，这些都成为企业未来必须要面对的挑战和困难。基于容器的虚拟化技术，在很大程度上可以解决上述问题。

从 2017 年开始，大家保险集团有限责任公司(以下简称大家保险）关注云技术，通过不断的探索、研究及开源实践，在容器云技术、公有云技术方面取得了丰富的经验。2019 年初正式启动容器云平台项目，并且将容器云平台定义为大家保险数字化转型的核心支撑底座。目前，大家保险已形成成熟的容器云平台服务生态系统。

大家保险的容器云平台(以下简称平台）通过建成以 Kubernetes 为中心、以容器技术为基础的高度自动化、智能伸缩的应用部署及运行环境的容器云管理平台，为业务系统提供容器管理、自动化持续集成和交付、弹性伸缩、微服务治理、负载均衡管理、自动化运维、大规模集群调度等能力。

二、项目背景及意义

（一）项目背景

随着保险金融业务的不断发展和规模的壮大，互联网、大数据和云技术的日新月异，企业内部的 IT 系统如何做到共享与协同，如何满足业务的发展需求和提供更高的业务价值变得越来越重要，容器云平台正是伴随着企业规模不断扩大和业务多元化而形成的新一代应用管理工具。通过集群架构形成以服务为中心、以业务和数据构建起管理闭环运转的运营体系，使企业更高效地进行业务探索和创新，以及提高以数字化资产的形态构建企业差异化的核心竞争力。

目前，大家保险集团的财险、寿险、养老险等主体公司已完成互联网业务的云应用实施，并取得良好的效果，银保业务也在积极推进，业务系统云化的需求在不断扩大。

传统架构的系统服务在性能、效率方面存在“瓶颈”，无法满足业务需要和市场响应。在资源集约化管理方面，需要通过云计算服务实现资源的动态池化管理、应用集成复用，以达成降本增效，减少重复建设、资源浪费的问题。

（二）建设意义

容器云平台在大家保险落实集团数字化中台建设中起到重要的支撑作用，是集团 IT 架构 aPaaS 标准体系的基础。

搭建大家保险容器云平台，基于容器云的管控实现对应用、服务、镜像和集群的统一管理，实现云平台管理一体化并且完成 DevOps 建设，从而实现测试、开发和运维流程的一体化，做到云计算容器层和基础设施层上下联动之间的深度集成，方便资源调度的运维开发一体化。上层开发环境的自动化、模块化、容器化，会使交付的应用更加轻量级，以及提高交付的速度和质量，提高对服务进行细粒度监控和日志告警等的能力。

兼顾灵活和安全的 IT 架构，满足新业务快速上线升级和传统业务的安全稳定，新业务需要更加灵活的架构。新业务的上线，一方面使传统业务更加稳定，另一方面在新的平台上能够更加灵活快捷地迭代更新，满足快速高效的需求；资源的弹性，满足资源和“开门红”等业务的爆发性增长要求；基于轻量级虚拟化技术的容器云平台，把应用容器化，应用之间调用关系的监控和资源使用情况的查询，合理管控服务调用和资源使用。

三、项目重点解决的问题及主要创新点

（一）项目重点解决的问题

1. 同一系统的各类环境差异大。出于历史原因，应用配置和环境经常会耦合在一起。在版本迭代发布的过程中，很难保证开发、测试和生产环境始终是保持一致的，解决环境差异最有效的手段是克隆环境，但是随着版本迭代次数的累加，环境问题会越来越多，因环境差异对业务的影响也会呈线性增长。

2. 资源利用率低，交付时间长。基于虚拟机、物理机部署的应用，环境搭建周期较长，且硬件资源无法共享，在开发、测试过程中会存在大量的资源空闲。业务复杂性带来应用的复杂性，而应用与资源是成正比的，意味着越复杂的业务场景，空闲的资源也就越多。基于原有资源申请流程平均需 10 天，而基于容器化部署环境交付周期平均需 2 天，交付效率提升了 80%。

3. 传统版本部署方式。传统的 Web 应用版本升级时多数都采用整体的部署方式，这里存在以下两个弊端：一是有些应用在升级版本时需先停止服务；二是版本升级过程中如果出现问题，版本回退、紧急修复耗时较长，会影响业务作业和用户体验。

4. 整体成本高。传统应用基于 VM 部署重量级商业版软件，维护成本高。

5. 自管理能力单一。容灾备份，对金融业来说，传统的单数据中心，已不足以保护企业数据的安全。当单数据中心存储故障后，可能会导致业务长时间中断，甚至数据丢失。只做本地的数据冗余保护或容灾建设，已不能规避区域性灾难对企业数据的破坏，远程容灾保护数据及保障业务的连续性成为企业亟须解决的问题。

（二）项目主要创新点

平台以大家保险集团业务场景作为出发点，结合云原生发展趋势及保险金融业的现状，从理念、设计和管理三方面实现以下几个创新。

1. 基于云原生的建设体系。参考业界云原生理念，以基础设施服务（IaaS）、平台服务（PaaS）和软件服务（Saas）为模型，以自动化部

署、自动化运维和自动化交付为目标，建设一个有持续交付能力、高度自动化的研发运维一体化平台。

2. 管理平台集中统一。为了能够支撑平台的长期发展，使相关业务持续的扩展和迭代，各服务组件需要由具备统一管理能力的平台进行支撑。容器云平台系统及各个独立的集群可由统一的控制面板进行管理，使用者可在服务管理和基础设施管理上平滑切换。

3. 智能统一的运维管理。平台可为大家保险相关业务系统的支撑服务提供一键部署、服务扩展、实例伸缩、服务发现和负载均衡等能力，提供监控告警、日志查询、资源报表和安全审计等运维管理模块，并通过统一控制面板进行展示。

4. 丰富的 DevOps 模块。全自研的流水线编排工具，不受 jenkins、GitlabCI 等工具限制，可根据大家保险的业务场景自主开发；兼容了多种代码管理工具，涵盖了编译、构建、部署、质量门禁、滚动升级、自动回滚、SQL 脚本发布、服务健康状态检查、消息通知、定时触发等一系列功能，既提升了代码质量、版本发布效率，也降低了运营成本。

5. 安全合规，审计审核。生产与测试环境物理隔离、网络隔离，生产环境编译强管控，版本在测试环境编译通过后，经过代码扫描、镜像安全漏洞扫描后上传测试仓库，待自动化测试通过后，再从测试仓库同步到生产仓库，同步过程中自动修改镜像名称、标签，从镜像源上保障了生产仓库的安全；审计方面，容器云平台已实现了操作日志全覆盖，审计日志中可记录用户名、IP 地址、修改时间和修改内容等信息，并且增加了 IP 地址控制，可通过 IP 地址限制用户多终端登录、禁用指定 IP 地址的访问等；支持二次审核，高危操作待指定人员、系统管理员审核后才会生效，进一步提高了平台的安全性。

6. 易扩展、松耦合。平台所有组件都采用容器化方式部署，容器的多实例配合健康检查、弹性伸缩机制，使得平台层具备了高可用、自愈的特性，并且镜像仓库独立于集群之外，当集群故障后，也可通过备份的 etcd、数据库、镜像和 yaml 文件快速恢复平台、集群及应用；各个组件之间完全解耦，便于为应用提供更有效和灵活的服务。

四、项目主要建设内容

（一）架构设计

容器云平台包括六大模块：联邦集群、容器服务、交付中心、中间件服务目录、DevOps、运维中心，每个模块包括对应的主要功能点，系统的整体功能架构见图 1。

（二）建设内容

容器云平台提供多种管理功能及服务。

1. 联邦集群。联邦集群实现了单一集群统一管理多个 Kubernetes 集群的功能。这些集群可以是跨地域的，跨云厂商的或者是用户内部自建集群。一旦集群建立联邦后，就可以使用集群 Federation API 来管理多个集群的 Kubernetes API 资源。支持同时部署应用到多个集群(联邦集群)，以实现业务就近计算支撑用户就近访问，同时支持修改部署到多个集群(联邦集群) 的应用，以实现多云服务的统一变更。特性有以下几个：

（1）简化管理多个联邦集群的 Kubernetes API 资源。

（2）在多个集群之间分散工作负载，以提升应用服务的可靠性。

（3）在不同集群中，能更快速、更容易地迁移应用服务。

（4）跨集群的服务发现，服务可以就近访问，以降低延迟。

（5）实践多云（Multi－cloud）或混合云（Hybird Cloud）的部署。

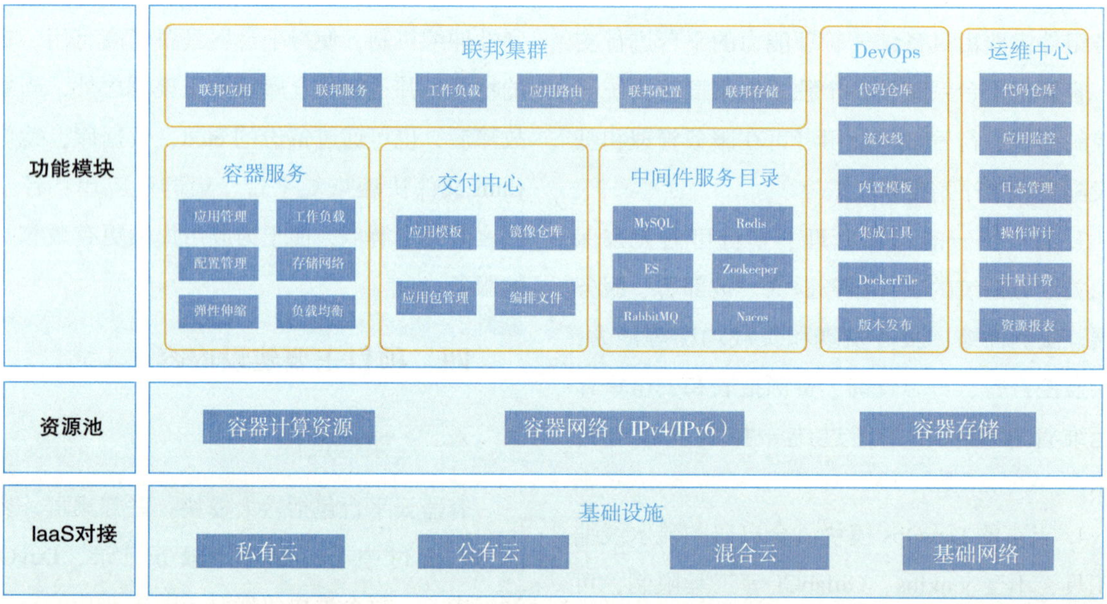

图1　容器云平台功能架构

2. 容器服务。深度集成 Kubernetes 容器编排引擎。支持类型多样的容器调度设置，比如通过设置主机的亲和性可将容器调度到指定的主机上运行；支持 Flannel、Calico 等多种主流的容器网络模式；支持对接不同类型的存储资源。

支持以应用为中心的容器应用管理模式，深度集成 Kubernetes 资源管理能力，让应用部署和底层服务器资源解耦，业务方只需关心应用本身，无须考虑底层资源，大大加快了应用部署上线的速度。秒级的弹性伸缩，用户可以设置每个服务的弹性策略，根据资源负载的变化，自动调整实例数量，并且拥有一定的故障自愈机制，最大限度地保障业务的连续性，更好地服务敏捷开发、微服务化等场景。

3. 交付中心。用于管理、维护镜像版本，其特点是支持保存文件、镜像，也支持与第三方仓库对接；支持镜像模板创建，无须编写 yaml 等编排文件，通过保存的应用模板可视化创建应用，极大地降低模板的配置门槛。

4. 中间件服务目录。服务目录提供了数据库、中间件、缓存和流程管理等应用，支持再制定集群资源池，一键部署启动对应的应用，通过部署好的服务目录内应用，提供对应的操作管理，支持开启、停止、删除等操作。

5. DevOps。DevOps 功能模块基于 Kubernetes 的先进理念和特性研发出自身特色的 DevOps 产品，可以作为独立模块灵活设计，与平台实现松耦合。可根据实际需要与平台解耦或集成，便于为应用提供更有效和灵活的服务。

实现从代码编译、镜像构建到版本发布的一键式部署，可关联 Gitlab、GitHub 和 SVN 等主流代码仓库，可集成代码扫描、自动化测试等工具，同时用户也可根据需求添加不同类型的任务模块，比如数据库发布、配置文件更新和审批等。发布流程见图 2。

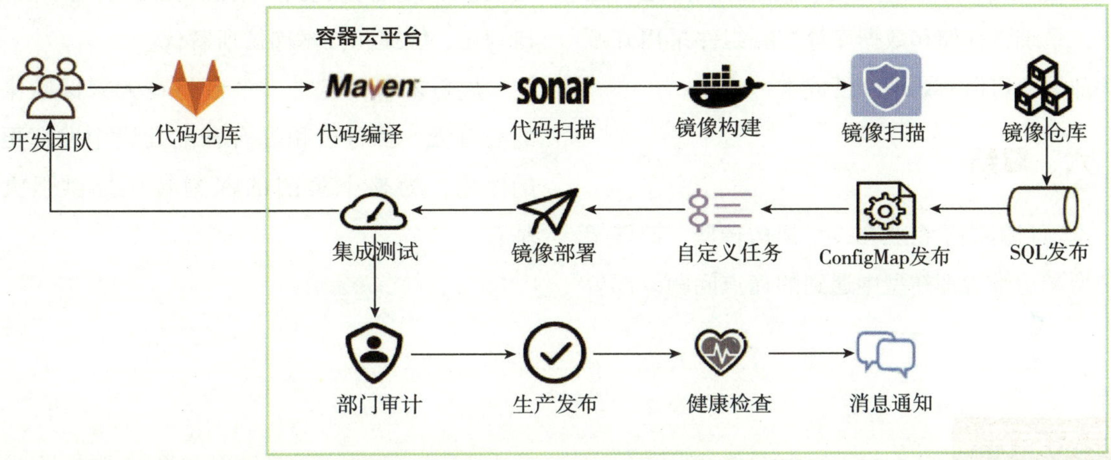

图 2 容器云平台版本发布流程

6. 运维中心。运维中心涵盖了资源监控、操作审计、日志管理和告警配置等功能，具备以下特性：

（1）运维中心对计算、存储、网络实时监控与告警，帮助企业合理使用基础资源。

（2）细粒度的操作审计记录，支持形成报表。

（3）支持多维度的日志管理，标准日志与采集日志统一管控，并支持日志清理功能。

（4）提供自定义的监控面板，保证多维、实时、有效的监控数据。

五、项目效果

平台建成后，纳管了公有云、私有云等多个集群，已接入财险、寿险、养老险、创新、集团子公司下的 22 个核心业务系统，部署了近 2000 个服务，近 3000 个实例；提高了业务运营效率，提升了服务化 IT 治理能力，满足业务对于 IT 系统高可用、高性能和灵活扩展的需要，支持大家保险业务的发展，确保 IT 应用的部署架构以可持续发展的模式演进。在历经两年的接入实施过程中，项目组也积累了很多的宝贵经验，平台成果有以下几个。

1. 规范化软件部署流程。在各业务系统开发、上线的过程中，不但自动化了所有发布流程，提高了效率，还详细记录了部署的时间、版本和相关责任人，便于追溯和回滚，提高了软件发布的质量。

2. 集中管理，统一控制。轻松管理多套环境，统一的监控、告警和权限等控制，统一管理体系内各业务、应用组件和中间件等应用，极大地方便了多个环境的管理和维护。

3. 提升企业工作效率。快速搭建各套环境，大大缩短了人工手动创建周期，每个团队和第三方厂商都可以按照需求随时申请环境；同时，指定不同的版本集和数据集，大大缩短了环境搭建的周期。

4. 提高资源使用率。容器化部署应用可通过资源池快速调整资源配额，实现了多环境、多应用及多实例的资源共享，大大提高了资源的使用率。

5. 去“IOE”效果明显。容器云平台建设过程中，系统、存储和数据库等核心组件采用开源软件部署，可以有效地降低成本。

六、总结

本项目解决了企业在技术架构转型、部署架构转型和运维管理转型中遇到的痛点问题。部署在平台上的系统在监控、告警、运维和版本发布等方面都得到了一体化保证。在新浪潮技术下，拥抱变化、跟随变化，不仅仅是技术上的转变，更多的是职能的转型，传统的单一技术工程师向全栈技术工程师转变，只懂流程的运维岗已经被自动化、敏捷和技术岗位所替代。

展望未来，容器云平台将在大家保险集团的公有云、私有云和混合云的建设中发挥更大的作用，为整个集团的深刻转型提供强大的基石。

专家点评

大家保险集团有限责任公司推出的容器云平台是一个高度自动化、智能伸缩的应用部署及运行环境的管理平台，解决了业务扩张、功能增多而导致的物理服务器和人员投入的需求快速增加的问题，为业务系统赋能，关注虚拟化技术集群调度。该项目的创新点在于云原生的建设体系，建设了一个有持续交付能力、高度自动化的研发运维一体化平台。大家保险还提出了职能的转型，从单一技术工程师转变为全栈技术工程师，从各项目的运维人员到BA甚至是技术岗位，与现在保险公司普遍强调的“复合型人才”这一概念相互映照。

华泰集团 RPA 助力华泰保险集团实现数字化转型

◎ 华泰保险集团股份有限公司

一、项目概述

华泰保险集团股份有限公司（以下简称华泰集团）在数字化转型过程中，把 RPA 技术视为一项重要的技术手段。RPA 项目由华泰集团统筹，财险和寿险子公司辅助，在 RPA 一期实施过程中为财务部、人力部、内审部、IT 部和综合管理部五个部门提供服务，开发各类机器人 20 余种，在降低人力成本、提高业务执行效率等方面取得了比较满意的效果。在业务部门的积极要求下，现在正在开展 RPA 二期的实施。

二、项目背景及意义

在集团的日常业务开展过程中，存在大量重复性、事务性的人工工作，这些工作耗时长、易出错且重复性高。部分工作无法通过常规的 IT 技术手段来解决，比如给统计局、国家外汇管理局和财政局等机构定期报送数据类等工作。基于此，业务部门渴望能通过采用技术手段来解决部分此类问题。

三、项目重点解决的问题及主要创新点

为了解决业务部门的上述痛点，通过实施 RPA 项目，集团把重复性、事务性的人工工作中适合 RPA 化的场景交给机器人来自动执行，获得了多方面的收益。

1. 降低人力成本。通过开发 RPA 机器人，很多原本占用许多工时的手工操作，转变为全自动化操作，不再需要人工参与。

2. 提高业务执行效率。在开发实施的 20 多个 RPA 场景中，所有 RPA 机器人的执行速度都远远快于人工执行，执行效率提高了 10 倍至 20 倍不等。

3. 串联多个系统断点。日常有很多业务操作，需要人工先后登录多个系统才能完成，比如登录内部系统下载数据并整理，然后登录外部系统上报数据；登录外部系统下载数据，然后登录内部系统并录入等操作。通过开发实现 RPA 机器人，可以将此类操作从头到尾完成串联，整个操作过程一气呵成。

4. 提高业务执行的准确性。在执行大量的重复性任务时，RPA 机器人不会因为疲倦、分神和其他不适而影响工作，它可以提高业务执行的准确性。

5. 全时候命。RPA 机器人可以 24 小时不间断工作。

四、项目主要建设内容

经综合考虑，RPA 项目在集团内分期开展。一

期在集团本部、财险、寿险各自选取典型业务场景，开展试点。试点成功后，及时总结经验和不足。从二期开始，在全集团做进一步推广使用。

整个项目由集团统筹，财险和寿险子公司辅助，从 RPA 厂商统一批量采购机器人 license。后台管理平台由集团购买并配置安装，设计器和机器人由集团、财险、寿险分别按照各自的需求量进行购买。具体实施场景由集团、财险、寿险各自分别选取，再由集团统筹，避免共性需求的重复建设，以节约实施成本。

经精心筛选，RPA 一期项目共选取了财务部、人力部、内审部、IT 部和综合管理部的约 20 个典型场景。其中，部分财务场景和人力场景在集团、财险、寿险共用，典型场景有以下几类。

1. 财务管理部。集团给财务部门主要建设了以下几个场景：给市统计局网报月度基本情况表；从中国人民银行网站定期下载汇率信息，提交录入到总账系统；进项税数据核对；从总账系统获取数据，生成并表监管报表。

2. 人力资源部。从人力资源管理系统导出月度考勤数据到 Excel，再分类整理并按照个人维度分别打印。

3. 内部审计部。从银保监会网站定期下载监管处罚信息并整理归类；从费用控制系统导出数据并整理归类。

4. 信息技术部。定期维护追加总账系统的投资产品映射数据；定期登录各个 IT 系统并做巡检。

5. 综合管理部。通过后台管理系统，上传约 5000 个公司保险产品信息到公司官网，供外部访问者查阅。

系统架构见图 1。

五、项目效果

通过 RPA 一期项目的实施，全集团累计年节省人力成本 3000 人/小时以上，平均提高流程执行效率 10 倍以上，通过扩大基础数据查询量，提高了内部审计检查及数据分析深度，实施效果符合预期。业务部门反馈良好，并提出更多的新需求，积极促成 RPA 二期的实施。

六、总结

RPA 项目建设周期短，开发效率高，上线快，项目投入获得产出和回报较快，对于保险业部分重复性、事务性工作的自动化处理很有价值。同时，由于大部分业务场景的复杂性和 RPA 工具本身的技术门槛，经实践检验，远远达不到部分 RPA 厂商所宣传的让业务人员人手一个机器人的理想效果，还是需要依赖 IT 部门专人专岗或者专业的实施公司来做具体 RPA 场景的开发和建设。

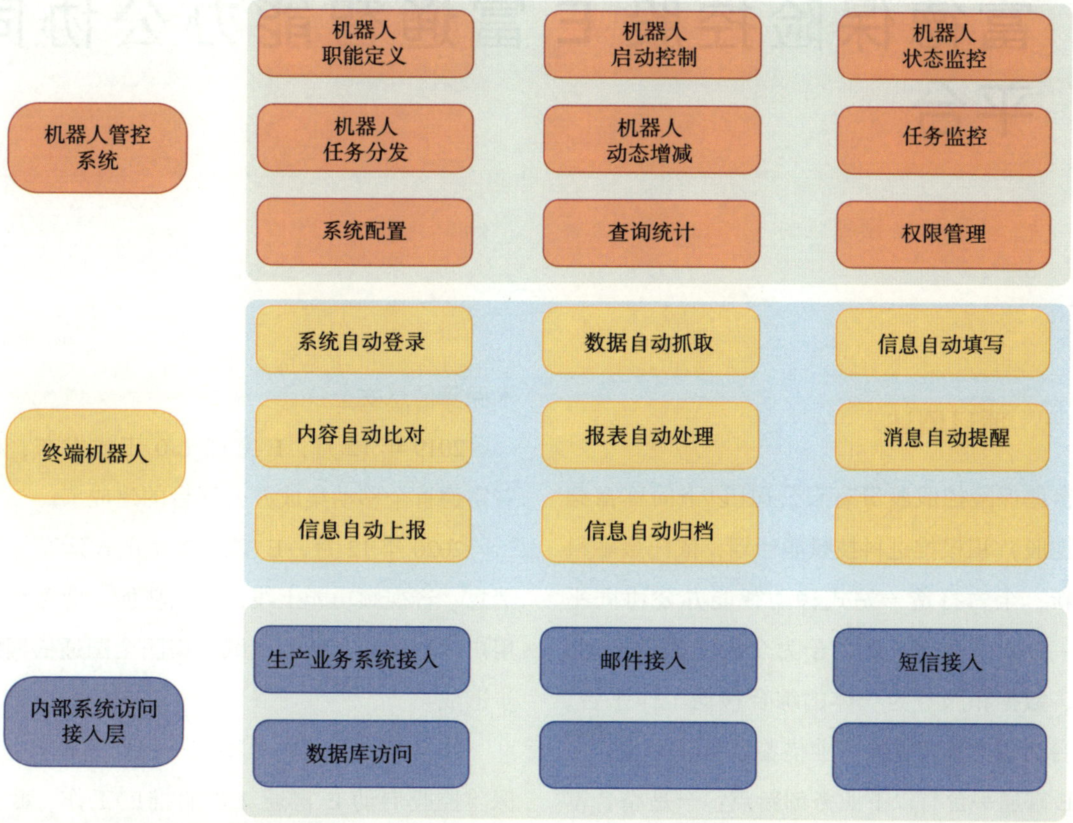

图 1 系统架构

专家点评

华泰保险集团股份有限公司利用 RPA 技术助力实现数字化转型，把重复、琐碎的人工操作交由机器人操作，覆盖了 5 个部门，开发各类机器人 20 余个，降低了人力成本，提高了业务执行的准确性。该项目解决了不同系统之间没有联通，以及人工需要反复登录提取数据的问题。通过 RPA 机器人，可以从头到尾串联多个系统断点，提高了业务执行效率。随着近年来 RPA 技术不断改进和发展，稳定性、应用性逐步提高，如何把 RPA 技术与其他新兴技术或应用场景结合起来，是需要重点关注的部分。

富德保险控股 E 富通智能办公协同平台

◎ 富德保险控股股份有限公司

一、项目概述

富德保险控股股份有限公司(以下简称富德保险控股)积极推进科技赋能计划,依托金融科技创新,全力打造一站式移动智能办公协同平台——E 富通平台,致力于为全集团提供沟通、办公、数据和服务为一体的综合移动工作平台。该平台运营方案可供全行业借鉴参考。

E 富通平台有以下业务创新点:一是整合富德移动办公、富控宝等多个集团的同类 APP,集成"50+"轻应用。二是连接综合办公平台、人力资源管理系统、财资管理系统和多媒体客户联络平台等"20+"集团系统,实现平台资源整合共享,节约大量的开发成本和运维费用。三是根据用户岗位职能,智能匹配专属权限,个性化展示用户工作平台,为用户提供最适合、最刚需的业务功能。

E 富通平台有以下技术理念创新点:一是运用大数据、云存储和 ASR 等技术全面渗透服务于用户的职场沟通、移动办公和线上审批等多种工作场景。二是运用音视频创新技术,支持 30 方同时在线通话,为多人线上实时沟通提供解决方案。三是运用金融安全能力,使用国密算法、设备越狱/root 检测和 DLP 防泄密机制等安全技术保障信息安全。

2019 年 12 月,E 富通 1.0 正式发布,标志着富德首个移动集成办公平台的建成。

2020 年 12 月,E 富通 2.0 正式运营,即时消息、音视频功能上线,产品功能、业务场景和用户体验实现了质的飞跃,集团全国通信网络初步形成。

2021 年 2 月,在集团统一规划部署下,富德保险控股启动 E 富通 2.0 的推广工作。截至当前,已实现 7 家总公司、子公司和 35 家寿险分公司、11 家财险分公司的全面覆盖。用户总激活数超 16000 余人,激活率为 96.2%,月活跃率达 82.7%。其中,OA 审批、移动邮箱、假勤功能、业绩展示、薪酬查询和会议室预订等成为最受用户欢迎的热门功能。

二、项目背景及意义

E 富通诞生于富德保控,结合了前期的移动办公产品、全新的业务构想和先进的开发技术,打造了一个集办公沟通、业务服务为一体的智能办公协同平台。经过全国 29 个省级员工跨公司、跨区域和跨层级的实践检验,已实现连接全国同仁、信息传递、任务分享和线上化流程的"一张网"。帮助每一家机构以及每一位用户高效、轻松、便捷的工作。

在产品功能建设上，E 富通始终坚持以用户需求为核心，持续为移动办公平台注入全新的活力。通过机构调研、业务沟通和用户反馈，不断收集多种办公、业务场景。注重加强平台能力建设，提升用户的工作效率，不断服务业务部门，促进内外勤联动，最终提升客户体验，是 E 富通智能办公协同平台搭建的初衷和目标。

三、项目重点解决的问题及主要创新点

（一）沟通：一键找人快准狠

E 富通平台基于集团组织架构，对接人力资源管理系统，打造电子通信录，将总公司、子公司、分公司逐级管理分布，清晰明确地展示用户的信息，帮助用户轻松一键找人。管理层用户，自动开启敏感信息隐藏，采用先申请再沟通，免打扰的 VIP 保护机制。

支持 APP 和 PC 两种终端，即时消息功能可传递图片、文字、语音以及可发送 100M 大文件，可创建 500 人的工作群组，满足基础办公需求，实现内外网信息的实时传送。自设星标用户和消息传送门，全程掌握重点关注用户的信息发送。

特色内部公众号系统和限时推荐功能，支持多图文展示、H5 链接和视频等全员消息推送，有效保证信息可传递至每一位用户手中。形成内部流量第一运营推广平台，改变信息传播表现方式和层层下达的邮件传递方式，节约邮箱和网络资源，紧跟网络流量潮流。

（二）办公：防疫远程两不误

在全球新冠肺炎疫情大流行的背景下，E 富通线上线下两手抓，在助力职场加强疫情防控的同时，注重赋能远程办公多场景。

E 富通率先推出职场电子通行证，定位于办公职场，关注新冠肺炎疫情风险区域，依据公司部门授权。管理并比对用户信息，实时加强职场人员的进出管控；提供音视频通话、远程连接多人会议、实时屏幕共享；为居家办公、异地出差提供了信息沟通的交流服务，保障了远程办公的高效性。

与此同时，E 富通平台注重基础办公能力建设，对接企业邮箱和综合办公平台，支持移动收发邮件、审批 OA 和委托待办，提供会议室预订、线上汇报、活动签到、调查问卷、日程管理、公司新闻、每周小结和年度总结等诸多移动办公功能。使用户摆脱内网和电脑的束缚，随时使用外网操作办公系统，轻松高效地实现随时办公。

（三）协同：看数据易操作

保险业务系统存在专业性强、保密性高和数据量大的特点。E 富通平台采用人事行政和业务数据双系统分权限管理机制，根据用户职能智能匹配数据权限，后台管理实时监控；对接业务系统，同步业务数据；已开通营销、银保、企划、续期、IT 多条线数据、多维度榜单展示，助力业务部门跟踪指标时效，关注提升业绩。

根据业务需求，E 富通平台也为不同层级的用户提供信息安全、操作便捷的移动协同功能。在防泄密机制下，使用 APP 进行业务系统的快捷操作，实现内网系统对外的信息传送，使用户不再局限于职场的方寸之间，有效利用碎片时间高效处理业务工作；寿险优增查询、活动管理、出勤查询、KPI 考核、费用预算、财险综合经营、待办任务、资产规模和 IT 可视化管理等逐

步成为经营管理的高效功能。E 富通平台赋能业务单位，助力其降本增效。

（四）为民：贴心员工服务

在员工服务方面，E 富通注重用户的日常工作学习生活需求。对接人力资源管理系统，为用户提供移动假勤申请，考勤异常处理，假勤余额、历史查询等多项考勤功能。提供移动薪酬查询，短信验证保障个人私密信息安全。对接财资管理系统，为用户提供差旅出行、费用报销、加班打车、招待申请、会议报销、借款还款和餐补外卖等超多便民服务。

对接培训管理系统，提供培训视频在线看，专业知识随时读的员工培训服务；提升用户学习能力，满足多条线培训需求。

为向建党百年献礼，E 富通打造智慧党建模块；对接“学习强国” 公众号，党务书库一键跳转；同步深圳智慧党建、公司党建新闻，为党员用户开放“三会一课”、党员活动报名、定位签到、党组织架构和党员生日等专属服务，为全体用户提供学习天地、我要入党和党委信箱等通用服务。

助力寿险帮扶小海豚公益计划，提供个人帮扶、部门帮扶、单次及长期多种帮扶模式，支持查看帮扶进展、帮扶状态等多项服务。

四、项目主要建设内容

当前，E 富通平台已全面运营，并推广到全部机构使用，主要功能包含基本功能、安全管控、经营管理、办公协同、员工服务和业务协同六大分类，已上线“80+” 个功能，对接“20+” 个后台系统。E 富通范畴功能架构见图 1。

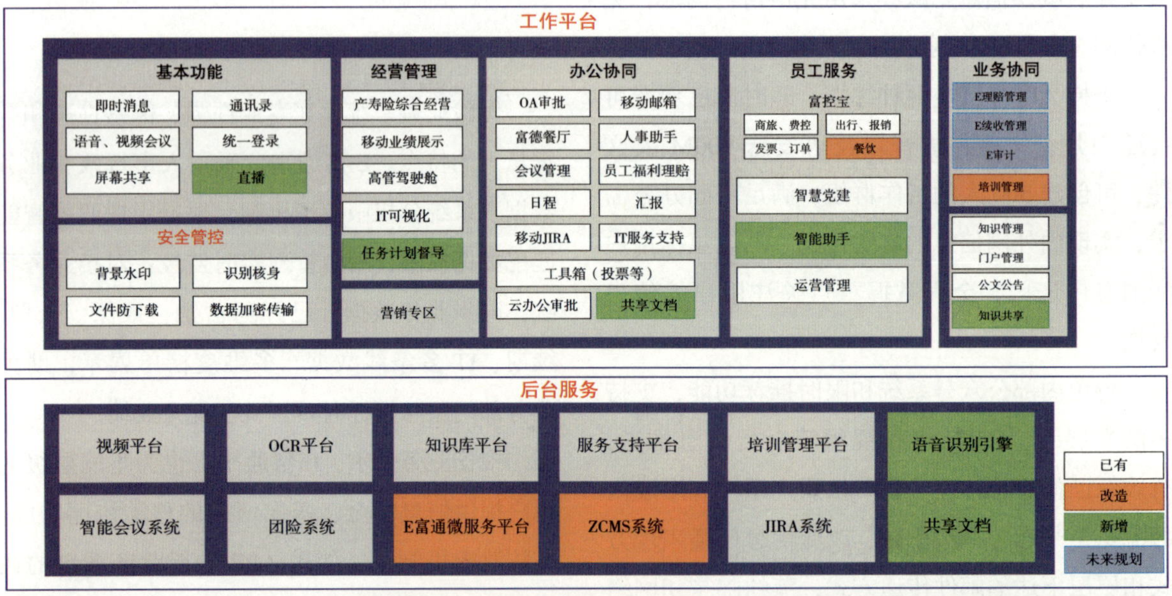

图 1　E 富通范畴功能架构

E 富通平台技术方案主要包括以下几个方面。

（一）跨平台能力不受限，用户性能体验优秀

E 富通前端工作台采用开源 Uni-app 前端应用框架，仅需编写维护一套代码，即可跨端支持 iOS、Android、Web（响应式）以及各种小程序（微信/支付宝/百度/头条/钉钉/淘宝）、快应用等多个平台，为业务的快速扩展提供技术基础。

已支持业务系统操作、业务数据展示、业务数据查询和业务活动管理等 20 多种场景，快速响应业务需求，减少开发成本，提升产品性能体验和兼容性。

（二）打造企业微服务框架，细粒度拆分业务功能

E 富通后台系统采用微服务框架开发，单个微服务对应特定的业务功能，保证业务功能清晰，应用启动速度较快，代码开发和维护流程便捷。应对不断升级的业务功能需求，仅需对单个功能进行修改，实现局部修改快速部署，极大地减少迭代流程，提高开发效率，提升用户体验。

当前平台已与寿险、财险、资产和置地等多家公司的十余个部门合作，为营销、银保、企划、人事、收展、培训、两核、电呼和客服多条线提供专属定制的业务服务。深度发掘业务系统功能，专注移动端易操作、好管理的业务功能开发，比如电话工单处理、银保保单处理，为内外勤工作流程线上化提供服务。

（三）金融级安全防护，数据加密云传输

E 富通平台搭建的四级安全机制，极大地保障了信息文件的传播安全性。

1. 应用安全：账号强密码策略、定期维护机制、生物特征识别和屏幕水印标识。

2. 数据安全：通信信息加密、传输文件加密和云端查看内部传播。

3. 部署安全：内外网隔离分布式部署、建立安全缓冲、设有熔断和服务降级策略。

4. 管理安全：用户行为审计、截屏等危险行为预警和操作日志查验。

五、项目效果

（一）用户覆盖率高活跃用户稳定

E 富通智能办公协同平台 2.0 运营半年以来，已上线 80 余项功能，注册用户达“16000+”人，日均活跃用户超 5500 人，活跃用户稳步上升。

（二）沟通协作促进办公效率提升

2021 年上半年，用户通过 E 富通发送超过 144.8 万条信息，提高了 50% 的沟通效率；工作台功能页面访问量，超过 332 万人次，有效地提升了 20% 的协作效率；开设 20 余个职场，提供超过 6300 多场会议室预订服务；配合 DLP 防泄密机制、后台管理监控、个性屏幕水印和推送预警机制，有效减少了 90% 的数据泄露风险。

（三）定制业务协同让工作更轻松

为近千名客服人员提供移动工单查询，预约电话回访的业务系统操作功能。改变线下定期收集材料的传统理赔流程，已优先为 6000 余名员工提供随时申请，快速理赔的全新线上流程，已完成 5784 次理赔，理赔平均时效 1.1 天。为审计部门提供语音、图片转文字的智能识别功能，识别数据一键转至邮箱，保障数据安全转换。

六、总结

E富通智能办公协同平台是基于富德保险控股体系现有组织架构、基础数据、权限体系和业务系统，从用户实际需求出发，科学规划当下适合富德内勤员工的一体化平台设计，实现跨业务整合联动，全局视角的统一管理模式。后续，E富通平台将从以下几个方面进行升级。

（一）强化平台基础建设

E富通平台将注重平台基础建设，新增直播、识别核身和在线文档等功能，进一步提升用户沟通及线上办公能力。以积极的心态，怀抱开放思想，向业内主流产品多交流、多学习、多合作，升级完善最合适富德人的办公平台。

（二）扩充业务协同场景

加强用户沟通调研，深入发掘用户的痛点需求，主动为业务部门服务，不断丰富业务场景，对接E理赔管理、E续收管理和E审计等业务系统，升级培训管理、知识共享等更多实用、便利的业务功能，为不断提升用户工作效率作出努力。

（三）提升用户服务体验

搭建数据统计平台，以用户数据为指导，切实提升用户体验，提高用户的活跃度。新增智能助手，升级IT服务平台，贴近用户解决问题。简单易上手、安全又方便、高效协同的E富通平台逐渐成为富德员工办公口碑相传的小助手，向着“富德内勤用户，只用一个就好”的目标迈进。

未来，富德保险控股将继续以数据信息为驱动，推动集团数字化转型，不断向高质量、高效率、高服务的保险企业迈进。

专家点评

富德保险控股股份有限公司打造的E富通平台是一个一站式移动智能办公协同平台，将众多功能性的APP进行整合，涵盖了OA审批、移动邮箱和薪酬查询等热门功能，使内部员工能够简洁高效地查找相应应用。与此同时，该平台还关注数据安全，使用国密算法等防泄密机制保障信息安全。该平台的创新之处在于可以个性化展示用户的工作平台，智能匹配专属权限不同的岗位是其最适合的功能。E富通平台的成功搭建标志着该公司正逐步向着“富德内勤用户，只用一个就好”的目标迈进。

平安产险大灾应急服务平台

◎ 中国平安财产保险股份有限公司

一、项目概述

大灾应急服务平台是平安产险搭建的线上化、数据化和智能化的重大灾害管理平台，通过机器人管理，在灾前、灾中和灾后输出能力给客户、销售队伍、理赔队伍、管理层……用于应对保险重大灾害的各种问题。

二、项目背景及意义

重大灾害来临，保险事故的报案量会激增，这对保险公司的服务能力造成了极大的挑战。为了更加有效地应对重大灾害，平安产险建立一套大灾应急管理系统，总结了原来灾前、灾中及灾后的主要问题和各方的痛点。

（一）灾前

1. 预警：灾害信息线下人工识别。
2. 风勘：应风勘标的手动筛选。
3. 准备：无法预估理赔人力和资源。

（二）灾中

1. 响应：线下人工电话回访。
2. 施救：线下人工调度救援力量。
3. 调度：人工调度理赔人力。
4. 通报：手工邮件发布数据。

（三）灾后

总结：事后凭经验总结。

（四）各方的痛点

1. 客户。

（1）不知道灾害何时来、如何正确地防灾防损。

（2）保险公司电话座席满负荷，出险后没人联系。

（3）不知道受灾后该如何自救。

（4）不清楚理赔流程。

2. 销售人员。

（1）不清楚哪些客户灾前有风险。

（2）不清楚哪些客户受灾。

（3）不知道如何帮助出险客户。

3. 理赔队伍。

（1）案件量激增无法快速响应。

（2）工作量分配不合理。

4. 管理层。

（1）灾前准备。大灾的人力、车辆等资源无法预估。

（2）灾中情况。案件量、处理进度、结案情况以及是否有投诉灾后复盘，通过大量的人工统计找出问题。

（五）造成以上问题的根本原因

1. 线上化的大灾管理平台功能缺乏。
2. 大灾数据体系不完善。
3. 智能应急能力不足。

三、项目重点解决的问题及主要创新点

该平台解决了大面积灾害中各个环节的所有问题，大幅缩减了人力成本，提高了满意度。

本部分简要描述案例重点解决的问题及主要创新点。

（一）灾前

1. 灾害预警，全面线上化取代人工。

（1）客户。通过平安产险自然灾害风险平台推送灾害预警信息到各个客户端，并附上防灾防损指引。同时，发送水灾高风险信息给客户，指引将人员和车辆避开高风险区域。非车险客户，推送该险种的防灾防损指引和财险水灾高风险地图。该功能全面地解决了传统的短信预警通知的低效模式，提高了客户防灾防损的能力（高风险地图的评级是结合历史出险数据、气象灾害信息、地理条件等因素综合评判的）。

（2）管理层。通过机器人推送灾害预警信息到管理层，随时提醒相关各方做好大灾理赔服务的应对工作，平安产险通过自然灾害风险平台（名称暂定）推送气象预警信息到大灾平台，系统自动判断风险程度，对达到一定程度的灾害，直接推送信息到管理层邮箱。

2. 风险巡防，全面智能化。

平安产险采购了全国 2167 个国家级气象观测站的历史数据和实时更新的数据查询业务，支持全国范围未来 2 小时至 10 天的气象灾害预报（暴雨、台风、暴雪、风灾等），分辨率可达 3km×3km。根据精准气象灾害数据对接，向用户和财险工作人员推送风险保单信息，提醒团体客户和公司工作人员做好防灾防损工作。

（二）灾中和灾后

1. 客户。机器人优先响应，理赔员全程在线，第一时间帮助客户解答疑难。

（1）报案激增，座席电话可能无法接入。在线沟通机器人，机器人在线优先响应，理赔员随时人工接管；自动外呼机器人，规则处罚自动外呼，队伍人工触发外呼。

（2）客户等待救援、定损时间较长。理赔人员的工作量超负荷，系统自动调度，安排就近查勘员处理；自动定损功能，水灾损失等级自动识别，系统自动带出损失项目和定损金额。

2. 管理人员。

（1）大灾的实时情况。实时数据，平台对接各个理赔系统，展示实时赔案数据，包括分险种、分客群、分机构（二级、三级、承保、出险地点，精确到区县）和损失金额的数据。

（2）异常状态。对于投诉、损失金额、案件量和理赔人力等异常情况，可以实时反馈到管理层，以便于决策。

案例一：河南暴雨大灾总部作战平台主页面展示

河南暴雨作战平台展示：

1. 各个险种的理赔数据和处理进度，包括各个承保机构、地级市、区县的情况。

2. 案件分布的密度在地图可视化，可以放大查看地图上的具体某一个案件的详情。

3. 案件的发展趋势在右侧显示。

4. 新发投诉主页面滚动展示，足以引起管理层重视。

案例二：“烟花”台风绍兴中心支公司的作战主页面展示

1. 各个区的案件数量和状态实时可视。

2. 案件的分布在地图上显示，点击即可查

看案件的信息和进度。

3. 显示理赔人员的工作量，系统自动调配案件，确保工作量均衡，若整体人力饱和会发出预警。

4. 展示修理厂的任务量和进度，修理厂、理赔人员和保全地的状态，同样可以在地图上显示。

四、项目主要建设内容

本部分重点分析项目的建设内容，注意强化对科技运用的展示和技术原理分析。

（一）气象科技（高风险地图）

1. 数据采集。公司基于全国2167个国家级气象观测站的历史数据和实时更新的数据查询业务，支持全国范围未来2小时至10天的气象灾害预报（暴雨、台风、暴雪、风灾等），分辨率可达3km ×3km。根据精准气象灾害数据对接。

2. 水淹预测模型。基于降水数据、地形数据，结合保险业务数据，自主研发的内涝预测风险模型，可以自动评估预测城市的内涝风险等级。

（二）机器人应用

1. 机器人自动答复、外呼功能。

2. 机器人自动预警功能。

五、项目效果

应急服务平台自2020年上线以来，该平台在大灾理赔服务中，赋能队伍，提升工作效率起到了非常大的作用。

（一）赋能队伍（定量）

1. 整体情况。处理重大自然灾害75次，发送预警邮件和信息共计80292次，处理大灾案件超过12.6万笔，自动提取大灾理赔数据13230次。

2. 作业队伍。减少了大灾案件的汇报流程，标签系统自动添加，无须再手动录入。

3. 管理层。数据实时可视化，减少繁冗数据统计和分析过程。上报监管也无须再人工统计，可以做到实时上报。

（二）提升服务水平（定量）

1. 作业效能提升。2020年四川暴雨，1月内结案率超过80%；2021年河南暴雨案件两周结案率已超过50%。

2. 服务满意度。2020—2021年大灾案件的投诉率同比2019年降低20pt；2021年非车险大灾案件做到了仅1笔投诉。

（三）提升公司整体管理能力（定性）

1. 财险公司各个部门共享同步信息数据、共享平台能力，建立应对大灾的联合作战体系，各个部门之间可以相互协作，极致地发挥出公司运营效率。

2. 该平台是完全的线上化、数据化和智能化的管理体系。

六、总结

该平台可以全流程高效地处理重大自然灾害的保险理赔事宜，在行业内是非常先进的应对大规模灾害应对的联合作战平台。随着科技的进步和客户日益增长的服务需求，平安产险以后会再接再厉，创造出更先进适用的功能，将保险业的服务水平更上一个平台。

后期规划主要在以下几个方面。

（一）重大突发事件功能强化

该功能已上线，结合案件量少，重要性高的特点，将重大突发事件纳入应急服务平台管理，目前已可以有效地监控该类案件。后续公司会增加重大突发事件高风险提示功能，可以第一时间识别并筛选出可能出险的客户，以便于更快地响应政府和客户的需求。

（二）灾害预测功能升级

风险管理和预测水平，是客户重要的需求、保险业的精髓以及保险未来的发展方向。无论是2020年的四川水灾还是2021年的郑州水灾，都有很多东西值得我们思考，如果提前能够预测到风险，哪怕是提前较短的时间预测到，也会避免大量的人员伤亡和财产损失……

风险管理水平提升不仅仅是平安该思考的事情，也是整个保险业的使命和担当，这条路还很长，路途也很艰险，需要不断努力，取得一个个丰硕的成果，给社会创造价值。

专家点评

中国平安财产保险股份有限公司研发的大灾应急服务平台是一个线上化、数据化和智能化的重大灾害管理平台，通过及时推送灾害预警信息给客户和公司管理层，迅速采取应对策略。该项目的创新点在于水灾来临时的自动定损功能，可以根据水灾损失的等级自动识别，系统自动带出损失项目和定损金额，对巨灾保险有很好的启发。近年来，地震、洪水、暴雨等自然灾害频发，大灾应急服务平台的搭建可以更有效地应对重大灾害，不仅帮助客户灾前防损，灾后快速理赔，也帮助保险公司及时响应巨大灾害。

中国人寿财险国寿 E 销

◎ 中国人寿财产保险股份有限公司

一、项目概述

移动端展业在保险业呈现象级效应，客户和销售人员都已经接受这种销售方式。移动端出单标准化程度高，但交互系统、交互环节多，因此，移动出单是否方便、快捷和稳定性对于用户体验非常重要。中国人寿财险在车险和非车险线上化领域进行深耕，统筹建设国寿 E 销平台，并从技术结构、生态体系和能力拓展三个方面进行能力整合。

（一）技术结构

1. 应用结构松耦合，前中后台清分，提升网格能力。

2. 平台容器化部署，混合云划分区，提升动态容灾。

3. 应用消息层级化，降低运维困难，提升用户体验。

（二）生态体系

1. 用户为中心，全业务链路追踪，千人千面供服务。

2. 技术“走出去”，接口能力可提供，SaaS 方式更简单。

3. 外部“引进来”，内部能力可对接，充实平台强服务。

（三）能力拓展

1. 应用能力拼图化，业务流程可拼接，快速赋能抢占市场。

2. 产品能力要持续，贴近一线强赋能，减能增效降成本。

二、项目背景及意义

当前，数字经济正在引领新经济发展，万物互联、数字化和智能化的大趋势日益明显，保险业也在加速推进数字化转型。市场竞争不断增大，需要借助移动互联网助力业务发展，提高数字化、线上化和智能化建设水平。

为适应数字时代客户行为及消费习惯的变化，中国人寿财险对标财险行业先进主体，借鉴优秀经验，以数据互联互通、融合应用以及科技能力建设为基础，大力推进客户经营从线下低频互动转向线上全周期生态经营，大力推进渠道拓展从资源依赖型转向平台赋能和数据驱动型，大力推进运营支撑从人工作业转向智能化自动作业，实现客户线上化、服务生态化和运营智能化。预计到 2022 年主要业务领域线上化率达到 80%以上，其他领域线上化水平显著提高，实现客户绑定率、互动频率、提供服务数和线上业务占比等数字化指标大幅提升，达到同业和互联网保险公司的先进水平，达到并力争超过监管对财险业务线上化、数字化等各项指标要求，打造科技财险、数字财险和生态财险，全面构建公司数字时代新优势。

三、项目重点解决的问题及主要创新点

（一）应用结构松耦合

1. 混合云，全容器。

（1）平台结构使用“华为云+数据中心”的混合云方式，采用全容器部署。

（2）使用容器部署可以快速响应生产问题，出现资源紧张则可以在5分钟内极速响应，扩展资源。

2. 新架构，提容灾。

（1）基于混合云部署，公有云端主要完成静态资源下发和入口判断功能。

（2）在提升整体吞吐能力的基础上，进一步提升容灾能力。

基于中国人寿数据中心的北京和上海机房进行内网容灾建设；北京机房负责主体结构搭建，包含注册中心、应用层、翻译层和核心交互层；横向使用Redis、MongoDB和MQ来支持业务实际形态。上海机房同步搭建灾备环境，提升容灾能力，可完成5分钟内快速切换。

3. 基于容器，DevOps初见雏形。

（1）平台基于Git构建和流水线发布，推进标准化研发流程建设，为打造基于容器的DevOps体系奠定基础。

（2）出现系统问题如需回退版本可实现快速响应，建立检查清单机制，根据清单无门槛进行运维回退，保证生产系统稳定运行。

4. 配置统一管，热更无感知。

（1）平台整体引入Apollo配置中心，将常用配置可视化，方便后续运维和生产环境开关变更。

（2）配置无须重启服务器，大大降低运维门槛，5分钟内快速更新配置项。

5. 保稳定，上灰度。

（1）通过云端配置中心结合OAuth授权实现双中心灰度体系。灰度环境采用和生产环境同结构体系，完全可以承载生产数据。

（2）灰度环境根据实际业务情况拆分数据中心入口，同时通过互联网入口Nginx映射实现不同的环境切换；根据提前分流的生产数据进行验证，保证升级变更的稳定性。

（二）以用户为中心

1. 从用户的角度构建应用链路，按照以点带面串接路径的方式，构建用户的全路径视野；在提供用户基础功能的同时，进行用户行为分析，不断优化体验，增强用户赋能。

2. 技术“走出去”，适应业务需求。平台在提供自身服务的同时，不忘将自身能力进行外部输出，支持以SaaS或者PaaS对外提供服务，可快速满足不同方式的业务需要，创费提效。

3. 能力“引进来”，平台赋能用户。平台整体以开放求发展，从外部引入的基础类服务和能力类服务，根据实际场景以不同的云服务进行承载，并从用户的角度进行投放。

（三）应用能力拼图化

1. 业务中台稳基础，网格服务快拼接。基于容器云的流水线能力，构建不同微服务业务中台架构，以统一应用网关进行入口把控，内部使用注册中心进行服务发现，形成网格化微服务体系，提升整体开发效能和容错能力。

2. 贴近一线强赋能，能力体验共提升。不

断向一线输出能力，同时根据反馈结果在流程和体验上进行优化；某些应用场景涉及的产品结构调整还可借助蓝绿发布进行差异化体验，以对齐方向，快速前进。

四、案例主要建设内容

本部分将从技术和业务两个方面分别阐述建设内容。

（一）科技引领打基础

1. 架构体系绘蓝图，微服务拼接成网格。

（1）微服务体系。微服务是一种服务间松耦合的、每个服务之间高度自治并且使用轻量级协议进行通信的可持续集成部署的分布式架构体系。通过将功能分解到各个离散的服务中以实现对解决方案的解耦，从而降低系统的耦合性。围绕业务领域组件来创建应用，这些应用可独立开发、管理和迭代。在分散的组件中使用云架构和平台化部署管理及服务功能，使产品交付变得更加简单。

在整体技术选型上使用 SpringCloud，它是基于 SpringBoot 的一整套实现微服务的框架，提供微服务开发所需的配置管理、服务发现、断路器、智能路由、微代理、控制总线、全局锁、决策竞选、分布式会话和集群状态管理等组件。除基于 Netflix 的开源组件做高度封装外，还有一些选型中立的开源组件。SpringBoot 将目前各家公司开发的比较成熟的服务框架进行组合，通过 SpringBoot 风格进行再封装，屏蔽掉复杂的配置和实现原理，最终给开发者留出了一条简单易懂、易部署和易维护的分布式系统开发工具包。SpringCloud 是分布式微服务架构下的一站式解决方案，是各个微服务架构落地技术的集合体。

平台整体采用基于 SpringCloud 的微服务架构，注册中心使用 Eureka，配置中心采用 Apollo，网关使用 SpringCloud Gateway，整体服务通过注册中心进行汇聚和关联。监控方面通过 SkyWalking 和 PinPoint 等工具做链路跟踪和服务状态查看，可以实时查看整体服务的运行状态，日志采集采用更为轻量级的 EFK，在不影响整体服务性能的前提下实现快捷的日志查询，以下就架构中的各关键组件进行说明。

一是服务网关。SpringCloud Gateway 是基于 Spring 5.0、Spring Boot 2.0 和 Project Reactor 等技术开发的网关，它旨在为微服务架构提供一种简单有效的统一的 API 路由管理方式。SpringCloud Gateway 作为 Spring Cloud 生态系统中的网关，目标是替代 Zuul，在 Spring Cloud 2.0 以上版本中，没有对新版本 Zuul 2.0 以上的最新高性能版本进行集成，仍然使用的 Zuul 2.0 之前非 Reactor 模式的老版本。为了提升网关的性能，SpringCloud Gateway 是基于 WebFlux 框架实现的，而 WebFlux 框架底层则使用了高性能的 Reactor 模式通信框架 Netty。Spring Cloud Gateway 的目标，不仅提供统一的路由方式，并且基于 Filter 链的方式提供了网关基本的功能，比如安全、监控/指标和限流。

网关采用 Webflux 模式替换了旧的 Servlet 线程模型。用少量的 Loop 线程处理 Request 和 Response io 操作，把业务交给非常灵活的响应式编程框架处理，用户可以将业务中阻塞的操作提交到响应式框架的 Work 线程中执行，而不阻塞的操作依然可以在 Loop 线程中进行处理，大大提高了 Loop 线程的利用率。

二是注册中心。微服务架构中的注册中心采用 Eureka，它是 Netflix 开发的服务发现框架，其本身是一个基于 REST 的服务，主要用于定位运行在 AWS 域中的中间层服务，以达到负载均衡和中间层服务故障转移的目的。SpringCloud 将它集成在其子项目 spring-cloud-netflix 中，以实现 SpringCloud 的服务发现功能。Eureka 包含 Eureka Server 和 Eureka Client 两个组件。

三是配置中心。其一，随着程序功能的日益复杂，程序的配置日益增多，包括各种功能的开关、参数的配置和服务器的地址等。其二，对程序配置的期望值也越来越高，配置修改后实时生效、灰度发布，分环境、分集群管理配置，制定完善的权限、审核机制等。在这样的大环境下，传统的文件、数据库等配置方式已经越来越无法满足开发人员对配置管理的需求。

微服务架构注册中心采用 Apollo 配置中心，它是携程框架部门研发的开源配置管理中心，能够集中化管理应用于不同环境、不同集群的配置，配置修改后能够实时推送到应用端，并且具备规范的权限、流程治理等特性。

（2）容错降级。在微服务架构中，公司将系统拆分成一个个的服务单元，各单元应用间通过服务注册和订阅的方式互相依赖。每个单元都在不同的进程中运行，如果对其采取依赖远程调用的方式执行，可能会因为网络原因或是依赖服务自身的问题出现调用故障或延迟，而这些问题会直接导致调用方的对外服务也出现延迟。若此时调用方的请求不断增加，会形成任务积压，线程资源无法释放，导致自身服务瘫痪，甚至出现故障蔓延，产生服务的“雪崩效应”，使整个系统瘫痪。如果这样的架构还存在如此严重的隐患，那么传统的架构就更加不稳定了。

2. 安全第一，自主可控。系统安全、稳定和可靠的运行，首先取决于系统的整体设计、平台的选择、应用程序的质量以及部署方式等；其次，必须考虑到各种特殊情况下的恢复机制和备份机制，以保证系统的稳定性、完整性以及灾难恢复；最后严格的管理制度也是系统安全性的重要保证，主要从以下几个方面进行考虑设计。

（1）服务器部署。服务器是系统安全中的基本要素，也是系统安全中关键的环节。根据过往保险项目的经验，系统服务器全部集中部署在 IDC 机房或云计算存储环境。结合专属机房专业的安全管理机制，从物理上保证了系统的第一道安全防线。

（2）平台选择。目前，服务器操作系统平台主要有 Unix、Linux 和 Windows，由于 Linux 的安全可靠性、升级扩展性和兼容性都优于 Windows 系列操作系统，故平台的数据库服务器和应用服务器采用 Linux 操作系统平台。

（3）网络部署方式。系统服务器组单独在一个网段上，系统服务器网络和业务核心或前置系统的网络之间用防火墙进行网络隔离，保证网络之间的良好隔离。

（4）与业务系统对接。在应用系统数据库服务器中不保存任何客户信息及交易数据信息，一般情况下，只与前置系统（或业务系统）进行关联，只负责信息的传递（加密或非加密）和具体展现工作，重要数据信息保存在内网核心区域，在物理上保证安全。

（5）冗余机制。系统采用微服务架构和容器技术相结合，经过多个大型项目的运行验证，在服务稳定方面具有高可用性，为了保证系统的稳定运行和双机冗余备份、高可用性，系统支持采取扩展的部署方案，保证系统稳定运行。

（6）应用级别。主要是在平台设计中加入验证策略和防攻击检测，可屏蔽黑客利用自动程序频繁地向服务端发起请求。

(7) 访问级别。在业务查询和办理过程中，根据不同的安全等级，要求用户输入不同的验证信息，通过验证后才能进行下一步服务，在获取安全认证接口的过程中，需要与有关业务系统协商确认验证接口、信息加密机制，以保证用户信息的安全。

(8) 系统权限管理。设计完善管理后台权限验证机制，未授权用户不得访问。系统用户分层次管理，并且具有可灵活调整、可细分的权限控制。可对信息内容进行严格的角色权限管理，保证每个管理用户能够看到且只能看到自己权限范围内的所有信息。

(9) 日志审计。对系统的管理操作有翔实的历史记录，知识内容的采集、发布和审查等环节管理方便，流程可定制和管理，运行可监控；能有效地做到事先预防、事中监督和事后审计的管理方式，保证信息发布和系统操作安全。

(10) 认证管理。系统除具备上述安全机制外，还支持与用户安全认证系统相结合。

（二）科技赋能应用广

1.“我的”门店体系，以千人千面定制化门店补充营销体系。形成以科技为引领，贴近一线、服务一线的营销体系。

2. 能力融合创费用。将车险和非车险能力进行融合，实现全险种搭售。在车险综合改革的背景下，为销售人员提供全方位的能力支撑，增强创费能力。

3. 一码通办增体验。结合业务实际场景，为增强客户体验，移动营销平台为客户提供一码通办的电子投保流程功能。通过一个二维码，客户可以完成身份认证—电子投保—实名缴费验证码录入—支付—电子保单下载—电子发票开具。现在该功能覆盖全车险承保场景，极大地提升了品牌价值和客户满意度。

4. 非车险产品标准化快上线。通过对常见移动端承保产品的梳理，形成统一的配置后管。通过选定产品类型，条款框架内对责、人、期、费、额随需配，灵活指定销售渠道，一键提交业管审核。标准化的产品详情展示方式和客户投保流程，降低客户学习成本，保证客户体验的一致性，同时能够增强系统的稳定性，提升承保效率。

5. 拓市场，保差异。管理人员可根据实际产品进行差异化渠道投放和差异化手续费配置，销售人员可根据需要差异化海报投放。为产品创新和新营销模式的构建培育新的土壤。可根据市场特点，配置生成具有地方特色产品，进行差异化投放，以及制定差异化的手续费。同时还可为产品添加产品海报，海报携带销售人员专属的二维码，为销售人员提供更多的展业途径。为满足场景化营销需要，二维码可根据实际情况进行打标拆分，精准触达，准确追踪。

6. 虚门店，强能力。为了拓展业务，满足更多场景需求，抽象设计了“虚拟门店”。虚拟门店分为有货架版本和无货架版本，与外部门店对接可以直接使用有货架版本，完成快速上架；与只有产品需求的外部对接可以使用无货架版本。虚拟门店可以极大地提高对接的可控性，总体产品投放和产品上下架均由公司控制。

7. 保险卡，促营销。将传统渠道激活卡类型的业务转为线上化，同时为各种营销活动打造强力支撑。平台还提供了面向方便客户端的预投保功能，方便销售人员协助客户完成承保录入，客户仅需阅读条款告知，完成付款即可成单，大幅提升了客户体验。

五、项目效果

（一）整体平台

1. 目前，平台支持用户包含财险自有业务员约30万人，寿险营销人员约200万人，同时还具备支持养老保险等公司的能力，以及具备移动端对接需求快速外化移动端的能力。

2. 平台整体运行稳定，网关服务吞吐能力峰值达1000QPS以上。平台采用自主设计、自主可控和混合开发的模式，该模式在保险业甚至全互联网行业处于领先位置，可以大幅降低运营成本。

3. 容器化流水线方案在服务治理、服务发布和灾备扩容上都有显著效率提升。

（二）车E销

1. 平台满足销售伙伴使用场景的需求，还抽象出适合客户的出单场景，支撑车险销售面向客户场景支持。

2. 截至目前，通过SaaS模式完成了内部国寿天财、国寿i农保、空中服务小程序和中国人寿财险APP的对接；外部完成了中国人寿保险股份有限公司国寿E店和云助理以及销售公司展业工具对接。

3. 通过OAuth授权方式完成了内部多家分公司车险出单流程的对接；完成了内部应用寿险小账本和云助理寿险小助手的对接。

4. 平台上线以来，出单占比约为63%。平台整体运行平稳，得到一致好评，在满足业务诉求的同时极大地发挥了科技引领的作用，满足了低耦合，以及易维护和高开放的初衷。

（三）非车E销

1. 平台打通移网售卖的绝大部分零散型产品。

2. 自上线以来，平台共上线产品2000余款，场景化打标细分业务领域6万余个。

3. 整体开发费用对比以往的开发方式下降94%，开发能效比提升了20倍。

4. 与中国人寿财险公司官方微信、空中服务小程序和官方APP等多个应用完成非车险产品销售对接，与中国人寿股份有限公司国寿E店、云助理等销售应用完成财险类产品对接，在国寿体系内打通多销售渠道。

5. 平台突出了科技的基础性和先导性，以科技为引领，通过技术赋能业务条线进行快速的市场试错，随时适应市场变化，占领市场先机。

六、总结

平台整体在技术能力上已经基本成型，后续有两部分内容计划予以加强。

（一）定标准促提升

混合云、全容器、标网关和构网格在公司移动端已经具备一定的实践经验和应用效果，该成果需要从建设验证阶段，转移为资产化阶段。将前期开发制定的标准内容，转移为可以带动公司全移动端应用的建设模式，打造大移动应用中台结构，形成良好的开发生态，在提升整体开发效率的同时，加强建设能力的扩展，提升数字科技水平。

（二）强能力拓市场

基于现有架构基础和应用建设，不断以微服

务方式完善应用体系，强化应用网格能力；同时，在整体应用前端，倾听一线的声音，以科技的方式赋能给一线，科技驱动公司发展，不断开拓市场。

专家点评

中国人寿财产保险股份有限公司针对移动展业和用户体验升级推出了国寿E销系统，从技术结构、生态体系和能力拓展三个方面进行能力整合。该项目利用降低系统的耦合性，将功能分散到各个离散的服务中。通过使用微服务使各功能应用之间相对独立，在某项需求提出改进时，避免“牵一发而动全身”，微服务的迭代更新变得更加简单。该项目的创新之处还在于提供了客户一码通办的电子投保流程，提升了客户的使用体验。

太平财险智慧流程机器人平台

◎ 太平财产保险有限公司

一、项目概述

2019 年 RPA 技术开始全面进入中国，其技术方案与太平财产保险有限公司(以下简称太平财险）亟待解决的大批量手工作业完美契合。因此，太平财险积极引入该项技术，并在此基础上加以创新应用，以平台化建设为基础，“RPA + AI”模式为创新，搭建太平财险智慧流程机器人平台。通过 RPA 技术模拟人工行为，将一些由人工执行的重复性任务和工作流程，进行常规操作的智能化、自动化。利用 RPA 极高的工作效率、7×24 小时的无间隙工作时间和较为稳定的工作质量等优势，优化工作流程，提高工作效率，降低人工成本，AI 技术进一步扩展这些自动化、智能化应用场景的边界，以新科技全面推动太平财险数字化转型。

项目开发并上线 RPA 流程 55 个，共计节省 6 万小时/年的工时，总体提高流程时效 30% 以上。与此同时，太平财险智慧流程机器人平台在技术应用以及业务流程方面有多项技术居行业领先地位。

二、项目背景及意义

随着数字化的不断发展，金融企业信息系统在各类流程流转中发挥越来越大的作用，但仍有部分场景无法完全用系统替代(或存在较高的替代成本)，并且随着公司前台、中台、后台之间，内外部之间的系统信息通信复杂度的增加，某些业务场景中仍需要不断切换操作，转换业务流和数据流，从而产生了很多频繁重复的手工操作。

频繁重复的手工操作耗费大量的人力和时间，无法快速地响应业务变化。业务流程涉及跨岗位、跨系统的实务操作，沟通协调成本较高且效率低下。此外，数据的手工处理介入环节越多，人为差错的风险也越高。2019 年 RPA 技术开始全面进入中国，RPA 有“零失误、高效率、低成本”的特性，对解决太平财险业务痛点和赋能数字化转型完美契合。

三、项目重点解决的问题及主要创新点

（一）技术方面

太平财险利用集团私有云资源，以高可用架构搭建智慧流程机器人平台，该平台与太平 AI 工厂、大数据等平台对接，实现太平 AI 技术、大数据与 RPA 的深度融合，为不同应用场景植入 RPA 流程机器人提供技术基础。通过引入流程挖掘技术，改变了传统 RPA 流程分析模式，以数据驱动方式对业务流程进行诊断和分析，全盘掌控业务流程，让业务流程公开、透明，直观分析流程“瓶颈”，科学挖掘 RPA 自动化机会，并且创新将 RPA 用于移动端流程自动化，RPA

应用从 PC 端向移动端延伸。

（二）业务方面

1. 业内首先利用 RPA 技术实现财务月结流程整体自动化。财务月结是一项时效及数据准确度要求极为严格的工作，各金融公司在月末均要组织大量人力进行财务月结以满足监管要求，如果出现问题，除给金融监管造成不良影响外，公司也会受到严厉的监管处罚。通过 RPA 对财务月结工作实现自动化，不仅降低了财务工作的压力，消除了人为风险，更保证了监管数据的即时准确。

2. 创新将 RPA 技术应用于无人值守的客服工作。新冠肺炎疫情暴发，部分城市不得不居家办公，远程办公虽然能够帮助公司缓解一部分服务压力，但在时效性上仍然存在不足，RPA 将部分客服工作实现自动化、智能化。比如，重复证件校验工作，智慧流程机器人平台通过自动读取邮件，实时应答，通过集成智能 OCR 技术，识别证件、营业执照等信息，进行在线核对，同时根据核对结果，在系统中处理相应的业务，实现无人值守、快速响应处理。目前，已实现重复证件自动校验，准确率为 100%，节约人工 3000 小时/年。

3. 车险品质检查。车险费用结算两种工作流程复杂，对于总分公司需要投入大量人力的工作场景，通过智慧流程机器人平台与企业内部 BI、数据填报等“多系统集成”实现跨平台、全流程自动化运行，全国省人力 181 人，并且将车险品质检查由随机抽查升级为全覆盖。

4. 在部分监管报送以及监管数据采集上创新引入 RPA 技术。由于各类监管报表数量多、数据来源广泛、报送频率高和准确性要求高等特点，通常业务人员需要付出极大的精力来满足监管数据的报送要求。过去主要依赖人工收集数据并汇总统一填报，该方式效率低、风险高、耗时长且成本高，往往因填报人员变更、填报数据未经严格验证和审批，经常出现填报数据有差错的情况。太平财险监管报表报送机器人上线后，报送效率显著提升，60 分钟左右就能自动完成从数据获取到报送上传一系列流程，效率提升了 90%，准确度高达 100%，大大降低了数据输入环节的差错率和漏报率。

5. 创新将 RPA 自动化测试技术应用于自动化测试。过去，新系统上线时，重大版本变更均需要大量人力对系统功能进行测试，太平财险创新将 RPA 自动化测试技术应用于系统自动化测试，通过 24 小时不间断的执行测试用例，极大地提升了测试的速度和效率，特别是在回归测试阶段。2020 年车险综合费改期间，太平财险就利用自动化测试机器人进行出单测试以及回归测试，在极短的时间完成了繁杂的测试工作，为系统改造上线赢得宝贵时间，帮助太平顺利通过车险综合费改验收。

四、项目主要建设内容

（一）自主搭建了流程挖掘平台，结合流程挖掘技术，对业务流程进行诊断和分析、深度挖掘

2019 年在 RPA 项目初期，太平财险开展全面的业务流程梳理工作，在业务流程梳理工作中，面临的问题是，业务流程数量多，复杂度高。而各部门现有工作繁忙，仅业务流程梳理工作就需要花费大量的人力。于是太平财险在业务流程梳理过程中，开始探索利用新技术，解决传统业务流程梳理，分析工作量大的困难。

流程挖掘在当时还是比较冷门的技术，2018

年之前流程挖掘技术基本只有德国企业在应用，通过系统中的日志自动生成可视化流程图的技术。

截至目前，我国仅有华润、华为等公司在应用流程挖掘技术，保险业流程挖掘技术应用尚处于较早期阶段。

太平财险在2019年率先引入流程挖掘技术，并搭建了流程挖掘平台，对业务流程进行诊断和分析、深度挖掘，极大地提升了业务流程分析的效率。

（二）RPA管理平台的建设

太平财险自主搭建了RPA管理平台，通过平台化的方式把机器人管起来，把流程管起来，将机器人标准化、规范化、规模化应用。

RPA机器人管理平台覆盖公司的六大部门，55条业务流程，几十种不同的业务场景。同时，为了解决规模化之后，带来高并发的性能的“瓶颈”，太平财险通过自主的超高性能、高可用平台架构以及太平私有云资源池，实现动态负载支持并发10000个有人值守机器人和1000个无人值守机器人，处于行业领先地位。

（三）建设“RPA+AI”智能中心

将太平AI工厂的能力与RPA结合，实现了“AI+RPA”智能自动化的能力。

目前，太平OCR智能影像平台具备几百种不同影像文件的识别能力，太平财险规模化地将AI技术封装到RPA中，将后端的AI模型，变成开箱即用的机器人能力，更好地服务于业务部门。

（四）移动端自动化探索

随着目前智能化趋势，移动端覆盖了太平财险大量的业务场景，比如移动端出单、移动端查勘。

为了将RPA应用领域扩展至移动端应用，太平财险自主探索通过RPA对移动端进行模拟自动化，将RPA应用扩展至移动端，扩展了自动化应用的边界，成功地将RPA应用于智能运维错误处理、欺诈数据甄别等场景。

（五）通过建设RPA自动化测试中心，实现RPA辅助自动化测试

过去，新系统上线通常需要人工进行大量的自动化测试工作，耗费相当大的人力和物力。通过引入RPA自动化测试技术应用于保险出单自动化测试，帮助保证太平财险车险综合费改顺利上线。机器人系统拓扑见图1。

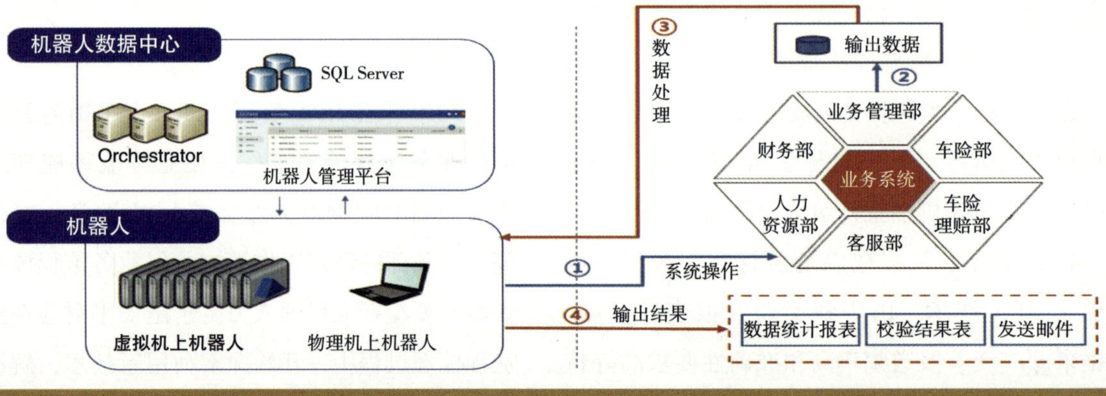

图1　机器人系统拓扑

五、项目效果

（一）经济效益

1. 降低成本。项目开发并上线 RPA 流程 55 个，服务车险部、财务部、人力资源部、业务管理部、客服部和车险理赔部 6 个业务条线，55 个 RPA 流程机器人共节省各条线 6 万小时/年的工时，年节约人力成本 420 万元。

2. 效率提升。

（1）车险部门保单品质检查由人工季度抽检，实现全部线上化，每日全量检查，保单检查效率提升至毫秒级。

（2）财务部门月结效率提升 50%，各业务流程作业效率提升 5~50 倍，业管部门执业人员信息实时报送监管，入职即报，离职即注销。

（3）客服部门机器人 24 小时无人值守，实时查收邮件，单封邮件处理时间为 1~3 分钟。

人力资源部门考核数据计算效率提升了 100%。

3. 降低风险。

（1）新冠肺炎疫情期间，机器人为前端业务保驾护航，将疫情对业务带来的风险降到最低。

（2）机器人最大化地减少人为失误，保监执业人员注册信息字段缺失率从 7% 降至零；财务会计信息核对准确率提升至 100%；车险保单品质检查覆盖率达 100%。

（3）通过平台化管理业务流程，提升整体管控力，降低运营风险，改善客户体验。

（4）机器人作业记录，均可查、可追溯，大幅度降低合规风险。

（二）社会效益

1. 在保险业财务月结，车险品质检查，车险费用结算、监管数据报送和客户服务管理等共性工作引入流程机器人，形成示范效应。

2. 通过云计算、微服务等技术搭建 RPA 管理后台，实现 RPA 平台化管理，为行业引入 RPA 平台提供参考。

3. 利用 RPA 与 ORC、AI 和大数据等技术相结合，丰富了 RPA 的应用场景，为 RPA 的深入应用提供了可能。

4. 流程挖掘技术的应用推动了行业以数据驱动方式对业务流程进行诊断和分析，帮助企业从科学、合理的角度挖掘 RPA 的应用场景。

5. RPA 在太平财险总分支公司全面推广，总结梳理了各级机构的不同角色对 RPA 的使用反馈，积累了 RPA 推广经验。

6. RPA 治理体系的搭建，规范了 RPA 生命周期管理。

六、总结

（一）存在的问题

目前，虽然太平财险已经开始将人工智能技术与 RPA 相结合，以智能自动化的方式为业务部门进行赋能，但因一些技术本身的技术“瓶颈”限制，公司还未能全面将人工智能技术融入业务的方方面面，需要保持不断创新，将新技术与 RPA 进行更深度的融合，以提高智能自动化的水平。

（二）下一步可以改进的思考

1. 未来 RPA 将逐渐发展到高度智能自动化，不仅实现作业本身的自动化，还期望随着人工智能技术的不断演化发展，可以将 RPA 技术应用于发现问题、分析和改善流程，最终利用机器人自动化技术帮助公司实现决策环节的自动化。

2. 经过运行经验的积累，未来可以将 RPA 运用到更为复杂的领域，包括对公司财务报表进行决策分析、对日常资金流动进行分析、对固定资产优化管理、对业务部门客户信息高效收集整理和对理赔数据有效分析，从而设计更多适应社会发展的新险种。

专家点评

中国太平财产保险有限公司推出的智慧流程机器人平台结合了 RPA 和 AI 模式，将传统模式下需要人工重复、琐碎的工作交由机器人处理，实现常规操作的智能化、自动化，并且使用 AI 技术扩展应用场景的边界。该项目创新地将 RPA 技术应用于无人客服工作，该平台可以通过自动读取邮件，实施应答等技术快速处理，且效果较好，在行业内具有较高的借鉴意义。目前，在从人工到自动化的转变过程中，RPA 技术由于其“零失误、高效率、低成本”的特点而应用广泛，保险公司也可以把 RPA 技术与更多的其他先进技术相结合，拓展应用的范围。

太平洋产险“太保 e 农险” 数字化运营管理平台

◎ 中国太平洋财产保险股份有限公司

一、项目概述

中国太平洋财产保险股份有限公司(以下简称太平洋产险) 聚焦政府、参保农户和保险公司三方在农险发展中的痛点，锚定农险服务需求，推出了“太保 e 农险” 数字化运营管理平台。经过 7 个版本的迭代，实现线上化标准作业管理、组织用户管理和风控监管管理等功能，形成了客户库、标的库，通过生物识别、无人机近地面遥感及卫星遥感、风险地图等技术提升了农险的科技内涵。太平洋产险通过数字化转型解决了传统农险工作中业务操作效率低、不规范，风险管理难度大，客户服务体验差，保险服务成本高等问题，转变了业务经营思路、风险管控方式，形成了更专业、高效、精准的“太保 e 农险” 数字农险运营体系。

二、项目背景及意义

（一）转型的需求和出发点

农险具有政策性、地域性、季节性和连续性等特点，如何快速、高效、合规地承保理赔是农险数字化运营的一大出发点。另外，农险传统业务模式存在的问题较多，农险管理水平和服务能力与监管要求和行业标准尚存在一定的差距，而通过新技术创新应用是消除差距的有效途径。

（二）项目实施总体目标

聚焦农险经营中的痛点和农险服务需求的发展趋势，顺应“互联网+” 技术革新趋势，将相关前沿技术同农险业务流程再造进行有机结合，改变传统经营管理和服务模式，为用户提供快速、高效、精准的农险服务。

三、项目重点解决的问题及主要创新点

（一）数字化转型基础设施建设情况

数字化转型投入了较多基础设施的配套建设，“太保 e 农险” 基层服务体系建设了“三农” 服务站，采购并配备了“三农” 服务车、无人机，进行了多元人员培训储备，开发并投入了“太保 e 农险” 软件及一系列技术创新方面服务的软硬件资源。

截至目前，“太保 e 农险” 数字化运营管理平台历经 7 个版本的迭代，建设 6 大应用系统，服务“三农” 服务站 3087 个，覆盖主要开办农险业务的乡镇；采购“三农” 服务车 800 余辆、无人机 619 架，完善农险服务能力；建设农险专业团队，农险专业人员 1895 人，农险协保人员 15000

余人，健全农险人员队伍体系。

（二）数字化转型场景

“太保e农险”数字化运营管理平台分为六大应用系统，涉及以下转型场景：

1. 远程标的管理系统。传统农险标的管理混乱无序，数字化转型后，将标的通过影像、坐标和耳标统一规范管理。具体包括两个方面：一是牲畜标的管理，通过搭建耳标库、影像库管理承保标的，引入二维码、电子芯片耳标和智能识别，支持移动端快速识别入库；二是地块标的管理，采用“互联网 + 3S（遥感技术（RS）、地理信息系统（GIS）和全球定位系统（GPS））+ 农险”技术，利用空间信息技术将农险地块标的进行标记、定位和量测，将保单和承保标的所在位置、具体数量进行强制绑定，实现“按图管险”管理新模式。

2. 生物识别系统。由于农险的特殊性，业务人员承保理赔过程中采集牲畜耳标影像困难，通过数字化转型建设的生物识别系统，融合图像处理、生物识别等技术，在获取养殖户标的视频数据的同时，即完成所有标的的识别、建档和建库工作。

3. 智慧农业系统。通过大数据演算，为用户提供灾情预警信息，将原本灾情抢险转为预警，提前响应防灾减损。

4. e智飞慧眼系统。数字化转型将原来无序、大量人力劳动的标的验标方式，改为无人机遥感与人工智能有机融合，对大面积地块的验标、查勘，实现即时飞即时得，并实施分析地块作物属性、损失程度，降本增效。

通过水产养殖物联网综合系统、“物联网+农业应用”实验室系统，实时监测土壤墒情和环境气象数据，管控风险，实现从大尺度总览到单点实时监测的新型农险远程运营模式。

四、项目主要建设内容

数字化转型中包括多场景，具体可总结为作业、资源、管理几个方面。

（一）作业数字化

数字化转型转换原有作业流程，将承保、理赔流程线上化，增加验标、查勘步骤，采集用户、标的的地块影像和坐标等信息。截至2021年10月底，业务员使用“太保e农险”平台承保验标相关功能109万次、理赔查勘相关功能301万次，占总承保、理赔数量的90%以上。针对大灾后人员无法进入的区域，使用无人机遥感影像技术，通过可视化、智能化、地图化作业，无人机成像接入移动终端，使业务员在灾害现场能够畅通无阻，截至2020年底累计飞行约1万架次，采集约7万张航拍照片。

（二）资源数字化

数字化转型转换原有组织资源模式，管理组织朝扁平化、集约化发展。截至2021年5月底，太平洋产险农险业务员及协保专业人员达16000余人。“太保e农险”小程序已注册150000余用户，完成自助承保验标、理赔查勘等业务万余件。

（三）管理数字化

数字化转型转换原有监管方式，通过新技术完成过去人力难以实现的监管，包括影像鉴伪、智能识别等方面。人工智能影像质检系统——景风系统，2020年通过计算机视觉分析技术鉴别影像翻拍、重复鉴定66万个单件的1300余万张影像，保障承保、理赔流程的规范性。

（四）新业态场景

随着新技术新业态的出现，平台也将迎来以下改变：

1. 业务扩面，催生如农险指数价格保险等产品创新，融合区块链与期货公司对接，完成线上价格保险承保，助力精准扶贫。比如海南分公司上线橡胶价格保险，保障建档立卡贫困胶农，根据期货价格、交易产量实时精准赔付，通过补助胶农，提高胶农割胶的积极性，助力乡村振兴战略和产业脱贫攻坚工程。

2. 服务水平提标，从风险治理、监控管理上提升农险服务水平，融入5G、物联网技术服务“三农”。

（五）经济和社会效益

截至目前，太平洋产险已累计为“太保e农险”研发及推广投入资金约5亿元，全力将其打造为基于互联网思维、聚焦农险客户需求和整合各项新技术应用的数字化运营管理平台。承保方面，线上化已协助12000多农户完成线上自助承保，节省人力70%，提高承保效率90%。理赔方面，自2015年至今“太保e农险”已服务农户超5000万户次，使3.8万户次生猪养殖户体验到15分钟赔款到账的极速理赔。使用卫星遥感、无人机和人工智能完成多起重大赔案的查勘定损，并已形成常态化机制。

2017年9月14日，太平洋产险在国家工商总局成功注册“太保e农险”商标，形成品牌效益。新冠肺炎疫情期间，线上自主承保辅助隔离期间业务开展获得广泛好评。指数价格保险助力政府精准扶贫，推动农险模式的转型升级。“太保e农险”从“三农”实际需求出发，大力提高农险科学化管理水平，在精准上下功夫，进一步提升对农业、农民的保障水平，增强农险的稳定性和可持续性，提升亿万农民获得感、幸福感。

五、项目效果

数字化转型带来大量数据积累，截至2021年10月底，全国99.98%的自营业务保单、98.92%自营业务赔案使用“太保e农险”完成。通过承保理赔数据积累，平台建立了完善的客户库、标的库和农事服务库，赋能政府农业治、理、精准扶贫等方面。

其中，标的库的建立，通过卫星遥感和大数据技术，反演标的归一化植被指数以及叶面积指数，分析作物的长势，从而实现种植业和林业的长势监测，最终实现种植业和林业验标、估产和估损，提高业务效率。2018年4月，贵州分公司3日内完成了过去数月才能完成的某县域21个乡镇的林木保险到期续保验标工作。

六、总结

“太保e农险”通过多年新技术应用推广，提升了农险工作的精准性、时效性，优化、再造了农险业务流程，大幅度提升了工作效率和质量。未来将融合5G、区块链、大数据及物联网等技术，在先进技术的驱动下，提升软件自身友好型、规范性，在强调用户自主和网络安全的大环境、大背景下，将推出更多更便捷、安全的功能与技术，紧跟新技术发展方向，打造“中国农险服务第一品牌”。

专家点评

中国太平洋财产保险股份有限公司推出的“太保 e 农险”数字化运营管理平台，实现线上化标准作业管理、风控监管管理等功能。目前，各大保险公司的数字化转型大多是将业务流程线上化、自动化，该项目在此基础上锚定农险服务需求，农险比其他险种对某些技术的要求更高。该平台较为创新地利用生物识别、无人机近地面遥感及卫星遥感、风险地图等技术提高了科技内涵。目前，我国大力扶持农险，数字化转型给农险发展带来很大的机遇，可以解决传统农险中风险管理难度大、客户服务体验差和保险服务成本高的问题。

华安保险经营决策平台（华安慧策）

◎ 华安财产保险股份有限公司

一、项目概述

为提升公司经营管理水平及决策分析效率，华安财产保险股份有限公司（以下简称华安保险）自主研发了经营决策平台（华安慧策）。核心目标是通过系统实现快速、自动化监控及预警车险业务的品质变化、经营效益变化及主要影响的风险来源，提供机构可视化、标准化的业务监控工具，提升机构经营分析及管理效率，实现科技赋能，以数据驱动业务快速决策，助力达成公司业务品质高效管控及经营效益提升的效果。

经营决策平台（华安慧策）通过大数据技术，构建公司经营决策分析数据管理平台，实现预警、探查、分析和决策的一体化闭环管理，并通过展业地图、归因分析和回溯对比等功能，实现经营决策管理全线上化、可视化，为公司的经营决策管理提供一整套打法，利于数据决策前移，从而实现数据驱动业务快速决策能力的提升。经营决策平台（华安慧策）在满足公司进行业务监控预警、探查分析和调整展业策略等方面具有以下六大创新点。

（一）技术结合创新

平台将 Impala 内存引擎与 Kylin 预计算能力相结合，利用两者优点制定查询策略，将内存、磁盘空间和 CPU 资源最大化利用，大大提升了业务数据查询的效率。将机器学习算法与传统统计方法及业务预测模型深度结合，实现技术赋能业务。

（二）交互及可视化创新

业务人员可以自定义组合维度和指标，并将指标维度与丰富的可视化图表相结合，快速设计出指标可视化组件。业务人员可以灵活自定义可视化门户，根据自身业务选择丰富的指标组件，并支持拖拉拽布局页面，让业务可以快速参与到可视化设计中，对组件灵活的拖拉拽可以快速调整指标组件在页面的展示位置，打造炫酷的数据可视化效果，让关键业务指标发挥更大的作用。

（三）资源共享方式创新

经营决策者的相对业务水平较高，能设计出更加精准指导业务开展的可视化指标组件，普通业务员对业务相应的重点经营指标不太熟悉，对于复杂维度的组合模型无从下手。专业的业务员可以设计出非常有价值的可视化指标组件，并共享到组件库中，大家可以根据自身的业务灵活选择组件。平台自上而下，突出重点，以点带面驱动业务经营决策，最终改善业务经营效果。

（四）灵活指标拓展创新

摒弃数据分析系统烟筒式开发，每一次增加新的业务指标，不再需要从底层数据业务进行数据清洗、转换、加载和数据聚合，而是通过配置底层指标描述表达式，配置指标的计算公式，实现无代码方式统计出想要的指标。节省代码开发、代码测试和数据校验等非常耗时的项目环节，从而实现高速度、高质量和高效率的开发模式。

（五）内外部数据融合创新

利用爬虫技术，获取公开的行业内各保险主体、各险种、各机构的保险数据信息，及时了解行业内的业务变化，有效利用内外部数据进行业务横向对比，辅助经营决策。

（六）完全的自主创新

经营决策平台是由华安保险针对保险业经营决策的特点，基于大数据组件进行自主研发的产品。公司拥有自主知识产权，具备自主创新能力。

二、项目背景及意义

经营决策平台（华安慧策）在行业变革快、公司取数难、处理数据时间长、预警不及时、无法进行下钻探查和可视化程度低的背景下应运而生，大大提高了公司数据分析人员的工作效率和及时发现问题督导业务的能力。

（一）行业变革快

商车费改持续深化，2020 年对交强险、商业险进行综合改革，车险的深化改革对保险公司的数据分析和业务预判要求越来越高，需要更智能化的分析工具支持。同时，车险产品将由审批制改为报备制，产品将越来越丰富，数据将会有更高频度的迭代更新。电子化、网络化的时代，数据沉淀和应用、分析效能对保险公司能否在未来的改革大环境中更好地生存提出了更高的要求。

（二）取数难、处理数据时间长

业务部门查看业务数据时主要通过清单报表、统计报表两类报表进行分析。清单报表比较灵活，但是需要进行人工汇总分析，时效性较差，不能及时为决策管理层提供数据支撑。统计类报表定制化比较严重，开发周期长，无法做到用户自定义、多维度的统计分析。

（三）预警不及时、无法进行下钻探查

业务部门由于取数难，数据处理时间长的原因，在业务出现异常的时候，无法迅速预警，不能及时调整业务经营策略。同时，传统的统计报表即便发现业务出现异常，也无法通过有效的工具进行多维度的下钻探查分析，无法找出具体问题。

（四）可视化程度低

传统的清单报表和统计报表都是通过 Excel 表格数据展示方式，可视化程度低，同时无法进行多维分析及自助分析，导致展示页面不直观、操作不友好，以及业务主题分类不成体系。

鉴于以上问题，公司设计开发了经营决策分析数据管理平台，实现预警、探查、分析和决策的一体化闭环管理，实现经营决策管理全线上化、可视化，为公司的经营决策管理提供一整套打法，全面提高数据驱动业务快速决策的能力。

三、项目重点解决的问题及主要创新点

经营决策平台通过统一数据建模，针对承保、理赔两大业务，建立大宽表及 85 个维度表的星形模型，对业务 772 个指标进行数据立方体

构建，构建数据立方体数据总量达 110T。在此基础上针对业务场景灵活配置 8 大主题，涵盖评分技术应用、自核监管、高风险业务分析监控、业务分析、车险分析、监控分析、行业风险地图和费用监管，系统已配置 8410 个卡片组件、8624 个图表组件、17866 个子图表，灵活自定义了 34 个业务场景门户，仅 2021 年上半年提供的数据分析服务 50 多万次。平台从以下四个方面为业务经营决策分析提供了高效支撑。

（一）系统方面，提供操作便捷、更加贴切实际业务场景的专业分析工具

数据支持按日刷新，解决了承保理赔数据时效性的问题；解决了取数难、加工数据时间长和数据跨多表的问题；数据指标维度更加细化，可以对目前人工无法进行分析的数据进行挖掘、补充及产出；可以根据实际业务进展对分析场景进行快速调整，及时满足业务的分析需要。

（二）应用方面，通过简单的点选、下钻和数据观测就可以快速定位到异常业务、问题业务

在不增加分公司分析人员及提高数据统计能力的情况下，仅通过简单的点选、下钻和数据观测就可以直接快速地定位到异常业务、问题业务；在提高数据准确性的同时，大大降低了数据分析能力、问题业务发展能力的门槛，做到了人人会看数、人人会用数和人人会分析数据。

（三）管理方面，支持公司更好地应对车险的持续深化改革

改变了管理层通过监控报表、临时提数进行决策分析的模式，管理层可更便捷地探查指标的变化情况，及时发现定位指标异常，可更快速地作出业务调整决策，支持公司更好地应对车险的持续深化改革。

（四）效能方面，实现业务分析方面的“降本增效”

提升线上化作业能力，提高数据分析的时效，降低数据监控及业务分析对人工的依赖度，降低人力培养成本，实现业务分析方面的“降本增效”。

四、项目主要建设内容

经营决策平台是利用大数据技术、人工智能技术赋能公司经营决策能力提升的完全自主创新的系统，在项目建设方面主要从以下四个技术方面进行科技运用。

（一）利用大数据技术，结合保险业务特点，建立统一标准的多维数据模型，支持多维度、多指标的交叉分析

平台使用了大数据技术作为底层数据支撑，包括 Hadoop、Hive、Spark、HBase、Kylin 和 Impala 等技术；利用 Hadoop 的分布式文件系统，Hive 存储全量的业务数据，使用 Spark 的计算引擎高效处理数据 ETL，使用 Kylin 的数据建模功能，创建统一标准化的车险数据模型，支持多维度、多指标的交叉分析，可以从任何维度上卷及下钻分析。

（二）高性能，亚秒级的交互式分析能力

平台利用 Kylin 预处理能力，构建数据立方体，将结果存储在分布式的、面向列的开源数据库 HBase，将 Impala 内存引擎及 Kylin 预计算能力结合，利用两者优点制定查询策略；将内存、磁盘空间和 CPU 资源最大化利用，大大提升了

业务数据查询的效率，具备亚秒级的交互式分析能力。

（三）将机器学习算法与传统统计方法及业务预测模型深度结合

平台引入 SKLearn 机器学习算法库，运用统计方法结合决策树算法计算转化贡献度，找出影响赔付率的主要因子，做业务归因分析；使用大数据的处理能力，运用大量的历史数据结合保费赔付率预测模型，实现赔付率预测；展业地图使用历史数据构建业务结构模型，运用模拟、回溯对比，充分认识各类业务的主要盈利点及风险因素，修改关键指标模拟测算出后期业务的展业策略；调整业务经营策略，优化业务结构和提升业务品质。

五、项目效果

经营决策平台（华安慧策）自上线以来，在总分公司各机构组织视频培训，并运营推广，对各分公司进行重点优先督导、答疑和跟踪落地应用效果，向机构提供单独的培训支持及跟踪管理，帮助分公司利用平台全面搭建自身的线上化数据监控、预警和分析的体系。目前，各分公司已将日常主要的监控报表配置到系统中，实现经营数字化转型；同时，每个分公司每个月可节省至少 90 小时的数据处理时间，相关分析人员可以有更多的时间集中在经营分析及风控政策优化工作上，大幅提升人力效能，整体效果归纳为以下四个方面。

（一）降低分析门槛，人人都是数据分析师

经营决策平台改变了手工处理报表的限制，将大数据、机器学习算法和传统统计方法及业务预测模型深度结合。普通业务人员无须关注中间复杂的过程，就能进行数据分析、经营决策。解决了传统分析人员需要具备丰富的专业知识、熟悉业务特点的限制。帮助普通业务员关注数据指标，让普通业务员具备体系化分析能力，大大降低了数据分析门槛，人人都是数据分析师。

（二）提升风控水平

经营决策平台实现了预警、监控、探查、分析和决策的一体化闭环管理，在大幅提高数据分析能力的同时，也对业务风险进行了及时的监控预警，经营决策人员可以快速修改关键指标并模拟测算出后期业务的展业策略；调整业务经营策略，优化业务结构和提升业务品质，提升了化解风险的能力，提高了风控水平。

（三）降本增效

经营决策平台（华安慧策）开发之后，面向全国共计 2489 家机构使用，用户人数约为 4200 人。根据实际业务需要从每家机构 5 个分析场景扩充至每家机构 34 个，效率也从单个机构平均每月 90 小时耗时，提升到分钟级别，极大限度地节省了人力。

（四）项目社会效益

经营决策平台（华安慧策）是利用大数据技术，结合保险业务特点，建立的统一标准的多维数据模型，具有很强的通用性，可以为行业中的其他中小财险公司提供借鉴。平台也在与中保车服探讨合作，把华安经营决策平台技术输出到行业其他财险公司，提高整个保险业的经营决策水平，让保险为社会提供更多的保障服务，不断完善社会保障体系。

六、总结

经营决策平台(华安慧策) 通过大数据技术，构建公司经营决策分析数据管理平台，实现预警、探查、分析和决策的一体化闭环管理，在提升公司经营决策能力、识别保险各类业务的主要盈利点及风险因素、优化业务结构和提升业务品质方面起到了支撑作用，实现了数据驱动业务快速决策。

经营决策平台(华安慧策) 业务场景覆盖广，基本涵盖所有的车险业务分析场景，技术先进，利用了爬虫技术、大数据和人工智能技术赋能公司经营决策能力提升。

（一）利用爬虫技术获取行业数据

利用爬虫技术，获取公开的行业内各保险主体、各险种及各机构保险的数据信息，引入第三方数据，掌握市场动向，实现经营数据横向分析比较，寻找差距，迅速调整展业策略。

（二）灵活自定义配置

用户可以通过灵活自定义的方式设置指标、可视化组件，可以根据业务需要灵活选取关注的指标组件，自定义组装千人千面的个人门户、业务场景门户，全面支撑业务部门日常数据分析需求。

（三）预计算策略，实现亚秒级的交互分析

利用大数据技术，结合保险业务特点，建立统一标准化的多维数据模型，支持多维度、多指标的交叉分析，可以从任何维度上卷及下钻分析；使用预计算策略，达到亚秒级的交互式分析能力。

（四）将机器学习算法与传统统计方法及业务预测模型深度结合

引入机器学习算法库，运用统计方法结合决策树算法计算转化贡献度，找出影响赔付率的主要因子，做业务归因分析；使用大数据的处理能力，运用大量历史数据结合保费赔付率预测模型，实现赔付率预测。

后续会针对公司经营策略的调整，不断丰富业务场景，提升系统可视化及交互性，同时加大对各分支机构业务员的培训，提高系统普及率，推动公司业务发展，不断提升公司经营决策能力。

专家点评

华安财产保险股份有限公司自主研发的经营决策平台（华安慧策）是通过大数据技术，实现各环节一体化闭环管理，通过展业地图、归因分析和回溯对比等功能，实现经营决策管理全线上化、可视化。由于目前行业变革快，从车险综合改革到实行双录系统，如何及时应对各种监管要求是保险公司生存发展的重中之重。该平台可以快速获取和处理数据，及时预警业务的异常情况，找出具体的问题所在，并且其改变了手工处理报表的限制，只需要简单地拉拽就可定制个性化报表。

泰康在线直营平台

◎ 泰康在线财产保险有限公司

一、项目概述

泰康在线财产保险有限公司(以下简称泰康在线）直营平台基于多渠道、多场景和多点触达用户，凭借流量合作、广告投放和直播等模式对平台流量进行引流，增加获客率，同时利用丰富的营销策略和活动优惠来提高用户的转化率和复购率。平台提供基于标签数据集的人群透视分析，帮助营销人员洞察用户诉求、精准定位用户、实时或周期性营销触达和快速获取用户反馈。在此基础上建立了标签体系、用户全景画像以及用户分层、用户挖掘等能力，赋能运营人员制定运营策略，实现精准广告投放、自动化运营和精细化运营，从而提升营销效率，延长客户价值链，提升转化能力，防止脱退。

二、项目背景及意义

积极拥抱互联网，抢占线上流量先机，是保险业发展的一个契机，也是未来发展制胜的一个关键。在运营层面，传统电销的营销方式简单粗暴，致使投诉率较高。如何认知客户，了解并触发客户需求，精准触达客户，达成保费提升、效率提升、用户体验提升，降低防拖退能力也是直营平台的一个核心任务。在系统建设层面，公司基于标准化、平台化、配置化、可视化、流程可编排和能力可复用的思想，大大地提高了产研的效率，能够快速应对需求的不断变化，达到快速上线、快速验和快速试错的目的。

1. 赋能销售端，助力业务发展。通过配置化、平台化和可视化手段，实现产品快速接入，快速上线、快速验证和迭代优化模型，从而达到提升产研效率、转化效率和优化营销的效果。

2. 赋能团队。要拉长价值链，直营平台的网电座席是非常关键的一个环节，所以加强座席系统能力建设，赋能座席团队尤其重要，争取打造成泰康在线名片。一是质检培训，针对座席销售误导及情绪化的问题，通过智能质检实现机器聚类信息，百分百数据质检，同时人工参与分析判断，确保真实有效。同时，由知识质检转向对话氛围质检，提升亲和度。二是针对座席离职率高，培养周期长的问题，建设新人孵化器平台，提炼专门针对新人的培训课程。三是通过分析座席销售断点，了解座席短板，针对性的培训学习，提升座席技能。

3. 赋能运营端，提升体验。对接微信朋友圈、抖音和头条等渠道，形成销售闭环，打通支付出单等环节、实时数据监控，为投放模型提供数据基础，提升转化效率，同时对接腾讯、数美等风控模型，甄别虚假用户，降低风险；深耕过程管理，做到续费、续期、挽回和二开等分场景经营，专人专岗，技能更娴熟，转化能力更强；改变了以往粗放式的分配模式，基于标签属性，精细分发粒度，结合线索质量和座席能力，做到智能数据分发。

4. 防脱退能力。延长价值链，提升渠道客户数据化经营能力。围绕客户销售营销三大环节，构建复购及连续性转化能力，追求客户价值的最大化；打造智能数据分发能力，销售流程可视化能力和客户深度经营能力；提升业务销售分析能力、各转化环节的效率和质量，形成精细化的可持续经营模式，进一步提升退挽和转化能力。

5. 用户为中心。要拉长价值链，企业不得不重新审视客户的价值，传统的思维只是求转化，有购买就行；公司现在还考虑能不能让客户持续购买泰康在线的保险和服务，甚至让老客户带来新客户；培养超级用户，让超级用户对泰康品牌有认知、具有购买意向、能给泰康提供反馈意见、并能推荐别人购买，对品牌具有较高的忠诚度、与泰康建立起强关系。

6. 营销升级。整个互联网进入一个相对稳定的存量时代，会员体系成为一种提高用户黏性，挖掘存量价值的解决方案。一是涉及会员等级体系，会员等级特权以及升降保级的设置；二是积分体系，积分获取渠道以及使用方式；三是会员入会体系，明确等级制度；四是会员营销活动，针对不同等级的会员，营销类的短信内容以及活动内容有不同的玩法。识别会员生命周期，挖掘客户购买保险的意愿和能力，提升用户活跃时长和参与程度。

7. 自动化营销。自动化营销是使用软件管理进行重复营销任务的过程。基于用户数据，能够通过分析潜在用户的行为，刻画用户画像，对不同阶段的客户进行个性化推荐。自动化营销的两个关键之处是营销过程的自动化和营销内容的精准化。其价值在于对营销过程中的各个环节和任务进行优先级排序，营销人员不需要再手动整理各个营销任务，利用技术代替重复性的人力劳动，规模化地降低营销运营成本和采购成本，提高投资回报率。

三、项目重点解决的问题及主要创新点

（一）重点解决的问题

1. 支持需求快速迭代，快速上线。

2. 支持多渠道、多端的用户管理经营。

3. 支持会员体系(会员登记、积分体系、会员服务）的建设。

4. 支持业务规则(数据分配、回收、业绩匹配等）的系统灵活配置。

5. 支持数据分配、跟进和转化情况的统计，支持用户生命周期、用户活跃度等情况的统计。

6. 支持防脱退及二开转化等客户生命周期经营。

7. 支持多渠道、多业务场景下的团队客户跟进任务。

8. 支持销售团队客户分群、分层的精细化运营。

（二）主要创新点

1. 平台化、配置化和可视化产品配置。能够进行产品定义、平台选择，使用者可以根据需求，自定义产品是适配 PC 端还是 WAP 端，或者是微信端，自动支持跨平台投保。

2. 数据回传配置。使用者定义回传渠道，比如将头条、抖音等信息进行回传，无须开发，配置化上线。

3. 用户数据整合。整合各端用户的数据，包括 APP、公众号的内部数据，第三方回传数

据，以及客服等线下数据，打通用户数据，完成用户数据的整合统一。

4. 用户信息全面洞察。通过用户画像对用户进行细分及分析，识别客户，充分把握用户需求，进一步为用户提供个性化的优质服务，提升客户投保前、投保中及投保后全流程体验。

5. 用户标签管理。在整合用户的基础上，规范标签，进行用户画像，精细分发粒度，智能数据分发，深耕过程管理，做到投保续期、续保和二开等分场景经营，业务覆盖客户生命周期。

6. 技术提升经营效率。基于用户画像，驱动投放、直播等业务场景，提升客户识别度和转化率，提升用户体验。

7. 线索采集与整合。整合数据源获取内外部数据，打通用户互联网端与业务端的数据，完成用户线索数据的整合统一。

8. 用户信息全面洞察。通过用户画像对用户进行细分及分析，充分把握用户需求，进一步为用户提供个性化的优质服务，提升座席与客户的沟通效率。

9. 转化流程闭环。基于标签属性，精细分发粒度，结合线索质量以及座席能力，智能数据分发，深耕过程管理，做到续期、续保和二开等分场景经营，业务覆盖客户生命周期。

10. 技术提升经营效率。通过预测外呼提升座席拨打效率，通过智能质检实现从抽检到全面质检的跨越，对接多家呼叫中心，覆盖渠道共建虚拟号、两端呼等全业务场景。

四、项目主要建设内容

（一）产品生产：全渠道，跨平台

1. 同时支持在 Web 端、APP 端、H5 端和微信端的页面投保，同时满足跨平台要求。

2. 深入了解业务场景，制定相关的方案，完成赠险、短险、投保、出单各经营节点、上线产品“100+”个，对接渠道几十个。

（二）投放反馈：多渠道、多媒体投放

统一回传数据，对接头条、微信朋友圈和抖音等渠道，根据标志，智能判断回传方，及时反馈投放效果，促进模型优化，平台目前已对接版本上线“100+”个。

（三）系统平台：通过快速定义产品，实现快速试验

通过搭建通用投保系统，帮助泰康在线实现快速上线新产品，适应不同场景的投放，减少试验时间，及时反馈效果，系统平台具有以下功能：

1. 产品投保管理。主要是产品已上线产品，分为 PC 产品、WAP 产品、APP 产品和微信产品 4 个菜单，通过选择不同端的产品，展示已经上线过的产品，选择一款产品后，可以进行导出、修改后删除等操作。

2. 事件管理。分为事件定义管理和事件实例管理，比如定义数据回传等事件。

3. 流程管理。流程管理提供流程添加和删除功能，可以添加自定义流程，比如团险流程和财险流程。

4. 产品管理。可以添加产品类别，比如团险、财险、健康险和意外险等；同时定义产品，比如添加产品名称、定额方案和产品编号等信息。

5. 渠道管理。可以增加销售渠道，比如 PC 端 、WAP 端和微信端等。

（四）完善用户体系建设

完善基于会员体系的用户体系建设，包括完善会员等级和等级权益建设，持续添加新的权益服务，在投保、续期等关键节点激励用户持续转化为客户；完善会员积分体系，对接活动等场景，扩充积分来源、消耗体系。

（五）完善用户服务体系

完善会员服务体系，包括保单服务，投保前、投保中和投保后持续的服务场景，持续提升用户体验，提升用户价值。激励高价值用户持续贡献高价值；激励次高价值用户更多贡献高价值；刺激低价值用户逐渐贡献高价值；清洗无价值用户，减少运营成本或更换策略。

（六）完善用户数据收集分析

对接“三端一微”用户数据，接受媒体回传数据，持续构建和优化用户画像，驱动产品投放和运营活动，同时分析运营数据，形成正反馈。

（七）智能用户运营

基于用户行为分析，通过自主采集用户属性和行为数据，从不同维度分析用户。构建从“查看数据看板、构建分析模型、创建用户分群、精准运营触达、投放效果跟踪”的闭环，以数据驱动企业营销闭环效果评估、用户运营留存转化和产品精益迭代优化，赋能企业市场、运营、产品和数据分析人员。

（八）完善用户经营矩阵

完善用户矩阵，对接渠道近 20 家，财险渠道主要有 360 微保、轻松筹、水滴和黑牛等渠道。车险也上线了蚂蚁、滴滴和微保等 7 家渠道，完成了车险业务覆盖，全面支持财车业务。主要业务场景是新单复购、续期续保及防脱退等业务，在承接各事业部及渠道个性化业务场景的同时，沉淀了一套标准化的服务能力。

（九）经营能力建设

触达方式上使用企业微信，从而使客户的经营从个微迁移到企微，避免客户资源的流失。同时呼叫中心方面对接了智齿、天润、华为等多家呼叫中心平台，提高预测外呼提升座席拨打效率。

五、项目效果

（一）直营场景丰富

1. 支持多种产品，比如健康险、财险和重疾险产品。

2. 支持多平台，适应 PC、WAP、APP、小程序和微信等平台。

3. 支持跨平台，支持抖音、头条和快手等多渠道投放。

4. 线索赋能，累计产生线索量过千万条，已推送至电销系统，进行客户二次经营转化。

目前平台投保人数 348 万人，产生保单 437 万件，首期保费收入 7 亿元，续保 30 万件。

（二）精细化运营

数字化时代的精细化运营，平台触达消息点击转化率同比上年提升了 3 倍，平台活跃用户投保转化率同比上年提升了 2 倍，活动营销 ROI 同比上年提升了 2.5 倍。

1. 精细化的产品营销。

（1）广告位的千人千面。

（2）产品的智能推荐，包括货架场景、风险测评及预核保场景和投后复购场景。

（3）精细化的内容推送，通知类、资讯类、知识类和营销类，根据用户的行为偏好，选择适合的方式推送适合的内容类型。

（4）风险可控的活动营销，风险行为分析，防黑产、防作弊。

2. 个性化的服务体验。

（1）个性化的服务板块展示，平台内资产区、活动区和保单服务区，根据用户状态个性化展示或隐藏。

（2）个性化的权益设置，会员体系支撑下，用户的权限类型、顺序的个性化展示和隐藏。

（3）核心投保流程的便捷操作，多平台交叉下，投保过程中的关键信息补全。

3. 高效的触达手段。

（1）多平台的消息触达能力，短信、智能外呼、人工外呼、微信消息、快应用消息和自媒体消息等多种消息类型组合触达。

（2）智能的消息路由管理机制，包括智能的内容管理和触达频次管理，消息触达方式、消息触达时机和消息触达疲劳度控制。

4. 支撑精细化运营的数据能力。

（1）跨平台用户授权行为数据的采集和整合，支撑智能决策的数据基础。

（2）核心投保流程全链路的转化监控，保障线上体验。

（3）关键用户状态的标签抽取，画像化用户高效匹配运营动作。

5. 智能营销。通过签到、答题和组团等活动持续迭代，提升用户黏性，进行用户经营和转化。支持短险及车险业务，对接渠道数据近 20 家，销售场景包括续期续保、防脱退、新单复购和解约挽回等多业务场景。

6. 线索场景多样化。客户经营形成制式化服务，比如客户关怀、节日祝福、客户回访、客户权益和续期缴费等销售断点全覆盖。

7. 线索对接标准化。承接官网直投、流量投放和渠道共享等多渠道客户数据。

8. 用户画像可视化。用户画像细致，指导座席运营决策。

9. 特殊渠道保护。实现特殊渠道用户屏蔽，避免法律合规风险。

10. 外部渠道运营。实现外部渠道的数据对接，监控外部渠道用户全生命周期、全链路业务指标。

（三）专利申请

1. 自 2017 年至今，直营平台专利数共 29 项，其中，

保险—销售获客 12 项；

保险—保险控费 7 项；

保险—核心系统 10 项。

2. 明细。

P170178 数据库分库扩展方案。

P170179 一种基于 APP 扫一扫打通 PC 及移动端的方法。

P170181 一种使用 APP 完成 PC 快捷支付的方法。

P170193 一种通过智能设备短距离无线通信技术判定远程设备功能性及外观受损程度的方法。

P170198 车险投保、续保、核保、现场查勘及理赔的方法。

P170269 一种网站验卡支付的方案。

P170411 一种基于区块链的存储权限管理办法。

P170412 一种基于区块链的价值平衡方案。

P170435 一种基于第三方平台实现理赔押金垫付的方法。

P170436 一种使用线下快递完成闪赔的方法。

P170437 隐藏奖励方案提升用户使用频率、增加用户黏性。

P180475 一种基于智能问题库实现智能核保的方法。

P180510 一种 Hadoop 工作流管理方案。

P180534 基于区块链的一种黑名单解决方案。

P180535 基于区块链的一种意外险核保方案。

P180569 一种基于客服界面增加水印加密的反欺诈方法。

P180574 可视化投保平台管理中心。

P180575 基于 redis 的 quartz 集群方案。

P180801 基于网电结合(“座席+线索+规则”)的数据分配引擎。

P191311 一种发放奖励和广告的实现方案。

P191416 一种渠道合作的支付系统方案。

P191420 一种基于智能推荐的保单检视计划书。

P191525 一种通用后端接口幂等解析策略处理方法。

P191638 电子保单配置平台。

P191639 泰康创新申报书—蚂蚁渠道电子保单批量下载平台。

P191679 一种基于元数据实现健康险产品快速配置的方法。

P192177 基于保险业的手续费规则配置管理系统。

P203290 一种基于规则的决策引擎。

P203304 一种通过裂变增加保额的投保方案。

六、总结

直营平台系统还在持续的建设和优化中，致力于公司提供更多、更优质的流量，不断促进高额保单的转化率，优质客户的留存率，延长客户经营价值链，覆盖更多业务应用场景。

1. 对系统不断优化迭代和架构演进，提高系统的可用性和稳定性，支撑业务快速稳定发展。

2. 继续研究和制定更多的营销策略和玩法，激励用户的转化。

3. 会员体系。维护高价值会员，防止用户流失，通过把平台资源更多地倾向高价值用户，从而防止其流失；促进不同层级的会员成长，使低价值会员向更高层级跃迁，变成公司的“高价值”会员。

4. 用户运营。保险产品持续迭代，APP 不断更新，提升用户转化更多的依赖不断的运营工作。包括对产品本身、对用户和对内容等的优化与运营。通过用户行为分析，建立有效的用户分群，针对性地制定策略，投其所好地推送优惠券、活动和最新动态等信息，刺激不同层面用户的回访、留存和高频使用。实现根据不同用户的用户行为画像标签，提供千人千面式的用户服务。

5. 质检培训。网电系统实现质检数据全覆盖，并进一步由客观知识质检转向对话氛围质检，杜绝销售误导，提升业务品质。打造新人孵化器，提炼专门针对新人的培训课程，分析销售断点，了解座席短板，辅助学习培训，针对性地提升座席的技能。

6. 营销辅助。加大泰睿宝投入，提升座席移动办公能力；链接企业微信生态，尝试“管家+专家”的社群经营模式；建设人管系统，实现对座席信息资源的集成化管理，提升科技含量和管理效率。

7. 智能保顾。通过语音分析，实现销售过程数据化，完善客户画像及追踪链路，挖掘价值客户，同时提供智能助手辅助座席进行“售前方案推荐+售中话术推荐”，进行人机协作方面的尝试。

专家点评

泰康在线财产保险有限公司打造的泰康在线直营平台基于多渠道、多场景和多点触达用户，并且运用一系列较为创新的与第三方平台的合作模式比如直播、广告投放等吸引公域流量，增加获客率。同时，该平台运用标签体系，对用户从地区、险种等各角度进行细分，方便营销人员根据不同人群制定适合的营销策略。该项目主要创新点在于打通了各端用户数据，并且及时将比如头条、抖音等信息进行回传。目前，保险公司中普遍存在的问题是，不同的平台经常由不同的运营部门来管理，导致底层数据不互通，重复建设和无法充分利用的问题急需解决，该项目对此问题有很好的借鉴意义。

中再产险区块链助力核共体数字化转型

——中国核共体“核·星”运营服务平台建设实践

◎ 中国财产再保险有限责任公司

一、项目概述

中国核共体基于对行业趋势的认识和自身的转型目标，为适应客户及行业的变化，应用区块链技术打造了“核·星”运营服务平台。平台以区跨链技术为基础，旨在打造“保险+科技”服务模式，为成员公司及境外再保险人提供多样化服务，汇聚核共体业务处理及成员公司服务双重职能；并坚持科技赋能，建设基于核共体业务模式、多方参与的生态链。经过多年开发，目前平台已具备“平台化、科技化、全球化”的功能特点。

二、项目背景及意义

近年来，保险业正在经历数字化转型的浪潮，随着云计算、大数据、人工智能和区块链等高新技术的发展，保险业的运营及管理模式频频更新。保险本质上是一种市场化的风险转移机制，风险共担和利益共享是发展的原则，这一点在保险共同体上体现得尤为突出。中国核共体主要经营核保险及核保险风险管理服务，是我国保险共同体的优秀代表。经过近 22 年的发展，中国核共体以良好的服务和可靠的保障为我国核电事业提供有力支持。随着自身承保能力的提升和业务规模的壮大，以及涉核风险全球分散的需要，中国核共体与世界各国核共体(即再保险接收人）之间的联系和合作不断加深，核共体对于核保险业务的管理能力和对于成员公司的服务能力领域都面临诸多挑战。

（一）业务发展对于核共体科学化管理提出新要求

从传统交易模式来看，核保险业务更多依赖于线下的人工处理。在业务开展时，出单公司与核共体执行机构通过电话、邮件和传真等方式进行业务洽谈，同时核共体执行机构在进行转分排分时，与境外转分接受人之间的洽谈也大都依赖于此模式进行沟通。在此过程中的洽谈、分保信息确认以及后续的账单等资料和相关信息基本是以纸质或 PDF 邮件的形式保存，由手工操作进行管理。

此种方式产生的交易数据均留存于业务人员的个人电脑，由于数据分散，一方面不利于业务的统一管理，使数据难以高效利用；另一方面，由于各公司人员变动频繁，依赖于手工的处理方式使数据安全难以得到保证。

（二）管理成本高企，降低经营效率

近年来，随着我国和国际上核电事业的蓬勃发展，核保险业务迅猛增长，在“十三五”期间业务规模实现了翻倍。业务的爆发给核共体日常运营带来更多的压力和挑战。根据内部分工，核共体业务主要由核共体执行机构进行管理，执行机构一线业务人员需要处理大量的邮件、再保和账单等日常工作。以制作再保险分保条为例，目前核共体共有29家成员公司，每笔业务不但需要人工计算、制作各家公司的分保条文件，若包含转分业务，同时还需要为涉及的转分接受人分别制作文件，此类工作烦琐、重复，需要付出极大的人工成本，大大降低了业务处理效率。此外，比如账单分发、承保能力定期申报等日常业务事项也存在此类问题，导致管理成本高企。

在此背景下，通过利用先进的信息化手段来改善运营管理模式，提高经营效率就变得尤为重要。

（三）应用科技发展外向型服务是未来业务创新发展的关键

不可否认的是，如今科技已成为推动保险业创新发展的核心动力，通过利用先进的信息化技术赋能业务发展，使业务更具开放性、多元性、安全性和灵活性是提高企业竞争力的需要。例如，利用大数据技术进行风险分析，提高管理水平；利用人工智能提高工作效率，实现智能化处理；利用区块链技术平台提高公司间的沟通及交易效率等。新的技术手段较传统方式可以使业务更快地进行传播，为未来孕育更多的机遇。

三、项目案例重点解决的问题、主要创新点及主要建设内容

2019年，中再集团提出了平台化、科技化和全球化的发展战略。核共体执行机构作为长期接受中再集团旗下中再产险管理的部门，积极学习、领会及贯彻落实公司“三化”战略，基于对行业趋势的把握和自身转型目标的要求，为适应客户及行业的变化，执行机构于2018年应用区块链技术打造了“核·星”运营服务平台，创造了多项国内外“第一”。平台以区块链技术为基础，旨在打造“保险+科技”服务模式，为成员公司及用户提供多样化服务，汇聚核共体业务处理及成员公司服务职能；坚持科技赋能，建设基于核共体业务模式、多方参与的生态链，是我国保险业第一个投入实际运营的保险联盟区块链平台。

（一）以区块链技术为基础，融合上层应用，实现完整业务解决方案

中国核共体目前已有29家成员公司，并通过建立和融入全球性网络与26个国家及地区的核共体组织开展业务，地域涉及亚、非、美、欧四大洲，这种共同体的业务模式构成了天然的联盟。区块链技术已发展多年，被认为是未来构建新型金融交易模式的基础设施，其以分布式、去中心化和不可篡改的技术特点为交易方提供对等的、可信任的交易网络。从组织形式来看，目前区块链主要有公链、联盟链和私有链三种形式。其中，联盟链相较于公链加入了授权许可、认证等成员管理机制，兼顾了透明、共享、隐私和效率，这与核共体的保险联盟形式极为贴近。此外，区块链不可篡改、可追溯的特点可以直击目前业务难以追踪、数据安全性弱的问题。因此，基于区块链技术构建交易网络可以为核共体业务管理提供新思路，带来改变。

“核·星”业务运营平台采用了“微服务”

架构体系，以“布比”区块链技术为支撑，利用区块链可追溯、不可篡改的特性保障交易的可靠性，在核保险交易中的商机、分保信息、承保能力数据、账单信息和保单信息等均实现了链上存证，为用户提供整个洽谈流程的可视化管理，使用户可以全面、实时掌控业务信息。通过这种应用联盟链的形式，平台将直保、再保、转分接受人连接起来，形成了全新的互信生态结构。平台技术架构见图 1。

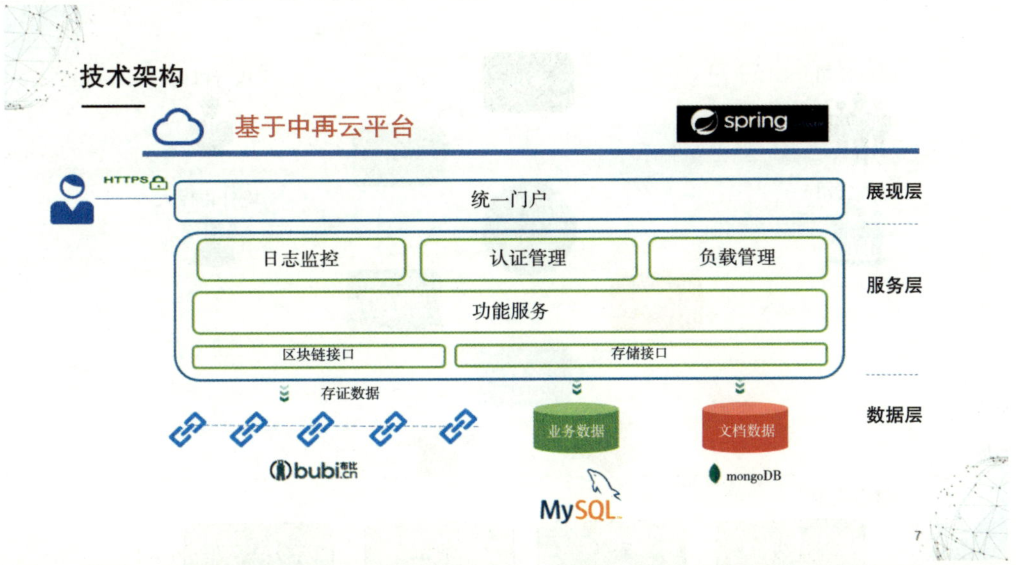

图 1　平台技术架构

（二）以业务为核心，打造全新服务模式

“核·星”业务运营平台以业务为核心重构了传统的交易模式。平台改变了传统依赖邮件、电话和传真进行洽谈，手工处理分保及账务信息的线下沟通方式，转为通过平台在线、自动化处理业务信息，并集中管理业务资料，实现了科学化管理；通过梳理传统业务中的关键场景，建立了覆盖商机、账务和承保能力申报等业务的在线化、标准化流程，为用户提供一站式服务体验；平台还通过接口服务的形式对接内部业务系统，实现了“一次录入，多系统写入”，为执行机构管理人员简化合同、账单和人员管理等基础信息录入的工作量，极大地提高了工作效率，降低运营管理成本。平台应用架构图 2。

“核·星”业务运营平台是我国首个将区块链技术应用于核保险，实现了全业务流程支撑的核心交易系统，也是中再产险基于区块链实现的第一条保险业的联盟链。平台自 2019 年投用以来，共有来自 28 家境内成员公司和 26 家境外转分接受人用户申请使用，目前年在线交易保费已超过 7 亿元，年处理再保分保条接近 10000 笔，年处理账单超过 30000 笔，实现了核保险业务的全部线上化处理，使得从直保询价到再保分保整个交易流程的清晰、透明和永久可溯。同时，作为全球区块链典型应用案例，平台实现了区块链与上层应用的融合，产生良好的示范效应，境外用户占全部用户的46%，境外点击量占全部点击量的30%。一方面，平台的成功应用改变了业务的管理模式，由线下手工转为线上自动化，提升科学化管理水平，达到降本增效的目的；另一方面，平台起到“连接器”的作用，通过用户角色管理和授权管理实现了“同一平台、不同显示”的功能效果，通过设置11类用户角色开展授权，实现了内外互联互通。通过“区块链+应用平台”的模式构建了一个安全、可信、开放的行业联盟环境，为联盟各方提供更加便捷、有附加值的服务，具有极高的社会价值。

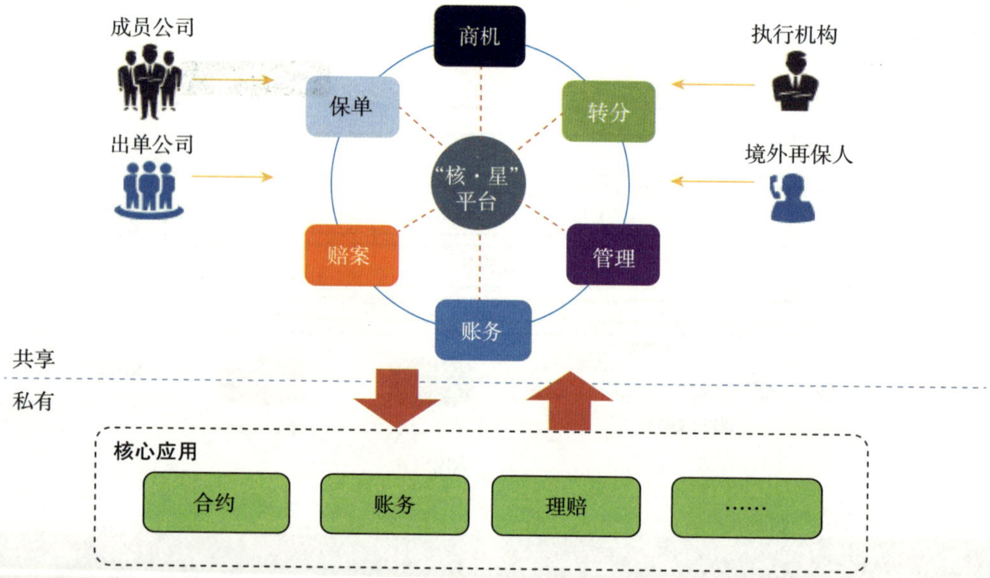

图2　平台应用架构

（三）增强交互性，拓展运营服务新渠道

除利用区块链技术助力业务发展和管理外，“核·星”平台还在借助区块链技术不断拓展外部服务的新渠道，尤其是在对核共体执行机构高质量发展、对核共体境内成员公司的日常服务和对境外再保险人的日常沟通三个方面，“核·星”充当了日益重要的角色。

在支撑核共体执行机构高质量发展方面，“核·星”已完成以下新功能投产：一是通过增加全球承保风险地图功能，为管理层构建“驾驶舱”，承保标的信息和风险状况一目了然、历史信息一览无余；二是通过增加条款库功能，实现全球保单对比在线可查，助力新险种开发；三是通过增加承保能力分析功能，实现业务分保穿透性管理，有助于业务分出安全性的提升和合规性的加强，避免分出接收人资质恶化导致再保险排分安全性的降低。

在服务核共体境内成员公司方面，“核·星”平台通过实现业务分保条、业务账务关联式查询、账单与付款信息关联式查询、承保能力在线申报管理和定制化统计等功能模块的投用，极大地便利了成员公司业务、账务和再保等部门的使用，将核共体执行机构人员从日常烦琐的基础信息邮件往来和沟通中解脱出来、将过往需要以月为单位计算的承保信息提供周期压缩到以小时计，打破了成员公司服务的固有模式，利用数字化革新将服务水平提升到了新的高度。

在对外沟通方面，“核·星”平台在开发伊始，就秉承中英文双语平台的开发模式，将境外分保和再保险分保条的签署线上化运作管理，加强对于再保合同的管理，提升核保险业务再保排分的安全性和便捷性。目前，欧洲部分核共体组织也在效仿“核·星”平台的模式和功能，开发类似的在线平台，可以说“核·星”在全球核保险领域起了很好的成功示范效应和带动效应。

四、项目效果

经过多年开发建设，平台已获得良好的应用效果。截至目前，平台已实现核保险业务、账务和理赔的全部线上化操作，累积处理业务保费超过20亿元，完成分保条处理接近30000笔、完成账单处理超过90000笔。在未来，平台可以继续通过区块链技术的应用，与大数据、人工智能等相关技术的融合，扩大服务能力。

（一）提升管理能力，形成管理平台联动

相较于传统的中心化管理模式，应用区块链技术可以使平台管控更加透明、提升平台的权威性，提升核保险服务能力。通过数据上链，可以打通机构间数据，对共享权限进行管理；通过链上数据的查询可以实现业务追踪，解决机构间交易信息不对称、不准确的问题；通过将标准及管理机制嵌入智能合约，还可以实现自动化联盟管理。例如通过智能合约自动触发机构间对账，通过将合同条款嵌入智能合约，实现快速理赔等。通过这些应用，一方面可以增强目前核共体业务的管理能力，提升运营效率；另一方面也可以为客户带来更好的核保险服务体验。

（二）拓展产业链，营造开放的共享生态

目前，通过平台已形成以出单公司、执行机构、境内成员公司和境外再保人为主体的业务联动。在未来，平台服务可以依托区块链技术使核共体的服务向上下游拓展，包括核电站、供应链企业和资金方等企业，建设跨产业链条的服务体系。

核保险产业链具有跨行业的特性，上下游企业包括核电站、核原料资源库、物流企业、保险企业和资金方等，各机构间的信息和数据由于受到严格的管制很难进行共享和利用，在进行承保时给投保人和承保方都带来不便，影响核保险的定价和服务质量。而区块链平台可以为各关联方提供可信、透明的交易环境，因此可以在保证安全的前提下链接各方，实现跨行业的整体风险管理。例如，通过物联网信息的共享可以对危险品进行追踪和监控，基于监控数据可以实现危机协调、合规监管；通过核原料数据上链，可以实现对重要核原材料的定位、属权追踪，为相关方提供核燃料全生命周期管理；通过风险、安全评估及认证，也可以为保险和再保定价提供依据，增强核风险的整体管控能力，从而提升核保险服务体验。

五、总结

总体来看，“核·星”平台的建设为核共体业务管理带来基于联盟自治管理的新模式、新手段，激发中国核共体在新的发展时期以新的活力，为“十四五”期间的自身高质量发展打下更加坚实的基础，也为其他保险共同体组织发展建

设提供新的解决思路，具有很好的行业试点示范效果。相较于传统集中式管控模式，“核·星”可以帮助产业链各参与方发挥所长，共享共治，有利于形成开放的共享生态，减少无形信息壁垒、增进互信和透明，助力业务创新优化、普惠各方。

专家点评

中国财产再保险有限责任公司的中国核共体应用区块链技术打造了“核·星”运营服务平台，积极运用数字化转型，实现了核共体业务的全流程线上化管理，一方面通过对接内部系统，为业务人员进行基础信息录入提供便利；另一方面，将关键业务在线服务，为用户提供一站式服务体验。该平台是我国首个将区块链技术应用于核保险业务的交易平台，采取了“去中心化”的技术，减小了某一节点的故障对整体的影响。值得一提的是，该平台上线后也与欧洲核共体、英国核共体等一起打造了全球核共体区块链网络，对我国核保险事业走向世界奠定了坚实的基础。

中再寿险行业保单数据管理平台

◎中国人寿再保险有限责任公司

一、项目概述

（一）项目内容

本项目主要建设内容为：基于大数据平台架构搭建高性能数据处理系统，融合成熟的 ETL 工具打造高效的交互式应用，实现公司保单数据的清洗入库、格式转换、标准化和结构重组，满足日常账务核算、预估准备金评估、风险排查和业务质量监控等业务数据基础应用需求。

1. 本项目搭建了一个高性能保单数据处理平台，高度集成保单数据的文件上传、数据入库、异常清洗、格式转换、数据标准化、账务核验和数据应用等功能，使核心业务环节线上化、自动化及流程化，过程可追踪、模板可配置和规则可复用，极大地提高了数据质量和业务处理效率。

2. 本项目设计了一个标准化的保险业风险数据库，根据各家直保公司的数据来源情况、数据仓库设计原则，确定了大数据平台的四层结构，实现数据完整入库、高度整合、统一标准和灵活核验，提高数据资产价值，提升数据应用水平。

3. 本项目形成了一套大数据分布式运行环境，基于我国成熟的大数据分布式平台搭建，为保单系统提供了高效的数据处理能力。同时，系统与 9 个周边服务进行数据与功能的对接，为系统应用的建设提供了坚实基础和良好支撑。

4. 本项目建设了一套保单数据治理模式，系统依据业务属性和访问级别划分用户权限，根据安全合规要求对用户敏感操作留痕，根据设计原则维护数据统一来源，增强业务管理精细化程度，全面提升企业数据治理与数据应用水平。

（二）项目创新点

1. 支持复杂多样的数据来源。系统支持多种文件类型和格式，集成度高，接口丰富，在系统集成难度上实现了突破。

2. 海量保单数据的高效管理。平台实现了对 11 家公司近三年的 85.7 亿条分保保单数据、1143 个保险产品核心要素及再保费率的高效管理。

3. 业内无同类系统参考。在数据来源复杂多样、数据规模巨大的背景下，自主设计并系统性地实现了数据高效处理、灵活配置和交互式操作。

4. 首创并落地再保保单数据模型。平台结合直保公司的数据模型与再保险业务特点和特有的业务属性，设计并形成了一套企业级再保险保单数据模型，属于业内首创。

5. 技术架构及规模复杂。本项目应用的技术点丰富，融合多种技术能力。

6. 应用性能上的突破创新。本项目在海量保单数据的应用性能和效率上实现跨越。

二、项目背景及意义

（一）项目背景

1. 外部监管要求。银保监会发布的《银行业金融机构数据治理指引》对金融机构的数据治理工作提出更高的要求，引导各金融机构全面管理企业数据，加强数据治理，提高数据质量，充分发挥数据价值，提升经营管理水平，全面向高质量发展转变。

2. 内部战略指引。在数字化转型的行业趋势下，集团明确了"数字中再"的发展规划，提出扎实开展基础设施及配套建设，推动数字化转型和科技赋能业务发展，充分发挥公司"数据+"的先行优势，持续深化"数据+"战略，夯实行业数据基石，整合数据队伍，升级数据架构和管理模式，做大做深"数据资产"，强化"数据+风控"等科技工具应用的战略要求。

3. 数据现状驱使。随着公司业务快速发展，截至2020年底，公司已与130余家客户公司建立再保险业务合作，有效合同及附约超过2829个，有效保单数量达百亿数量级。由于我国保险市场再保险报表数据质量参差不齐、缺乏统一标准，且数据规模和数据复杂度还在持续攀升。保单数据的采集、存储、审核、应用和价值挖掘面临巨大挑战。根据中再寿险数据管控专题咨询项目调研发现，公司的保单数据存在标准、制度及平台缺失，存储和共享困难，线下作业和数据处理效率低，数据应用较为基础等问题，亟须搭建一套数据管理平台，建立一套数据管理机制，可集中管理分散的保单数据，强化安全保障，实现数据整合，稳步提升数据质量，进而为后续数据应用提供基础保障。

（二）项目意义

1. 解决多年的业务痛点，打造了保单数据管理的全新模式。本项目直击公司基础设施建设的难点和"数据+"战略实施的痛点，克服了数据规模大、差异大、入库难以及几乎没有同类系统参照等困难，实现了保单数据存储集中化、数据处理线上化、数据模型统一化、数据核验可视化和数据应用自助化，有效解决了困扰公司多年的历史痛点问题。

2. 构筑公司级数据基石，实现了数据价值的充分释放。通过平台，实现了分散化的保单记录的集中存储及标准化数据，形成了公司级规范的保单基础数据库，建立了公司级数据标准，提升了全公司对数据的统一认知，实现了数出一门，资源共享，能够为公司日常账务核算、准备金评估、产品分析、核保核赔以及风险控制等工作提供全面的数据基础，数据应用需求得以充分释放。

3. 完成数字基建首要目标，开拓了数字化发展的前进之路。本项目的实施不仅为公司级数据管理及数据应用提供了有效抓手，也为后续数字基建的持续推进积累了宝贵经验，不仅是当下业务开展的迫切需要，也是公司长远且高质量发展的必然选择。

三、项目重点解决的问题及主要创新点

（一）项目重点解决的问题

1. 打通六个堵点。本平台通过线上化、流程化和自动化的平台建设，打通在核心业务运营中从保单接收、保单导入、数据处理、账务核验、保单管理到业务应用的6个关键环节，彻底改变各业务环节间流程割裂、手工传输、人工校验、存在大量的重复性工作、分散管理带来的管理难细化、过程难追踪和时效难保障等问题。各环节间的不连通，已经让传统的业务模式到了无法维系的边缘，极大地阻碍了业务正常运转和发

展，并且产生日益增长的业务规模所产生的数据与业务处理的时效性要求之间的重要矛盾。通过将上述关键业务环节嵌入保单数据平台中，实现业务作业的自动化流转和可视化监控，贯穿保单业务全流程，使公司运营更顺畅，以数字化技术助力业务提升数字化运营能力。

2. 解决三大难点。本平台解决业务运营中保单格式多样难导入、数据处理复杂难运行和核验规则繁杂难细化三大难点。

（1）业务部门每季度接收来自130家直保公司接近2000份保单报表文件，文件格式多种多样，涵盖Excel、csv、xml、SQL Server、Access、DBF等9种类型，仅数据导入就需要花费10位业务人员总计1000多个小时，耗时耗力，效率极低，准确率低。通过保单平台的建设，系统实现对上述多个类型文件的自动化导入，支持断点续传，支持并发导入，支持异常数据抛出，解决数据入库难的问题。

（2）每季度接收的2000份保单报表文件，总计涵盖超过10亿条保单报表数据，且各家直保公司的数据质量、数据标准和字段类型都不统一，给业务人员保单数据处理和标准化带来极大挑战和不便，需要将保单人工逐条匹配再保合同和保险产品属性，出错率高，工作量巨大，准确率难以保障。通过保单平台的建设，系统实现数据清洗、转换、修正和标准化的全部操作，运用分布式计算资源，高效地解决多批次海量保单数据的加工处理问题。

（3）因为再保业务运营的实际需求，需要对每份保单进行再保费和摊回赔款的核对。每家直保公司，每份再保合同，甚至每个保险产品的分保方式都可能不同，都存在一套对应的核对规则，由于业务人员线下操作，账务核验的标准和粒度难以管理，账务准确率低，自动化程度严重不足，在高性能单机数据库中一条校验规则运行长达1天。通过保单平台建立的账务核验模块，可对接收到的全行业120余家直保公司保单的账务核验规则进行统一，并支持页面配置化操作，根据不同的直保公司灵活设定规则，在后台高性能分布式大数据平台执行，极大地提升业务运营能力。

3. 消除三大痛点。本平台以数字化技术消除保单数据看不清、说不明、用不了的三大痛点。随着我国保险业快速发展，保单数据量增长迅猛。业务人员在传统工作模式下，采用个人电脑和独立数据库服务器存储超100亿条的海量保单数据，系统建设前保单数据分散在近200个数据库中，各直保公司的再保合同下的保单数据分散存储，看不清全量保单，并且存在数据丢失、泄露的安全隐患。各家直保公司的保单数据标准和模型不统一，也说不清保单的数据质量，说不清整体承担的风险保额。由于保单数据分散存储，没有统一的平台维护和管理数据，严重制约了数据的使用，对保单数据分析的可信度受到很大影响。

（二）项目主要创新点

1. 支持复杂多样的数据来源。系统支持多种文件类型和格式，集成度高，接口丰富，在系统集成难度上是一种突破。本项目中支持解析9种类型的原始文件，支持2种文件压缩格式，支持数十层文件嵌套。例如，多层多种压缩包与文件夹嵌套、电子表格多分页拆分和数据库文件分表识别处理，多种编码格式、分隔符的自动识别与解析等。

2. 海量保单数据的高效管理。截至目前，本平台已采集11家公司近三年的85.7亿条分保保单数据，规模巨大，同步整合沉淀1143个保险产品核心要素及再保费率。海量的保单数据对存储和管理的高要求对平台建设提出了挑战。系统基于自主搭建的大数据分布式平台，支持弹性扩展，灵活读写，并结合保单模型，采用分区分层存储，并辅以细粒度的数据权限，实现保单的高效管理。

3. 业内无同类系统参考。在数据来源复杂多样，数据规模巨大的基础上，还需要灵活的配置平台，进而支持业务人员以交互式的方式对数据进行加工处理和使用，每季度每家直保公司的保单报表文件都可能发生变化，因此在系统设计和实施中对该平台的灵活性、适配性和前瞻性都提出了极大挑战。经过复杂设计，该平台支持极其灵活且友好的字段映射配置方式，并允许用户在页面上图形化添加数据字段，并通过字段拖拽、简单的 sql 语句和自定义函数等形式进行数据加工处理和配置，从而应对各种复杂的数据情况。

4. 首创并落地再保数据模型。结合市场各家直保公司的保单数据模型，并根据再保险业务的特点和特有的业务属性，设计并形成了一套企业级再保险保单数据模型，属于业内首创。该模型中涵盖承保、变更、理赔、合同和产品五大主题，包括 450 个数据项，实现从主题域模型到物理模型的设计和数据落地。

5. 技术架构和技术规模复杂。本项目应用的技术点丰富，融合多种技术能力。平台建设中应用 Redis 内存式数据库、RabbitMQ 消息队列、流程引擎、文档系统、MySQL 数据库、BI 报表工具，微服务技术框架和体系内技术包括分布式大数据引擎、域集成和 nginx 服务等。

6. 应用性能上的突破创新。本项目在海量保单数据的应用性能和效率上实现跨越。经过实际场景测试，在 100 亿条保单数据的基础上，进行统计查询仅需要 12 分钟，进行汇总统计仅用 1 分 24 秒，实现从跑不出来到分钟级的突破。

四、项目主要建设内容

（一）一个高性能保单数据处理平台

行业保单数据平台采用了前后端分离的模式。前端采用 Vue 模块化开发，复用性高，通过模块间组合来满足各种业务场景。后端基于 SpringCloud 微服务架构，可横向扩展服务实例，保障系统高扩展性。平台基于 k8s 部署，方便统一管理。底层采用 MaxCompute 作为大数据平台作为支撑，有效保障数据处理效率。

1. 数据入库。平台在数据入库解析时支持多种格式的报表文件及压缩包，调用多进程实现压缩文件并行解压、数据文件高效解析，充分利用服务器性能。报表解析时，系统智能识别文件编码格式与数据分隔方式，并将错列数据按行粒度清洗甩出，保证正确数据全量入库。数据入库通过多线程并发调用 MaxCompute Tunnel 接口，实现数据稳定高效入库。

2. 数据清洗。数据整合时需要对大量原始数据进行修正、清洗和核心字段补充的处理，系统后台采用 MaxCompute SQL 与 UDF 自定义函数的方式实现，有效地利用分布式数据平台的算力。

3. 映射配置。用户配置数据映射时，系统前端允许用户通过灵活拖拽的方式进行映射配置，并使用 js 将校验前置，实时反馈映射结果，极大地提升了操作直观度和用户友好性。映射规则可为稳定的数据源进行复用，发生数据变化也仅需简单调整。

4. 流程执行。数据处理流程执行时，系统根据操作类别与数据分区判断互斥条件，使用 Redis 作为互斥锁服务，确保不产生冲突的情况下，任务按照最细粒度并发执行，大幅提高批量数据处理效率。

（二）一个标准化保险业风险数据库

平台基于保单数据特点，将数据分为贴源层、整合层、标准层和核验层四层结构，每层又根据数据业务属性分为承保、理赔和变更记录表。

1. 贴源层。贴源层字段基于原始报表，同一合同下表头相对固定，因而以直保公司、合同进行分表，所有字段类型为字符串类型，保证文件原始信息不丢失，数据低冗余。

2. 整合层。整合层字段为贴源层数据直保公司级整合，按照直保公司进行分表，对同一直保公司的不同合同字段取并集，并依照数据内容进行类型转换。数据整合时进行数据修正、清洗和额外补充，保证数据质量。

3. 标准层。标准层作为数据对外输出的统一出口，模型参照各直保公司字段的情况，结合账务核验、数据应用服务和行业通用数据等需求进行设计，所有公司按照统一标准入表，共包含450个字段，并根据中再寿险现有标准确定了9类必须标准化的字段。同时，系统保留了再标准化功能，为未来标准层持续标准化提供了前瞻性的功能支持。

4. 核验层。核验层为用户进行数据账务核验时由用户根据核验要求和数据质量情况动态创建，基于需求可以自行创建修改模型结构，核验确认无误后数据不保留。

（三）一套大数据分布式运行环境

1. 大数据运行环境。平台自主搭建了一套大数据分布式平台 MaxCompute 的运行环境。MaxCompute 是面向大数据处理的分布式系统，主要服务于批量结构化数据的存储和计算，可以提供海量数据仓库的解决方案以及针对大数据的分析建模服务。MaxCompute 提供了一种便捷的分析处理海量数据的手段，处理数据时不必关心分布式计算细节，达到“开箱即用”的效果。

2. 周边系统环境。平台还与9个周边系统或微服务进行数据与服务的对接，技术规模复杂。开发层面采用前后端分离的 Spring Cloud 微服务架构，并应用 OSS 对象存储服务、中再统一开发平台、Redis 内存式数据库、RabbitMQ 高级消息队列、流程引擎、域集成、nginx 服务和 BI 产品工具等，为系统提供了有力支撑。

（四）一套保单数据治理模式

1. 用户权限控制。在用户权限方面，平台的功能依照不同的业务性质和访问级别进行划分，并利用中再统一开发平台获取用户功能权限。同时，系统通过维护数据权限表控制用户可访问的数据，实现数据权限最细粒度控制，保障数据方案安全。

2. 用户操作留痕。在数据操作和应用方面，系统设置审计表单，记录操作人员、时间、内容和条件，并作为功能开放，供内控进行定期审计，确保系统安全可控。

3. 数据来源维护。在保单基础信息方面，系统坚持单一来源的原则，避免数据二义性。系统以核心系统作为基础数据源，定期抽取直保公司及保险合同、产品等主流信息，在已有信息的基础上扩展个性化字段，实现数出一门。

五、项目效果

（一）是公司数字化转型的压舱石和发动机

1. 保单数据入库效率显著提升，提高约20倍。平台建设前每个季度10位业务人员，总计在数据导入上消耗1000多个小时，耗时耗力，效率极低，准确率低。平台建设后，通过该平台高性能导入功能模块，支持多种保单报表文件的自动导入，断点续传，并行处理，根据业务人员测算，耗时缩短到50小时以内，效率提高20倍。

2. 保单数据处理效率显著提升，提高约10倍。通过该平台的数据清洗、数据修正和数据整合等功能模块，实现保单业务全流程线上化、处理自动化，所有清洗转换规则可自定义，图形化配置，可复用可管理，经过实际测试，数据处理规则执行效率较系统建设前提升10倍以上，极大缩减了人力成本。

3. 保单数据应用从“不敢想，跑不出”到“分钟级”。平台建设前，所有保单数据分散在200多个数据库中存储，无法按照集中统一的条件运行，每次统计查询，需要手工到所有相关数据库中执行。平台建设后，生产环境中实测多个场景，场景一，在85.7亿条保单数据中查询某一个被保险人的信息，仅需要12分钟；场景二，在85.7亿条保单数据中按照直保公司、账期和再保合同汇总统计再保费，只需要1分24秒，实现了性能上的飞跃，将多个不敢想变成可能，将希望照进现实。

4. 业务规则的沉淀和积累。通过该平台建设，自主制定并统一再保险保单的数据标准和数据模型，属于行业内首家企业级再保险保单数据模型。同时，随着平台运行，积累对全行业直保公司保单报表数据加工与处理的通用规则和个性化规则，总计50余条规则，形成业务经验的规则库，实现对业务知识和处理经验的积累和沉淀。

5. 打造一套全新的数据管理模式。统一集中式的数据管理，打造保单数据管理的全新模式，实现数据采集、处理、账务核验到应用的全生命周期管理，提升业务管理精细度，可管、可见、可控。同时，配以功能和数据权限，操作日志审计，最大限度地保障数据安全，降低数据泄露风险，满足数据安全合规要求。

6. 一个平台上实现五个线上化。在大数据高性能平台的硬核能力下，在高效的统一开发环境中，通过技术层面的根本性变革，在一个平台实现了五个线上化，即保单文件线上化、数据处理线上化、模型统一线上化、账务核验线上化与应用线上化，解决业务多年的历史痛点、难点和堵点问题。

7. 平台贯穿公司前台、中台、后台，涵盖4大核心业务部门，用户近100余人。该平台服务公司营业部、产品精算部、业务管理部和核保核赔部四大业务部门，实现跨部门、跨业务板块和跨层级的快速协调与联动，全面支持企业数字化转型和数字化运营。通过数字化技术极大地提高业务整体运营能力，提升了业务精细化管理能力，增强了企业数据治理与数据应用水平。

（二）给整个行业的数字化转型带来了示范效应和领先效应

1. 再保险保单数据一站式处理方案。平台为再保险保单数据提供了一站式的系统处理手段，该套功能为公司自主研发创立，能够有效地支持客户公司保单文件从上传至完成数据标准化至数据应用的全生命周期的处理，属行业首创。

2. 企业级标准数据模型。平台首次为再保险业建立了一套企业级数据模型。该模型包括五大主题，既参考了直保公司的部分数据模型，也加入了业务特点和特有的业务属性，并考虑了未来数据应用与分析的需求，实现从主题域模型到物理模型的设计和数据落地，具有示范性、前瞻性和可推广性。

1. 行业级风险数据库。平台建立了一套全保单的风险累计数据库。平台内现已采集85亿条保单数据，未来将录入百亿级保单数据，涉及一百余家直保公司、亿级被保险人，使得风险评估更可靠、定价分析更精确，数据应用更多元，充分展现了再保险行业的领先效应。

2. 大数据处理平台建设经验。平台为行业提供大数据处理系统建设的先进经验。平台以高水平的架构设计作为指导，在我国成熟的大数据分布式平台的支撑下，集合周边数个微服务，使用前沿的部署模式，构建了一套高集成、高效率和高稳定的巨量数据处理平台，为行业提供了建设大数据处理系统先进经验和示范效果。

六、总结

（一）成果总结

行业保单数据管理平台，在大数据高性能平台的硬核能力支撑下，在高效的统一开发平台支持下，实现了“一个高性能保单数据处理平台+一个标准化保险业风险数据库+一套保单数据治理模式”的建设目标，解决了业务多年的历史痛点，打通了业务关键环节，实现了保单文件线上化、数据处理线上化、模型统一线上化、账务核验线上化与应用线上化，将多个不敢想变成可能，将希望照进现实。

平台服务于公司四大业务部门，实现跨部门、跨业务板块和跨层级的快速协调与联动，全面支持企业数字化转型和数字化运营。该平台通过数字化技术极大地提高业务整体运营能力，提升了业务精细化管理能力，增强了企业数据治理与数据应用水平。

同时，本期建设超额完成历史保单数据迁移工作，积累并夯实公司内部黄金数据资产，从保单报表数据到产品费率信息，保障数据安全，让数据可控可用。

该平台申请“数据处理方案、装置、计算机设备和存储介质”“数据导入方法、装置、计算机设备和存储介质”两项国家专利，现已受理并通过初审。

（二）后续思考

随着平台的稳定运行，更多直保公司的报表文件开始导入系统，功能设置和操作细节也有了更多可以完善和优化的内容。

未来，建设团队将对平台持续优化完善，让系统从“可用”到“好用”，让数据从“SQL小库”时代到“分布式平台”时代，让流程从“走起来”到“跑起来”，进一步推进数据黄金资产化、业务管理精细化和运营体系数字化。

专家点评

中国人寿再保险有限责任公司推出的行业保单数据管理平台是一个高性能的保单数据处理平台，从数据上传入库到清洗应用都可以在该平台实现，是一个可供行业参考的、标准化的保险业风险数据库。该平台最亮眼的地方在于针对保单格式多样、难以导入的问题，研发出支持多种文件类型和格式，集成度高，接口丰富，方便数据的导入和整合的工具。除此之外，该平台还首创了再保保单数据模型。中国人寿再保险作为我国规模较大的再保险公司拥有海量的数据资源，但是如何把数据用起来，如何从”可用“到”好用“，是该公司乃至整个行业都需要重点关注的地方。

中再寿险企业级数据中台项目群

◎ 中国人寿再保险有限责任公司

一、项目概述

中国人寿再保险有限责任公司(以下简称中再寿险)是面向寿险行业的再保险公司，市场占有率在我国市场稳居首位，公司一直将业务数据资源作为公司的核心竞争力之一。随着业务规模不断扩大，业务数据也呈几何式增长，但对业务数据的统计、分析及应用，一直缺少有效数据平台和数据分析工具支持，存在数据分散共享困难、数据不标准和数据应用效率低的问题。

针对以上问题，该项目提出一套企业级数据中台项目群的建设方案，包括线上数据整合平台和多维分析 BI 平台。线上数据整合平台重点对各子公司、各业务系统分散的数据做统一的集成与整合，统一数据准备及模型，搭建数据应用服务。依托中再集团大数据平台的计算能力，为上层各应用系统提供数据服务。多维分析 BI 平台依赖成熟的 BI 报表分析工具，进行客制化的需求开发。一方面，开发固定报表，满足业务人员基本报表需求；另一方面，利用数据自助查询与多维分析功能，支持业务人员自主分析。多维分析 BI 平台将线上整合的复杂数据，以固定报表或图表的方式清晰地展现，使用户可以快速认知数据现状、挖掘数据价值。

二、项目背景及意义

（一）项目背景

数据中台建设是数字中再规划的主要内容之一，是中再寿险公司数字化转型的重要一环。2019 年，中再寿险数据管控专题咨询项目通过现场访谈、系统探查和线下数据集中等多种方式展开评估和调研分析，发现数据统计方面缺少数据平台和数据分析工具支持，严重依赖手工线下实现跨系统的数据整合应用，在数据准确性和及时性方面均有挑战。存在的问题主要有以下三个方面：

1. 数据分散共享难。目前公司各系统数据各自独立，缺乏统一的应用输出平台，系统间数据无有效交互途径，多依赖线下传递。公司没有统一数据平台，数据分散存储，难以共享，数据价值难以发掘和应用。

2. 缺少统一的数据模型和标准，数据统计口径乱。各系统数据项缺少统一标准、缺少企业级数据模型，各系统数据的统计口径混乱，统计结果无法直接使用，核对成本高。

3. 数据应用效率低，缺乏有力工具支撑。公司业务报表系统查询效率慢且仅支持定制化报表查询，管理驾驶舱、风控系统以及监管报送数据多为手工处理，缺少系统化工具支撑。

（二）项目意义

中再寿险企业级数据中台的建立，实现了对NCR核心业务系统、财务系统、资产系统、公司精算系统以及海外分支机构的业务系统、财务系统的数据整合与标准化，将现有系统数据库中结构化的数据经过数据抽取、规则映射、数据清洗和标准化转换等一系列操作最终加载到数据仓库模型中。实现了对各子公司、各业务系统分散数据的集成与统一整合，沉淀出海量数据资产，为后续的数据分析、数据价值挖掘提供了基础。

企业级数据中台根据数据业务属性的分类以及业务部门对数据自助查询和基础统计的需求，建立多个面向数据分析需求的主题域(宽表）作为数据访问的应用基础。为多维数据分析BI平台、管理驾驶舱和风控平台等上层数据应用提供快速便捷的数据服务，体现数据中台价值，提高了数据服务、数据消费能力。

三、项目重点解决的问题及主要创新点

（一）项目重点解决的问题

中再寿险的数据主要存在以下三个问题：一是数据分散共享难——“散”；二是缺少统一的数据模型和标准，数据统计口径乱——“乱”；三是数据应用效率低，缺乏有力工具支撑——“慢”。要解决“散、乱、慢”的问题，需要从技术统一性、管理规范性出发，提出一套企业级数据中台项目群的建设方案。通过一套数据中台技术框架，一套BI产品工具搭建基础平台，并结合中再寿险自身业务特点和数据需求，通过对公司各业务系统数据进行加工、处理和标准化，形成整合数据，并通过多维分析BI平台进行数据展示和应用，实现数据中台建设。具体解决方案有以下几个方面。

1. 从技术角度来看，企业级数据中台技术选用的是阿里大数据计算服务MaxCompute和一站式大数据智能研发平台DataWorks，其采用以大数据Hadoop为核心的主流技术，近年来发展越来越成熟，相比以传统关系型数据库为主的产品，从容量上和处理效率上都更具优势。BI多维分析产品选用的是永洪BI自助式报表工具，广泛用于数据可视化、数据分析等应用场景。上述产品在长期发展过程中，在金融同业已有丰富的实施案例，市场上有众多提供实施服务的厂商，积累形成了有效的项目建设工作方法和工作成果，为企业级数据中台建设提供了技术保障。

2. 从数据角度来看，基于上述技术基础，企业级数据中台建设，分为线上数据整合和多维分析BI平台两个项目。其中，线上数据整合项目，实现对公司NCR核心业务系统、财务系统、资产系统、公司精算系统以及海外分支机构的NCR核心业务系统、财务系统的数据进行整合，数据范围可涵盖公司管理需求。将现有应用系统数据库中结构化的数据经过数据抽取、规则映射、数据清洗和标准化转换等一系列操作最终加载到数据仓库模型中，实现各系统数据的集成与统一整合，在此基础上根据数据业务属性的分类建立多个面向数据分析需求的主题域(宽表）作为数据访问的应用基础，为上层应用提供数据服务。多维分析BI平台项目，在数据整合基础上，提供可视化报表工具，开发固定报表，满足业务人员基本报表查询需求，支持按照监管、公司经营分析、各部门日常使用等固定格式出具各类报表。同时，利用BI工具的数据自助查询与多维分析功能，支持业务人员自定义报表需求，提高数据使用效率，发挥数据价值。通过以上固定报表与自定义报表功能，满足管理层决策需要。

企业级数据中台项目群通过线上数据整合项

目和多维分析 BI 平台项目两个项目，解决数据分散共享难，缺少统一的数据模型和标准，数据统计口径乱，数据应用效率低，缺乏有力工具支撑等问题。最终实现公司数据的“存”，建立统一的数据模型和标准，实现线上数据统一集中存储；“通”，实现公司各系统的数据打通与整合；“用”，基于整合数据提供数据服务，实现数据可视化，并支持业务自主查询分析，提高数据分析与使用效率，发挥数据最大应用价值。

（二）项目主要创新点

1. 支持各公司、各系统分散数据的集成与统一整合。系统支持多种数据来源(包括 SICS 核心、财务、CSS、二代、NE、寿再风控、精算和资产系统)、多种文件类型和格式，共集成 8 个源端系统及线下系统的 170 余张表，涉及 4000 多个字段，集成难度较高。

2. 建立统一的数据模型和标准。统一的数据模型和标准让多源数据得以整合到数据中台里，实现线上数据统一集中存储，进而为上层的应用提供数据服务，降低各数据应用使用数据的复杂程度、提高数据消费的速度和消除多源数据可能存在的差异性，加速从数据到价值的过程，提高企业的响应能力。

3. 提供大数据的高效挖掘。该项目采用创新型列式存储引擎，融合了分布式存储和计算，使得系统具有 PB~EB 级别的存储处理能力。辅以多维分析 BI 工具，可以在短时间内完成复杂报表、大宽表(多表联接计算）等复杂计算，最后生成丰富的图表展现数据挖掘结果。

4. 提供多维数据的探索式分析。多维分析是较为复杂的计算，该项目将各种复杂计算封装成高级算子，用户在前端只需通过拖拽维度和度量即可完成分析。这种便捷的操作使用户可以快速对不熟悉的数据建立直观的印象，进而逐步加深对数据的认识和对数据价值的挖掘。

四、项目主要建设内容

（一）线上数据整合平台

线上数据整合平台重点对各公司、各系统分散的数据做统一的集成和整合，统一数据准备及模型，搭建数据应用服务。从数据架构上该系统分成三部分：源系统、数据加工区和目标数据区。数据架构见图 1。

源系统数据进入数据中台主要有以下两种方式：第一种是通过 DataWorks 的数据集成模块，通过 JDBC 直连方式连接源端数据库(包括 Oracle、MySQL、SqlServer 等)，抽取源端数据到数据中台贴源层；第二种方式通过增量数据同步工具，将源端数据准实时同步到数据中台贴源层。

数据在进入数据加工区后，依托于 MaxCompute 的大数据计算能力、DataWorks 的数据开发功能，针对从源端同步到中台的数据，按照业务规则对各模型层进行数据节点开发，以及数据模型加载。MaxCompute 融合了分布式存储与计算、分布式数据仓库以及互联网云计算服务等先进技术和运营理念，采用创新型列式存储引擎，使得系统具有 PB~EB 级别的存储处理能力。数据同步模型见图 2。

完成各模型层的数据加载后，将数据推送到目标数据区(RDS、Oracle 和 MPP 等)，主要适用于数据中台的数据加载。这里包含明细数据、汇总分析数据和内集市数据，为前台报表提供数据服务；同时，将数据推送至上层应用系统，为上层各应用系统提供数据服务。

数据模型见图 2。

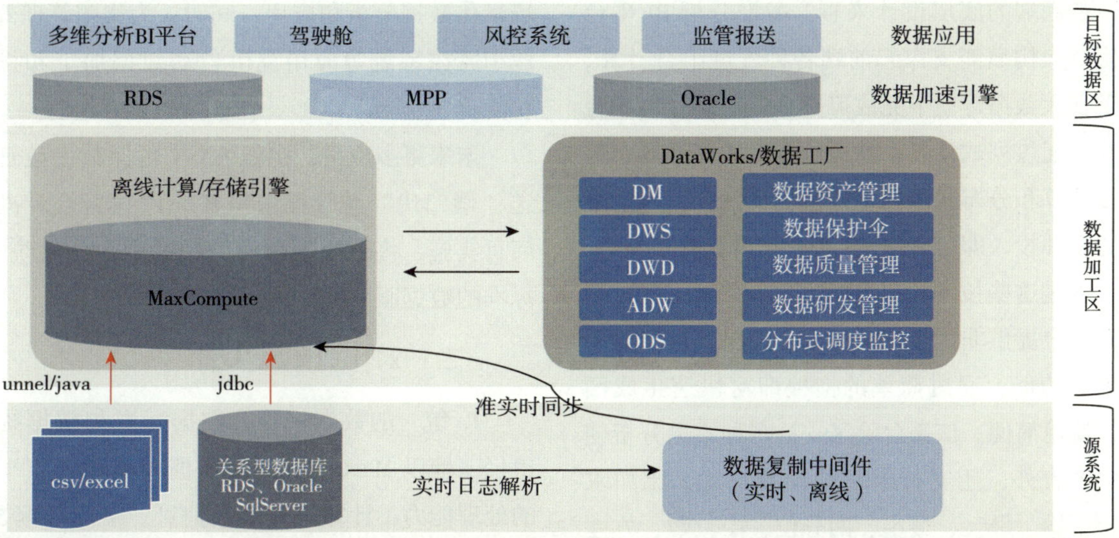

图 1　数据架构

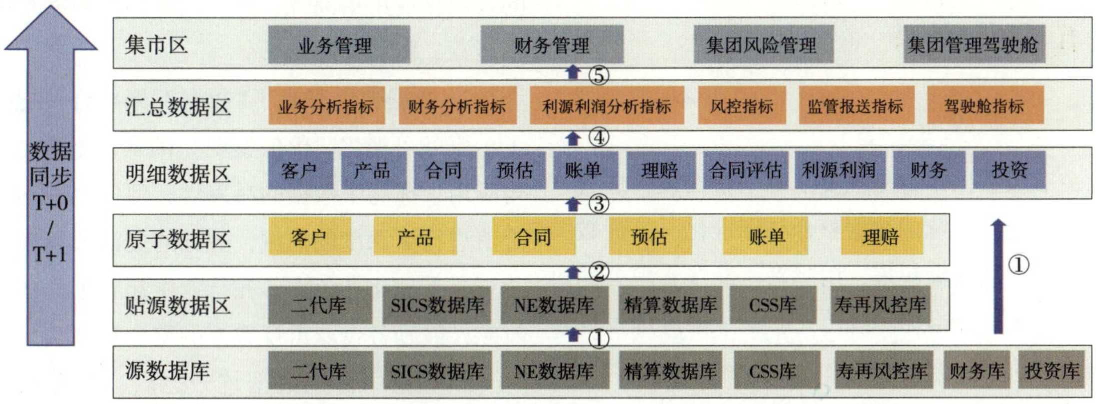

图 2　数据模型

（二）多维分析 BI 平台

多维分析 BI 平台依赖成熟的 BI 报表分析工具，进行客制化的需求开发，从中再寿险的实际需求出发，系统设计体现了开放性、模块化、扩展性、安全性和易维护性。一方面，开发固定报表，满足业务人员基本报表需求；另一方面，利用数据自助查询与多维分析功能，支持业务人员自主分析。多维分析 BI 平台将线上整合的复杂数据，以固定报表或图表的方式清晰地展现，使用户可以快速认知数据现状、挖掘数据价值。

从前端看，随着数字技术的发展和信息规模的飞速增长，对 BI 平台的实时性、准确性和操作便捷性提出了更高的要求。探索式和敏捷式的 BI 是该平台建设的重要目标，在企业用户中无论是管理者还是从业人员、运营人员，都可以在 BI 前端简单地拖拽，通过不断地迭代尝试完成分析需求。

从后端的底层设计来看，多维分析 BI 平台的底层架构须能支撑起前端各种维度组合计算，能够在大数据环境下完成可交互式响应。该平台的底层通过列式计算、并行计算、内存计算、跨粒度计算和分布式通信等技术完美融合，采用廉价的硬件投入即可完成 TB 级数据秒级响应。

通过这些技术设计和实现，多维分析 BI 平台向用户提供非常丰富的图形、表格、过滤器和仪表等功能，通过简单的拖拽即可快速生成图表，使用简便。该平台除了支持多种常见分析使用的图表外，还支持丰富的计算公式，比如求和、平均、最大、最小、四分位、中位数、方差和计算同比/环比；可以轻松完成 OLAP 操作，比如上卷(roll-up)、下钻(drill-down) 和穿透等。

五、项目效果

（一）对公司

企业级数据中台是重要基础平台建设，通过将各分散业务系统的数据整合与标准化，打通数据孤岛，让数据聚起来，用起来，最终实现公司数据资产化、标准化和规范化，最大限度地发挥数据应用价值。

1. 数据中台让数据“聚起来”，沉淀了数据资产。数据中台整合了包括 SICS 核心、财务、CSS、二代、NE、寿再风控、精算和资产系统 8 个系统数据源，共整合了 170 余张表，4000 多个字段，构建了 10 个主题分析域共计 29 张分析表。

2. 数据中台让数据 “用起来”，发挥数据应用价值。数据中台共开发固定报表 60 张，自主分析宽表 23 张，为 7 个部门、3 个应用系统提供数据服务，用户数 100 余人，业务场景使用范围广，应用效果显著，可满足公司、部门日常数据统计和监管报送等需求，并支撑业务人员自助式场景化数据分析和应用，同时，为集团管理驾驶舱和风控系统等应用提供自动数据加工和推送功能。

未来更多应用，比如 EAST 再保数据监管报送、“偿二代” 监管报送和 IFRS17 国际会计准则项目实施，将依托于企业级数据中台提供统一、标准的数据服务。

（二）对行业

1. 统一的数据模型、数据标准和数据统计口径，辅以 MaxCompute 大数据存储和计算平台的处理能力，计算千万级数据量、字段数据 500 以上的宽表仅需 12 秒，计算千万级数据量、字段数据 500 以上的复杂报表仅需 15 秒。让企业的大数据应用更高效、更低门槛，高效实现数字化运营、驱动业务增长。

2. 数据中台完成了“数据汇聚整合—提纯加工—服务可视化—价值变现” 的全链条数据服务与应用，提高了数据的易用性，促使企业对数据价值进行更深度的挖掘，数据的灵活分析使得企业更具差异化竞争力，在行业中起到很好的示范效应，鼓励各企业重视数据的整合和消费。

3. 数据中台把数据统一之后，会形成标准数据，再进行存储，形成大数据资产层，为企业数字化转型提供能力底座。这种数据的标准和统一口径与企业业务有着强相关性，可以为行业内其他用户提供借鉴。

六、总结

（一）成果总结

企业级数据中台项目群立足于解决数据应用的问题，建成了线上数据整合平台和多维分析 BI 平台，一是实现了对各公司、各系统分散数据的集成与统一整合，沉淀出海量数据资产，为后续的数据分析、数据价值挖掘提供了基础；二是通过大数据技术和 BI 工具，采用多维分析的模式向用户提供非常丰富的图形、表格、过滤器和仪表等功能，通过简单的拖拽即可快速生成图表，使用户可以非常便捷地消费数据。

从业务使用的角度来说，项目成果可以简要概括为以下 5 个：

1. 线下报表线上化，节省人工成本，提高数据加工效率。

2. 支持公司经营分析，使用业务人员专注于公司经营情况和业务发展趋势。

3. 数据分析赋能，将数据分析模式从完全依赖 IT 转变为用户自主分析。

4. 实现与集团驾驶舱系统自动对接，自动加工和报送数据指标。

5. 搭建寿再数据填报系统，解决线下数据收集和审核流程问题。

从技术应用的角度来说，项目成果概括为以下 3 个：

1. 数据时效性高。该案例实现了“T+0”的准实时数据处理，最快的批处理任务达到 10 分钟一次的频率。

2. 实现了分布式高性能的多维数据分析。计算千万级数据量、字段数据 500 以上的宽表仅需 12 秒，日常使用的复杂宽表查询更是达到秒级响应速度。

3. 统一数据模型和标准，聚合和治理跨域数据。该项目整合了中再寿险 8 个系统和 1 个手工填报数据源，共整合了 170 余张表，4000 多个字段，为上层数据应用提供服务。

（二）后续思考

1. 随着线上数据整合平台的广泛使用，后续将其推广至更多的系统、争取更多数据源的融入。

2. 随着业务人员应用多维分析 BI 平台的不断深入，发掘更多、更成熟的业务使用场景。

3. 对于时效性要求高的使用场景，追求更实时化的批处理能力。

4. 需要大力推广和宣传该平台，让用户活跃在平台上；做好系统培训工作、开展相关竞赛，培养出更多的 BI 专家，并通过竞赛方式加强业务人员对数据的思考及应用，沉淀更多有价值的业务分析报表，充分展现中再科技化、数字化建设的成果。

专家点评

中国人寿再保险有限责任公司打造的企业级数据中台项目群包含线上数据整合平台和多维分析 BI 平台两部分内容，前者解决了数据分散、杂乱的问题，后者面向业务人员提供了固定报表以及可自主定制的报表，该项目在业务运营方面对公司起了很好的支撑作用。该项目的主要创新点在于采用了创新型列式存储引擎，辅以多维分析 BI 工具，可在短时间内完成复杂报表。目前，众多保险公司都采用清洗整合数据、快速简易制作报表的项目来进行数字化转型，如何把构建的平台往更多方向、更多层次展开运用，也是值得思考的地方。

中国人寿寿险社交化企业协同

◎ 中国人寿保险股份有限公司

一、项目概述

（一）企业协同，构建高效在线办公

为加快企业数字化转型工作进程，同时充分利用数据价值，中国人寿保险股份有限公司(以下简称中国人寿）提出了以全面推进人员在线、组织在线和业务在线为目标，以数字化、社交化方式驱动组织与业务、队伍与客户的线上多边互动，加快信息流动，进而提升整个企业的工作效率和商业效率的社交化企业协同项目。

企业协同的核心要素是人、工作方式、技术和信息流动。公司基于国寿云助理三屏体系构建了一个柔性、实用且具有社交化基因的强大的企业协同体系，同时通过其开放性集成了数百个企业级应用，赋能指挥体系，强化协同能力，有效提升组织效率。并且随着组织的进化，仍然不断高速的迭代演进。

社交化企业协同项目通过建设云助理即时通信体系及强大的线上协同能力，实现了人员在线；通过以 E 职场为核心的销售组织体系和一系列数字化工具构建打通管理层与一线销售团队全链条的数字化指挥体系，基于人工智能和大数据技术，建设了云助理 AI 机器人体系，实现了组织在线；通过公众号、小程序将云助理与微信社交生态全面打通构建以智慧展业和人设经营为重点的社交化经营体系，实现了业务在线。

（二）突破“瓶颈”，构建新型业务模式

互联网时代下，传统的寿险经营方式存在越来越多的“瓶颈”，很难满足当代客户的实际需求和体验，且不利于客户的长期经营和服务。为深化国企改革，践行数字化转型战略，中国人寿持续探索在互联网时代社交生态下的新的客户经营方式，逐步建立了以社交化能力为基石的一整套企业协同能力，以社交化功能为指导思想，对传统型业务模式进行改变。通过打通企业内部面向代理人的移动中台“云助理” 与微信社交生态，构建以智慧展业和人设经营为重点的社交化经营体系，推动将传统的漏斗形获客方式转化为以裂变为主的高效的流量路径，从而建设基于互联网社交的新型客户培养进阶体系，进一步帮助客户获取持续的、长期的和体验良好的金融保险服务。

二、项目背景及意义

（一）打破壁垒，促进协作共赢

在传统的以工作流为主导的企业运作模式下，存在结构单一、弱数据支撑和部门间弱协同的问题，同时对传统业务模式的过分依赖，导致新时代背景下的业务代理人对于新渠道、新兴的客户群，获客能力弱，缺乏成体系的新型客户培

养方式。为打破目前在企业运转中存在对“数据墙”“部门墙”“身份墙”三大壁垒，构建符合现代组织的扁平化、团队化和去中心化的自演进组织体系，让信息流逐渐替代工作流，主导企业的运作，将组织从物理形态逐渐转变为生物形态，实现自我进化。根据公司党委、总裁室的决策部署，围绕企业、伙伴和客户的交互过程，贯通整体社交场景、打造开放的数字化生态，丰富线上沟通、线上协同、线上组织、线上业务和线上办公能力，驱动销售服务效率的不断优化，促进协作共赢。

（二）深化改革，推动数字化转型

在全球数字化转型的大背景下，企业协同能力是一个企业组织是否强大的核心能力，优秀的企业协同能力能促进团队协作，实现组织融合，从根本上为企业降低成本、提升运营效率，打造升级抗风险能力。同时，企业协同能力也是企业组织层面的数字化转型能否成功的关键。持续推进企业系统能力的建设，打造柔性、动态，服务丰富、功能强大的社交化企业协同平台，是企业数字化转型的必由之路。

在当前国有企业深化改革和中央要求加速推进国有企业数字化转型的大背景下，为了全面深入推进中国人寿数字化转型工作，提高企业协同效率，拟开展社交化企业协同项目建设。

社交化企业协同能力建设以全面推进人员在线、组织在线和业务在线为目标，通过数字化、社交化方式驱动组织与业务、队伍与客户的线上多边互动，加快信息流动，进而提升整个企业的工作效率和商业效率。结合前期数字化平台、云助理等项目的建设，目前已初步形成了社交化企业协同平台的雏形。

2021 年社交化企业协同将依托于云助理手机版、桌面版、大屏版“三位一体”的产品形态为平台支撑，对内汇聚内容资源和生态服务，对外提供社交化经营、协同化办公和数字化管理服务；通过 E 职场打造人员和组织的线上孪生数字化副本，柔性兼容不同的人员和组织，赋能指挥体系、提升协同效率，形成开放、共享、敏捷和高效的组织协同能力。最终，落地形成了符合数字时代发展、具有自身特色、且贴近公司业务、管理和组织实际情况的社交化企业协同平台。

三、项目重点解决的问题及主要创新点

（一）构建社交网，打造企业生态链

全面深入推进社交化企业协同能力建设，以数字化、社交化方式驱动组织与业务和队伍与客户的线上双边互动，加快信息流动，进而提升整个企业的工作效率和商业效率。

横向通过云助理手机版、桌面版、大屏版“三位一体”的产品形态对内聚合商业生态和内容资源，对外提供社交化经营、协同化办公和数字化管理等服务；纵向通过 E 职场打造人员和组织的线上孪生数字化副本，柔性兼容不同的人员和组织，形成开放、共享、敏捷和高效的协同能力；横向纵向共同构成社交化企业协同生态链。

云助理三屏体系为应用提供全平台覆盖的运行环境，支持应用一次开发，多端适配，充分释放应用能力；基于场景化驱动的设计思想，为不同用户的不同使用场景提供不同的产品形态，实现公司经营管理的全方位需求；通过数字认证、物联网等连接方式，通过远程遥控、语音输入等交互技术，全面拓展云助理多屏互动，提供全方位、立体化和数字化的企业协同能力。

以E职场为基础，根据现代组织形态的特点，结合中国人寿组织架构实际情况，将线下的职场、团队和人员群体进行虚拟复制，实现组织的线上孪生，推动中国人寿从中心化的等级架构向去中心化的网络架构进化。一方面E职场将继续进行标准化建设，灵活兼容多系统的组织架构；另一方面，进行场景化组合，灵活满足职场管理的个性化。

（二）企业资源底座，支撑场景化经营

以分享吧为容器和载体建成中国人寿内容平台，引导平台用户持续产生优质内容，建立多产出多消费的良性循环，将海量资讯、美图、音视频素材和课程进行沉淀，同时为存量内容补录数字标签，借助大数据算法，实现内容推荐和分发，对内满足教育培训需要，对外助力获客引流。

遵循“全国统筹管理、统一平台整合、属地特色配置”的原则，建设标准统一、兼顾个性和线上线下相结合的生态服务平台，支持定制化配置、可快速上、下架各类商品和服务，同时为生态引入方和生态提供方提供多样的支付、结算和即时客服能力，充分利用公司内外部各方资源，为公司场景化经营提供丰富、强大的生态资源支撑。

（三）社交化协作，布局大数据时代

通过将国寿的2.5万职场进行线上孪生，支撑百万销售队伍、10万内部员工的线上实时沟通，信息秒到，协作无间，并以即时通信为核心，提供共享文档、团队协作等企业协同服务，提高工作效率和展业效率；通过落地云助理“三位一体”的产品形态，提供多屏互动的便捷协作体验，满足公司不同用户的不同使用场景；通过为全国70%市公司管理层建立管理群聊，为全国所有职场建立职场群聊，提供精准实时的业绩播报服务，保证公司各类信息畅通无阻的传递和分发。同时，使得管理层可以高效便捷地实时获取业绩数据，及时了解业绩状况从而进行科学决策；通过完成数字会客、人设获客功能上线和试点推广，继续完善优化带货直播功能，评估新模式下获客率、转化率、留存率，为未来新型的客户经营模式布局。

四、项目主要建设内容

（一）多屏互动，云助理三位一体形态筑起协同底座

基于用户场景化驱动的设计思想，以云助理作为“平台底座”打造了手机版、桌面版和大屏版“三位一体”产品形态，实现多终端设备的互联互通，信息实时交付、动态展现和自由切换。内部员工、销售伙伴使用手机版获取云助理生态服务，比如即时通信、频道、工作台和行事历；柜面、办公场景下通过个人电脑、云桌面上的桌面版获取便捷的生态服务入口，同步手机版消息信息；营销主管远程遥控大屏版获取销售基层一搅子数据，及时发出作战指挥指令，调整营销策略。

云助理APP从功能迭代、运营规范和安全加固方面重点发力：在功能上主要围绕即时通信（IM）为核心全面提升协同联动能力、人工智能（AI）能力，同时进行用户界面（UI）改版优化；在运营方面，建立产品体验设计标准和规范，提升运营水平和用户体验；在安全方面，除了继续在完善应用安全防护基础上，延伸至业务安全领域，建立黑产业务情报搜索、黑产逆向分析、黑产数据标记和黑产作弊阻断全流程黑产防控

手段。

云助理桌面版在现有基础上集成更多通用办公套件，增加视频会议、云文档和行事历等主要功能模块，打造高效办公方式，构建一站式沟通与协作平台。同时加强云助理桌面版在公司办公终端(包含信创终端）覆盖的广度。

云助理大屏版致力于打造中国人寿大屏端软引擎，为国寿云播提供平台、载体和通道，通过触摸和遥控两种模式，支持广告投放、视频轮播和智能适配投屏等功能，同时开放遥控器标准，加强对大屏端微应用的孵化，为公司打造政策宣导、资讯传递及文化传播的主阵地，为管理人员提供指挥作战窗口，为办公和营销职场提供多屏互动的科技武装和便捷协同工具。

（二）数字孪生，E 职场体系构建企业架构数字副本

E 职场体系根据现代组织形态的特点，结合中国人寿组织架构的实际情况，将线下的部门、团队、职场和人员群体进行数字化复制匹配，线上线下一一对应，灵活的兼容不同的人员和组织形态，并能随着组织形态的变化而快速适配。

（三）协同化办公，协同套件实现数据流实时精准送达

配套推出多种工作协同套件，架起企业内部的扁平化沟通渠道，实现了公司人员的沟通在线。

云助理即时通信，具备图文消息传递、文件传输预览、音视频语音通话等关键协作沟通功能。同时，具备强大的可定制编程能力、开放的群聊工具配置能力和优秀的视频通话能力。

机器人智能助理，基于用户提问消息关键字，依托多种人工智能和大数据技术，匹配反馈最佳解决方案，搭配即时通信定制编程能力与多样化消息形态，24 小时全天候在线随时解答国寿员工和销售伙伴的工作难题。

行事历，个人全天 24 小时私人日程管家，是日常工作的统一展示和处理入口，目前已经整合了客户拜访提醒、孤单分配提醒、续期催缴提醒、参会出勤提醒、客户生日提醒和会议通知提醒的推送，支持一键点击跳转执行，解决功能入口繁多分散的问题。

团队协作，面向团队内部协作的协同组件，主要提供团队管理、项目管理、任务管理、日程管理和汇报管理等一系列功能，有效帮助团队负责人高效的掌握项目进度，安排工作任务，规划团队日程，让团队成员随时随地高效协作。

工作协同套件实现公司内外信息流的精准实时送达，支撑公司实现全面的社交化企业协同。

（四）直达一线，指挥协同提供扁平化指挥作战能力

指挥协同通过智能遥控、可视化呈现等方式，构建打通管理层与一线销售团队全链条的数字化指挥体系，并利用大数据技术进行实时分析、展示与追踪，补足各级管理层数据支撑弱的不足。

通过社交化的智能业绩播报形式，提供直达一线的扁平化指挥作战能力。多维度、多时段播报，每小时增员信息，分时段拜访签到，每日业绩、活动量战报等；面向管理层实现保障型、标保日平台、达成率，长险客户经营等数据报表的推送；面向分公司推送管理层关注的业绩、人力相关指标等个性化报表。

（五）打通生态，客户协同探索社交化业务获客思路

将云助理与微信社交生态全面打通，社交化

链接代理人和客户，充分利用微信巨大的流量池，将存量客户分配至营销员进行激活、转换、沉淀和服务，将私域客户分配至代理人进行激活、留存、裂变、转化和沉淀，从而建设基于互联网社交的新型客户触达和经营进阶体系。在新的社交生态下，从传统的漏斗形获客转化方式，开辟出以裂变为主的高效的流量路径。

落地数字会客，采用云端音视频技术，通过视频通话、白板写画、文件共享和同屏演示四大核心功能，创造了一种从“面对面”到“屏对屏”的全新线上沟通模式，打通线上触达客户的“最后一公里”，为代理人提供更鲜活的交互体验、更真实有效的全景记录，实现线上洽谈、空中展业。

探索人设获客，整合软文资讯、产品、活动以及客户服务类工具，为代理人打造“千店千面”的社交化的保险服务站点，以工作圈和生活圈的创新形态塑造销售伙伴专业保险师人设，实现精细化、全闭环和有温度的客群经营。

五、项目效果

社交化企业协同平台自上线以来，重点服务于包括公司员工和营销员在内的用户近 200 万人。通过基于社交化的企业协同平台的建设，实现了公司的人以及信息、技术在平台内的流动，得到了用户日常广泛的使用，深受广大用户的好评，有效提升了公司内外沟通、协作、管理、组织的效率。

1. 多屏互动，云助理完成“三位一体”的产品形态初步落地，以手机版为核心，实现了数字认证、远程遥控等交互技术实现多屏之间的实时协同和智能联动；云助理大屏版目前已完成总公司统一采购大屏设备的适配和预安装工作；桌面版完成功能上线，完成对信创 uos 等操作系统的兼容。

2. 数字孪生，云助理线上协同用户数逐步增加，目前已经创建了 270 万个聊天，7 万个群聊。

3. 工作协同，通过人工智能和大数据技术推出了云助理机器人 73 个，通过邮件助理实时获取邮件通知，以社交化对话的方式打破传统的邮件回复，提升办公协作效率。协作工具逐步丰富，总分公司在团队协同中组建团队 837 个，创建项目数为 792 个，任务数 5674 个，越来越多的团队开展线上的团队管理和协作。

4. 指挥协同，在全国范围内，创建了 11 个省公司管理层群聊、264 个地市管理层群聊、2 个县支群聊，通过群聊实时播报经营指标报表，通过社交化的形式建立直达一线的指挥作战窗口。

5. 客户协同，数字会客利用强大音视频的能力实现“屏对屏”极致会客体验，在新疆、河北、吉林等地区发挥了重要的作用，目前全国通过音视频会客 20 万次、视频链接客户数 34 万人、视频通话时长 18 万小时。数字会客创造了全新的客户拜访模式。

社交化企业协同是中国人寿在大数据时代背景下对新型企业管理经营体系的一次大胆突破，通过对传统经营模式的革新，成功打破阻碍企业高效协同发展的三大壁垒，建立了以数据为支撑，以社交化为指导的扁平化、高效化、团队化和去中心化的自演进组织体系，同时通过与外部社交生态的全面打通，开始了对传统业务模式的改革，在新冠肺炎疫情常态化的当下展现了科技的强大力量，探索了实现社交化业务模式的可能。

六、总结

作为2021年公司级科技重点项目，社交化企业协同旨在建设基于社交化、协同化的企业生态链，更好地将数字化平台上的服务和各类用户进行连接；落地云助理“三位一体”的产品形态，实现多屏互动下的便捷体验，全面提升企业协同能力；探索新型社交化客户经营和培养体系，从传统的漏斗形获客向高效的裂变式获客转变。自上线以来，已取得了初步的成效，以数据为驱动，以社交化思想为指导，带动了企业在大数据时代背景下的高效化发展，以科技力量赋能日常经营管理，深化企业改革，推动企业数字化转型，贯彻公司“科技国寿”战略目标，建设拥有数字化基因的，符合“数字中国战略”的中国人寿。

专家点评

中国人寿保险股份有限公司推出的社交化企业协同项目以人员在线、组织在线和业务在线为目标，分别通过建设云助理即时通信体系、E职场为核心的销售组织体系和微信社交生态圈来实现。该项目的创新之处在于通过云助理、E职场等应用打造了企业生态链，比如将线下的职场、团队和人员群体虚拟复制，打造出线上的孪生数字化副本。该项目没有局限于企业内部协同高效，它还兼顾了客户协同功能，利用数字会客创造了全新的客户拜访模式，可供其他公司借鉴。

太平人寿智能双录系统

◎ 太平人寿保险有限公司

一、项目概述

2017 年，银保监会要求保险机构对于销售行为进行同步录音录像(即双录)。

针对双录业务开展中积累的各项业务痛点，太平人寿决心改进双录系统，帮助业务团队更好地开拓市场。2019 年 7 月，太平人寿以智能化为目标，开始打造智能双录系统。4 个月后，智能双录系统投入使用。

此后，公司陆续完成了新系统在全国各家分公司的推广覆盖，双录业务逐步智能化。具体表现为，太平人寿将双录的录制要点，总结成一段段的机器人语音，以代理人的口吻，为客户进行播报介绍。播报的同时，将播报话术可视化。代理人一用就会，一看就懂。客户听得明白，看得明白。最大程度地保护了客户权益，规范了展业行为。

经过一年多系统建设，双录从原先需要陪录(即便经验丰富的业务员也需要找机构内勤陪同录制，打印好材料，约见客户一起进行录制，录制单个险种的双录时长超过 2 个小时)，已成功过渡到代理人能按照提示独自完成录制。即便是不和客户在一起，代理人也可以通过“远程”方式，和客户异地完成同步录音录像。

二、项目背景和意义

（一）项目背景

2017 年 6 月 28 日，为规范保险销售行为，维护保险消费者合法权益，促进行业持续健康发展，中国保监会发布《保险销售行为可回溯管理暂行办法》，要求保险公司、保险中介机构通过录音录像(以下简称双录）等技术手段记录和保存保险销售过程关键环节，实现销售行为可回放、重要信息可查询、问题责任可确认、消费权益可保障，该办法于 2017 年 11 月 1 日起正式实施。

（二）项目价值

保险销售行为可回溯制度实施后，得到了广大消费者的认可，但在实际落地过程中也出现了一些问题，导致双录质检成功率低，有些投保单反复补录仍不合格，客户体验较差。

双录流程操作不规范。一是销售过程关键环节缺失，电子投保确认书、投保提示书、产品说明书签字和风险提示语句抄写等关键环节未能做到清晰可辨或未录像；二是未按照相关业务规范进行操作，比如销售以死亡为给付保险金条件的保险产品时，未询问被保险人是否同意投保。

保单信息提示存在遗漏或错误。保险销售人员向投保人说明保单信息时，出现遗漏或错误。

一是遗漏险种名称、保费构成、缴费年限和保险期限等信息；二是未告知万能险产品最低保证利率的具体数字；三是未逐条阅读免责条款等。

录制时间长，补录次数多，客户体验差。一是向同一客户销售多份保单的录制过程，未对各险种相同用语进行合并说明，导致录制时间过长，客户感受差；二是销售人员技能及经验不足，导致补录次数较多，部分保单多次补录仍不合格，客户不愿再配合；三是自保件的投保人、被保险人或受益人即为销售人员，录制过程大多为自问自答，客户抵触情绪较重。

在此背景下，太平人寿智能双录紧跟业务节奏，在实现销售行为可回放、重要信息可查询和问题责任可确认的基础上，以太平人寿深厚的保险业务积累为支撑，引入智能化的设计思路及多项创新科技技术、极大地提升了代理人及客户体验，将双录的整体流程跃升到新的高度，深入贴近和理解业务条线，在新冠肺炎疫情突发的2020年成为支持太平人寿个险、银保和服务拓展各渠道业务开展的中坚力量。

三、项目重点解决的问题及主要创新点

（一）录制方式多元化，远程双录大放异彩

2020年，新冠肺炎疫情暴发，疫情初期各地区居民小区封闭管控，保险代理人业务开展困难，尤其涉及双录的保险单，未进行视频录制造成无法承保。

在遵守各地银保监局要求的基础上，太平人寿在3天内制定了异地远程双录方案，7天后上线。江苏省等全面双录地区使用远程双录，异地视频顺利通过质检，完成投保单承保。河北省、苏州市等太平人寿多家分公司在征得监管机构的允许后，均通过远程双录销售保险单。特别是，在早期新冠肺炎疫情最严重的湖北地区，也通过该功能完成销售保单。

在确保双录功能简单可用的前提下，公司紧急推出了投屏双录功能：匹配投保信息自动给客户以及代理人展示双录涉及的文档，同时该功能还支持远程签名。减少了因展示不清晰，错展示，没展示文档造成质检不通过的问题，提升了代理人和客户的双录体验，提高了质检通过率。远程功能和投屏功能有效避免了多次打扰客户的情况，代理人不必多次往返公司上交客户签名文档，新冠肺炎疫情期间足不出户能够完成展业。

（二）语音播报智能化

系统自动将双录的数十个环节的话术突出展示于屏幕上提示代理人。基于监管要求，系统自动匹配投保信息将代理人原先需要口述告知客户的内容自动进行语音播报告知客户。通过语音的识别，识别客户的肯定回答，同时将客户已经肯定回答的内容直接告知质检员，有效地提升了质检时效。

代理人和客户根据页面提示话术或语音提示，即可逐一完成各个环节，操作门槛降低。

（三）证件检验标准化

创造性地通过构建人工智能系统架构，进行图像预处理、目标检测和质量控制；进行人脸比对、身份证识别；完成风险管控升级和检测结果的实时反馈。符合规范的证件展示成功之后自动化地开启下一环节，实现环节自动化。

证件检查逐步规范了代理人展示的自己的身份证件、执业证件。证件展示的清晰度得到有效规范。

（四）质检结论即时化

创新地设计了“预检”模块，在每次双录视频结束录制前，通过计算机程序提供质检结论，

有效地降低了质检不通过率、减少了客户往返奔波。严格按照公司的质检标准，全公司的质检通过率目前为 80%，同比提升了 29.5%。

对于大多数购买保险产品的客户，一次录制即可通过，实时的展示机器人的预判结论，给业务员吃了定心丸，对于提交的保险双录材料更加放心。

（五）投保信息自动化

以模块化的方式嵌入各渠道的销售平台或者代理人管理平台，自动汇总代理人名下需双录的全部投保单，代理人可直接查询其名下的投保单和客户信息，邀约相应客户配合双录，摈弃了以往需要业务员介入输入投保单和客户信息的情况。数字化的升级减少了维护的人力。

（六）双录文件电子化，客户签字数字化

智能双录将录制流程中的条款、产品说明书、电子投保确认书和免责条款等各种文档通过技术手段自动化匹配，投保单带出并记录客户阅读和签署的过程。有效地帮助代理人提升双录的效率，避免质检不通过重复麻烦客户进行双录。

支持客户翻页阅读，异地阅读和签字确认。保险条款、产品说明书、人身保险投保提示书、电子投保确认书、投保健康告知、投保的利益演示和投保计划书等均能够自动匹配。

智能双录将签署的文件对接影像系统完成存储，降低了以往运营内勤逐个整理代理人的文件工作的复杂度，释放了运营人力，符合降本增效的大趋势。

（七）视频确认，降低双录差错概率

视频文件上传前按照录制的顺序将视频分段，要求代理人对每个录制关键要点进行逐个回放确认。对于有疑问的情况，代理人可邀请客户配合重新录制，二次确认提升双录的质检通过率。

（八）身份验证 ，辅助风险管控

智能双录运用人脸识别技术、证件识别技术采集代理人和客户人脸信息、身份证信息，结合留存的保单信息，将代理人和客户人脸、身份证信息与保单信息进行初步比对。同时，与公安网系统打通，获取并校验录制客户的身份信息，进一步进行交叉对比。通过多重交叉对比的结果，仅身份信息真实、有效且完整的客户可进行双录录制，有效地降低了道德风险及欺诈风险。

四、项目主要建设内容

（一）音视频轨道分离和处理

太平人寿将双录录制时候的音轨和视轨分开，同时录制的时候同步合成形成视频数据。音轨和视轨分离的方式，可以对剥离出的客户声音进行预判，如果客户对于保险产品没有异议并确认本次投保的产品信息，语音机器人听到客户肯定回复之后，实时在 APP 中显示告知代理人，该项客户的回复已经满足了双录的基本要求，代理人心中有数之后可继续进行后续录制。

该技术的实施，对客户的体验和代理人的体验有很好的助力。

同时，该技术应用于机器人质检的辅助，对于客户已经回复的内容，不需要线下的人工质检员再次进行质检，减少了公司的质检成本，提升了质检效率，缩短了质检时间，加快投保单承保。

（二）人工智能

双录的一个重要难点是防控风险。太平人寿以风险风控为出发点，以人工智能为工具，初步建立了一套风险管控体系。

在双录开始之前，要求对于客户和业务员进行身份验证，以人脸识别通过作为双录开始的门

槛，降低了业务风险。

银保监会对双录要求做到实时同框，太平人寿正在着手建立视频事中和事后的预判，随机抽取视频录制过程中的图像数据，判定视频参与录制的人数，录制参与人的身份是否与投保单的客户和代理人一致，满足监管管控要求，提升客户的服务满意度，减少因缺少双录带来的投诉。

（三）灵活的框架

太平人寿技术上采用最新的微服务架构，灵活配置各家机构的双录管控。

双录的业务场景极为复杂，一个城市，甚至一个县区可能都有自己的差异化双录管理办法。

以异地展业的规定，要求限制客户和代理人所在地为例：A 机构要求录制显示投保人、被保人、代理人的双录地点，具体到城市。B 机构要求录制显示投保人，被保人，代理人的双录地点，具体到县区。C 机构不仅要求显示地点，还要求限制代理人必须在 C 地。D 机构要求限制代理人，投保人在 D 地，但是不限制被保人。E 机构要求显示录制城市，但是不执行地点拦截，但是对于不在 E 地的投保人，需要在录制过程中增加陈述，说明自己在 E 地投保的相关原因。

一项功能的差异化管控可能就涉及数十种场景，多个功能的管理叠加极为复杂。太平人寿构建了灵活的研发框架，可在最快时间内响应业务诉求，合规经营。

（四）流程自动化

传统的录制方式需耗费业务员和客户数个小时，繁复的过程至少包含了以下过程：

1. 代理人找内勤打印保险条款材料，需要客户签字的材料。

2. 代理人找一位业务内勤跟录。

3. 代理人约见客户花费一个小时按照材料熟悉双录流程，客户需要配合的内容。

4. 代理人和客户练习录制。

5. 代理人和客户正式录制。

整体流程弄下来，客户和代理人，跟录内勤疲惫不堪。更新之后，机器人代替代理人引导完成整个环节的录制。

对于客户而言，只需要对介绍的内容如无疑问，回复“清楚”，并且签字确认。

对于代理人而言，只需要展示自己的证件。

（五）服务管理

1. 完善视频调阅体系。应对客户投诉，监管检查，建立了快速的响应和视频存储，播放，调阅机制。

2. 针对银行的业务，以银保通的方式快速建立联系，自动对接银行获取双录视频完成承保和质检。

3. 建立了代理人，机构双录质检投诉通道，快速触达代理人和客户的诉求。

五、项目效果

随着系统的完善和业务员的适应性增强，单个险种客户双录录制时间从以往的一两个小时降低到 10 分钟以内，多险种录制时间可控制在 15~20 分钟，客户花 10 几分钟的时间就能更细致地了解自己购买的保险产品，对于保险责任和免除责任听得清清楚楚，明明白白，买得放心，买得舒心。

太平人寿河南分公司高级经理孙红荣 30 万元大额保单使用智能双录，10 分钟完成承保。高级经理赵春荣利用智能双录，实现与客户远程签单，十多分钟顺利完成 2 单 120 多万元新单转账，转账通过系统预检后，客户感受良好，称赞太平人寿说“你们公司太棒了，人不在场也能双录，真给力！”

据运营人员介绍，孙红荣和客户柴女士的年龄都偏大，孙红荣以前操作一个双录单子需要一两个小时，很不轻松！这次借助智能双录的“小机器人”读条款、播规则、讲风险，精准高效，孙红荣深有感触地说：“机器人播报，避免了人工读错再重读等痛点，让人听得清清楚楚、明明白白，再复杂也是一遍通过。”十分钟后，一直对过去双录心存担忧的孙红荣十分开心。

随着系统的优化和功能完善，代理人从排斥双录到逐步接受双录，依赖双录保障代理人和客户的切身利益。

六、总结

随着2017年《保险销售行为可回溯管理暂行办法》的推出，保险双录在全国各地陆续开展，销售过程的全场景录音录像，保证了保险投保人的切身利益。截至2021年7月，江苏、上海、大连和宁波等地监管已经执行全面双录，多省份陆续出台全面双录的管理政策。

从监管趋势看，双录在全国有逐步扩大，全面铺开的趋势。代理人销售保险时需要就现金价值、免责条款、产品说明书和保险责任等内容逐个向客户介绍。保险销售行为可回溯政策的实施，一方面从监管层面要求代理人提升自己的专业程度，另一方面也要保证客户清楚了解自己购买险种的具体保障，有效避免了后续的纠纷。

智能双录帮助代理人更加清晰地向客户介绍相应的保险产品，客户对所购买的保险的缴费信息，保障信息能形成更清楚的认识。

智能技术的引入减少了弄虚作假，冒名顶替等带来的潜在风险，保障了保险公司、保险代理人和投保客户三方的利益。系统的自动质检等设计理念，符合金融科技的主旋律，不仅提升了客户体验，还减少了代理人的操作复杂度。代理人也更深刻地理解保险和保险业，保险公司的维护成本、质检成本也会随之降低。

智能双录提振了业务员的展业信心，满足了客户投保保险产品的保障诉求，也给公司在特殊时期的业务开展提供尽心尽责的保障，成为新冠肺炎疫情期间展业的中坚力量。给客户呈现出有担当、强服务的央企形象，提升了太平人寿的市场形象。

专家点评

太平人寿保险有限公司推出的智能双录系统将录制要点总结成一段段的机器人语音，以代理人的口吻，为客户进行播报介绍，解决了录制时间长、补录次数多等问题，为代理人和客户都提供了方便。该项目的创新之处在于录制方式多元化，推出了投屏双录功能，使展示更加清晰，在新冠肺炎疫情期间更是实现了足不出户就可完成展业，具有很大的借鉴意义。该项目也实现了质检结论即时化，在结束录制前，通过计算机程序提供质检结果，反馈迅速。近日，银保监局进一步扩大了保险销售双录的范围，取消了投保人年龄限制，更好地保护了消费者的权益。保险公司相关产品也要随着监管要求与市场发展不断迭代升级，避免弄虚作假，也为自己避免了后续的纠纷。

太平人寿“服拓驾驶舱”项目

◎ 太平人寿保险有限公司、太平金融科技服务（上海）有限公司

一、项目概述

太平人寿“服拓驾驶舱”跨越了时间与空间界限，通过大数据技术、AI 技术和音视频交互技术开启了即时远程督导保险业务进展的新时代。项目建立了涵盖多种业务指标的业务督导管理平台，通过大数据技术实现业务指标准实时计算。通过 AI 虚拟主播每日播报关键经营指标数据，并对达成存在风险的指标进行语音预警提醒，使业务管理者能快速了解业务经营目标达成的情况，并及时关注存在的风险；通过数据逐级下钻及漏斗模型等分析工具，使业务管理人员快速定位业务经营中存在的问题；通过实时音视频技术，使各级业务管理者可以通过大屏、PAD、PC 和手机等多种终端设备发起实时音视频交互，并在讨论过程中可以共享批注屏幕，使沟通的多方人员基于相同素材讨论，便于在讨论过程中快速达成共识，提升了问题定位及决策效率。

二、项目背景及意义

（一）背景

太平人寿 2020 年 1 月成立服务拓展部，整合了续期及首期资源，其经营模式及管理目标都是全新的，各级管理者亟需一个业务督导管理平台，使各级管理者能及时快速地了解业务经营情况，分析业务经营问题，及时沟通讨论解决问题，“服拓驾驶舱”由此应运而生。“服拓驾驶舱”的新业务团队和新经营模式见图 1。

图 1　“服拓驾驶舱”的新业务团队和新经营模式

（二）意义

“服拓驾驶舱”融合了多种创新技术，将数据变得更智能，赋予了管理层实时感知企业经营情况的能力，标志着太平人寿进入了不限时间和空间的即时远程业务督导新时代。

三、项目重点解决的问题及主要创新点

（一）重点解决的问题

项目主要解决服拓管理层核心的三个诉求。

1. 业务管理一键到点。各级管理者可以快速获取其下属的各级分支机构经营情况。

2. 经营模式智能监控。针对服拓特有的经营模式，进行相关过程指标的智能监控，将预警从事后提升到了事中。

3. 远程实时业务督导。多方业务管理人员对问题能基于可视化数据结果进行实时音视频沟通交互，快速分析、诊断业务经营问题，达成业务经营部署的共识。

（二）项目主要创新点

1. 通过大数据计算，实现多数据源数据同步及多类业务指标的准实时计算。服拓业务管理者关注的数据指标种类较多，主要有业务队伍人力数据、投保出单业务数据、代理人在行销辅助及出单系统的行为数据三大类，涉及 5 个系统，存储介质均为异构数据库，且对数据加工的时效性要求较高。项目采用了 OGG、ETL 和 MQ 等不同的数据采集工具，从源端收集事务表数据，经加工分拣成多维度宽表，再计算形成了 107 个指标。并采用了大数据流计算进行分层处理以保障数据计算时效。

2. 数据多级缓存，提升用户体验。“服拓驾驶舱”的使用终端主要是大屏、手机，在这些智能终端上系统的操作响应速度会极大影响使用者体验，因此系统设计时着力在响应速度上使用了多种方法努力提升系统相应时效。

首先，在数据计算上使用了流计算技术，使指标计算更新时效具有较大优势；其次，在指标计算数据库设置一级缓存（redis 缓存），并在终端展示设备上设置二级缓存，系统定时向一级及二级缓存推送计算完成的指标数据。相较于传统方式“2 秒+”的响应时间，“服拓驾驶舱”可以做到即拖即展示，响应耗时在毫秒级。

通过一个例子来介绍多级缓存是如何运作的。以买生鲜为例，当消费者要购买的物品在没有超市和批发市场的时候就需要去原产地购买，往返路上耗时非常长，这就相当于系统每次页面操作直接从数据库查询结果。如果能从楼下的超市购买，这速度就快得多了，这就类比系统的浏览器缓存，离客户端越近、效率越高。但是楼下超市离原产地实在太远了，无法一次运送大量的货物，于是就有了批发市场作为集散地进行接力，这就类似于系统的 Redis 缓存，相当于用集装箱大车把货物运送到批发市场，再用箱式小货车分批运到各个小超市。

3. WebRTC，打通多设备终端实时交互。视频会议是“服拓驾驶舱”的核心功能之一，为方便用户在任意地点快速接入会议，公司进行了全平台所有主流终端的适配。目前支持 Windows、iOS 和 Android 三种操作系统，PC、PAD、手机和大屏四种终端的接入，接入方式可以是网页、APP 或者小程序。利用企微的身份识别功能，可以通过扫码和消息推送非常便捷地完成邀会和参会的流程。借助 WebRTC，打通多设备终端实时交互见图 2。

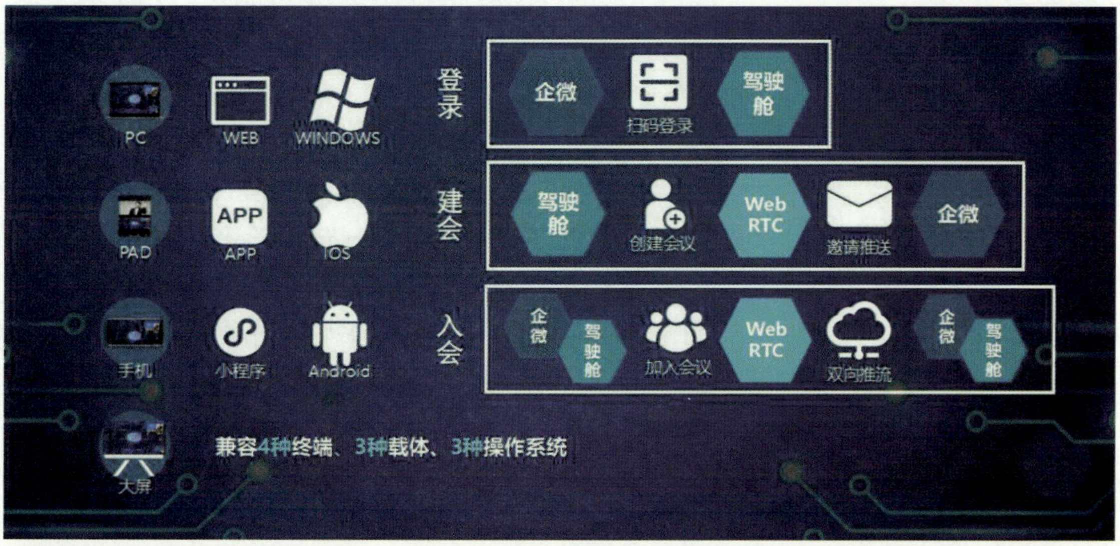

图 2　借助 WebRTC，打通多设备终端实时交互

4. 智能主播播报，颠覆数据展现形式。“服拓驾驶舱”提供的 AI 主播集成了背后大数据的指标监控计算结果，每天会发一份经营早报给到各级管理层，颠覆了数据获取的体验。

四、项目主要建设内容

（一）智能化数据播报

利用图形学技术和人工智能技术的深度融合，“服拓驾驶舱”提供的虚拟数字人引擎定期智能解读业务数据经营报告。基于寿险业务知识库、实时指标体系，与用户互动沟通，在减轻人力成本的同时，提升用户体验。

（二）交互化数据看板

建立各级机构综合评价体系，指标分析逐级下钻，实现经营数据过程监控和精细化管理。大屏通过拖拽等便捷操作可实时查看各项经营数据。针对每月营销活动有计划地定制过程指标分析漏斗模型，采集用户线上行为活动，督导各级机构达成数据，分类分析，使针对客户营销目标更精准。

（三）视频化远程督导

多平台、多终端的互联互通，结合数据看板，实时分享系统操作和屏幕批注，实现业务实时督导管理。打破沟通边界，实现全场景的便捷会议协作，与业务经营管理智能会议方案。

五、项目效果

（一）管理力度精细化

通过业务指标体系，经营管理粒度精确到三级机构、各营业区、营业部、营业室，并对所有经营过程指标精准监控。

（二）数据服务能力实时化

使用大数据计算及多级缓存技术，并提供拖拽式的操作方式，让数据看板从操作到展现只有毫秒级延迟。

（三）督导能力即时化

多平台、多终端的互联互通，结合数据看板，实时分享系统操作和屏幕批注，实现业务实时督导管理。为了解业务开展情况，以及分析、定位和解决问题提供了一站式的工具平台支持。

六、总结

保险公司在数字化转型过程中，业务督导越来越依赖于报表、大屏看板等数据工具辅助经营决策，保险公司的触网带来了海量的用户数据，业务方对于数据实时性和智能化提出了更高的要求。

项目目前赋能于太平人寿服拓部各级管理人员，通过大数据、实时音视频和 AI 主播等技术的融合建立了一整套寿险业务督导解决方案，更是让实时洞悉业务、战略部署成为可能。

“服拓驾驶舱”使用的多种底层技术具有较为广泛的通用性，比如 WebRtc 技术，未来可结合运用于销售、出单和客服等有多人远程协作的业务场景。

专家点评

太平人寿保险有限公司、太平金融科技服务（上海）有限公司研发的“服拓驾驶舱”主要包括智能化数据播报、交互化数据看板和视频化远程督导三个核心功能，管理人员可通过驾驶舱来查看人力 KPI、过程 KPI 和业绩 KPI 等指标，将耗时几周的经营分析活动缩短为几分钟。其创新之处在于对企业管理者展示实时大数据计算指标，实现经营数据过程监控和精细化管理。在大数据的基础上，用 AI 主播提供经营分析报告，远程视频协助即时发起会议，解决经营问题。

建信人寿数字人民币项目

◎建信人寿保险股份有限公司

一、项目概述

（一）概述

数字人民币项目主要通过使用数字人民币购买线上保险产品，实现数字人民币在续保功能中多维度地优化客户支付体验、在商户管理板块中的商户管理、在财务对账模块中以更节约财务成本的方式进行管理、在交易安全中发挥数字人民币的天然优势，有力地提高支付的便捷性、安全性和防伪水平。

（二）创新点

该项目将数字人民币的落地应用延展到了保险领域，实现了数字人民币支付。该项目还将数字人民币的试点应用延伸至线上保费结算场景，促进了数字人民币在日常生活中的应用和推广，推出了数字人民币保单。

二、项目背景及意义

（一）背景

数字人民币是国家意志产物，是有国家信用背书、有法偿能力的法定货币。2019 年相继在成都、深圳等地启动试点测试，2020 年 10 月增加了上海、海南等 6 个试点测试地区。作为央行确定的六大首批运营机构之一，建信人寿保险股份有限公司服从国家意志与宏观决策，从 2019 年起，在各试点地区分行积极开拓场景，率先进行数字人民币的试点工作，积极推进和开展数字人民币应用。

（二）意义

数字人民币支付方式的实现将进一步提高服务品质。该技术既能识别和控制支付风险，确保互联网销售作业符合监管对品质和时效的要求，还能结合互联网销售过程中运营作业及目前的使用反馈意见，进一步完善互联网销售渠道支付功能、财务对账及交易安全等功能。数字人民币支付更有利于简化账户管理，打破支付壁垒，优化客户支付体验，节约财务成本，提升客户体验，成为支付战役先驱。

三、项目重点解决的问题及主要创新点

（一）重点解决的问题

该项目将数字人民币的落地应用延展到了保险领域，助力数字化生态建设。在原有的互联网销售模式下，销售渠道受限于投保方式、授权转账、扣款限额等，交易方式不完善，客户无法顺利投保，数字人民币支付的实现和开展，将有利于优化投保支付流程及完善财务对账等功能。

（二）主要创新点

该项目与产品相结合，推广数字人民币钱

包、数字人民币保费结算。同时，该项目对线上保险业务销售场景数字化人民币支付模式进行再造，在电商平台设置业务活动，包括进行客户真实性的数字化管理、数字化新财务管理模式搭建，对数字化的运营管理等各方面进行构筑，助力数字人民币生态建设。

四、项目主要建设内容

1. 支付商户管理，实现对数字人民币商户基本的信息进行审核记录查询管理。

2. 数字人民币商户结算，实现数字人民币商户结算、记账、电子发票下载和商户对账等功能。

3. 数字人民币商户运营 ，实现数字人民币后台运营管理、支持商户额度、退费等管理。

4. 数字人民币商户业务管理，实现数字人民币后台运营管理、支持商户额度、退费等管理。

5. 互联网运营管理维护，实现对数字人民币支付方式的配置，包括保险产品与数字人民币支付方式的配置、销售活动与数字人民币支付方式的配置。

6. 数字人民币交易安全管理，实现对数字人民币投保支付进行全程监控，监控支付异常情况。

五、项目效果

该项目将数字人民币支付方式嵌入现有线上收付费方式，优化客户支付体验，第一个阶段生成了数字人民币支付的电子保单。第二个阶段将逐步完善更多电商及财务管理功能，依托数字化人民币，实现支付风险管理，提升客户体验。目前，首批推出的可通过数字人民币投保的三款人身险产品已分别面向三大战略业务客户。该产品属于量身定制，布放于专属平台，客户在线扫码投保，即可获得专属保障。

六、总结

为了保障客户在投保时能够使用数字人民币支付保费，该项目同时在多个业务渠道完善线上投保支付流程及财务对账等，在现有的线上收付费方式中嵌入数字人民币支付方式，解决了现有模式中支付方式少、功能薄弱、流程复杂等问题。

专家点评

建信人寿保险股份有限公司的数字人民币项目把数字人民币拓展到保险领域，进行以数字人民币支付保费、续保支付等创新性尝试，助力数字化生态建设。数字人民币是我国近年推出的新型法定货币，拥有匿名性、离线支付等特点，目前已在多个应用场景试用，数字人民币支付将会成为我国的主要支付手段。数字人民币在保险中的运用也逐渐从支付保费延伸到保险赔付等，之后保险可以开拓更多的应用场景，比如参与数字化人民币试点、开展对公钱包和储备场景化小微金额保险等。

中英人寿构建核心中台

◎ 中英人寿保险有限公司

一、项目概述

近年来，中国保险业发展迅猛，随着保险意识的增强，人们对保险产品的需求逐步提升。市场需求的多元化，催生了保险新产品的丰富性。保险公司业务经历了多年的发展，从单一渠道演变为多元渠道，各业务条线齐头并进。

为了适应市场日新月异的变化，抓住市场先机并获得更多的客户，实现多产品并发、快速产品迭代更新，消除竖井模式系统建设，中英人寿保险有限公司(以下简称中英人寿) 于 2018 年开始对系统进行规划，对业务进行剥离、拆分和抽象，将服务原子化。中英人寿还以微服务为核心，构建“平台化，共享化” 新一代技术架构，沉淀共享服务，打造业务中台。中英人寿通过技术架构升级推动公司的数字化转型进程，提升核心系统处理能力，快速地响应业务需求，赋能前端组织。该技术涵盖企业核心可复用的组织能力，以数字化形式沉淀各种资源，提升产能，支撑企业业务的运营和创利。

基于 IT 战略规划，中英人寿在 2020—2021 年成功实施了四大服务——交易服务、产品服务、规则服务、工作流服务，为未来业务中台奠定了坚实基础。中英人寿还通过逐步的微服务化建设，构建了四大中心——产品中心、运营中心、营销中心、客服中心，支持多渠道业务接入、第三方合作机构快速对接和快速支持业务交叉销售等，灵活支持业务多样性，为公司未来业务发展提供了科技保障。

二、项目背景及意义

监管部门在 2015 年 8 月 4 日发布 75 号公文《保险公司服务评价管理办法(试行)》，将服务评价范围覆盖到保险公司销售、承保、保全、理赔、咨询、回访和投诉等所有服务环节和渠道。该办法规定，评价工作每年开展一次，评价结果对外发布。这直接关系到公司的市场声誉。2017 年，该办法首次对公众发布，几年来，行业整体表现出对服务评价的高度重视。银监双管新时代，风险管控更加严格。对于借款、退保和客户信息变更等数据监控日趋严格，数据标准化管理报送及数据治理是监管的工作重点。

中英老保单管理系统是 CSC 的 LifeAsia，主要服务于个险业务，有 15 多年的使用历史，为中英业务发展提供了巨大的支持。在多年前，LifeAisa 以功能强大、稳定、安全和规范而著称，但是面对保险业务的快速发展和市场的不断变化，LifeAisa 在业务支持能力上已相形见绌。

根据管理要求，中英人寿在以下方面致力于创新改革。在技术驱动上，坚持技术创新发展战略，打造全流程自动化的营运作业集成系统，持续推动智能化、数字化建设；在客户体验上，以客户为中心，打造线上线下融合的服务模式，以灵活、快速、统一的服务体验满足内外部客户更多变、更复杂的保险业务需要；在精益运营上，精细化管理，全面提升营运作业效率及品质。

三、项目重点解决的问题及主要创新点

（一）项目重点解决的问题

客户需求和市场供求关系的变化，导致新形态产品需求变化越来越频繁，而且公司传统多渠道业务模式下，存在业务竖井式建设情况，因此老系统支持能力较弱，实施周期长，实施成本高，资源匹配失衡，特别是对创新业务、第三方接入业务以及渠道交叉销售业务，老系统支持能力不足的问题突显。

由于系统耦合度高，没有实现服务的原子化，没有提炼系统技术功能的公共性和业务功能的公共性，因此复用度不高，重复建设较多，实施效率降低。

由于老核心技术架构老化，支持高并发能力不足，可扩展能力低，程序“补丁”星罗棋布，且越来越复杂，调用关系越来越凌乱，系统可维护性越来越低。

由于受系统技术底层限制，老系统和新技术融合能力较差，阻碍了新技术的应用，极大限制了技术支持业务能力提升。

鉴于以上情况，继续发挥老系统优势，改造老系统，剥离主要功能，建设业务中台四大服务成为项目的关键。

（二）主要创新点

1. 构建分布式的业务服务处理架构，为数字化发展、新技术应用、新业务应用提供技术架构支持。引入了互联网行业成熟的金融业务中台系统架构，采用了分布式、云化、微服务、容器化部署等多项先进技术，将传统的业务能力抽象整合。基于中台可以快速构建新的业务通道，快速上线新产品，赋予业务快速创新和试错能力。通过可扩展的技术架构，配置化、可编排和 AI 技术，支撑业务多样性，提升运营效率，实现降本增效。

2. 将公司的业务服务进行抽象，将业务领域抽象封装成元服务，实现服务共享。提供协作支持，打造平台化、组件化的系统能力，以接口、组件等形式共享给前台各业务单元使用。通过运维自动化机制实现持续集成和自动化部署，实现组件共享、快速部署、灵活扩展。

3. 通过服务编排灵活组装服务，可以根据业务场景组合服务，支持业务活动，实现快速支持第三方业务接入，快速支持公司创新业务。

4. 产品开发和上线，采用产品工厂模式，实现一套开发，多系统同时生效。重新定义了新产品系统开发的方法，用全新的方式打通新产品在不同系统间的壁垒，解决了产品费率重复开发、重复测试的情况

四、项目主要建设内容

整个项目在数字化转型规划下分为核心系统业务剥离和业务中台服务中心两个建设阶段。

（一）核心系统业务剥离

根据公司 IT 战略中对于保单管理系统的规划安排及“稳后台、强中台、活前台”的整体目标，核心系统继续专注发挥传统核心系统稳定高效的保单全生命周期管理的优势，因此剥离出 91 个交易接口、731 个业务规则到交易服务、规则服务及工作流服务中实现。剥离产品设置模块到产品服务中实现，涉及产品 75 款。核心服务

实现前后台的顺畅联通，扩充保单管理系统的灵活性，以稳定、灵活和统一的服务体验满足内外部客户多变、复杂的保险业务需要。

1. 产品服务。核心系统运用于各渠道的个人保险产品新产品开发设置。通过批量上传、复制功能提升减少手工操作工作量，在同一页面设置属性，减少页面切换，设置效率可提升 1 倍以上，费率设置、计算运用于电销系统，减少设置、测试、精算检查等重复工作。

2. 交易服务。系统采用消息队列机制，提升前端响应时效，采用灵活部署机制，有效应对业务高峰，解耦前后端系统，确保系统运行稳定高效。

3. 规则服务。系统有效管理营运核保、保全规则、规则集，后续扩展应用与理赔规则，提升线上自核通过率，规则灵活设置调整，高效支持业务规则调整，快速支持开门红等业务活动。

4. 工作流服务。该系统通过高自控、低代码、集约化的新工作流产品替换原系统，构建公司统一流程管理平台，共享一个流程管理能力中心，迅速响应业务调整，提升整体运行效率。提供更稳定的工作流程平台，提供一个开源可控的开发平台，最大限度地体现以技术为本的原则。提供统一灵活快速的操作界面，并集成影像展示功能，在一个界面中可以完成所有保单操作。

（二）业务中台中心服务建设

根据规划，在核心系统业务剥离的同时，对业务进行剥离、拆分和抽象，将服务原子化，并以微服务架构建设，通过服务编排灵活组装服务，构建业务中台四大中心服务——营销中心、产品中心、运营中心和客户中心，同时规划下一建设阶段的中心服务。

在项目实施的业务中台建设阶段，依托产品服务、交易服务、规则服务、工作流服务，通过对业务拆分和抽象，搭建元服务和中心服务，打造新契约、保全、理赔服务的线上流程自动化、电子化、智能化，提升客户体验和营运作业时效。

1. 产品服务。产品服务中心提供一站式的产品定义、管理、费率计算服务，实现一套开发，多系统同时生效，用全新的方式打通新产品在不同系统间的壁垒，解决产品费率重复、开发重复测试的问题。提升新产品批量上线时效，产品流水线生产，支持新产品半自动化设置，解决过往手工设置的时效低、失误高的问题。产品服务架构见图 1。

2. 新契约服务。通过业务中台营销中心、产品中心服务，配合前端数字化建设，实现新单服务的线上自动化出单，提高出单时效，提升用户体验。

3. 保全服务。通过运营中心、客户中心服务，提供线上为主、线下辅助的业务融合模式，全方位提升客户服务体验，实现保全任务的自动分配、任务流的自动扭转、规则智能校验等功能，同时支持变更操作、变更内容查询、实现电子批单、内部管理报表支持等功能，打造内部智能化、集成的保全操作平台，全面提升保全作业效率及品质。

4. 理赔服务。通过运营中心服务对客户报案进行统一管理，打通从报案到结案全流程；实现理赔任务的自动分配、工作流的自动流转、自动理算、规则智能校验等功能；系统记录完整理赔过程，支持理赔结论可回溯、可查询，追踪报案客户尽快申请理赔，提升理赔时效。四大服务以 Java 计算机语言为主，基于流行的 SpringCloud 微服务技术架构，已建微服务十余个，使用 Eureka 作为服务注册中心，用 Zuul 微服务网关，

Ribbon 负载均衡，Spring Cloud Config 分布式配置中心，Zipkin 链路跟踪，ELK 轻量级的日志收集处理工具，Monitor 服务监控。并且集成了 RabbitMQ 消息队列技术、Rredis 缓存技术及 Groovy 脚本引擎等组件。系统和主要技术组件部署在中英私有云上，由云平台统一管理。系统主要技术自主掌控，微服务自研率达到 100%。

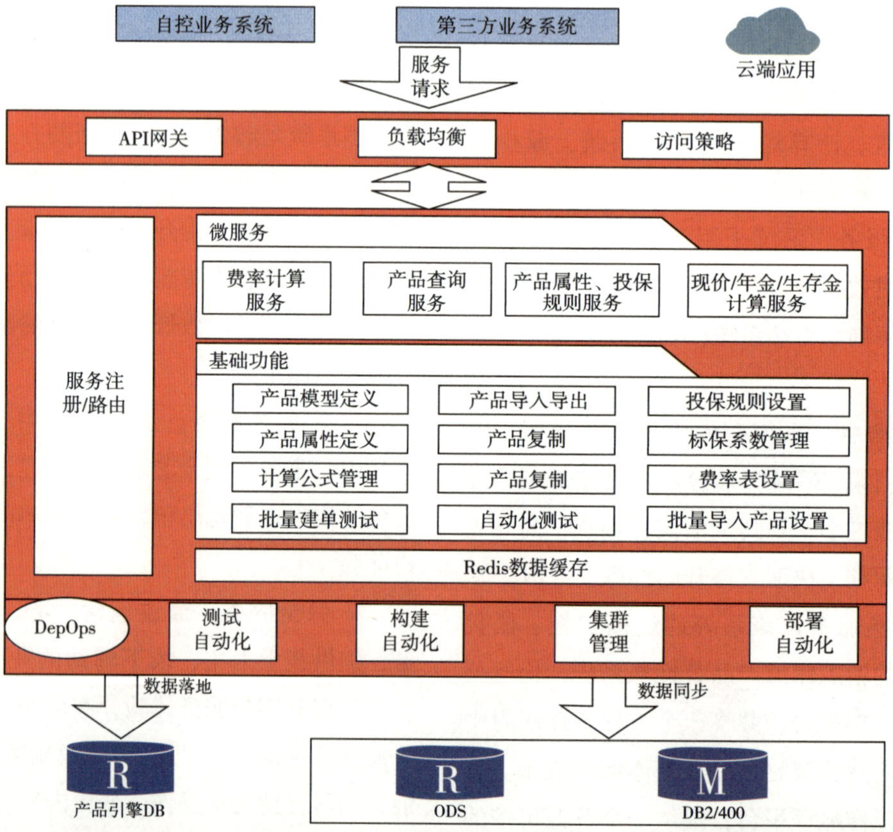

图 1　产品服务架构

五、项目效果

核心中台服务项目采用了成熟的分布式交易架构，引入了分布式、消息队列、云化、微服务和容器化部署等多项先进技术，实现了产品定义、契约服务、保全服务、理赔服务和续期服务的全流程服务，满足高可用、高并发、高可靠和弹性扩展等需求，为公司快速发展业务、“开门红”活动提供强大系统支撑，为后续数字化、智能化业务中台建设打下了坚实基础。

1. 大幅提升了线上流程处理效率。系统上线后，业务交易的处理能力大幅提升，日均请求交易处理数量达到 4.7 万笔，日峰值请求交易处理数量达到 13.9 万笔，并支持弹性扩容，极大提升了新契约在线出单、保全服务、理赔服务的流程处理时效，并为公司每年的开门红活动提供了高效的系统支持。

2. 加快了新产品上线速度。产品中心提供了统一的产品设置、管理和服务标准，灵活的产品定义、产品调整功能，通过复制，批量调入，简单的操作页面，提升了设置效率，提供了自动化测试功能，提升了测试效率，实现一套编码、一套规则配置，在多系统多环境同时生效，产品的开发实施时效提升了1倍。

3. 精细化管理提升用户体验。系统提供精细化的业务规则、业务流程管理，高效支持公司多渠道、不同业务类型的业务规则校验和业务流程管理需求，规则服务提供可视化、参数化、多维度灵活设置规则和规则流，快速应对差异化业务规则服务要求；工作流服务提供高效协同的多渠道、多规则业务流程，提升自动化水平，快速准确完成各项复杂业务流程，实现流程动态管理，快速调整，应对市场的各种高速变化。目前系统规则服务管理业务规则700多条，工作流服务流程Case月均处理30万个。

六、总结

经过2年的建设实施，目前已初步实现业务规则和流程管理精细化。通过技术赋能业务，用户操作更加灵活，且实现了提升效率、降低成本、增强体验、风险可控的目标。另外，建立了以微服务技术为核心的经验丰富的研发团队，他们将成为下阶段业务中台微服务化建设的骨干。

在项目实施过程中，中英人寿克服了各种困难。例如，业务规则迁移，由于业务场景较复杂，相关资料不全，经过新旧系统3个月的并行，逐条比对20多万完笔交易，确保新系统上线后稳定运行。当然，这样也消耗了大量人力和时间，后续公司将深入使用自动化测试方法和工具，以提升有持续性测试要求的实施效率。

未来，公司将在现有核心服务的基础上，继续完善整体业务中台服务的架构建设，基于业务发展战略，逐步完成微服务的“横纵”建设。“横”是指扩大微服务改造范围，计划再建200多个微服务，完成十大服务中心建设，全面实现中台微服务化。“纵”是指合理地细化服务颗粒度，完善原子服务的建设，利用服务编排功能，达成公司目标：实现服务共享、服务灵活组装；实现对外服务快速组装输出，快速应对新业务需求，提升客户体验；完善产品工厂，进一步提升产品上线时效，打造数字化、智能化的公司级业务中台。

专家点评

中英人寿保险有限公司打造的核心中台服务，大致分为核心系统业务剥离和业务中台服务中心两个建设阶段。一方面，按照“薄前台，厚中台”的概念，对业务进行剥离、拆分和抽象，以微服务为核心，将服务原子化，便于各个流程的迭代更新。另一方面，打造全流程自动化的营运作业集成系统，对内降低运营成本，提高运营人员工作效率；对客户，支持在移动端进行一系列业务流程，大大地提高了客户体验。该项目的创新之处在于融合了分布式、云化和容器化部署等先进技术，抽象整合传统业务并重新赋能。

民生保险统一数据平台及监管报送项目

◎民生人寿保险有限公司

一、项目概述

在金融严监管的背景下，民生人寿暴露出其在监管报送及数据处理方面存在一系列内忧外患，报送数据的及时性、准确性和完整性难以得到保证，负责监管报送数据的同事频繁加班、报送效率低，怨声载道等。为有效应对监管数据报送问题，公司在新一代核心业务系统的整体规划下启动了统一数据平台及监管报送项目。利用大数据技术，解决了内部的监管应用和数据问题，项目效果明显，在行业内具有很大的领先性和推广意义。

二、项目背景及意义

（一）外部背景

中央及各地保险监管机构逐步加强了对所属地区展业保险公司的监管要求，对违反规定的机构处罚也越来越重。银保监会、银保信、人民银行、各地方监管机构及地方协会对报送数据的口径粒度差别较大，对数据的关注点不同，各监管机构发文多，保险公司需满足全部报送要求。为了避免合规风险，保险公司的做法基本是一个发文一套系统的方式，导致监管系统趋于分散，对接系统多，相同指标数据报送口径不统一，功能重复建设，运维成本高，响应压力集中，政策理解延迟。

（二）内部背景

1. 数据方面。监管机构对数据报送的准确性和及时性要求逐年提高，以往报送成本高且容易出错，取数逻辑复杂，各系统间数据重复率高。通过统一数据平台建设，保证数据同源，对外报送口径一致，相同的取数调用同一个指标数据，提高了数据处理效率，最大限度地规避了合规风险。

2. 应用方面。独立报送系统繁多，管理困难。系统设计风格和技术架构不统一，后台接口难以监控。通过统一监管平台建设，做到统一前端系统风格，统一管理，统一需求跟踪，统一运维管理等。

3. 公司内部。缺乏完整统一的监管数据管理平台，缺乏准确高效的源数据管理；缺乏对数据的精准校验机制；缺乏统一可靠的内部 BI 数据来源。

（三）建设意义

运用大数据 Hadoop 技术，建设统一大数据平台，提升公司信息技术水平；整体规划监管报送应用，加强合规管理；开创性建设保险业统一监管平台，为保险业信息系统建设提供了参考模型；践行监管科技(RegTech)，为穿透式监管构建基础，为发扬金融科技(FinTech)添砖加瓦；推动保险业发展，为国家金融创新储备力量。

三、项目重点解决的问题及主要创新点

（一）重点解决的问题

统一监管系统建设采用主流技术，系统设计更加友好，自动化程度高，用户体验佳。

1. 统一监管应用系统。

（1）框架设计。解决系统架构陈旧，不支持主流浏览器等问题，统一设计，统一页面风格，前端页面可视化程度高，易维护。

（2）系统管理。统一登录入口，统一系统地址，统一监管团队维护，解决系统小而多、多厂商维护难、沟通不畅和系统管理困难等问题。

（3）分与合。抽象公共功能，各系统独立互不影响，分布式部署，处理错误数据效率高，降低风险影响。

（4）监控管理。通过短信和邮件多重保障，自动监控通知系统，省时省力。

（5）节省资源。使用统一中间件，数据库等资源，管理便捷，服务器资源节省非常明显。

2. 统一监管数据平台。采用主流数据湖模型，丰富的数据质量校验规则，使数据传输计算快、自动化监控程度高。解决了海量数据上报难、计算慢的问题，降低了数据计算等重复开发成本，避免团队加班熬夜，提升了公司的信息技术水平，使得内部业务及监管报送更加合规。

（1）统一周边系统数据整合。整合周边十多个系统的数据，使用统一ETL工具，对数据进行实时同步或批量同步设计，同时应对多种关系型数据库，性能高。

（2）统一数据模型设计。提炼公共指标，设计寿险行业标准模型，统一对外供数，解决数据完整性、一致性、口径不统一、数据重复度高等问题。

（3）海量数据处理能力。针对不同的数据特性，使用大数据计算引擎(Spark，hive，lmpala)和统一ETL工具(OGG和Sqoop)相结合，提数效率高，解决海量数据传输和计算的性能难题。

（4）运维监控校验。专职监管团队维护，监控流程自动化，通过邮件对工作流进行监控处理，提高自动化管理程度。

（5）数据治理能力。内置“10000+”以上的数据校验规则，检查源数据问题，解决修复数据问题，提高数据质量。

（二）主要创新点

1. 使用最新信息系统架构技术，搭建大数据平台和分布式应用系统。

2. 分与合有机编排的应用设计，满足统一管理的需求，实现了后台风险的分散。

3. 统信系统建立了财务指标统计的可视化配置，用户可根据行级定义来配置统信上报的财务指标，实现了在前台就可以进行统计口径的调整。

4. 保险业最具特色的以客户和保单双中心的建模设计，灵活支持应用层以客户为中心和以保单为中心的多样取数需求。

5. 对源端手工运维数据智能化处理，捕获每一次数据变化。

6. 数据平台集中管理对外报送数据口径，把共通的取数逻辑指标化，一次提数，满足多方

报送。

7. 利用数据汇总层对明细数据进行预计算，提升了数据获取时效。

8. 以关键路径为线索的智能多任务调度编排，提升资源利用率。

9. 建立全方位的系统监控机制，实现高效的人机联动。

10. 通过对业务系统的规则和流程的梳理、排查，让系统更符合监管的业务功能和审核要求。

11. 通过对数据治理体制和流程的重新制定，让数据治理规则的效能得到最大限度的发挥，从数据源头到问题修复形成完整闭环，提高了数据质量。

四、项目主要建设内容

统一监管平台建设包括统一监管数据平台和统一监管应用平台。

（一）统一监管数据平台

平台包括贴源层、整合层和数据池三层。贴源层对周边系统的数据进行采集和汇总，表结构和周边系统保持一致，采集后进行基础数据清洗和校验；整合层对贴源层数据进行公共指标抽取，计算汇总；数据池是以应用模块为单元构建的，保持各数据池相互独立，互不影响，各个数据池从整合层提取各自监管系统所需要的数据。

（二）统一监管应用平台

平台采用 Spring Boot 框架，把分散建设的系统采用统一架构进行整合，后台和前端保持风格一致，方便管理。平台分为公共部分和业务部门。公共部分对各系统的菜单、用户及角色统一管理；业务部分各自独立，特殊功能分别放在各个系统应用下单独管理。另外，各个应用之间采用服务化独立部署，让各系统应用启停互不影响，升级方便。保证平台的易维护和易扩展，最大限度地减少系统功能的重复开发。

五、项目效果

（一）统一监管应用平台

该平台一期集成了统信报表、反洗钱报送、客户风险等级、保单登记平台、保单验真、服务评价、CRS 申报和执法检查八个应用模块。二期持续整合数据标准化，河南消保、江苏代理、稽核系统等 7 个系统，通过“前台统一化，后台服务化” 管理，系统统一而风险分散，管理统一而负载分散。利用微服务技术架构实现了合与分的有机结合。应用权限管理实现了与人力系统的员工号和密码关联，统一认证和权限配置。实现了不同监管系统的统一登录、统一风格、统一管理、统一技术和统一数据来源，让系统管理更便捷，最大限度地实现了监管报送作业自动化，大大减少了人力投入成本。

（二）统一监管数据平台

平台采用大数据技术组件，通过建立成熟的数据湖（Data Lake），包括结构化数据、非结构化数据。整个数据湖包括贴源层、整合层、数据池、批量调度、数据治理和统一模型。

1. 贴源层。共整合约 200 张表，类似传统数据仓库的操作数据存储（ODS：Operational Data Store）层，数据包括 LIS 核心系统、单证系统、增值税系统、呼叫中心、再保系统、渠道系统、人力 EOR 系统、财务总账系统、新资金系统 9 个周边系统，整合数据同构到贴源层，统一对整合层供数。

2. 整合层。整合层共约 75 张表，类似于传统的数据仓库（DW：Data Warehouse）层，包含了明细数据层（DWD）和汇总数据层（DWS），通过事实表和维度表的分工，为外围应用提供了灵活的数据支持。指标单独计算和存储，统一对外供数，保证指标数据一致性。

3. 数据池。应用层一共约 150 张表，类似于传统数据仓库的数据集市（DM：Data Mart）层，以监管报送的模型维度建设，各监管系统分别管理，互不影响，又可无缝对接，减少系统对接开发工作量。未来可根据不同应用需要构建相应的应用模型。

4. 批量调度。数据平台的三层之间通过 650 余条 ETL 脚本和 160 多个调度任务衔接起来，构成一个完整的数据整体，为平台的数据质量提供了强有力的保障。

5. 数据治理。创建立体数据治理规则库，其包括报送类、逻辑类和业务类。根据监管机构规则、数据迁移校验规则及多家核心系统联盟统一整理规则形成完整规则库，10000 多条的数据治理规则，做到监管规则全覆盖，为平台的数据质量提供了强有力的保障。

对各个系统的数据审核，发现了源头数据的不少问题。针对这些问题，我们需要不断发现和治理，以便让数据质量越来越好，上报质量越来越高，从根本上解决上报问题。针对这些问题的建议如下：

（1）制定数据治理相关制度，数据治理工作按照制度开展。

（2）组建数据治理领导小组以及数据治理小组，划分治理责任。

（3）收集发现的数据问题并登记数据问题。

（4）数据治理小组收到问题，与业务人员沟通并确认处理方案。

（5）由业务人员提出需求数据问题，制定相关需求分析和开发计划工作。

（6）问题修复后，由数据治理小组统一回复问题解决进度，定期向数据治理领导小组汇报。

6. 统一模型。通过 20 年以上的保险领域业务积累，民生人寿从标准化结构、保险术语、保险词根和核心业务模型表不断抽象分类，从业务建模—领域建模—逻辑建模—物理建模演变，抽象成保单、客户、产品、人事、再保、渠道和机构八个主体，使业务模型更符合行业业务需求，形成行业寿险标准模型。

（三）应用提升效果

1. 完整的监控体系。大数据平台和统一监管应用系统数据采集，工作流配置和数据报送监控采用邮件、短信以及人工校验核对多种方式进行数据质量检查，保证数据完整性、准确性以及上报和预警通知自动化，减少了人工运维工作量。

2. 数据专项治理质量提升

专项治理后的各项指标数据见表 1。

3. 数据治理质量提升。

（1）规则全覆盖。数据治理涵盖所有监管侧校验规则及业务规则，不断完善，数据校验无死角。

（2）源头治理。全面发现各类数据问题，从源头提高数据质量。

（3）立体多维。拥有业务源系统，数据转换，数据报送端的立体多维校验。

（4）节约成本。问题一次解决，减少数据问题导致的重复开发。

（5）规避合规风险。做好数据治理，告别高层约谈，排名落后，规避合规风险。

（6）轻松管理。发现潜在的系统缺陷，让数据管理更轻松。

（7）简单报送。让监管报送更简单，告别加班加点。

表1 专项治理后的各项指标数据

专项治理	涉及规则量	补报送批次量	核查保单数据量	业务及核心问题量
统一社会信用代码数据质量专项治理	1	1	109	1
税优税延数据专项治理	1	0	63	0
保单查询专项治理	0	1	6901889	41
保单销售人员和中介机构专项治理	2	5	1787638	2
年度数据质量提升专项治理	118	0	1276687	60
总计	82	7	9966586	104

4. 保单登记整改效果。

（1）2018年8月保单登记三期系统上线，数据治理严格，导致排名急剧下降，排名靠后。

（2）2019年6月开始协助进行保单登记专项数据治理，通过数据治理规则对数据进行校验分析和修改，年度平均排名约为62名。

（3）2019年12月统一监管保单登记系统和数据治理上线，报送时效和数据质量提高，排名提升明显，年度平均排名跃居40以内。

（4）目前还在根据监管系统本地拦截规则、数据治理规则和银保信的专项治理发现的数据问题不断的优化和改造中。

5. 反洗钱整改效果。

（1）固有风险评估。固有风险评估结果为较低：公司被利用进行洗钱、恐怖融资、扩散融资的可能性较低。

（2）控制措施有效性。控制措施有效性得分77.5分，较上一年提升了11.8分，人民银行评级结果为满意。虽仍存在少量问题，但预计能得到解决。

（3）整体风险评级结果。整体风险评级结果为B（较低风险）。截至目前，公司未收到人民银行营管部的风险评级结果项下的相关监管。

六、总结

经过项目第一个阶段和第二个阶段的努力，统一监管平台的建设，利用大数据技术提效和分析，解决了监管报送的历史问题，做到统一应用、数据统一口径、规则全覆盖、源头问题治理、节约成本和规避监管风险等。

（一）系统优势

1. 统一监管大数据及报送平台之举具有行业通用性、可复制性和行业领先性。

2. 整体规划监管报送应用，提升了公司治理水平。

3. 有效降低了监管上报人力成本，避免了数据漏报、错报，提高了上报质量。

4. 开创性地建设保险业统一监管平台，其前瞻性和彻底性在行业领先，为保险业信息系统建设提供了参考模型。

（二）公司收益

1. 运用大数据 Hadoop 技术，提升了公司信息技术水平。

2. 建设数据中台，为挖掘数据资产潜在价值打下坚实的基础。

3. 数据治理提高了公司数据质量。

4. 积极响应监管政策，解决口径和数据问题，解放人力资源。

（三）行业影响

1. 推动保险业发展，为国家金融创新储备力量。

2. 围绕“三个突破，一个提升”经营方针，实现公司在用户、科技、投资和管理方面的突破与提升，更好地服务于用户的保险保障需求和新时代经济社会发展大局。

统一数据平台及监管报送项目为公司建设数据中台和整体数据治理打下了坚实的基础，为挖掘数据资产潜在价值迈出了稳健的第一步。未来在其他监管模块接入、非结构化数据接入、实时数据查询、多维报表展示、用户画像、数据挖掘和商业智能等方面也有着广泛的应用场景。

专家点评

民生人寿保险有限公司进行的统一数据平台及监管报送项目通过建设统一监管数据平台和统一监管应用平台，一方面对数据进行采集和整合，构建完备但独立的数据池；另一方面把分散建设的系统采用统一架构整合，使风格一致，数据齐全。该平台有效地解决了“一个监管发文一个系统”的弊端，避免功能性系统重复建设，降低了运维成本。该项目的主要创新点在于基于统一的数据池之上，实现了在前台调整统计口径。几年来，对于保险公司的监管要求逐渐加强，该项目在如何积极有效地进行监管报送方面为其他保险公司作出了良好的示范。

英大人寿“数据之家”自助分析平台

◎ 英大泰和人寿保险股份有限公司

一、项目概述

“数据之家”自助分析平台通过统一的数据导航、多样的自助分析工具、快捷的在线数据答疑及可共享交流的应用商店、千人千面的个性门户，为英大泰和人寿保险股份有限公司(以下简称英大人寿）提供了一体化的大数据分析平台，有效地提升了日常数据分析的效率，不断地激发公司各级人员对于数据的认知和分析，有效推动了数据化运营战略的落地，为英大人寿在数字经济时代的进一步发展提供了强有力的保障。

“数据之家”自助分析平台把用户数据分析的整个过程串联起来，能让平台上开发出来的报表资源在英大人寿全公司范围内开放共享，还能把有价值的“数据产品”积累下来，数据价值得到深度利用和充分发挥。

“数据之家”平台的建设目标是：数尽其用，人尽其才。这是英大人寿数据化运营战略的落地方案，也是最容易见到成效的方案。

二、项目背景及意义

在当前的数字化背景下，英大人寿面临的高频业务需求已呈现出持续扩大的趋势。而在数据分析工作中，经常会遇到这样的尴尬情况：会数据分析的人不懂业务，而懂业务的人却不会数据分析。往往一个数据分析需求的完成，最大的时间成本不是花在真正的取数、分析阶段，而是在前期的需求沟通阶段。在这种配合模式下，业务的数据分析需求总是在无尽的排期和等待中。另外，业务部门详述其需求后，技术部门还需要评估方案，再安排计划进行开发，再接着测试、发布上线。整个过程下来，时间周期比较长，无法及时发现业务问题，辅助业务决策。

因此，在 2020 年 5 月，英大人寿联合广州思迈特软件，开始建设基于 Smartbi 的全公司开放共享的“数据之家”自助分析平台。该平台开放所有的数据，提供各种简单易用的工具，让所有需要数据的业务部门和人员，自助地去获取和分析数据。通过这种手段，英大人寿充分利用公司技术部门的资源，把有限的宝贵的人力资源投入数据加工整合、平台的运营维护上。公司把报表开发、数据利用这样的日常琐碎工作，都交给业务部门。这种方式，对业务部门也是友好的，让他们能够及时、有效地获取自己需要的数据，充分发挥数据价值，利用数据改善日常运营，真正做到让数据为业务服务，让数据价值有效变现。

三、项目重点解决的问题及主要创新点

（一）所解决的问题

“数据之家”自助分析平台主要解决以下问

题：系统分散建设；功能点反复且分析结果存在不一致；数据多头管理；缺乏统一标准；缺乏完善的数据质量管理体系；数据生命周期管理不完善；对数据安全认识不全面；数据共享渠道缺乏；未建立统一数据分析机制。

（二）主要创新点

1. 运营效率和效果明显提升。以往，报表开发人员平均开发一张报表需要3天，面对越来越多、越来越复杂的服务需求，技术部门已经不堪重负，而且也无法以线性地增加报表开发人员的方式来解决问题。因此，项目建设必须在现有编制的基础上，实现报表开发以及未来平台运营上的大幅度效率提升。具体来说，就是使大部分的报表开发需求在2天甚至更短的时间内得到满足，并且可以满足平台运营的基本要求。

2. 数据在安全受控下更开放。以往，报表开发人员响应报表需求的方式是各自为战，在没有建立健全数据仓库、ODS的条件下，通过各种方式寻找、清洗、整合数据，满足报表制作的要求，这样做既无法保障数据安全，增加风险，也难以实现更优化的权限控制，更无法保障数据的共享和共用、提升效率。该项目建设后需要实现数据受控、流程优化和开放共享的目的，并且通过对数据的集中管理和使用，提升数据使用效率。

3. 业务人员零门槛获得获取数据的能力。根据80/20原则，业务人员对数据访问的需求中大部分是简单的、即席的、临时的、紧急的数据查询和分析需求。项目建设的系统必须具备业务人员在一定范围内可自由获取数据、实现数据分析的能力。通过简单培训甚至无须培训，业务人员可以掌握基本的数据查询、简单的图表制作、灵活的报表分享等一系列技能。这既能提高业务人员获取数据的能力，缩短平均数据访问时间，提高工作效率，又能为技术团队节省大量基本数据服务的时间，从而在当前编制的基础上提升数据的服务能力。

4. 技术人员获得增强数据管控的能力。通过向业务人员释放数据分析能力，使技术部门节省大量的资源，可以继续优化数据质量，细化数据权限，深化管控能力。通过这种良性的循环，还能持续地、不断地提升整体工作效率和工作质量，从而达到改善内部管理和对外服务水平的目标。

四、项目主要建设内容

“数据之家”自助分析平台建设了以下内容：通过数据导航，让使用者快速了解数据、定位数据和确认数据；掌握分析工具，查询数据，分析数据，完成报表、报告等制作；结合审批功能，分析师可发布数据分析成果进行共享；借助内容管理的功能，对经典的案例进行评选，放大共享，促进数据生态化；通过在线答疑、在线文档、视频等方式，第一时间解决使用者的问题。

（一）数据导航

建设自助分析的前提是内部的“数据服务”或者“数据开放”，除了有策略地分批分步骤开放数据，对于已经开放的数据，如何提供基于元数据的查询服务，甚至数据预览服务，这是首先需要解决的问题，否则，使用者登录“数据之家”平台，就像进了一个没有导引服务的迷宫一样，无所适从，无处着手。

为此，数据导航应时而生，让用户通过关键字搜索，模糊匹配出相关的数据资源，包括报表、视图、指标定义、数据来源、口径描述等。当然这些基于数据源的元数据可能太过初级，数据导航也会将最常用的数据查询，以“数据集”的概念呈现出来，以便更贴近业务的语言和搜索习惯。在预览数据的环节，数据导航也提供安全（带水印）的界面，确保信息安全。

（二）分析工具

平台整合了五大工具，让技术人员的数据分析不受局限，予取予求。

工具1：取数（可视化自定义过滤条件查询清单明细数据）。在大量数据中做明细数据筛选，过滤，导出，让用户尽可能简单地获取数据。

工具2：分析（在线多角度自由探索分析数据集，并将分析结果图形化）。可让用户从不同角度多方位探查、分析数据，形成交叉透视表；钻取、跳转、关联；同环比分析；可视化；自定义分组；随意切片等。另外，更重要的，针对金融保险业的数据应用特点，可以在分析工具中实现数据快查。其功能是，按照不同的分析主题域，分别创建各自的数据“大宽表”，并将宽表的字段等有关信息予以公布，让用户可以根据自己的需要，在权限范围内自由地组合数据，生成各种数据图表。这将极大地提高数据应用效率。

工具3：报表（在 Excel 中将数据集或分析结果制作成需要的复杂格式）。在 Excel/WPS 中，除了能查询数据，还能做二次加工处理，甚至结合本地 Excel 数据。Excel 格式、预警、公式、函数及图形，这些常见的功能都可以继续使用。

工具4：报告（在 Word/PPT 中将分析结果编制为报告，便于定期刷新和分发）。利用该工具，无须导出、复制粘贴到 Word 或者 PowerPoint，可直接把报表元素（参数、表格、图形）综合到 Word/PPT 中，因此可大大降低周期性重复劳动，让业务人员的精力更加集中在“分析”上。

工具5：页面（设计综合信息的仪表盘、大屏幕）。如果需要制作仪表盘、大屏幕发布出去，一样可以达成所愿。利用该工具，设计动态地图、参数控件、动态刷新、炫酷背景，等等，皆可随心所欲。

（三）分析商店

“数据之家”平台首先解决的是个体需求的快速响应问题。管理的本质之一是尽早解决问题。比如，当有人提出相同的数据分析需求时，如果能直接享用现有的成果，就可以节省自助分析的时间，迅速地达到目的。这个模式类似于 App Store，有分析能力的使用者产生分析应用，大多数人享用已有的分析应用，并可以评价、留言，从而构建数据分析的内部生态，让自助分析的文化可持续可发展。

（四）数据产品

数据分析的产出是“报表、报告、仪表盘”，一般只能满足单个业务需求，并不能作为某个业务场景需求的分析思路进行指导。在以共享为定位的“分析商店”方式下，鼓励业务人员向“分析师”（专家）发展，将其广受认可的单个分析整理成为更加系统、科学、符合实践的“数据产品”，创造更大的业务价值。同时，已有的专家们，也可以借助平台的自助化工具加快数据产品开发的效率和速度。

在平台上发布的数据产品，是要经过线下申报、严格评选的，而且要经过产品化的包装和开发，这与“分析商店”的机制是完全不同的。

（五）数据答疑

用户在使用平台的过程中，可能会遇到某些

功能不会使用、数据查询不正确等问题，其可以在“在线答疑”中提交问题，由用户自己内部的支持团队，对用户提出的问题跟踪处理。

（六）单点登录

单点登录（Single Sign On），简称为SSO，是目前比较流行的企业业务整合的解决方案之一。

单点登录的定义是，在多个应用系统中，用户只需要登录一次就可以访问所有相互信任的应用系统。其原理如下，无论内部系统多么复杂，对用户而言，都是一个统一的整体。也就是说，用户访问Web系统的整个应用群与访问单个系统一样，登录/注销只需一次即可。

目前业界比较成熟可靠的单点登录方案就是CAS。CAS是Yale大学发起的一个开源项目，旨在为Web应用系统提供一种可靠的单点登录方法。CAS在2004年12月正式成为JA-SIG的一个项目。

1. CAS的特点。

（1）开源的企业级单点登录解决方案。

（2）CAS Server为需要独立部署的Web应用。

（3）CAS Client支持非常多的客户端（这里指单点登录系统中的各个Web应用），包括Java、Net、PHP、Perl、Apache、uPortal和Ruby等。

2. 使用CAS的协议过程

（1）访问服务。SSO客户端发送请求访问应用系统提供的服务资源。

（2）重定向认证。SSO客户端会重定向用户请求到SSO服务器。

（3）用户验证。对用户身份进行认证。

（4）生成票据。SSO服务器会产生一个随机的Service Ticket。

（5）验证票据。SSO服务器验证票据Service Ticket的合法性，验证通过后，允许客户端访问服务。

（6）传输用户信息。SSO服务器验证票据通过后，传输用户认证结果信息给客户端。

（7）CAS Server是一个独立的系统软件，需安装部署于独立的服务器上，从而联通外界系统，并对外提供认证服务。

五、项目效果

1. 项目上线后，在现有编制基础上实现报表开发以及平台运营上的大幅度效率提升。大部分报表的开发需求在2天甚至更短的时间内得到满足，平台运营的基本要求也能够得到满足。

2. 达到了数据受控、流程优化、开放共享的目的，并且通过对数据的集中管理和使用，提升了数据使用效率。

3. 该项目具备使业务人员在一定范围内能自由获取数据、进行数据分析的能力。通过简单培训甚至无须培训，业务人员即可掌握基本的数据查询、简单的图表制作等一系列技能。

4. 通过向业务人员释放数据分析能力，可使技术部门节省大量的资源，从而持续地、不断地提升整体工作效率和工作质量，达到改善内部管理和提高对外服务水平的目标。

六、总结

1. 领导重视。“数据之家”平台是个涉及全公司的数据分析大平台，其建立建成并不是仅靠技术部门的推动就可以顺利实施的。项目从一开始到推进的全过程，都需要公司内各层级领导的高度重视和配合。因此，项目实施必须高层领导来引领，在核心关键问题上予以支持，在日常运作过程中给予配合，才能使项目得到全公司的重视，顺利推广。

2. 配套制度。由于“数据之家”平台是全新的大数据环境下的多组织多用户同时运行的数据分析平台，其运作方式与过往技术人员的“单打独斗”方式有很大的不同，需要多部门协同工作，因此，需要根据新的平台特性重新设立相关的配套管理制度。新的配套管理制度应该适应新的应用环境，在资源调配、人员协调、工作规范、故障排查、日常维护等各个方面作出调整。

3. 持续投入。平台的运作，并不是“一锤子买卖”。持续运营是为了持续产出，因此必然会有持续投入。随着平台应用规模的扩大以及应用程度的加深，需要根据平台运营的不同阶段在人员配置、基础设施、内部服务等各个方面持续地投入，确保平台可以高效、稳定的运行。

专家点评

英大泰和人寿保险股份有限公司推出的“数据之家”自主分析平台解决了业务部门和技术部门之间需求沟通困难、排期长等问题。该平台通过开放所有的数据，让技术部门投入加工整合、平台的运营维护中来，业务部门负责报表开发、数据利用等工作，极大地提高了工作效率，具有很好的借鉴意义。该项目的创新点在于，业务人员零门槛就可以获得获取数据的能力，工作中提出的需求能够更快地得到解决。在保险公司日常运营当中，业务部门和技术部门之间往往存在“壁垒”，往往提出的需求需要等待很长的排期，英大人寿推出该平台，打破了“壁垒”。这对行业内各个公司都有很好的启发。

德华安顾人寿智能销售助手项目

◎德华安顾人寿保险有限公司

一、项目概述

德华安顾人寿保险有限公司（以下简称德华安顾人寿）自开业以来，始终坚持通过科技创新引领企业高质量发展，坚定实施数字化战略。德华安顾人寿智能销售助手项目于2020年12月建成投产。该项目以企业微信为基础，以自然语言处理技术与大数据技术为核心，在企业微信端的保险销售场景中，全方位辅助销售人员进行标准化销售流程以及销售话术推荐。

二、项目背景及意义

设立智能销售助手项目，旨在解决座席工作人员的标准销售用语不统一、产品介绍和特色等常用信息难以第一时间同步等问题，让标准化的销售流程与销售用语得以迅速推广。同时，该项目也可有效解决人员流动大导致的培训效果难以保证的问题，使新人座席能够快速上手销售工作，迅速拉近与客户的距离。

三、项目重点解决的问题及主要创新点

智能销售助手融合了多项功能。其核心功能是疑议提示功能。该功能在NLP模型基础上，同时融合了意图识别、内容推荐等多个模型，可实时精准地提示销售人员“如何回复客户提出的五花八门的问题”。实时质检是实时对服务违规片段检测的功能。该功能组合运用了基于循环神经网络的分类、语义相似度等模型，通过警示销售人员语言可能涉嫌违规，让销售人员能在短时间内意识到这个问题并及时修正予以弥补，从而达到在销售过程中质检的预期效果。思路导航、话术资料库功能置于企业微信端，紧贴业务，便于销售人员编辑销售用语，规范销售策略，让其在销售过程中所参照。

四、项目主要建设内容

智能销售助手以企业微信为基础，以自然语言处理技术与大数据技术为核心，在企业微信端的保险销售的场景中，全方位辅助销售人员。其核心功能是疑议提示功能。该功能在NLP模型基础上，同时融合了意图识别、内容推荐等多个模型，可实时精准地提示销售人员“如何回复客户提出的五花八门的问题”。实时质检是实时对服务违规片段检测的功能。该功能组合运用了基于循环神经网络的分类、语义相似度等模型，通过警示销售人员语言可能涉嫌违规，让销售人员能在短时间内意识到这个问题并及时修正予以弥补，从而达到在销售过程中质检的预期效果。思路导航、话术资料库功能置于企业微信端，紧贴业务，便于销售人员编辑销售用语，规范销售策略，让其在销售过程中所参照。

五、项目效果

该项目解决了座席工作人员的标准销售用语不统一、产品介绍和特色等常用信息难以第一时间同步等问题，让标准化的销售流程与销售用语得以迅速推广。另外，智能销售助手项目也有效解决了人员流动大导致的培训效果难以保证的问题，让新人座席能够快速上手销售工作，迅速拉近与老员工的距离。

据统计，智能销售助手项目上线7个月共计使用“思路导航”63万余次，采纳提示异议回答12000余次，座席在人工智能的加持下，有效地缩短了座席响应时间，座席平均响应时间由2021年1月的65.95秒缩短至2021年3月的37.18秒，最终缩短至7月的17.51秒，回复时间减少了73.5%，在保证质量的情况下，大大提高了全体员工的回复效率。这也使得用户流失率下降了41%。

六、总结

智能销售助手新的功能还在持续更新中，这包括正在规划中的智能标记客户画像、活码、裂变和引流等营销工具功能。智能销售助手定能在各个业务层面大放异彩，展现数字化的魅力。

专家点评

德华安顾人寿保险有限公司推出的智能销售助手利用自然语言处理技术与大数据技术，在企业微信端为保险销售人员提供销售话术以及标准化销售流程。该项目创新性地开发了实时质检功能，能够及时地提醒销售人员语言不规范或违规等情况。从该项目的实施效果来看，座席平均响应时间大大缩短，客户流失情况也得到了一定的改善。但是，在关注提高销售人员回复效率的同时，还要重点关注回复质量，关注客户的诉求有没有真正得到解决，因此，需要进一步地改进模型。

泰康人寿企业家专区平台

◎泰康人寿保险有限责任公司

一、项目概述

数字保险既是数字经济的重要组成部分，又为数字经济发展提供了风险管理和保障服务。鉴于目前保险业对于代理人的专业细化趋势越来越明显，以双绩优战略为核心的平台数字化转型成为泰康人寿保险有限责任公司的工作重点，于是，为绩优代理人实现数字化赋能的企业家专区平台应运而生。

二、项目背景及意义

企业家专区团队通过一线大量调研发现，各个绩优代理人团队的需求明显区别于普通代理人团队。绩优团队很多定制化的需求目前只能通过线下的文档表格或者需要集合多种线上线下工具实现，且团队的需求也呈绩优定制化、配置化，迫切需要数字化的赋能。单纯满足普通代理人需求的开发模式已经无法满足绩优代理人。

为支撑泰康人寿聚集绩优代理人策略落地，泰康人寿正在从单一寿险向多元的创新型保险金融服务集团进行扩展，建设专业细化的绩优代理人专区，实现基于泰行销、基于生态的互联互通，共生共长，形成更加有生命力的生态圈。结合企业家专区团队调研总结的经验，泰康人寿自主研发了企业家专区平台，为 HWP、泰星绩优团队及个人做统一的赋能服务。

三、项目重点解决的问题及主要创新点

企业家专区主要通过以下几个方面解决绩优代理人重点问题及数字化的转型创新。

1. 解决了绩优代理人多种拓客场景与建立自我高端形象 IP 的问题。主要创新点：打造数字化营销拓客生态；其关键能力与实践体现为数据营销分析、机器人智能抓取活动、智能圈子获客、名片获客、每日资讯获客、素材中心获客及活动管理、数字内容管理和拓客策略分析，其构建可从数字化拓客、生态圈获客及代理人能力拓展三方面展开。

2. 解决了绩优代理人数字化标签维护客户、智能分析高客、绩优团队管理的问题。主要创新点：打造数字化团队及客户洞察；典型实践有客户画像和基于线索客户与人脉洞察的智能决策以及团队画像与智能预警(团队动态、团队数据、团队组织架构、团队通知)、客户中心、人脉转介绍关系网、客户 AI 智能分析。

3. 解决了绩优代理人自我管理、提效工作的问题。主要创新点：打造数字化提效运营工具；通过一线深度调研为代理人提供九大保障分析、保单整理、家族图谱、转介绍人脉网工具，以及日程管理、目标管理。通过简化数字化赋能流程，提升了50%效率，帮助团队减少了30%工作量。

4. 解决了绩优代理人需要一站式产品关联数字化营销提效的问题。主要创新点：打造整体实现数字化生态链；通过“数字化营销拓客(名片、资讯) +数字化客户洞察(客户中心、线索分析) +数字化产品创新(同城活动雷达、获客圈子) +数字化运营(智能机器人流程自动化RPA) +数字化提效(日程、目标)”，从数字化产品矩阵构建、渠道拓展、生态圈获客及保险能力开放三方面赋能形成产品闭环赋能代理人。

四、项目介绍

（一）企业家专区产品概述

代理人通过名片与资讯、获客素材打造自己的高端形象与内容服务，通过获客线索功能查看自己的内容转发、浏览、评论的情况以及转发的人脉链条；通过建立日程与提醒，完成自己的活动量统计，并与目标模块挂钩实现有发起、有落地、有目标的产品闭环；通过客户中心查看自己的准客户、老客户、增援对象及转介绍人；拥有108项可以对客户进行经过大数据分析、算法建模后的133个筛选标签，通过数据中心查看所有的行为及客户分析结果。

1. 表现形式。企业家专区首页包含我的名片、我的资讯、获客线索、保单整理、客户中心、日程管理、目标管理和同城获客。

2. 产品关联。名片与资讯、线索关联，日程与目标关联，客户中心与所有功能形成闭环。

（二）产品1：我的名片

代理人反馈，在目前的市场中无法找到一款可以帮助自己开拓高客的高端名片。基于此核心诉求，企业家专区搭建了我的名片与名片定制化配置两个模块，旨在为绩优代理人在微信场景下与客户建立联系提供方向并同步打造自我高端形象。

1. 表现形式。在企业家专区首页增加“我的名片”入口，点击后打开个人名片。名片包括个人形象照片、信息、微信号二维码、生成海报、今日资讯，预约、语音介绍、标签展示、个人荣誉、泰星展示、印象管理、证书展示、团队展示和工作教育经历展示。

2. 个性化配置。代理人可根据自己的实际需求选择以上模块是否展示，且可以根据实际业务需要调整展示顺序。

3. 产品关联。在代理人分享自己的名片给客户时，客户可以通过名片入口查看代理人推荐的本日资讯，其与企业家专区“我的资讯”相关联。

4. 实际价值。搭建起包括代理人与陌生人的拓客场景；在此基础上实现了以“科技+陌生人场景+绩优定制化”为特色的独特方式。

5. 未来拓展。未来搭建数字化内容管理是线上营销非常重要的功能，其关键能力与实践体现为打造绩优代理人专属的IP，进行效果营销分析、人脉链条分析、数字内容管理和智能策略引擎分析。

（三）产品2：同城活动雷达

在一线调研过程中，很多一线绩优代理人反馈的问题是：如何能够赋能他们去拓客？如何在自己的人脉资源枯竭后还能继续实现客户及增员的增长？了解到这些问题后，泰康人寿对需求进行了深入的分析：客户的真正需求是更多的拓客场景(线上及线下)。企业家专区通过大数据、算法智能分析打造同城活动雷达的功能为跳板，帮助代理人获客。具体如下：代理人登录企业家专区首页后，点击进入“同城获客”功能，可看到所有推荐活动，推荐规则通过千人千面的算法模型，使数据更加精准。当代理人找到合适的活动后，还可以一键添加到日程中，活动将会以公众号消息来提醒，未来也可实现创建代理人自己的活动圈子并进行分享及拓客。

1. 表现形式。在企业家专区首页增加同城活动入口，点击后打开本地本周活动，也可通过公众号消息查看。活动内容分类包括行业、亲子、学习、生活及财富等频道；展示内容包括活动标题、时间、地点及费用情况。

2. 触达体验。通过微信公众号推送本周最新同城活动。

3. 产品关联。在代理人查看活动时可将活动一键添加到自己的日程中，并设立提醒，与本月目标相关联。

4. 实际价值。搭建起包括代理人与外部活动、陌生人的全流程数字化拓客线下线上场景；在此基础上与企业家专区的“我的日程”“我的目标”打通，通过大数据、智能算法分析的创新，满足对拓客的即时性、数据的精准性和信息的透明度需求。

5. 未来拓展。搭建打造代理人业务活动营销的功能闭环，实现活动搭建一站式，实现活动规划的审批全流程，为代理人提供良好的服务体验。

（四）产品 3：为代理人提供获客内容（我的资讯、素材中心）

代理人获客、养客需要优质的和有针对性的内容作为触手，为此内容平台搭建了企业家专区的今日资讯和素材中心两个模块，为代理人微信场景下与客户建立联系提供素材。内容形式包括资讯、资讯列表、视频和产品资料等，来源包括财联社的金融、股市和公司等分类的专业行业资讯，以及泰康内部的健投、医生和人寿等 14 个公众号内容。

为了帮助代理人深入了解内容分享后的消费情况，以及客户的兴趣点，在功能层面，除了资讯、视频内容的浏览和播放，资讯列表下还支持代理人添加评论，分享后可以与客户进行点赞、留言等交互，形成互动线索；列表也支持一键复制摘要、批量换一换等操作，满足代理人分享和个性化的内容诉求；资讯除了微信自带分享，均支持以海报形式的分享；分享时支持绑定代理人名片，向客户提供微信、约见和电话等互动沟通，帮助代理人获客。

科技创新层面，资讯详情页内与大数据推荐算法相结合，通过资讯和产品的标签，结合代理人画像（擅长领域、历史售卖等），提供产品和资讯两个维度的智能推荐，增加内容分享后客户的停留时长和购买转化率。代理人基本属性包括级别、当前状态、近期佣金、可提现佣金、星级、下级用户数、是否为团队长和是否为合伙人等；活跃度统计特征包括最近 3 天、7 天、30 天转发次数等；内容属性包括所属类别、关键词、是否热门等，以及不同维度/时间粒度的统计特征，比如最近 3 天、7 天、30 天被编辑的次数、分享的次数、点击量、总浏览时长、浏览的客户数；内容偏好特征包括偏好素材类别（产品类、投资类等），以及不同时间粒度的统计特征，比如作者转发该素材最近 3 天、7 天、30 天点击量、总浏览时长、浏览客户数等。以上维度通过深度神经网络模型，经过标签训练，完成作者和素材的预测，实现相关推荐。

资讯页同时支持代理人添加自定义服务和投

连等产品走势数据，以可视化的图表为客户了解产品提供解读，为代理人获客赋能；资讯列表页通过大数据智能语音服务进行文本转化，提供全文和列表的语音播报功能，在车载等场景满足代理人和客户的内容获取需求。

以上内容经过代理人和客户的分享与转发，通过神策平台的数据埋点支持，会以链路和线索的形式呈现，为代理人有针对性的展开和深耕提供依据。

四、项目主要建设内容

企业家专区对于保险业数字化转型的业务科技赋能建设能力主要包括以下六个方面。

1. 数字化客户数据洞察，典型实践有客户线索和基于客户洞察的智能决策、筛选、标签。

2. 数字化营销，其关键能力与实践体现为数据营销分析、智能顾问、营销活动管理、数字内容管理和营销策略引擎。

3. 数字化生态，其构建可从数字化渠道、生态圈获客及保险能力开放三方面展开。

4. 数字化产品创新，典型实践有同城活动雷达、获客圈子和 IP 问答等多产品、多层次和精细化的产品矩阵，已实现从应用分析模型和信息系统向大数据、云计算和人工智能等新技术赋能的转变。

5. 数字化运营，典型实践有机器人流程自动化（RPA）、智能语音识别。

6. 数字化代理人提效，典型实践有保单整理、日程目标和团队等来提高协同效率。

五、项目效果

聚焦绩优科技赋能工作，协同提效，降本增效，数字化营销。

全面提升了代理人自我管理与营销服务效率、日程等，自我管理工具提效了 25%，自二期上线以来扩展到 138 个场景、76 个节点的数字赋能。

（一）企业家专区整体功能

聚焦更好地服务 HWP 精英绩优代理人的营销展业工作，助力集团业务增长，提升精英代理人满意度及产品体验度。专区一期于 2021 年完成上线，共计 15 个功能入口、78 个功能点；试运行期间满足了试点的 508 位绩优代理人的日常使用，未来将继续扩展到全部绩优代理人；产品包括名片、资讯、获客线索及保单整理。专区二期于 6 月 18 日完成上线，新增日程管理、目标管理和获客素材；团队动态、团队数据、团队事项；客户中心、人脉转介绍关系网、客户 AI 智能分析；赋能代理人 30 多个场景、15 个节点的数据展示。其中，保单整理通过简化流程，效率提升了 50%，帮助团队减少了 30% 的工作量，企业家专区客户中心目前集合了大数据算法模型，推荐给代理人 133 个标签筛选；企业家专区一期通过名片为代理人打造了高端、信任、专业的形象，通过资讯内容提供了与客户沟通的桥梁，通过线索分析实现精准获客和人脉来源的分析；未来企业家专区将继续推进优质内容的生产与聚合，同步探索规划赋能绩优代理人的拓客场景、获客渠道、积分体系和活动量管理等多场景的核心功能研发。

（二）项目：内容相关板块（素材中心、我的资讯）

素材中心相对于行业内的内容获客类产品，除了资讯、海报、视频等通用内容，还聚合了泰康内的产品资料等独家数据，包括年金、分红、万能和投连等各类型产品的收益数据和走势、理赔案例等。

内容平台自制短视频，与 HWP 和绩优代理人及团队合作，制作了包括口播、访谈和高端医疗探店等各个方向的获客和增员类原创内容。以上均为独家内容，强化了代理人对于平台的黏性。

内容模块目前已发布资讯近 5000 条，代理人今日资讯人均浏览次数 6.25 次，分享主要在社交场景，微信好友的分享是朋友圈的 4 倍；客户 7 日人均转发次数 1 次，其中对内容的转发占企业家专区整体转发的 2/3。

六、总结

目前保险业科技发展迅速。在新一代信息技术的推动下，大数据、云计算、人工智能和区块链等新技术深度参与保险业务的全流程，在这一保险业数字化转型的关键时期，保险业 IT 工作者，如何精细化地为绩优代理人提供数字化赋能服务，从而提高营销拓客能力、工作效率是第一要务。

在内容相关方面，企业家专区根据代理人的行为、知识、能力以及客群，千人千面地推荐适合的内容，增加内容匹配的客户的标签展示等；个性化层面，企业家专区为绩优代理人提供个人和团队频道，支持内容丰富的生产和互通，包括自定义链接添加、编辑等 UGC 功能；企业家专区通过丰富自制短视频的形式和类型，实现内容定制化和精品化，与代理人名片、产品和服务等深度结合，提高内容获客转化率。

企业家专区一期通过数字名片为代理人打造了高端、信任和专业的形象，通过智能资讯内容提供了与客户沟通的桥梁，通过线索分析实现了精准获客和人脉来源的数字化分析；未来企业家专区将继续探索规划赋能绩优代理人的拓客场景、获客渠道、积分体系、活动量管理等多场景的核心功能的数字化转型。

专家点评

泰康人寿保险有限责任公司打造的为绩优代理人实现数字化赋能的企业家专区平台解决了从拓客、维护客户到自我管理等一系列问题。该平台针对拓客研发了许多创新性的功能，比如，通过大数据、算法智能打造的同城活动雷达功能，可以查看到不同的活动内容、时间和地点，针对不同的人群产生更多的获客场景。该平台为绩优代理人建立了自我高端形象 IP，打造了生态圈获客的概念，通过名片获客、每日资讯获客和素材中心获客等创新的方式进行数字化营销，为保险代理人开发更多的获客渠道提供了想法和引导。

三峡人寿打造新时代保险智能运营案例

◎ 三峡人寿保险股份有限公司

一、项目概述

数字化、科技化已经成为各行各业转型升级的发展共识，也是保险业自我革新的重要内涵。作为一家新公司，三峡人寿保险股份有限公司（以下简称三峡人寿）始终保持着对保险科技前沿技术的关注和探索，持续打造支撑、赋能公司创新发展的科技体系。在对标同业公司信息化一流水平及走过从零到一、从无到有、快速裂变及持续成长的信息化发展历程中，公司逐渐探索出符合三峡人寿实际情况、旨在“找准突围爆点、打造明星平台、构建卓越特色”的科技赋能发展方略。

经过持续建设，三峡人寿逐步形成了前端服务线上化、后端服务自动化和创新服务智能化的新型服务框架。为了更好地适应、满足移动互联时代客户对服务体验的不断追求，三峡人寿利用科技创新赋能服务手段，以线上为主、线下互通为辅，以客户为中心，以“快、捷、简”为服务宗旨，构建了风控严密、服务高效和体验良好的三峡服务体系。

二、项目背景及意义

回归保障一直是保险业发展的价值导向。受新冠肺炎疫情的影响，健康保障类产品获得了发展新机。疫情期间，引发了客户对健康的关注、对保障的需求。各家保险公司纷纷推出扩展责任、赠险来获取客户流量，率先在互联网健康产品尝试的公司获得逆势先机。品牌效应、亮眼产品和附加特色服务构成了线上综合竞争优势。三峡人寿构建的科技赋能三峡服务体系成功满足了健康保障类产品对运营服务提出的新型要求，助力公司借助互联网渠道，率先以特色服务突出的健康产品经营迎来了独发优势。

三、项目重点解决的问题及主要创新点

（一）销售模式的转变倒逼服务变化

在新冠肺炎疫情的影响下，仍以传统线下销售模式为主的寿险，面临“开门红”不红、增员促成受阻、传统长险线上难以讲清和拜访获客途径被切断等诸多困难，以至于短期内传统线下业务基本停滞。严格的隔离管控困境下，倒逼各家人身险公司尝试线上渠道推广、线上线下相结合等多种模式销售展业的营销转型。

潮流之下，客户活动轨迹发生变化，多年来沉积的路径依赖、粗放经营和短期行为已成为发展“瓶颈”，互联网业务赢得了弯道机会。三峡人寿业务积极思考如何抓住机遇实现短期突围、长期转型的发展战略。化繁为简的线上营销转型，在客户触达、互动和转化诸多方面均会发生变化，传统的临柜线下服务或现行的线上辅助性

服务势必无法满足业务转型需要。

（二）线上一站式服务面临更大挑战

基于传统业务的临柜服务方式或线上辅助服务方式，其链条长，手续繁，时效低，无论怎么优化，在客户轨迹的变化下终将会被逐渐弱化、淘汰。随着互联网业务发展，各家保险公司纷纷推出线上自助服务手段，但受业务限制、技术限制，仍停留在搬到线上阶段，不够便捷。多频交互、一站简单易懂的线上服务柜面如何提高客户的更便捷性，如何提高客户的活跃度，对运营客户服务提出了更大的挑战，这也是运营服务模式转变的核心要求。

四、项目主要建设内容

（一）全面建设线上服务触点，实现线上服务全流程

1. 完善销售人员服务触点，做客户的保单管家。经过2年不断优化建设，三峡人寿移动服务APP已成为线下代理人的展业利器，覆盖了个、银、中介等个人渠道的所有产品，包括线上投保的全部主体流程及契约问题件、核保件等非标子准流程，自上线以来使用率达到96.63%。依托移动APP平台，三峡人寿建立了移动电子回访、移动续期查询、移动电子回执、移动保全和移动业务查询等全保单服务功能。公司持续从客户服务视图出发，开展服务功能进一步整合，构建服务到家的覆盖服务网络，从保单为维度管理逐步向客户为维度管理整合，从“客户—保单—功能”的多维度逐层展示，合理布局功能分区，更有效地促进业务人员使用，让服务移动起来。

2. 构建客户为中心的微服务触点。随着互联网保险业务的不断发展，三峡人寿依托官方微信公众号，通过搭载活体技术、OCR识别和CA签字认证等技术手段，完成了自助保全、承保问题件自助回复、健康管理增值服务、自助理赔和在线回访等数十项自助服务功能建设。该项目覆盖所有常见服务项目，解决85%以上的客户服务需求，成为三峡人寿最主要的服务渠道。

3. 试点并推广云柜面视频柜员服务。客户可通过微信公众号自助申请完成常规业务，但部分复杂业务仍需要后台客户通过视频云柜面等方式协助完成。三峡人寿已完成视频柜员基础功能建设并投产使用。同时，三峡人寿正持续梳理和确认视频柜员服务流程，将云柜面服务嵌入各服务流程中，以实现全面线上化服务。

4. 全面实现电子化在线回访。随着监管电子回访政策变化，三峡人寿完成了微信、网页（嵌入式）和移动展业等多端口的电子回访功能建设，并逐步搭载于移动APP、官微和第三方互联网平台，在较短的时间内使用率达到32.23%。现项目正在持续优化中，力争达到更高的使用水平。

（二）深化后端自动引擎，实现单点服务突破

“天下武功唯快不破”，效率是评价服务的重要指标之一。要提升运转效率，需不断修炼内核动力，迭代内置引擎，不断优化流程，升级系统，从链条流程作业逐步转换为单点作业，对内外部客户需求快速反应，让服务飞起来。

通过销售端移动化、客户端自助化，解决了客户线上服务触点的问题。在销售人员的辅助或客户自助的情况下，线上即可进行业务申请，但无法直接快速地由系统办理完结，仍需要人工进

行后台审批。

三峡人寿已着手探索自动保全、自动理赔等自动审批作业模式并不断总结完善，提高覆盖范围。该项目面临业务规则复杂、业务流程繁多和自动作业风险控制要求高等诸多局限，需充分论证、循序渐进。

三峡人寿依托核心规则破局，结合实名认证、OCR 等技术，深入分析和挖掘需求，现已逐步实现投保、保全的部分业务自动化建设。新单业务实现 96.68%自动审批承保，保全项目实现 60%的自动审批结案。

（三）线上线下结合的风控体系，为业务保驾护航

三峡人寿建立了多位一体的智能风控体系，包括制度、自动核保、智能核保问卷、智能风控筛查、合作平台及服务供应商管理。

1. 不断升级的智能核保与大数据风控体系。为了更好地防范互联网业务承保风险，提升客户体验，三峡人寿在互联网销售平台上搭载了灵活的智能核保问卷，同步实施大数据风控筛查，并同时搭载人工核保、邮件核保的服务功能，多位一体地实现互联网业务风险防范。

其中，智能核保问卷，可细分客户疾病、职业等风险维度，完成智能审核，快速得出承保结论，为客户提供线上快速承保体验；大数据风控系统，主要从高风险地域、高发疾病和特殊人群等方面入手，集成筛查客户可疑行为、医疗健康异常和经济信用风险，是互联网业务风险管理的重要辅助工具，是公司控制互联网业务品质的关键因素；复杂案件下的人工、邮件核保，实现客户风险的进一步筛查、评估，为更多的次标客户提供了承保审核。

2. 差异化的健康询问管理。为了更好地防范道德风险、职业风险和健康风险，三峡人寿针对各类型产品，分别使用了不同条件的健康询问，提供有针对性、差异化和通俗易懂的告知内容。同时，三峡人寿结合理赔案件情况，对高风险维度的问卷部分进一步细分、调整，提升风险识别与控制能力。

（四）探索特色的续期指南针引擎服务

依托销售人员 APP，三峡人寿正在探索建设续期指南针引擎服务，已完成提醒引擎板块的基础功能建设。该项目是续收服务在移动 APP 上推出的一项新功能。它可以“拉近” 客户与保险公司的“距离”，通过一些客户接触不到的潜在功能，提升三峡人寿续收服务的质量和效率。通过打造定时提醒服务，使客户和续期服务人员约定在某时间进行上门服务，“指南针” 会定时提醒服务人员做好服务安排；通过打造导航引擎服务，在续期管理中嵌入地图导航功能，提供续期客户地理位置展示、客户拜访支持、地图导航自动提示续期及保全、理赔等重要消息；打造服务支持工具，提供线上续期管理工具支持，包括线上续期培训、收费实务在线指导，按登录用户的角色提供业务员或团队管理者不同角色的续期培训课件，提供针对各类收费场景的标准话术供续收业务员及时方便查询。诸如此类的便利功能将潜移默化地改变续期服务人员对客户续期服务的态度与习惯，此功能的推出将成为三峡人寿与客户之间沟通互动的纽带。

五、项目效果

一是打造无处不在、有求必应的服务体验。围绕客户服务，立足家庭保障，从保单管理维度

向客户管理维度转型，全面构建搭载移动展业、电子回访、智能续期、移动保全、移动理赔、保障查询的综合服务系统以及“指南针”续期服务引擎，全方位提升三峡人寿服务质量和客户体验。二是完善科技赋能、数据支撑的风控系统。三峡人寿根据产品特性、客户群细分和健康财务风险差异，进行差异化健康财务告知管控，更好地防范道德风险、职业风险和健康风险。从高风险地域、高发疾病和特殊人群等方面入手，进行特殊特征模型整理，形成多重大数据风控防范体系，严防逆选择风险。三是构建便捷高效、实时响应的服务体系。引入高效核保规则引擎，实现平台对接、产品开发、规则测试全流程高效运转，布局自动化核保基础，为客户提供全天候科技化服务。升级打造多媒体联络中心，配套搭载多媒体客户画像、智能IVR、智能外呼、智能客服和视频柜员等多项功能，完成“人工+智能”互通整合，为客户提供多维一体的智能化语音服务。

六、总结

擘画蓝图，按图索骥。一以贯之，久久为功。经过由点到面的基础构建和实践，通过“线上化、生态化、中台化”的数字布局，三峡人寿运用科技赋能，推动打造新时代保险智能运营，实现了公司多元化业务服务场景创新。全面推动运营数字化建设工作的降本、提速和增效。探索出一条结合三峡人寿的实际情况、具有公司特色的科技赋能差异化、特色化发展之路。

专家点评

三峡人寿保险股份有限公司的智能运营是一个将前端服务线上化、后端服务自动化及创新服务智能化的新型服务框架。从线下代理人展业到自助保全、自助理赔等客户服务，该公司通过实现线上服务全流程来降本增效，是目前各个保险公司都在着力打造的数字化转型的一个重要方面。该项目比较有创新的地方在于其续期指南针引擎服务，通过定时提醒服务、地图导航功能和客户拜访支持等拉近客户和保险公司的“距离”。但是，保险公司在将全流程线上化的过程中，不能为了降低成本而一味的线上化、自动化，需要注意运营成本的降低对客户体验的影响。

平安养老契约保全直连项目

◎ 平安养老保险股份有限公司

一、项目概述

契约保全直连指通过互联网与客户单位的人事系统对接，双方约定接口请求并回传数据，可将客户单位员工的参保、入职、离职、职级调整和信息变动等情况，直接转化为保险契约投保、保全加减人、保障及信息变更等服务。

该模式实现了免申请、免清单、免盖章和免人工的全流程无人工运营作业，不但信息安全级别高，且可有效防范保险欺诈风险。对比传统契约保全受理模式，直连平均处理时效提升了96%，问题件数量下降了96%，服务人力下降了90%，手工整理耗时下降了80%，上线至今零纠纷、零投诉。

二、项目背景及意义

传统大客户的保险服务存在人员变动频繁、处理时效长、数据易遗漏和敏感信息易外泄等痛点，客户单位的人力资源部门和保险公司需要在清单整理、问题件沟通和录入审核等方面耗费大量的时间和精力。

中国平安一直秉承稳定、持续发展的经营理念，坚持以客户为中心，将科技创新成果应用于客户服务水平提升，满足客户多元化金融需求，为客户打造极致服务体验，持续构建差异化竞争优势，促进行业生态的完善和科技水平的提升。故平安养老创新推出了契约保全直连项目，可在不改变 HR 本职工作内容和操作习惯的同时，同步完成客户单位保险的契约投保和保全申请处理，在提升运营时效的同时也可降低运营成本和信息安全风险，完美解决了客户痛点。

三、项目重点解决的问题及主要创新点

（一）减少人工整理工作量，解决企业人力资源痛点

团体保险复杂度较高，针对大型集团企业的综福产品多为个性化定制方案，往往面临着保单多、保障方案复杂、人员与保障变动频繁等问题。且团体保险主要由企业人力资源负责收集和整理等工作，还需按照保险公司的标准模板进行契约投保和保全变更申请，人力资源的工作量大且烦琐。

契约保全直连创新使用系统替代人工整理的处理模式，针对不同客户的保障方案制定个性化字段信息，客户只需传输标准接口字段，公司系统可通过自动集成映射为其匹配保单和保障层级，人力资源和公司运营服务人力下降了90%，处理保险事宜耗时下降了80%，针对性地解决了人力资源在整理数据方面的痛点。

（二）由系统替代人工作业，处理标准、正确、快速

平安养老采用集中作业模式，现有契约保全申请流转周期长，客户提交申请后由机构初审受

理和扫描，然后流转至集中作业中心处理、质检和审批，全流程需要3~5个工作日。使用直连模式后，客户整理和提交申请的动作通过互联网自动调用系统接口发起，初审和中心的工作由核心系统自动处理，实现了全流程无人工作业。

系统处理是标准且快速的，不会发生传统审核过程中出现人工干预、判断失误等导致作业差错的情况，相较于人工处理的有效控制问题件数量下降了96%；系统为7×24小时不间断运行，JOB自动运行替代了人工作业的多环节流转，直连申请的处理时长平均为14小时，较人工处理降低了96%。

（三）数据来源有保障，变动数据实时处理，有效防范欺诈风险

团体保险的人员以及保障变动频繁，会发生人员遗漏、生效日追溯和人员五项基本信息错误等情况，进而引起倒签单、人员替换等风险。类似问题的核查难度大，且容易发生纠纷和投诉，一直是保险公司的风控痛点。

直连的数据源为客户人事系统，准确率高，人员替换的风险大大减小；且在人力资源处理完人员变动之后可实时对接公司进行保全申请，有效地解决了人员遗漏和追溯问题，同时杜绝了此类咨诉问题的发生，一举三赢。

（四）信息安全级别高，杜绝数据外泄风险

传统运营采用纸质材料盖章的申请模式，中途申请材料会经手多人，五项基本信息、月薪、手机号和邮箱等客户敏感信息存在外泄风险。

直连采用点对点传输，企业需调用平安集团ESG授权接口传入用户名，密码获取TOKEN，超过30天有效期后需重新获取；对接数据使用RSA+AES加密解密，密钥长度是512位，可有效保障对接数据的安全性。

四、项目主要建设内容

对于直连对接，企业最关心的是信息安全问题，平安养老具备完整的信息安全策略。

（一）支持多种网络对接

直连支持不同网络环境对接，可通过配置支持互联网公网或专线对接。

（二）信息安全策略完备

平安集团ESG开放平台支持所有的合作方客户在线申请用户，集团对客户进行鉴权控制。客户申请成功后，后端数据对接平台系统将根据客户ID对其进行授权，通过可配置化方式控制客户系统的接入。可配置化方式可配置每个接口的时效，也可控制接口的实时上线和下线等，灵活快速。

公司通过“AES+RSA”方式对数据加密。通过RSA加密、签名和AES数据加密等方式确保数据传输安全，以满足互联网公网、专线对接等不同网络的安全需求。

（三）实现全配置化流程

直连对接已全流程实现配置化。通过配置对接方、数据路由、密钥等方式，实现业务流程自动化处理。

首先，直连可灵活配置对接客户，对不同对接客户配置不同的ID，以实现个性化权限控制；其次，支持实时配置、生成、管理和替换密钥等场景；再次，支持实时配置不同的对接客户和不同的接口有效期，可实时对每个接口自由进行上线和下线等处理动作，以满足客户的个性化需求；最后，配置不同业务接口的路由、数据解析

服务模块对应支持个性化处理。

（四）支持标准和非标准对接

对于标准对接，可使用配置化流程对接，通过配置对接标准的数据，标准的业务处理逻辑。

对于非标准对接，可支持非标准、个性化对接。直连可通过数据转换定制个性化数据的对接，配置不同处理服务可实现对不同数据格式的支持，如数据流，txt、csv 和 xml 等文本格式等；对于非标准数据传输方式对接，除 HTTP、HTTPS 等传输方式外，还可支持 SFTP、数据库连接抓取数据和 SAOP 等方式。

在接收到客户申请后，会自动对数据进行处理，实现全流程无人工作业。

（一）POS 系统配置化流程

对接方客户维护支持全流程配置化。公司使用通用的报文接口，通过配置客户业务大类、保单映射字段和关系配置、层级映射字段和关系配置、API 接口配置化校验等，实现业务流程自动化处理，减少了后台对保单映射、层级映射和追溯期的个性化开发，提高了上线时效。

首先，POS 系统支持对不同对接方客户配置不同的业务大类，支持实时新增、修改和删除大类信息、修改对接权限控制、控制客户上线和下线等处理；其次，保单、层级映射字段和关系配置，可支持实时新增、修改和删除各对接方客户的保单和层级的映射关系；再次，API 接口配置化校验，支持对 API 接口字段的非空字段和是否基表字段进行实时新增和修改；最后，支持在大类和保单两个维度配置不同的追溯期，实现同一客户的不同保单可以分别配置追溯期，并支持实时调整。

（二）特殊流程处理—人工处理工作台

针对未匹配到保单、加连带无主被和保单超期未结算等特殊场景导致的处理失败申请，无须客户重新推送申请，由公司重新配置流程后，在人工工作台重新提交即可自动激活并继续流转该申请。

（三）保全申请分多个任务处理

对接的申请，一个批次需通过多个任务处理完成，包括数据落地、保单层级映射、发起保全申请、处理提交、保全确认和处理结果回传等。多任务间相互独立，稳定性和健壮性更高。

五、项目效果

契约保全直连，不仅可以帮助企业人力资源减少工作量，也可以助力保险公司降本增效。应用契约保全直连后，平安养老的契约保全处理时效有了明显改善，客户体验也得到有效提升。

（一）某银行信用卡中心

信用卡中心于 2020 年 9 月为其客户定制信用卡专属保障福利，客户的保障可根据每月信用卡使用情况进行额度升级。每次变动卡中心与平安养老将涉及多次的数据交互，若使用传统模式，在材料准备、提交、审核等方面将存在多次往返的情况，耗时较长且体验较差，故平安养老和信用卡中心在业务沟通初期即约定使用直连进行契约和保全服务。在投保场景中，卡中心每月推送激活用户完成参保，平安养老回传承保信息；在保全场景中，卡中心实时推送月活或销卡用户完成保全，平安养老回传处理结果。在整个对接流程中，平安养老化繁为简，累计处理近 2000 件申请，每笔申请的平均处理时效为 1 小时/件。

（二）某大型地产集团

该集团的员工福利保障全面多样，除员工外还覆盖了员工家属，客户下设 500 家子公司、

5000多个部门，在平安养老共投保10张保单。客户目前面临的痛点为每次申请涉及人数多、保障层级多，导致人力资源在整理人员清单上耗时长，且易发生遗漏。

2020年6月平安养老与客户单位实现了保全直连，在客户单位发生人事变动时，人力资源按照其常规工作职责在客户单位人事系统中进行人员调整，完成后客户单位系统将自动推送人员变动数据至平安养老系统中，截至目前已处理超过5000件申请、近万人次，直接成效为人力资源和公司运营服务人力下降了70%，处理保险事宜耗时下降了80%，平均处理时效由对接前的136小时/次降至4小时/次，时效提升了97%。

（三）某生物科技公司

该客户单位为其储户在平安养老投保，因其保障对象的特殊性，平安养老在投保时无法获取被保险人的真实五项基本信息，须在被保险人出生后由直系亲属发起变动申请。在被保险人未出险时，其直系亲属为其变更信息的意愿较低，故存在客户信息不真实的情况。

为解决该问题，2020年底平安养老与客户单位联合创建了一套全新的服务机制，由客户单位在孕妇预产期后3个月内引导储户主动在其微信公众号上更新已出生被保险人的真实信息，并通过互联网推送给平安养老处理。该模式已累计变更近2万人次，平均处理时效为0.6小时/件，有效提升了该业务被保险人的信息真实率。

六、总结

综上所述，契约保全直连在减轻客户人力资源工作量的同时，也帮助保险公司提升了运营处理时效。该项目强化了科技赋能和数据驱动，不但实现了全流程无人工作业，同时在信息安全管控和防范保险欺诈等方面取得了卓越的成效。

因为团险业务的复杂与多变性，平安养老将保持对市场变化与客户需求的敏锐洞察，持续扩展现有直连接口的标准度与兼容性，形成了符合机构特色的业务流程，解决了更多有类似痛点的大中型客户需求，将直连打造成集团客户、人力资源公司和科技公司的首选运营模式，进一步扩大全流程无人工作业的应用范畴，运用“金融+科技”提升服务效率、黏客能力和风控水平，并在降低运营成本的同时，持续探索更广阔的金融服务阵地，打造高效、标准和可持续的科技运营新体验。

专家点评

平安养老保险股份有限公司推出的契约保全直连项目实现了针对大客户的全流程无人工运营作业，一方面节省了人力成本，将客户单位员工的各项变动信息直接转化为保险保障的调整；另一方面，增强了信息安全级别，又可以有效地防范保险欺诈风险。该项目最大的创新点在于变动数据是实时处理的，在人力资源处理完人员变动后可实时对接保险公司进行保全申请，减少了在理赔时的纠纷。该项目作为应对团险业务的复杂和多变性的成功案例，对其他有类似痛点的保险公司具有很大的借鉴意义。

泰康养老智能理赔中台

◎泰康养老保险股份有限公司

一、项目概述

在数字化时代，为响应前台业务快速变化，降低核心系统承载的压力，泰康养老搭建了智能理赔中台，解耦核心系统，剥离理赔功能，结合OCR识别、自然语言处理和知识图谱等人工智能技术，抽象出以理赔申请、录入、理算和审核为粒度的原子级服务，并通过中台的编排、组装，以满足不同的业务场景。

依托智能理赔中台，泰康养老首创“极速赔”模式，已实现理赔全流程无人工干预，从客户申请到赔付仅需2秒。这不仅勇开泰康集团秒级结案的先河，更为业界首创，让泰康养老成为保险业第一个真正做到秒级结案的公司。该项目急客户之所急，解客户之所忧，惠及客户。

二、项目背景及意义

（一）背景

传统人工理赔审核慢，准确度不高，导致“理赔慢、理赔难”一直是行业难题，每年保险投诉的很大一部分就来自理赔，严重影响客户体验。

泰康养老核心系统中业务功能高度耦合，牵一发而动全身，平均需求响应时间很长，难以满足业务需求承载。

（二）意义

1. 泰康养老智能理赔中台，将核心业务系统的理赔功能剥离出来，以原子化共享服务的方式沉淀在中台，形成一个前台和核心之间的“变压器”，不仅降低了核心系统的需求压力，同时通过组装中台服务，快速响应前台业务需求变化。

2. 泰康养老“极速赔”模式，不仅为客户提供了极致的理赔服务体验，同时为业界树立了模范标杆，也为我国保险业提升理赔服务的探索提供了宝贵经验。

三、项目重点解决的问题及主要创新点

（一）解决问题

泰康养老智能理赔中台重点解决了两个问题：一是核心业务系统“重”，难以满足业务需求的快速变化。二是理赔时效慢，准确度不高。

（二）创新点

1. 从技术创新的角度，将理赔流程的理赔申请、录入、理算、审核从核心业务系统逐步剥离出来，结合ORC、自然语言识别、知识图谱等AI技术，以原子化共享服务的方式沉淀在中

台，同时通过组装中台服务，快速响应前台业务需求变化，减少核心系统压力。这主要包括以下服务。

（1）智能理赔申请服务。通过理赔申请规则前置化、用户 UI 操作界面引导化及 OCR 识别、电子签名、电子申请书、人脸识别等技术的应用，在线实时分析客户提交赔案文件是否符合要求，并及时提醒缺失或不符合要求的文件。在保证合规的前提下，简化客户的申请流程，避免客户因误操作、错传或漏传文件提交赔案后审核让做二次补充。该服务提升了用户体验的同时节省了大量理赔受理的人力，降本增效明显。

（2）智能录入服务。该服务针对线下申请赔案，批量扫描赔案信息，通过 OCR 技术录入系统。同时和外部机构合作，获取外部医疗数据，针对不同地区的社保管理办法，设计动态账单；并利用自然语言处理和医学图谱等 AI 技术，进行全量赔案数据分析、输出疾病 ICD10 编码供智能审核剔费使用。该服务大大减少了理赔受理、核赔人员的人工输入工作量，并降低了人工输入存在的输错比例。

（3）智能理算服务。解构既有的复杂理算规则，并将其具象化为多个原子化的理算模型，可根据不同理赔场景，编排、组合理算模型，以满足各类业务的需求。

（4）智能审核服务。针对购药场景，设计动态可配置的剔费规则，并建立药品、购药渠道的黑、白名单，提前预防风险；针对就医场景，利用自然语处理、知识图谱等技术，分析就诊数据中的所在地社保机构、就诊机构、药品信息，输出对应的疾病 ICD 编码，以及《基本医疗保险药品目录》《基本医疗保险服务设施目录》《基本医疗保险诊疗项目目录》，匹配保障责任，智能剔除不该赔付的部分。该服务在减少理赔受理、核赔人员的人工审核工作的同时，降低了人工审核的错误。

2. 从业务创新的角度来说，依托泰康养老智能理赔中台的智能申请、智能输入、智能理算和智能审核服务，结合理赔作业场景，实现随时手机申请、免交资料和秒速结案，降本增效明显。

3. 从技术集成的角度，理赔中目前已集成泰康内外部十几个系统，未来会进一步对接泰康集团和外部各系统，积极探索内外部赋能空间，共建大健康生态。

四、项目主要建设内容

1. 业务中台的搭建。业务中台以微服务架构为基础架构进行建设，底层为原子服务，中层为业务微服务，上层为交易服务，以三层微服务架构实现业务功能的解耦，以匹配理算为例，原子服务为理算服务、保单查询服务。

2. 应用 OCR 智能图片分类、就诊票据、病历的文本识别技术、NLP 自然语言医学 ICD10 编码技术。

（1）利用 OCR 应用技术完成影像图片的自动分类、影像信息的识别，并通过识别薪资的坐标信息实现影像件的随动功能，加快核对和录入的效率。

（2）通过与第三方进行对接，获取出险人的就诊数据、增值税发票数据、医疗收据的数据、电子病历的数据，实现医疗账单的自动化录入。

（3）通过对ICD10的规范化配置和转码，实现ICD标准化存储，根据审核规则实现智能审核。

3. 内部、外部跨系统的集成。智能理赔中台系统的建设，前端对接了泰康养老、泰康集团多个面客端系统或APP，后端集成了泰康养老核心系统、ECM和智能编码AI系统，集团健保通，以及保交所等第三方系统。

五、项目效果

泰康养老智能理赔中台自上线至2021年7月26日，已受理赔案数十万件。“极速赔”场景，全程无人工干预赔案近20万件，从客户申请到赔付仅需2秒，已节省约5万小时，折合公司人力运营成本近600万元，降本增效明显。同时，理赔时效提升是保险销售最好的广告，泰康“极速赔类”产品的销量节节攀升，企业“极速赔”服务开通率年均增长超过180%。

智能理赔申请、智能理算服务上线后，已为几十家企业大客户的上千万名员工提供服务，应用赔案数破万元，通过流程再造，在降低问题件产生的同时，将理算业务人员从大量重复的人工作业中解放出来。依托智能理赔中台，泰康养老首创的“极速赔”实现秒级赔付，不仅勇开行业秒级结案的先河，更为业界首创，成为保险业第一个真正做到秒级结案的公司。该项目急客户所急，解客户所忧，惠及客户。

与此同时，泰康养老立足科技创新，坚持价值输出，积极撰写相关专利、软著，赋能同业，提升保险业的整体水平，用市场经济的方式方法全心全意为人民服务，共同为中国人民提供“更安心、更便捷、更实惠”的保险。

六、总结

理赔和服务是保险公司综合实力的直接体现，也是塑造公司品牌形象的主要发力点。比如，在郑州千年一遇的洪灾中，各大公司均放宽了赔付标准，展现了保险企业“以人为本、商业向善”的社会责任。

我们始终认为，保险服务的设计要回归保险的本质——保障风险、补偿损失。保险业务的流程，应化繁为简，从收集的数据是否达到赔付条件的视角出发，设计理赔流程，按照不同的出险场景，以能否立案、能否赔付作为关键判断点，基于“数据+AI”的运营赋能，按场景需求编排作业流程和作业任务。

与此同时，理赔服务要结合销售、核保、保全和健康管理等客户服务，为客户提供全生命周期的多维度长期陪伴式服务。

保险科技运营的数字化转型之路任重道远，泰康养老智能理赔中台目前仍主要聚焦在理赔业务的在线化、数字化。

未来，泰康养老将立足理赔本身，进一步提升智能化水平，与此同时，利用理赔中台沉淀的技术、数据能力，积极赋能养老GBC战略全链条的各业务，比如搭建泰康养老反欺诈风控平台、辅助B端企业的员工大健康管理。以泰康集团的做大健康支付战略为指导，为实现泰康“做中国大民生工程核心骨干企业”的历史使命不断拼搏、奋进。

专家点评

泰康养老保险股份有限公司打造的智能理赔中台，把理赔功能从核心系统剥离出来，使中台服务快速响应前台业务需求变化，而不至于牵一发而动全身。该项目首创了保险业的“极速赔”模式，同时实现了理赔全流程无人工干预，在降低了经营成本的同时，极大地提高了客户体验，具有极大的借鉴意义。除此之外，智能理赔中台系统对接了泰康集团多个面客端系统或APP，形成了内部、外部跨系统的集成。目前各个保险公司普遍研发了许多针对不同流程、不同功能的系统、平台或小程序等，如何把它们有效地集成、对接，也是值得考虑的。

平安健康“金钥匙”赋能数字化运营

——平安健康险移动应用创新案例

◎ 平安健康保险股份有限公司

一、项目概述

近10年以来，商业健康险的规模正以平均年复合增长率32%的速度高速增长。在行业高速发展的背后，遇到了新的挑战和机遇。通过科技赋能业务、通过数据驱动决策，保险科技的运用为行业带来了转机，科技驱动行业高质量发展成为必由之路。

随着行业的发展，商业健康险目前正在朝着线上化、数字化方向的转型。然而，长期的线下运转和管理模式与快速发展的线上化、数字化需求产生了转型上的阵痛。如何解决管理难题，如何降低运营成本提高销售能力，如何建设实用高效的数字化体系，是转型中的关键问题。

平安健康保险股份有限公司(以下简称平安健康）基于实际业务中的真实问题和痛点，提出了具备高实用性的保险科技创新赋能方案。金钥匙项目打破传统模式，通过数据结合企业微信打造了私域流量生态圈，建立数据化移动办公平台。该项目在长期保障型业务运转的线下模式下，实现了线上数字化转型升级，并打造了有效率的可持续进步的数字化运营体系。该产品具备如下特点：一是运用数据驱动业务发展，利用大数据技术和移动端看板赋能业务；二是通过管理强化执行能力，通过线上系统化管理提升人效；三是线上代理人分层管理，通过画像与精细运营提升销售能力；四是知识库助力效率提升。

二、项目背景及意义

（一）项目背景

商业健康险规模正在高速增长，从9年前的692亿元突破至现在的8100多亿元，年复合增长率达32%，预计2025年健康险保费规模将突破20000亿元。在此高速增长的行业环境下，保险科技可发展空间广阔，科技驱动行业实现高质量发展也将成为必由之路。

2021年的保险科技大会中提到，科技方面需要继续加深探索。一是利用科技赋能业务体系，提升运营效率；二是优化客户体验；三是强化管控措施和保障。在新科技浪潮下，科技赋能保险，使保险向信息化、数字化和智能化转型，促使行业高质量发展，也让保险业从高增长向高质量发展转变。科技赋能、数字化转型一直是保险业探索的重点，未来仍然有很大的探索空间值得去深挖。

然而，在健康险行业高速发展的背后，也遇到了新的挑战和机遇。如何通过科技赋能业务快速运转，如何通过数据驱动决策，如何解决管理难点提升销售能力，如何建设实用高效的数字化体系，成了关键问题。

目前我国商业健康险的竞争日益激烈，各家保险公司必须从提高内力的角度去寻找新的发展机会。而将数据作为要素投入生产过程，是一种全新的发展理念，也是从根本上提高自身动能的一种良好尝试。大规模数字化转型可以帮助健康险公司解决不断增加的成本压力、日益稀缺的优质人才和老龄化加剧的客群三类关键问题。而从实际业务的痛点出发设计，能够让数字化的保险科技创新带来更大、更实用的价值。

（二）项目意义

随着行业的快速发展，商业健康险目前正在朝着线上化、数字化方向的转型。然而，长期的线下运转和管理模式与快速发展的线上化、数字化需求产生了转型上的阵痛。

在当前的行业发展趋势下，线上化连接是基础，数字化运营是关键，为促进保险生态圈的升级，加速保险业务流程的效率和创新，平安健康通过数据结合企业微信打造了私域流量生态圈，建立了数据化办公平台。

在商业决策方面，平安健康通过保险科技创新赋能提高代理人展业效率，运用数据驱动提高机构管理效率。通过总分口径数据一致，确保数据质量为基础；一切数据线上化，从重复事务工作中释放人力；营销、培训和线索等工具赋能业务；实时数据追踪达成情况，及时优化调整，使得线上数据化赋能为业务拓宽了新方向。

在管理提效方面，平安健康依托于业务管理手段搭建系统化的过程管理系统，建立任务管理、活动管理、产品管理和软文管理流程，追踪过程效果，实现过程管理，为业务提供移动化展业的赋能工具，同时又赋予总部和机构线上能力，对业务进行有效过程追踪和管理，提升执行效率。另外，构建健康险业务的知识库，通过金钥匙知识库解决全业务链路场景的知识链路辅助业务，提高了业务经理的工作效率。

在营销科技方面，结合画像为代理人实现精准推荐线索客户。目前，很多保险公司的营销方式较为粗放，更多采用电话、短信的方式与客户互动。利用画像和金钥匙应用，业务经理可以给代理人提供精准的营销线索，降低保险公司的获客成本。

金钥匙项目在快速成长阶段，通过保险与科技的结合，为业务模式转型升级创造出了更具效率和高质量的保险服务。例如，运用实时数据以及预测性分析的综合判断，打破了时空的局限，对业务数据全流程监控，及时返回方案执行过程中实时的效果，为业务及时调整策略及方案，实现精细化运营。人工智能技术服务，不但在保全、理赔等全业务链接环节为业务经理提供快捷准确的知识服务，提高了业务经理的工作效率，拓宽了业务经理的思索范围，为其精细化营销提供技术支持，还通过画像对代理人实行分层管理。总而言之，保险科技所推动的业务模式转型升级，创新出了更具效率和高质量的保险市场。

三、项目重点解决的问题及主要创新点

为了支持业务经理、分公司和总部三级的数据化运营，该项目使用统一数据口径建立起包含“20+”不同指标 12 个维度的数据体系。该体系基于代理人组织架构建立了分层数据追踪机制，通过 Flink 实时平台将数据更新延迟缩短到秒级，建立了业绩数据基础；基于 ES 嵌套文档支持代理人标签、人群支持代理人快速筛选，结合群聊、消息推送的工具，支持展业和代理人管理。

（一）支持业务经理高效管理代理人

1. 代理人管理面临的主要问题。

（1）数量大。机构业务经理通常需要管理几千名代理人，需要每天、每周、每月的定期沟通，常规的沟通工具(如微信等）面临挑战，且联系信息可能随人员变动丢失。(2）缺乏业绩数据支持,。沟通中需要得到及时准确的业绩数据支持，销售活动中还需要跟踪实时数据。(3）缺乏管理工具。对代理人特点、能力分层等缺乏评估、记录和展示的工具。

2. 金钥匙的解决方案。

（1）同步更新代理人组织架构(营业区、部、组)，与业绩、标签等数据相结合，让业务经理通过搜索、标签筛选和浏览等多种方式定位到代理人或代理人群组。

（2）提供丰富的业绩数据，支持保费、件数、活动人力、活动率、续保率、附加率、件均和人均等 10 个指标，包含实时、每日、当月、当年 4 个更新频度；支持机构、业务总监、分部经理、业务经理、营业区、部、组、代理人 8 个管理范围；支持产品过滤。此外还提供业务部、业务经理、产品、代理人、营业部等 7 个榜单。

（3）提供代理人按人群、标签、活动业绩和总业绩的筛选，提供代理人画像、群聊、消息推送、直播等工具，支持与代理人的沟通交流。

（二）赋能分公司数字化经营

1. 分公司数字化经营的主要问题。

（1）缺乏数据支持，分公司之前人工获取批量数据通过 Excel 等工具简单加工来追踪业绩，存在数据口径不统一、处理效率低、使用不方便等问题。

（2）缺乏过程管理，对业务经理、代理人的日常工作过程缺乏量化，未形成记录、分析和改善的闭环。

（3）缺乏数据驱动的动作，管理经营工具（如方案活动等）与业绩、过程数据是割裂的，未形成联动。

2. 金钥匙的解决方案。

（1）提供统一口径、实时获取的业绩数据，提供基于企业微信的移动工具，方便随时查看和使用数据。

（2）提供展业过程数据，实时跟踪方案活动进展，管理代理人增加和流失情况，以及直播、抽奖和案例文章的开展和效果。

（3）在数据的基础上，提供业务经理、业务部榜单以及达成对比情况，可视化地展示分公司内各层级的业绩情况，为管理动作提供数据支撑。

（三）赋能总部—分公司数据化联动

1. 总部—分公司数据化联动面临的问题。

（1）数据不一致，总部经营分析采用的数据口径与机构日常经营采用的口径不一致，手工更新和自动更新的数据范围也存在差异，导致总部发现的问题无法及时落实到机构并快速执行。

（2）缺少总部和机构共同使用的工具平台，以及基于该平台的联动机制。

（3）缺乏对机构资源支持，总部的数据、平台和素材等资源未跟机构打通。

2. 金钥匙的解决方案。

（1）统一数据口径和更新机制，金钥匙数据与经分、BI 等总部数据工具对齐，为总部—分公司的沟通提供数据基础。

（2）提供总部使用的管理后台以及机构使用的移动端前台，进行任务下发、达成跟踪等联动动作。

（3）通过平台为机构提供数据、平台、素材、工具等资源支持。

四、项目主要建设内容

金钥匙主要面向机构业务经理，通过此工具来管理代理人，以提升机构管理及驱动代理人展业的效率。通过数据驱动决策，解决管理难点，解放生产力，提升销售能力，来获得切实的经济效益；以科技赋能提高代理人展业业绩，运用数据驱动提高机构管理的移动端应用，打造总分联动赋能代理人运营闭环。

该项目技术上依托于大数据平台提供的基础服务，比如神策埋点、数据接入、作业调度、数据仓库、实时离线计算和报表分析等，结合画像系统(客用户标签、代理人标签、产品标签和内容标签)，数据服务(实时指标、离线指标和访问加速等)、AI中台(家庭化模型，产品推荐，模型线索，断点跟踪)、营销平台(客户旅程，营销活动，内容管理)，为金钥匙提供数据和计算技术的促进经营模式的革新。项目主要搭建了数据模块、代理人模块、展业模块和知识库四大板块。

五、项目效果

（一）用数字化驱动业务发展

1. 提高效率。金钥匙通过数字化的能力，为业务带来及时、全面、及精准的数据收集、分析和洞察力。平安健康基于大数据平台将所有业务数据汇总整合，通过梳理流程、场景和数据，统一数据口径，确保高质量数据，形成完整的数据体系和统一的数据标准。经由实时+离线数仓分层清洗加工，将数据颗粒化、标签化、结构化、模块化和系统化，打造数据驱动业务决策的数据大脑，业务N种经营管理场景赋能。金钥匙通过移动端呈现可视化看板，支持多维度交叉与下钻分析，让业务可以更便捷、更高效地了解业绩波动，结合业务流程监控，实时监控、预警和预测，及时返回方案执行过程、效果，帮助业务及时调整策略及方案。让一切数据线上化，让人力从重复事务工作中释放出来，通过线上数据追踪达成的情况，及时优化调整运营动作。

2. 提升管理。提升内部管理与运转效率。通过数字化精简优化流程，通过智能运营体系辅助人工降低流程耗时，管理强化执行能力。平安健康的业务正在快速运转，总部、机构越发需要体系化的过程管理手段，通过管理更好地强化执行能力，依托业务管理手段搭建系统化的过程管理系统，建立任务管理、活动管理、产品管理和软文管理流程，追踪过程效果，实现过程管理，为业务提供移动化展业的赋能工具，同时又赋予总部和机构线上能力，对业务进行有效的过程追踪和管理，提升执行效率。

（二）用数字化寻找经营方向

智慧经营，顺应现代科技的发展趋势。线上化连接是基础，数字化运营是关键，为促进保险生态圈的升级，加速保险业务流程的效率和创新，平安健康通过大数据与AI技术数据分析能力，为数据化经营决策提供地图，实现经营管理的“先知、先觉、先行”。例如，平安健康结合画像为代理人实现精准推荐线索客户。目前，很多保险公司的营销方式较为粗放，更多采用电话、短信的方式与客户互动。利用画像和金钥匙应用，业务经理可以给代理人提供精准的营销线索，降低保险公司的获客成本。大数据通过海量数据和强大的画像引擎，补全代理人画像，将细粒度的数据通过数据加工形成代理人标签，对代理人进行多维度价值评分体系，为机构和业务经理提供丰富的代理人画像数据以及实时的场景识别能力，帮助业务经理全方位地了解代理人，同时结合运营策略针对不同的代理人进行精准内容推荐，为业务经理提供高效、准确的抓手，提高沟通效率，提升销售能力。

六、总结

在新科技浪潮下，数字化转型一直是保险业探索的重点，平安健康将紧跟数字化与科技发展的进程，利用科技赋能业务体系，提升运营效率，全面推进移动化、数字化的运营体系。

全面数字化战略及经营是现阶段重要的工程之一，金钥匙将以数据为核心，通过大数据分析，精简优化流程，以及通过智能运营体系辅助人工降低流程耗时。例如，在传统模式下，信息多由线下人与人之间的传递，管理和营销方式也较为传统，通过金钥匙打通企业内部及外部的数字化链路，提升了机构管理及驱动代理人展业的效率，释放了人力，降低了运营成本。平安健康将不断前行，在业务数据以至行为数据上继续加深探索，通过数字化经营改变企业管理及业务模式，实现企业内部降本增效，开启“保险+科技”的新征程。

专家点评

平安健康保险股份有限公司打造的“金钥匙”赋能数字化运营项目主要是通过数据结合企业微信打造私域流量生态圈，建立了数据化移动办公平台。该项目可以为代理人提供精准的营销线索，并通过搭建过程管理系统来进行移动化展业，大大提高了展业的效率。目前，各大保险公司都在积极地将公域流量转变为私域流量。该项目通过结合企业微信的方式，释放了人力，降低了运营成本；通过众多埋点对各个流程进行追踪和改善，是迈向全面数字化的重要一步。该项目为其他公司的线上化展业也有很好的示范效果。

银保信科全场景行业级数字互联客服运营体系

◎银保信科技（北京）有限公司

一、项目概述

作为跨行业信息枢纽，中国银保信依托客服工单系统联通银行、保险机构客户，构建以客户服务中心为主体的全场景行业级数字化客服运营体系，支持横跨业务条线、运维条线、测试条线和研发条线等多条线的协同配合，合力为客户解决场景问题，同时实现任务的闭环管理与分析，打造全流程、全场景任务处理节点的标准时效，形成有处理、有记录、有分析和有提升的良性循环。

全场景行业级数字互联客服运营体系具备以下创新点：一是构建全场景跨行业、跨部门的运营模式。二是标签化全量客户的咨询问题。三是动态规划全流程全场景的任务处理节点标准时效。四是组建功能互补的“一库一网三系统”客服工具包。

二、项目背景及意义

近年来，人工智能、大数据和物联网等新一代信息技术蓬勃发展，银行业、保险业迎来历史性的发展机遇期，中国银保信在创新发展的新时代下积极布局银行、保险领域的基础设施建设，并成立科技子公司——银保信科技(北京）有限公司(以下简称银保信科)，重点发力金融科技创新，赋能银行、保险产业升级和金融监管。为适应行业级基础设施的客服运营管理，银保信科建立了集业务咨询、故障受理、业务产品运行分析和产品体验回访等服务于一体的客户服务中心，面向银行、保险业内外所有客户提供统一集中的客户服务，构建了全场景行业级数字互联客服运营体系。

目前，客服中心已承载包括全国车险平台、全国农险平台、保单登记平台、中介监管系统、保险及税务电子化平台、健康险平台、销售行为管理平台、定损云平台和金事通等一系列行业级基础设施共享平台系统，共30余个业务平台系统的客户服务运营工作，服务对象基本涵盖银行、保险业各类公司机构，保险业各总公司及省级分支机构达1100余家，银行机构20余家，专业代理机构、专业经纪机构、专业公估机构和兼业代理机构20余万家，典当、融资租赁和商业保理机构2万余家，以及各地的金融监管机构、行业协会。

2020年，任务处理量达171万件，较上一年度增加51%；2021年上半年任务处理量达106万件，较2020年同期增长41%。面对高任务量与高增长率，全场景行业级数字互联客服运营体系的应用，不断提升任务处理质效，为公司产品的快速推出与迭代、各个业务平台系统的稳定运行，以及客户诉求的及时响应处理，均提供了强有力的支撑保障，赢得了良好的业界口碑。

三、项目重点解决的问题及主要创新点

全场景行业级数字互联客服运营体系，是银保信科运营管理体系的重要组成部分，在各行业级基础设施共享平台系统的运营中发挥重要作用，面向银行、保险业内外客户提供统一的服务界面、流程和规范，是客户服务精细化的管理解决方案。该体系重点解决了客服、运维、测试、业务和研发等跨部门的深度融合、问题受理工作流各节点的环节打通、业务产品保障链条的延伸，以及增添服务内容，实现客服中心价值输出转型等重点问题和事项。

（一）构建全场景跨行业运营模式

一是在行业级共享平台业务咨询和问题受理方面，通过客服中心工单系统，问题受理、解决全流程数字化。目前，平台连接6693个机构用户，实现了客户与共享平台客服的互联互通，打通了服务渠道，降低了运营成本。二是在内部问题协同处理方面，客服、运维、测试、业务和研发等跨部门深度协作，处理流程线上化、可视化和透明化。三是在对接外部机构联通方面，行业级共享平台系统往往涉及对接交管、税务和医疗等机构部门，数据链条复杂，问题排查须多个机构联动解决。客服中心作为服务中心化的汇聚点，统一对接交管、税务和医疗等后方数据运营单位，提供“一站式”问题解决方案，实现了跨行业、跨部门的协同处理。

（二）标签化全量客户咨询问题

面对日益增长的任务量，任务处理压力凸显。为此，全场景行业级数字互联客服运营体系细化了任务问题场景，形成全量任务的问题场景标签数据集。该标签数据集由6693个机构用户共同标记提供，随线上问题处理流程到达客服中心，然后由问题处理人员进行问题场景标签修正。机构用户多为接触实际生产交易业务的业务人员或者技术人员，对提交的问题场景较为了解，能够相对准确地选择问题场景标签，加之后续的修正环节，问题场景标签数据集整体较为准确，有助于运营人员分析定位高频、焦点问题，为产品优化升级提供决策依据。同时，该体系对特定问题场景进行分析，制定标准化问题场景解决规范，增强客服人员处理问题的能力。

（三）动态规划全流程、全场景的任务处理节点标准时效

客服工单系统记录任务各处理节点的用时，通过对历史任务数据的分析，梳理平台问题处理流程16个，问题场景493个。目前已分析完成问题场景56个，规划客服中心处理节点时效280个，形成了“流程+场景+节点时效”的任务处理节点标准时效矩阵，规范了任务从受理到答复的标准时效，对超时任务给予提醒催办，实现客服人员任务处理时效精细化管理，提升了行业级共享平台任务处理时效。定期动态优化标准时效数据，充分考虑问题场景变化的实际情况，建立标准时效的反馈激励闭环管理，对于问题场景被优化使得处理用时减少或者受某些因素影响导致处理用时增加等情况，经分析后给予相应的标准时效数据调整。

（四）组建功能互补的“一库一网三系统”客服工具包

全场景行业级数字互联客服运营体系服务界

面具有专线网络服务和互联网服务两种。专线网络服务界面包括知识库系统、客户服务网、呼叫管理系统，以及上面提到的工单系统。互联网服务界面是在线智能客服系统，其服务对象拓展至C端消费者，提供实时文本会话和留言功能。知识库系统集成在客户服务网中，行业内客户可自行注册、登录和浏览知识库，辅助其了解平台的业务规则和接口规范等信息，助力开展业务实施。客户服务网主要用于共享平台的通知发放和报告阅览，并具有留言功能。呼叫管理系统除提供统一的热线电话（4008183636）功能外，还提供在客户服务网站上留言的回复功能。可见，“一库一网三系统”既有其功能的独特性，相互间又存在互联互通，组成客服工具包，共同为行业内外客户提供服务。

四、项目主要建设内容

基于银行业、保险业级客服运营需要，经过近两年的发展，全场景行业级数字互联客服运营体系依托客服工单系统在内的“一库一网三系统”，面向银行业、保险业客户及消费者客户提供服务规范、管理精益和满意度高的客户服务。

（一）客服工单系统

客服工单系统，先期在人身险平台投入使用，后续逐步推广至全国车险平台、京惠保等平台使用，始终致力于银行业、保险业全场景数字互联，采用成熟的开发框架SpringMVC、MyBatis，并集成Activiti工作流管理引擎来完成，Web Application程序集群部署在应用服务器上，将平台的数据库部署在数据库服务器上。

首先，以“优化问题处理流程，提升工作质效”为宗旨进行设计，在设计过程中充分考虑现实业务场景的需要，尽可能实现自动化、可视化的操作，提供可视化的问题场景设计、表单设计和流程设计，便于用户在线自定义流程，无须后台更改代码重新部署，即改即用。其次，凭借工作流管理引擎，能够实现在线可视化流程配置和管理，自动进行任务流转、任务超时预警等，从而提升业务流转效率，节约人力成本，提高客户满意度。工作流管理平台是客服、运维、测试、业务和研发等跨部门深度协作及与税务等机构联合运营的核心，具有使用方便、管理方便和调整方便等特点。最后，提供了人性化的自动分配策略，能够根据当前个人处理任务时效情况自动将任务进行分配，省去了由专人分配的工作量，同时也提高了任务流转的效率。工单系统功能见图1。

总之，客服工单系统具有以下功能优势：一是流程可视化，支持业务人员直接操作、测试和跟踪流程。二是表单可视化，支持不同业务场景下业务数据的填写。三是节点类型齐全，支持选择、分支和合并等各种流转类型。四是分配策略灵活，支持手动、自动任务分配。五是预警方式多样，提供工作台提醒、弹出提醒、短信提醒等。六是基础功能完善，用户权限管理、个性化查询和统计分析功能齐全。

（二）知识库系统

知识库系统提供多样化的知识服务，有助于知识经验的积累和管理，为客服人员提供知识学习、培训、交流和考试，支持网络协作式管理和维护。该系统还建立了行业级知识分享模式，在客户服务网上进行即时分享，客户可以在客户服务网上浏览感兴趣的知识条目。

（三）客户服务网

客户服务网提供行业级共享平台的服务支

持，主要包括通知公告、最新动态、政策法规、文件下载、报告分析和常见问题等板块。银行业、保险业内机构用户可以了解各业务平台建设进展、工作动态，了解和下载业务与技术文档。

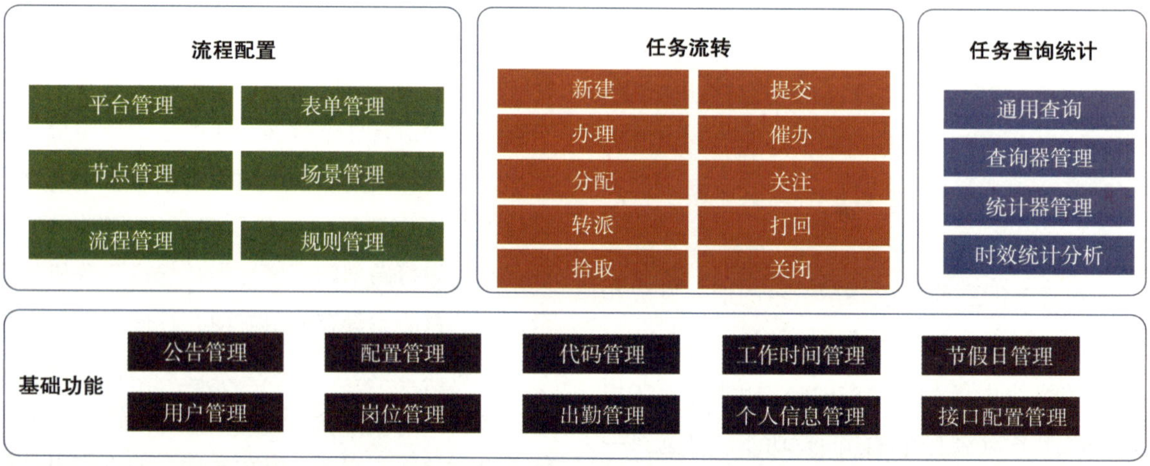

图 1　工单系统功能

（四）呼叫管理系统

呼叫管理系统提供直接面向客户的问题解决通道，统一受理行业级共享平台业务和技术的话务咨询，通过 IVR 语音导航引导至相应的人工座席，实现标准化话务服务。此外，该系统与客户服务网问题咨询板块数据互通。

（五）在线智能客服系统

在线智能客服系统提供互联网端客户服务能力，多渠道客户接入，提升了客户服务体验。该系统依托微信小程序和 H5，集中统一受理客户提问。该系统搭载智能文本机器人，智能分析问题，自动推送答案，同时提供智能辅助功能，辅助客服人员提供服务支持，平衡客服运营成本。在机器人与 AI 技术的助力下，该系统为客户提供 7×24 小时在线服务。

以上五种服务界面工具相辅相成、功能互补，面向银行业、保险业内外客户提供服务，打造行业级的数字化互联互通，共同支撑全场景行业级数字互联客服运营体系，提升客服中心运营能力。

五、项目效果

全场景行业级数字互联客服运营体系成功支撑了银保监会《关于实施车险综合改革的指导意见》要求的全国车险信息平台综合改革、全国车船税联网征收、全国农险平台、中介监管系统、全国车险信息平台（北京）版本统一、上海市城市定制型商业医疗保险沪惠保、保险业与医疗行业信息互通医联平台、定损理赔服务事故车定损云平台和保险销售行为管理系统等重大行业级共享平台运营工作，在服务行业发展、落实金融监管要求、防范金融风险、辅助社会治理等方面，发挥了重要作用。

客服中心在 2021 年上半年任务量较 2020 年同期增长 41%的前提下，工单任务处理时效也有明显提升。2020 年，客服中心工单任务平均处理时效为 3.22 小时/件，2021 年上半年工单任务平均处理时效提高至3.06小时/件，比上年提高约5%。可见，全场景跨行业运营，打通了问题处理流程各环节，同时标签化全量客户咨询的问题，并且动态规划全流程、全场景的任务处理节点标准时效，推动了客服中心精细化管理，切实提升了任务处理质效，提高了人员的生产力。

六、总结

全场景行业级数字互联客服运营体系构建了与银行业、保险业内外客户的数字化互联互通，内部建立了跨部门、跨领域的问题收集、分配、处理、流转、答复和回访等一整套服务标准。在该客服运营体系下，任务处理时效明显提升，较好地满足了银行业、保险业实时交易平台的问题解决时效要求，赢得了较高的客户满意度。

下一步，银保信科将着力研究智能回溯系统，智能化回顾、分析全流程、全节点和全问题场景的处理用时，重点分析延迟节点，找准薄弱环节，探究问题改进点。同时，进一步利用智能化技术手段自动调整任务处理节点的标准时效，进一步提升任务处理质效，践行服务行业发展的初心和使命，为行业高质量发展保驾护航。

专家点评

银保信科技（北京）有限公司打造了集众多服务于一体的客户服务中心，构建了全场景行业级数字互联客服运营体系，使客户的咨询问题在不同行业、不同部门之间良性循环，以便得到快速的、规范化的解决。银保信科开创性地标签化全量客户的咨询问题，构建了众多标准化问题场景，同时通过记录任务各处理节点的用时，催办超时任务，增强了问题的处理能力和速度。该运营体系不仅提升了客户的使用体验，也便于银行业、保险业协同处理客户的问题，提高了人员的生产力。

太平资产全面绩效管理系统

◎ 太平资产管理有限公司

一、项目概述

太平资产全面绩效管理系统(以下简称系统)是基于投资业绩、资产配置、收入产出、成本费用和风险管理五个方面，对公司、部门、团队和个人四个层面进行准实时绩效及ROI分析的系统。该系统输出数据分析指标达“700+”。一方面，该系统服务于公司投资决策支持，为一线投资业绩达标实施跟踪，以便及时作出正确部署和调整，强化投资过程的管控；另一方面，该系统的建设倒逼数据治理工作向纵深拓展，为公司数据标准地制定起了积极的推动作用，也为公司数字化转型奠定了坚实的基础。

二、项目背景及意义

为更好地贯彻落实中国太平保险集团新时代发展战略，进一步加强投资能力建设，切实履行好作为集团境内资产受托管理的综合性资产管理机构的使命和担当，公司建立了相应的绩效考核方案和激励约束机制。为了加强公司精细化和降本增效的管理要求，公司成立了全面绩效管理系统项目小组，拟打造行业首个全面覆盖公司投资业绩、资产配置、收入产出、成本费用和风险管控等各方面的绩效管理系统，实现管理赋能和管理创新。

三、项目重点解决的问题及主要创新点

保险资管行业的大部分公司只有绩效数据分析，而鲜有ROI投入产出分析，这就导致管理层在决策时缺少了必要的支持。

太平资产全面绩效管理系统实现了精准的个人ROI数据分析，同时改变了原来部分手工数据统计的模式。系统对接业务系统、财务系统和办公管控系统等多个系统的数据，经数据整合、清洗和处理，实现系统的准实时线上计算，极大地提高了工作效率，减少了操作风险，为投资决策支持和参考提供了数据支持。

在技术方面，系统采用前后台分离与微服务架构相结合的模式，更加有效地对业务需求进行响应，实现了快速敏捷开发迭代，为多变复杂的需求场景提供了可靠的技术解决方案。

在业务层面，系统的建设架起了领导层与一线投资经理沟通的桥梁，并协助一线业务部门完成投资分析，实施信息共享，打通了各个业务部门之间的壁垒。通过市场部门与投资部门业绩指标贡献共享共担，达到产品需求与投资需求统一，使得公司投资产品更贴近市场，更符合现阶段客户的需求，实现了需求方、市场和投资方多方共赢的局面。

在管理方面，实现了集团对公司的考核体系自上而下的传导，同时完成了公司对部门的考核

体系的分解和分析，大大地促进了管理效率的提升。该系统还为公司管理层实时掌控公司整体经营业绩状况提供了有效的支持，为经营决策提供了保障。

在效能方面，首先减少了线下收集绩效计算基础数据的工作，降低了多个部门、多个员工手工整理数据的工作量。其次，基于系统化基础数据计算绩效指标，降低了人工计算操作风险，提高了指标计算的时效性；最后，对绩效结果进行大量数据准确性的测试工作，对发现的数据质量问题，通过解决数据问题，进一步提高数据的准确性。

在系统规划方面，完善了公司系统框架体系，打通了考核绩效与投资业绩的数据壁垒。根据系统五大功能模块的指标需求，对公司投资类系统数据、产品类系统数据和财务费用类系统数据等源系统数据进行数据探查，整理业务数据范围，展开数据质量分析，丰富了数据仓库的内容。

在功能整合方面，对原有不同类型的绩效类台账进行梳理，涉及传统投资条线、另类条线和公司整体层面不同口径的考核台账共计 15 套。随着系统上线，实现了相关数据的互联互通，达到了对分析结果进行自由查询的目的，并逐步完善了日频数据的处理机制，为公司领导及业务部门提供了有效的数据支持。

四、项目主要建设内容

系统主要规划内容包括投资业绩、资产配置、收入产出、成本费用和风险管理五大模块。其中，投资业绩模块对公司整体业绩和一线业务部门考核指标达成情况进行分析；资产配置模块对集团内账户大类资产配置、分类品种收益进行分析；收入产出模块对各部门投资收益贡献、管理费收入贡献进行分析；成本费用模块对各业务部门的各类成本费用进行分析，包括人事分摊成本、行政分摊成本等；风险管理模块管理主要风险事件跟踪处理情况。

系统将对权限进行设置，不同人员可以按照需求查看不同的信息。同时加强系统防火墙建设，确保数据信息安全。

投资业绩功能涵盖集团对公司的全部考核指标进展情况、公司重大指标实际完成情况和时序进度情况等。系统从公司整体角度及各个业务部门的角度，通过不同方式，多角度、多维度地呈现了重点指标的情况。同时，系统列示了一线业务部门的考核完成情况，并将指标按部门分解，达到公司与部门考核指标体系的完整统一。

资产配置功能，重点分析了公司目前投资整体情况，包括大类配置情况、TAA 与 SAA 的对比情况，同时对期末时点、期初时点及整个区间的大类资产规模、市值及财务收益率情况进行对比分析。对于传统投资，如权益资产、固收资产进行了全方位的跟踪。同时，系统从各个委托资金的角度，如寿险资金、财险资金、养老资金等资金来源，对各类保险资金的配置情况进行了对比分析，确保各类资产配置情况与资金属性能够匹配。

收入产出功能，从公司的整体收支入手，全面分析公司的净利润、人均营业利润、人均收入等指标。对收入构成情况进行全方位分析，明确收入来源及收入占比，为管理层经营分析提供依据。同时，将公司整体收入按部门进行拆解，明确前台各业务部门收入贡献及各部门收入构成情况。充分发挥各部门优势，及时补齐部门短板，确保收入贡献稳定健康。

成本费用功能与收入产出分析模式类似，采用先整体后部门的模式，自上而下进行分析。首先，明确公司整体的总支出情况，根据各费用分解流水，明确各项费用构成及占比情况，直接费用、间接费用占比情况，减值计提情况，费用分摊情况等，同时明确人均成本。通过系统化方式实现费用的时序对比及横纵向对比分析，为经营管理层及各部门及时掌控成本提供了高效便捷途径。

风险管理功能用两个模块对公司管理的资产进行了分类并定期跟踪，整体展示正常类、关注类、次级类、可疑类和损失类资产的情况。同时，该功能按照集团内外的维度对各类资产进行分析，并对各重点项目进行跟踪的情况同步展示。

系统采用基于前后端分离的微服务架构，结合公司自建的 DevOps 体系，实现了流水发布及自动监控。该系统采用前后端分离与微服务架构相结合的模式，很好地解决了前后端分工不均的问题，将更多的交互逻辑分配给前端来处理，而后端则可以专注于业务逻辑，并将功能分解到离散的各个服务中，从而降低系统的耦合性，并提供更加灵活的服务支持。同时，系统更加有效地对业务需求进行响应，实现了快速敏捷的开发迭代，为多变复杂的需求场景提供可靠的技术解决方案。系统按照考核指标的类别，将各个指标类别微服务化，每个服务为独立的业务开发，一个微服务只关注某个特定的功能，为多变复杂的指标体系建设提供技术保障。

五、项目效果

该系统在建设过程中对部分基础数据进行了治理，节省了后续数据问题处理、手工调整等的工作量。部分绩效报表功能被系统取代，正式使用后，无须手工调整，大大地提高了工作效率。

系统采用新技术方案，相对于传统开发模式，开发效率提升了 25%以上。

该系统的建设，实现了对公司整体业绩状况的分析，便于及时发现业绩贡献的重点及难点，便于发现业绩贡献的短板与风险点，为领导层及时调整战略、为一线投资经理及时调整投资策略提供了有力的支持，为公司利润增长作出了积极的贡献。

在业务层面，该系统架起了领导层与一线投资经理沟通的桥梁，并协助一线业务部门完成投资分析，实现了信息共享，打通了各个业务部门之间的壁垒。通过市场部门与投资部门业绩指标贡献共享共担，该系统实现了产品需求与投资需求的统一，使得公司投资产品更贴近市场，更符合现阶段的客户需求，形成了需求方、市场和投资方三方共赢的局面。

（一）前瞻性及创新性

因市场无此类系统成功参考案例，故该系统采用自主研发模式。太平资产将绩效考核由线下手工模式，转变为线上实时计算模式，减少了线下收集绩效计算基础数据的工作，降低了多个部门、多个员工手工整理数据的工作量，大大提高了工作效率，减少了操作风险。同时，业务相关数据的线上化提供了新的解决方案，是公司数字化转型的一次有益尝试。

在技术方面，系统采用前后台分离与微服务架构相结合的模式，很好地解决了前后端分工不均的问题。同时，该系统更加有效地对业务需求进行响应，实现了快速敏捷的开发迭代，为多变复杂的需求场景提供了可靠的技术解决方案。

（二）示范效应

投产分析类绩效分析系统在行业无可参考的案例，太平资产全面绩效管理系统的建设，采用自主研发模式，并采用了微服务与前后端的分离技术，实现了复杂功能的快速迭代，为集团和公司后续的复杂系统建设积累了宝贵经验和新的思路，在其他时效性要求较高及复杂程度较高的系统建设过程中，可以尝试推广。

六、总结

太平资产全面绩效管理系统的建设是公司数字化转型的一次尝试。该系统建设的主要目的是，利用数字技术解决公司发展中的管理难题，重新梳理流程，并对关键业务的转型、创新和增长提供依据。大多数企业已意识到数据资产的重要性，但是如何将数字资产与业务结合在一起，如何将数据运营与业务发展融于一体，是目前需要重点解决的难题。太平资产具有一定的数据基础，在数字化转型的过程中，重点关注了数据的质量和数据创新人才紧缺的问题。数据质量是基础，数据创新人才是关键，在充分考虑公司发展阶段对人才需求的基础上，推动数字专业技术人才与公司业务的发展融合将成为接下来的重点工作。

专家点评

太平资产管理有限公司推出的全面绩效管理系统通过结合绩效数据分析和 ROI 投入产出分析，为管理层的投资决策提供了必要的支持，同时也为数据标准的制定起了积极的推动作用。该系统的创新之处在于采用前后台分离的模式，使不同版本更新、开发迭代时不影响前台的运用，具有很好的借鉴意义。近年来，许多资管公司的经营模式从线下手工模式逐渐转变成线上实时计算模式。因此，数字资产与业务如何有效地结合起来，是需要关注的重点问题。

大童“学吧” 数字化转型案例

◎ 大童保险销售服务有限公司

一、项目概述

“学吧”是由大童保险销售服务有限公司（以下简称大童）原创、快保科技开发的保险专业化在线教育平台，“学吧”正式上线时间为2019年9月10日（教师节），在线学员10万多人，其中大童服务顾问4万多人，其余6万多学员为行业从业者和部分保险客户。

“学吧”依托大童旗下“快保APP”的技术平台，由IT技术人员与保险专业培训人员共同参与研发，集保险在线课程体系、打造名师、专业直播、线上成长营、专业资质认证、专栏节目和OMO双师训练等功能为一体，是目前保险业内极具影响力和成长性的线上教育平台，也是保险科技时代保险学习模式数字化转型的有益探索和典型项目。

二、项目背景及意义

李克强总理在2015年的《政府工作报告》中首次提到“互联网+”计划，预示着“互联网+”在国家发展层面开始引起重视。同时互联网、5G、云计算、大数据和人工智能等新技术在深刻地改变着人们吃、穿、住、行的方方面面。而在少儿教育、成人教育和职业教育等领域，也涌现出比如VIPKID、得到、喜马拉雅和混沌大学等知名在线教育平台，民众对在线教育及知识付费的接受度大幅提高，为保险业推动在线教育平台建设奠定了扎实的认知基础。

（一）市场的变化、客户的成熟对保险从业者的能力提出了更高的要求

保险业“新国十条”的颁布为保险业的发展注入了强劲动力，不但给保险业改革发展带来前所未有的新机遇，也让整个社会对保险的认知提升到一个新高度。加之移动互联网技术的普及，大数据、人工智能和云计算等新技术让消费者对保险的接受度得到了全面提升，消费者的表达空间变得空前自由，消费者的个性化需求应运而生，消费者的保险需求、保险认知和保险信息前所未有的充足、深刻和丰富，这些都对新一代保险从业者的专业能力提出了更高的要求，行业培养符合新时代特色的新保险人成为市场的强烈诉求。

（二）保险业当前的培训方式不能适应发展的需要

反观保险业，保险作为一种复杂金融产品本身需要销售人员具有非常强的专业能力，但是传统的培训方式存在如下问题：

1. 保险业主要依赖大量的培训讲师奔赴全国各地，组织代理人现场授课学习的方式来提升代理人的专业能力。这一模式一直存在成本高、同样的课程标准化程度低、效果依赖于不同讲师

的能力、无法按需针对辅导、代理人不能按需自主学习和不能反复学习等问题。

2. 从行业代理人资格考试取消后，保险从业者入行后的基础学习非常薄弱，大量新从业者的保险理论知识不扎实，难以胜任工作的需要。

3. 由于公司的培训不能满足很多追求上进的保险从业者的需要，他们个人投入大量学费和时间参加外部各种培训学习。因此行业内也应运产生了很多围绕法律、税收和医学等保险周边知识的培训机构，这些机构都是商业组织，以培训为盈利模式，虽然解决了保险从业者一部分的学习问题，但并非是对“保险”本身的培训，无法起到保险专业知识能力提升的作用，而且学习的成本很高，也加大了保险从业者的成长成本。

（三）大童推出“学吧”保险在线学习平台是顺势而为、应运而生

大童作为一家全国性保险服务机构推出保险在线学习平台，有以下优势：

1. 大童拥有全行业、全渠道的数千款保险产品，保险产品的丰富和复杂锤炼了公司更强的培训能力。

2. 大童成立十三年来一直推行与国际接轨的需求导向型解决方案式咨询服务模式（以下简称 DOSM），该模式在 2016 年成为中国保险业第一个获得国家版权局保护的保险咨询模式，大童基于 DOSM 的创新开发了 80 多节系统化课程，并原创了大量的保险服务方法论，在全国培养了近 3 万名专业的咨询师和 500 位 DOSM 讲师，在线下沉淀了丰富的培训资源和实践经验。

3. 大童从 2015 年启动了保险科技战略，旗下成立了快保科技，推出了服务保险从业者的快保 APP，该 APP 已经成为业内知名的保险工具化平台。快保科技还培养了 200 名懂保险的 IT 技术人才和运营团队，同时在北京、武汉和深圳有三个 IT 开发中心，在软硬件上都具备了推出保险在线教育平台的基础。

4. 大童坚持以文化建司，将推动行业进步、促进专业化分工和建设一家有价值的保险服务企业定为公司的社会责任。大童愿意为行业的发展积极创新、不断探索，十三年来大童在制度创新、模式创新和技术创新上持续推进，具有创新的动力与基因。

三、项目重点解决的问题及主要创新点

大童的“学吧”项目组通过对业内、业外进行横纵对比与调研，从行业特性、成长周期等角度出发，结合保险从业者的实际学习需求，在公司原有教育体系的基础上，充分运用现代化的移动互联技术，最大限度地整合市场资源，致力于搭建全保险从业人员与客户共同学习的专业化保险教育平台。该平台不仅开创了“音视频+进阶”的学习方式，还辅以大数据智能推荐、学习追踪等功能，贯穿保险从业者学习的全流程，在解决受众对保险专业知识技能学习的需求痛点和难点的同时，努力为受众提供更专业、更舒适和更高效的学习体验。

依托移动互联和流媒体服务技术，“学吧”项目主要由课程系统、测评系统、社区互动系统、营销管理系统和综合管理系统五大子系统组成。课程系统主要包括视频直播、录播、组班和面授等主要功能；测评系统主要解决分组分类练习、考试、竞赛排名和结果分享等功能；社区互动系统主要实现在线问答、学习讨论和资料共享等功能；营销推广系统涵盖了会员体系、优惠促销和定价等功能；综合管理系统作为一个纯后台

管理系统，提供了用户管理、讲师管理、会员管理、课程管理、报表管理、财务管理和系统设置等管理功能。

四、项目主要建设内容

（一）OMO 双师模式

传统的培训模式多以线下讲授、训练为主，线上的学习一般以用户的自主学习为主，但是学习的过程不是单纯听和看的输入，更重要的是课后的辅导练习，特别是面对客户的有效输出。

"学吧"结合大童传统线下教育体系，创造性地提出了线上线下相结合的 OMO 双师模式，线上融合线下（ONLINE MERGE OFFLINE，OMO），双师即"线上讲师+线下训练师"同时服务学员。线上直播甄选行业及公司的大咖讲师，进行直抵用户终端的知识精准传递；线下训练师辅助学员在第二现场进行实操演练；演练完成后回到线上考试完成学习闭环，从而做到让知识无衰减，让技能即时转化落地。双师模式让老师打破了地域限制，让全国所有学员可以无差别地同时接受同质量的培训，极大地拓展了培训空间的延展性；与线下结合的训练模式也给用户带来更多的新鲜感与参与感，避免了学习的乏味枯燥。

截至目前，大童体系内已成功举办 11 期双师模式的大型培训，累积参训人次达 2 万名，最高同时在线学习人数达 10000 人，这些数字的背后有科技的力量、思路的突破和模式的转变。

（二）课程体系

"学吧"线上课程涉及 8 个大类和 48 个小类共"2000+"节专业课程，全方位覆盖了保险从业者从基础知识到实操落地的全面技能提升的需要。

表 1 "学吧"线上课程

课程大类	课程细类
保险基础知识	风险管理、保险原则、合同解读、人身保险、意外保险、健康保险、高端医疗保险、团财保险、年金保险、理赔知识、保险法
保险产品	寿险、健康险、意外险、年金保险、财险
客户服务	客户经营、高端市场经营、话题带入、身份介绍、需求分析、保障规划、专业方案、DOSM 课程、核保告知、年金专区、案例复盘、团财开拓、服务产品
团队建设	新员工招募、团队经营、职涯发展规划
专栏	睿保在线、玩转快保、合规风控、团财在线、DRM 专栏、与法童行、早安大童、好赔专栏、合伙人专区，理财师精选
直播回放	四大专栏、大咖专题专访
TD235 大童标准模式	保单托管、金鹰 21D、12M
适合客户	免费专区、转赠客户

（三）直播

直播目前是一种广为大众接受的媒体形式，早在 2016 年各大互联网平台便纷纷掀起了在线直播的浪潮，实时互动的形式不仅拉近了主播与观众之间的距离，也让观众对主播有了更深层次的了解。业外像"学吧"这样以直播的形式进行授课的线上教育平台绝非少数，但保险业内与保险专业知识深度融合的直播平台还很少见，“学吧”是其中最成功的案例。

“学吧”的直播节目从完全不同的出发点对于保险知识进行解读，各节目间既相互联系又有所不同，在实现优势互补的同时，搭建起全面、系统的保险知识网络，并巧妙地运用直播的优势，与观众进行实时互动，促进知识的传递效率，也拉近了观众与主播间的距离。虽然直播授课的模式“学吧”并非首创，但在内容的选择和形式的呈现上都体现了极大的创新，在这个保险与互联网融合发展的时代，只有具备创新的意识和头脑才能赶上飞速发展的时代变化，未来“学吧”还将继续践行创新的思路，努力为行业发展作出贡献。

（四）线上学习闭环

“学吧”打造的线上学习闭环是学习、练习、考试、获证和传播(分享)，这个学习闭环既解决了从学习知识到转化成能力的问题，也符合当今时代年轻的新保险人分享、传播的心理诉求。

“学吧”在每一节专业课程结束后都会安排与课程相关的测试题目，随堂练一练，结束作答后即刻出现正确答案和每道题的相应解析，以加深受众对课程知识的理解，除普通每节课的课后练习外，整个学习闭环中考试是检验学习成效的重要环节，“学吧”针对特定系列课程在学习结束阶段还有相应的在线等级考试和线上证书的发放。

（五）成长营

莎士比亚曾说：“一千个人心中有一千个哈姆雷特。”每个人都是独立的个体，不同的人对于同一件事物常能产生不同的见解，每个人在保险知识的学习中也存在不同的问题。在短暂的在线课堂里，讲师只能解读大部分人共同存在的问题，对于每个人的理解情况和运用情况，无法做到面面俱到是常态，这是线上教学、远程教育常存在的问题。

对此，“学吧”推出了一种新型保险授课模式——线上成长营。这是首次在线上搭建社群体系，按兴趣选择不同的知识主题组班，通过组班，师生之间不仅能够进行充分的互动，老师也会投入更多的精力更精确地去关心每一位学员。如果在授课过程中出现对于某个知识点不理解的情况，学员可以主动提出，讲师将以线上一对一辅导的形式，对该知识点进行详细讲解，并列举实例，帮助学员实现知识点的活学活用。对于学生来说还可以与其他同班学员进行沟通，发表不同的见解，促进同业交流。

成长营的出现不仅是一次有益的创新，也是一次大胆的尝试，这种新型培训模式的出现为线上教学过于单向的授课方式探寻了一条解决的出路，也为许多正在遭遇线上教学效率低下“瓶颈”的平台提供了思路和参考。

五、项目效果

“学吧”项目的数字化成功转型具有鲜明的特色，降低了行业培训成本，有效地提高了培训效率，推动了行业专业化发展。

1. 在学习方式上，通过文章、音频、视频、直播和录播等多种形式满足用户学习的需要，还辅以智能推荐、学习追踪等功能。

2. 在师资资源上，以公司内经验丰富的实战大咖为主、行业外部大咖和跨行业专家为辅，目前已经积累签约了180多位专业老师，优质师资资源充沛。

3. 在课程内容上，有常见的保险专业课程体系近500个课时的内容，此外还特定了多款固定名师直播专栏，包括与客户现场互动的《反客为主》，行业大咖专访的《戴欣会客厅》，带领观众从医生的视角去理解健康险真正作用的《保险新征程》，鼓励以一颗“平常心”从容面对每一次挑战的《保险“心”说》。

4. 在课程形式上，采用时下最前沿的知识学习体系模式，将除直播以外的课程时长均浓缩在10~15分钟，充分满足受众利用碎片化时间学习的需要。

5. 在受众群体上，主要满足保险从业人员的学习需要，同时还制作了大量适合普通客户学习了解保险的基础课程和文章。

6. 在学习效果上，独创性的将线上与线下课程相结合、线上线下考试交叉进行、形成双师模式，有效地保证了学习激情和学习效果。

六、总结

对大童而言，“学吧”很好地满足了公司一线队伍专业培训的需求，让公司摆脱了过去增加多少前线队伍就需要等比例增加固定比例培训讲师的传统思维，解决了公司增员后的培训难题，确保了公司需求导向型解决方案式专业服务模式的落地，实现了培训形式的创新、培训效果的提升，更实现了教育训练成本的重构，为公司节约了大量的会训成本、讲师成本和差旅成本，同时对大童在保险业的专业、科技品牌的建设也发挥了极大的作用，今天“学吧”已经成为大童的标签之一。

对保险从业者而言，“学吧”以科技化的手段、新颖的方式很好地满足了个人学习碎片化、自主化需求，让学习不再受到时间、空间的限制，使学习成为快乐的事。

对行业而言，为解决销售队伍培训痛点，提升从业者群体的专业素质能力，“学吧”做了一次非常有益的尝试，为更多机构参与保险在线教育提供了有效的借鉴。

未来，“学吧”将结合大数据、人工智能、虚拟现实等最新科技持续进行创新，打造保险界的知识互动社群，营造好学、好问和好助的知识交流氛围，同时不断优化形式和内容，逐渐建立UGC保险内容生态圈，打造保险业最专业、最轻松的在线学习平台，服务全行业保险从业者，并逐步辐射到服务广大客户的保险学习需求。大童愿意以公司十三年在专业、科技方面的经验，持续创新和突破，为保险业在线教育作出一个成功的案例。

专家点评

大童保险服务有限公司推出的保险专业化在线教育平台“学吧”可以同时让内部代理人、行业从业者和部分保险客户通过在线课程、专业直播和成长营等形式便捷、有效地获取保险业知识、客户服务高效方式等。针对线上学习效率不高，学员参与不认真等情况，该平台创造性地提出了线上线下结合的OMO双师模式，通过线下训练师的辅助使学习更加高效。近年，保险代理人的队伍规模逐渐缩小，这既是挑战又是机遇，尽管在短期内保费收入受到一定程度的冲击，但是对于保险代理人素质的提高，从长远来看能带来更大的效益。

保大坊科技澎湃保

◎保大坊科技有限公司

一、项目概述

澎湃保是由保大坊科技有限公司开发的保险中介信息化 SaaS 管理系统，依托自身的科技与服务能力，在原有自营平台系统磐石、凌云及百川等保险中介核心系统开发，满足了市场不同地区、不同规模和不同业务类型的保险中介公司的信息化需求。同时，早已与“50+”家财险公司互联互通，从保险公司合约管理、机构及用户管理、核保规则管理到订单管理、出单配置、报价配置和账号权限管理等方面，形成车险数字化交易 30 多个功能模块，并以“PaaS+SaaS”形式提供移动化工具。另外，澎湃保采用数据沙盒技术，保证用户间的功能及数据完全分区和隔离。在实现保险业信息化建设的同时，切实保障用户信息安全。为专业代理、兼业代理和保险经纪人提供服务，永久免费为行业提供信息化解决方案，获得行业协会、保险公司和中介机构的一致认可。截至目前，澎湃保已与 50 家保险公司实现了对接，客户已经突破 1000 家，产品库覆盖险种已达 6 万个。

二、项目背景及意义

2021 年 1 月 12 日，中国银保监会发布《保险中介机构信息化工作监管办法》（以下简称《办法》），全面治理保险中介机构的经营管理合规滞后、信息化治理不完善、系统建设不规范和信息安全机制不健全的问题。通过保险中介信息化建设提高保险中介机构信息化经营管理水平，提升风险防范能力，构建新型保险中介体系。《办法》特别强调，保险中介机构在《办法》实施之日起一年内完成整改并向监管部门报送报告，不符合《办法》要求的保险中介机构，不得经营保险中介业务。

保险中介机构是中国保险发展的重要推动力量。2019 年保险中介实现保费收入 3.7 万亿元，占总保费规模的 87%，同比增长了 10%，呈现出市场规模大、增长速度快的行业特征。这些业绩的取得，离不开 2268 家专业中介机构、3.2 万家兼业代理机构的长期积累和培养。近年来，随着中国数字经济的快速崛起，各行各业的网络化、数字化和智能化建设加速发展。保险中介领域因经营水平参差不齐、人员流动性大和行业盈利效率低等问题，信息化水平相比消费、金融领域有较大的差距。

规模较小的保险中介机构控制建设成本难，是我国中小微企业信息化发展中普遍存在的一个痛点。澎湃保在满足行业监管需求的同时，免费向行业开放基础版系统，培养行业的信息化意识，帮助中小微中介机构解决成本问题，一方面可以解决难监管的问题，另一方面推动保险中介的线上化管理能力，有利于行业向着合规、有序和健康的方向发展。

三、项目重点解决的问题及主要创新点

保险中介机构信息化建设应当符合法律、行政法规和银保监会监管制度的要求，遵循安全性、可靠性和有效性相统一、技术路线与业务发展方向相一致、信息系统与管理需求相匹配。保险中介机构信息系统应能够及时、完整及准确地记录财务、业务和人员的情况，实现与合作保险公司的系统互通、业务互联和数据对接，能够生成符合监管要求的数据文件，通过技术手段实现与保险中介监管相关信息系统的数据对接。

数字化转型对保险中介机构提出了很高的要求，要实现保险中介机构的信息化，对整个行业来说都是一个巨大的挑战，实现《办法》的要求就需要技术支持，这就涉及一个很现实的问题，一般的中介机构技术能力不够，需要外部的赋能，无论是自建软件还是使用第三方服务都需要承担巨大的成本，这对保险中介机构来说更是难上加难，如何在业务经营与满足监管《办法》之间寻找到一个很好的平衡点是公司需要思考的问题。

针对保险中介机构当前面临的难题，澎湃保将各个环节的数字化要求进行整合，打破多系统间的壁垒，给出了一站式解决方案的最优解。澎湃保在"技术+数据+智能""简单、便捷、高效、合规"的战略指引下，不断提升自身科技实力，深度挖掘用户需求，拥抱行业变化，助力监管办法落地实施，为保险中介机构提供了更有温度的产品和服务，为保险中介机构信息化合规发展保驾护航。

四、项目主要建设内容

澎湃保智能保险中介 SaaS 管理系统，为全行业提供业务管理、结算管理、协议管理、产品管理、数据统计和安全管理等模块的数字化解决方案。

1. 业务模块。通过技术手段实现与合作保险公司的系统互通、业务互联和数据对接。

2. 组织机构管理。记录并管理保险中介从业人员的基本信息、入职离职、用工合同、执业登记、人力薪酬、培训及奖惩情况。

3. 协议管理。记录并管理业务协议、保险业务详细情况、客户信息、相关凭证和其他业务情况等。

4. 安全模块。数据沙盒技术保证用户间功能与数据的完全隔离，实现数据存储和备份，切实保障合作方信息的安全性、合法性。

5. 财务模块。记录并管理财务总账、科目明细账、应收应付、会计报表和发票等。

6. 报表模块。按照合作机构、分支机构、业务类别、业务渠道、险种、收支口径、区域和时间等维度对机构经营情况进行汇总和分析。

系统采用以下技术手段：

1. 采用多租户数据库设计，实现对数据的隔离；敏感数据加密存储；主备架构支持容灾、备份、恢复、监控和迁移等方面的全套解决方案。

2. 出单中心采用 Electron 技术，聚合保险公司的出单中心，智能填充账号密码，识别图形验证码，实现自动登录；减少网站切换，提高出单效率。

3. 澎湃保桌面客户端支持添加保险公司的账号，可以选择保险公司，填写出单账号的相关信息，如果客户的账号受限于 VPN 和 IP 的话，还可填写 VPN 地址、VPN 登录名、VPN 密码和 IP 地址等信息，解决客户出单时总要切换不同保险公司，多次输入账号密码以及只能使用固定电

脑出单的烦恼。

4. 符合国家三级等保的要求，根据《信息系统安全等级保护基本要求》，三级等保的测评内容涵盖等级保护安全技术要求的 5 个层面和安全管理要求的 5 个层面，包含信息保护、安全审计和通信保密等在内的近 300 项要求，共涉及测评分类 73 类。通过三级等保认证，让澎湃保保险中介 SaaS 管理系统在产品安全、用户隐私和合作伙伴信息保护上有保障，进一步验证了系统的稳定性、安全性、实用性和透明性。

五、项目效果

澎湃保凭借专业的技术服务及成熟的运营管理体系与行业中各类保险中介机构开展深度合作，目前澎湃保保险中介 SaaS 管理系统签约机构已突破 1000 家，澎湃保将积极响应《保险中介机构信息化工作监管办法》，已逐步完成各地方监管对机构的自查，拟验收等配合工作。澎湃保上线之后，得到了各地保险中介机构的好评，并收到很多对澎湃保系统未来功能规划与发展的期望建议，这也侧面反映了各中介对于澎湃保 SaaS 系统的需求迫切的程度。

六、总结

澎湃保作为赋能保险中介企业的科技产品，在实现保险业信息化建设的同时，保障了用户的信息安全，其“永久免费开放”是推进保险中介行业全面信息化建设的闪光之处。澎湃保团队在满足用户反馈的同时，着眼于未来保险中介全行业的信息互通以及发展，并规划产品分发、智能推荐等功能，通过大数据、物联网等技术，该系统将来会更好地赋能保险中介行业。

专家点评

保大坊科技有限公司开发的澎湃保是利用原有自营平台开发出的保险中介信息化 SaaS 管理系统，打造出了 30 多个车险数字化交易的功能模块服务于保险中介公司的个性化需求，并且在用户信息安全上也做了充分考虑，运用数据沙盒技术确保功能与数据分区隔离。澎湃保智能保险中介 SaaS 管理系统最大的闪光之处在于解决了困扰中小保险中介机构多年的成本问题，免费向行业开放基础版系统，对不同系统间存在的壁垒给出了一站式解决方案，推动了行业的健康发展。

2021 Selected Cases on the Information Mangament to Insurance Industry

保险业信息化优秀案例精编

第五章

数字化转型成果

人保财险以科技赋能全面推进数字化转型

◎ 中国人民财产保险股份有限公司

一、项目概述

近年来，人保财险立足行业竞争与市场周期变化，遵循新时代保险业发展规律，顺应科技革命与数字化浪潮，坚持以客户为中心，深化保险科技应用，持续强化科技赋能，全面推进数字化转型，助力构建“承保+减损+赋能+理赔”经营新逻辑，支撑商业模式变革与运营转型，有力支持人保财险始终保持我国财险行业领先地位。

二、项目背景及意义

自21世纪以来，全球科技创新进入空前密集活跃时期，新一轮科技革命和产业变革正在重构全球创新版图、重塑全球经济结构。与此同时，随着数字技术应用的不断深化，数字化已经成为经济发展的新动能。聚焦于保险业，数字化技术也引起了行业边界、运营模式、交易频率、风险管理和服务领域等方面的一系列变化，逐步改造乃至重塑保险业态。保险作为一个数据密集型的行业，更应该积极顺应趋势，拥抱变革，主动转型。

党的十九届五中全会提出把科技自立自强作为国家发展的战略，摆在各项规划任务的首位，首次提出了“坚持创新在我国现代化建设全局中的核心地位”。中国人保集团以党的十九届五中全会精神为指引，确立了“卓越保险战略”，把信息化定位为人保集团的基本生产力和核心竞争力，将“建立数字化支撑的发展基础”确立为“1+7”战略框架中七大举措之一。“卓越保险战略”强调“运用现代技术”的卓越内涵，要求把科技赋能作为推进业务可持续发展的助推器，以数字化为支撑提升运营服务效率。可以说，“建立数字化支撑的发展基础，加快推进数字化建设”是保障中国人保集团“卓越保险战略”顺利实施、支撑人保财险“建设成为世界一流的财险公司”的一项基础性工作。

三、项目重点解决的问题及主要创新点

（一）把握线上化发展趋势，构建与客户随时随地连接的能力

传统保险经营倚重线下，渠道依赖中介，销售和服务难以直达客户，缺乏线上线下一致性体验。随着移动互联网的深度普及以及“数字原住民”一代的快速成长，线上消费全面迈入移动化、社交化时代，保险客户也成长为数字化、多渠道及全天候在线的数字消费者，更加重视个性化、移动化和场景化的服务体验。人保财险把握变革趋势，将线上化定位为构建未来核心竞争力

的关键，大力推进线上化，以客户为中心，以体验为导向，建设线上客户接触平台，打造跨渠道运营体系，构建与客户随时随地连接的能力，实现销售服务的直通直达，助力数字化转型落地。

（二）顺应保险科技发展浪潮，推动保险商业模式数字化变革

传统保险产品和服务同质化严重，商业模式僵化，经营效率低下，行业长期陷入低质量发展内卷状态。随着人工智能、物联网、车联网及区块链等新技术的快速发展和在保险业的逐步深入应用，不仅可以提高保险业信息化水平和运营效率，并且有望从根本上改变保险业的经营逻辑，重塑保险价值链，颠覆产品形态和服务方式，变革商业模式并打造新的保险生态。人保财险时刻聚焦科技前沿，体系化开展保险科技应用研究和规划，推动保险科技在经营管理各环节深度应用，变革运营流程，促进降本增效，推动商业模式数字化、智能化转型升级。

（三）积极拥抱大数据时代，推动保险与大数据融合赋能

保险业是数据密集型行业，对于数据资源极度依赖，但行业长期以来内部数据壁垒严重，外部数据对接融合不足，行业拥有海量数据但价值得不到充分挖掘。随着大规模产生、分享和应用数据的大数据时代的到来，将大数据的思维和处理模式引入保险业已成为行业的共识和普遍做法。人保财险审时度势，全面推进大数据应用，坚持“数据先行”，明确数据的基础资源地位，加强数据的开放、融合和流通；坚持“应用驱动”，推动大数据与保险的有效融合；坚持“问题导向”，推动大数据在客户画像、精准营销和风险管控等方面深度应用。

（四）推进技术平台转型升级，夯实数字化技术支撑基础

企业构建数字化转型的关键能力，既要求业务创新与技术创新相结合，也提出了对技术平台新的支撑需求。人保财险积极推进技术平台智能化、开放化转型升级，以领先的技术支持业务敏捷化，为业务发展与创新提供更多的灵活性和弹性；同时，构建行业领先的网络安全保障体系，为数字化转型保驾护航。

四、项目主要建设内容

（一）全面推进客户线上化，持续优化用户触面运营

1. 大力推进客户线上化。人保财险围绕以客户为中心，通过客户接触点的线上化牵引，引导客户自助“关注微信公众号、下载中国人保APP”，同时重构销售、理赔及服务等业务流程，打造跨渠道线上运营能力，实现销售与服务的直通直达，为客户提供全渠道一致性的线上化体验。

人保财险围绕微信和APP两大流量入口和线上平台，持续打造客户运营和保险服务生态圈，坚持线下客户向线上客户引流、网络平台向移动平台引流、区域平台向集中平台引流和微信平台向APP平台引流的基本原则，建设集保险销售、保全/批改、理赔、续期及客户服务等为一体的“一站式保险” 平台，实现保单管理统一化、理赔服务简单化、产品购买自助化、理财服务定制化；打造架构统一、体验一致、流程深度融合的保险主业“明星产品”，涵盖社交媒体、APP等主流移动应用，成为面向C端用户的核心触面和主打平台、客户最贴心的保险服务专家。

2. 深化销售服务系统建设。人保财险综合运用大数据、人工智能和流计算等新技术，打造基于客户行为洞察的一体化、智能化线上销售服务平台，支持灵活的客户资源管理、统一的销售过程管理、强大的营销支持功能、精准的智能产品推荐，以及丰富的场景化服务，打造以客户为中心的销售服务生态体系。

线上销售服务平台通过全渠道客户行为数据采集，从各类客户触点中获取流量数据，利用机器学习算法建立客户行为分析模型和需求预测模型，形成完整的行为轨迹图谱，并将模型分析结果对接微信生态、APP、官网、短信和邮件等线上平台，辅助营销人员、客户经理等销售服务人员及时、准确、有针对性地开展精准营销和场景化服务，实现全渠道客户触达和实时互动，支持客户向高频互动、销售转化和忠诚提升的目标迁移。

3. 打造95518智能客服平台。人保财险全面应用语音识别、文本分析等AI技术，打造95518智能客服平台，上线智能语音导航、报案、质检和外呼等功能，打造7×24小时“人工+自助+机器人”三合一线上服务体系。

智能语音导航可以根据客户口述服务需求，自动接入对应座席，目前智能导航功能日均处理电话超过30万通，导航正确率达到96%；智能语音报案则通过客户与机器人的自助语音交互完成车险报案全过程；智能外呼则通过语音机器人自动呼出，完成客户满意度回访等业务，目前已上线12个智能外呼流程，月均智能回访电话18万通，通过智能外呼替代人工，减少用工50人以上；智能客服机器人可在官网、APP和微信等客户触面，自动解答客户咨询和问题，节约人力成本，提升服务体验。

（二）深化保险科技创新应用，推进商业模式变革

1. 推进农险数字化、智慧化建设，服务乡村振兴。人保财险充分利用卫星遥感、无人机、地理信息系统和定位等技术，搭建农险综合信息平台，打造“按图承保、按图理赔”农险经营管理新模式。开发农险移动APP，结合OCR等技术，实现农险移动化承保、理赔作业，大幅提升业务处理效率和便利性。引入畜脸识别、智能点数、一拍知长/知重、智能监控和影像查重等“黑科技”，开展基于AI技术的养殖险标的识别与管理，提升数据精度和风险管控能力。

2. 打造分布式车险定价平台，构建数字化承保出单模式。人保财险积极应对车险综合改革，打造分布式车险定价平台，为各类销售平台以及出单系统提供定价支持。平台支持多维度定价规则灵活配置，实现多因子风险保费精准测算，且定价规则即时生效，能够全面支持根据销售策略灵活配置定价策略，快速响应市场变化。同时，人保财险构建数字化承保出单模式，引入OCR、人脸识别和手写电子签名等智能化技术，改变传统车险出单模式，实现车险全流程数字化出单，经测算整体录单时效提升了40%，有效地提升了效率和用户体验。

3. 建立统一理赔作业平台，打造一体化、移动化理赔模式。人保财险顺应数字化时代理赔运营服务模式变革要求，推进理赔平台重构，建立集中统一的理赔作业平台，前台统一操作入口，中台统一服务接口，后台统一数据模型；同时打造移动理赔平台，实现理赔业务全险种、全流程的移动化处理，有力支持理赔运营效率和客户体验的双提升。

4. 创新物联风控风险减量，服务社会治理。

人保财险聚焦电梯安全、安全工厂、智慧工地和城市内涝预警等场景，创新应用物联网技术，构建“承保+减损+赋能+理赔”管理模式，实现风险减量管理。以城市内涝预警为例，建设智能水浸预警平台，部署传感设备对高风险地段进行智能监控和自动预警，已在浙江全省范围部署近800个智能监控点，成功预警并化解水淹风险近2500次，在风险预防和减量管理方面成效显著。

5. 开展区块链创新应用，打造信任网络。人保财险打造再保险区块链运营管理平台，将再保险交易合作方纳入区块链中，平台实现了再保合约邀约、要约和确认过程存证上链，以及链上核验与上链数据的比对，以高效、安全和低成本的方式实现了再保险数据的共享和交换。目前已完成对合作全球再保人在平台上进行的所有再保险业务协商及最终确认过程上链存证，解决互信问题，降低交易成本，提高交易效率。

6. 推进RPA应用，打造人机协同运营模式。人保财险引入RPA产品和技术，搭建统一平台，提供流程机器人设计、运行和统一监控管理服务，将基层一线标准重复、规则明确的业务操作，由RPA机器人自动执行，提高流程效率和人力效能。目前已正式上线20余个RPA流程，应用场景涵盖财务、出单、客服、运维和办公等多个领域，累计运行超过4600个小时，替代大量人工操作，有效节省人力成本。

（三）深化大数据资源管理应用，推进数据共享赋能

1. 深化客户洞察，释放海量客户资源价值。人保财险全面整合客户数据，统筹管理客户标签体系，绘制客户画像，支持客户分群，洞察客户资源。通过集中统一的共享服务接口，为客户资源管理、营销、客户服务、理赔、精算以及风险管控等业务场景提供客户画像、客户洞察分析等服务，赋能客户精细化运营、精准化营销，每天支持应用量达到120万次，并持续快速增长。

2. 打造智能产品推荐服务，支持精准营销。人保财险整合历年承保、理赔和客户等海量数据资源，利用大数据、机器学习技术，对数据进行智能分析和特征转换，构建起“以客户画像为基础”的客户偏好预测、客户购买行为预测和客户风险评估等大数据应用体系，输出风险评分、推荐产品列表等大数据应用产品，为“千人千面”精准营销提供数字化支持，截至目前已为营销工具端推送超千万客户的产品推荐数据。

（四）打造智能开放技术平台，赋能构建先进技术生态

1. 打造集中共享的智能化平台。人保财险将各类通用智能工具通过开放平台进行统一集成，打造智能平台，对外统一提供智能服务接口及开发规范，降低智能服务应用成本。目前，智能平台已支持OCR识别、人脸识别、医疗票据识别及畜脸识别等45项智能服务。2021年上半年OCR识别服务调用总量达2489万次，人脸识别调用总量达800万次，有效减少人工处理步骤，提升智能化运营水平。

2. 构建开放共赢的生态对接能力。人保财险坚持开放合作原则，不断优化升级对外合作平台，持续提升平台配置化对接能力，提高对接运营配置效率，降低对接周期。通过灵活、快速和多元化的对接模式，整合上下游产业链资源，支持不同场景下销售投保需求，快速融入各生态圈发展。目前，已累计上线约1300个对外合作项目，合作方广泛覆盖主流电商平台、旅游平台、

中介平台、众筹平台、金融平台和企业单位等，着力打造保险数字生态体系。

3. 实现行业领先的研发运维一体化。人保财险全面引入研发运维一体化体系，推动软件开发过程的标准化、自动化及可视化，打通开发、测试和运维的组织墙，在保证质量的前提下通过规范的、可视化的流程发布需求，实现流程的高度自动化。研发运维一体化体系已广泛应用于各类应用的研发运维工作，已建立流水线超过1500条，日均执行流水线800次以上。人保财险研发的运维一体化体系是行业首家通过中国信息通信研究院开展的《研发运营一体化（DevOps）能力成熟度模型》持续交付3级评估，达到我国领先水平。

4. 建设智能化SD-WAN网络架构。人保财险推进新一代智能网络架构建设落地，实现数据中心内部网络典型故障1分钟发现、3分钟定位根因和5分钟快速恢复，业内首家实现网络自治自愈。搭建智能化网络分析平台，全面评估与预测网络健康状态，大幅提升网络运维水平；开展骨干环网建设，构建多中心的网络互联架构，满足多数据中心互联互通、业务就近接入和故障快速切换的要求；推进分支机构网络接入架构向互联网化转型改造，实现分支机构的敏捷接入。

5. 推进网络安全运营转型。人保财险直面网络安全新形势、新挑战，围绕满足监管合规外在要求和公司高质量发展转型的内在需要，践行"一个中心、三重防护"的理念，致力于持续完善网络安全体系。从基础环境安全、终端安全和应用安全等层面落实边界防护、通信安全和计算环境安全的纵深防御措施，不断优化丰富安全风险监测和管控的手段，加强动态风险管理，构建以风险为驱动的网络安全运营体系，搭建网络安全态势感知平台，提高网络安全运营的自动化和智能化水平，逐步形成网络安全运营中心，赋能网络安全运营转型。人保财险两次参加攻防演习均取得了不错的战绩，牢固的纵深防御技术体系与全天候的运营保障机制经受住了实战检验，有力防范发生网络安全重大事件。

五、项目效果

近年来，人保财险紧紧围绕科技赋能主业、科技赋能一线的要求，全面推进数字化转型并取得积极成效，推进商业模式变革和经营模式转型。人保财险大力推进客户线上化工作，实现了内部运营效率、销售服务能力以及客户体验和黏性的显著提升；深化保险科技创新应用，有效提升经营管理的数字化、智能化水平，推动商业模式变革，助力打造"承保+减损+赋能+理赔"经营新逻辑；加强大数据能力建设，深化大数据资源管理应用和价值挖掘，推动数据与保险的有效融合，充分发挥数据对于经营发展的支持效能；打造智能化、开放化技术平台，赋能构建先进技术生态，推进网络安全运营转型，努力夯实数字化支撑的发展基础。

六、总结

人保财险以科技赋能全面推进数字化转型，有效促进业务发展和转型变革，支持公司始终保持我国财险行业领先地位。面向未来，人保财险将在中国人保集团"卓越保险战略"的指引下，按照"建设成为世界一流的财险公司"的战略目标要求，创新科技赋能，加快数字化平台建设，推动数字化转型向纵深发展，支撑集团和公司战略目标顺利实现。

专家点评

中国人民财产保险股份有限公司以科技赋能全面推进数字化转型，以客户为中心全面推进客户线上化，深化建设销售服务系统，为客户提供一致性的线上化体验。公司利用各类高新技术，推进农险数字化、智慧化建设，服务乡村振兴；同时，积极应对车险改革，打造分布式车险定价平台，构建数字化承保出单模式，建立统一理赔作业平台，有效提升了效率和用户体验；另外，应用物联网增强公司的风险控制能力，利用区块链打造信任网络，引入 RPA 产品和技术打造人机协同运营模式。人保财险进一步深化了大数据的资源管理应用，推进数据共享赋能，打造智能开发技术平台，赋能构建先进技术生态，实现内外部运营效率、销售服务能力以及客户体验和黏性的显著提升，推动公司的数字化转型，为保险业的健康发展提供借鉴。

中国人寿财险重点领域“数字化转型”工程

◎ 中国人寿财产保险股份有限公司

一、项目概述

中国人寿财产保险股份有限公司(以下简称国寿财险)作为我国财险行业的重要主体，努力打造行业领先的“以客户为中心、以数据为依托、以智能为引领”的数字化财险公司。在复杂的经营形势下，公司对科技创新更为依赖，对信息化能力更为看重，要加快推动数字化转型，提升科技赋能效果，加快科技创新步伐。为此，公司实施重点领域“数字化转型”工程，在现有核心系统和业务能力的基础上，打造九大“安心”平台，构建数字化业务技术架构，强化业务与科技融合；完善智慧中台建设，构建组装式技术优势，实现敏捷化升级改造，快速响应客户、伙伴和市场的需求和变化。一方面引入新技术对传统业务模式进行数字化完善和改造，另一方面连接场景生态创新产品和业务模式，构建数字化生存和发展能力。

二、项目背景及意义

当前，数字经济正在引领新经济发展，万物互联、数字化和智能化的大趋势日益明显，自2020年以来，在新冠肺炎疫情的影响下，各行业数字化转型提速，科技的基础性、先导性作用更为突出，将成为未来发展的制高点。

保险业也在加速推进数字化转型。中国银保监会制定并印发《关于推动银行业和保险业高质量发展的指导意见》《关于推进财产保险业务线上化发展的指导意见》《推动财产保险业高质量发展三年行动方案(2020—2022年)》等一系列文件，明确提出要坚持科技赋能；提升数字科技水平，提高数字化、线上化和智能化建设水平；到2022年，车险、农险、意外险、短期健康险和家财险等业务领域线上化率达到80%以上，其他领域线上化水平显著提高，鼓励具备条件的公司探索保险服务全流程线上化。

推进数字化转型是大势所趋，是行业发展形势所逼及公司发展所需要的，且经过几年的努力，国寿财险已具备了数字化转型的基础、条件和能力。中国人寿集团公司董事长王滨在中国人寿战略发展委员会和网络安全与信息化委员会上明确提出要进一步强弱项、补短板，加快速度、加大力度推进数字化转型。国寿财险2020年上半年工作会议明确指出，实施重点领域“数字化转型”工程，推动业务线上化发展，加快推进公司数字化转型。

三、项目重点解决的问题及主要创新点

（一）构建数字化业务技术架构，通过科技与业务融合重塑核心竞争力

数字化转型不是单一的技术应用和功能实现，是一个技术和业务的融合创新过程。传统保险公司唯有通过科技与业务融合重塑核心竞争力，使公司具备与数字化时代相匹配的数字化能力，才能做好主动感知和敏捷适应。

为强化业务与技术的融合，重塑核心竞争力，国寿财险在现有核心系统和业务能力的基础上，构建组装式技术优势，建立标准化的高内聚、松耦合微服务体系，灵活支撑随需而变的数字业务生态，聚焦客户和合作伙伴两大用户群体，打造九大“安心”平台，构建双峰模型，端到端优化数字体验旅程，构建敏捷支持能力，形成公司重点领域“数字化转型”工程——业务技术架构，见图1。

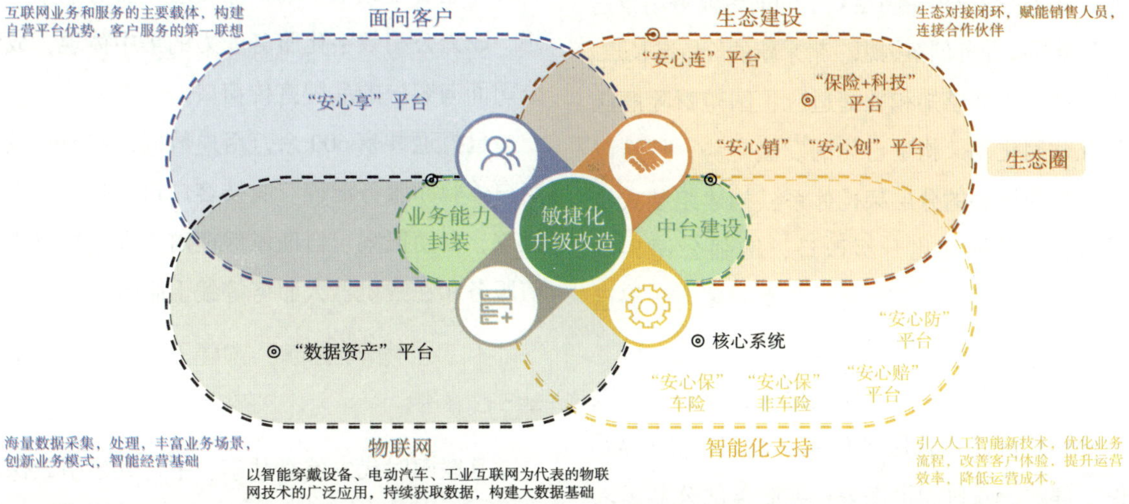

图1 业务技术架构

面向客户领域，从战略层面提升公司直面客户线上化服务平台重要性，重点聚焦自营APP，强化互联网流量平台工具协同和新媒体协同，体系化、平台化和全媒体打造客户享受公司服务的第一联想，为公司互联网C端业务实现跨越式发展打牢基础。

生态建设领域，为公司渠道业管条线、合作机构、代理人队伍提供完备智能的销售支持工具，赋能营销拓展，赋能代理人管理，为公司传统业务及互联网B端业务发展提供智能化引领式平台工具。

智能化支持领域，建设完备的智能化服务体系，以核心系统为基础，封装构建支撑全业务场景的标准化工具，构建业务中台，形成体系化的API开放平台，为技术输出奠定坚实的基础。

物联网领域，外引内聚，汇聚构建公司级数据资产，深入推广物联网思维，推动构建人与物互联、物与物互联的风险探知服务体系，积累数据、量化风险、动态监测和主动服务，通过底层数据治理，应用级数据产品开发，构建数据中台，为公司智能化经营夯实数据基础。

（二）构建组装架构与敏捷能力，实现敏捷化升级改造

数字化时代，各业务发展处于快速的变化中，各种因素彼此依赖度更高，当今世界正在从复杂变得错综复杂。面对快速变化的市场和对手，企业的快速反应和适应能力至关重要。保险中台的价值在于沉淀业务能力、赋能前端业务，是保险业实现数字化升级的核心部分，中台系统能够在不替换传统核心系统的情况下，通过 API 调用的方式释放服务能力，赋能前台应用，满足复杂的前台业务场景需求，乃至提出业务创新构想，带来新的价值增长点。

为做好主动感知和敏捷适应，国寿财险顺应场景互联网化及架构平台化的发展趋势，打造以智慧中台为核心的分层架构体系，构建组装式技术优势，实现敏捷化升级改造，增强公司架构“韧性”和“弹性”，使其面对多变的环境能够迅速调整，快速灵活“重生”。

已初步部署中台技术建设框架，业务中台以数字化形式沉淀重构服务体系，进一步将产品、承保、理赔、收付和再保等业务服务的公共需求抽象、组合成服务，供前台各种应用使用，对应数字化业务技术架构中智能化支持领域；数据中台丰富数据算法和分析手段，对前台提供实时统计数据、秒级多维度查询等数据服务，对应数字化业务技术架构中物联网领域。目标将业务中台、数据中台打造成我国财险行业领先、具有强大的业务处理能力及创新支撑能力的中台系统。

四、项目主要建设内容

（一）面向客户，强化触达与经营能力

打造“安心享”平台（综合型一站式移动应用平台），将中国人寿财险 APP、中国人寿财险微信公众号和中国人寿财险空中服务小程序建设成为互联互通的移动生态圈。未来十年，互联网保险业务将再造半个保险市场，是公司业务重要增长极。国寿财险强化互联网业务研究，探索互联网思维下的用户增长，打造“安心享”平台，搭建满足用户需求的线上交互平台，构建统一的用户、服务和产品体系，提供用户自助投保、理赔和增值服务等丰富线上业务场景，以线上化运营助力公司数字化转型和经营效能提升。“安心享”平台将建设成为客户享受公司服务的第一联想，成为公司数字化服务能力的集中体现，成为公司面向客户的品牌宣传窗口。

已打通共享 600 余万用户数据，实现一致的用户体验和服务流程。支持客户自主投保、视频批改、自助报案、自助承保理赔查询、第三方增值服务和在线机器人服务等线上服务。

（二）构筑生态，构建开放共享和连接能力

互联网时代，信息共享、平台共建引领保险业高质量发展，企业的价值在于它能连接和整合多少社会资源，国寿财险开放共享资源，输出核心能力，构建快速响应的连接能力，打造更多的合作入口和接口，构筑跨界共赢生态圈。

1. 全面提升第三方对接平台，提升连接能力。“安心连”平台建设通过对接服务、运营支撑、客户引流及产品营销等多方面的优化升级和实现第三方对接功能的进一步扩展，打造对接全生态的闭环，满足各类线上对接业务场景，与商旅、电商、物流、医疗、健康和金融等业态紧密结合，成为移动端合作与展业的重要利器。可配置产品范围覆盖财产、货运、意外、责任、健康、保证、信用、个贷、巨灾和工程 10 大险类，

150余个产品。已有29家分公司使用该对接服务，2020年分公司自主实施项目283个，其中通过快速对接2天上线的项目达87个。

2. 打造保险开放生态圈，赋能内外部生态合作伙伴。

（1）发布“保险科技创新孵化平台”，将科技能力快速应用到保险场景，与科创企业共同成长，实现“引进来”。国寿财险面向全社会发布创新孵化项目征集，启动首批科技创新孵化项目，成功孵化“融易保—代付分期业务产品”“人人都是代言人—裂变式营销”“新众联智能数据平台—为新型风险提供保障”三个项目，旨在解决公司保险科技转型升级过程中的体制机制问题，构建创新机制与孵化能力，有效推进科技化创新工作，赋能业务发展。

（2）发布“保险生态科技赋能平台”，连接公司和合作伙伴，推动保险商业模式变革，打造保险命运共同体，实现“走出去”。有效整合公司内部服务资源、业务经验和技术成果，促进以国寿财险为核心，以科技为支撑、以保障为核心和以保险为纽带的生态圈建设，实现保险生态中各参与方的协同发展、合作共赢，为客户提供更多元、更有效和更持续的风险保障服务。

（三）销售条线管理，提升科技赋能与引领能力

1. 打造“安心销”平台。整合优化现有销售支持工具，实现传统销售渠道“触网上线”，打造成为公司全渠道、全产品、全流程和统一入口的数字移动化平台，为全渠道销售人员提供便捷的掌上展业支持工具。在整合的现有销售工具中，基于数据建模及预测技术上线“财数宝”系统，深入挖掘客群需求，将高概率客群快速推送至基层一线，在家财险领域销售成功率提高超过17倍，荣获“2020IDC数字化转型金融奖”；开发“车e销”车险极速报价出单工具，续保仅需车牌号即可算价出单，新保、转保具备五要素即可算价出单，大幅减少操作步骤；上线“招标千里眼”，对招标产品类型、招标地区进行自动识别，及时推荐招标线索。

2. 打造“安心创”平台。探索推进裂变式营销，培养数字化销售队伍，提升销售人员单兵作战的能力；与外部互联网、移动销售平台及场景全面连接，构建成为面向客户、销售队伍的智能化平台，实现增员、获客、学习、发现和管理等销售管理全流程数字化升级。

（四）以数据为核心，强化数据获取与分析能力

建设统一数据资产平台，以算力提升、万源合一、架构弹性及支撑效率为目标，为公司大数据智能化能力提供强有力的数据支撑。当前平台已涵盖业、财、再、人力、销售和客户等公司全领域经营数据，随着国寿财险新一代核心系统上线，数据平台的架构与弹性进一步增强。目前平台做到了万源合一，支持各类统计功能800多项，用户12000人，支撑上至公司高管、下至普通员工的各类数据分析需求，更为公司的大数据、智能化建设提供强有力的数据支撑。

平台已实现自家车流失概率预测，通过统一数据平台提供海量从车、从人、从交易的属性数据记录，利用数据挖掘算法获得各属性与车险客户流失关联度，寻求业务验证后最终完成流失预测算法模型构建。2020年最新模型实现70%的准确率和80%的召回率，达到行业一流水平；灾害风险数据与空间计算能力突飞猛进，搭建智慧

防灾防损云平台，引入外部风险数据，内外部数据通过空间叠加实现数据洞见；NLP 自然语言识别技术让业务更智能，利用“NLP+多模型混合计算技术”完成货品自动分类算法，利用 NLP 技术自动将录入的客诉内容对应到客诉标签，实现客服管理的核心诉求，更好地提升客户满意度。

（五）运营智能化支持，形成组装架构与敏捷能力

构建“安心保”“安心赔”“安心防”平台。国寿财险围绕新一代核心系统，将公司现有系统能力抽象、整合与重构，构建以“安心保”“安心赔”“安心防”平台为基础的服务体系，形成组装架构与敏捷能力，实现承保全流程线上化、理赔服务体验智能化，构建数字化风险防控体系。

承保方面，开发移动核保、移动核批功能，方便业管人员随时随地进行业务审批，并且基于深度学习算法实现货运险货物品类智能识别，核保时效提升超过 80%；开发车险承保辅助决策系统(UAS)，依托智能算法辅助承保决策，动态制定符合经营目标及市场要求的价格费用策略，支持各级管理者算账经营、理性决策，为应对复杂多变的市场竞争、提升车险精细化定价管理能力提供了坚实的技术支撑。

理赔方面，实现智能图像识别、风险识别智能预测、实时提醒功能，赔案处理流程得到简化，小额赔案处理时效大幅提升；开发自助理赔助手“一路行”APP(首家)，通过移动化查勘定损工具，提升理赔处理时效，提高作业效率；研发“安行鹰眼远见理赔智能管理平台”，将调度理赔人员的数据、指标数据借助地图平台进行可视化展示，实时监控理赔查勘人员的工作情况，当日案件立案比例提高 20%。

风险防控方面，利用时空大数据、人工智能等技术搭建基于国产地理信息系统的数字化风险分析和风控服务平台，实现单一标的风险识别与评估、区域累积风险管理与核保政策制定以及重点标的灾害风险精准预警等防灾防损服务，加强保险风险和保险损失的前置管理和精细化管理，为公司产品销售、核保决策和理赔管控等提供数字化、精准化和可视化支持，提升公司防灾防损能力；引入生物特征智能识别技术，通过牛脸、猪脸及狗鼻纹等面部采集快速为承保标的创建 3D 特征数据库，精准识别标的，防范重复理赔风险。

五、项目效果

自重点领域“数字化转型”工程建设实施以来，转型成效显著，业务线上化水平迅速提升。截至目前，九大“安心”平台建设已全面规划布局，重点平台建设先行突破。

1. 上线“安心享”3.0 版本。“安心享”平台作为重点领域“数字化转型”工程的重中之重，优先建设完善“APP+微信公众号+微信小程序”三位一体的“安心享”服务矩阵体系。在 616 客户节期间发布的“安心享”3.0 版本中，围绕保险、服务和生活等打造了安心享保障、安心享服务、安心享关爱、安心享智能和安心享福利五大服务主题，构筑“保险+车主+健康+生活”服务生态，打造线上服务闭环，保障产品更丰富，投保流程更便捷，服务体验更优质。“安心享”平台将承载国寿财险客户线上化经营、数字化转型重任的“安心享”服务矩阵提升至新高度。

2. 推进“安心销”“安心创”平台建设，上线安心版国寿天财，集招募、获客、学习、营销、商圈和管理于一身，甄别式客户画像增强营销的精准性，零件化功能模块增强系统的扩展性，多

元化培训方式增强学习的随时性，碎片化营销培训增强推广的灵活性，进一步强化销售队伍赋能，有效提升了保险顾问和销售的便利性，全面提升销售人员单兵作战能力。

3. 上线“安心防”智慧防灾防损云平台，是业内首家采用全国产化 GIS 平台搭建的智能风控云平台。平台对接国家预警信息发布中心、中国地震台网中心，提供实时权威灾害预警服务，平台引入基于超长灾害记录的权威风险数据，实现了自动标的经纬度解析，将内部标的位置数据与外部灾害风险数据进行空间计算洞见业务风险。平台的搭建为公司标的风险识别、风险防控预警和标的风险洞见提供了数据与空间能力支撑，灾害预警权威、迅速，标的风险预判准确，遥感技术实现森林火灾实时监控。围绕公司防灾防损风险管理提供了丰富的功能主题，包括防灾预警、风险评估、经营热图、历史灾损、历史气象、防灾防损专家库和客户风险档案七大功能，功能全面、多段触达。

六、总结

在数字化转型道路上，国寿财险以数字化业务技术架构建设强化业务与技术的融合，以组装式技术优势提升公司主动感知和敏捷适应能力，提升科技赋能效果，重塑核心竞争力，推动公司数字化转型升级。

重点领域“数字化转型”工程是一项系统性工程，需要持之以恒的坚持推进。工程组织形式方面，公司将以科学规划、按需建设和滚动开发的模式，适应不断发展的业务新需要及管理工作新需求，不断完善、优化和升级平台工程建设。数字化转型任务方面，公司将持续优化完善九大平台功能，实现平台间互联互通、专业化运营，力争各平台达到同业和互联网保险公司先进水平；依托大数据、人工智能和 5G 等技术深度研究与应用，提高智能营销、智能作业和智能服务水平；深化商业模式和运营模式创新变革，围绕生活场景，对接数字城市、数字社区和数字家庭等搭建生态圈，通过场景和开放平台建设的丰富和深化，打造开放共享、协同共赢的商业生态，构建公司数字化销售和服务生态体系，不断深化数字化应用能力，提升智能化、生态化水平，推动公司转型升级和高质量发展。

专家点评

中国人寿财产保险股份有限公司的重点领域“数字化转型”工程项目，由面向客户领域、生态建设领域、智能化支持领域和物联网领域组成，建立标准化的高内聚、松耦合微服务体系，构建组装架构与敏捷能力，实现敏捷化升级改造。该项目构建互联互通的移动生态圈，优化升级对接服务、运营支持、客户引流和产品营销等多个环节，将科技能力快速应用到保险场景，赋能内外部生态合作伙伴；同时，整合优化现有销售支持工具，将客户群体快速推送给一线人员，提高展业效率；另外，强化公司数据获取能力和分析能力，实现承保全流程线上化和理赔服务体验智能化，构建数字化风险防控体系。公司通过该项目提升自身的主动感知和敏捷适应能力，增强其核心竞争力，推动进一步的数字化转型升级。

中国人寿财险轮胎受损检测识别技术

◎ 中国人寿财产保险股份有限公司

一、项目概述

车险综合改革以来，财险行业的经营成本结构发生了较大变化，驱使财险主体不断向市场需求端倾斜。截至 2021 年 3 月，全国汽车保有量为 2.87 亿辆，车辆及轮胎的保养需求不断提升，扩大了单轮胎替换市场的规模。在此背景下，中国人寿财产保险股份有限公司(以下简称国寿财险) 积极探索新时代经济社会大生态中的发展定位，加大供给侧结构性改革创新力度，依托人工智能技术，发力产品创新和服务升级，积极“拥抱” 车险综合改革，走差异化发展之路。从需求端出发，开发了轮胎意外损坏责任保险，为车辆正常行驶过程中轮胎出现的爆胎、鼓包和开裂等场景提供保险保障服务。

上线伊始，轮胎险审核阶段需要投入大量的人力，存在理赔时效较低、运营成本较高等问题。为解决此痛点，国寿财险自主研发了轮胎受损检测识别技术。该技术在轮胎险理赔业务流程中引入图像自动识别技术，打造了轮胎险理赔自动化审核平台，在优化审核策略的同时，降低人力成本，是科技赋能保险的一次创新性实践，属行业内首创。在实际生产环境中，系统仅需要 0.2 秒就可完成对用户上传图片的识别，并将检测结果反馈给负责审核的前台工作人员，识别准确率可达 87.45%。该技术基于 YOLOv4 （You Only Look Once Version Four）算法实现了轮胎险与人工智能图像识别技术相结合，利用 K-means 聚类和分段式训练的优化策略训练模型，创新性地采用数据反哺的方式优化模型，提升了模型的整体识别精度和速度。

二、项目背景及意义

从整个汽车市场来看，截至 2021 年 3 月，全国汽车保有量为 2.87 亿辆，随着人们生活水平和生活质量的提高，用户对车险产品的需求开始由粗犷化向精细化转变，致使对于车辆及轮胎的保养需求不断提升。在这样的背景下，财险公司与互联网公司纷纷将目光投向以“轮胎” 为标的车险细分险种，以开拓新的蓝海。

2020 年 9 月 19 日，车险综合改革正式实行，同时在附加险种中新增了车胎单独损失险，但该险与车险绑定销售，主要销售对象为个人，风险难以管控。为此，国寿财险专属开发了轮胎意外损坏责任险(以下简称轮胎险)，作为附加险车胎单独损失险的补充产品，主要销售对象为车胎生产厂家、汽车主机厂、经销商等企业客户，保险标的为新胎，有利于风险管控。轮胎险为车辆正常行驶过程中轮胎出现的爆胎、鼓包和开裂等场景提供保险保障服务，进一步实现了对保险责任的精细化划分。

上线伊始，轮胎险审核阶段需要投入大量的

人力，存在理赔时效较低、运营成本较高等问题，亟须一种智能化的轮胎受损检测识别方法以对轮胎受损情况进行定位与识别，辅助人工审核，节省人力成本。因此，轮胎受损检测识别技术应运而生。该技术首次将图像自动识别算法与轮胎险相结合，贯穿轮胎险整个理赔业务流程，提升了对受损标的的检测效率，减轻了理赔人员的工作量，节省了人力成本，缩短了理赔时间，提升了客户体验，以科技创新提升了产品竞争力，为行业在车险综合改革背景下的科技化创新提供了新的思路，为行业加速转型升级树立了新的旗帜，为促进车险业务持续健康发展注入了新的活力。

三、项目重点解决的问题及主要创新点

（一）重点解决的问题

轮胎险上线之初的理赔审核工作主要由人工完成，当面对复杂多样的数据时，如何快速地提炼出轮胎受损信息，对受损位置进行标注和分类成为首先需要解决的难题。面对大量的轮胎出险照片，配套的人力投入致使运营成本较高、审核工作量大、理赔时效低，直接影响客户体验；同时，面对海量数据如何保证整体业务的线上化高效运作以及不同光线、不同角度和不同颜色背景等外界因素干扰下的检测准确度，是亟待考虑和解决的关键问题。

针对以上问题，国寿财险自主开发了基于深度学习算法的轮胎受损检测识别技术。该技术是科技赋能保险的实践，在轮胎险理赔业务流程中引入图像自动识别技术，打造了轮胎险理赔自动化审核平台，在优化审核策略的同时，降低了人力成本。在实际生产环境中，系统仅需要 0.2 秒就可完成对用户上传图片的识别，并将检测结果反馈到给负责审核的前台工作人员，识别准确率可达 87.45%。在轮胎险的理赔审核阶段，面对海量的图片数据仍可保持高效的检测，避免了由于人工审核带来的潜在道德风险，对理赔阶段的金融风险防范进一步加强。在生产环境中，该技术的检测效果不受光照、角度等因素的影响，具有良好的稳定性，大大提升了轮胎险的产品服务、产品质量和产品竞争力。

（二）主要创新点

在轮胎险理赔业务流程中，首次将轮胎受损识别与人工智能技术结合，完成轮胎受损检测识别技术模型搭建。算法中采用了 K-means 聚类算法对数据集中已标注好的检测目标聚类分析，得到 9 个先验框的宽和高，将整个算法模型的准确率提高了 7.6%。在整个模型训练阶段，采用了分段式训练的方法，在保证模型准确率的同时，提高了模型训练速度。

在整个流程中，创新性地采用了未识别图片打标再训练的方法。对于识别不正确的图片，审核人员可标出实际受损位置并反馈给识别系统，反哺识别系统的数据，形成模型算法的自我迭代优化。在保险业务数字化转型过程中，聚焦细分领域，创新性地结合前沿技术解决业务中的痛点，推进业务流程再造，促进业务高质量发展。目前，国寿财险已对上述相关知识产权申请了专利保护。

四、项目主要建设内容

轮胎受损检测识别技术是对轮胎受损类型进行检测，其检测的方法可以归类于目标检测领域。目标检测是对图片或视频中可变数量的目标进行查找和分类，旨在解决以下几个问题：一是

需要在被检测图像中筛选出所需的目标物，排除其他对象的干扰；二是检测出图像中所有需要的被检测目标对象，比如对于轮胎受损检测，则需模型检测出图像中轮胎所有的受损位置；三是对于图像中不同尺寸的目标对象的检测，能准确地标注出被检测对象的位置和检测框；四是保证模型在不同光线、不同角度和不同颜色背景等外界因素的干扰下，仍能保持良好的检测准确度。在进行目标检测的同时也伴随着分类任务，这就决定了轮胎受损检测识别模型所用的算法网络是一个多任务网络模型。

（一）方案对比

传统的目标检测方法主要遵循了手动标记特征与滑动窗口相结合的方式来进行目标检测和定位，存在设计目标特征困难、设计出的特征兼容性低、效率差等问题。而基于深度学习的目标检测则分为两类：一类是基于 R-CNN（Region Convolutional Neural Network）系列算法的 Two-stage 区域检测方法，该系列只是利用卷积神经网络进行特征上的提取，并没有从本质上改变搜索框的提取目标区域；另一类是利用卷积神经网络的 One-stage 直接回归检测算法。

Two-stage 目标检测系列算法以 R-CNN 算法系列（R-CNN、Fast R-CNN、Faster R-CNN）为主。首先输入一张图片，并通过称为主干网络的卷积神经网络对图片进行深度特征的提取，一般使用 VGGNet（Visual Geometry Group Net）、ResNet（Residual Network）和 ZeNet 等卷积神经网络结构；其次，通过 RPN 网络进行候选区域提取，完成对目标位置的初步预测，并使用 ROI pooling（Region of Interest pooling）层对候选区域中的位置进行精确定位和修正；最后，该候选区域通过全连接层得到特征向量，最终特征向量经过分类和回归两个分支，完成目标类别的判定和目标区域的提取。

模型训练主要分为以下两个步骤：第一步是输入的图片通过卷积神经网络后生成多个特征图，后经过 RPN（Region Proposal Network）网络完成区域推荐与候选目标的筛选；第二步是通过对候选目标区域进行分类和回归，完成对目标的检测。与传统的目标检测方法不同的是，Two-stage 不需要单独进行分类器训练、特征表示等额外的过程，大幅度提高了目标检测训练的精度与效率。但是，Two-stage 系列的区域检测方法仅利用卷积神经网络进行特征上的提取，并没有从本质上改变搜索框中提取目标的策略。

One-stage 的目标检测算法主要包含 YOLO 算法系列、SSD（Single Shot Multibox Detector）等，One-stage 的主干网络中没有 RPN 网络，意味着 One-stage 不需要目标区域的提前筛选，可以直接通过其主干网络完成目标区域的回归与分类。One-stage 算法的具体检测步骤是使用卷积神经网络对物体进行特征提取，随后直接回归物体的类别概率和位置坐标值，是彻底的端到端的检测网络。也正是由于端到端的网络性质加快了网络的检测速度，使得 One-stage 系列的目标检测算法能够很好地应用在实时检测的任务中。同时，One-stage 算法也有良好的检测能力，其中 YOLOv4 算法在 MS COCO（Microsoft COCO：Common Objects in Context）数据集上的 mAP（mean Average Precision）甚至可以达到 65.7%。因此，为了简化模型的构建，同时保证模型检测准确度和检测速度，轮胎受损检测识别技术决定采用 One-stage 系列中的 YOLOv4 算法模型完成检测任务。通过模型直接完成目标区域的回归与分类，在保证算法的检测速度的同时也有较高的识别准确率。

（二）算法结构

YOLOv4 算法模型主干网络采用了 CSPDarkNet53 网络，颈部网络采用了 SPP 模块和 PAN 路径聚合模块，头部检测网络沿用了 YOLOv3 算法的检测头部网络。采用 CSPDarkNet53 网络，将 CSPNet(Cross Stage Partial Network）与 DarkNet53 进行融合，加速了网络的训练。同时主干网络中没有全连接层，增加了 SPP(Spatial Pyramid Pooling）模块，使得输入图像的尺寸不再固定。该结构采用了 PAN 路径聚合模块，减少了浅层的特征在传递到深层网络后的信息丢失。

算法采用了 Mish 激活函数代替 DarkNet53 网络中原有的 Leaky ReLU 激活函数，在卷积层后包含了一个批量归一化层和一个 Mish 激活函数。使用 Mish 函数后，激活函数的每一点更加平滑，能够允许更好的信息深入神经网络，在负值的时候能够允许较小的负梯度流入，使得信息不会中断，从而得到更高的准确性和更强的泛化能力。

算法中的 SPP 结构是对最后一层特征层经过三次卷积后的结果进行最大池化。池化过程中共使用四种不同尺寸的池化层进行处理，池化核大小分别为 1×1、5×5、9×9、13×13。经过 SPP 处理后可有效增加感受野，分离出显著的上下文特征。同时，SPP 确保输入图片的尺寸不受固定限制。

（三）数据集的构建与分析

前期数据集是在各类搜索引擎中收集轮胎受损的图片，并针对图片进行分类。同时，考虑到尺寸、光照、背景和角度等方面的影响，也收集了大量生产环境中的数据用作训练，合计 2000 张图片，涵盖鼓包、开裂和爆胎三种受损类型。数据集中 70%作为训练集，20%作为验证集，10%作为测试集，采用 labelImg 工具进行受损位置的标注，标注的类型分为鼓包(tirebulge)、开裂(cracked、cracked1）和爆胎(flattire)。在实际业务场景中，轮胎开裂类型的真实图片有一部分在开裂位置插有维修工具，故将此类型的标签设为 cracked1。

数据增强采用线上处理的方式，除了翻转、平移、随机切割及颜色填充等方式，还使用了 Mosaic 的数据增强方法，通过将 4 张原始图像拼凑在一个图像中的方式将原来较大的目标变成了小目标，增加了小目标的数量，提高了模型检测的泛化能力。

（四）算法的优化策略

在原始 YOLOv4 算法中，检测分为三个特征层，每个特征层中含有三个大小不同的先验框。先验框是通过 K-means 聚类算法对数据集中已标注好的检测目标聚类得到的。在聚类过程中，首先随机化初始位置并选定 9 个聚类中心，计算检测目标中每个标注框与聚类中心点的交并比，按照交并比的大小将标注框分配给交并比最大的聚类中心，分配结束后再重新计算聚类中心，直到聚类中心不再发生改变，并获得最终聚类好的 9 个先验框的宽和高。最终，通过聚类分析得到轮胎受损数据集的 9 个聚类中心，分别为(28，21)、(38，57)、(69，32)、(70，60)、(92，107)、(119，276)、(126，183)、(206，129)、(229，289)。采用浅层检测层中的锚框预测小目标对象，深层检测层的锚框预测大目标。

针对数据集样本较少的情况，首先采用了迁移学习的方法，预训练模型是使用 YOLOv4 算法在 COCO 数据集上训练得到的算法模型。第一个阶段的训练先冻结算法的主干网络，只针对YOLOv4算法的头部网络和颈部网络进行训练；第二个阶段的训练对主干网络进行解冻，使得算法中所有的网络层都参与训练。通过冻结主干网络层并采用预训练权重的方法，使得在小样本的情况下模型也能有效地收敛。

（五）算法的训练结果分析

算法采用了YOLOv4在COCO数据集上训练的模型yolo4_weights.pth作为预训练权重文件，并进行分段训练。模型在训练初期Loss较大，而后Loss整体的收敛速度较快，最终趋于稳定。

四种受损目标的检测AP（Average Precision）都处于较高的水平，模型在Recall值增长的同时能够保证Precision的值保持在较高的范围内，可以得出模型的性能稳定，其中轮胎鼓包（tirebulge）类型的AP最高，达到98.08%，而轮胎爆胎（flattire）类型由于样本较少的原因，AP最低，达到66.67%，模型整体的mAP值为87.45%。

（六）在业务理赔端的嵌入

轮胎受损检测识别技术在理赔端流程的嵌入如图1所示，理赔照片经过APP端或小程序端上传后，审核系统后台先对图片进行压缩，然后由轮胎受损检测识别系统对图片检测识别，识别后图片的受损位置和受损分类结果会反馈到审理前台，在审核前台的工作人员可清晰地看到图片审核结果。审核人员可标出识别不正确图片的受损位置反馈给识别系统，丰富识别系统的数据，优化识别系统的算法模型。

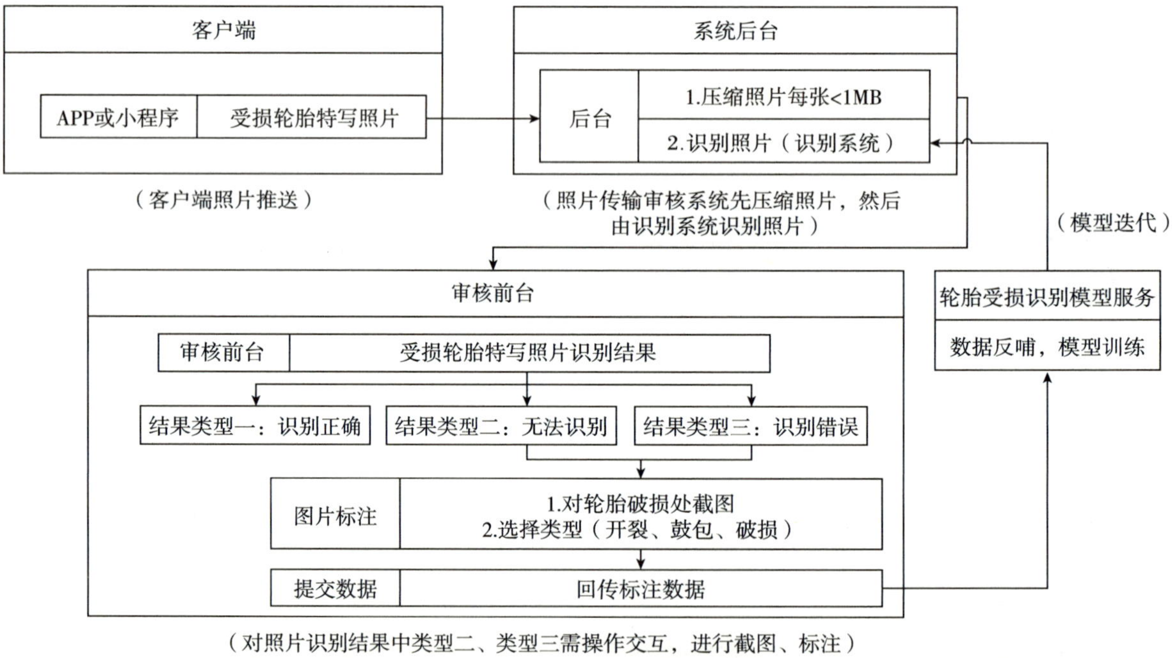

图1 理赔端流程的嵌入

（七）模型检测效果

轮胎受损检测识别技术是人工智能技术与保险的一次成功结合，该技术实现了系统对理赔照片的自动识别来代替人工审核流程，在一定程度上释放了人力资源，且面对海量的数据请求时，识别系统仍可做到快速处理和识别，缓解审核人员的压力。在实际生产环境中，用户上传图片后，系统仅需要0.2秒就可将图片的检测结果反馈给负责审核的前台工作人员，识别准确率可达到87.45%。

五、项目效果

（一）试点工作成效显著，助力车险业务高速发展

轮胎受损检测识别技术已在浙江分公司试点运行半年，以提高理赔审核效率，缩短理赔时间的优势，获得了基层公司和消费者的良好反响。该技术自2020年12月上线至今，轮胎险保费总收入规模增长了3倍，保持了良好的获客增速。目前，轮胎险市场广阔，保费收入持续增长，轮胎受损检测识别技术应用范围不断扩增，人工智能技术不断深入到车险业务的各个流程，以科技促进车险创新项目高速发展的效果突出，全面助力公司在后综改车险市场激流勇进，寻求新突破。

（二）科技赋能持续发力，加速推进数字化转型升级

轮胎受损检测识别技术是科技赋能保险的实践，在轮胎险中引入图像自动识别的技术，打造了轮胎险理赔自动化审核平台，贯穿了轮胎险理赔业务流程，优化审核策略，降低人力成本。利用轮胎受损检测识别技术，实现了单张图片的检测速度为0.2秒，检测准确率为87.45%，将轮胎险的理赔时长缩短近一半，提高了理赔时效，大幅提升了理赔审核自动化效率，完善了轮胎险业务的自动化服务流程。以技术革新赋能保险场景，加速推动了保险业的数字化转型升级。

（三）用户体验大幅提升，促进销售与服务协同发展

轮胎险业务借助数字化技术，为消费者提供了便捷、智能和高效的理赔服务，提高了消费者对保险服务的满意度；助力公司利用优势资源，降低人力成本，提升理赔时效；通过业务与科技的融合，围绕客户和市场，提供创新的保障服务；依托领先的金融创新能力，塑造自身发展优势，提升内在的创新驱动力。轮胎受损检测识别技术与轮胎险的融合，为行业提供了数字化转型的新方向，让更多的企业聚焦细分领域，大幅提升了用户体验，加快推进了从销售主导向销售与服务并重转型，提升数字化智能化水平，为保险服务提供源源不断的创新与发展活力，不断促进销售与服务协同发展。

六、总结

轮胎受损检测技术在轮胎险中的应用是数字化转型的实践，将前沿的科技技术赋能保险理赔业务，完善了业务的自动化流程，加快了理赔审核进程，提升了产品的市场竞争力。在实现业务数字化转型的同时，也对未来项目的优化作出了思考。首先，在产品初期算法的训练数据较少，数据不够丰富。对此，后续可将技术在全国轮胎险业务范围内进行推广，在生产环境中反哺数据，不断优化模型；其次，从技术本身进行优化，与实际业务相结合，改进算法的网络结构以

及增加算法中的调优策略，提升算法的检测速率和精度；再次，从产品的角度出发，通过物联网设备实现单个轮胎的身份识别，有效增加风险管控能力；最后，结合轮胎受损检测技术的实践经验，可以聚焦更多车险业务或非车险业务细分领域的场景，探索新的保险科技赋能案例，制定行之有效的解决方案，提升自身创新水平。国寿财险将继续以保险科技为驱动力，依托大数据、人工智能、车联网和自动驾驶等创新科技，全面提升风险定价能力，发力产品创新和服务升级，提升经营能力，促进行业加速转型升级，积极拥抱车险综合改革，以走出差异化发展之路，建立市场竞争壁垒，实现保险科技对业务流程的全面渗透，促进业务的高质量持续健康发展。

专家点评

中国人寿财产保险股份有限公司的轮胎受损检测识别技术，引入人工智能的图像自动识别技术，有效解决了理赔时效长、审核工作量大和运营成本高等问题，避免人工审核带来的潜在道德风险，提升了轮胎险的产品服务、产品质量和产品竞争力。该技术使用未识别图片打标再训练的方法，是对人工修正识别不正确的突破，反哺识别系统的数据，形成模型算法的自我迭代优化。公司运用该技术提高了理赔审核效率，缩短了理赔时间，降低了人力成本，完善了轮胎险业务的自动化服务流程，大幅度提升了用户体验，加快推进了从销售主导到销售与服务并重转型，提升了数字化、智能化水平，加速推动了公司的数字化转型升级。

中航安盟 IT 小盟服务平台

◎ 中航安盟财产保险有限公司

一、项目概述

1. IT 小盟服务平台是一个综合性的服务平台，用户在使用中航安盟财产保险有限公司(以下简称中航安盟）所提供的应用系统(包括但不限于车险、非车险、农险承保系统、理赔系统、收付系统、单证系统、卡激活系统、卡管理系统、销管系统、BI 系统、核保系统、OA 系统、费控系统和增值税管理平台）时遇到系统未知异常、数据错误和操作失败等需要运维人员协助解决的问题时，即可通过本系统进行问题上报。

2. IT 小盟除了为用户解决日常问题，还为分公司中高层领导提供一个紧急服务的平台，直接对接总公司部门领导；解决分公司在出现紧急监管需求，影响保费，以及等待紧急系统变更时，因不清楚与总公司对接人员和处理进度而无法直观了解的痛点。

二、项目背景及意义

中航安盟自 2003 年成立至今，目前拥有 9 家省级分公司，220 余家分支机构，在职员工 2000 余人。中航安盟有上千业务人员及代理人员、协办员，而专职运维人员仅有 4 人。

长期以来，中航安盟一直使用传统的运维手段，收集和处理业务问题。但传统的运维手段存在诸多问题，比如在系统出现大面积问题故障时，运维人员的处理会出现遗漏，处理问题也会出现不及时，时效性无法统计，即使需要统计也只能通过手工方式记录。当运维数量随着公司业务量逐渐增长，常规的沟通软件已经无法满足同一时间 10 人以上与业务人员私聊的需求。

为了更加方便业务人员的移动化办公，中航安盟建立了以用户为本，面向中航安盟全体用户的最全面的应用问题反馈体系——IT 小盟服务平台。移动端与电脑端相结合，为用户提供了随时随地的问题反馈解决途径。当业务量和运维数量激增时，运维工单会处在一个排队状态，运维人员可以按照系统内的排序进行处理，让需要处理的问题无遗漏，有序进行。

三、项目重点解决的问题及主要创新点

IT 小盟服务平台目前分为运维服务模块和特殊服务模块，针对不同的场景，为不同群体用户提供专业的服务。运用先进的信息技术，通过移动端与电脑端相结合的运行方式，为用户提供随时随地的问题反馈和解决结果查看途径。当用户在使用中航安盟企业应用系统的过程中遇到问题时，仅使用手机便可将问题通过截屏的方式反馈给运维人员。同时，系统可实时显示已提交问题的处理人员、队列排位和问题处理的预估时间等信息，相较于以往 QQ 群略显无序的运维管理、运维事件处理不及时等问题，IT 小盟让问题的处理

过程与时效得以透明化。IT 小盟还配备了专业的技术支持团队：一线运维人员负责直接与用户沟通，快速排查问题，提供解决方案，以保证业务的顺畅进行。二线运维人员作为技术补充，将深挖问题产生的原因，力求从根源上解决问题，减少类似问题的发生。目前主要解决以下几个问题：

1. 创新的沟通方式，可以便捷、迅速，记录存档，以及多端使用。

2. 在出现紧急重大需求时，无法及时和总公司进行沟通，且沟通人员不确定。

3. 能直接得到总公司支持，且所有领导均可直接了解问题处理的进度和结果。

4. 对需求量大的问题的沟通可以直接让信息部与提出人员沟通，可以对出现的重复性需求合并或删除。

四、项目主要建设内容

目前市面普遍的沟通软件均为面向大多数企业及用户设计的沟通交互方式，但是作为一个仅有几人的运维部门面对上千员工的保险公司，常规的沟通手段并不适合。

中航安盟通过完全的自主研发，将多端通信，实时提醒，沟通计划，协调处理在 IT 小盟服务平台内集成。其中包含了 H5 开发、数据仓库、分布式存储和异地灾备等前沿主流科技。

1. IT 小盟的前端采用了 JavaScript 引擎 V8 的 Java 封装脚本、Litepal 轻量级数据库，通过声明的数据类型字段会被自动映射到数据库表中，无须额外配置，Xutils 技术支持大文件上传，更全面的 http 请求协议支持，拥有更加灵活的 ORM，更多的事件注解支持且不受混淆影响、MVC 框架以及对接企业微信，实现多端协同。

2. 后端管理使用 Springboot 框架，自动配置 Spring，简化配置文件，项目可以以 Jar 包的形式独立运行；框架内嵌 Servlet 容器，无须以 War 包形式部署；使用 Jpa 持久层框架支持大数据集、事务和并发等容器级事务，这使得 Jpa 超越了简单持久化框架的局限，在企业应用中发挥更大的作用；使用 Nginx 高性能 Web 和反向代理服务，支持高并发连接，内存消耗少，是免费的开源协议。

3. 知识库的图像识别采用的是比较高阶的特征提取算法，主要为人工特征算法。人工特征算法典型的有 ORB、SURF 和 SIFT 等，它们各有优劣，经过测试且考虑算法的执行效率，特征向量检索效率等因素，目前选择了 ORB，其特征检测具有尺度和旋转不变性，对于噪声及其透视变换也具有不变性。

五、项目效果

目前系统日均用户使用量超过 40 人/天，得到了用户的一致认可和好评。通过对问题详细的归类分析，对出险问题较多人群进行针对性培训，并且对筛选出的典型问题与开发人员进行确认修正或优化方案。

1. 优化业务流程，降低了运营风险及成本，保证一线业务的保费收入。

2. 运维平均响应时间较原本 QQ 处理缩短了 5 倍，运维时效性提升了 50%。

3. 机构提交的问题可立刻得到处理，并且在运维人员分配后，准确对接到各系统相应的负责人，解决了一线业务人员对后台服务部门不熟悉，时间都浪费在“问路”上的痛点。

4. 当出现影响机构保费收入，收到监管要求或者紧急变更需求时，分公司可以通过服务平台直接联系到总公司负责部门，领导直接安排任务，并能直观跟进开发改造的进展。

5. 移动化支持，企业微信接入，电脑、平板和手机三者得其一。

6. 可视化的任务管理，提供与当前用户相关的工作事项概览。

六、总结

作为一个中法合资的保险公司，中航安盟入选2019—2020年度“金牌服务机构”，并且荣获《金融时报》评选的“年度最佳农险服务保险公司”。IT小盟服务平台是中航安盟在数字化转型中为了解决分公司和一线业务人员的痛点的产物，结合了最新的技术，经过严谨的需求调研，在经过半年的开发和2个月的业务人员测试后才正式上线。

为向用户提供更便捷、优质和透明化的IT服务，基于企业微信建立了更加全面的应用问题反馈体系——IT小盟。IT小盟目前可通过网页、企业微信客户端进行问题的接收与反馈。在各业务系统中，直接点击图标即可跳转至问题提交页面，企业微信端则是在工作台找到该应用进入提交页面，无须再加入各种运维群，操作简捷。系统接收问题后可自动分配给运维人员，用户可实时查看处理情况，了解处理进度，也可直接与处理人员沟通，透明化的处理过程，一对一的运维服务，改善了以往用户只能等待运维人员联系、无法预知处理时间和着急问题不知找谁等情况。后台通过运维问题处理时效和问题类别的统计，可及时调整运维策略，为运维人员的考核提供依据，降低问题回复不及时、处理时效慢等问题，提升了服务质量和用户体验。系统于2020年8月初上线，通过为期一个月的试运行与系统优化，开始全部省份的推广使用。自正式上线以来，IT小盟共计接收问题14823个，受理问题后响应平均时效为1.5分钟，较之前的5分钟相比，提升了70%，处理一般性问题时间均控制在14分钟内。

该系统解决了分公司在出现紧急监管需求、影响保费等紧急系统变更时，不清楚与总公司对接人员和处理进度不能直观了解的痛点；解决了总分公司领导在完成多次调研后，对历史调研需求进度不了解，每次提出问题较多，各机构提出人员无法与需求人员直接对接的问题。

专家点评

中航安盟财产保险有限公司的IT小盟服务平台，基于H5开发、数据仓库、分布式存储以及异地灾备等技术，优化了业务流程，同时为不同群体的人员提供专业的服务，将各类问题的处理过程和时效透明化，高效地为用户提供问题解决方案，保证业务的顺畅进行。中航安盟运用该平台后，降低了运营风险和成本，保证了一线业务的保费收入，减少了运维人员的平均响应时间，提高了问题解决的效率；准确地对接各系统相应负责人，减少了中间沟通对接时间；为业务员提供随时随地的移动化支持和可视化的任务管理，有效提高了公司运营效率，提升了服务质量和用户体验。

永诚保险意健险核心业务系统数字化转型实践

◎ 永诚财产保险股份有限公司

一、项目概述

在数字经济成为经济发展新引擎的背景下，数字保险既是数字经济的重要组成部分，又为数字经济发展提供了风险管理和保障服务。从这个意义上讲，数字化转型是保险业服务数字经济高质量发展的内生需求。自 2017 年以来，习近平总书记多次就“数字中国” 作出重要论述和战略部署。在“数字中国” 发展战略的引领下，各行各业开始逐步推进数字化转型，运用大数据、云计算、区块链、人工智能和 5G 等信息技术提升业务拓展、运营管理效能，提高核心能力创新水平。保险业也在积极培育数字化能力，在渠道、产品、服务、风控和生态等方面加速迭代，重塑竞争优势，努力实现高质量发展。当前，新冠肺炎疫情对国民经济和社会发展带来深远影响。一方面，延期复工、隔离管控等疫情防控措施对保险机构的线下经营和销售带来了挑战；另一方面，疫情加速并提升了保险业对数字化转型的认识与思考。

为响应业务线上化、经营数字化的现实需求，聚焦保险业数字化转型内涵和框架，永诚保险以新一代的意健险核心业务系统建设为契机，探索和尝试框架性转型策略和实施方案。经过广泛的调研和分析，我们认为保险业数字化转型的战略侧重点可分为品牌宣传推广、客户体验、生态拓展、产品创新和成本优化五种模式。在前后近 3 年的系统建设过程中，永诚财产保险股份有限公司(以下简称永诚保险) 在意健险条线积累了较多的数字化转型实践，为公司其他产品线及同业公司进行数字化转型提供了成功案例的参照。

二、项目背景及意义

永诚保险“3668” 新发展战略，确立了科技驱动的创新理念和以数字化为基础的发展战略。为此，公司引入各种新业态、新模式和新技术，以实现业务的跨越式发展。意健险作为公司战略性发展业务之一，有巨大的发展潜力和营利性，业务发展对原有系统提出了新的要求，原有系统由于技术水平的限制及系统架构等原因，难以进行扩展，尤其是在线业务的发展带来数量激增，传统作业模式难以应付，需要一个强大的系统利用先进技术来提升作业效率，实现线上化、自动化，为广大客户提供“一站式” 产品消费以及服务享有权，满足客户不断提升的“对美好生活的向往” 需求，进一步提升公司的市场综合竞争力。

基于此背景，永诚保险历时 3 年先后进行了意健险产品工厂、意健险承保、意健险理赔、医保大病保险和医疗库等系统的建设。在众多的数字化转型策略的选择面前，公司主张从打基础做起，全面地进行了条款、责任、限额和免赔等产品信息精细的结构化治理，为数字化、自动化的管理保障责任、保险合同和理赔服务打下最重要的基础；同时永诚保险建设了基础的疾病库、伤情诊断库和医保目录库等健康险生态产业基础设施库。“数字基建”是数字化转型发展的基石，公司预计数字基础设施的建设，将在未来多年的意健险业务快速发展过程中发挥越来越大的作用。

三、项目重点解决的问题及主要创新点

（一）重点解决的问题

在数字化产品创新方面，现运行的系统缺乏对产品要素结构化的管理能力；产品创新缺乏，千篇一律的同业参照、复制；产品创新在做追随者，缺乏有效客户的针对性。

在数字化风控方面，面对保险欺诈频发且日益专业化，缺乏有效的系统识别能力；核保核赔等风险管理仍高度依赖人工经验审核，成本高、效率低；公司及行业数据割裂，数据质量低，无法有效支撑风险管理需要；大部分的风险管理仍以事后稽核为主，数据、业务系统能力不足的问题严重制约了公司风控能力的前置化实施；风险模型以经验规则为主，缺乏学习能力和扩展能力，难以应对复杂多变的欺诈与渗漏方式的变化。

在数据资产方面，设立数据资产管理的组织与体系，制定数据资产管理制度，盘点数据资产；实施数据模型、数据安全、数据标准、元数据、主数据和数据质量管理，支持数据资产服务应用；灵活配置数据存储检查策略，进行数据标准、质量和安全等方面的检查；对数据资产价值进行评估，实现数据资产内部共享和运营流通。

（二）主要创新点

永诚保险在意健险核心业务系统建设上以客户分群为中心指导原则，分为个人客户、团体客户和行业客户三大类，围绕客户的关注点进行业务能力建设，重塑了意健险核心业务系统结构化模型，从数据资产梳理后的标准制定，到对历史数据清洗和治理形成有效的数据资产，伴随着新的产品结构化模型的建立，打通了数据与产品创新、数字化风控和数字化运营的数字管道。

四、项目主要建设内容

结合公司意健险业务条线数字化转型规划路径和我国领先机构业务实践调研分析，永诚保险的意健险业务数字化转型和意健险核心业务系统建设框架涵盖战略侧重点、业务能力和支撑体系三个方面，具体包括一个战略、十大能力和四大支撑（见图 1）。

永诚保险以意健险核心系统建设项目实施为契机，在数字化产品创新、数字资产管理、数字化运营和数字化风控四个方面进行了深度实践，同时针对数字化转型支撑体系，通过数据治理、数据治理数字化管理平台等项目初步完成了数字化技术与架构的搭建、数字化数字治理组织及体系的建立。

不同模式所需能力不同，永诚保险在新的发展阶段根据自身业务重点，确立了聚焦核心电力能源业务、发展创新业务和做强做精传统业务的公司转型战略侧重点。

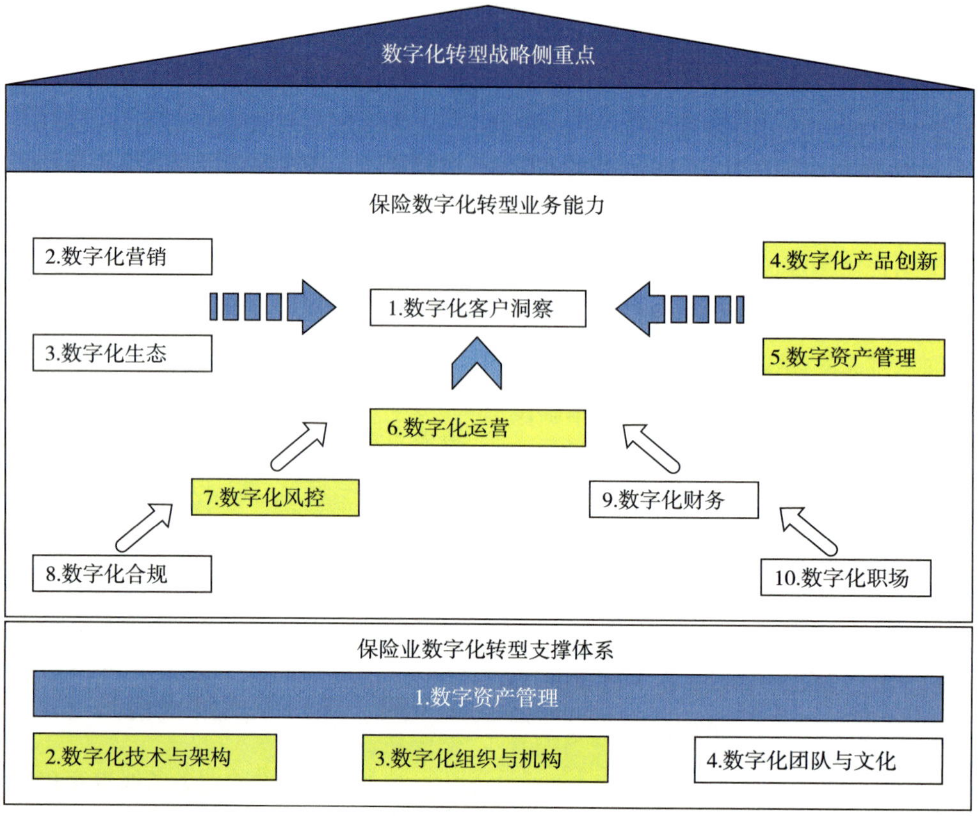

图 1　意健险业务数字化转型和意健险核心业务系统建设框架

在数字化产品创新方面，典型实践有产品原子化及组装创新、产品多层次精细化定价及核算、产品全生命周期管理，覆盖了公司所有意健险产品。

在数字化运营方面，典型实践有机器人流程自动化、协同作业平台、智能客服平台；在意健险承保、理赔作业流程中，针对公司大批量的团险业务的特点，引入了流程自动化处理平台进行数据大批量处理操作，通过作业门户工作平台面向作业员工、风控专员、管理人员适配不同的视图，使得管理者可以通过工作平台能够实时地洞察数字化的作业流程时效。

在数字化风控方面，通过大数据分析建模及机器学习技术，识别、建立承保理赔业务中的风险模型，实现覆盖事前、事中、事后的全流程风险控制，在承保业务中，引入了基于医疗疾病模型的智能核保，对次标准体用户进行了数字化建模，扩大了承保范围的人群基数，同时在理赔作业中，通过风险建模，逐作业节点进行风控评价，通过风控评价动态地驱动高风险、中风险、低风险案件的差异化管控流程。

在数据资产管理方面，应了解其数据资产全貌、价值并配备相应的管理制度及工具作为保障；通过实施全公司范围的数据治理项目、数据治理数字化管理平台运营，公司建立了全产品线的元数据、业务代码标准数据集，通过成立数据治理委员会、设立一级部门数据管理部，制定和完善数据标准的全生命周期管理。全面完成了例是业务数据清洗和治理，为新一代的意健险核心业务系统建设打下了重要基础。

当前保险业生态内各类供给主体基于自身资源、技术和场景等优势，顺应数字化转型趋势，在产品设计、营销宣传、核保理赔和精算定价等业务领域不断探索，推动公司更好地适应创新驱动下的数字经济保障需求。永诚保险作为一家传统保险公司，基于既有业务优势，通过“金融+科技”的探索和创新优化原有作业模式提效、降本。

五、项目效果

遵循公司新发展战略对意健险业务发展与规划要求，永诚保险花费三年再造意健险产品、承保、理赔全业务闭环管理，采用全新的技术架构、数字化设计理念助力意健险业务快速发展，灵活应对市场需求，项目的整体规划见图 2。

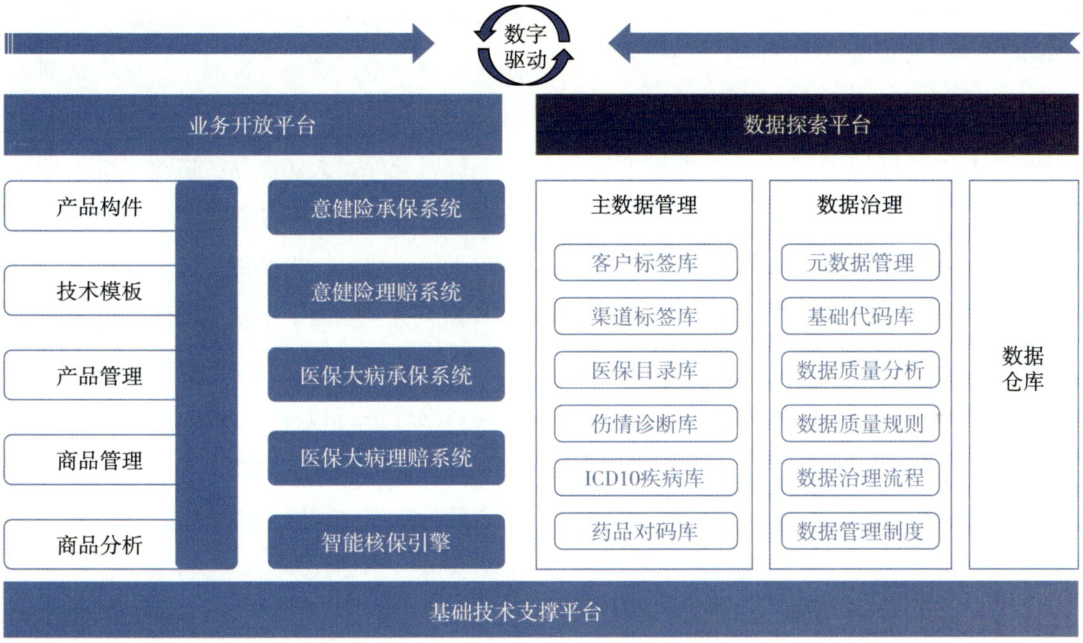

图 2 项目整体规划

（一）全面整合意健险业务全流程，提供领先的用户体验

全线上化流程从审核到出单，实现业、财、再、统、销数据流程一体化，实现全线上化业务闭环、千万级数据处理能力。

（二）打造标准化产品结构、柔性业务中台

建立承保—理赔联动的四层产品结构：产品—条款—保险责任—给付责任；支持产品快速定制上线，产品上线周期由以月为单位缩减为以天为单位，实现用户一键发布新产品。

产品高度可配置，灵活应对市场变化，结合永诚聚焦行业客户、专业客户和集团客户的特点，创新建立以客户为中心的产品服务、组合营销模式和系统支持能力。

整合业务单证将超过 100 个打印模板缩减至 3 个通用模板，自适应条款更新、产品升级和监

管整改等场景，电子保单全面应用为公司降低大量成本。

（三）灵活快速的渠道平台对接能力

建设柔性中台是永诚保险新一代意健险核心业务系统的主要目标，通过标准化渠道服务对接接口实现了多样化渠道业务发展和 TPA 服务接入，支持渠道业务线上共保、分期缴费、实时批改等新业务模式，实时收费、秒级出单，支持电子化保单、发票等全线上化、无纸化运营，中台渠道系统的接入效率从周提升到天，实现支持公司渠道业务灵活、迅猛发展，按照保单数量统计，公司 2021 年意健险整体线上化率近 80%、业务收入超过 4 亿元。

（四）智能引擎大量应用，重塑意健险承保理赔作业流程

永诚保险新一代意健险核心业务系统建设过程中，重塑业务自核模型、费用管控模型、见费出单模型和案件风控模型等，通过智能引擎技术应用，形成了基于案件风险与动态作业流程的联动，100%涵盖了全意健险承保和理赔作业场景。

建立了全作业过程的任务数字化监控平台，为公司意健险业务管理线进行不断优化和升级作业流程提供了数字化基础。

（五）提升专业化和精细化管理水平，打造数字化风险监控体系

根据身故、残疾、失能和重疾等不同给付类型，实现差异化适配和赔付的精准控制，针对医疗险建立了基于 ICD10 标准疾病库、诊断库和医院库等基础数据资源，提高了医疗险精细化管控水平。

针对社保类大病产品，搭建了统一标准医保互联平台，建设了医疗药品、诊疗项目和医疗器械三大医疗目录，为城镇、城乡居民提供了一站式结算服务，提高了永诚品牌影响力。

重新构建意健险反欺诈模型，通过系统自动实现对案件进行风险高、中、低的分类和识别，实现意健险风险管控系统从 0 到 1，打造永诚保险意健险数字化风险监控体系，助力公司意健险业务健康、平稳发展。

专家点评

永诚财产保险股份有限公司的意健险核心业务系统，以客户的关注点为中心，构建核心业务系统结构化模型，打造数据与产品创新、数字化风控和数字化运营的数字管道。该系统实现了产品的多层次精细化定价及核算，引入流程自动化处理技术对大批量数据进行快速处理，通过大数据分析建模及机器学习技术建立承保理赔业务的风险模型，帮助公司满足科技创新驱动下的数字经济保障需求。公司使用该系统全面整合意健险业务全流程，建造标准化产品结构、柔性业务中台，增强渠道平台的对接能力，优化升级理赔作业流程，完善数字化风险监控体系，促进意健险业务的数字化转型。

华农保险数字化转型赋能高质量变革发展

◎ 华农财产保险股份有限公司

一、项目概述

为深入贯彻落实党中央关于加快数字经济建设的要求，把数字化转型作为实现行业高质量发展的关键驱动力，华农保险于2019年确定了数字化转型的三年发展规划，致力于打造“高质量、可持续”发展的新华农模式。从建立一支具有专业能力和创新意识的科技团队入手，围绕公司组织升级、文化建设和能力储备等方面，科学制定数字化转型战略目标，统筹推进数字化转型工作，改善组织架构和机制流程，大力引进和培养数字化人才，健全数据治理体系，提高数据应用能力，推动科技管理敏捷转型，加强创新业务的合规性管理，强化网络安全防护，加强数据安全和隐私保护，全面践行数字化转型战略。

科技团队是公司数字化转型的桥头堡和排头兵，积极践行数字化转型战略。华农保险立足自身实际、循序渐进地推动科技能力提升，着力构建“大中台、小前台”的科技架构，通过敏捷开发和持续交付(Scrum+Devops)的实施模式，快速组织了一支涵盖产品经理、前后端开发、架构设计、大数据、测试运维、商业分析和运营策划组成的保险科技团队，完成“业务中台、技术中台、数据中台和运营中台”建设，围绕2C、2A和2B等目标用户，提供端到端的系统性数字化解决方案，快速响应和支持前线业务场景。目前，华农保险已自主研发数字化系统21个，并获得10项知识产权许可。数字化转型发展模式架构见图1。

在数字化转型的推动下，公司实现了保险业务发展与核心能力建设的双翼齐飞。截至2021年上半年，公司实现保费收入15.02亿元，原保费收入增速为46.5%，超过行业平均水平10倍以上，市场排名较上年同期提升12名，创历史最佳，综合成本率和经营成本率均为公司成立以来最优水平，公司实现持续盈利。数字化转型已深入公司全条线和全流程，有力地支撑了业务和管理实现“弯道超车”发展。从结果看，华农保险的数字化转型已取得成效，成功走出一条中小金融机构通过数字化转型实现公司核心能力提升和高质量可持续发展的道路。

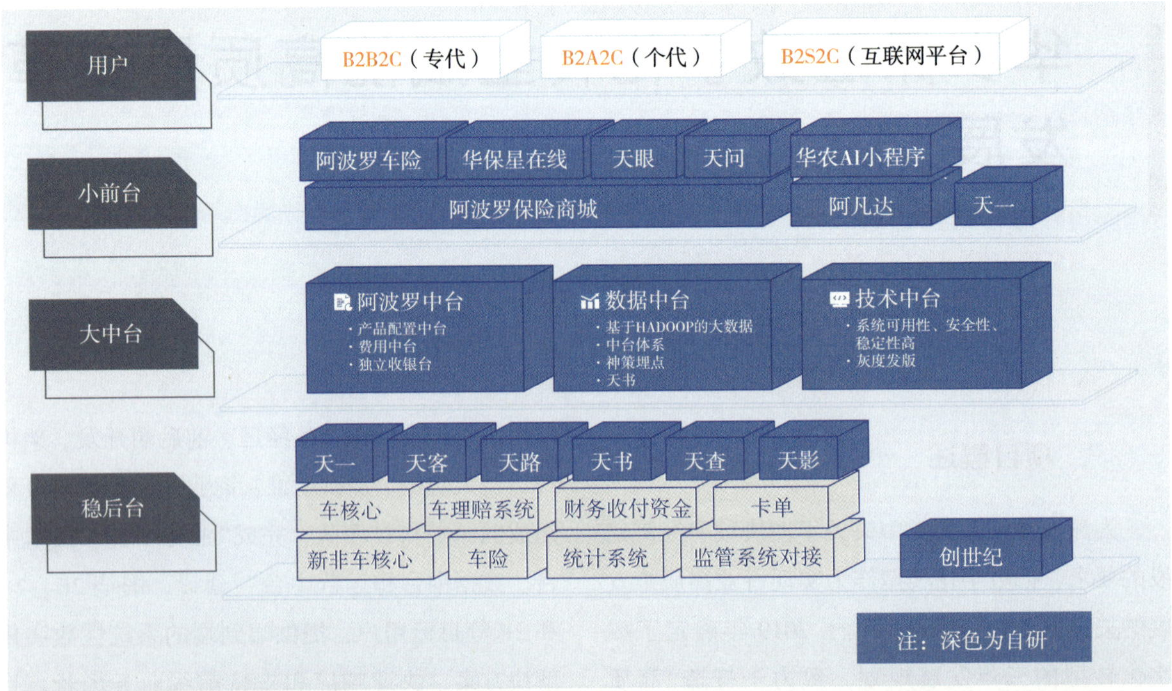

图 1　数字化转型发展模式架构

二、项目背景及意义

车险综合改革后，财险行业面临巨大的经营压力，2021 年上半年保险股下跌超过 30%，资本市场对于保险业的发展普遍持保留态度，行业竞争和分化进一步加剧，机构出清和优胜劣汰成为必然趋势。华农保险在尊重行业发展规律的前提下，结合自身实际，通过科技团队建设和创业文化打造，循序渐进地逐步探索数字化转型的发展路径，通过数字化中台能力建设，赋能数字营销、数字风控和数字理赔等方面的发展，数字华农模式逐步成型，已成功走出一条通过数字化转型实现高质量发展的道路，为中小金融机构实现弯道超车的差异化发展贡献鲜活的案例。

三、项目重点解决的问题及主要创新点

中小保险公司受制于开发能力、应用场景和数据积累等方面的制约，开展数字化建设捉襟见肘，华农保险基于自身实际出发，从自主能力建设方面入手，按照线上化、数字化和智能化的实施路线，逐步探索出一条成本可控、效果显著的可持续发展之路，并建设了大数据中台和数字运营中台，有力地支持了公司业务突破发展和组织机构转型，数字化能力得到行业的关注和认可，为中小公司实现数字化建设进行路径探索。

四、项目主要建设内容

（一）数字智能化车险出单工具

阿波罗车险是通过数字化赋能的 AI 极速体验车险投保工具，从图片分类识别(现已支持身份证、行驶证、新车合格证、平台验证码)、车型智能查询、产品方案配置，到 PC 端图片拖拽前端技术、投保查询缓存方案节约报价成本等方

面，满足C端用户和A端用户智能化一键式操作的投保诉求，5秒内完成图片智能分类识别，转保码自动识别率超过95%，可在30秒内实现从信息录入、信息识别、方案选择和报价展示功能。目前对公司车险贡献超过40%，在部分机构的保费贡献超过70%。

（二）数字智能化车险定价体系

基于大数据建模能力的车险分定价体系，采取“广义线性模型+机器学习”的混合建模方式，共计引入定价因子200多组，其中车系分类超过“350+”。2021年以来，定价模型进一步引入交通卡口数据，家用车主全业务的区分度提升了20%以上，自车险综合改革以来共实现9次模型基准的调整，通过快速响应业务前端变化，满足动态风险定价调控。

（三）数字化产品工厂中台体系

通过数字化产品工厂的能力建设，解决了传统核心系统新产品上线速度慢，无法响应前线需求的业务痛点。通过与非车核心系统打通的“组件+模板”模式，快速完成保险产品生产，前端Web页面的精细化管控使产品配置效率提升，可实现1日内上线新产品。广泛使用分布式云原生的能力，持续优化互联网平台对接器，在2周内顺利通过某头部互联网平台几近严苛的系统压测要求，实现了5000笔/秒的高并发能力和50毫秒的低延迟效果，助力公司平台型健康险互联网业务实现高速发展。

（四）数字化营销端运营中台

建立了数字化营销运营中台，通过采集用户行为数据，关联业务数据和经营数据，沉淀和建立了用户画像体系。进一步打通微信底层能力，实现了基于微信生态圈的数字化营销能力，可实现千人千面的用户触达、用户运营和销售策略触发，并将数字化能力进一步开放至分支机构，可实现销售部门对于客户群体的快速触达和精准运营。

（五）大数据和数字运营中台

强化数字中台建设，包括大数据中台和数字运营中台，推动组织升级和业务突破发展。大数据中台方面，打通公司系统之间的数据孤岛，构建基于HADOOP的大数据中台体系，精心打造天眼系列产品，实现分钟级业务数据的在线更新，助力公司实时了解业绩，集承保、理赔、考核、经营和风险预警等功能，通过数字化能力辅助公司科学决策。天眼成为公司使用频率最高的系统，平台周平均使用率超过62%，人均周使用超过20次。

五、项目效果

通过数字化能力的逐步提升，有力地支持了公司的业务发展，在后疫情时代公司实现高质量可持续发展。截至2021年上半年，公司实现保费收入15.02亿元，原保费收入增速为46.5%，超过行业平均水平10倍以上，市场排名较上年同期提升12名，创历史最佳，综合成本率和经营成本率均为公司成立以来最优水平，公司实现持续盈利。数字化中台建设取得历史性的突破，共建设数字化系统21个，强有力地支撑了公司各板块的业务发展。

（一）数字营销

2021年上半年，公司数字化营销成效显著。数字代理人营销实现保费收入1.79亿元，对公司车险业务贡献超过30%，整体成本优于其他销售渠道 1.9 个百分点，代理人数字化工具的使用率大幅提升，周活跃率达到 57.6%，月度活跃率为 82.4%，同比提升 10 倍以上。

（二）数字风控

在数字车险建设方面，基于大数据平台的车险分定价核保体系，共计引入定价因子 200 多组，通过对定价模型的不断优化升级，并与国际接轨引入动态交通因子，将家用车主全业务的区分度提升 21%。自车险综合改革以来，共完成 9 次模型基准的调整，通过快速响应业务前端的变化来满足动态风险定价调控。在此基础上，进一步优化核保模型和投保转化率模型，家用车自核率同比提升 3 个百分点，投保转化率优化 3.8%。2021 年上半年实现保费收入 7.28 亿元，增速超行业平均水平 2.4 个百分点，保单件数为 80.7 万件，增速为 20.1%，增速超过市场 11 个百分点。

在数字健康险建设方面，阿凡达极速对接系统一次性通过头部互联网平台高标准的性能要求，实现了 5000 笔/秒的高并发能力和 50 毫秒的低延迟效果，助力公司平台型互联网业务实现高速发展。2020 年承保 1243 万单，为过去 10 年总和的 11.6 倍。2021 年 1~7 月实现保费收入 7.3 亿元，同比增长 300%以上，保单年度的赔付率持续走低，智能风控体系发挥了积极作用。

（三）数字理赔

按照全流程数字化的建设目标，自主研发新一代车险理赔核心系统。坚持以客户为中心的服务理念，结合理赔流程重塑和管理升级的发展需求，设计了以车险理赔为基础，以微服务为底层架构，兼具包容性和开放性的外部接口，可根据需要实现快速迭代和多方系统接入，并着眼于未来多险种综合性理赔管理的服务中台，开创性地研发了天路系统。系统具有以下几个突出特点：一是实现了理赔全流程的数字化和智能化。二是将管理和操作权限分离，数据和功能权限均实现可视化。三是全流程智能化引擎管理可实现理赔流程改造和重塑。四是支持远程视频服务，实现与客户的实时视频交互，客户体验和理赔时效得到显著提升。五是具有丰富的系统扩展接口，将有效集成反欺诈和防渗漏等第三方数据接口，最快可在 1 个工作日完成监管需求对接。从上线效果来看，理赔数据质量和颗粒度大幅提升，结案率和结案周期得到明显改善，案均理赔成本降低 10%，人均服务案件数提高了 15%。

六、总结

后疫情时代，数字化转型已成为行业的发展共识，作为中小保险公司的先行者，华农保险通过 2019 年前瞻性的布局，创新性地提出科技赋能和创新驱动的新华农发展模式，并立足于自身实际初步完成数字化转型，并连续获得“年度保险业数字化转型突破奖”“2021 最佳保险公司数字化转型先锋奖”“2021 中国保险科技 100 强”“2021 最具创新力企业”等荣誉，通过新华社客户端刊发的《聚焦“十四五”规划，为推动保险业高质量发展贡献鲜活力量——华农保险科技赋能高质量发展的思路与实践》，阅读量超过 140 万人次，充分体现行业对于华农保险在科技赋能和数字化创新方面的认可。同时，公司在发展显性曲线和延伸隐性曲线的基础上，通过自我变革实现组织优化升级和业务转型突破，构建基于数字化转型的企业第二发展曲线。

专家点评

华农财产保险股份有限公司基于公司实际发展状况，循序渐进地实现数字化转型，打造“大中台、小前台”的科技架构，快速响应和助力前线业务场景，实现保险业务发展和核心能力建设双管齐下，降低经营成本，提高经营效率，保证持续盈利。公司通过科技赋能车险投保工具，节约报价成本，满足用户的快速投保需求，基于大数据建模能力构建数字智能化的车险定价体系，保证车险定价的准确性和合理性。同时，公司通过建设数字化产品工厂，解决新产品上线慢的痛点，提升产品配置效率，建立营销运营中台来实现对客户群体的精准运营，强化数字中台建设，助力组织升级和业务突破发展，为中小保险公司实现数字化转型提供借鉴。

国元农业国元信息化工作平台

◎ 国元农业保险股份有限公司

一、项目概述

为了配合国元农业保险股份有限公司数字化转型战略，提高信息化管理水平，通过对信息技术部及外包项目组日常工作管理的改革，实现加强过程管控、简化工作流程、提高工作效率的目标。同时，把需求、开发、测试、上线、运维以及项目管理、预算管理、IT资产管理和统计报送等信息化相关日常工作向精细化、数字化转型，确保各项信息化工作有章可循，有迹可查，力争做到可量化、可跟踪、可考核，全面提高信息化工作效率和风险管控水平。

二、项目背景及意义

“十四五”时期，正值“两个一百年”奋斗目标的历史交汇期，是中国全面建成小康社会之后，开启全面建设社会主义现代化国家新征程的第一个五年，也是中国转变发展方式、优化经济结构和转换增长动力的关键时期。随着供给侧结构性改革的深入和数字社会的发展，中国经济将加快向高质量发展转型，保险业的产品供给、销售模式和服务方式也将发生深刻变化，公司数字化转型面临新的挑战。监管部门也提出截至2022年，保险公司线上化率达到80%的要求。IT部门的管理工作也需要适应数字化转型的需要，对日常的项目可行性研究、立项、招标和合同管理等实现线上化的管理，同时实现项目过程管理、外包人员管理、内部人员管理和需求管理等的线上化管理，通过信息技术手段实现信息技术部日常工作的线上化管理，提高工作效率。

三、项目重点解决的问题及主要创新点

国元信息化工作平台主要围绕公司信息化管理各项工作领域的内容建模，采用微服务的架构形式，将业务模块归集成多个小型但有业务功能的子服务，每个子服务都有自己独特的功能机制和轻量级通信机制，可以部署在单个或多个服务器上。每个子服务的部署是独立的，这种部署方式可以更快地对特定部分代码进行部署，灵活快速地实现功能的增设和应用。每个子服务能够独立运行在一个进程内，赋予平台灵活的代码组织方式和升级发布节奏，使得快速交付和应对变化成为可能。各子服务之间通过联调配合最终提供一系列总体功能，服务之间通过网络调用，而非采用进程内调用的方式进行通信，加快响应效率。

与此同时，平台使用前后端分离的实现形式，使得前端数据处理工作对服务器的压力降至最小，后台的错误不会直接反映到前台，不影响前端功能的使用，错误反馈较为友好。

使用前置Nginx服务器作为Web静态资源管理器的请求负载服务；Center、Application以及

Storage 使用 O2Server 自带的组件集群方案进行集群化部署，保证服务的高效可用；数据库采用商业数据库本身的容灾备份和高可用方案，保证数据的安全可靠，将风险降至最低。

通过对信息化工作平台的建设，目前已实现信息技术部管理工作的线上化，为后续数字化转型工作奠定了坚实的基础。数字化转型工作是一项长效持久的工作，该平台的上线运行意味着公司数字化转型工作迈上一个新台阶。

四、项目主要建设内容

信息化工作平台主要包括以下几个功能。

1. 预算管理。实现公司全辖范围内项目的预算管理，通过收集各分支机构及业务部门的项目需求，进行可行性研究分析，并在线撰写可行性研究报告，完成项目的建设申请，同时实现项目预算的导入、预算追加及查询等功能。

2. 项目立项。公司实现全部项目的立项登记，将项目立项的过程及相关的成果进行线上化管理，提高各部门的协同效率，同时满足公司的各项合规要求。

3. 合同管理。实现公司全部合同信息的线上管理，对合同的基本信息、支付信息等内容进行结构化的记录，同时将合同扫描件进行归档记录。系统支持通过搜索引擎查询历史合同信息及每笔合同当前的支付情况。

4. 需求管理。对分支机构及各业务部门的业务需求进行线上记录，各层领导对已提出的需求进行线上审批，其中选择信息技术部需求接收人后会自动给指定人员发送待办消息提醒。

5. 项目过程管理。对项目的整体过程进行管理，包括项目新建、项目准备、项目进度管理、项目人员管理、项目风险管理、项目问题管理、项目变更管理以及项目文档管理。项目经终验通过后，平台会自动将该项目的初验时间、终验时间和验收报告写到合同中。

6. 人员管理。实现对内部、外部人员的管理功能。内部人员管理包含内部人员信息登记和工作评价，可对内部人员进行简历和项目经验的录入及管理。外部人员管理包含人员的登记及面试、转正、离场、请假和资产领用等管理功能。内部人员和外部人员在公司的项目经验可通过项目过程管理勾选人员后自动回写。

7. 知识库管理。知识库管理实现对信息技术部各类知识库的在线分类管理，方便查询各类文件、资料和报告等内容。

8. 日志管理。实现对每日工作的记录，可创建日程提醒，可创建组织级共享日志，快速同步信息。

9. 任务管理。实现对需求任务、缺陷任务、运维任务和 bug 子任务的管理和查询。

10. 移动端。移动端包括需求申请表审批、日志管理功能，实现更便捷的审批与日程管理，不受地点限制，提高工作效率。

五、项目效果

自信息化工作管理平台上线运营以来，进一步规范了公司信息化日常工作的流程，提高了工作效率，主要体现在以下几个方面。

1. 全部 IT 项目的可行性研究、项目立项、招采、合同管理和项目过程管理等方面实现全生命周期管理。

2. 全部业务需求的线上化管理，实现从需求提出、需求审批、需求方案以及需求开发、测试、发布的全生命周期管理。

3. 供应商外部人员的综合管理以及绩效

考核。

4. 内部人员的综合管理。

5. 公司知识库的管理。

六、总结

信息化工作平台系统运行，取得很好的效果。该平台将原先线下手工管理的工作实现线上管理，使得工作过程可跟踪，工作结果可展示，工作历史可分析，为公司业务全面数字化转型打下坚实的基础；实现有效的信息流通、资源和知识共享、优化管理流程、提高工作效率；实现工作台、运维、数据、人员、需求、会议、合同、项目管理和绩效等方面向数字信息化的转型；实现减少需求沟通等待反馈时间的浪费，提高时间的利用率，降低人力管理成本，大幅度节省人力、物力的支出；实现职责分明，明确工作岗位与工作职责，增强员工的责任感，减少工作中的推脱、扯皮等现象；实现信息集中式管理，在保障信息安全可靠的基础上，支持内部用户信息共享，提高信息的可用性。

专家点评

国元农业保险股份有限公司的国元信息化工作平台，基于微服务的架构模式，围绕信息化管理等各项领域内容进行建模，将业务模块拆分为多个小型且具有业务功能的子服务，提高服务器部署效率，赋予平台的代码组织方式和升级发布节奏，加快了交付和响应速度。公司运用该平台实现信息交流互通，优化管理流程，减少了需求沟通等待回复的时间，降低了人力管理成本，增强了员工的责任感和积极性，以及保障信息的安全性和可靠性，全面提高了自身信息化工作效率和风险管控水平。

中远海运财险特战险监测和申报平台研究

◎ 中远海运财产保险自保有限公司

一、项目概述

随着全球局势的持续动荡和海盗活动越发猖獗，船舶特战险作为船舶战争保险的补充，越来越多地受到船东、船舶保险人的关注，如何及时监测和申报特战险也成为各方研究的重点。项目通过对地理围栏技术的分析，结合数字地图技术和船舶自动识别系统（Automatic Identification System，AIS）技术，基于地理数据、航运数据和保险数据进行数据融合创新，开展了特战险监测和申报平台的研究和建设，为特战险这一特殊风险的预防提供了新的技术手段。

二、项目背景及意义

船舶战争保险分为普通战争险和特殊战争险（以下简称特战险）。普通战争险是指保险人承保的船舶，在正常的情况下遭遇了不可预知的突发战争的风险；特战险是指保险人承保的船舶，正处在战争期间或一段时期内处在战争状态的国家和地区的战争风险。在普通战争险中，保险人将有爆发战争的可能性或已经爆发了战争的国家和地区列为不予承保的范围，而特战险作为普通战争险的补充，对这些“除外区域”进行承保，因此特战险具有鲜明的区域特征。

全球局势瞬息万变，各地区的不安定因素随时可能升级成冲突或爆发战争，同时近年来海盗活动越发猖獗，为了随时掌握各地区的局势情况，向各保险人公布被列明为特战险范围的国家和地区，英国“劳合社”专门成立了战争险承保委员会（Joint War Committee），该委员会不定期公布特战区域范围，成为全球保险人承保和厘定特战险保费费率的依据。

为了有效提升各船东特战险申报操作效率，提高申报的数据质量，降低特战险承保风险，以船舶 AIS 数据和 GIS 地理信息数据为基础，研究开发了适用于船东、经纪公司和自保公司的特战险监测和申报平台。

三、项目重点解决的问题及主要创新点

特战险监测和申报平台的功能实现主要基于船舶 AIS 系统提供的船舶定位功能。船舶 AIS 系统，即船舶自动识别系统，是一种应用于船和岸、船和船之间的海事安全与通信的新型助航系统，通常由 VHF 通信机、GPS 定位仪以及与船载显示器及传感器等相连接的通信控制器组成，能自动交换船位、航速、航向、船名和呼号等重要信息。通过船舶 AIS 系统定期发送的船舶位置信息，保险公司就可以时刻掌握船舶动态，结合

已添加了特战区域识别功能的数字地图，就可以自动识别出船舶进出特战区域的时间，计算出停留天数，生成船舶在特战区域航行的准确记录，从而为保险公司核对船舶特战险的申报信息提供依据，避免了船东误报、漏报的情况发生。

在生成了准确的船舶特战区域航行信息的基础上，引入航次、挂靠港、空满载、船上安保人员配备情况、海盗赎金险购买情况等要素后，保险公司便可以基于现有的费率表快速、准确地计算出船舶特战险的保费金额。正是基于这一业务流程和计算规则，借助先进和可靠的信息技术架构搭建特战险申报平台，不仅能方便船东在线填写特战险申报信息，同时也方便了整个业务链条上的保险公司、保险经纪公司进行相关申报信息和航行资料的收集、保费计算以及和船东的沟通确认等事宜，从而提升特战险投保申报的效率，保证了数据的一致性和准确性。

随着 GPS 技术和无线通信技术的兴起，LBS（基于位置服务）应用越来越多，而地理围栏（Geo-fencing）技术作为 LBS 领域一项新的应用，也越来越受到人们的重视。地理围栏技术简单地说就是在数字地图的基础上，使用虚拟栅栏围出一个地理边界，当监控物体进入或离开该区域时系统会自动记录进、出该区域的时间并对外进行通知。地理围栏技术图解见图 1。

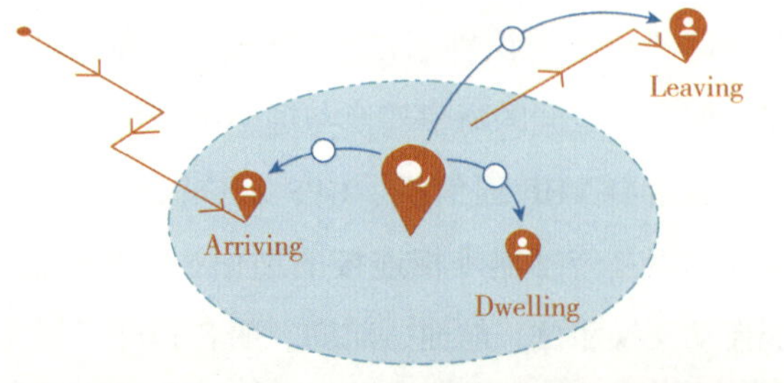

图 1　地理围栏技术图解

地理围栏技术涉及以下几个主要技术：

（1）根据经纬度坐标点绘制多边形区域。

（2）通过卫星定位技术绘制监控物体的移动轨迹。

（3）基于特殊算法计算监控物体进入、离开多边形区域。

地理围栏技术目前较多地应用于移动互联网领域，比如百度、Intel、Apple 等公司都推出了自己的地理围栏技术应用和相应的标准，然而这一技术理念并非仅仅局限于移动互联网领域，在使用 AIS 定位技术的船舶航海领域，地理围栏技术同样拥有施展的舞台。

四、项目主要建设内容

特战险监测和申报平台功能包括以下两个部分：

一是建设特战险监控功能。该功能主要进行采集和处理船舶 AIS 数据，并通过地理围栏和数字地图技术及时识别、汇总船舶经过特战区的航次信息，从而构成后续特战险申报的基本依据。

二是建设特战险申报平台。该平台将船东、保险经纪公司和保险公司三方结合起来，将特战险监控数据与航行数据、保险数据融合构建特战险统一申报流程，从而简化特战险操作方式，提升申报数据的时效性、真实性和准确性。

（一）特战区监控功能建设

1. 地理围栏绘制。地理围栏绘制的依据是战争险承保委员会（Joint War Committee）发布的最新特战区域定义文件，在引入了外部地理信息数据后，便可以按照国家边界和领海区域等数据将定义文件中列明的国家范围绘制出来，对于有明确经纬度、国家地区等说明的界线，也可以方便地在数字地图上进行划定。界面风格上，特战区域通过高亮颜色标识出来，同时数字地图支持鼠标拖拽、点击等操作，当鼠标悬停于某个特战区域内时，系统会自动显示该特战区域的具体解释，包括区域名称、区域范围描述和区域定义文件版本号等。

除对特战区域进行标记之外，数字地图上还以箭头的形式标记出所有船舶的当前位置信息，箭头方向代表船舶的航行方向，使用不同的颜色区分出不同的船舶类型，鼠标点击代表船舶的箭头可以显示出船舶名称、船舶的 AIS 信息、船舶所在特战区域信息以及船舶航行轨迹等。

2. 进出状态监控。特战险监测和申报平台可以根据监控需要定期采集船舶 AIS 数据，如果设置的采集时间间隔较短，则单位时间内采集到的 AIS 数据较多，绘制出的船舶航行轨迹更为精确，相应地平台分析处理数据的效率较慢；而如果设置的采集时间间隔较长，则单位时间内采集到的 AIS 数据较少，绘制出的船舶航行轨迹相对简单，同时平台分析处理数据的效率会相应较快，因此需要根据业务场景要求和硬件资源情况评估最佳的数据采集频率。

特战险监测和申报平台对每一次采集到的船舶 AIS 数据进行分析，当船舶 AIS 坐标点第一次落在特战区域内时，证明船舶开始进入特战区域，则平台将坐标点的时间作为特战区域的进入时间点；当船舶 AIS 坐标点多次落在特战区域内时，说明船舶一直在区域内航行；当船舶 AIS 坐标点第一次没有落在区域内时，说明船舶已经驶离了特战区域，则平台将上一个坐标点的时间作为驶离该区域的时间点，从而构成一条完整的特战区域航行轨迹记录，两次时间点的间隔即为区域内的停留时间，构成特战险保费的计算依据。

另外，并非所有特战区域都是凸多边形，很多区域的边界有凹陷的地方，或者区域分散成多个，船舶在驶入这种特战区域时会产生多条航行轨迹记录，此时平台需要将这些航行轨迹记录按航次合并为一条记录，以便汇总同一个特战区域内的停留时间，便于后续的船东申报和费用计算等操作。

3. 数据统计分析。在特战险监测和申报平台识别并汇总了特战区域的船舶航行轨迹信息后，可以对这些信息进行更深一步的分析，形成各类统计分析功能。比如，按船舶公司单位时间内进出特战区域的航次数量进行汇总，或者对船舶停留特战区域的时间进行汇总，从不同角度评估船舶公司面临的战争风险，也可以按照特战区域进行数据汇总，从而帮助船东和保险公司识别热点区域，提前做好风险评估和防灾防损工作。

（二）特战险申报平台建设

1. 平台计算要素。特战险监测和申报平台建设的重点主要在于数据的融合创新。通过对船东向保险公司、保险经纪公司申报的数据进行梳理，将以往需要船东手工填写在 Excel 中的信息进行分类并确定数据来源，同时对接船管公司系统和特战区域监控平台，极大地简化了船东的申报内容。船东过去申报需要填写 11 项信息，现在仅需填写 3 项，并且平台提供文件上传下载功能，改变了以往船东通过邮件与保险公司、保险经纪公司交互的形式，使得数据交互更加简便、高效和安全。

平台数据来自以下三个方面：首先，船舶的航次信息来自船管公司的 MIS 系统，为了便于船东申报时识别具体的船名、航次信息，并为后续保费计算提供部分计算要素，这部分内容主要包括船名、航次、出发港、出发时间、目的港、到达时间、挂靠港和船舶保额等信息；其次，船舶进出特战区域信息是来自特战区域监控功能的汇总，这部分内容构成了保费计算的主要依据，包括进入的特战区域名称、进入时间、离开时间、停留天数、挂靠特战区港口名称和挂靠时间等信息；最后，由于部分保费计算要素无法通过船上系统或船管公司系统自动获取，因此需要船东在申报时提供，主要包括船舶空满载状态、船上进入特战区域时配备的安保人员情况和购买海盗赎金险的保额情况等信息。

2. 申报流程。特战险监测和申报平台的申报流程设计仍以过去船东向保险公司、保险经纪公司申报的流程为准，主要有以下几个流程。

首先，当船舶进入特战区域时，船舶 AIS 监控功能自动捕捉到相关信息并在船舶驶出特战区后形成汇总的监控记录，同时将监控记录发送到特战险申报平台。

其次，船东业务人员定期登录特战险申报平台，查看一段时间内的船舶进出特战区域信息，核对数据的准确性，补充填报空满载、船上配备安保人员情况和购买海盗赎金险情况等信息并上传相关附件，确认无误后提交保险公司、保险经纪公司进行审核。保险公司、保险经纪公司定期登录申报平台查看船东申报信息和下载航行报告等相关附件，根据申报信息计算出特战险保费数据并进行账单制作、向船东收费等后续操作；如果保险公司、保险经纪公司认为船东申报信息有误，则可以退回船东申报信息，由船东业务人员重新核对、填写正确信息后再次提交保险公司、保险经纪公司进行审核。

最后，特战险申报平台还建设了与保险公司核心系统对接接口，当保险公司、保险经纪公司和船东共同确认特战险申报和保费数据无误后，申报平台将这些数据通过接口传输到保险公司的核心系统中并自动生成特战险的投保单信息，极大地简化了保险公司的保单制作过程，同时也使得保险公司掌握的船东特战险申报信息更加全面、及时、准确和真实。

五、项目效果

特战险监控和申报平台的效益主要体现在系统自动识别的数据比手工制作的申报数据更加准确、及时，从而降低了船东错申报、漏申报和延迟申报的比例。经过对比传统手工制作的申报数据和特战险系统的监控数据，可以发现人工统计的申报数据存在一定的疏漏和错误的情况。特战险监控和申报平台的应用不仅能够提高申报数据的准确率，同时平台将逆向促进船东按时申报特战险，带动集团下属各船队战争风险防范水平的提升，有利于避免由于特战险申报不及时带来的战争风险损失。

六、总结

通过将数字地图、地理围栏技术和船舶 AIS 数据以及保险数据相结合，运用现今成熟的 B/S 系统架构，合理梳理各类计算要素并简化申报流程，最终建设特战险监测和申报平台，有效地改变了过去粗放式的特战险估算、申报和计算保费并确认的模式。由于来自船舶 AIS 系统的监控数据更加真实、准确，减少了船东和保险经纪公司之间反复沟通确认的过程，由于自动获取船舶进出特战区的时间，使得保险责任涵盖的时间范围更加精确，对船东来说降低了不合理的保费支出，避免了应保未保导致的风险暴露。对于保险公司和保险经纪公司来说，使得保费收取更加合理，保险责任的界定更加明确，也使得保险公司由被动接收船东申报信息变为主动感知和管理特战险这一风险类型，为保险公司实现风险管理工具这一定位提供了有力的抓手。

在特战险监测和申报平台理论研究和功能建设的过程中也存在以下一些不足之处：首先，监测数据的准确性取决于船舶 AIS 数据的采集精度，比如提高采集精度势必会影响系统数据分析和处理的效率，如何在数据精度和处理效率之间达到平衡需要在平台应用过程中不断探索；其次，在实际应用场景中，根据战争险承保委员会的相关操作指引和船东避免特战风险的需要，船东往往提前 48 小时进行特战险的申报，而特战险监测数据的产生必须在船舶进入特战区之后，因此平台目前无法处理船东预申报的情况，未来可以基于船舶的航行轨迹引入预测算法，提前测算出船舶是否有可能经过特战区并提前生成申报记录，使得平台申报系统更贴近实际的业务场景。

特战险监测和申报平台的建设是 GIS 地理数据、船舶 AIS 数据和保险数据相结合的一次有益探索，随着数字地图和地理围栏技术的不断发展，相信这类数据融合创新将在航运与保险这一交叉领域创造出更大的价值。

专家点评

中远海运财产保险自保有限公司的特战险监测和申报平台，依托于船舶 AIS 系统提供的船舶定位功能，实时掌握船舶动态，自动识别船舶进出特战区域的时间，避免船东误报和漏报的情况，减少由于特战险申报不及时带来的战争风险的损失，同时基于费率表实现快速准确计算船舶特战险的保费金额。公司通过先进和可靠的信息技术架构搭建该平台，不仅方便船东填写船舶相关信息，也让全流程各环节的保险公司和保险经纪公司更便捷地申报相关信息和收集航行资料，以及与船东沟通确认，进一步提升了特战险的投保效率，保证了数据的一致性和准确性，为航运和保险这一交叉领域提供借鉴。

中再产险数据驱动，全面赋能

——双中台建设引领的数字化转型之道

◎ 中国财产再保险有限责任公司

一、项目概述

中国财产再保险有限责任公司(以下简称中再产险）从2018年起启动数据管控专题咨询项目，梳理了公司的业务及数据管理现状，提出双中台建设理念与发展规划。2019年启动业务中台及数据中台实施，经过三年建设，通过业务中台实现主要业务流程线上化，提升业务处理效率和智能化水平；通过数据中台持续扩展数据整合与应用范围，实现统一的业务数据模型和数据标准化。业务中台与数据中台相辅相成，共生共长，为中再产险数字化转型的发展提供坚实基础。

同时，借助双中台建设契机，提高服务化程度，强化服务中心建设，促进数据服务与业务服务的融合，打造面向产业、面向场景的服务集市，支持灵活快速构建各类创新应用，建立财险再保板块面向数字化转型的未来企业架构。

二、项目背景及意义

（一）大数据时代的到来推动公司进行数字化变革

随着移动互联网、物联网产业的蓬勃发展，人类正在逐步实现万物互联，借助大数据、云计算和人工智能等技术，“万物皆数、万事皆数”的时代即将来临。数据将成为公司未来的关键资产与核心竞争力。如何有效量化公司经营活动，以数字驱动公司管理决策，构建数字化经营、数字化管理和数字化风险防控体系，对于公司未来发展至关重要。中再产险通过研究，明确了借助双中台建设，实现“流程线上化、业务数字化、数字智能化”的基本路径。通过不断完善公司数据管控体系，沉淀公司数据资产，探索挖掘数据价值，为业务赋智赋能。

（二）复杂多变的市场与业务需求亟须敏捷的架构与服务体系支撑

随着再保险市场的逐步互联网化，业务场景不断向“短、频、快”发展，新业务的不断出现，要求业务调整和布局在短时间内快速完成，以保证快速适应市场变化占领市场先机。业务需求愈加复杂多变，往往不是某一个板块、某一个系统能够单独解决的。对公司的业务灵活性和能力整合提出了更高的要求，需要打破系统壁垒、消除数据孤岛，实现内部能力和数据的整合协同。

“业务中台”和“数据中台”作为“SoA”服务化的升级版本，使用了更先进的分布式技术，已经被各行业大中型企业广泛采纳并实施，中再产险认为构建基于“服务共享中心”的双中台至关重要并且是切实可行的，推动业务和服务平台进行能力的整合。

三、项目重点解决的问题及主要创新点

（一）业务流程线上化，让管理看得见

借助业务中台建设，构建起承保、理赔、账务结算、财务过账和资金管理几个在线平台，完成了主要再保险业务流程全在线。将管理要求与管理理念嵌入系统流程，进而实现了业务管理在线审批、文件资料分类集中和工作进度实时监控，工作绩效量化评价，让管理看得见、做得实。同时通过中台整合重构业务能力，以及通过流程引擎衔接，打通系统壁垒，实现业务服务化，满足前端业务需求。

（二）线上数据集中化，让业务理得清

通过搭建大数据平台，实现了业务、财务、精算和风险等关键系统数据整合集中。结合再保险特性及数据分析场景，建立了我国第一个再保险企业级数据模型，基于不同业务主题搭建了包含合同、账单、赔案、精算、风控、财务和资产等数十个数据集市，统一了公司线上数据的标准口径，大幅提高了公司整体数据质量。

同时，数据中台作为公司集中统一的数据工厂，通过自主查询、报表集成、API 接口和数据推送等方式对企业内外部系统提供了标准化的数据服务，形成了敏捷、高效、丰富的数据应用体系，赋能公司业务分析与管理决策。

（三）线下数据整合化，让数据聚得全

续转数据、客户逐保单数据是直保公司线下提供的业务经营分析数据，具有丰富的数据分析利用价值。由于各家公司提供的数据格式差异大，长期以来未能有效挖掘和利用。

公司通过引入正则表达式和 KV 表、基于 ElasticSearch 搜索评分结合 Levenshtein 字符串距离评分的表头识别算法、基于 FastText 框架进行有监督学习模式下的表头映射算法、基于 Flashtext 文本检索结合 Levenshtein 字符串距离评分的数据标准化算法等多种智能算法，实现了系统自动分析识别文件主题、智能映射和高效处理，构建标准化的续转数据及清单数据库，支持业务多维度的数据统计分析。

（四）数据分析自主化，让运营转得快

在实现线上数据、线下数据整合集中，构建企业级数据模型强化数据管控的基础上，中再产险引入了可视化的数据分析工具，除建立驾驶舱、支持传统业务定制报表开发外，更加充分地发挥产品自主灵活简便的特性，形成自主分析解决方案，为业务人员数据分析赋能。

通过对 500 个以上的业务分析统计场景进行整合分类，设计了合同信息、账单基础、账单结算、赔案信息、分入转分和财务明细等十余个自主分析模板。业务人员不再依赖 IT 进行数据提取，而是在线上随时自主地进行多场景、各角度的统计分析，极大地提高了工作效率。

四、项目主要建设内容

（一）业务中台构建六大服务中心支持业务在线化、集中化管理

中再产险业务中台项目主要实现承保、理赔、账单结算、过账和资金管理主要业务流程处理的在线化，保证业务流程中产生的文档和数据统一线上存储，统一管理。根据几个在线流程映射到中台服务中心，相应建立形成客户中心、承保中心、账单中心、结算中心、理赔中心和文档

中心六个服务中心：一是基于开源分布式技术体系打造统一开发平台，提供通用功能组件，比如流程引擎、单点登录等；二是建设承保在线系统，实现承保流程全业务操作在线，改变线下操作的现状，提升承保审批流畅度和业务管理能力；三是建设账单和结算在线系统，针对收到的账单进行准确监控，及时跟踪、把握账务处理进度，融合 RPA、OCR 技术，实现账单的自动处理、账款的自动核对，大幅提升工作效率；四是建设理赔在线系统，规范理赔案件处理和审批流程，全面、准确地掌握业务损失的情况，及时跟踪赔案处理进展，全面实现理赔业务处理操作系统化及信息化；五是建设资金平台，通过与银行网银对接，融合 RPA、OCR 技术，实现银行账户信息线上管理，网银流水、电子回单及银行收付款信息的动态管理，业务付款、银企对账的自动化，实现业务流、资金流和信息流三流的统一管理；六是建设过账在线系统，整合所有纳入财务过账流程的各个 IT 系统和人员角色，进行流程节点标记与梳理，实现连接过账相关人员，连接过账数据涉及的 IT 系统，定位和跟踪过账流程中的有关问题，满足提升财务过账工作数据质量的要求，进而实现沉淀过账数据、提供管理抓手、助力流程优化和促进效率提升的系统建设总体目标。业务中台架构见图 1。

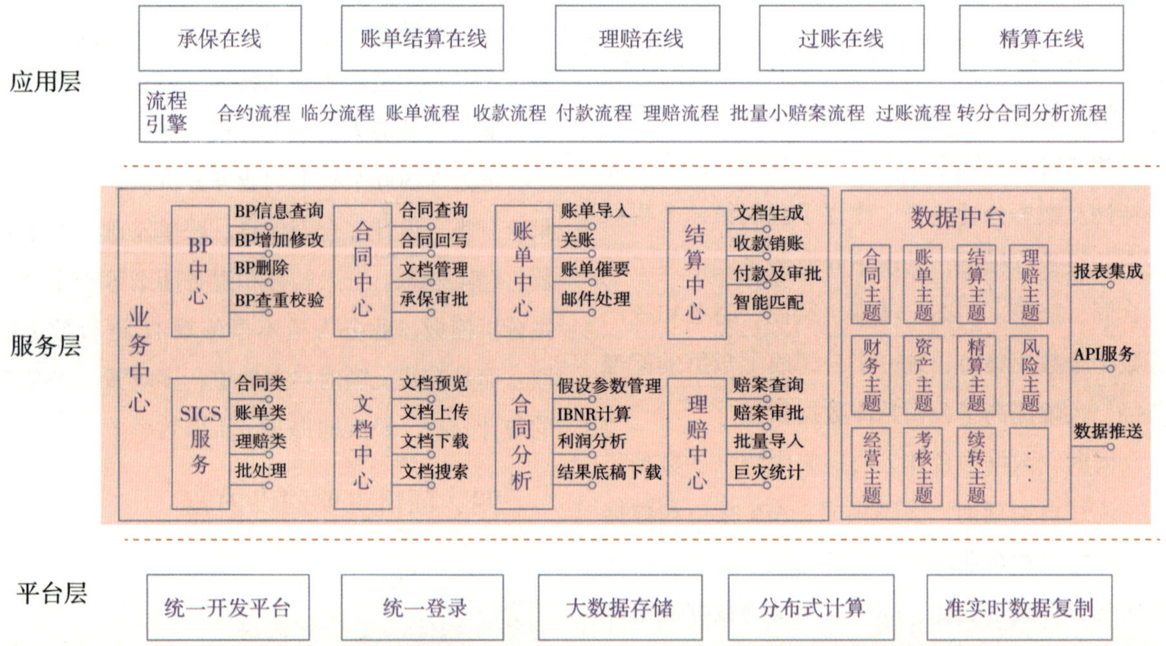

图 1　业务中台架构

（二）数据中台从“管、存、通、用”四个方面赋能公司数据管理和数据服务

“管”通过建设数据管控系统，从元数据、数据标准、数据模型和数据质量等方面对数据中台全流程进行线上化、自动化的管控，保证了数据中台数据流程的规范及数据结果的质量。同时，中再产险进行组织机构变革，成立数据管控委员会及数据管控办公室、在各业务部门设立数

据岗，并出台数据管理制度及办法，形成了“以技术系统为支撑、以制度办法为抓手、以组织职责为驱动”的全面数据管控体系。

“存”项目采用行业成熟产品作为大数据存储平台和 ETL 开发平台，将中再产险业务、财务、风控和资产等十多个线上系统数据集中整合存储到数据中台，实现了中再产险数据全集中，为数据服务及数据应用提供了统一的数据基础。

“通”项目采用主流的数据模型为基础，结合中再产险再保险特征及数据分析场景，建立了我国第一套再保险企业级数据模型，从根本上解决了企业内部不同系统间数据口径及逻辑不一致的问题，大幅提高了企业整体数据质量，减少了因数据问题造成的沟通成本，提高了业务工作效率。

“用”项目采用敏捷的 BI 产品作为报表分析平台，除支持传统业务定制报表开发外，更加充分地发挥产品自主灵活简便的特性，形成自主分析解决方案。通过对 500 个以上的业务分析统计场景进行整合分类，设计了合同信息、账单基础、账单结算、赔案信息、分入转分和财务明细等十余个自主分析模板，实现了业务人员可以自主、灵活、多角度地对数据进行分析。同时，项目在报表分析平台上搭建了中再产险管理驾驶舱，将企业关键经营指标实现了线上实时可视化展示，有效助力了公司领导进行企业管理及决策。数据中台架构见图 2。

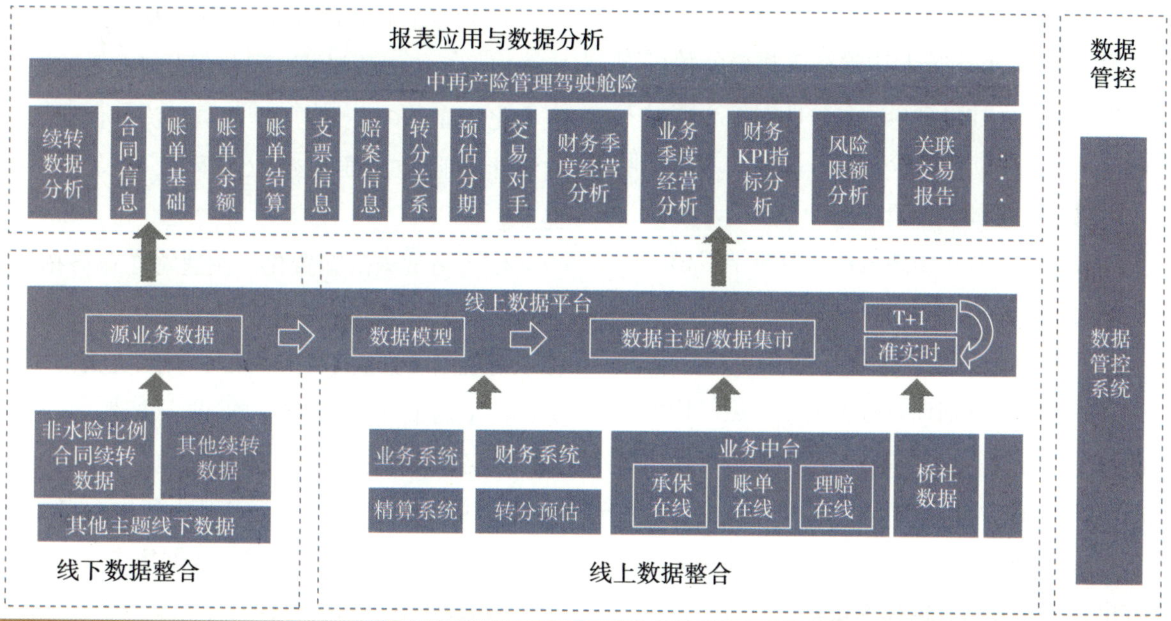

图 2　数据中台架构

（三）基于智能算法，不断探索线下数据处理整合之路

通过引入多种基于 Excel 文本数据处理的智能算法，训练建立了 700 多种中英文映射关系，实现了多业务类型、多险种和多主题的异构数据在线智能解析处理，累计提取约 100 万条数据记录，并构建了标准化的线下数据库，为线下数据的分析挖掘奠定了有效的基础。

项目所使用的关键智能算法有以下几个方面：

1. 基于正则表达式和 KV 表的主题识别。主题识别是通过正则表达式识别关键字来实现，根据每个主题的关键字预测文件中各个文件对应的主题，将每个主题的两部分的正则表达式分别配置在 KV 表中，结合不同主题的业务特点，提取业务关键字，用于识别不同的业务主题。

2. 基于 ElasticSearch 搜索评分结合 Levenshtein 字符串距离评分的表头识别算法。现有文件的所有数据表头按主题类别存入 ElasticSearch 数据库中，用于精确匹配现有表头和模糊匹配后续新文件中的新表头。遍历表中的所有行，先在 ElasticSearch 数据库中按关键字精确查询，如果找到匹配项则说明这行是表头；如果没有找到，从 ElasticSearch 中模糊查找得分超过阈值的表头数据，计算结果结合待匹配表头的最大 Levenshtein 距离进行比较，如果其中最大的相似度大于阈值，可确认为表头。

3. 基于 FastText 框架进行有监督学习模式的表头映射算法。通过 FastText 框架进行有监督学习模式的自然语言处理文本，分类训练生成模型，为每个主题分别训练分类模型，通过模型来预测每个数据表的表头的各个不同业务字段所对应的标准字段。

4. 基于 Flashtext 文本检索结合 Levenshtein 字符串距离评分的数据标准化算法。对于巨灾风险事件及行政区划，通过 Flashtext 模块进行检索，如果没有匹配，再通过 Levenshtein 距离算法来模糊匹配，实现标准化的巨灾风险事件匹配及地理行政区划统一。

五、项目效果

（一）主要业务流程线上化，管理能力再提升

1. 业务流程线上化，提升业务流畅度。依托业务中台能力，逐步将线下业务流程搬迁至线上，以系统操作替代线下手工作业。承保过程统计分析通过系统实时提供；账单结算年度总用时缩减了 13.3%；数据报表查询速度提高到秒级。

2. 整合系统、服务、数据，实现无缝对接。以业务场景为基础，构建前端操作界面，依据业务规则，系统可自动在后台实现自动跳转，免除业务人员在不同系统间手工切换的烦恼，促进业务效率提升。

3. 构建企业智能化的流程管理体系。依托流程引擎和流程管理工具，充分实现业务流程的线上化管理，有效支持管理人员对流程作业效率的统计和监控，推动企业流程效率持续优化提升。

4. 业务要素的配置化，快速响应业务拓展。依托流程引擎平台，实现对业务条线上产品、流程以及规则要素的配置化管理，有效支持前端业务部门依据市场变化和客户需求，快速、灵活地调整业务策略。

5. 文档云和文档中心实现业务中台各系统的文档统一管理。将线下线上数据集中在文档云上，有效保护企业数据资产。

2020 年初，新冠肺炎疫情席卷全国，在此期间，业务中台充分发挥"操作线上化、流程自动化"的特点，有效支持业务团队远程在线操作承保、账单、理赔和结算等业务。业务处理量和

时效并未受到疫情因素的任何影响，业务中台良好地支持各业务条线全方位服务国内、国外的客户，体现了中再产险服务行业、服务客户的责任担当。产再业务功能矩阵见图 3。

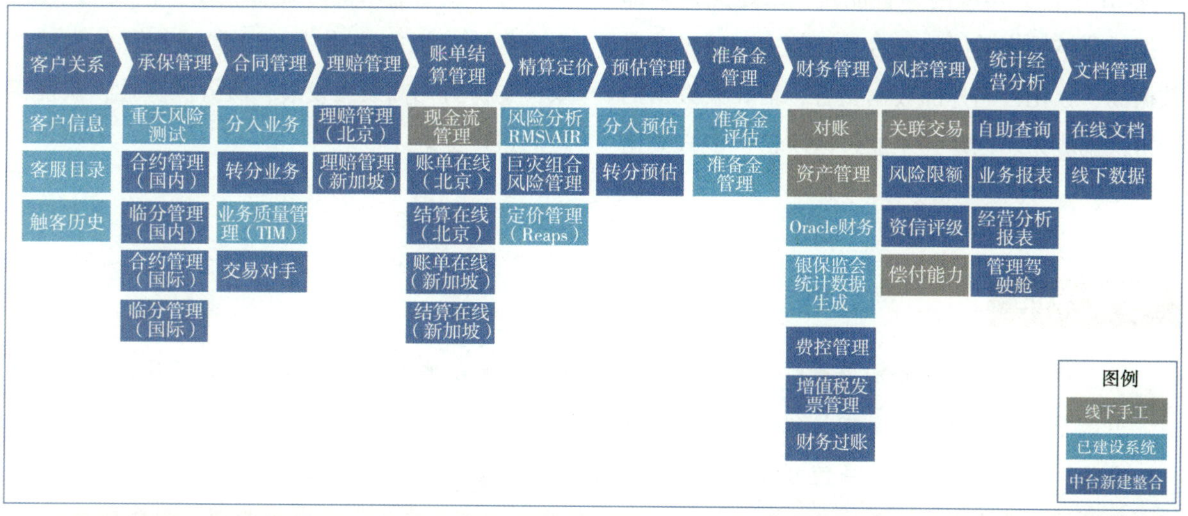

图 3　产再业务功能矩阵

（二）数字化管控体系基本形成，数据能力显著提升

中再产险数据中台项目上线以来，在公司数据管理、数据架构、数据基础和数据服务能力方面实现了重要突破，体现为以下多个“首次”：

1. 首次实现数据管控职能落地，明确落实数据管控组织体系和各项管理工作，将管控从“纸面”落实到“系统”中。

2. 首次实现各分散业务系统的数据整合与标准化，打通系统壁垒，形成统一数据资产。

3. 首次实现线下数据的统一集中管理，给数据加锁，为线下数据的分析应用奠定基础，保障数据安全。

4. 首次实现线下数据价值的挖掘和利用，逐步盘活沉睡的线下黄金数据。

5. 首次赋能业务人员自助报表数据提取分析能力，支持数据自助查询，支持管理层查看经营报表指标，大幅度提升报表查询效率，实现秒级响应。

中再产险通过三年的探索尝试，形成了适合国有金融企业特性的最佳实践。在引入互联网公司方法论及产品工具时，充分考虑国有金融企业、互联网公司经营模式和数字化建设情况的差异。通过数据驱动行为、数据再造流程和数据重塑组织，以数据驱动经营，将数据转化为业务见解，经营决策以数字说话。

六、总结

中再产险通过三年的双中台建设，实现了业务流程在线化，管理能力显著提升，数据积累更加系统全面，数据应用更加灵活丰富，业务能力逐步沉淀，服务水平稳步提升，建立了适合产险再保业务的数字化架构与服务体系。

未来依托中台架构，中再产险将进一步完善内部能力，提升智能化水平，强化中台能力的对外输出和服务支持。一是进一步整合、沉淀RPA、OCR、NLP和知识图谱等技术能力，逐步构建AI中台，实现内部智能化。二是完善外部数据、非结构化数据的整合处理能力，通过搭建数据湖，强化公司外部数据整合，培养大数据的分析挖掘能力。三是强化通过区块链、多方数据安全计算等技术增强与外部的有效连接，形成互信快捷的服务通道与平台机制，并将内部能力结合业务场景与需求向外延伸，逐步构建起“以场景为导向，以客户为中心”的对外服务支撑体系，支持公司高质量发展，服务保险业，赋能保险周边产业。

专家点评

中国财产再保险有限责任公司以数据为驱动，全面赋能业务，建设双中台系统，构建六大服务中心支持业务在线化和集中化管理，赋能公司数据管理与服务，通过智能算法整合线下数据，将主要业务流程线上化，提升业务处理效率和智能化水平，实现业务数据模型的统一化和数据的标准化。公司借助业务中台建设，实现在线进行业务管理，形成敏捷、高效、丰富的数据应用体系，赋能公司业务分析和管理决策，有效整合各类差异数据，丰富数据分析的利用价值，引入可视化的数据分析工具赋能业务人员的数据分析能力，提高其工作效率。中再产险通过双中台建设道路的探索，提升自身管理能力，推动公司高质量发展，为行业发展提供借鉴。

光大永明人寿客户关系管理系统

◎ 光大永明人寿保险有限公司

一、项目概述

光大永明人寿保险有限公司（以下简称光大永明人寿）通过建设客户关系管理系统，打造标签体系化、服务标准化和应用平台化的 CRM 智慧系统，实现科技赋能、数据赋能，助力公司业务营销发展和服务品质提升，让客户更满意，让销售更容易，让管理更通透。客户关系管理系统架构见图 1。

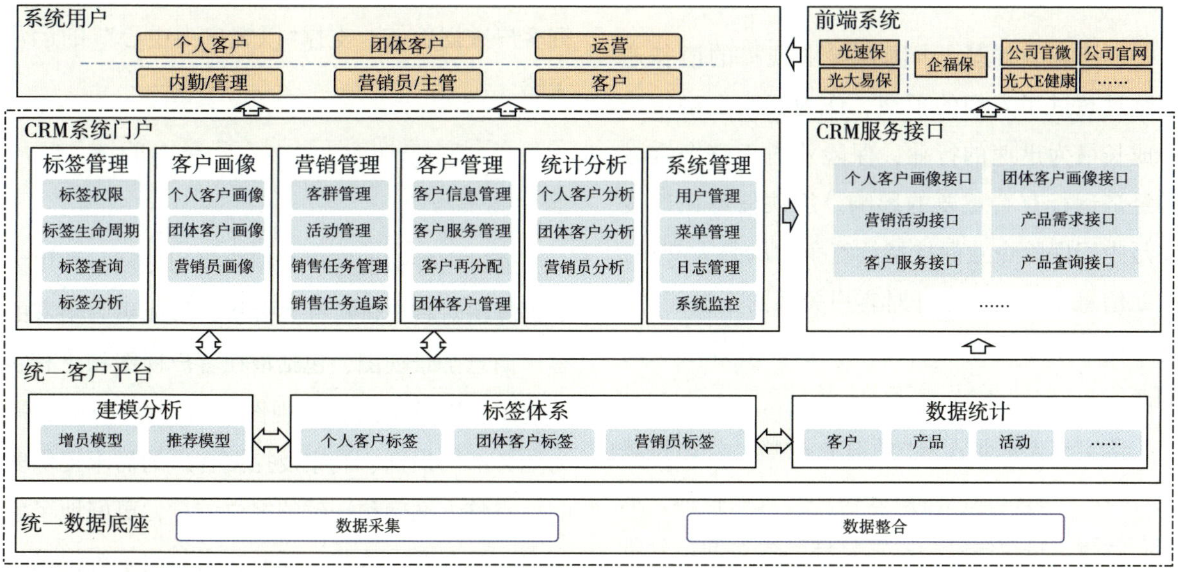

图 1　客户关系管理系统架构

（一）客户资料标准化

最大化地整合用户信息，对外输出标准化的客户资料。

（二）标签数据体系化

标签分级分类，通过体系化的建设，能依照标签生命周期的规律，有效地进行迭代和扩展。

（三）对外服务统一化

为了让整合后的数据更好地发挥价值，提供可配置的数据服务功能，统一对外提供查询服务，及时应用需求，对各服务的支持情况也会加以记录和分析，便于优化数据体系建设。

（四）产品营销精准化

建设营销活动功能模块，实现可视化的活动全生命周期管理，结合客户分群功能，精准投放营销活动，让营销更有效率。

（五）运营管理简单化

告别繁杂的数据提取工作，结合在线报表工具，提供即席查询功能，随时掌握数据情况，配置常用的指标维度，固化报表，通过简单的拖拉拽，辅助运营管理。

二、项目背景及意义

市场竞争激烈。中国保险业规模的增长速度远远超过了人们的预期，作为我国金融市场中成长最为迅速的行业，保险业对于整个金融和经济运行有着重要的影响。加快信息化建设将是中国保险企业保持持续竞争力的强大支持，借助信息化工具，提升对客户关系的把握能力，是中国保险企业实现可持续发展所必须解决的问题。

落实光大永明人寿“两有”战略。公司将建设有特色、有价值的寿险公司作为发展目标，从养老健康、科技保险和经营管理三个层面，分阶段打造光大永明人寿的“特色”。以健康养老特色融入 E-SBU 战略生态圈，围绕客户需求打造“保险+”生态产品服务体系，提升公司价值；以科技保险特色创新客户获取机制和精准营销模式，促进销售能力提升；以经营管理特色着重打造先进的管理体制机制，从制度层面促进实现保险价值。

业务渠道需求。公司个人客户、团体客户和运营等业务部门为开展数字化营销、服务和运营管理，对标签画像、营销活动、客户管理和可视化分析等提出明确需求。

综述以上内容，建设以客户为中心的 CRM 客户关系管理系统，实现科技赋能一线，在营销、服务等多方面助力公司发展势在必行。

（一）支撑“以客户为中心”的运营策略

通过建立统一的客户管理体系及标准，形成企业级标准客户数据，明确客户数据的唯一来源，保证客户数据的完整性、准确性和一致性。通过建设完善信息系统，对客户数据进行清理完善、提升数据质量，建立完善管控机制，有效挖掘客户数据价值，支撑“以客户为中心”的运营策略。

（二）实现客户信息共享，消除“客户信息孤岛”

通过内外部的客户数据收集和处理，利用大数据算法对客户进行标签分析，形成更为丰富的客户信息全景视图，包括潜在客户视图和已有客户视图，以及个人客户视图、团体客户视图等，为业务部门识别、洞察及挖掘客户的需求提供实时、完整、准确和一致的客户信息，更好地了解客户，提升客户体验。同时，为其他系统提供实时、一致的客户信息。

（三）实现精准营销管理，助力业务营销

将大数据、机器学习等技术与客户关系管理完美结合，实现客户洞察、活动策划、活动执行和效果评估闭环流程。帮助公司在合适的渠道、合适的时间为目标用户推荐合适的产品，实现数据驱动型的标靶营销模式，让营销变得更高效、更智能、更简单和更精准。

（四）提升客户服务，促进“服务驱动”

实现客户积分管理，建立客户评价体系，以客户价值为主维度，综合加减分调节，综合评定客户等级。对客户进行有效分类分级，并根据不同类型客户的需求，为客户提供个性化、差异化、便利化和一站式的泛保险金融产品和服务。

（五）支撑产品快速开发，提高市场响应速度

构建客户大数据分析模型，实现产品的快速开发上线和产品灵活组合及定制，满足“碎片化”需求，快速调整产品的定价策略和产品营销策略，提高产品的市场响应速度。基于客户的特征设计出更符合客户需求的产品，增加产品竞争力，提升销售能力，增强盈利能力。

三、项目重点解决的问题及主要创新点

（一）客户资料标准化

采集数据源主要包括核心系统、销管系统、CSM 系统、光速保、光大易保和企福保、电话中心等系统，通过批量和实时对接等方式获取个人客户、团体客户和潜在客户的信息，进行统一的客户归并处理，并进行客户资料标准化，形成统一的客户标准数据，客户资料标准化系统架构见图 2。

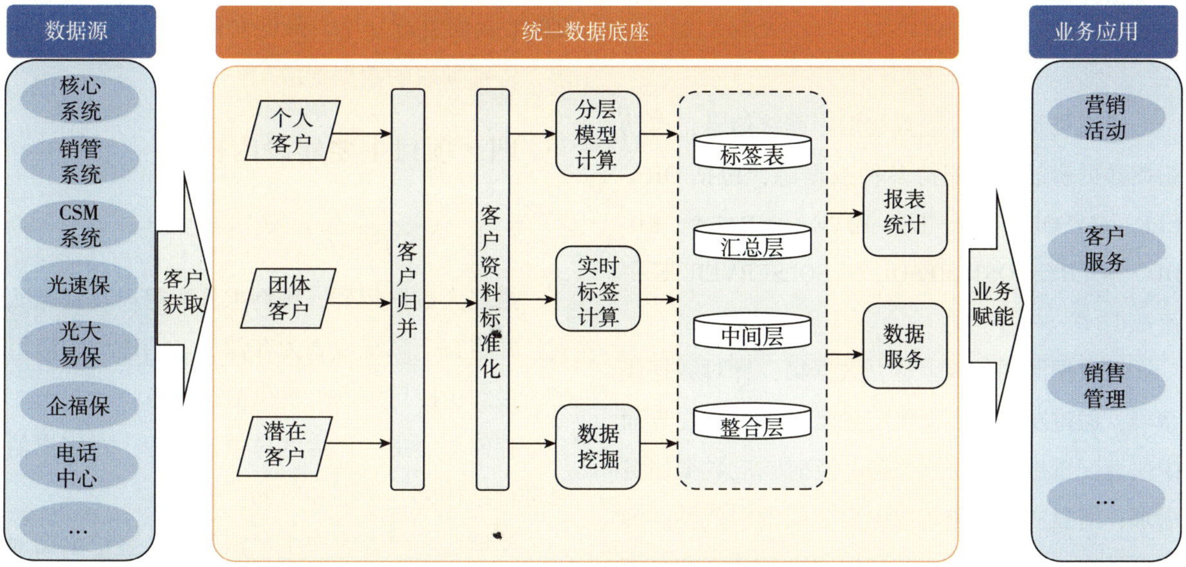

图 2　客户资料标准化系统架构

（二）标签数据体系化

打造客户统一标签工厂，构建一套基于公司内外部数据设计的完整标签体系，涵盖个人客户、团体客户和营销员等角色，可对不同渠道、不同口径、不同来源和不同结构的客户信息进行统一分类管理，实现标签体系化、服务标准化和应用平台化，支持客户智能营销和客户服务。

1. 标签体系的建设采用指标、维度和属性的分类方法。

（1）指标是以数值表示的标签，比如年化保费。

（2）维度是指有编码的非数值标签，比如年龄分档。

（3）属性是指没有编码的非数值标签，比如出生日期。

2. 根据标签加工程度和应用场景，将标签体系分为基础标签、画像标签和营销标签三层。

（1）基础标签，比如客户年龄。

（2）画像标签，比如客户偏好。

（3）营销标签，比如鑫光明潜在客户。

3. 结合标签分类情况，根据类目需要，总体分为三级，覆盖寿险各条业务线，并支撑分公司的分级应用需求，实现了数据从“看”到“用”、从“用”到“养”，让数据“活”起来，充分发挥数据价值。

（三）对外服务统一化

通过资源注册，配置数据库连接信息，自动扫描数据表信息。支持多种数据源，包括 ORACLE、MYSQL、DB2、ES、HIVE、IMPALA、KUDU、SOLR、POSTGRESQL 和 SQLSERVER 等主流数据库。

在数据源的基础上建立数据集，针对数据集字段，通过友好的可视化配置管理工具，在界面中快速配置出数据交互服务，及时响应数据服务需求，增强应用系统与数据集之间的时效性。为客群提取、客户洞察、客户视图以及第三方系统等的对接应用提供统一、标准的数据查询服务。可提供的数据服务类型包括：API 接口服务、批量数据服务和 Kafka 实时服务。

（四）产品营销精准化

建设营销活动功能模块，支持营销活动的策划，包含营销活动生命周期管理、活动基本信息定义、客户群选择、活动审批、活动启用和触达统计等功能。

实现可视化的活动全生命周期管理。系统可对整体活动的运行状态进行管控也可根据市场反应和业务管控需要对活动进程进行人工干预和调整，干预操作有修改、启用、暂停、停用和删除。通过拖拉拽的方式进行活动旅程编排，匹配现有客群，实现精准的营销活动投放。

（五）运营管理简单化

通过大数据集群对数据的整合及加工处理后，形成多个标准化的主题域数据，基于常用的运营指标将数据进行进一步汇总，最后输出可对外提供数据查询的数据表。通过在线报表功能，用可视化的操作界面，快速配置出报表，通过 HTML 页面进行分享，降低对使用人员的技术要求，告别烦琐的数据提取工作。

四、项目主要建设内容

（一）平台建设

搭建大数据集群，按需求分配用户及资源队列，并将整个系统规划为存储层、治理层和应用层，最终由应用层向外提供数据服务。

存储层。主要作为客户数据仓库，对客户信息进行结构化、迁徙和存储。

治理层。包含客户主数据管理、客户生命周期管理和客户数据质量管理，其中客户主数据管理包含客户整合、信息整合和统一账户等内容，客户生命周期管理包含客户全生命周期中的事件、旅程、场景和触点管理等内容，客户数据质量管理包含客户授权结果、数据质量结果追踪管控等内容。

应用层。分为 ACRM 和 OCRM 两部分，其中 ACRM 的功能包含客户视图、客户法分析、需求洞察、客户分层和标签体系等内容，OCRM 的功能主要是客户生命周期产品的服务适配。

（二）Docker 环境

CRM 门户系统整体使用 Docker 环境进行搭建，拥有类似 VM 的能力，能有效地简化配置，却无不利影响，实现了应用环境和底层环境的解耦。它能够对代码以流式 Pipeline 管道化进行管理，能跨越异构环境，以一致的微环境流畅地进行部署和发布。公司还可以将多个 Docker 装载一系列服务运行在单机上，最大限度地模拟生产分布式部署的环境，让开发环境更接近生产环境。

使用 Docker 可以合并多个服务，从而降低费用，减少操作系统占用的内存，跨实例共享多个空闲内存，进行有效的服务合并。

利用 Docker 快速部署的特点，加上规范的镜像使用，在转换环境时最大限度地保证了各环境的统一一致性，减少人为操作带来的失误。

（三）Nacos 使用

Nacos 提供了一组简单易用的特性集，快速实现动态服务发现、服务配置、服务元数据及流量管理。支持基于 DNS 和基于 RPC 的服务发现。服务提供者使用原生 SDK、OpenAPI 或一个独立的 Agent TODO 注册 Service 后，服务消费者可以使用 DNS TODO 或 HTTP 和 API 查找和发现服务。

Nacos 提供对服务的实时健康检查，阻止向不健康的主机或服务实例发送请求。Nacos 支持传输层（PING 或 TCP）和应用层（如 HTTP、MySQL、用户自定义）的健康检查。对于复杂的云环境和网络拓扑环境中（如 VPC、边缘网络等）服务的健康检查，Nacos 提供了 Agent 上报模式和服务端主动检测两种健康检查模式。Nacos 还提供了统一的健康检查仪表盘，帮助项目组根据健康状态管理服务的可用性及使用情况。

（四）动态配置服务

动态配置服务可以让项目以中心化、外部化和动态化的方式管理所有环境的应用配置和服务配置，消除了配置变更时重新部署应用和服务的需要，使服务可以轻松实现按需扩展，让配置管理变得更加高效和敏捷。

（五）数据服务

综合考虑框架成熟度及完整性，采用 Spring Cloud 方式实现高并发和高可用，能够承载每秒 5000 次的并发请求，保证系统的健康度。

Spring Cloud 是基于 Spring Boot 实现的云应用开发工具，为基于 Java 的云应用开发分布式版本配置管理、服务注册和发现、路由、服务调用、断路器、负载均衡、全局锁、决策竞选、分布式消息等操作提供一个简单的开发方式。

数据服务类型包括 API 接口服务、批量数据服务和 Kafka 实时服务。在数据表加工完成的前提下，均可通过页面配置的方式，快速生成数据服务接口。

1. API 接口服务。采用 REST 接口方式，它是一组架构约束条件和原则，满足这些约束条件和原则的应用程序或设计就是 RESTful 风格的。

2. 批量数据服务。读与写同时进行，分为 Writer、Reader。任务启动时，Reader 读取相关数据到 Channel 中，然后 Writer 同时读取 Channel 数据，不同数据类型的 Writer、Reader 是互相匹配的。系统新增 Writer，可以对接目前已存在的所有 Reader，带来可靠的质量监控、强劲的同步性能、健壮的容错机制和极简的使用体验。

3. Kafka 实时服务。消息交互方式是数据共享服务中服务请求方和服务提供方进行数据交互的方式。消息交互方式按照数据交互的方式分为同步、异步两种，对应不同的数据量和响应性能。消息队列接口采用消息中间件技术，有两种传递模型，即点对点模型（PTP）和发布—订阅模型（Pub/Sub），为分布式应用提供实时、高效和可靠的跨越不同操作系统、不同网络的消息传递服务。

五、项目效果

（一）全面了解客户

CRM 门户系统不仅通过标签画像的方式，在一个界面直观地呈现出客户的信息，还可以结合报表工具的使用，进行渠道机构视角下的客户分析、客户整体视角下的客户分析、客户属性视角下的客户分析、客户行为视角下的客户分析和业务运营视角下的客户分析。以家庭为单位进行数据整合，可以辅助业务员为客户建立全家庭保障，让使用者更加全面地了解客户。

标签的运营管理包括以下环节：标签创建、标签发布、标签审核、标签上线、标签变更、标签下线和标签还原。

标签的基础管理包括标签的基本信息的维护和权限管理，包括增删改查标签树的分类维护和管理标签体系，统一管理和标准化标签的名称、分类、技术口径、业务口径及提出部门等标签定义相关信息，以及通过业务系统渠道、角色与标签树对应关系的维护，配置管理标签在各系统的共享权限。

标签的监控分析包括标签数量监控、标签使用频度监控和标签价值分析。从而发现“明星标签”“盲点标签”，尤其是耗费计算资源较多的画像营销和营销标签，为标签下线提供指导依据，从而规避计算复杂而应用狭窄的风险存在，为下一步标签体系的优化提供依据。

（二）提升数据价值

让冰冷的数据“活” 起来，是 CRM 系统建设的初衷之一，业务积累的数据，不仅要正确地保存起来，同时还要利用现在的大数据科技方法，深入地分析和挖掘现有的数据价值。CRM 首期建设共整合数据表 200 余张，标签体系分为十四大类，输出标签 300 余个，可任意组合提供查询服务，降低各系统对接的要求，并作为数据源，为数万名代理人、内勤人员提供服务。

根据标签体系，定制化开发包含个人客户、团体客户和营销员三类用户的画像视图，整体 UI 设计简洁大方，主次分明，用于理解客户，提升营销、服务和管理等工作的效率。在此基础上进行多方位的数据整合汇总，让业务员可以更全面、更直观、更深入地了解客户的基本信息和业务诉求，协助业务员更好地进行展业工作，让数据赋能营销。

（三）减少资源浪费

通过容器平台、Nacos 组件以及主流技术架构等的使用，充分利用现有资源，白天尽可能多地把资源提供给业务，为客户服务；晚上闲时，启动调度数据加工流程。这种数据分层分域，标签分级分类的建设方式，也能合理使用资源，减少浪费。

（四）降低开发成本

CRM 门户系统各功能均采用配置化的实现方式，提供友好的界面和标准化的对接方式，易于沟通和理解。系统一次落地实施后，提高了整体响应需求的时效性，大幅降低了后续代码开发工作量，有效降低了开发成本，提供 IT 服务能力。

六、总结

CRM 项目构建了客户经营体系，实现了客户信息获取、识别、整合、分析和应用。搭建相关系统工具，规范客户管理动作、辅助客户数据治理，实现跨子公司客户整合，丰富客户标签，形成客户视图，支撑对客户需求的洞察与分析，为精准营销、差异化产品和服务供应、精细化管理等经营措施的实施奠定基础。但系统仍需要不断地完善与优化，通过科技方法进一步辅助业务发展。

（一）持续完善标签体系

由于标签的定义与业务有较强的关联，随着市场的变化，标签也会有周期性的产生和消亡，因此，标签体系的建设注定是一项长期的工作。该项目引入了标准化的标签体系建设思想，为未来的扩展留有空间。

（二）加强客户维系挽留

通过对数据进行深入地分析和使用，公司充分了解了客户生命周期的情况，新客户依然是每年业务的主要来源。老客户的流失问题需要引起公司的重视，之后应该在客户服务、维系挽留方面加大力度，提高自身业务实力，减少客户流失。

专家点评

光大永明人寿保险有限公司的客户关系管理系统，通过科技赋能和数据赋能，将客户资料数据标准化，构建标签化体系来提高数据资源利用率；同时，配合整合后的数据提供数据服务，便于优化数据建设，降低开发成本，打造营销活动功能板块，对客户群体实现精准营销，简化运营管理工作，实时掌握数据的情况，提高销售和营销效率。公司使用该系统进一步了解客户信息和客户需求，辅助业务员为客户提供完整的家庭保障计划，深入地分析和挖掘现有数据价值，赋能业务员展业营销工作，提高客户满意度和体验感，助力公司实现数字化转型。

财信吉祥人寿全面风险管理系统

◎ 财信吉祥人寿保险股份有限公司

一、项目概述

（一）项目建设内容

项目建设内容主要有以下几个方面：优化升级风险偏好体系，明确传导机制的方法及应用，梳理并完善风险限额和关键风险指标体系；搭建内部控制体系，构建一套完整的内控体系，形成一套自上而下的标准化内部控制手册、内部控制评价手册；完善操作风险管理工具，建立操作风险控制和评估体系，形成标准操作风险评估问卷，建立内部操作风险损失数据库；构建全面风险管理系统，搭建统一的风险管理信息平台，应对监管要求，实现对公司风险、内控等业务的信息化支撑。

（二）项目创新点

项目创新点主要有以下几点：以 C-ROSS 监管要求为导向，结合财信吉祥人寿保险股份有限公司(以下简称财信吉祥人寿）自身经营管理要求，优化构建公司风险偏好体系框架；建立操作风险和内部控制自我评估(RCSA-CSOX）管理框架体系；咨询成果 E 化落地，固化整合的风险管理和内控管理流程，实现各项风险工作的管理闭环，将风险管理工作嵌入系统，实现风险管理的实时化、自动化和主动化，进一步提升风险管理效率。

二、项目背景及意义

（一）项目背景

自 2018 年以来，监管方面全面部署防范化解重大风险，强化重点领域风险防范与处置，严监管成为常态，增强忧患意识，防范风险挑战，加强精细化管理，构建长效机制，全面严控风险成为保险公司的重中之重。从财信吉祥人寿内部风险管理的现状而言，优化风险偏好体系、完善内控控制体系、完成操作风险管理工具和提升风险管理效率成为其内部驱动力。

（二）项目意义

通过完善财信吉祥人寿全面风险管理体系，构建全面风险管理系统，固化整合风险管理和内控管理流程，实现各项风险工作的管理闭环。风险管理体系的整合及风险管理信息系统的建立为财信吉祥人寿统一风险语言及一体化操作平台，从而提升风险管理效率，提升公司“偿二代” 偿付能力风险管理要求与评估的自评分。以“落地” 为主旨，落实风险管理各项工具和措施，推动风险管理机制有效、有序的执行和运行。

三、项目重点解决的问题及主要创新点

（一）项目重点解决的问题

1. 完善和升级公司风险偏好体系建设。建

立相关量化技术，形成了风险偏好、风险容忍度与风险限额之间的互动机制，实现风险偏好体系的上下联动，使公司管理层以及各相关职能部门能够有效落实风险偏好的管理工作，使公司更为科学地进行风险决策，推动实现主观经营目标和客观业务实际的平衡。

构建风险监测指标，反映风险变化情况和用于监测潜在风险事件的早期预警工具，针对公司在管理及经营过程中已经暴露或潜伏的各种风险因素，可根据设定的标准提出警示，帮助公司提早采取针对性的措施，尽可能地预防风险事故的发生或者降低风险损失。

2. 搭建公司内部控制体系，完善操作风险管理工具。构建一套完整的内控体系，形成一套自上而下的标准化内部控制手册、内部控制评价手册，构建满足监管和财信吉祥人寿管理要求的，总公司部门之间与分公司之间规范标准、运行顺畅和执行到位的内部控制体系。

在完善的内控控制体系的基础上，建立一套操作风险控制和评估体系，形成标准操作风险评估问卷；建立内部操作风险损失数据库，形成标准化损失数据库收集模板，定义损失数据收集的方法、范围和报告。

3. 构建统一的全面风险管理系统。搭建财信吉祥人寿统一的全面风险管理信息化处理平台，不仅为应对保监会“偿二代”的监管要求，更为实现对公司风险、内控和合规等业务的整体信息化支撑，完成项目建设并向全国所有分公司推广。系统不仅要满足保监会风险管理的监管要求，符合公司战略规划需要，提升公司风险管控能力，提高风险、内控和合规管理工作的自动化水平，以适应监管环境及公司管理的变化；符合公司统一的应用建设标准、规范的要求。

（二）项目主要创新点

1. 构建符合公司经营管理、风险管理要求的风险偏好体系。

（1）风险偏好体系框架。基于财信吉祥人寿现有风险偏好体系，根据 C-ROSS 的监管导向，并综合公司风险承受能力、发展战略和内外部环境等因素，完善公司现有的风险偏好体系框架、风险偏好的量化传导机制及相关管理维护机制等，通过完善风险偏好、风险容忍度和风险限额构建风险偏好体系，结合传导机制，形成自上而下的风险偏好体系框架(见图 1)。

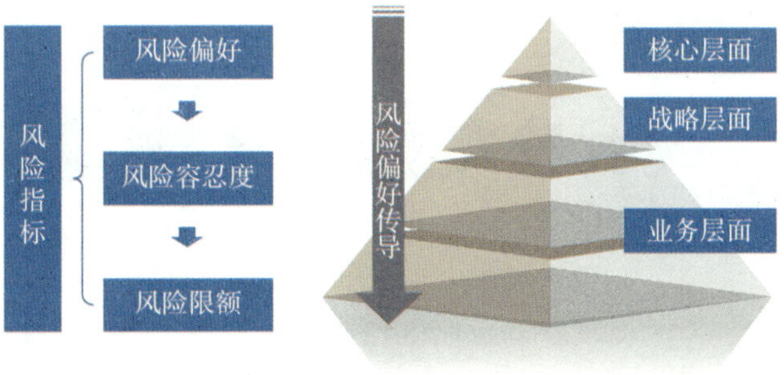

图 1　风险偏好体系框架

框架内容说明：

风险偏好是指公司在实现其经营目标的过程中愿意承担的风险水平。风险偏好是公司对风险的基本态度，为策略制定、经营计划实施以及资源分配提供指导。《风险偏好陈述书》是公司风险偏好体系的纲领性文件，是公司对风险的基本态度，综合考虑了公司战略发展目标和各利益相关者的预期。

风险容忍度是公司对风险水平差异可接受的程度，是风险偏好的具体体现，应与风险偏好保持一致。因此，公司制定风险容忍度的主要目的是将风险偏好从总体战略框架向具体的执行边界转换。

风险限额是对风险容忍度的进一步细化和量化，确定风险限额是定量风险容忍度得以落地执行的重要步骤。风险限额诠释了公司在各类风险下愿意承受的上限，是防范具体风险的重要监测基准。

（2）风险偏好传导机制。基于“偿二代”的有关要求为指引，建立了基于敏感性分析和压力测试为主要方法的风险偏好传导机制，将风险偏好和容忍度中的资本维度和盈利维度进一步分解至可量化风险（包括保险、市场、信用风险）以及底层各风险因素对应的细项指标，设定了相应的风险限额，实现了风险偏好体系的上下联动，帮助公司更为科学地度量业务中的风险和进行风险决策，推动实现主观经营目标和客观业务实际的有机平衡。

风险偏好传导通过敏感性分析和压力测试等量化手段，在设定的情景下改变测算因子，评估公司风险暴露的可能变化，进而确定与公司偏好、风险容忍度保持一致的风险限额。具体方法为分别测算该测算因子的变化对于实际资本、最低资本及风险偏好（如偿付能力充足率、净利润）等科目的影响，获得各因子与上述各科目的联动关系。进而根据联动关系，测算各测算因子在满足风险容忍度条件下的最优解（临界值）所对应的最低资本作为风险限额。最终通过验证的方式，确保通过上述传导测算得出的风险限额符合公司的风险偏好和风险容忍度。

风险偏好传导模型见图2。

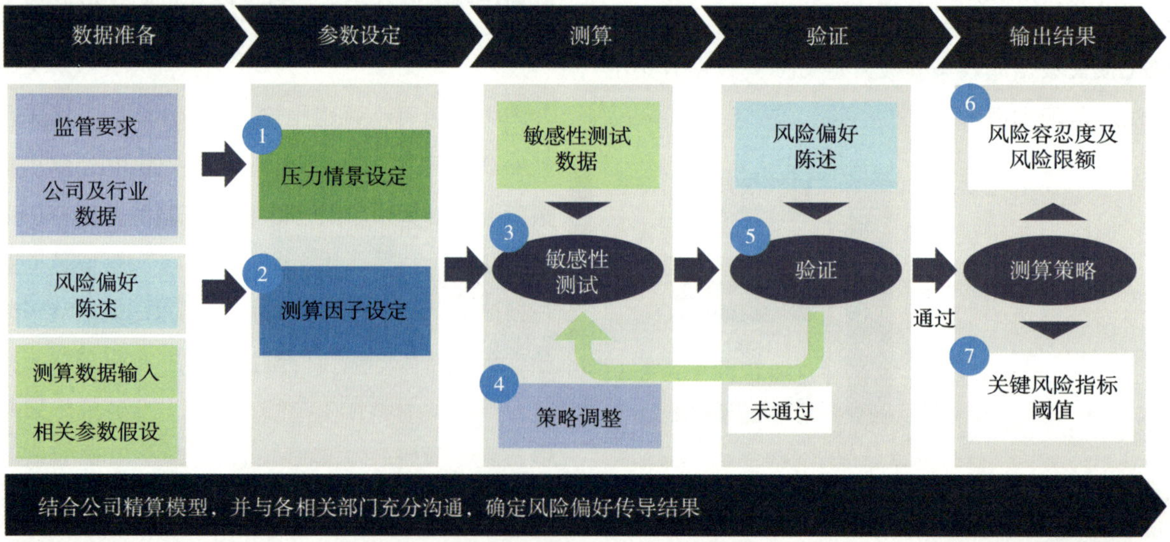

图2　风险偏好传导模型

（3）风险监测指标库。风险监测指标是反映风险变化情况和用于监测潜在风险事件的早期预警工具。参照监管要求，并借鉴行业先进实践经验，在财信吉祥人寿原有指标库以及集团有关要求的基础上对监测指标库进行了完善，形成了覆盖 C-ROSS 七大类风险及其子类风险的指标库。

风险监测指标分类包括保险风险、操作风险、流动性风险、声誉风险、市场风险、信用风险，战略风险为 C-ROSS 风险分类，财务风险、廉政风险为集团要求报送指标中的特有分类。其中，对"控制类"指标设定阈值，并在突破时启动预警措施；对"观察类"指标仅呈报数据。共计启用了各类风险监测指标"200+"个。

2. 构建符合公司操作风险与内部控制自我评估（RCSA-CSOX）管理框架体系。

（1）操作风险及内部控制工具。结合"偿二代"监管要求，梳理并优化操作风险管理制度，完善风险和控制自评方法、流程，明确损失事件收集流程和分类标准，夯实操作风险管理基础。

操作风险及内部控制制度优化方面，结合公司现状，开展流程盘点，确定财信吉祥人寿关键业务和管理流程盘点清单，明确流程的层级化、系统化属性。在现有业务产品、服务及管理活动的基础上，根据公司的实际情况，完成 13 项主流程的梳理工作，基于主流程盘点结果，划分 110 项子流程。

从业务流程出发，识别关键风险点，结合财信吉祥人寿实际经营状况识别公司各流程的风险点，明确一个关键控制活动需对应的一个/多个关键风险点，形成"346+"个关键风险点，形成风险字典库，涵盖人员、系统、流程和外部事件四个维度，全方位覆盖风险类型。

根据财信吉祥人寿实际情况和外部监管的变化，并结合监管规定和业内最佳实践，确定各流程中的关键环节对应的内部控制点、操作风险点、外部监管制度、内部公司制度、控制措施、控制目标和公司岗位/职责等关键要素，形成风险控制矩阵。

（2）风险控制自我评估（RCSA）。设计 RCSA 问卷模板，从固有风险等级、控制有效性两个角度对覆盖每个控制活动对应的风险点进行评估，以及将评估工作细化到科室及岗位。

在风险评估标准方面，从风险的发生可能性和影响程度两个维度对固有风险进行评估：

风险发生可能性，包括定量（发生频率）和定性（事件性质）两个维度；

风险影响程度，包括财务损失、业务损失（对核心业务绩效的影响）、监管影响、声誉损失和营运影响（包括信息系统）五个维度。

（3）操作风险事件收集（LDC）。制定操作风险事件及损失数据收集实施细则，实现操作风险事件及损失数据收集在公司各级机构有效衔接，开展操作风险损失数据收集。

结合行业经验，细化操作风险事件统计分析维度，包括按损失类型分为内部欺诈、外部欺诈、客户、产品和业务活动、信息科技系统事件等；按业务条线分为销售、承保、保全、再保险业务条线、理赔业务条线、资金运用业务条线和财务管理相关等；按风险成因分为人员因素、内部程序因素、信息科技系统因素和外部事件因素等；按损失形态分为法律成本、监管罚没、资产损失、对外赔偿和账面减值等。

操作风险事件的收集与业务流程、操作风险定义、操作风险和内部控制架构相互连接，对操作风险损失数据的收集可以协助企业对当前和历史风险损失状况进行分析。

（4）操作风险与内部控制自我评估（RCSA-CSOX）管理框架体系。通过操作风险及内部控制工具优化、流程梳理、访谈与沟通、构建风险点库、识别关键风险点形成风险控制矩阵，同时，结合内部控制有效性测试，构建RCSA和LDC，结合关键风险指标（KRI），打造操作风险三大管理工具，形成公司操作风险和内部控制自我评估（RCSA-CSOX）管理框架体系。

3. 全面风险管理系统的构建，形成风险管理工作的闭环，提升风险管理效率。

结合风险偏好体系建设、内控操作风险体系建设等相关咨询成果，将咨询成果嵌入系统进行落地实施，固化整合的风险管理与内控管理流程，实现各项风险工作的管理闭环，将风险管理工作嵌入系统，实现风险管理的实时化、自动化和主动化，进一步提升风险管理效率，打造满足公司全面风险管理要求的风险管理系统。

四、项目主要建设内容

全面风险管理系统构建涉及风险管理、“偿二代”专用功能模块、内控管理、合规管理和系统管理五大领域的17个功能。全面风险管理系统功能架构见图3。

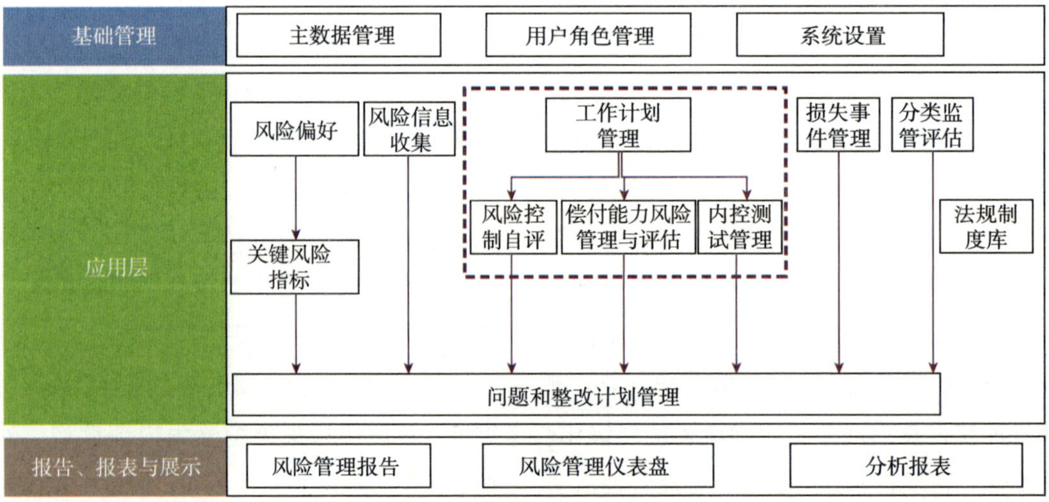

图3 全面风险管理系统功能架构

（一）风险管理

支持风险的全流程管理，包括风险管理事前的风险识别评估、事中的关键风险指标监控、事后的损失数据收集管理工作，全面支持操作风险的日常管理工作；同时，内嵌风险量化模型，支持全面风险的计量与分析。关键风险指标经过配置后，也可用于监测其他类型的风险，并进行预警和报告。

1. 风险控制自评。对于企业现行控制的设计有效性和落实度以及操作中不同业务单位遇到的风险的严重度和可能性进行的自我评估，从而了解企业各业务单位的风险与控制情况。

2. 关键风险指标。通过手工录入、指标数据接口或指标数据导入，获取风险相关数据，帮助企业将其所关注的量化预警信息或风险暴露状况，以协助高层即时得到预警信息并了解风险轮廓的变化状况。除操作风险指标外，也可监控其他风险指标。

3. 损失数据收集。对内外部风险事件和损失数据的收集、追踪与管理。可以协助企业对于当前和历史风险损失状况进行分析。风险事件的损失类型、风险分类、风险成因、相关流程和控制皆相互连接，衡量及监控内部控制和风险暴险的情况。

4. 风险偏好。实现公司风险偏好体系的维护工作。

5. 限额管理。实现公司风险限额的预警和超限额设定。

6. 风险偏好和限额展示。实现公司管理层对于风险偏好和限额的监控与管理。

（二）“偿二代”专用模块

根据《保险公司偿付能力监管规则》（“偿二代”）要求和各保险公司使用习惯，支持对 10 号文（IRR）、11 号文（SARMRA）的评价点维护、自评估、监管评估结果记录、自动汇总和生成报告。并可自定义模板收集“偿二代”风险相关数据。

1. 风险综合评估。实现《保险公司偿付能力监管规则第 10 号：风险综合评级（分类监管）》（以下简称 10 号文）的数据收集、填报、计算、报送进度监控以及报送报表生成，支持对评价指标和评价标准进行维护。

2. 偿付能力风险评估。实现《保险公司偿付能力监管第 11 号：偿付能力风险管理要求与评估》（以下简称 11 号文）的数据收集、填报、计算、报送进度监控以及报送报表生成，可以分配各部门的评分权重，并记录监管评分，关联行动计划。

3. 风险信息收集。系统提供自定义模板功能，并可支持将定义的模板及信息收集任务派发到相应机构和人员手中，提供其定期根据预定义的信息模板上报风险管理信息的功能，可用于各类“偿二代”报告的数据、信息收集和编制。

（三）内控管理

根据 COSO 的内部控制整体框架和五部委内部控制要求设计了相应的功能和流程，满足内控管理的全流程需要，包括工作计划、内控评估和内控缺陷的定义与整改，支持法规制度的在线查阅和后台管理。

1. 工作计划管理。建立企业级的工作计划，并逐层细化，逐级向下制定各项年度内控和风险评估任务，从而推进风险及内控管理工作；管理层可以通过进度监控全面了解企业的风险及内控工作进展情况。

2. 内控自评。一道防线部门通过使用内部控制框架来实现控制自我评估并记录文档，并通过系统协助企业推广内部控制管理机制；提升一道防线风险管理和内控意识，从而提高控制实施的有效性，此功能包含在内控测试中。

（四）合规管理

支持法规制度的在线查阅与后台管理。

1. 法规制度管理。将外部法规和内部制度拆解到条目，形成法规制度库，将法规与风险点、制度和控制点进行关联，由各机构和条线进行更新、维护和发布。

2. 合规事项审核。通过自定义报送模板并配置审核流程，由部门或机构提交新制度、新产品、新流程或新业务等的合规审核审批，并据此对流程、制度风险和控制进行更新。

（五）系统管理平台

通过平台的模式管理各项主数据及系统配置，支持基于流程引擎的流程图管理，提供行动计划和报表的共享服务。

1. 系统与主数据管理。系统基础模块，设置统一标准的风险库、控制库、风险评估标准、流程框架及组织架构等主数据和用户及其权限，并对系统的全局配置、安全、批处理、接口、日志等进行管理。系统集成了 ETL 工具便于进行文件导入和数据抓取。

2. 缺陷管理。支持定义缺陷并细化各项风险情况；支持历史发现问题的查询、修改和删除功能；详细的问题描述和类别，是部门管理层和合规协调职能部门了解缺陷的责任单位和风险影响程度；内控缺陷与评估项关联，可从评估项追溯到内控缺陷。

3. 行动计划管理。各功能模块均可触发相应的行动计划（如缺陷整改或超限额处置），支持多层级的行动计划和行动任务分配，通过与邮件系统的整合，将行动任务切实落实到具体责任人。

4. 报表与仪表盘。通过整合公司报表平台，实现对系统内各功能模块数据的提取与报告，形成针对不同层级用户的不同表现的报表，包括管理层汇总报表、横向比较分析报表、纵向趋势分析报表和明细列表。通过订阅不同报表，形成针对不同用户层级的管理仪表盘。

五、项目效果

本部分描述项目效果，可以从项目对公司产生的实际效果、项目对行业的应用价值和示范效应等角度进行分析。注意评价的客观性，采用可以量化和检验的指标进行说明。

（一）优化风险偏好体系

1. 完善风险偏好陈述，在充分征询公司领导对于风险偏好的有关要求，并结合财信吉祥人寿实际对偏好进行分析和归纳，形成风险偏好陈述书以及风险偏好体系整体框架。

2. 优化风险偏好传导机制，搭建风险偏好传导模型，完善配套模型使用及管理机制。

3. 完善公司原有风险指标库，梳理指标 200 余个，并提出阈值建议，搭建阈值计算模型。

4. 完善风险偏好维护机制，梳理风险偏好体系组织架构和职责分工，以及具体工作流程等内容，搭建体系的定期维护机制。

5. 提出风险偏好的落地应用建议，帮助实现全面预算风险评估和发展规划风险评估。

（二）操作风险及内部控制体系搭建

1. 深入发掘当前内控体系设计层面和执行层面存在的薄弱环节，有针对性地提出改善建议，全面、系统地将内控规范要求嵌入各流程中，落实到各部门的日常管控中，保障公司战略的顺利实施。

2. 健全完善内控体系框架，建立操作风险及控制评价工作方法、评价标准，制定操作风险评估方法和工具，设计内控自我评价工作流程和工作模板，建立了覆盖公司层面与流程层面的风险与控制矩阵。

3. 通过访谈、制度梳理和抽样的方式，开展操作风险及内部控制体系优化工作，覆盖 19 个部门，抽取样本“900+”份，梳理一级流程 13 个，梳理二级流程 110 个，开展测试“890+”份，识别风险点 346 个，发现缺陷 99 个。

4. 根据财信吉祥人寿实际情况和外部监管的变化，结合监管规定和业内最佳实践，确定各流程中的关键环节对应的内部控制点、操作风险点、外部监管制度、内部公司制度、控制措施、控制目标和公司岗位/职责等关键要素，基于13项主流程，110项子流程，项目组梳理形成其风险控制矩阵。整理列示矩阵的52个关键字段，确保关键控制活动识别的有效性。

5. 结合行业最佳实践，建立操作风险与内部控制自我评估（RCSA-CSOX）管理框架体系。

（三）全面风险管理系统落地

结合监管和公司内部风险管理要求，将咨询成果E化落地，将风险管理工作嵌入系统，实现风险管理的实时化、自动化和主动化，进一步提升风险管理效率，包括构建风险管理、“偿二代”专用功能模块、内控管理、合规管理和系统管理五大领域的17个功能点。通过信息系统将风险管理的日常工作落地在各道防线上。以信息化的方式，固化风险管理流程，实现各项风险工作的管理闭环。

六、总结

（一）构建风险数据集市

全面风险管理系统在关键风险指标（KRI）建设方面，虽然梳理有200余个指标，形成财信吉祥人寿风险指标库，但大部分指标（60%以上）以手工统计指标为主，统计效率和数据更新频率都较低，在数据可分析性、准确性等方面不高，后续将进一步梳理KRI指标，对指标数据来源系统层面的，进行集中数据采集，对数据进行整合，构建风险数据集市，通过数据挖掘、数据可视化和数据建模等技术，实现KRI指标自动计算，进一步进行数据分析和应用，让公司管理者及时、有效地把握公司风险动态，提升风险管理效率，辅助风险管理决策。

（二）完善风控数据模型

在风控数据模型方面，利用全面风险管理系统采集的相关风险数据（比如风险评估数据、损失事件采集数据等），结合业务经营管理等相关数据，构建和完善相关风控模型，比如退保预警、理赔欺诈预警和业务品质监测预警等相关业务领域的风险预警模型，支持公司构建事前、事中、事后的全方面风险管理体系。

专家点评

财信吉祥人寿保险股份有限公司基于“偿二代”框架构建的全面风险管理系统，完善和升级公司风险偏好体系框架，协助搭建公司内部控制体系，强化操作风险管理工具，有利于提升公司风险管控能力，提高风险管理、内部控制以及合规管理工作的自动化水平，帮助公司适应监管环境变化。公司运用该系统搭建风险偏好传导模型和完善风险指标库，实现全面预算风险评估和发展规划风险评估，实现风险管理的实时化、自动化和主动化，让公司管理者及时、有效地把握风险动态，提高风险管理效率，协助管理者进行风险决策。

泰康资产 AI 和金融语义网络在投资研究中的应用探索

◎泰康资产管理有限责任公司

一、项目概述

本项目基于泰康资产智能投研平台，运用人工智能和金融语义网络技术完成一项对投资研究(以下简称投研) 工作数字化的创新应用。该应用旨在从公司外部优秀的研究专家或首席分析师所发布的报告中，自动化地抽取其中的相关信息，并将其结构化，展示给研究员作为投研参考，并以一种智能化的方式融合到公司内部的研究框架中，从而强化现有的研究框架，提升对重要指标的预测准确度，实现投研知识的结构化沉淀，完成投研知识的自动生成和提取，最终形成研究员的数字化助手，在保险资管行业数字化转型进程中具备推广应用价值。

AI 和金融语义网络在投资研究中的应用可分为五个阶段：研报智能解析、研报结构化沉淀、投研知识提取、投研知识体系生成和智能辅助研究。项目前期通过对公司内部研究员的访谈，总结归纳投研过程中存在的业务痛点，结合国内外投研数字化转型最佳实践，采用市场上最先进的人工智能技术，自主开发了研报智能解析与结构化沉淀的功能，实现了投研工作数字化目标前两个阶段的建设，并高效应用于公司投资业务投前研究的各个环节。

二、项目背景及意义

2021 年是中国“新资管元年”，稳步推进的《关于规范金融机构资产管理业务的指导意见》将在年底结束过渡期，“双碳” 目标周期业已明确。后疫情时代全球经济复苏速度将越来越快，对于站在经济桥头堡的资管行业来说，看清经济形势的风险和机遇尤为重要。对于投研工作来说，适时运用大数据分析与人工智能技术，可以更加充分地利用信息红利，及时挖掘投资机会。

（一）信息瞬息万变，推动投研智能化转型

近年来，政策、资本市场等各方面信息瞬息万变，研究员和投资经理在日常工作中，需要广泛吸收各个渠道的信息，其中一个重要的信息渠道就是券商撰写的研报，目前纯粹依靠人工的方式进行研报的解读和归纳总结存在较大的问题。一方面，目前市面上有上百家券商，每年可以产出多达几十万份研报。如此规模的研报，如果全部由投研人员人工阅读是不现实的。目前，几乎所有投资机构的解决办法，都是基于经验和投研人员的个人喜好，选择性地挑选很小一部分研报去阅读。对于其余研报中

包含的信息，现有市场只能以人工为主的方式，粗略记录研报的标题、作者等基本信息，以备不时之需。而实际工作中，由于投资业务的时效性，事后依据研报基本信息再把相应的研报找出并仔细阅读的情况少之又少。而研报的精华部分，也就是研报作者分析的内容，则是完全未知且被迫放弃的状态。另一方面，由于不同券商机构、不同研究员撰写的研报质量参差不齐，或者内容上表达了大量的相似或相悖观点，受制于人工效率与成本，投研人员往往无法做到逐一阅读、去伪存真，仔细辨别不同研报所表达观点的客观可信度，这就导致了投研人员在分析决策过程中，难以全面而又准确地把握住市场情况。在这样的背景下，应用数字化技术实现投研工作智能化转型显得刻不容缓。

（二）人工智能技术发展迅猛，驱动投研智能化建设

基于 AI 和金融语义网络技术实现投研过程智能化，通过逐步实现研报解析、结构化沉淀、知识抽取、知识体系生成和智能研究五项智能应用，打造投研人员数字化助手，正是为了解决上述传统投研工作模式中存在的业务痛点。泰康资产通过自主研发的研报智能解析与结构化沉淀技术应用，可以实时地处理海量券商研报，在最小化人工参与的情况下，将研报拆解为论点、论据和素材，并重组成图谱式的研究框架，让研究人员可以非常直观地触达研报的底层投资逻辑。最后通过框架的融合，可以使研究人员一次性获取复数研报的核心信息。不仅在时效性上实现阅读速度的大幅提高，研报信息的利用率也取得了重大突破，在实现投研过程智能化的进程中迈出了重大的一步。

三、项目重点解决的问题及主要创新点

运用人工智能和金融语义网络等前沿技术，实现研报智能解析和结构化沉淀的应用，旨在对研报进行自动化处理，解析并提取出其中的重要信息，梳理和沉淀投研知识，并为研报搜索、信息推荐、素材积累和研报速览等各种投研辅助功能赋能，提升其效果。

该应用提出一种从语义出发的，以梳理并提取研报背后的研究方法为目标的研报解构方案。以人工智能技术和自然语言处理技术为核心，同时结合图像处理、目标识别等技术，构建了全流程端到端的自动化、智能化研报分析技术。

（一）文本解析与信息提取任务

采用文本解析与信息抽取前沿算法，高效准确地完成研报文本解析和清洗、基础信息提取、图表识别和提取、核心观点提取、研报正文提取、篇章结构抽取，以及其他指定内容的抽取任务。

（二）基于语义的自然语言处理任务

建立研报主题标签体系，运用自然语言处理技术，完成研报主题分类，结合深度学习模型，提取研报正文中各章节的核心论点以及支撑该论点的核心指标。

（三）自动抽取外部研报分析结构，强化公司现有研究框架

通过自动抽取研报的篇章结构，基于提取到的核心论点和核心指标，生成研究框架。更进一步，在指标和框架提取的基础上，加入指

标间的关系、指标的属性等内容，形成知识图谱，帮助研究员迅速把握和理解研究领域的全貌，提升公司投研分析的整体水平和智能化程度。

四、项目主要建设内容

通过如图 1 所示的算法流程，实现了研报文本解析与信息提取、基于语义的自然语言处理任务的目标。

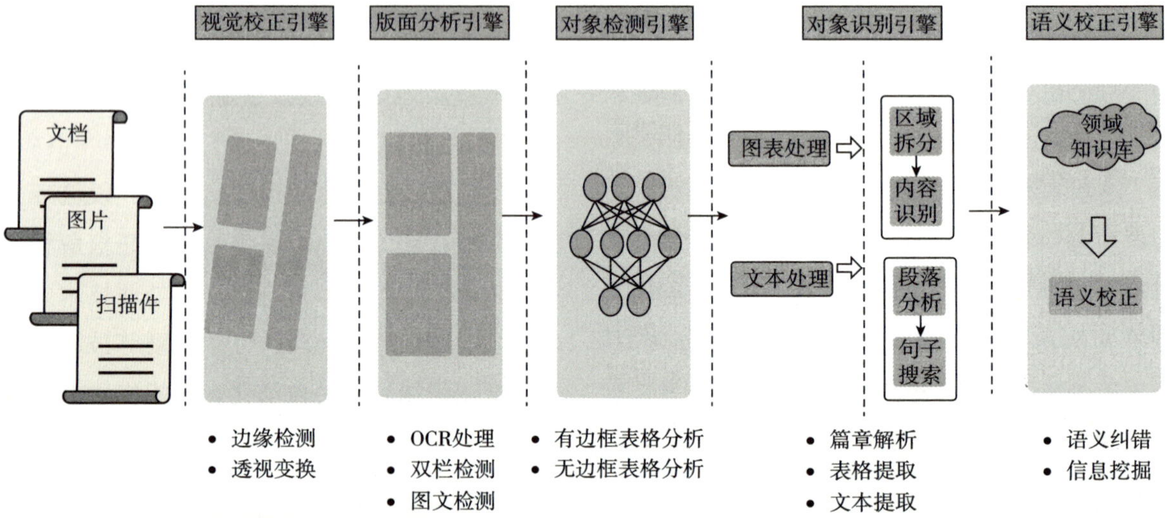

图 1　算法流程

（一）研报基本信息提取

通过研报解析和信息提取算法解析研报，提取外部研报基本信息，并结构化存储，实现了批量提取存量研报的基本信息、定期提取增量研报基本信息的功能，进一步辅助实现基于研报基本信息的各种平台应用。

（二）研报图表提取

对研报中的图表进行识别和定位，将图片截图保存，表格截图、内容解析和结构化储存，并将图表标题、图表数据来源和图表所在的研报等信息一并收集入库。

图表检测采用计算机视觉的对象检测算法 Faster R-CNN，相比其他算法，Faster R-CNN 较好地平衡运算速度和定位精度，适用于定位要求较高的研报图表识别场景。

（三）研报摘要提取

剔除核心观点、投资要点、目录等研报开头内容，附录、分析师声明、免责条款等研报结尾信息，识别研报正文内容，提取相应的文本信息，将正文内容通过结构化的形式进行输出。

摘要提取采用抽取式摘要。在技术实现上，把文本摘要问题，转换成文本分类问题，即判断每一句话是否为该段落的摘要句。在 TextCNN 的基础上，采用了一个全词 Mask 版本的 Bert Embedding，对研报文本摘要应用收到较好效果。

（四）研报指标提取

常见的指标提取需求，大多为公司年报中

的各种财务指标、运营指标等。这类指标一般定义明确，范围清晰，相对容易提取。业界常用的指标提取方法是建立指标库，然后根据规则查询方式与指标库匹配。但这种方法的问题是，泛化能力欠缺，无法自主发现不在指标库中的指标。

本项目基于文本内容和文本分段，从原文中提取出支撑摘要论点所使用的具体指标名称和数据。项目采用“BERT+BiLSTM+CRF”的深度学习模型，结合字典模型，在拥有不错的泛化能力的同时，保证了准确率。

（五）外部研报主题分类

文本分类属于比较基础的 NLP 语义理解功能。早期的文本分类主要基于各种文本特征提取（例如 TF-IDF）并结合传统机器学习模型（例如 Logistic Regression，SVM，LightGBM 等分类模型）实现。近年来，随着 Word Embedding 技术的成熟，基于深度学习的算法广泛用于文本分类并且获得了较好的效果。

本项目结合指定的分类体系，根据研报文本内容对研报主题进行分类，为特定主题搜索提供支持。项目采用基于深度学习的一维的卷积神经网络，很好地拟合了 N-Gram 的思想，在保持相对简洁的实现下，快速达到不错的效果。

（六）研究框架提取

首先采用基于语义的文本挖掘技术，对研报的篇章结构进行分析，抽取出其中的层级结构以及对应层级的标题信息，并通过关系识别技术，获取某些指标波动对其他指标的影响，从而得到指标之间的关联关系；在此基础上，将提取的指标作为节点、节点之间的关系为边，结合实体消歧技术，自动构建投研知识图谱，沉淀券商分析师的观点。通过研究过程的知识提取和图谱构建，帮助研究员梳理投研逻辑脉络。

五、项目效果

通过分析投研人员在使用智能投研平台的过程中存在的痛点，结合研报智能解析与结构化沉淀技术应用特点，项目重点支撑五大投研应用场景，为公司投研平台和投研业务赋能。

（一）优化元数据质量，提升搜索效率

利用研报解析和信息提取算法解析研报，提取标题、作者、机构、发布时间、研报类型、行业分类和公司代码等信息，并结构化存储。算法对存量研报做处理，补充和修正历史研报元数据；同时，将算法加入增量研报处理流程中，实时自动提取研报元数据，提高数据质量。

经过长达半年的上线使用效果评估，对客观元数据提取的准确率可以达到 90%以上，提取的时效从数天缩短至 1 小时。

（二）高效利用外部研报中的图表，拓展搜索方式及范围

利用图表解析和内容提取算法，对研报中的图表进行识别和定位，将图片截图保存，表格截图、内容解析和结构化储存，并且将图表标题、图表数据来源和图表所在研报等信息一并收集入库，图表提取的准确率高达 95%。最终所有提取到的外部研报的图表，都可以素材的形式提供给平台的用户使用。

1. 可以用于研报生成、全景图、投研图谱等模块。

2. 对海量的图表素材提供高级搜索功能，用户可以在智能搜索模块以关键词进行检索，比

如搜索“碳中和”，可以根据标题或研报找到相关图表。

（三）提取核心观点，实现研报速览

利用核心观点提取算法，对研报的核心观点部分进行提取，之后在投研平台的智能搜索模块中，提供研报核心观点的快速预览。

核心观点提取的准确率达到业内领先水平，基本可以无误重现研报原文。当研究员在智能投研平台上搜索研报时，当鼠标指向搜索结果，核心观点会以悬浮窗口形式自动呈现，帮助研究员快速浏览研报内容，节省搜索时间。

（四）研报主题自动归类，突破行业标签限制

首先，根据业务需求，制定主题标签体系，标注各个主题下的研报样本；其次，利用上述文本分类算法，对标注好主题分类的研报进行模型训练，从而得到自动判断主题分类的模型；最后，利用模型对海量研报自动分类标记。

研报主题分类的准确率高于95%，在智能投研平台的智能搜索模块中，增加了主题维度的相关召回，方便研究员在研究某个特定主题时进行研报资料收集。同时增加主题维度的高级筛选项，可以根据主题对结果进行筛选。

（五）智能解析观点与论据，结构化沉淀研究方法

研究方法的结构化沉淀是一个非常复杂的技术前沿挑战。首先，将研究方法抽象为研究框架，从一个研究主题延伸出几个研究面，初步划分研究的领域；其次，每个研究面可以再延伸出多条研究线路，进一步细化研究的方向；最后，每条线路最终指向一些研究指标，作为基本的落脚点，支撑起上层的观点和结论。

研究方法结构化沉淀主要应用于以下两个方面：

1. 框架提取。提取每篇研报的研究框架，提供不同于核心观点的另一维度的研报速览，包含的观点更加完整，并且附带每个观点下使用的支撑指标。

2. 框架融合。扫描海量外部研报，并且自动从中发现不属于内部研究框架的新研究维度，并对这些未知研究维度下的论点论据信息进行聚合，供研究人员快速了解其内容，判断是否要纳入内部研究框架。最终拓宽研究框架生长的养分来源，加快研究框架的迭代速度。

六、总结

以人工智能、自然语言处理和深度学习为核心的研报智能解析和结构化沉淀技术在泰康资产智能投研平台的创新应用，显著提高了基于研报元数据的搜索准确率，极大地提升了基于图表的高级搜索效果，高效助力投研人员快速浏览和甄别研报内容，着力打造基于主题维度的研报搜索和分析方法，开创了外部优秀投研框架结构化沉淀的新模式。

通过AI和金融语义网络技术等一系列技术赋能，实现从研报智能解析和结构化沉淀到投研知识抽取、知识体系生成、智能辅助投研的跨越，从而打造投研工作智能化的闭环，将智能投研平台建设成以金融知识图谱为核心的公司投研知识一站式管理平台，以数字化驱动智慧投研，将数字基因植入投研体系，实现投研管理体系的整体转变。

专家点评

泰康资产管理有限责任公司在投研中运用 AI 和金融语义网络，实现研报智能解析和结构化沉淀的应用，解析和提取研报中的重要信息，梳理和沉淀投研相关知识体系，赋能研报搜索、信息推荐、资料积累和研报速览等各种投研辅助功能，达到对研报进行自动化处理的效果。公司为解决投研人员在使用智能投研平台过程中的难点和痛点，结合研报智能解析和机构化沉淀技术的应用特点，优化元数据质量，拓展搜索方式和范围，进一步提升搜索效率和准确率，助力投研人员提高工作效率。

安国保险经纪科技赋能，推动行业运营服务升级

◎上海安国保险经纪有限公司

一、项目概述

近年来，随着保险科技的深入发展，云计算、人工智能等技术的发展，整个保险业掀起了一场数字化浪潮，保险业的运行方式发生了巨大变化。保险科技的产业机遇进入下半场，从互联网保险时代跨入保险科技时代。上海安国保险经纪有限公司(以下简称安国保险经纪或安国）拥抱互联网科技，大力引进行业内外高科技人才，基于人工智能和大数据算法，在智能搜索、匹配、推荐，智能客服，大数据风控，以及反欺诈等方面发挥出了独家的技术优势，安国保险经纪成为一家以科技立本的新型经纪平台。

（一）消费端

在消费者端，安国保险经纪能够为大家提供在线咨询方案、在线保单管理和在线理赔等一系列便利的线上服务，使消费者能够足不出户享受到保险保障服务。

（二）经纪人端

在经纪人端，安国保险经纪着力拓展线下机构、深耕经纪人队伍，依托股东方的科技基因，通过科技赋能打造线上营销，独立研发“智能展业系统保阁 APP”“智能核保系统”“后端风控核心系统”“短视频 3.0 培训计划”等，提高经纪人展业效率，加强经纪人与客户黏性。全方位推动保险业务高速发展、全心服务客户、助力保险经纪人在安国保险经纪平台实现自身价值。

（三）未来发展

未来，安国保险经纪将继续秉承科技让保险更简单的使命，直击传统保险服务模式痛点，打造“线上+线下”相结合的服务模式，不断完善从获客、咨询、营销、投保、两核和风控等业务模块，从实际需求出发，为客户提供专业、优质、便捷和高效的一站式保险经纪服务。

同时，为了适应新的市场发展需求，安国保险经纪启动保险经纪人 3.0 培育计划，依托自身优势，覆盖多个新媒体平台，积极发挥在机构短视频领域的优势，带领内外勤员工踊跃参与以“反欺诈，筑诚信”为主题的原创短视频制作，累计发布近百条抖音反欺诈短视频，创造了单条视频播放量达百万次、累计播放量破亿次的纪录。

二、项目重点解决的问题及主要创新点

（一）项目重点解决的问题

投保也不是一劳永逸的事，消费者在 30 岁

时投了一张重大疾病保单，保额为 20 万元，随着时间的流逝保险的效力也在逐年降低。随着家庭收入的增长，或者家庭风险的改变，消费者之前买的保单或许已经无法满足现有的家庭保障，那么此时消费者可能会有转保甚至加保的需求，此时为消费者进行保单托管的保险经纪人就需要及时提供有效方案。

安国保险经纪独家研发的保单托管功能，从客户的角度来看，是解决保单过多、整理费时的问题；条款晦涩难懂，客户不易理解的问题。从经纪人的角度来看，解决获客/二次营销无切入点，展业困难的问题。

安国保险经纪面向经纪人端推出的荣誉体系，线上化多维度展示经纪人荣誉及业务奖励进展，有助于帮助经纪人更加清晰地了解公司荣誉体系，提升经纪人的目标感，激励经纪人更好地完成展业。

安国保险经纪“团队管理+线上督导”体系，除业绩数据的管理外，还支持活动量数据的管理功能，同时支持内勤派发外勤的任务及达成督导线上化流程，为总部/机构对外勤活动量管理及督促提供抓手。

安国保险经纪注重经纪人学习成长，通过学习管理系统促使经纪人通过 APP 自我学习的进度追踪，效果复盘；团队长督促、了解团队成员的学习情况，及时督促。

（二）主要创新点概述

安国保险经纪一直以满足经纪人展业需求为己任，面向全量在职经纪人展开了实际场景调研，更懂得展业痛点，这在细节功能的表现上差异显著。无论是打通功能串联，还是精美的托管报告，都体现了安国科技让保险更简单的理念。

保阁 APP 的保单托管具有家庭维度托管、无边界托管、保单识别系统、强大产品库、智能分析存量保障、全方位检视保障缺口、提供专业化报告及贴心化服务八大特点。主要特点有家庭维度托管、无边界托管、保单识别系统、强大产品库、智能分析存量保障、全方位检视保障缺口、专业化报告、贴心化服务。

安国有效实现了经纪人展业的工具闭环。保单托管结合保阁 APP 现有的保障方案测评—产品对比—家庭计划书等功能，实现了完整的展业功能闭环。这些功能底层互通，可以串联使用，依托保单托管作出缺口分析，在现有保障基础上就可以为客户制定新的计划书，输出一套完整的风险保障方案。

安国荣誉体系及团队督导管理，打破了传统线下的表彰督导形式，荣誉层通过实时进度追踪，让经纪人第一时间了解自己的荣誉达成情况，及目标差额；并通过排行榜单、他人荣誉墙，提升自我紧迫感，进一步激励展业。差异化分级展示，高级成就的达成将能享有更加酷炫的页面效果，同时搭配成就达成提醒动效，进一步提升经纪人的自我荣誉感。

督导体系全方位数据支持，在团队长及公司层面，通过管理抓手，线上线下数据联动，无论是保阁的线上展业动作、培训学习动作、客户管理动作，还是线下的客户拜访、朝夕会议，均可快速查看数据情况。

安国学习系统打通任务系统，支持团队长通过学习任务下发及进度追踪，提升团队成员的专业能力；同时提供专题课程包，通过“打包课程+团队长自定义”在线考试的形式，支持团队长快速派发学习任务，提高团队管理效率。

三、项目主要建设内容

保阁 APP 将保险科技应用到产品销售、人员招募、疾病核保、学习培训或客服等各领域，打通前端招募、营销到后端运营、服务的全流程，实现安国保险经纪服务的全方位升级。

（一）线上智能精准的展业工具

安国通过数字技术和算法模型，依托全息用户画像、智能分析决策等方面的技术支撑，通过与客户智能交互问答了解客户的保障需求，自动分析家庭风险缺口，为客户生成定制化、专业、高性价比的家庭风险保障方案。

为了提升保险产品差异化对比效能，安国为经纪人研发了产品智能对比工具，支持市场上各品类的热门产品对比，将差异展示给经纪人和客户，助力经纪人为客户提供系统化、定制化、专业和高性价比的家庭风险保障方案及产品推介。

（二）便捷贴心的客户管理

保阁 APP 搭建了高效的客户关系管理系统，通过强大的访客管理功能可以帮助经纪人及时、全面地掌握互联网推广效果，经纪人时刻了解哪些客户关注了其在朋友圈的推广素材、关注了多久等数据信息，全方位提高获客效果。

与此同时，经纪人利用便捷的保单管理工具，为客户梳理保单，及时填补保障缺口，通过续保提醒、生日提醒等贴心功能，增强与客户的情感黏性，并利用拜访日志功能快速记录与客户的沟通情况，方便追踪进度。

（三）高效专业的线上化“团队督导管理+学习”系统

安国率先实现利益结算系统化管理，支持经纪人实时查询个人、团队利益，定期自动结算佣金，改变行业利益结算依靠人工管理的工作量大、差错率高的现状，大幅减少公司管理成本。

安国结合传统保险营销模式，根据保险业务特点，经纪人通过保阁 APP 可以在线定制学习任务、自主建设团队学习知识库，运用在线答疑、场景模拟和话术演练等互动方式，强化保险经纪人的学习效果，帮助每一位保险经纪人找到自己的学习路径，实现从小白、专家到精英大咖的全周期成长。

（四）荣誉表彰

打破了传统线下的表彰督导形式，安国荣誉体系通过实时进度追踪，让经纪人第一时间了解自己的荣誉达成情况，及目标差额；并通过排行榜单、他人荣誉墙，提升自我紧迫感，进一步激励展业。差异化分级展示，高级成就的达成将能享有更加酷炫的页面效果，同时搭配成就达成提醒动效，进一步提升经纪人的自我荣誉感。

（五）7×24 小时的智能客服

保阁 APP 将探索利用语义分析、智能机器人和 AI 深度学习等计算机前沿技术，实现流畅人机交互服务体验。通过 7×24 小时在线智能客服和全国统一的客户服务热线，为每一位客户提供最耐心、最专业的智能客服。同时，通过全面的售后服务数据库，一键检索各家保险公司的售后问题，显著提升经纪人的问题处理效率。

四、项目效果

在移动互联网时代，诸多事物被赋予了科技使命，而安国的使命恰好是“科技让保险更简单”，这同时也是安国的 Slogan，即传统的保险加上科技属性，助力经纪人借用技术支持，更加独立快速地掌握四个重要专业技能。

（一）科技赋能，服务全面升级

安国基于人工智能和大数据算法，在智能搜索、匹配、推荐，智能客服，大数据风控，以及反欺诈等方面具备独家的技术优势，依托保险核心科技，以技术创新驱动服务升级。保阁 APP 从经纪人入职培训、产品对比、计划书制作、客户管理、客户维护，到深造学习、核保核赔、保单托管等均以科技为本，APP 为实现方式，高效赋予经纪人专业技能提升，助力推动行业发展。

在以客户为王的时代，产品组合已经成为当前保险市场上取得成功的先决条件。安国目前已与 80 余家大中型、热门保险公司全面合作，在售产品分布于“线上+线下” 各个渠道，达到千余款。保阁 APP 可以通过产品类别、产品责任和客户喜好等选项实现自由筛选产品，使用标准化模板制作产品计划书。

保险中介机构的职责不仅体现在推动以消费者为中心的个性化、定制化保险产品的不断升级，还体现在让保险回归保障，打造保险智能服务，提升保险服务体验方面。安国赋能保险经纪人的同时，持续通过“线上+线下” 相结合的服务模式，以保阁 APP 作为连接，为客户提供风险预警、咨询、核保和理赔等服务的全面升级，秉承“成为客户和员工信赖的专业保险中介机构” 的企业愿景，打造专业、优质、便捷和高效的一站式保险经纪服务。

（二）高效贴心客户服务

安国专注客户服务，经纪人通过“客户管理” 中访客及其动态分析，可以相对精准地把握客户动态，帮助制定后续沟通的方向和策略；根据成单客户的情况，可以及时给客户送去“仪式感”，可以帮助经纪人精准地关注时间节点，而保单托管功能的上线则把保阁 APP 的功能性提升了多个层次，能够帮助经纪人给客户提供更加全面的服务。

（三）专业经纪人队伍

随着现代保险业的发展，越来越成为行业内被广泛关注的热点。安国的学习管理、督导体系不仅包含能够帮助经纪人成为合格的保险从业人员的基础知识和技能，把传统保险营销模式与互联网思维及功能有机融合，创建高效的工作生态，实现经纪人内职业生涯与外职业生涯的同步成长。同时，通过体系化的课程学习和专业化的名师分享，让安国经纪人在学习型组织中轻松学习，加速成长为行业精英。

（四）安国·保险经纪人 3.0 培育计划

安国协同孵化经纪人个人 IP，总分公司与安国大 V 导师协同账号孵化，根据经纪人的特点进行商业化定位，从起号到运营宣发，全方位支持经纪人打造个人 IP，塑造安国精英矩阵，利用线上化优势，打造新型业务场景，成就安国多元化、专业化标签。

（五）内外兼修，屡获行业殊荣

安国始终拥抱互联网科技，通过“寿险为主、产寿兼营” 的运营模式、“科技+保险+风控” 结合并进、合法完善的内控管理体系、稳定高效的后援服务，推动“线上+线下” 统筹发展。

2020 年 7 月，安国在中国保险业数字化与人工智能发展大会上荣获“年度保险科技创新之星”。保阁 APP 以客户为中心，持续进行数字化、智能化变革，在保险科技领域进行多场景、多方向探索，为客户提供全方位的解决方案及服务，直击传统业务痛点。

2020年9月，安国携保阁APP亮相服贸会金融服务线上展厅。借助线上展厅，安国向世界展示了中国保险科技及保险中介机构的面貌。

同月，中国互联网金融协会发布新一批移动金融客户端名单，保阁APP成功入选备案名单，意味着保阁APP通过了专业的合规检测认证，在安全性和可信性方面获得认可和信赖。

2020年10月，安国在中国保险中介发展高峰论坛上荣获“年度保险中介成长之星”。新冠肺炎疫情期间，保阁APP让经纪人足不出户，正常开展保险营销工作，实现业务的稳健发展。

2021年1月，保阁APP荣获“今日保·中国保险白象榜·年度科技赋能经典项目”，再次以其科技赋能的服务优势赢得市场认可。

安国始终严格遵守相关法律法规，贯彻落实监管方各项工作要求，按照《新国十条》的要求，保阁APP有效通过系统化管理，推动经纪公司IT架构的风控系统转型，支撑业务线上化，提升预警风控效率，降低公司运营风险，维护保险业与经纪人的形象，推动保险业创新发展。

五、总结

安国作为一家以互联网为背景，以科技力量为加速器的全国综合性保险经纪公司，立志在保险经纪行业生根经营。安国继续建立健全客户端软件安全管理全程覆盖机制，继续加强个人金融信息保护，保障金融消费者合法权益；将持续为个人客户和企业客户提供适合、优质的风险保障方案，提升客户抵御风险的能力，在公司业务运营各个环节真正实现降本增效，推动保险业创新发展。同时，安国将持续探索线上化赋能创新项目，在短视频等新兴领域实现保险经纪人领域的专业化、正能量发展。

专家点评

上海安国保险经纪有限公司以科技赋能自身平台，利用人工智能和大数据算法等技术，解决经纪人展业的痛点，通过设计家庭计划书等功能，实现完整的展业功能闭环，实时监测荣誉达成情况，进一步提升经纪人的自我荣誉感，协助管理者对经纪团队进行督导管理，提高团队管理效率。公司利用该平台全面升级客户服务，提升经纪人的专业技能，打造高素质专业经纪人队伍，持续为个人客户和企业客户提供定制化和优质的风险保障方案，帮助客户提升自身抵御风险的能力，降低公司运营风险，助力保险业创新发展。

后　记

近年来，随着数字化技术的推广应用，保险业向数字化、智能化方向发展的趋势进一步明晰，并成为保险业转变发展方式，推动产品和服务创新，提升行业运行效率，重塑行业生态的重要手段。

从实践结果来看，面对科技发展新趋势，头部保险公司通过积极实施数字化、科技化战略，多领域、全链条推进转型升级，对内加快创新，对外打造生态；中小保险公司也结合自身实际，通过增强内生动力、借助跨界合作等多种方式，希望在局部领域实现“弯道超车”。

作为中国银保监会主管的工作日报,《中国银行保险报》秉持“权威、准确、专业”的工作方针，一直高度关注并积极推动保险业数字化建设进程。近年来,《中国银行保险报》主要通过两个抓手致力于搭建技术领域的专业交流平台。一个抓手是论坛活动。每年一次峰会、一次年会，以及形式灵活的热点对话和交流活动。其中，中国保险业信息化峰会已连续举办了十四届，成为行业内延续时间最长的专业技术交流平台。另一个抓手是案例征集。2018年以来,《中国银行保险报》向保险业广泛征集信息技术应用的优秀案例，并集纳成书。活动一经发起就得到各保险机构的积极响应，本次《2021保险业信息化优秀案例精编》在前两次的基础上不断总结经验，优化内容，案例更加聚焦，结构更加清晰，专家点评更具专业性。

三年三本案例集，可大致看到整个行业近年来技术演进和数字化转型的脉络，也算是发挥行业报的职能作用，为行业定期做一个归结整理，以期对行业的信息技术工作有所帮助。

最后，感谢为本书提供案例的所有保险机构，以及为本书编撰提供帮助的相关保险机构的信息技术负责人。特别感谢吴晓军、王和、许闲、张鹏飞、郑俊等专家学者为本书编撰作出的贡献。